Über den Tellerrand

Lea Eileen Pöhls

Über den Tellerrand

Die alltägliche Mahlzeitengestaltung
und ihre Konflikthaftigkeit in
Mittelschicht-Familien

Springer VS

Lea Eileen Pöhls
Norderstedt, Deutschland

Diese Dissertation wurde von der Fakultät für Wirtschafts- und Sozialwissenschaften der Universität Hamburg angenommen. Die Autorin war Doktorandin an der Graduate School der Fakultät für Wirtschafts- und Sozialwissenschaften, im Fach Soziologie. Die Promotion wurde mit der Disputation am 21. August 2023 bestanden. Die Prüfungskommission setzte sich wie folgt zusammen: Prof. Dr. Wolfgang Menz (Vorsitzender), Prof. Dr. Birgit Pfau-Effinger (Erstgutachterin), Prof. Dr. Katharina Manderscheid (Zweitgutachterin).

ISBN 978-3-658-43145-7   ISBN 978-3-658-43146-4   (eBook)
https://doi.org/10.1007/978-3-658-43146-4

Die Deutsche Nationalbibliothek verzeichnet diese Publikation in der Deutschen Nationalbibliografie; detaillierte bibliografische Daten sind im Internet über http://dnb.d-nb.de abrufbar.

Planung/Lektorat: Marija Kojic
Springer VS ist ein Imprint der eingetragenen Gesellschaft Springer Fachmedien Wiesbaden GmbH und ist ein Teil von Springer Nature.
Die Anschrift der Gesellschaft ist: Abraham-Lincoln-Str. 46, 65189 Wiesbaden, Germany

Das Papier dieses Produkts ist recyclebar.

Food is not rational. Food is culture, habit, and identity.

(Jonathan Safran Foer)

Vorwort und Danksagung

Ich möchte mich hiermit ganz herzlich bei meiner Erstbetreuerin Prof. Dr. Birgit Pfau-Effinger bedanken, die mir die Möglichkeit gegeben hat, diese Arbeit unter ihrer Betreuung durchzuführen. Ich danke ihr für die wertvollen Kommentare und ihre enorme Unterstützung bei der Durchführung der gesamten Arbeit. Ihre konstruktiven Fragen förderten mich immer wieder in meiner akademischen Entscheidungsfindung. Die vorliegende Arbeit profitierte zudem von der Teilnahme am Kolloquium der Professur für Soziologie des Kultur- und Institutionenwandels, welches ich dankenswerterweise besuchen durfte. Die Fragen von und Diskussionen mit Peers und Professor:innen eröffneten mir jedes Mal neue Blickweisen auf mein Thema.

Prof. Dr. Katharina Manderscheid danke ich für die umfassende Zweitbetreuung, auch im Rahmen des Kolloquiums Arbeit, Alltag, Lebensführung, das sie gemeinsam mit Prof. Dr. Wolfgang Menz durchführte. Einmal im Semester stellte ich in diesem Rahmen meinen Projektstand vor und profitierte von den kritischen und kreativen Dialogen.

Danken möchte ich außerdem Prof. Dr. Sara Eldén für ihre umfangreiche Betreuung meines Dissertationsprojekts während meines Aufenthalts an der Universität Lund und die vielen bereichernden Diskussionen. Die Zeit in Schweden wird mir auch auf Grund der vielseitigen Gespräche in den Fika-Pausen mit Linn Alenius Wallin, Dr. Katinka Johansen, Jens Westerskov Andersen und Dr. Marie Sépulchre stets in guter Erinnerung bleiben.

Mein Dank gilt zudem Prof. Dr. Lotte Holm für ihre weitreichende Betreuung während meines Aufenthalts an der Universität Kopenhagen und den Mitgliedern der Abteilung für Consumption, Bioethics and Governance für die vielen bereichernden Diskussionen und Beiträge.

Für die finanzielle Unterstützung meines Forschungsprojekts gilt mein besonderer Dank der Graduate School der WiSo-Fakultät sowie der Nachwuchs-
förderung der Universität Hamburg für die Förderung von Konferenz- und
Workshopteilnahmen. Dem Programm Hamburglobal PhD danke ich für die
Förderung der Auslandsaufenthalte an der Universität Lund und der Universität Kopenhagen und dem Gleichstellungsfonds der Universität Hamburg für die
Abschlussfinanzierung des Dissertationsprojekts.

Das von Dr. Svenja Ahlhaus gegründete Frauennetzwerk der Fakultät moti-
vierte mich in besonderer Weise durch digitale Räume, in denen Wissenschaftlerinnen der Universität Hamburg zum gemeinsamen Schreiben, Arbeiten und
Denken zusammenkamen. In diesem Zusammenhang gilt mein besonderer Dank
den Teilnehmerinnen Birte Eckmann, Annabarbara Friedrich, Kathrin Jehne,
Katharina Legantke und Patricia Konrad. Juniorprofessorin Dr. Almut Peukert
danke ich für ihre inspirierenden Inputs zum akademischen Schreiben.

Katerina Vlahovic danke ich für ihr umfassendes Feedback und die bereichernden Gespräche zum Thema gendergerechte Sprache.

Meinen Eltern danke ich ganz herzlich für ihre uneingeschränkte und
vielseitige Unterstützung während der Arbeit an dieser Dissertation. Meinen
Freund:innen dafür, dass sie für Gespräche jenseits der Dissertation für mich
da waren.

Ein ganz besonderer Dank gilt zudem den Familien, die an meinem Forschungsprojekt teilgenommen und mir umfassende Einblicke in ihren Alltag
gewährt haben, denn ohne sie wäre die Umsetzung des Projekts so nicht möglich
gewesen.

Hamburg   Lea Eileen Pöhls
Januar 2023

Inhaltsverzeichnis

Abkürzungsverzeichnis

*	Geboren
<	Kleiner
≈	Fast gleich, ungefähr
≤	Kleiner oder gleich
≥	Größer oder gleich
AMG	Alltägliche Mahlzeitengestaltung
ARL	Akademie für Raumentwicklung in der Leibniz-Gemeinschaft
BAB	Berufsausbildung
BMEL	Bundesministerium für Ernährung und Landwirtschaft
bzgl.	Bezüglich
bzw.	Beziehungsweise
D#	Dresdener Familie (Mutter Ost, Vater West)
d. h.	Das heißt
DD	Dresden
DDR	Deutsche Demokratische Republik
DPW	Tage pro Woche
DVF	Doppelversorgerfamilie mit externer Kinderbetreuung
et al.	Und andere
etc.	Et cetera
EVS	Einkommens- und Verbrauchsstichprobe
EVS	European Value Survey
F	Frühstück
H#	Hamburger Familie (Mutter Ost, Vater West)
HH	Hansestadt Hamburg
HK	Hauptkategorie
HMZ	Hauptmahlzeit

hpts.	Hauptsächlich
HPW	Stunden pro Woche
HS	Hochschule
I.	Interviewerin
i. d. R.	In der Regel
Itv.	Interview
KIGGS	Studie zur Gesundheit von Kindern und Jugendlichen in Deutschland
Kita	Kindertagesstätte
LGBTQIA*	Lesbian, Gay, Bisexual, Transsexual/ Transgender, Queer, Intersexual, Asexual
M	Mutter
mind.	Mindestens
MIV	Motorisierter Individualverkehr
n	Größe der Stichprobe
Nr.	Nummer
NVS	Nationale Verzehrstudie
o. D.	Ohne Datum
ÖPNV	Öffentlicher Personennahverkehr
PhD	Doktorgrad
Pos.	Position
QDA	Qualitative Data Analysis
S.	Seite
s.	Siehe
s. I.	Sine loco (ohne Ort)
sic	So stand es geschrieben
SK	Subkategorie
SOEP	Sozio-oekonomisches Panel
Tgb.	Tagebuch
u. a.	Unter anderem
U3	Unter drei Jahren
Und Co.	Und so weiter (umgangssprachlich)
V	Vater
VF	Vereinbarkeitsfamilie mit männlichem Hauptversorger
vs.	Versus
WE	Wochenende
WVS	World Value Survey

WZB	Wissenschaftszentrum Berlin für Sozialforschung
z. B.	Zum Beispiel
Zit. n.	Zitiert nach
ztl.	Zeitlich
Σ	Summe

Abbildungsverzeichnis

Tabellenverzeichnis

Food studies is not the study of food itself; it is an emerging interdisciplinary field of study that observes the intricate relationships among food, culture, and society [...].
(Almerico 2014, 1)

Anders ausgedrückt ist die Betrachtung von Essen und Trinken essentiell für das Verständnis einer Gesellschaft (Axelson 1986; Frewer et al. 2001; Beardsworth/ Keil 2002; Germov/Williams 2017). Die Familie als Lebensgemeinschaft, bestehend aus einem Elternpaar oder einem Elternteil und mindestens einem Kind (Duden 2018), bildet einen Schnittpunkt von Individuum und Gesellschaft und nimmt als Bindeglied zwischen beiden einen bedeutenden Stellenwert für die Soziologie ein (König 1996). Gleichzeitig spielen gemeinsame Mahlzeiten in vielerlei Hinsicht eine zentrale Rolle im Alltag von Familien: Sie schaffen Struktur und Kontinuität, stellen familiäre Bindung, Gemeinschaft und Zusammenhalt her. Sie bilden eine Grundlage zur Kommunikation, zum Teilen von Sorgen und Problemen, aber auch zur Vermittlung kultureller Regeln und zur (Ernährungs-) Sozialisation (Fjellström 2009a, 2009b; Cappellini/Parsons 2012; DeBacker 2013; Barlösius 2016).

Es wird deutlich, dass eine intensive Zuwendung zum inneren System der Familie „als der Ort, in der [sic] Kultur gelebt und weitergegeben wird" (Meyer 2018b, 158), ein Brennglas darstellt, das den Blick auf das Verhalten zur alltäglichen Mahlzeitengestaltung und somit dessen Verständnis ermöglicht. Diese Betrachtung ist besonders vor dem Hintergrund des gesellschaftlichen Wandels sowie des Wandels der Arbeitswelt interessant, da dieser Wandel familiale Strukturen selbst beeinflusst (Elder 1978; Rosser/Harris 2002) und somit auch die Struktur und Ausgestaltung alltäglicher Familienmahlzeiten.

Im Zuge der Industrialisierung wird eine Mahlzeitenstruktur (zwischen Gewerkschaften und Arbeitgebern) ausgehandelt, die sich auch darüber hinaus durchsetzt, so dass der Arbeitsalltag durch die Mahlzeiten Frühstück, Mittag- und Abendessen strukturiert wird (Teuteberg/Wiegelmann 2005). In der entwickelten Industriegesellschaft wird den Frauen im Rahmen der Hausfrauenehe bzw. der männlichen Versorgerehe die Verantwortung für die Planung und Organisation des Essalltags[1] sowie die Zubereitung der Mahlzeiten übertragen, was die tägliche Bereitstellung einer warmen Mittagsmahlzeit für die Familie beinhaltet. Die Mahlzeitenstruktur wird in der entwickelten Industriegesellschaft dementsprechend durch die Hausfrauenehe modifiziert. Insgesamt wird durch die Trennung von Haushalts- und Erwerbsarbeit die geschlechtsspezifische Aufgabenteilung gefördert und durch die Gesetzgebung, das geschlechtsspezifische Bildungswesen sowie geltende Werte und Normen gesichert (Pfau-Effinger 2004; Trappe et al. 2015; Daiger von Gleichen/Seeleib-Kaiser 2018).

Mit dem Wandel zur postindustriellen Gesellschaft vollziehen sich jedoch fundamentale Veränderungen im Verhalten von Familien zur alltäglichen Mahlzeitengestaltung, die mit der zunehmenden Individualisierung, der gestiegenen Frauenerwerbstätigkeit und den damit zusammenhängenden Veränderungen im Bildungs- und Betreuungswesen in Verbindung stehen.

Beck (1983) fasst unter der Individualisierung moderner Gesellschaften insgesamt drei Themenkomplexe zusammen: (1) Die Abspaltung des Individuums aus den traditionellen Sozialformen und -bindungen, (2) die Auflösung von traditionellen Sicherheiten und (3) eine neue Form der Bindung des Individuums an Großsysteme, wie Arbeitsmarkt-, Bildungs- und Beschäftigungssysteme.[2]

Von besonderer Bedeutung sind in diesem Zusammenhang auch die mit dem Wandel zur postindustriellen Gesellschaft gestiegene Frauenerwerbstätigkeit und eine zunehmende Abkehr vom männlichen Ernährermodell, in dem der Mann als Alleinverdiener für die finanzielle Versorgung der Familie verantwortlich ist, während sich die Frau um Haushalts- und Erziehungsaufgaben kümmert. Dieses männliche Ernährermodell verliert seinen Status als dominierendes Rollenmodell in der Bundesrepublik Deutschland und wird zunehmend durch Modelle ersetzt, in denen beide Partner:innen einer Erwerbstätigkeit nachgehen (Daiger von Gleichen/Seeleib-Kaiser 2018; Lang 2022).

Eng verbunden mit der gestiegenen Frauenerwerbstätigkeit und den Individualisierungsprozessen sind Veränderungen im Bildungs- und Betreuungswesen, wozu der Ausbau der Betreuungseinrichtungen für Kinder unter drei Jahren

---

[1] Der Begriff Essalltag ist vor allem durch Leonhäuser et al. (2009) geprägt.

[2] Siehe zur Individualisierungsdebatte auch: Beck (1986); Beck (1995); Beck-Gernsheim (2008); Fuchs (1983); Mooser (1983).

sowie der ganztätigen Bildung und Betreuung an Schulen gezählt werden können (Berlinski/Galiani 2007; Berlinski et al. 2011; Zimmert 2019).

1.1   Aktueller Forschungsstand

Angesichts dessen stellen sich die Fragen, wie diese gesellschaftlichen Veränderungsprozesse auf die innere Struktur der Familie und damit auf das Verhalten der Familien zur alltäglichen Mahlzeitengestaltung wirken, wie sich das Verhalten der Familien zur alltäglichen Mahlzeitengestaltung in der heutigen Gesellschaft darstellt, ob innerhalb der Familie überhaupt gemeinsame Mahlzeiten stattfinden und welche Bedeutung diesen zugeschrieben wird.

Diese Fragen werden in der aktuellen wissenschaftlichen Literatur kontrovers diskutiert. Auf der einen Seite wird die These, dass sich die Familienmahlzeit allmählich auflöst, häufig als gegeben hingestellt, auf der anderen Seite zeigen Studien, dass sich diese These nicht bestätigen lässt, d. h. gemeinsame Mahlzeiten im Essalltag weiterhin von zentraler Bedeutung und den Familien trotz veränderter Rahmenbedingungen ein großes Anliegen sind. Anstelle einer Auflösung lassen sich, auf Grund der veränderten gesellschaftspolitischen Rahmenbedingungen, viel eher Veränderungen und Verschiebungen feststellen (Moisio et al. 2004; Marquis/Shatenstein 2005; Bugge/Almås 2006). Durch die gestiegene Frauenerwerbstätigkeit und den Ausbau sowohl der Betreuung von Kinder drei Jahren (U3-Betreuung) als auch von Ganztagsschulen verlagere sich die Ernährungsversorgung zwar von der Kleinfamilie hin zu externen Institutionen, trotzdem nehmen das Abendessen an Werktagen sowie das Frühstück am Wochenende weiterhin einen großen Stellenwert im Familienalltag ein (Schlegel-Matthies 2002; Schönberger/Methfessel 2011b).

Darüber hinaus eröffnet sich die Frage, inwiefern der gesellschaftliche Wandel in Zusammenhang mit innerfamiliären Konflikten steht, die auf Grund des Verhaltens zur alltäglichen Mahlzeitengestaltung entstehen. Hierbei könnten unterschiedliche Erwartungen der einzelnen Familienmitglieder an das Verhalten zur alltäglichen Mahlzeitengestaltung, aber auch Ansprüche, die sich auf Grund äußerer Rahmenbedingungen nicht umsetzen lassen, eine Rolle spielen. Zudem müssen die Mahlzeiten mit der (Erwerbs-)Arbeit beider Elternteile in Einklang gebracht werden, wodurch die Mahlzeiten unter Zeitdruck geraten können und Zuständigkeiten für die im (Ess-)Alltag anfallenden Aufgaben neu ausgehandelt werden müssen.

Soziologische Studien zeigen, dass trotz der aufgezeigten gesellschaftlichen Veränderungsprozesse nach wie vor hauptsächlich die Frauen die Verantwortung für die Aufgaben der alltäglichen Mahlzeitengestaltung der Familie übernehmen. In diesen Studien werden häufig zeitliche Konflikte angedeutet, die auf die Erwerbstätigkeit beider Elternteile in Kombination mit den Kita- und Schulzeiten der Kinder zurückgeführt werden. Durch ein aufwendigeres Aufwiegen der zeitlichen Arrangements der einzelnen Familienmitglieder sei die Realisierung gemeinsamer Mahlzeiten mit der Familie erschwert und werde insbesondere für die Frauen zur Herausforderung (Kettschau 2003; Meier-Gräwe 2006; Jabs et al. 2007). Wenn die Mütter das Gefühl haben, sich nicht ausreichend um das Wohlergehen ihrer Familie zu kümmern und so eine persönliche Gewissenslast entsteht, geraten das Ideal der erwerbstätigen Frau und das der guten Mutter in Konflikt. In diesem Zusammenhang wird in der wissenschaftlichen Diskussion die emotionale Bedeutung von Mahlzeiten als Symbol der Zuneigung und Zuwendung betont (Devine et al. 2003; Szabo 2011; Cairns/Johnston 2015; Fielding-Singh/Cooper 2022) und das Konzept des Doing Gender als Begründung angeführt: Durch die Verantwortung werde Weiblichkeit reproduziert und das soziale Geschlecht durch Handlungen aktiv hergestellt (West/Zimmermann 1987).

1.2 Zentrale Fragestellungen und Zielsetzungen der Arbeit

Die vorangehend angeführten wissenschaftlichen Beiträge diskutieren durch den gesellschaftlichen Wandel bedingte Veränderungen in der alltäglichen Mahlzeitengestaltung von Familien, wobei in erster Linie generelle Trends, wie ein Anstieg der Außer-Haus-Verpflegung, eine Verschiebung der Hauptmahlzeiten oder das Stattfinden familiärer Mahlzeiten unter Zeitdruck analysiert werden. Über diese generellen Trends hinaus wird auch die Frage diskutiert, inwiefern sich Familien in ihrem Essverhalten unterscheiden, beispielsweise in Bezug auf die zeitliche Ausgestaltung der Mahlzeiten, Regelmäßigkeiten und die Struktur. Zur Erklärung werden hierbei häufig soziale Unterschiede auf der Basis von Schicht-Differenzen angeführt (Hupkens et al. 2000; Wills et al. 2011; Jarosz 2017). Unterschiede innerhalb einer sozialen Schicht bleiben dabei in der Regel unberücksichtigt, weshalb es an Forschung zur Bedeutung weiterer Erklärungsfaktoren mangelt, die auch Differenzen zwischen Familien innerhalb der verschiedenen Schichten erklären kann. Darüber hinaus werden Konflikte, die in Zusammenhang mit dem Verhalten zur alltäglichen Mahlzeitengestaltung von Familien stehen, in verschiedenen Studien andiskutiert und der familiäre Esstisch häufig als ein Austragungsort familiärer Konflikte betrachtet (Wilk 2010; Engelfried-Rave 2014); eine umfassende Forschung zur Konflikthaftigkeit in der alltäglichen Mahlzeitengestaltung von Familien unter Einbezug möglicher Erklärungsfaktoren ist bisher jedoch nicht vorhanden. Vor diesem Hintergrund analysiert die vorliegende Arbeit die folgenden Forschungsfragen:

1. **Wie lassen sich Differenzen im Verhalten von Familien zur alltäglichen Mahlzeitengestaltung erklären?**
   a. Inwiefern unterscheiden sich Familien in ihrem Verhalten zur alltäglichen Mahlzeitengestaltung?
   b. Welchen Beitrag leisten kulturelle Ideen zur Erklärung von Differenzen im Verhalten von Familien zur alltäglichen Mahlzeitengestaltung?
   c. Welchen Beitrag leisten konkrete Erwerbsarbeits- und Betreuungsarrangements der Eltern zur Erklärung von Differenzen im Verhalten von Familien zur alltäglichen Mahlzeitengestaltung?
2. **Wie lassen sich Differenzen in der Konflikthaftigkeit bezüglich des Verhaltens zur alltäglichen Mahlzeitengestaltung von Familien erklären?**
   a. Inwiefern besteht bezüglich des Verhaltens zur alltäglichen Mahlzeitengestaltung Konflikthaftigkeit innerhalb der Familie?
   b. Welchen Beitrag leisten kulturelle Ideen zur Erklärung von Konflikthaftigkeit im Verhalten von Familien zur alltäglichen Mahlzeitengestaltung?
   c. Welchen Beitrag leisten konkrete Erwerbsarbeits- und Betreuungsarrangements der Eltern zur Erklärung von Konflikthaftigkeit im Verhalten von Familien zur alltäglichen Mahlzeitengestaltung?

Das Verhalten von Familien zur alltäglichen Mahlzeitengestaltung umfasst die Fragen, ob gemeinsame Mahlzeiten in der Familie stattfinden (Stattfinden), in welcher personellen Konstellation (Anwesende), wie viel Zeit die Familien für das gemeinsame Essen und die Zubereitung der Mahlzeiten aufwenden (zeitlicher Umfang), wie die gemeinsamen Mahlzeiten und deren Vor-, Zu- und Nachbereitung verlaufen, wobei Regeln, Routinen, Rituale und Kommunikation berücksichtigt werden (Ablauf), sowie die Frage, welches Familienmitglied die Zuständigkeit für die Vor-, Zu- und Nachbereitung sowie die Planung der Mahlzeiten übernimmt (Zuständigkeit).

Die Konflikthaftigkeit im Verhalten von Familien zur alltäglichen Mahlzeitengestaltung umfasst zum einen intrapersonelle Unvereinbarkeiten, Spannungszustände und Ambivalenzen des für die Aufgaben rund um die alltägliche Mahlzeitengestaltung hauptsächlich zuständigen Elternteils, die dem individuellen Wertesystem entgegenstehen (innere Widersprüche), zum anderen die offene Austragung von Konflikten zwischen den Familienmitgliedern, wie Auseinandersetzungen oder Streitigkeiten (Verhaltensweisen).

Um die Forschungsfragen zu beantworten, wurde eine empirische Studie durchgeführt, deren Ergebnisse in der vorliegenden Arbeit vorgestellt werden. Es sollen Erkenntnisse darüber gewonnen werden, wie Familien ihre alltäglichen Mahlzeiten organisieren und praktizieren und welche kulturellen und strukturellen Bedingungen das Verhalten der Familien zur alltäglichen Mahlzeitengestaltung beeinflussen. Hierbei werden Differenzen zwischen Familien in ihrem Verhalten zur alltäglichen Mahlzeitengestaltung innerhalb einer sozialen Schicht, der Mittelschicht, analysiert. Diesbezüglich werden die Bedeutung kultureller Ideen und die Bedeutung konkreter Erwerbsarbeits- und Betreuungsarrangements der Eltern untersucht, und zwar sowohl für die Erklärung von Differenzen zwischen den Familien in ihrem Verhalten zur alltäglichen Mahlzeitengestaltung als auch für die Erklärung von Konflikthaftigkeit im Verhalten zur alltäglichen Mahlzeitengestaltung der Familien.

Mit den Erkenntnissen zum Verhalten von Familien zur alltäglichen Mahlzeitengestaltung bietet die Arbeit einen neuen Beitrag zu den Diskussionen der Ernährungs- und Familiensoziologie. Da es sich bei gemeinsamen Mahlzeiten um ein identitätsstiftendes Element handelt, das der sozialen und kulturellen Abgrenzung dient, kommt ihnen umfassende gesellschaftliche Bedeutung zu. Gleichzeitig stellen sie eine soziale Angelegenheit dar. Das Essen in der Gemeinschaft, wie etwa der Familie, bildet einen Rahmen, der dem Zusammenkommen und dem Austausch der Mitglieder dient. Auf diese Weise wird die Mahlzeit zu einem Ort des Lernens und des Sich-Arrangierens mit anderen.

Über die Familie hinaus verschränken sich unter dem Dach der Mahlzeiten verschiedene soziologische Konzepte, so dass eine Betrachtung des gemeinsamen Essens in der Familie die Analyse mehrerer Themenstränge ermöglicht. In der vorliegenden Arbeit können hierzu das Konzept der Familie, der Haus- und Erwerbsarbeit, von Alltag und Lebensführung, der Genderrelationen, der sozialen Schichtzugehörigkeit sowie der Kultur gezählt werden. Wolf (2012) spricht in diesem Zusammenhang von einem „Schauplatz latenter Werthaltungen", Jackson (2009) von „food as a lens of family life". Eine umfassende Betrachtung der Familienmahlzeiten ermöglicht demnach Aufschlüsse, die weit über die eigentliche Mahlzeit und die damit verbundene (rein physiologische) Nahrungsaufnahme hinausgehen. Zudem ermöglicht die Forschung einen generellen Einblick in das Familienleben.

1.3   Übersicht über den theoretischen Ansatz

Der empirischen Studie wird ein Erklärungsansatz zugrunde gelegt, der die Bedeutung kultureller Ideen einerseits und die Bedeutung konkreter Erwerbs- und Betreuungsarrangements andererseits ins Zentrum stellt. Dabei geht es sowohl um die Erklärung von Differenzen im Verhalten von Familien zur alltäglichen Mahlzeitengestaltung als auch um die Erklärung von Konflikthaftigkeit im Verhalten von Familien zur alltäglichen Mahlzeitengestaltung.

Pfau-Effinger (2005, 3) begreift kulturelle Ideen als einen bedeutsamen Bestandteil von Kultur, der Weltsichten, Werte und Leitbilder beinhaltet und damit die Weichen für die Richtung stellt, in die Menschen ihren Interessen nachgehen. Damit knüpft sie sowohl an die Kulturdefinition von Neidhardt (1986, 11) an, der Kultur als ein „System kollektiver Sinnkonstruktionen" begreift, als auch an Weber (1988, 252), in dessen Definition Ideen eine weitreichende Bedeutung einnehmen, da Weltbilder als „Weichensteller" die Dynamik der Interessen beeinflussen.

Vor diesem Hintergrund werden kulturelle Ideen in der vorliegenden Arbeit in (1) kulturelle Werte (in Bezug auf die Ernährung) und (2) kulturelle Leitbilder (zum Verhältnis von Familie und Erwerbstätigkeit) untergliedert.

Kulturelle Werte beschreiben Vorstellungen eines Individuums oder einer Gemeinschaft über Zustände und Verhaltensweisen, die als erstrebenswert, moralisch oder ethisch gut betrachtet werden. Es handelt sich um „grundlegende bewusste oder unbewusste Vorstellungen vom Wünschenswerten, die die Wahl von Handlungsarten und Handlungszielen beeinflussen" (Kluckhohn 1951; zit. n. Peuckert 1992, 373 f.). Dabei bleiben kulturelle Werte als Ideale menschlichen Handelns langfristig konstant und sind im Zweifel wichtiger als der eigene Vorteil. Inglehart (1971) unterscheidet hierbei zwischen materialistischen Werten, die sich auf Bedürfnisse physiologischer und physischer Sicherheit beziehen, und postmaterialistischen Werten, die soziale, kulturelle oder intellektuelle Bedürfnisse einschließen.[3]

Bei kulturellen Leitbildern handelt es sich um Kombinationen einzelner Werte, die in Bezug auf komplexe gesellschaftliche Phänomene gebündelt werden, etwa

---

[3] Ronald Inglehart gilt als Hauptakteur der repräsentativen Befragungswelle des World Value Surveys (WVS), einer umfangreichen und weiträumigen Befragung über menschliche Werte, in der seit 1981 soziokulturelle, moralische, religiöse und politische Werte verschiedener Kulturen der Welt ermittelt werden. Siehe zum WVS: https://www.worldvaluessurvey.org/wvs.jsp. Das WVS ist aus den European Value Studies (EVS) hervorgegangen. Siehe zum EVS: https://europeanvaluesstudy.eu.

auf die Familie oder die Erwerbstätigkeit. Kulturelle Leitbilder zum Verhältnis von Familie und Erwerbstätigkeit beziehen dominierende Werte in Bezug
auf Geschlechterverhältnisse ein, die innerfamiliär, aber auch gesellschaftlich
vorherrschend sind. Pfau-Effinger fasst derartige „Leitbilder in Bezug auf die
Geschlechterbeziehungen und die Formen der geschlechtsspezifischen Arbeitsteilung" (Pfau-Effinger 2005, 3) als einen „Teil des allgemeinen kulturellen
Systems" (Pfau-Effinger 2005, 3) und bezeichnet sie als „Geschlechterkultur"
(Pfau-Effinger 2000, 69) oder „gender culture" (Pfau-Effinger 1998b, 151).

Sie stellt einen theoretischen Ansatz zur Klassifikation idealtypisch verschiedener geschlechterkultureller Familienmodelle vor, von denen insgesamt fünf eine
besondere Relevanz für die Entwicklung von westeuropäischen Gesellschaften in
der zweiten Hälfte des 20. Jahrhunderts hatten: (1) Das „familienökonomische
Modell", in dem beide Eltern im landwirtschaftlichen oder kleingewerblichen
Betrieb tätig sind, (2) das „Hausfrauenmodell der männlichen Versorgerehe", in
dem der Mann in Vollzeit berufstätig ist, während die Frau die alleinige Verantwortung für die Familienarbeit übernimmt, (3) das „Vereinbarkeitsmodell der
männlichen Versorgerehe", in dem der Mann in Vollzeit berufstätig ist, während die Frau in Teilzeit arbeitet und gleichzeitig die alleinige Verantwortung
für die Familienarbeit übernimmt, (4) das „Doppelversorgermodell mit außerhäuslicher Kinderbetreuung", in dem beide Eltern in Vollzeit erwerbstätig sind
und vorwiegend eine externe Kinderbetreuung herangezogen wird, und (5) das
„Doppelversorger-/Doppelbetreuer-Modell", in dem beide Eltern zu annähernd
gleichen Teilen in Teilzeit erwerbstätig sind und sich die Verantwortung für die
Familienarbeit partnerschaftlich teilen (Pfau-Effinger 2000, 87 f., 2005, 4).

Ein weiterer Faktorenkomplex beinhaltet die konkreten Erwerbsarbeits- und
Betreuungsarrangements der Eltern. Sie werden zum einen zur Erklärung von
Differenzen im Verhalten von Familien zur alltäglichen Mahlzeitengestaltung
ins Zentrum gestellt, zum anderen zur Erklärung von Konflikthaftigkeit im
Verhalten von Familien zur alltäglichen Mahlzeitengestaltung. Die konkreten
Erwerbsarbeits- und Betreuungsarrangements der Eltern konzentrieren sich auf
die Arrangements zwischen (1) der Erwerbssituation der Eltern und (2) der
Betreuungssituation der Kinder.

Bezüglich der Erwerbssituation der Eltern werden in der vorliegenden Arbeit
die konkreten Arbeitszeitformen der Eltern betrachtet. Hierzu können die Dauer,
die zeitliche Lage, der Grad der Flexibilität und die Art der Flexibilität (selbst-
oder fremdbestimmt) der Erwerbsarbeit der Eltern gezählt werden. Ferner ist für
die Erwerbssituation der Eltern auch der Ort des Arbeitsplatzes relevant, insbesondere die Unterscheidung zwischen Homeoffice-Tätigkeiten und aushäusiger
Erwerbsarbeit.

Gleichermaßen spielt die Betreuungssituation der Kinder eine wichtige Rolle, wenn es um die Erwerbsarbeits- und Betreuungsarrangements der Eltern geht. Unter diesem Aspekt werden die häuslichen An- und Abwesenheiten der Kinder sowie die Zeitdauer und -lage der häuslichen Abwesenheiten in die Analyse einbezogen.

Basierend auf vorangehenden theoretischen Ausführungen zu kulturellen Ideen einerseits und zu konkreten Erwerbs- und Betreuungsarrangements andererseits liegen der vorliegenden Arbeit die folgenden vier forschungsleitenden Annahmen zugrunde:

1. Kulturelle Ideen spielen eine zentrale Rolle für die Erklärung von Differenzen zwischen Familien in ihrem Verhalten zur alltäglichen Mahlzeitengestaltung.
2. Kulturelle Ideen spielen eine zentrale Rolle für die Erklärung von Konflikthaftigkeit im Verhalten von Familien zur alltäglichen Mahlzeitengestaltung
3. Die konkreten Erwerbsarbeits- und Betreuungsarrangements der Eltern spielen eine zentrale Rolle für die Erklärung von Differenzen zwischen Familien in ihrem Verhalten zur alltäglichen Mahlzeitengestaltung.
4. Die konkreten Erwerbsarbeits- und Betreuungsarrangements der Eltern spielen eine zentrale Rolle für die Erklärung von Konflikthaftigkeit im Verhalten von Familien zur alltäglichen Mahlzeitengestaltung.

Die forschungsleitenden Annahmen werden in den nachfolgenden Unterkapiteln begründet. Hierbei wird zunächst dargelegt, warum kulturelle Ideen sowohl für die Erklärung von Differenzen zwischen Familien in ihrem Verhalten zur alltäglichen Mahlzeitengestaltung relevant sein könnten (Annahme 1) als auch für die Erklärung von Konflikthaftigkeit im Verhalten von Familien zur alltäglichen Mahlzeitengestaltung (Annahme 2). Anschließend wird erläutert, warum die konkreten Erwerbsarbeits- und Betreuungsarrangements der Eltern sowohl für die Erklärung von Differenzen zwischen Familien in ihrem Verhalten zur alltäglichen Mahlzeitengestaltung (Annahme 3) als auch für die Erklärung von Konflikthaftigkeit im Verhalten von Familien zur alltäglichen Mahlzeitengestaltung (Annahme 4) von Bedeutung sein könnten.

Die erste forschungsleitende Annahme postuliert, dass kulturelle Differenzen zwischen den Familien für die Erklärung von Differenzen in ihrem Verhalten zur alltäglichen Mahlzeitengestaltung relevant sind. Es wird davon ausgegangen, dass Unterschiede in den geschlechterkulturellen Familienmodellen zu Differenzen im Verhalten zur alltäglichen Mahlzeitengestaltung führen. Diese Differenzen lassen sich besonders deutlich anhand der Zuständigkeiten für die Vor-, Zu- und Nachbereitung sowie die Planung der Mahlzeiten veranschaulichen. Während sich z. B.

das „Vereinbarkeitsmodell der männlichen Versorgerehe" (Pfau-Effinger 2000, 88) durch die alleinige Verantwortung der Mutter für die Familienarbeit aus- zeichnet und davon ausgegangen werden kann, dass hauptsächlich die Mutter die Verantwortung für die Aufgaben alltäglicher Mahlzeitengestaltung übernimmt, zeichnen sich das „Doppelversorgermodell mit außerhäuslicher Kinderbetreuung" (Pfau-Effinger 2000, 88) und das „Doppelversorger-/Doppelbetreuer-Modell" (Pfau-Effinger 2000, 88) durch eine partnerschaftliche Aufgabenteilung aus, die sich auch auf das Verhalten zur alltäglichen Mahlzeitengestaltung der Familien auswirken könnte.

Die zweite forschungsleitende Annahme bezieht sich ebenfalls auf die Bedeu- tung kultureller Ideen. Es wird davon ausgegangen, dass kulturelle Ideen eine zentrale Rolle für die Erklärung von Konflikthaftigkeit im Verhalten von Familien zur alltäglichen Mahlzeitengestaltung spielen, da die unterschiedlichen geschlech- terkulturellen Familienmodelle zu unterschiedlichen Konflikten im Verhalten der Familien zur alltäglichen Mahlzeitengestaltung führen können. Beispiels- weise könnten im „Doppelversorgermodell mit außerhäuslicher Kinderbetreuung" (Pfau-Effinger 2000, 88) auf Grund der Vollzeiterwerbstätigkeit beider Eltern eher zeitliche Konflikte auftreten als im „Vereinbarkeitsmodell der männlichen Ver- sorgerehe" (Pfau-Effinger 2000, 88), in dem die Frau in Teilzeit erwerbstätig ist.

Sowohl in Bezug auf die erste als auch auf die zweite forschungsleitende Annahme wird berücksichtigt, dass es sich bei dem theoretischen Ansatz zur Klassifikation der verschiedenen geschlechterkulturellen Familienmodelle nach Pfau-Effinger (2000) um einen idealtypischen Ansatz handelt. Demnach kann sich dieses Idealbild von den empirisch beobachtbaren Handlungen und Motiven der in dieser Arbeit untersuchten Familien abgrenzen, da den Familien innerhalb der verschiedenen Modelle individuelle Gestaltungsspielräume zukommen.

Ferner wird davon ausgegangen, dass Differenzen in den Erwerbsarbeits- und Betreuungsarrangements der Eltern eine zentrale Rolle für die Erklärung von Differenzen zwischen Familien in ihrem Verhalten zur alltäglichen Mahl- zeitengestaltung spielen (forschungsleitende Annahme 3). Zum einen können die Arbeitszeitformen der Eltern die Struktur der alltäglichen Mahlzeitengestal- tung der Familie beeinflussen. Z. B. lässt sich bei selbstbestimmter Flexibilität, durch Homeoffice-Tätigkeiten oder Selbstständigkeit, das Stattfinden gemeinsa- mer Mahlzeiten flexibel gestalten. Zum anderen ist hierbei die Betreuungssitua- tion der Kinder relevant. Sind die Kinder ganztägig abwesend von Zuhause, da sie z. B. eine Ganztagsschule besuchen und hier eine Mittagsverpflegung erhalten, bestehen deutliche Unterschiede im Verhalten zur alltäglichen Mahlzei- tengestaltung im Vergleich zu denjenigen Familien, in denen die Kinder bereits am Mittag nachhause kommen und in der Familie mit einer Mahlzeit versorgt werden. Dies betrifft nicht nur das Stattfinden gemeinsamer Mahlzeiten, sondern auch die Planung der Mahlzeiten sowie deren Vor-, Zu- und Nachbereitung. Die vierte forschungsleitende Annahme postuliert, dass Differenzen zwischen den Familien in den konkreten Erwerbsarbeits- und Betreuungsarrangements der Eltern für die Erklärung von Konflikthaftigkeit im Verhalten der Familien zur alltäglichen Mahlzeitengestaltung relevant sind. Davon wird ausgegangen, weil zwar Annahmen und Überzeugungen der Eltern dahingehend bestehen können, dass gemeinsame Familienmahlzeiten wichtig sind, diese sich jedoch auf Grund der Arbeitszeitformen der Eltern oder der Betreuungssituationen der Kinder nicht realisieren lassen. Darüber hinaus können unterschiedliche Vorstellungen und Überzeugungen der Eltern in Bezug auf das Verhalten zur alltäglichen Mahlzeitengestaltung der Familie zu Konflikten, wie Auseinandersetzungen oder Streitigkeiten, führen.

1.4   Übersicht über das methodische Vorgehen

Zur Durchführung der empirischen Studie wird eine Kombination verschiedener qualitativer Methoden herangezogen, deren Auswahl nachfolgend kurz erläutert wird.

Zu diesen Methoden gehört das „Tagebuchverfahren" (Herzka 1985; Alaszewski 2006). Über den Zeitraum von einer Woche dokumentieren die Mahlzeitentagebücher tägliche Routinen, Planungen, Motivationen und Abläufe der (gemeinsamen) Mahlzeiten in insgesamt 34 Familienhaushalten. Die Mahlzeitentagebücher wurden eigens für die Studie der vorliegenden Arbeit konzipiert und der Untersuchung zugrunde gelegt. Sie ermöglichen die präzise Untersuchung der Häufigkeiten, der personellen Konstellationen, der zeitlichen Ausgestaltung, des Verlaufs und der Zuständigkeiten für die Vor- und Zubereitung gemeinsamer Familienmahlzeiten. Auf diese Weise können Differenzen zwischen den Familien in ihrem Verhalten zur alltäglichen Mahlzeitengestaltung systematisch analysiert werden.

Es wurden weiter auch 34 „problemzentrierte Interviews" (Witzel 1982) in denselben Familienhaushalten, in denen zuvor die Mahlzeitentagebücher erhoben wurden, durchgeführt. Die Methode problemzentrierter Interviews wurde ausgewählt, da sie besonders geeignet ist, um bereits existierendes (theoretisches) Wissen über den Erkenntnisgenstand zu überprüfen und zu vertiefen und gleichzeitig die Erfahrungen, Wahrnehmungen und Reflexionen der Interviewten im

Mittelpunkt stehen. Außerdem wird durch die teilweise vorhandene Standardisierung die Vergleichbarkeit verschiedener Interviews vereinfacht (Kurz et al. 2007), wodurch die Differenzen zwischen den Familien untersucht werden können. Die problemzentrierten Interviews bieten nicht nur die Möglichkeit, die in den Mahlzeitentagebüchern gewonnenen Erkenntnisse zu vertiefen, sondern gestatten darüber hinaus auch die Untersuchung individueller Motive, Gründe und Muster im Verhalten der Familien zur alltäglichen Mahlzeitengestaltung. Außerdem ermöglichen sie die Analyse von Konflikthaftigkeit unter besonderer Berücksichtigung der Bedeutung kultureller Ideen einerseits und der Bedeutung konkreter Erwerbs- und Betreuungsarrangements andererseits.

Insgesamt kann die Kombination des Tagebuchverfahrens mit anschließenden problemzentrierten Interviews als besonders geeignet angesehen werden, da sich zum einen in den Interviews direkt auf die Tagebücher bezogen werden kann (Wilz/Brähler 1997), zum anderen Widersprüche und Diskrepanzen in den Einstellungen der Befragten zwischen den Mahlzeitentagebüchern und den Interviews untersucht werden können.

In jedem Haushalt wurde ein Familienmitglied ausgewählt, so dass sowohl das Ausfüllen der Mahlzeitentagebücher als auch die Durchführung der problemzentrierten Interviews mit demjenigen Elternteil erfolgten, der sich eher für die alltägliche Mahlzeitengestaltung der Familie zuständig sieht.[4]

Um den Beitrag kultureller Ideen zur Erklärung von Differenzen im Verhalten von Familien zur alltäglichen Mahlzeitengestaltung zu untersuchen, liegt der Arbeit ein Vergleich zwischen Ost- und Westdeutschland zugrunde: Ein Teil der Familien lebt in Dresden, der andere in Hamburg. Dieser Vergleich wurde deshalb gewählt, weil in beiden deutschen Großregionen unterschiedliche geschlechterkulturelle Familienmodelle vorherrschen (Pfau-Effinger/Smidt 2011).

Von besonderer Relevanz ist, dass in den neuen Bundesländern bis heute eher ein kulturelles Leitbild vorherrscht, das die „Geschlechterkultur" (Pfau-Effinger 2000, 69) schon in den Zeiten der DDR geprägt hat und das Pfau-Effinger und Smidt (2011) als „Doppelversorgermodell mit externer Kinderbetreuung" (Pfau-Effinger/Smidt 2011, 222) bezeichnen, während in Westdeutschland eher das kulturelle Leitbild des „Vereinbarkeitsmodells der männlichen Versorgerehe" (Pfau-Effinger/Smidt 2011, 222) maßgebend ist. Demnach sind in Ostdeutschland traditionell meist beide Eltern in Vollzeit erwerbstätig und es wird eine externe Kinderbetreuung herangezogen, während in Westdeutschland, sozusagen als ein Relikt der Hausfrauenehe, häufig der Vater in Vollzeit berufstätig ist und die

---

[4] Die Datenerhebung erfolgte zwischen September 2019 und Februar 2020.

Mutter in Teilzeit, die gleichzeitig die alleinige Verantwortung für die Familienarbeit übernimmt (Pfau-Effinger/Geissler 2002; Pfau-Effinger/Smidt 2011). Diese beiden – in Deutschland dominierenden – Modelle werden in der vorliegenden Arbeit fokussiert.

Auf Grund der Dominanz unterschiedlicher kultureller Leitbilder und den damit verbundenen unterschiedlichen geschlechterkulturellen Familienmodellen in Ost- und Westdeutschland ist davon auszugehen, dass sich auch Differenzen in der Konflikthaftigkeit innerhalb der Familie bezüglich des Verhaltens zur alltäglichen Mahlzeitengestaltung auf Grundlage der Ost-West-Unterschiede erklären lassen.

Bei der Auswahl der insgesamt 34 Haushalte stand eine größtmögliche Homogenität der Familien im Zentrum, um den Beitrag kultureller Ideen zur Erklärung von Differenzen im Verhalten von Familien zur alltäglichen Mahlzeitengestaltung und von Konflikthaftigkeit im Verhalten von Familien zur alltäglichen Mahlzeitengestaltung analysieren zu können, und auch, um weitere mögliche Einflussfaktoren auszuschließen zu können. Die konkreten Auswahlkriterien werden nachfolgend in aller Kürze dargelegt und begründet.

Da sich die symbolische Bedeutung von Mahlzeiten von Land zu Land unterscheidet, der Ess-alltag unterschiedlichen Mahlzeitenrhythmen unterliegt und kulturelle Prägungen zwischen den Generationen weitergegeben werden, ist für die Durchführung des Vergleichs zwischen Ost- und Westdeutschland von Bedeutung, dass beide Elternteile in Deutschland geboren und aufgewachsen sind, wobei in der Auswertung berücksichtigt wird, ob es sich hierbei um die alten oder die neuen Bundesländer handelt.

Berücksichtigung erfährt zudem die Anzahl der im Haushalt lebenden Personen, so dass es sich ausnahmslos um Kleinfamilien handelt, also lediglich zwei Generationen im gleichen Haushalt leben. Der Grund dafür ist, dass die Anwesenheit weiterer Familienmitglieder, z. B. im intergenerationellen Zusammenleben, auf die Arbeitsteilung oder die Organisation und Struktur des Essalltags einwirken kann. Hierbei ist auch die Anzahl der Kinder sowie deren Alter von Bedeutung, weshalb in allen untersuchten Familien zwei Kinder leben. Das jüngst von ihnen ist mindestens drei Jahre alt, da davon ausgegangen werden kann, dass die Kinder ab diesem Alter uneingeschränkt an den gemeinsamen Familienmahlzeiten partizipieren. Da in dieser Arbeit Geschlechterverhältnisse, insbesondere weiblich und männlich konnotierte Verhaltensmuster, von Bedeutung sind, werden ausschließlich heterosexuelle Elternpaare in die Analyse einbezogen. Alle Familien des Samples gehören der Mittelschicht an, deren spezifische kulturelle Muster sich über Grenzen hinweg abzeichnen (Reckwitz 2017), und leben im suburbanen

Raum, dessen Strukturen sich mit dem Wohnideal von Mittelschicht-Haushalten decken (Menzl 2014).

Vor der Kontaktaufnahme zu potenziellen Teilnehmenden an dem Forschungsprojekt wurden die suburbanen Räume rund um die Städte Hamburg und Dresden bestimmt. Hierfür wurden Isochronenkarten nach individuellen Kriterien für beide Städte erstellt und auf diese Weise Orte ausgewählt, die im Randgebiet der jeweiligen Stadt gelegen sind.[5] Daran anschließend wurden Grundschulen und Kitas in diesen Räumen recherchiert und die Einrichtungsleitungen kontaktiert. Diese leiteten die Informationen direkt an die Eltern weiter oder ermöglichten mir die Teilnahme an Elternabenden, um das Projekt persönlich vorzustellen. Zusätzlich wurden Aushänge mit Abreißzetteln in Sportvereinen, Mütterzentren, Stadtbüchereien, Jugendzentren, Gemeindezentren, Elterntreffs, Familientreffs sowie weiteren Grundschulen und Kitas ausgehängt. Teilweise kam ein Schneeballsystem zum Tragen, in dem meine Kontaktdaten von Teilnehmenden an weitere Familien weitergegeben wurden.

Das Sample setzt sich aus insgesamt 34 Familien zusammen, von denen 22 Familien in suburbanen Räumen Hamburgs leben und zwölf in suburbanen Räumen Dresdens. Unter den Hamburger Familien des Samples dominiert, mit 15 der 22 Familien, das „Arrangement der Vereinbarkeitsfamilie mit männlichem Hauptversorger", in dem die Mutter in Teilzeit erwerbstätig ist und der Vater in Vollzeit. Hingegen praktizieren sechs der 22 Hamburger Familien das „Arrangement der Doppelversorgerfamilie mit außerhäuslicher Kinderbetreuung", in dem beide Eltern in Vollzeit erwerbstätig sind. Eine der Hamburger Familien praktiziert das „Arrangement der Doppelversorger-/Doppelbetreuerfamilie", in dem beide Eltern in Teilzeit erwerbstätig sind.

Hingegen dominiert unter den Dresdener Familien des Samples, mit neun der zwölf Familien, das „Arrangement der Doppelversorgerfamilie mit außerhäuslicher Kinderbetreuung". In drei Dresdener Familien wird das „Arrangement der Vereinbarkeitsfamilie mit männlichem Hauptversorger" praktiziert.[6] Insgesamt weisen die Eltern der Familien beider Städte einen hohen Bildungsgrad auf,

---

[5] Die Isochronenkarten werden in Abschnitt 4.3.2 dargestellt.

[6] Da es sich bei den genannten Arrangements um die praktizierte Aufteilung der Erwerbsarbeit zwischen den Eltern handelt, wird in Bezug auf die Familien des Samples von den Bezeichnungen des theoretischen Ansatzes zur Klassifizierung idealtypisch verschiedener geschlechterkultureller Familienmodelle nach Pfau-Effinger abgewichen. Dieses Vorgehen liegt darin begründet, dass es sich bei den geschlechterkulturellen Familienmodellen um einen Komplex kultureller Vorstellungen von der „idealen" Familienform in Bezug auf Geschlecht, Betreuung und das Verhältnis zwischen Erwerbsarbeit und Familie handelt. Diese Idealvorstellungen können jedoch von dem letztlich praktizierten Verhältnis von Familie und Erwerbsarbeit abweichen, da kulturelle Ideale häufig nur teilweise realisierbar sind

der darin deutlich wird, dass mindestens ein Elternteil einen Hochschulabschluss hat.

Zur Auswertung der erhobenen Daten wird die qualitative Inhaltsanalyse nach Udo Kuckartz (2016) herangezogen, die sowohl für die Auswertung der Tagebücher als auch für die der Interviews die idealen Voraussetzungen bietet: Sie eröffnet die Möglichkeit, qualitative Daten theorie- und regelgeleitet sowie methodisch kontrolliert auszuwerten und mehrere Analyseschritte miteinander zu verbinden (Mayring 2010).

Zwar handelt es sich um einen qualitativen Forschungsansatz, der nicht den Anspruch der Repräsentativität der Ergebnisse erhebt, weil die Güte der Stichprobe von der „Abwesenheit von Verzerrungen in Bezug auf für die Forschungsfragestellung bedeutsame Merkmale" (Kelle/Kluge 2010, 41) abhängt und die Herausarbeitung von Handlungsmotiven im Zentrum steht (Small/Cook 2021). Dennoch wurde konzeptuelle bzw. inhaltliche Repräsentativität erreicht, da alle relevanten Fälle in der Stichprobe angemessen vertreten sind (Merkens 1997, 100), und die Ergebnisse lassen gewisse Verallgemeinerungen zum Verhalten zur alltäglichen Mahlzeitengestaltung von Kleinfamilien der Mittelschicht im suburbanen Raum zu.

1.5   Aufbau der Arbeit

Auf dieser Grundlage gliedert sich die Arbeit folgendermaßen: An die Einleitung schließt das 2. Kapitel mit einem Überblick und einer Diskussion zum aktuellen Stand der internationalen wissenschaftlichen Diskussion zum Thema der alltäglichen Mahlzeitengestaltung von Familien an. Der Themenkomplex des Mahlzeitenverhaltens wird aus sozialwissenschaftlicher Perspektive dargestellt und es werden für diese Arbeit relevante theoretische Ansätze und Befunde erläutert. Anschließend werden anhand einer Übersicht über die für das Thema der Arbeit relevanten nationalen und internationalen Studien fünf zentrale Themenstränge identifiziert: (1) die Dimension der kulturellen Ideen, (2) die Dimension der sozialen Ungleichheit, (3) die Dimension der Konflikthaftigkeit sozialer Interaktionen, (4) die Dimension der Familie und (6) die Dimension des geographischen Raums. Das Kapitel zeigt, dass bereits vielfältige Untersuchungen und Ergebnisse zum Verhalten von Familien zur alltäglichen Mahlzeitengestaltung

---

(Pfau-Effinger 2000, 70. 2004). Aus diesen Gründen wird in der vorliegenden Arbeit, in Bezug auf die Darstellung, Analyse und Diskussion der empirischen Daten, von praktizierten Familienarrangements anstelle von geschlechterkulturellen Familienmodellen gesprochen.

vorliegen, es jedoch gleichzeitig an einer systematischen Analyse von Differenzen im Verhalten von Familien zur alltäglichen Mahlzeitengestaltung zwischen verschiedenen Typen von Familien mangelt, in denen Vor-, Zu- und Nachbereitungsprozesse sowie Abläufe und deren Zusammenhänge regelgeleitet analysiert werden.

Im 3. Kapitel wird der theoretische Rahmen der Arbeit vorgestellt. Dazu werden zentrale Konzepte definiert sowie die forschungsleitenden Annahmen dargestellt und begründet. Zunächst werden die für die Fragestellungen dieser Arbeit zentralen Begrifflichkeiten *alltägliche Mahlzeitengestaltung* sowie *Konflikthaftigkeit* bestimmt. Anschließend wird auf Grundlage der aktuellen wissenschaftlichen Diskussion und der theoretischen Ausführungen ein Erklärungsmodell vorgestellt, das mögliche Einflussfaktoren auf das Verhalten zur alltäglichen Mahlzeitengestaltung von Familien und auf dessen Konflikthaftigkeit beinhaltet. Hierbei werden kulturelle Ideen sowie Erwerbsarbeits- und Betreuungsarrangements der Eltern als mögliche Erklärungen herangezogen. Diese Begrifflichkeiten werden im 3. Kapitel ebenfalls definiert. Weiter werden forschungsleitende Annahmen zur Wirkung dieser Einflussfaktoren formuliert und begründet.

An den theoretischen Rahmen schließt das 4. Kapitel an, in dem der methodologische Ansatz beschrieben wird. Zunächst wird die Auswahl der Methoden, unter Einbezug einschlägiger Methoden-Literatur, dargestellt und begründet. Im Zentrum stehen dabei das Tagebuchverfahren und die Methode der problemzentrierten Interviews. Dabei werden auch die Gestaltung der eigens konzipierten Mahlzeitentagebücher und der Aufbau des Interviewleitfadens dargestellt. Nachfolgend werden die Auswahl der Vergleichsregionen und, darauf bezogen, die Auswahl der beiden Vergleichsstädte, Hamburg und Dresden, erläutert und begründet. Anschließend stellt der Abschnitt die Kriterien für die Auswahl des Samples vor, beschreibt die Rekrutierungswege für die Teilnehmenden sowie die Art der Kontaktaufnahme und gibt eine Übersicht über die Zusammensetzung des Samples. Anschließend werden die Art der Datenerhebung und Probleme der Datenerhebung geschildert. Das Kapitel stellt außerdem dar, wie die zentralen Dimensionen operationalisiert wurden. Abschließend werden das Analyseverfahren der qualitativen Inhaltsanalyse, das Kategoriensystem sowie das zur Auswertung der Daten verwendete Computerprogramm MAXQDA beschrieben.

Im 5. Kapitel der Arbeit werden die Ergebnisse der empirischen Untersuchung dargestellt. In einem ersten Schritt geht es darum zu zeigen, welches die übergreifenden Gemeinsamkeiten in Bezug auf das Verhalten zur alltäglichen Mahlzeitengestaltung von Familien sind, die aus der empirischen Untersuchung hervorgehen. Die Analyse der Ergebnisse des Vergleichs erfolgt zunächst für beide Städte getrennt, entlang der zentralen Untersuchungsdimensionen. Hierbei werden die jeweils charakteristischen Merkmale der alltäglichen Mahlzeiten-gestaltung in Dresden und Hamburg untersucht und anschließend in einem Ost-West-Vergleich gegenübergestellt. Es wird eine Typologie von Familien in Bezug auf ihre Mahlzeitenverhalten vorgestellt, die auf den Analysen beruht. Anschließend werden die Ergebnisse zur Konflikthaftigkeit im Verhalten der Familien zur alltäglichen Mahlzeitengestaltung entlang der zentralen Untersuchungsdimensionen dargelegt. Das Kapitel mündet in einer Zusammenfassung der zentralen Ergebnisse.

Kapitel 6 beinhaltet die Interpretation und Diskussion der Forschungsergebnisse. Zunächst wird anhand verschiedener Gemeinsamkeiten zwischen den untersuchten Familien eine gemeinsame deutsche Esskultur sowie eine gemeinsame kulturelle Grundlage im Verhalten zur alltäglichen Mahlzeitengestaltung von Mittelschicht-Familien diskutiert. Bevor die zwischen den Familien identifizierten Differenzen unter Rückbezug auf unterschiedliche kulturelle Traditionen zwischen Ost- und Westdeutschland besprochen werden, wird sich noch einmal im Detail dem Themenbereich der Aufgabenteilung zwischen den Geschlechtern gewidmet. Anschließend wird die identifizierte Konflikthaftigkeit im Verhalten zur alltäglichen Mahlzeitengestaltung der Familien diskutiert und interpretiert, und zwar sowohl auf latenter als auch auf manifester Konfliktebene. Das Kapitel schließt mit einer Diskussion der zentralen Ergebnisse der empirischen Untersuchung unter Bezugnahme auf die vier forschungsleitenden Annahmen.

Es folgt im 7. Kapitel eine Zusammenfassung der Ergebnisse sowie die konkrete Beantwortung der zentralen Fragestellungen. Die Arbeit schließt mit einem Gesamtfazit in Kapitel 8, in dem das Vorgehen sowie die Ergebnisse noch einmal zusammenfassend dargestellt und reflektiert werden. Darüber hinaus beinhaltet das Kapitel einen detaillierten Ausblick in Hinblick auf zukünftige Forschung und eine (selbst-)kritische Reflexion der Grenzen der Aussagekraft der Ergebnisse.

Stand der Forschung: Sozialwissenschaft des Essens

Insgesamt handelt es sich bei dem Forschungsbereich der Ernährungssoziologie um ein im deutschen Sprachraum relativ junges Themengebiet. Der Aufsatz „Soziologie der Mahlzeit" von Georg Simmel aus dem Jahr 1910, der die vergemeinschaftenden Aspekte des gemeinsamen Essens und Trinkens herausarbeitet, gilt als richtungsweisend (Simmel 2017).

Die sozialwissenschaftliche Perspektive auf das Essen geht dabei über eine rein naturwissenschaftliche Betrachtung des Themenfeldes hinaus (Douglas 1972).[1] Die Naturwissenschaft vermittle die Vorstellung, dass Essen ein rein physiologisches Bedürfnis sei, um den menschlichen Körper mit Nährstoffen zu versorgen, und reduziere das Essen somit auf einen organischen Funktionszusammenhang (Lemke 2007, 1 f.):

> *Während das traditionelle naturwissenschaftliche Paradigma der Ernährungswissenschaft das Essen als ein physiologisches Phänomen denkt und das Nahrungsgeschehen lediglich zu einer „natürlichen" Funktion des Körpers erklärt, bringt die esskulturtheoretische Reflexion den Grundgedanken ins Spiel, dass die Ernährung im Wesentlichen ein kulturell konstruiertes Geschehen ist, in dem sich unsere individuelle und gesellschaftliche Identität „verkörpert". (Lemke 2007, 1 f.)*

---

[1] Lemke (2007) definiert das Symposium zum Kulturthema Essen des Jahres 1989 als den "Zeitpunkt, an dem der nutritive Funktionalismus des [...] naturwissenschaftlich geprägten Ernährungsbewusstseins zum ersten Mal kritisch hinterfragt wurde" (Lemke 2007, 1). Dieses Symposium habe einen cultural turn in der traditionellen Ernährungswissenschaft herbeigeführt.

L. E. Pöhls, *Über den Tellerrand*, https://doi.org/10.1007/978-3-658-43146-4_2

In diesem Zusammenhang zeigt sich auch die unterschiedliche Bedeutung der Begriffe Essen und Ernährung[2], anhand derer eine Verknüpfung der Nahrungsaufnahme mit kulturellen Elementen deutlich wird:

> *Mit dem Begriff Ernährung wird, im Gegensatz zu dem des Essens, die kognitiv-rationale Komponente – die bewusste Handlung vollziehende Ebene – des Menschen angesprochen. Der Begriff des Essens umfasst die gesamte Erlebnissphäre der Nahrungsaufnahme, wie z. B. die sozialen Kontakte und die Empfindungen vor, während und nach dem Essen. (Leitzmann 2005, 244)*

Ernährung begreift das Essen und Trinken als lebensnotwendiges und nicht delegierbares Grundbedürfnis zur Erhaltung des menschlichen Stoffwechsels, da ohne die regelmäßige und ausreichende Zufuhr von Nährstoffen kein Mensch überleben könne (Leonhäuser et al. 2009). Vereinfacht stellt es Heindl dar, die erklärt, dass mit den Sinnen gegessen und sich mit dem Verstand ernährt werde (Heindl 2003, 29).

Für die Sozialwissenschaft des Essens sind neben kulturellen Faktoren auch sozial-strukturelle, gruppenspezifische und personale Rahmenbedingungen von Bedeutung (Kutsch 1993). Daran anknüpfend werden in den nachfolgenden Unterkapiteln, neben der bereits andiskutierten Dimension kultureller Ideen (Abschnitt 2.1), die Dimension sozialer Ungleichheit (Abschnitt 2.2) und die Dimension der Konflikthaftigkeit sozialer Interaktionen (Abschnitt 2.3) dargelegt. Von besonderer Relevanz für die vorliegende Arbeit ist zudem die Dimension der Familie (Abschnitt 2.4). Aus der Aufarbeitung der internationalen wissenschaftlichen Diskussionen zur Dimension der Familie gehen die folgenden zentralen Themenkomplexe hervor: die Bedeutung gemeinsamer Familienmahlzeiten (Abschnitt 2.4.1), Veränderungen im Verhalten zur alltäglichen Mahlzeitengestaltung (Abschnitt 2.4.2) und die weibliche Verantwortung für die Aufgaben alltäglicher Mahlzeitengestaltung der Familie (Abschnitt 2.4.3). Darüber hinaus ist die Dimension des geographischen Raums (Abschnitt 2.5) für den Untersuchungsgegenstand der vorliegenden Arbeit relevant. Verschiedene sozialwissenschaftliche Studien innerhalb Deutschlands zeigen Unterschiede im Ernährungsverhalten zwischen Ost- und Westdeutschland, denen hauptsächlich quantitative Erhebungen zugrunde liegen (Abschnitt 2.5.2), sowie den Einfluss unterschiedlicher Raumkategorien auf das Verhalten zur alltäglichen Mahlzeitengestaltung (Abschnitt 2.5.1). Insgesamt hebt das Kapitel verschiedene

---

[2] Siehe zur Unterscheidung der Begriffe Ernährung und Essen auch: Fieldhouse (2013); Rose et al. (2021a, 272).

Forschungsdesiderate hervor, die abschließend, ergänzt um die Innovation des Forschungsthemas, zusammenfassend dargestellt werden (Abschnitt 2.6).

2.1 Dimension der kulturellen Ideen

Die französischen Soziologen und Ethnologen Marcel Mauss und Émile Durkheim (1971) begreifen den Bereich des Essens und Trinkens als ein „soziales Totalphänomen" (Teuteberg 1979, 276), da es eine umfassende Bedeutung für alle sozialen Lebensfelder sowie kulturelle Wirkkraft besitze (Barlösius 2016). Da die Menschen ihre Nahrungsaufnahme von Beginn an kulturell gestaltet haben, handelt es sich bei den Themen Essen und Trinken, neben der biologischen Notwendigkeit, um kulturelle Phänomene (Kleinspehn 1987), die auch die Auswahl von, den Umgang mit und die Zubereitung von Nahrung umfassen können (Rath 1984). Trummer (2014) sieht in der Auswahl der Nahrungsmittel ein unsichtbares Regelsystem der Kultur, das eine erhebliche Macht auf unser tägliches Essverhalten ausübe (Trummer 2014, 75). In verschiedenen Kulturkreisen sind unterschiedliche Lebensmittel von zentraler Bedeutung (Junk 2010), wobei die Nahrungsaufnahme weder beliebig noch unstrukturiert erfolge (Douglas 1972):

> Es wird keineswegs wahllos alles zur Ernährung benutzt, was sich dazu eignet: vielmehr [sic] wird in jeder Kultur eine Auswahl getroffen und verbindlich gemacht, die mit den obersten Vorstellungen dieser Kultur zusammenhängt. So erhält also die Ernährung eine sozial-kulturelle Bedeutung. (König 1965, 494)

Insgesamt bestehe die Esskultur aus einer Reihe kulturell vermittelter Praktiken und Einstellungen, die nicht nur symbolisch aufgeladen und historisch überliefert sei, sondern auch verschiedenen Einflüssen unterliege. Unterschiedliche Ernährungsweisen hängen stark mit historischen und kulturellen Bedingungen zusammen, biologische Konstanten rücken in den Hintergrund:

> [...] [D]ie Art der Verarbeitung und Zubereitung sowie der Ablauf und Zeitpunkt des Verzehrs einer Speise unterliegen kulturspezifischen Regeln und Wertsystemen, in die jedes einzelne Individuum hineingeboren wird. Als Kulturtätigkeit erfüllt Essen jedoch gleichzeitig den Zweck [sic] soziale Gemeinschaften mit zu formen, zu erhalten und weiterzuentwickeln und ist somit auch als Kultur gestaltend zu verstehen. Nahrungsordnungen sind dabei keineswegs starr, sondern einer ständigen Veränderung unterworfen [...]. (Hungry for Science 2016, 1)

Es zeigen sich kulturell verschiedene Normen, die sozial vermittelt und bewertet werden (Schütz 1979). In der Familie, und in anderen Lebensbezügen, finden kulturelle Aneignungsprozesse (Barlösius 2016) und soziale Ausdeutungen und Aushandlungen von raum-zeitlichen und personalen Strukturen statt, so dass das Ernährungsverhalten durch kulturell geltende Normen und Werte geprägt werde. Gesellschaftliche Ernährungsnormen bilden dabei jedoch keine feste Größe, sondern stehen in einer Wechselwirkung mit dem gesellschaftlichen Wandel, so dass Veränderungen retrospektiv festgestellt werden können (Leonhäuser et al. 2009, 21 f.). In „Über den Prozess der Zivilisation" beschreibt Norbert Elias (1997) die Entwicklung von Tischsitten und der Verwendung von Esswerkzeugen über die Jahrhunderte. Das eigentlich triebhafte Bedürfnis zu essen werde durch Vorstellungen und Erwartungen kultiviert und zivilisiert (Leonhäuser et al. 2009, 21).

Lück und Diabaté (2015, 27) zufolge ist die Untersuchung kultureller Phänomene und ihres Einflusses auf das Verhalten von Familien in der empirischen Forschung bis heute unterrepräsentiert. Daher leistet die vorliegende Arbeit einen Beitrag zur Erschließung dieses Themenkomplexes.

2.2   Dimension der sozialen Ungleichheit

Pierre Bourdieu (1991) stellt in seinem Werk „Die feinen Unterschiede" das als kulturelles Kapital habitualisierte Zustandekommen von Ernährungshandeln und Ernährungsverhalten dar. Anhand von Datenmaterial zu Einkommensverhältnissen, Schulbildung, Berufsqualifikation und sozialer Herkunft der französischen Gesellschaft der Sechziger- und Siebzigerjahre formuliert Bourdieu seine klassentheoretischen Untersuchungen und bezeichnet das Ernährungsverhalten als ein Spezifikum der Klassenzugehörigkeit (Junk 2010). Durch die Erziehung werde sich ein *Habitus* angeeignet, der durch die soziale Herkunft bedingt sei und die Zugehörigkeit zu einer Klasse darstelle (Leonhäuser et al. 2009, 22). Der Habitus charakterisiert eine durch soziale Praxis in Fleisch und Blut übergehende Struktur von Denk-, Sicht- und Handlungsweisen (Ackermann 2016, 84), wobei die gesellschaftliche Stellung der Eltern über die Gestalt des Habitus entscheide (Meyer 2018b, 175). Beim gemeinsamen Essen handle es sich um eine soziale Gegebenheit, bei der viele habitusbedingte Unterscheidungen vorgenommen und sichtbar werden Meyer 2018b, 176). Abhängig von der schichtspezifischen Herkunft werde ein Luxus- oder Notwendigkeitsgeschmack ausgeprägt und gelebt (Meyer 2018a, 142 f.). In diesem Zusammenhang wird häufig der Begriff des Ernährungshabitus verwendet (Reitmeier 2013, 137, 2014, 118; Meyer 2018b,

175). Dabei wird der Esserziehung in der Kindheit eine große Bedeutung für das gegenwärtige Ernährungsverhalten zugeschrieben:

Kinder lernen vor allem erst einmal in ihren Familien die eigene Esskultur kennen, Speisen und Formen des Essens, die sich von allen anderen aufgrund des familiären Hintergrundes stark voneinander unterscheiden können. (Meyer 2018a, 142 f.)

Der Umgang mit Nahrung werde in einem Sozialisationsprozess, meist in der eigenen Familie, erlernt (Brombach o. D.; Schlegel-Matthies 2011, 27 f.). Für die Nahrungsmittelwahl, Präferenzen und den Umgang mit Nahrung seien vor allem kulturelle Prägungen verantwortlich. Die in der Kindheit gesammelten Gewohnheiten und Geschmackserfahrungen begleiten uns unser Leben lang (Brombach o. D.).

Unterschiede zwischen Familien in ihrem Verhalten zur alltäglichen Mahlzeitengestaltung werden in der aktuellen wissenschaftlichen Diskussion häufig auf soziale Unterschiede, auf der Basis von Schichtdifferenzen, zurückgeführt. Ein Beispiel aus dem deutschsprachigen Raum bildet die Studie „Essalltag von Familienhaushalten zwischen privatem und öffentlichem Raum" von Leonhäuser et al. (2009), die untersucht, wie die Anforderung an die Ernährungsversorgung von Familien berufstätiger Eltern mit zwei Kindern in Deutschland zu Beginn des 21. Jahrhunderts konkret organisiert und gestaltet ist. Hierbei nehmen die Wissenschaftlerinnen berufstätige Mütter aus verschiedenen Bildungs- und Berufsgruppen in den Blick und untersuchen deren Sinnsetzungen und Ansprüche, die sie mit der täglichen Ernährungsversorgung verbinden (Evers et al. 2009, 67). Es stellt sich heraus, dass Mütter, um den Herausforderungen gerecht zu werden, verschiedene Ernährungsversorgungsstile entwickeln, die sich je nach Bildungsstand und beruflicher Einbindung voneinander unterscheiden. So streben Frauen mit einem höheren Bildungsabschluss eher einen gesunden Ernährungsstil an, während der Essalltag von Frauen mit niedrigem Bildungsabschluss eher ungesund gestaltet wird (Krüger 2011). Auf der Grundlage ihrer Daten generieren die Wissenschaftlerinnen in Familienhaushalten von erwerbstätigen Müttern sieben Ernährungsversorgungstypen (Leonhäuser et al. 2009, 143 ff.).

Ausgeweitet auf einen internationalen Kontext zeigen eine Vielzahl sozialwissenschaftlicher Studien, dass im Lebensmittelkonsum schichtspezifische Unterschiede existieren, beispielsweise die Ernährungsweisen in höheren sozialen Schichten häufiger im Einklang mit diätischen Empfehlungen stehen als in niedrigeren (Calnan/Cant 1990; Mennell et al. 1993; Popkin et al. 1996; Wills et al. 2011). Hupkens et al. (2000) fassen diesbezüglich zusammen:

> *Middle-class people generally have healthier diets than lower-class people. Conside-*
> *rations that underlie choices of foodstuffs may explain this class difference in eating*
> *habits. Qualitative studies on food beliefs show that lower-class mothers consider*
> *health less frequently in their choice of food, while they take the preferences of family*
> *members and expenses more often into account than their middle-class counterparts.*
> *(Hupkens et al. 2000, 108)*

Auch wird betont, dass die Schichtzugehörigkeit in Zusammenhang mit dem
Stattfinden, der Bedeutung und der zeitlichen Ausgestaltung gemeinsamer Familienmahlzeiten steht (Devine et al. 2006; Jabs/Devine 2006; Backett-Milburn et al.
2010; Sever 2014; Jarosz 2017).

Zwar sind die Forschungen zur Bedeutung von Schichtdifferenzen durchaus
relevant, Differenzen zwischen Familien innerhalb einer sozialen Schicht bleiben
jedoch weitestgehend unberücksichtigt. Es zeigt sich ein Mangel an Forschung
zur Bedeutung weiterer Einflussfaktoren.[3]

2.3   Dimension der Konflikthaftigkeit sozialer Interaktionen

Die Konfliktsoziologie, oder auch Soziologie des sozialen Konflikts, lässt sich
auf verschiedene zentrale Konflikttheorien zurückführen, die nachfolgend exemplarisch aufgezeigt werden. Den Ausgangspunkt bilden strukturtheoretische Kon-
fliktansätze auf der Makroebene (Lenz 2019, 1), wie die durch Marx und Engels
(2016) geprägte Theorie des Klassenkampfs:

> *Die Sozialwissenschaft hatte die Thesen von Karl Marx und Friedrich Engels wahr-*
> *genommen, dass vor allem die menschliche Praxis und nicht die Philosophie die*
> *Gesellschaft verändern kann und dass die Geschichte ein Resultat von Klassenkämp-*
> *fen sei. Während also Konflikte in dieser Sicht die Entwicklung des Kapitalismus*
> *und der modernen Gesellschaft bestimmen, bleiben sie zugleich sozialstrukturell*
> *mit der Klassen- und Herrschaftsstruktur verklammert: Demnach resultieren sie aus*
> *Strukturen sozialer Ungleichheit, die sie zugleich reflektieren. (Lenz 2019, 2 f.)*

Ausführliche Darstellungen der Konflikttheorie von Karl Marx werden von Demirović (2002), Nollert und Budowski (2020) sowie Schmitt (2012b) vorgenommen.
In Kontrast zu den theoretischen Ansätzen auf der Makroebene steht die Konflikttheorie bzw. der Streitbegriff Simmels (1908), der sich auf die Interaktionen und

---

[3] Die in diesem Zusammenhang relevante Klassentheorie Pierre Bourdieus wird im Stand der
Forschung der vorliegenden Arbeit aufgegriffen. Siehe Abschnitt 2.2.

das Sinnverstehen der Agierenden konzentriert (Lenz 2019, 1) und den Konflikt als eigenständigen Gegenstand der Betrachtung auffasst (Schmitt 2012a, 82). Stark (2002) fasst die Kernaussage von Simmels Konflikttheorie wie folgt zusammen:

> *Konflikte sind keine Ausnahme oder Erscheinungen, welche die „Ordnung" der Gesellschaft in Gefahr bringen. Dort wo man sie als Formen verstehen kann, stellen sie nicht die Gesellschaft in Frage, sondern sind die Gesellschaft. Sie sind selbst eine spezifische Form der Vergesellschaftung, ebenso wie etwa die „Geselligkeit" oder die „Familie". (Stark 2002, 85)*

Als eine besondere Form des Konflikts begreift Simmel den Familienkonflikt, den er als *Streitform sui generis* bezeichnet:

> *Seine Ursache, seine Zuspitzung, seine Ausbreitung auf die Unbeteiligten, die Form des Kampfes wie die der Versöhnung ist durch seinen Verlauf auf der Basis einer organischen, durch tausend innere und äußere Bindungen erwachsenen Einheit völlig eigenartig, mit keinem sonstigen Konflikt vergleichbar. (Simmel 1908, 292)*

Das Charakteristikum bzw. die Sonderrolle der Familie bestehe in einer *einheitlichen Wurzel*, aus der sie ihr Leben gestaltet und bewältigt:

> *Die rein personale, aus der Antipathie der Naturen entspringende Feindseligkeit ist freilich dem Friedensprinzip, ohne das die Familie auf die Dauer nicht bestehen kann, entgegengesetzt genug, allein gerade die Enge des Miteinanderlebens, die soziale und ökonomische Zusammengefasstheit, die einigermaßen gewalttätige Präsumtion der Einheit – alles dies bewirkt gerade besonders leicht Reibungen, Gespanntheiten, Oppositionen […]. (Simmel 1908, 292)*

An Simmels Konfliktsoziologie, die „offen für Kontingenzen, Prozessanalysen und Differenzierungen im weiten Spektrum des Konflikthandelns" (Lenz 2019, 1) ist und die Normalität und Produktivität sozialer Konflikte anerkennt, schließt Dahrendorf an (Kühne 2017, 29), der Konflikten eine schöpferische Kraft zuschreibt, „die versteinerte soziale Verhältnisse aufzulockern und neue Formen hervorzubringen vermag" (Dahrendorf 2019, 98). Hierbei bezieht sich Dahrendorf auf den Wandel von Institutionen, Gruppen und Gesellschaften (Dahrendorf 2019, 98). Unter einem modernen sozialen Konflikt begreift Dahrendorf (1959, 1994) ein antagonistisches Verhältnis von Anspruch und Angebot.

2.4   Dimension der Familie

Die Familie kann als ein Bindeglied zwischen Individuum und Gesellschaft verstanden werden und spielt somit eine bedeutende Rolle in der Soziologie (König
1996). Hierbei bildet die Familie, als „Grundeinheit der Gesellschaft" (Boos-
Nünning/Stein 2013, 7), einen Ort der Sozialisation (Grundmann/Wernberger
2015). In dieser Sozialisationsinstanz Familie übernimmt das Individuum gesellschaftlich bedingte Verhaltensweisen und integriert sich somit in die Gesellschaft
(Hurrelmann et al. 2015; Walper et al. 2015). Gleichzeitig umfasst die Familie
eine Vielzahl an Alltagshandlungsfeldern, zu denen auch gemeinsame Mahlzeiten
gezählt werden können. Die Bedeutung gemeinsamer Familienmahlzeiten wird
nachfolgend ausführlich dargestellt. Darüber hinaus werden Veränderungen im
Verhalten von Familien zur alltäglichen Mahlzeitengestaltung diskutiert sowie die
Verantwortlichkeiten für die Aufgaben alltäglicher Mahlzeitengestaltung.

2.4.1   Bedeutung der Familienmahlzeit: Viel mehr als Nahrungsaufnahme

Douglas (1972) erläutert in ihrem Aufsatz „Deciphering a Meal", dass die
gemeinsame Mahlzeit weit über die rein physiologische Bedürfnisbefriedigung
hinausgeht. Viel eher handle es sich bei der gemeinsamen Mahlzeit um ein
Konstrukt von Handlungs- und Verhaltensweisen. So verlange die Mahlzeit
nach einem Tisch und einer Sitzordnung und beinhalte das Verbot, den Tisch
ohne Erlaubnis zu verlassen oder sich mit anderen Dingen als dem Essen zu
beschäftigen.

2.4.1.1 Gemeinschaft

Mahlzeiten schaffen Struktur im familiären Alltag (Frank et al. 2019), wobei
sich jede Mahlzeit durch wiederholte Ähnlichkeiten institutionalisiere und damit
als Institution Mahlzeit wahrgenommen werde (Brombach 2011, 320). Das
Zusammenfinden „vermittle eine Sozialisierung in Bezug auf räumliche Nähe,
Kommunikation und das Teilen von kulturellen Regeln" (Brombach 2011, 320).
Dabei könne durch Routinen und Rituale ein Gefühl von Gemeinschaft, Zusam-
mengehörigkeit und Zugehörigkeit entstehen (Brombach 2011, 320). Barlösius
(2016) sieht Mahlzeiten als eine Gemeinschaft schaffende Einrichtung, Brombach
(2011, 320 f.) begreift das gemeinsame Essen als ein Symbol für den Zusammenhalt einer Familie. Eine Familienmahlzeit könne zu einer Familienzeit werden,

da die Mahlzeit in vielen Fällen der einzige Anlass am Tag sei, an dem sich die
Familie treffe, um sich auszutauschen (Brombach 2011, 321).

2.4.1.2 Tischgespräche

Die Tischgespräche seien nicht nur eine gute Gelegenheit, um Problem und Sorgen zu teilen, sondern auch um positive Erlebnisse zu berichten. Dadurch sind
die Eltern stärker in das Leben der Kinder eingebunden und gleichzeitig erfahren
die Kinder Zuspruch von den Eltern (Frank et al. 2019). Krüger bezeichnet die
Familienmahlzeit als eine Quelle für Wissen, Kompetenzerwerb und Erziehung
und fasst zusammen:

> *Hier werden Normen, Werte und kulturelle Bräuche weitergegeben. Die einzelnen
> Familienmitglieder finden Ansatzpunkte für die Schaffung von Gemeinschaft, die Aus-
> gestaltung der eigenen Identität und die Abgrenzung oder Zugehörigkeit zu Anderen.
> (Krüger 2011, 1)*

Barlösius (2016) bezieht sich auf die Studie von Keppler (1994) zum Thema
Tischgespräche, in der die Kommunikation bei Tisch sensibel analysiert wird.
Keppler untersucht, welche Bedeutung die Tischgespräche für die Reproduktion
der Familie haben. Dabei lautet ihre These, dass die Unterhaltungen bei Tisch
Familiensinn hervorbringen, da das gemeinsame Essen dazu befähigt, „differenzierte Fragen nach der Identität familiärer Gemeinschaft zu stellen" (Keppler
1994, 14). Anknüpfend an die Ergebnisse Kepplers kommt Barlösius zu dem
folgenden Schluss:

> *Tischgespräche haben also die Funktion, nicht nur ein gemeinsames Gedächtnis mit
> Erinnerungen und Erzählungen aufzubauen, wichtiger für den Zusammenhalt der
> Familie ist, dass sie eine bestimmte Art der Erinnerungspraxis entstehen lassen. Nicht
> die Geschichten selbst, sondern wie eine Familie sich erinnert und wie sie Gespräche
> aufrechterhält, wie sie mit Konflikten und Streitigkeiten umgeht – also die Regeln – sind
> das Entscheidende. (Barlösius 2016, 202)*

Auch Engelfried-Rave (2014) betrachtet den Esstisch als einen „Umschlagplatz
familialer Alltagskommunikation" (Engelfried-Rave 2014, 1) und somit auch als
einen Austragungsort von Konflikten, da insbesondere bei gemeinsamen Familienmahlzeiten verschiedene Generationen mit unterschiedlichen Charakteren und
Interessen aufeinandertreffen. Ähnlich formuliert es Reimers (2022):

Die [...] Figur des Esstisches thematisiert die konkrete Erfahrung der als räumlich und materiell verankerten Alltagspraxis des Essens und verweist dabei auf das Spannungsfeld zwischen individueller und kollektiv-gesellschaftlicher Praxis. (Reimers 2022, 163)

In den andiskutierten Studien zur kommunikativen Bedeutung von Essen, und darüber hinaus (Blum-Kulka 1997; Wilk 2010; Plinz 2017), wird der Esstisch als ein Austragungsort von Konflikten beschrieben. Umfassende Forschung zu Konflikthaftigkeit in der alltäglichen Mahlzeitengestaltung von Familien unter Einbezug konkreter Erklärungsfaktoren ist bisher jedoch nicht vorhanden.

2.4.1.3 Doing Family

Wolf (2012) erklärt, dass Tischsitten[4] beim Essen eine besondere Rolle spielen und diese während der Familienmahlzeit vermittelt werden. Klünder legt dar, dass bei den Mahlzeiten nicht nur Tischsitten eingehalten werden, sondern die in ihrer Studie befragten Mütter auch die sozial-kommunikativen Aspekte sowie die gemeinsam verbrachte Zeit während des Essens betonen, und fasst zusammen, dass die Mahlzeiten als wertvolle Familienzeit dienen und zum Doing Family[5] beitragen (Klünder 2018a, 14). Die gemeinsamen Mahlzeiten eröffnen hierbei die Möglichkeit, „sich als Familie zu erleben, zu verstehen und subjektive Überzeugungen von Familie aktiv im alltäglichen Leben herzustellen" (Meyer 2018b, 157).

In ihrem Beitrag „Essalltag und Doing Family" untersucht Bauer (2011), „wie deutsche und französische Zweiverdienerfamilien im Essalltag Familie als zusammengehörige Einheit herstellen, gestalten und inszenieren, welche Gemeinsamkeiten bestehen und wo sich kulturelle Unterschiede zeigen" (Bauer 2011, 1). Bauer sieht Mahlzeiten als eine zentrale Praxis von Familien, die der Schaffung von Gemeinschaft, dem Doing Family, dienen (Bauer 2011, 17). Über die eigentliche Mahlzeit hinaus seien für die Betrachtung des Doing Family im Essalltag weitere Aspekte, wie Beköstigungsaktivitäten, wozu die Planung und Organisation gezählt werden können, aber auch die Zubereitung und Nachbereitung von großer Bedeutung (Bauer 2011, 17):

Der Essalltag bietet vielfache Gelegenheiten für Doing Family und dient der Familie damit als Möglichkeit, sich als Familie wahrzunehmen. Die Beköstigungsaktivitäten bilden familiale Praktiken ab, deren Darbietung Auskunft über das Wie von Doing

---

[4] Siehe zur Thematik der Tischsitten auch: Barlösius (2016).

[5] Siehe zum Ansatz des Doing Family auch: Jurczyk (2020); Jurczyk et al. (2014).

Family geben kann. Innerhalb der Beköstigungsaktivitäten rücken insbesondere Praktiken wie Einkaufen und Kochen in den Fokus. Auch die Planung und Organisation, also die Vorbereitung und das Balancemanagement, können Aufschluss über den Eigen-Sinn von Familie geben. (Bauer 2011, 21)

2.4.1.4 Kochen als Gemeinschaftserlebnis

Eng verknüpft mit gemeinsamen Familienmahlzeiten ist auch die Zubereitung der Nahrungsmittel. Dabei handelt es sich beim Thema Kochen um ein kulturelles Element, da die Auswahl und Zubereitung der Lebensmittel bestimmten kulturellen Regeln folgt (Rath 1984; Kleinspehn 1987; Trummer 2014). Diese kulturellen Regeln können beim gemeinsamen Kochen von Generation zu Generation weitergegeben werden.

Darüber hinaus kann durch die Interaktion zwischen den einzelnen Familienmitgliedern Bindung und Gemeinschaft hergestellt werden. In diesem Zusammenhang sprechen Koerber und Kretschmer (2006, 183) von Kochen als soziales Gemeinschaftserlebnis in Familien oder Gruppen und betonen, dass dabei zudem die oft als mangelhaft beklagten kochtechnischen Fertigkeiten geschult werden. Auf diese Weise können die Generationen voneinander lernen und insbesondere die Kinder ein Gefühl der Zugehörigkeit erfahren, was auch darin begründet liegt, dass sie in Erwachsenentätigkeiten einbezogen werden:

Wenn Kinder bei der Essenszubereitung mithelfen, schafft dieses Gelegenheiten, Nahrungsmittel z. B. Gemüse, im „Originalzustand" und die Techniken der Zubereitung unmittelbar kennen zu lernen. Was muss man schälen, wie ist was essbar und was ist auch nicht essbar? Was schmeckt in welchem Zustand wie? Was ist gesund, was nahrhaft, welche Inhaltsstoffe haben einzelne Nahrungsmittel? Nebenbei werden Fingerfertigkeit und handwerkliche Geschicklichkeit trainiert. Kochen in einem geschützten Rahmen ist möglich; kindgerechter Umgang mit Küchengeräten ist erlernbar. Die Handlungskompetenz der Kinder wird erhöht, sie werden von Erwachsenen unabhängiger und erfahren Befriedigung und Bestätigung. (Dilfer et al. 2009, 218)

2.4.1.5 Einfluss auf das Ernährungsverhalten

Aus verschiedenen Studien geht hervor, dass gemeinsame Familienmahlzeiten insbesondere für die physiologische und psychische Gesundheit von Kindern von Belang sind.[6] Die Ergebnisse der Studie EsKiMo II legen dar, dass Kinder, die regelmäßig im Kreise der Familie essen, Ernährungsmuster aufweisen, die der Gesundheit förderlich sind. Dies betrifft z. B. den Konsum von Obst und Gemüse (Frank et al. 2019). Brombach erklärt dazu, dass Lebensmittelvorlieben und Ernährungsgewohnheiten am Familientisch geprägt werden und betitelt dies als „Geschmacksheimat" (Brombach 2014, 3); so werde das Verhalten der Kinder vor allem durch die Eltern geformt, die als Vorbilder agieren (Blake/Bisogni 2003):

> *Die Kinder lernen am Familientisch im Rahmen der gemeinsamen Mahlzeiten was –nach Ansicht der Eltern – richtig oder falsch, lecker oder ekelig, gesund oder ungesund ist. Hier werden Werte, Verhaltensweisen etc. vermittelt und intergenerationell weitergegeben. (Krüger 2011, 1)*

Ferner lernen die Kinder, „Autorität zu behaupten, Legitimierungsstrategien zu durchschauen und Kriterien für ein glaubwürdiges Verhalten zu entwickeln" (Audehm 2011, 102).

2.4.2 Veränderungen im Verhalten zur alltäglichen Mahlzeitengestaltung

In der aktuellen wissenschaftlichen Diskussion wird ein Rückgang der gemeinsamen Familienmahlzeiten beschrieben (Rose et al. 2021b, 14), da es durch die unterschiedlichen Zeitrhythmen von erwerbstätigen Müttern wie Vätern und schulpflichtigen Kindern immer schwieriger werde, gemeinsame Zeiten am Familientisch zu finden, weshalb nacheinander und nicht mehr miteinander gegessen werde (Schlegel-Matthies 2002):

> *Wir beobachten einen schleichenden Wandel in unserem Umgang mit Mahlzeiten. Zeitrhythmen verändern sich, die klassischen Mahlzeiten werden durch Snacks ergänzt*

---

[6] Der Psychologe Marshall Duke sieht einen positiven Einfluss der Gespräche am Tisch auf die psychische Widerstandskraft von Kindern (Duke et al. 2003). Dass Kinder aus Familien, die regelmäßig gemeinsam essen, weniger psychische Schwierigkeiten haben, zeigt auch die Studie von Elgar et al. (2013). Weitere positive Auswirkungen, die aus verschiedenen Studien hervorgehen, sind ein ausgeformter Wortschatz (Snow/Beals 2006), weniger Schulschwänzen (OECD 2014), bessere Noten (The National Center on Addiction and Substance Abuse at Columbia University 2007 2007) und weniger Drogenmissbrauch (Levin et al. 2012). Zudem leiden Kinder aus Familien, in denen häufig zusammen gegessen wird, seltener unter Mobbing (Elgar et al. 2014).

beziehungsweise ersetzt oder sie finden in anderen sozialen Zusammenhängen statt.
Auch die Verbindlichkeit der Teilnahme (vor allem der Kinder) unterliegt neuen Regeln.
Mahlzeiten fallen immer öfter dem Diktat der Zeit zum Opfer: Sie werden verkürzt,
durch Snacks ersetzt oder fallen ganz aus. (Schönberger/Methfessel 2011a, 7)

Des Weiteren essen häufig alle Familienmitglieder, zumindest unter der Woche, außer Haus (Möller 2016). Ein Rückgang oder gar ein Wegfall der gemeinsamen Familienmahlzeit wird in der Literatur vielfach als gegeben hingestellt (Prahl/ Setzwein 1999; Ziemann 1999; Lincke 2007; Bartsch 2008). Verschiedene Studien widerlegen diese *kulturkritische These der Auflösung der Familienmahlzeit* (Klünder 2018a, 15) jedoch:

Dennoch existieren weiterhin drei Mahlzeiten pro Tag, wobei das Mittagessen werktags alle Familienmitglieder außer Haus einnehmen. Deshalb kommt dem Abendessen am Werktag eine wesentliche Bedeutung zu. Am Wochenende dient das Frühstück als zentrale Familienmahlzeit […]. (Klünder 2018a, 14)

Zwar finden die Mahlzeiten nicht mehr ausschließlich in der Kleinfamilie statt, sondern zunehmend in externen Institutionen, trotzdem seien sie weiterhin von zentraler Bedeutung (Klünder 2018a, 14), den Familien trotz veränderter Rahmenbedingungen immer noch ein großes Anliegen (Krüger 2011) und eines der wichtigsten Rituale im familiären Alltag (Audehm 2011, 95).

Es seien vor allem veränderte gesellschaftspolitische Rahmenbedingungen, wie die Orientierung am Adult Worker Model (Klenner et al. 2015) und die gestiegene Frauenerwerbstätigkeit in Deutschland, die die private Ernährungsversorgung zunehmend in den öffentlichen Raum verlagerten (Klünder 2018a, 2). Während der Hausfrauenehe Anfang der zweiten Hälfte des 19. Jahrhunderts in der Bundesrepublik eine große Bedeutung zugeschrieben wurde, stoße die Erwerbsarbeit von Frauen heute auf breite Akzeptanz (Pfau-Effinger 2005, 4). Auch Evers et al. (2009) sprechen davon, dass eine Verlagerung vom gemeinsamen Essen am Familientisch hin zu aushäusigen Verpflegungsangeboten stattfindet, und stellen dies anhand der Verpflegung durch Schulen und Kitas dar. Als einen wichtigen Auslöser für diese Entwicklung führen die Verfassenden einen tiefgreifenden Strukturwandel von Familien an und erklären, dass Familien ihre Rolle in Bezug auf die Ernährung nicht mehr in gewohnter Weise umsetzen können und wollen und Eltern heute immer häufiger auf die Versorgungsangebote von Schulen und Kitas angewiesen sind (Evers et al. 2009, 66, 70). Mit geschichtlichem Bezug erläutern die Verfassenden, dass in Deutschland Angebote zur Schulspeisung zum ersten Mal in den Nachkriegsjahren aufkamen:

> *In allen Besatzungszonen wurden Programme der Schulspeisung mit dem Ziel einge-*
> *richtet, den Kindern und Jugendlichen täglich ein warmes Mittagessen zu ermöglichen.*
> *Nachdem die Zeiten des akuten Mangels an Nahrungsmitteln überwunden waren,*
> *wurde in den Ländern der Bundesrepublik die Verantwortung für die Ernährung von*
> *Kindern und Jugendlichen wieder zur Privatsache erklärt; Essen in Schule und Kinder-*
> *garten blieb weitgehend auf den Verzehr von mitgebrachten Pausenbroten beschränkt.*
> *In den Schulen wurden ergänzend Hausmeisterkioske und Automaten eingerichtet;*
> *zudem konnten sich die (älteren) SchülerInnen über Essensangebote im Umfeld der*
> *Schule versorgen. (Evers et al., 70)*

In Kontrast dazu beziehen sich die Verfassenden auf die Situation in der DDR. Hier waren größtenteils beide Eltern in Vollzeit erwerbstätig. Evers et al. (2009) zufolge wurde der Zugang zu einer warmen Mahlzeit durch die sozialistische Planwirtschaft geregelt und staatlich finanziert.

Heute habe das Thema der Essensversorgung in Schulen und Kitas besonders durch den Ausbau des Betreuungs- und Schulsystems in Richtung Ganztagsan-gebote an Bedeutung gewonnen (Evers et al. 2009, 70; Klünder 2018a, 14).[7] Der zeitliche, räumliche und sachliche Wandel der Mahlzeit wird ausführlich von Rückert-John und Reis (2020) dargestellt.

Bezüglich der vorangehenden Ausführungen gilt zu bedenken, dass es sich bei Ernährungsverhalten nicht um eine feste Größe handelt, sondern dieses einem ständigen Wandel unterworfen ist. Deshalb bedarf es einer dauernden Beobachtung, und die Entstehung und Veränderung von Strukturen in Alltags-handlungsfeldern sollte zu einem Hauptstrang der Ernährungssoziologie werden (Oltersdorf 2001).

2.4.3 Verantwortlichkeiten für die Aufgaben alltäglicher Mahlzeitengestaltung

Eine ausführliche Aufarbeitung der Verantwortlichkeiten für die Aufgaben all-täglicher Mahlzeitengestaltung in Familien zeigt deutlich, dass diese auch heute größtenteils von den Müttern übernommen wird. Gleichzeitig zeigen verschiedene Beiträge eine stärkere Beteiligung der Väter in Bezug auf Haushaltsaufgaben und Care-Arbeit.

---

[7] Unter dem Thema „Veränderungen im Verhalten zur alltäglichen Mahlzeitengestaltung" wird, über die Ausdehnung der institutionellen Versorgung hinaus, ein Anstieg des Außer-Haus-Verzehrs im Allgemeinen diskutiert, siehe dazu: Kecskes (2015). Auch wird ein Rück-gang der Anteilnahme der Kinder an der Beköstigungsarbeit festgestellt, siehe dazu: Krüger (2011).

2.4.3.1 Die weibliche Verantwortung

Verschiedene Studien zeigen, dass trotz beachtlicher Änderungen im Bereich von Familienkonstellationen die Zuständigkeit für die alltägliche Mahlzeitengestaltung der Familie auch im 21. Jahrhundert größtenteils in den Verantwortlichkeitsbereich der Frauen falle, die einen bedeutenden Anteil ihrer Zeit in die Verpflegung der Familie einfließen lassen (Greenstein 2000; Beardsworth et al. 2002; Brown/Miller 2002; Zander et al. 2005; Lake et al. 2006; Cockburn-Wootten et al. 2008; Craig/Powell 2018; Mehta et al. 2020; Fielding-Singh/Cooper 2022).

Die weibliche Verantwortung für die Organisation der alltäglichen Mahlzeitengestaltung wird zudem detailliert von Klünder (2017, 2018a), Klünder und Meier-Gräwe (2017a; 2017b; 2018), Köhler et al. (2011) sowie Meier-Gräwe (2006) dargelegt, wobei die Hauptverantwortung der Frauen für die Haus- und Familienarbeit selbst dann gegeben sei, wenn beide Partner:innen mindestens vollzeitnah erwerbstätig sind:

Berufstätige Mütter müssen tagtäglich eigene Erwerbsarbeitszeiten, Betreuungszeiten und Freizeitaktivitäten der Kinder und die Arbeitszeiten des Partners mit ihrem Anspruch an die Ernährung der Familie in Einklang bringen. (Krüger 2011, 1)

Dass Mütter unabhängig von ihrem Erwerbsumfang mehr Zeit mit der Organisation der alltäglichen Mahlzeitengestaltung verbringen, beschreibt auch Meier-Gräwe, die als Folge dessen ein aufwendigeres Aufwiegen der zeitlichen Arrangements zwischen der eigenen Erwerbsarbeit, den Kita- und Schulzeiten der Kinder sowie den Erwerbszeiten des Partners sieht (Meier-Gräwe 2006, 139).[8]

2.4.3.2 Emotionale Bedeutung

Da Familienmahlzeiten immer noch als Symbol der Kleinfamilie und Zeichen der mütterlichen Fürsorge verstanden werden (Schönberger/Methfessel 2011a), zeigt sich eine enge Verknüpfung mit emotionalen Aspekten (Cairns/Johnston 2015). Durch die Bemühungen der Mutter werde die zubereitete Mahlzeit zu einem Symbol der Zuneigung und erhalte dementsprechend eine emotionale Bedeutung (Farb/Armelagos 1980; Moisio et al. 2004; Bartsch 2008, 21; DeBacker 2013). Dabei leiden Mütter häufig unter einer persönlichen Gewissenslast, da sie davon ausgehen, sich nicht ausreichend um das familiäre Wohlbefinden zu kümmern

---

[8] Siehe zu alltäglichen Zeitkonflikten von Müttern auch: Jabs et al. (2007); Kettschau (2003).

(Devine et al. 2003; Szabo 2011). Auf diese Weise gerate das Leitbild der berufstätigen Frau mit dem der guten Mutter in Konflikt (Kortendiek 2008; Held et al.
2011; Klünder 2018a, 16):

> *The gap between intensive mothering's standards and mothers' lived realities engen-*
> *ders an emotional dilemma in the form of a perpetually felt gap between the kind of*
> *mother she feels she should be and the mother she actually is. (Fielding-Singh/Cooper*
> *2022, 3)*

Es wird deutlich, dass eine Vielzahl soziologischer Studien derartige (innere)
Konflikte im Verhalten zur alltäglichen Mahlzeitengestaltung von Familien andeu-
ten, die Konfliktforschung jedoch ausbaufähig ist. Darüber hinaus wird die
weibliche Verantwortung in der Literatur häufig mit dem Konzept des Doing Gender begründet (West/Zimmermann 1987; DeVault 1991; Schulz/Blossfeld 2010;
Dechant et al. 2014; Wirth 2017) bzw. als Ausdruck von Geschlechtsidentität
betrachtet (Rückert-John/John 2009; Häußler/Meier-Gräwe 2012; Rose 2014).

2.4.3.3 Die Rolle der Väter

Während die Väter hauptsächlich Hilfstätigkeiten übernehmen (DeVault 1991),
als „Handlanger" (Kaufmann 2005) agieren und sich verstärkt am Wochenende
in die alltägliche Mahlzeitengestaltung der Familie einbringen, tragen die Mütter
die Hauptlast der anfallenden Tätigkeiten (Klünder/Meier-Gräwe 2017a). Zwar
diskutieren verschiedene Beiträge, dass veränderte gesellschaftliche Rahmenbedingungen in den letzten Jahren zu einer Veränderung der männlichen Beteiligung
in Bezug auf Haushaltsaufgaben und Care-Arbeit geführt haben (Meuser 2009;
Behnke et al. 2013; Flaake 2014; Peukert 2017; Zerle-Elsäßer/Li 2017; Aunkofer
et al. 2019; Possinger 2019), die Hauptverantwortung liege jedoch weiterhin bei
den Müttern (Hook 2010; Holm et al. 2015; Klünder/Meier-Gräwe 2017a, 2017b;
Klünder 2018a, 24; Samtleben 2019).

Die vorangehenden Ausführungen, sowohl zu den Verantwortlichkeiten für
die alltägliche Mahlzeitengestaltung als auch zur Bedeutung sowie zu den Veränderungen familiärer Mahlzeiten, zeigen, dass das Verhalten von Familien zur
alltäglichen Mahlzeitengestaltung häufig losgelöst von der Komplexität des Familienalltags betrachtet wird, in den dieses jedoch eingebettet ist, weshalb die
Rahmung durch den Alltag für den Untersuchungsgegenstand von hoher Relevanz ist. In verschiedenen Aufsätzen wird betont, dass mehr Abläufe und vor
allem deren Zusammenhänge untersucht werden müssten bzw. Studien auf zeitlichen und situativen Modellen basieren sollten (Teuteberg/Wiegelmann 1986;
Wierlacher et al. 1993; Bayer et al. 1999; Oltersdorf 2001). Insgesamt liegen zum

Thema Mahlzeiten bereits vielfach Untersuchungen und Ergebnisse vor, jedoch sind Forschungen zu Vor-, Zu- und Nachbereitungsprozessen der Mahlzeiten noch ausbaufähig (Bauer 2011, 18).

2.5 Dimension des geographischen Raums

Die Dimension des geographischen Raums spielt in der sozialwissenschaftlichen Forschung auf zwei verschiedenen Ebenen eine Rolle. Zum einen geht es um den Einfluss von Raumkategorien auf das Verhalten von Familien zur alltäglichen Mahlzeitengestaltung, wobei vor allem Differenzen zwischen urbanen und ländlichen Regionen analysiert werden, zum anderen um Differenzen im Ernährungsverhalten zwischen Ost- und Westdeutschland. Beide Perspektiven werden nachfolgend dargestellt.

2.5.1 Der Einfluss von Raumkategorien

Verschiedene Studien betonen, dass Familienmahlzeiten in unterschiedlichen Regionen unterschiedlich gestaltet werden. Klünder stellt in ihrer Studie fest, dass die Ernährungsversorgung, insbesondere bei Müttern mit Berufsbildung in ländlichen Regionen, stark emotional besetzt ist:

> *Die Zubereitung der Mahlzeiten gilt dort als markantes Zeichen der Fürsorge der Mutter: Sie berichten von ihrem schlechten Gewissen, denn sie haben zum Teil das Gefühl, „ihre" Aufgabe der Ernährungsversorgung durch die Inanspruchnahme der Kita- und Schulverpflegung nicht adäquat zu erfüllen. (Klünder 2018a, 16)*

Auch Zartler (2010) vergleicht den ländlichen Raum mit städtischen Gebieten und stellt fest, dass das Verhalten zur alltäglichen Mahlzeitengestaltung von Familien im ländlichen Raum überwiegend von traditionellen Abläufen und Essenszeiten geprägt sei, während die Familienmahlzeiten im städtischen Raum ein größeres Maß an Flexibilität kennzeichnet. Zudem spiele die Öffnung der Kernfamilie im ländlichen Raum, anders als in städtischen Gebieten, sowohl wochentags als auch am Wochenende eine wesentliche Rolle (Zartler 2010, 471). Weitere Unterschiede stellt Zartler in Bezug auf die Mahlzeitengestaltung am Wochenende fest:

> *Am Wochenende haben gemeinsame Familienmahlzeiten einen hohen Stellenwert und werden häufig als Ritual zelebriert, wobei in Stadt und Land unterschiedliche Ausprägungen sichtbar werden. Vielfach wird in den befragten städtischen Familien das*

gemeinsame Frühstück am Wochenende zeitlich spät angesetzt, ausgedehnt und auf das
Mittagessen verzichtet, wohingegen im ländlichen Erhebungsgebiet das Mittagessen
am Wochenende zeitlich unverrückbar erscheint. Kinder aus dem ländlichen Erhe-
bungsgebiet thematisieren auch, dass sich die Essenszeiten und -gewohnheiten vor
allem an den Wünschen und Zeitplänen der Väter orientieren. (Zartler 2010, 470)

Darüber hinaus unterscheide sich das Einkaufsverhalten der Familien in der Stadt
und auf dem Land, was vor allem auf die Verfügbarkeit und Erreichbarkeit von
Supermärkten zurückzuführen sei (Hriberschek 2011, 81).

2.5.2 Ernährungsverhalten in Ost- und Westdeutschland

Darüber hinaus existieren aktuelle Untersuchungen zu Differenzen im Ernährungsverhalten zwischen den alten und den neuen Bundesländern. Diese unterliegen in der Regel quantitativen Ansätzen: Lampert (2010) untersucht das
Ernährungs- und Bewegungsverhalten von Kindern und Jugendlichen in den alten
und neuen Bundesländern auf Grundlage der Daten der KIGGS-Studie 2003 bis
2006 und des ergänzenden Moduls zum Thema Ernährung (EsKiMo) und kann
regionale Unterschiede in der Ernährungsweise feststellen (Lampert 2010, 4).
    Auch Roether et al. (2000) untersuchen das Ernährungsverhalten in Abhän-
gigkeit der Regionen Ost und West und stellen Besonderheiten fest, die auf
unterschiedliche Ernährungsgewohnheiten hinweisen. So finden die Mahlzeiten in Ostdeutschland regelmäßiger statt als in Westdeutschland und auch die
spezifische Versorgungslage der ehemaligen DDR habe Auswirkungen auf die
Lebensmittelwahl der Studienteilnehmenden (Roether et al. 2000, 281).
    Weitere Ergebnisse zu Differenzen im Ernährungs- und Gesundheitsverhalten
zwischen Ost- und Westdeutschland finden sich in: Atzendorf (2020), Burger und
Mensink (2003), Kutsch und Werner (2002), Lampert et al. (2010), Linseisen
(2002), Mensink et al. (2007). Hierbei handelt es sich größtenteils um quantitative Studien, in denen die Ernährungsphysiologie, der Lebensmittelverbrauch
und der Lebensmittelverzehr der Bevölkerung in den Blick genommen werden.
Offen bleiben in den rein quantitativen Studien jedoch Rückschlüsse über Essgewohnheiten, Verteilungsmuster und Entscheidungsstrukturen (Leonhäuser et al.
2009, 25). Zudem gehen aus den genannten quantitativen Studien zwar wichtige Erkenntnisse hervor, z. B. zum Lebensmittelverzehr, jedoch sind diese nicht
in der Lage, individuelle Motive, Gründe und Muster herauszuarbeiten sowie

Widersprüche und Diskrepanzen rund um das Thema Essen zu identifizieren (Magerhans 2016; Wichmann 2019).[9]

2.6 Fazit

Die vorangehenden Ausführungen zum aktuellen Stand der Forschung zum Thema Familienmahlzeiten zeigen deutlich, dass die Sozialwissenschaft des Essens über eine rein biologische Perspektive hinausgeht: Essen beinhalte eine Reihe kulturell vermittelter Praktiken und Einstellungen, sei nicht nur symbolisch aufgeladen und historisch überliefert, sondern unterliege auch verschiedenen Einflüssen (Hirschfelder und Pollmer 2018).

Eine Hinwendung zur Dimension der kulturellen Ideen verdeutlicht, dass das Ernährungsverhalten durch kulturell verschiedene Normen, die sozial vermittelt und bewertet werden, geprägt wird (Schütz 1979). Gleichzeitig spielt die Dimension der sozialen Ungleichheit insofern eine bedeutende Rolle, als dass in einer Vielzahl sozialwissenschaftlicher Studien Unterschiede zwischen Familien in ihrem Verhalten zur alltäglichen Mahlzeitengestaltung auf soziale Unterschiede, auf der Basis von Schichtdifferenzen, zurückgeführt werden. Für die Dimension der Konflikthaftigkeit sozialer Interaktionen sind verschiedene theoretische Ansätze von Bedeutung. Beginnend bei Betrachtungen sozialer Konflikte auf der Makroebene durch Marx und Engels (2016) zeigt sich eine Entwicklung hin zur Analyse von Konflikten auf der Akteursebene (Simmel 1908; Dahrendorf 1994; Coser 2009).

Trotz einer Vielzahl existierender Untersuchungen zum Thema Mahlzeiten zeigt sich insgesamt ein Mangel an Forschungen zu Vor-, Zu- und Nachbereitungsprozessen bzw. zeitlichen und situativen Modellen (Teuteberg/Wiegelmann 1986; Wierlacher et al. 1993; Bayer et al. 1999; Oltersdorf 2001; Bauer 2011). Oltersdorf (2001) erklärt, dass die Entstehung und Veränderung von Strukturen in Alltagshandlungsfeldern zu einem Hauptstrang der Ernährungssoziologie werden sollten. Häufig wird das Ernährungsverhalten von Familien jedoch losgelöst und unabhängig vom Familienalltag betrachtet, welcher jedoch eine bedeutende Rolle einnimmt, was u. a. anhand der andiskutierten zeitlichen Konflikte, bedingt durch den gesellschaftlichen Wandel, deutlich wird: Die Erwerbstätigkeit beider Elternteile in Kombination mit den Kita- und Schulzeiten der Kinder erschwere das Stattfinden gemeinsamer Familienmahlzeiten. Hierbei stehen insbesondere

---

[9] Die Begründung für den in der vorliegenden Arbeit verwendeten qualitativen Forschungsansatz wird ausführlich in Abschnitt 4.1.3 dargelegt.

die Frauen, die nach wie vor hauptsächlich die alltägliche Mahlzeitengestaltung der Familie übernehmen, vor vielseitigen Herausforderungen, wie dem Aufwiegen zeitlicher Arrangements, woraus innere Konflikte zwischen dem Ideal der erwerbstätigen Frau und dem der guten Mutter resultieren können. Derartige Konflikte werden in soziologischen Konflikten häufig angedeutet, wobei es an einer umfassenden Konfliktforschung zu der alltäglichen Mahlzeitengestaltung von Familien unter Einbezug konkreter Erklärungsfaktoren mangelt, die über den familiären Esstisch als Austragungsort von familiären Konflikten hinausgeht.

Zusätzlich werden in aktuellen Studien vor allem generelle Trends, wie ein Anstieg der Außer-Haus-Verpflegung, eine Verschiebung der Hauptmahlzeiten oder das Stattfinden familiärer Mahlzeiten unter Zeitdruck aufgezeigt. Zwar werden auch Differenzen zwischen Familien analysiert, jedoch werden hierbei häufig soziale Unterschiede auf der Basis von Schicht-Differenzen zur Erklärung angeführt (Hupkens et al. 2000; Wills et al. 2011; Jarosz 2017), so dass Differenzen zwischen Familien einer sozialen Schicht weitestgehend unberücksichtigt bleiben. Darüber hinaus betonen verschiede Forschungen den Einfluss von Raumkategorien und legen dies anhand von Stadt-Land-Gegenüberstellungen dar, wobei weitere Einflussfaktoren, die über den Wohnraum hinausgehen, häufig unberücksichtigt bleiben, sowie Unterschiede im Verhalten innerhalb einer Raumkategorie. Demnach mangelt es an Forschung zur Bedeutung weiterer Einflussfaktoren.

Auch handelt es sich bei Ernährungsverhalten um keine feste Größe, sondern um ein Phänomen, dass einem ständigen Wandel unterworfen ist und daher einer dauernden Beobachtung bedarf. Im folgenden Kapitel wird der theoretische Rahmen, der der vorliegenden Arbeit zugrunde liegt, vorgestellt und die Schlüsselbegriffe *alltägliche Mahlzeitengestaltung* sowie *Konflikthaftigkeit* definiert.

Im Folgenden wird der theoretische Zugang zur Beantwortung der zentralen Fragestellungen mit Bezugnahme auf die vorangehende Diskussion des aktuellen Forschungsstands im Detail dargestellt. Hierbei handelt es sich um die Fragen, (1) wie sich Differenzen im Verhalten von Familien zur alltäglichen Mahlzeitengestaltung erklären lassen und (2) wie sich Differenzen in der Konflikthaftigkeit bezüglich des Verhaltens zur alltäglichen Mahlzeitengestaltung von Familien erklären lassen.

Zunächst werden in den Abschnittn 3.1 und 3.2 die für diese Arbeit zentralen Begriffe alltägliche Mahlzeitengestaltung sowie Konflikthaftigkeit definiert und die jeweiligen zentralen Dimensionen aufgezeigt. In Abschnitt 3.3 folgt die Diskussion zentraler theoretischer Konzepte, eine graphische Skizzierung der zu untersuchenden Zusammenhänge sowie in Abschnitt 3.4 die Darstellung und Begründung der forschungsleitenden Annahmen. Das Kapitel mündet in einer kurzen Zusammenfassung des (zuvor ausgearbeiteten) theoretischen Ansatzes in Abschnitt 3.5.

3.1 Begriffsdefinition: Alltägliche Mahlzeitengestaltung

Es werden unterschiedliche disziplinäre Perspektiven auf das Themenfeld der Ernährungsforschung deutlich, wobei sich zeigt, dass familiäre Mahlzeiten mit einer Vielzahl verschiedener Aktivitäten verknüpft sind, die in direktem Zusammenhang mit der Thematik des Essens stehen. Insgesamt erscheint das Ernährungsverhalten hierbei häufig als ein schematischer Entscheidungsprozess, der von der Komplexität des Alltags abgetrennt ist. Infolgedessen wird in der vorliegenden Arbeit der Begriff der alltäglichen Mahlzeitengestaltung verwendet, der wesentliche Ausgestaltungsmerkmale gemeinsamer Familienmahlzeiten in Hinblick auf die Dimensionen *Stattfinden*, *Anwesende*, *zeitlicher Umfang*, *Ablauf* und *Zuständigkeit* beinhaltet (Tabelle 3.1).

Tabelle 3.1   Die Dimensionen der alltäglichen Mahlzeitengestaltung

Die alltägliche Mahlzeitengestaltung (AMG)

Dimension	Erläuterung
Stattfinden	Anzahl und Realisierbarkeit der gemeinsamen Familienmahlzeiten (täglich und wöchentlich)
Anwesende	Anzahl der Teilnehmenden; Vollständigkeit der Familie; Gründe für Abwesenheiten
Zeitlicher Umfang	Zeitaufwand für die Zubereitung sowie das gemeinsame Essen
Ablauf	Einbettung der Mahlzeiten in eine feste (zeitliche) Struktur; Bestehen von Regeln, Routinen, Ritualen; Kommunikation
Zuständigkeit	Zu- und Nachbereitung; Planung und Organisation

Quelle: Eigene Darstellung

Der Teilbegriff *alltäglich* wird hierbei verwendet, da es darum geht, sich im Alltag der Familien wiederholende Muster zu identifizieren, die sich nicht nur auf die Themen des Essens und Trinkens beziehen, sondern gleichermaßen auf die im Familienalltag zeitlich bedeutsamen Elemente der Erwerbsarbeit der Eltern sowie die Betreuung der Kinder. Alltag ist demnach gemäß dem Konzept alltäglicher Lebensführung[1] zu verstehen. Die Analyse bezieht sich hierbei auf die Werktage von Montag bis Freitag. Die Mahlzeitengestaltung der Familien am Wochenende, sprich an den Tagen Samstag und Sonntag, wird in der vorliegenden Arbeit zwar ebenfalls im Detail erhoben, bleibt in der Analyse jedoch weitestgehend unberücksichtigt. Gleiches gilt für außeralltägliche Mahlzeiten bzw. die Mahlzeitengestaltung an Feiertagen, Festtagen und im Urlaub, die sich deutlich von der alltäglichen Mahlzeitengestaltung abgrenzen. Im Vergleich zu den Werktagen finden Mahlzeiten am Wochenende später sowie eher mit der vollständigen Familie statt und sind zeitlich ausgedehnter (Meier et al. 2004; Rückert-John/Reis 2020). Dies lässt sich auch auf außeralltägliche Familienmahlzeiten an Fest- und Feiertagen übertragen, an denen zudem meist (zeit-)aufwendige, vielfältige und

---

[1] Siehe zum Konzept alltäglicher Lebensführung: Diezinger (2004); Jurczyk/Voß (1995); Kudera/Voß (2000); Voß (1997) und zur familialen Lebensführung: Henkes (2001); Rerrich (2000).

traditionelle Gerichte zubereitet werden. Beispiele sind religiöse Anlässe, wie das Weihnachtsessen im Kreise der Familie, das Familienfrühstück zu Ostern, aber auch privat-familiale Anlässe, wie Feste zu den Geburtstagen, an denen dem gemeinsamen Essen und Trinken eine besondere Bedeutung beigemessen wird. Das Themenfeld außeralltäglicher Mahlzeiten wird ausführlich von Bennewitz (2013), Brunner (2000), Reimers (2022) und Schönberger (2011) dargestellt.

3.1.1 Stattfinden

In der aktuellen Debatte um familiäre Mahlzeiten steht die These von ihrem allmählichen Verschwinden im Raum (s. Abschnitt 2.4.2), die insbesondere medial eine große Verbreitung findet. Exemplarisch hierfür titelt die HAZ „Dinner for one: Gemeinsame Mahlzeiten sterben aus" (Koch 2018), die FAZ „Deutsche essen immer seltener gemeinsam" (FAZ 2019) und das Magazin von Phorms Education bezeichnet gemeinsame Mahlzeiten als „eine bedrohte Spezies" (Hirschfelder/Thanner 2019, 1). Dem stehen Studien gegenüber, die diese These nicht bestätigen können, sondern zu dem Ergebnis gelangen, dass die zentrale Bedeutung familiärer Mahlzeiten trotz veränderter gesellschaftspolitischer Rahmenbedingungen fortbesteht (Krüger 2011; Klünder 2018a, 2018b).

Basierend auf dieser Auseinandersetzung richtet die Dimension des Stattfindens den Fokus auf die Anzahl der Mahlzeiten, die sowohl täglich als auch wöchentlich gemeinsam als Familie eingenommen werden, und analysiert damit den aktuellen Status quo. Bezugnehmend auf die in aktuellen Forschungsarbeiten diskutierten Veränderungen in der alltäglichen Mahlzeitengestaltung von Familien, wie die Verlagerung hin zu aushäusigen Verpflegungsangeboten, durch die gestiegene Frauenerwerbsarbeit und einen allgemeinen Rückgang von Zeit- und Flexibilitätsreserven privater Haushalte (Evers et al. 2009; Klenner et al. 2015; Klünder 2018a), gilt hierbei ein besonderes Augenmerk der Realisierbarkeit der drei Hauptmahlzeiten Frühstück, Mittag- und Abendessen und den Ursachen für ein mögliches Entfallen des gemeinsamen Essens in der Familie.

3.1.2 Anwesende

Die Dimension der Anwesenden steht in direktem Zusammenhang mit der zuvor definierten Dimension des Stattfindens und überschreitet diese dahingehend, dass sie sich ergänzend auf die personelle Konstellation während der gemeinsamen Mahlzeiten konzentriert. Sie bezieht sich auf die Anzahl der Teilnehmenden bzw.

die Vollständigkeit der Familie und rückt zugleich die Gründe für mögliche
Abwesenheiten der einzelnen Familienmitglieder in den Blick, unter Berücksichtigung des andiskutierten Wandels im Umgang mit Mahlzeiten, wie den
Veränderungen in der Verbindlichkeit der Teilnahme (Schönberger/Methfessel
2011a, 7).

3.1.3 Zeitlicher Umfang

Schönberger und Methfessel (2011a) legen dar, dass Mahlzeiten in der heutigen
Zeit häufig der Zeit zum Opfer fallen. Das heißt, sie fallen kurz aus, werden durch
Snacks ersetzt oder finden gar nicht mehr statt. Klünder und Meier-Gräwe (2017a,
179) untersuchen die zeitliche Gestaltung sowie die Arbeitsteilung des Essalltags von Eltern in Paarbeziehungen differenziert nach deren Erwerbsumfang und
nehmen dabei drei Paarkonstellationen in den Blick: (1) Doppelverdiener-Paare,
(2) weibliche Zuverdiener-Paare sowie (3) Paare mit männlichem Familiener-
nährer. Sie kommen zu dem Ergebnis, „dass der Erwerbsstatus der Mutter die
zeitliche Gestaltung des Essalltags beeinflusst. Je höher dieser ist, desto weniger
Zeit wird für die Ernährungsversorgung aufgewendet" (Meier-Gräwe 2017a, 179).
Vor diesem Hintergrund erfasst die Dimension des zeitlichen Umfangs sowohl
die zeitliche Ausgestaltung der Mahlzeiten als auch den Zeitaufwand für die
Zubereitung der Speisen.

3.1.4 Ablauf

Die vorangehenden Ausführungen bilden Mahlzeiten als einen wichtigen und
strukturgebenden Bestandteil im Familienalltag ab, der als soziale Institution verstanden werden kann. Sie dienen dem Teilen von Normen, Werten, kulturellen
Bräuchen sowie Regeln und bilden damit ein Modell von Handlungs- und Verhaltensweisen, das dicht mit Kommunikation, Bindung und Kontinuität verknüpft
ist. Damit überschreiten Mahlzeiten rein naturwissenschaftliche Komponenten
und den Blick auf das Essen und Trinken ausschließlich als Bedürfnisbefriedigung (Douglas 1972; Spagnola/Fiese 2007; Krüger 2011; Schlegel-Matthies
2011; Barlösius 2016). Die Dimension des Ablaufs schließt die Einbettung der
Mahlzeiten in eine feste (zeitliche) Struktur ein und stellt gleichzeitig die Frage
nach dem Bestehen von Regeln, Routinen und Ritualen, die in Bezug auf die
gemeinsamen Familienmahlzeiten von Bedeutung sind. Ferner findet das Thema
der Kommunikation bei Tisch Berücksichtigung.

3.1.5 Zuständigkeit

Zwar zeigen verschiedene Studien eine Verlagerung der Zuständigkeit für die Zubereitung vom privaten Haushalt hin zu Institutionen, wie Schulen und Kindergärten (Evers et al. 2009; Kecskes 2015), gleichzeitig werde nach wie vor eine weibliche Verantwortung für die alltägliche Mahlzeitengestaltung der Familie sichtbar, und zwar unabhängig vom Erwerbsumfang der Frauen (Meier-Gräwe 2006; Bauer 2011; Köhler et al. 2011). Die zentrale Dimension der Zuständigkeit bezieht die Verantwortlichkeiten für die direkt mit den Mahlzeiten verbundenen Anforderungen ein und betrachtet, welche Familienmitglieder die unterschiedlichen Aufgaben, wie die Planung und Organisation, das Einkaufen, die Zubereitung der Speisen, die Vorbereitung (Tischdecken) sowie die Nachbereitung (Abdecken, Geschirrspülen, Abfall und Entsorgung), übernehmen. Im Fokus steht demnach nicht nur die eigentliche Mahlzeit, sondern auch die damit eng verknüpften Aktivitäten.

Abbildung 3.1 zeigt die verschiedenen Aktivitäten, die in Zusammenhang mit der Mahlzeit stehen. Die Mahlzeit bildet das Zentrum der Darstellung und ist direkt mit jeder der Aktivitäten verknüpft. Zu den Aktivitäten zählen die Planung und Organisation, der Einkauf, die Zubereitung, die Vorbereitung und die Nachbereitung, die in dieser Reihenfolge einen Kreislauf bilden. Die häuslichen Mahlzeiten enden in der Regel mit der Nachbereitung, z. B. in Form von Abräumen und Geschirrspülen, woran wieder die Planung und Organisation der nächsten Mahlzeiten anschließt.

Ferner beinhaltet die Dimension die Teilnahme der Kinder an den verschiedenen Aktivitäten. Diese Analyse ist auch vor dem Hintergrund interessant, dass die Beteiligung der Kinder an der Beköstigungsarbeit seit Jahrzehnten kontinuierlich abnehme, beispielsweise in Bezug auf das Tischdecken, das Kochen oder das Ausräumen des Geschirrspülers (Krüger 2011).

Abbildung 3.1 Aktivitäten alltäglicher Mahlzeitengestaltung. (Quelle: Eigene Darstellung)

3.2 Begriffsdefinition: Konflikthaftigkeit

In den nachfolgenden Abschnitten wird der für Fragestellung 2 (a–c) zentrale Begriff der Konflikthaftigkeit definiert, mit den zuvor dargelegten aktuellen wissenschaftlichen Diskussionen ins Verhältnis gesetzt und um weitere theoretische Konzepte der Konfliktforschung ergänzt.

Eine umfangreiche Sichtung der Literatur zur aktuellen Konfliktforschung verdeutlicht eine Vielzahl verschiedener Konfliktdefinitionen und zeigt, dass keine allgemeine und fächerübergreifende Einigkeit über die Kennzeichen eines Konflikts besteht (Setzwein 2009). Gemeinsam haben die unterschiedlichen Ansätze jedoch den Aspekt der Kollision bzw. des Zusammenpralls von unterschiedlichen Positionen oder Interessen, der sowohl zwischen Individuen als auch Personengruppen auftreten kann (Glasl 2003, 123; Krämer 2005; Mückler 2014, 47 f.). In der vorliegenden Arbeit wird der Konfliktbegriff soziologisch eng geführt und auf zwischenmenschliche Auseinandersetzungen begrenzt, wobei die folgende Definition eines sozialen Konflikts nach Glasl (2003) als Orientierung dient:

> *Sozialer Konflikt ist eine Interaktion zwischen Aktoren (Individuen, Gruppen, Organisationen, Völker usw.). Dabei erlebt wenigstens ein Aktor Differenzen (Unterschiede, Widersprüche oder Unvereinbarkeiten) im Wahrnehmen und im Denken, Vorstellen, Interpretieren, im Fühlen (Sympathie, Antipathie, Vertrauen oder Misstrauen etc.) und im Wollen (Motive, Ziele, Triebfedern) mit dem anderen Aktor (bzw. den anderen Aktoren) und zwar in der Art, dass beim Verwirklichen (Umsetzen, Ausführen, Realisieren) dessen, was der Aktor denkt, fühlt oder will, eine Beeinträchtigung – durch einen anderen Aktor (bzw. durch die anderen Aktoren) erfolge. (Glasl 2003, 123)*

Im Allgemeinen wird in der Konfliktforschung zwischen verschiedenen Ebenen eines Konflikts unterschieden. Zum einen existiert eine sichtbare bzw. manifeste Ebene, die sich auf das Verhalten der Konfliktparteien bezieht, zum anderen eine unsichtbare bzw. latente Ebene, die die Interessen und Ziele sowie die Annahmen und Einstellungen der am Konflikt beteiligten Personen beinhaltet, wobei ein Konflikt zwar ausschließlich auf der latenten Ebene bestehen könne, nicht aber ausschließlich auf der manifesten (Möcker 2008, 8; Schrader 2018).[2] Über diese zwei Konfliktebenen hinaus sieht Galtung (2007) drei Komponenten als idealtypisch im Auftreten von Konflikten, die er anhand eines Konfliktdreiecks visualisiert (Abbildung 3.2).

---

[2] Siehe zur Unterscheidung latenter und manifester Konflikte auch: Dahrendorf (1972); Pondy (1967).

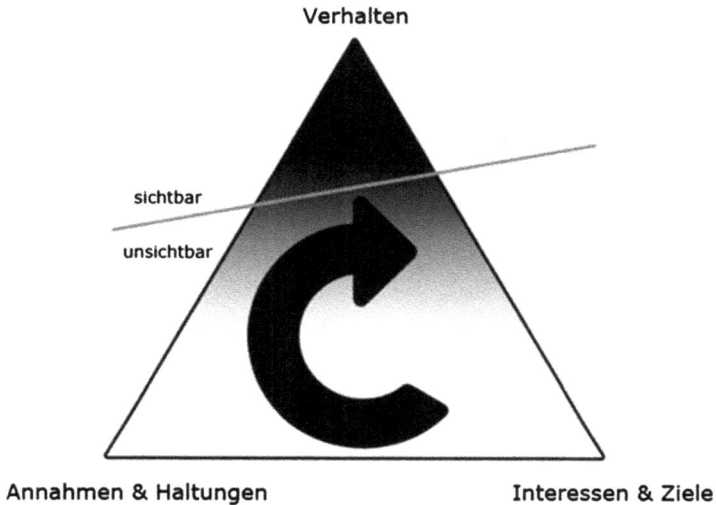

Abbildung 3.2   Konfliktdreieck nach Galtung (2007). (Quelle: Schrader (2018))

Galtungs Konfliktdreieck symbolisiert ein enges Wechselspiel zwischen den drei Komponenten: Verhalten (*behaviour*), Interessen und Zielen[3] (*contradiction*) sowie Annahmen und Haltungen (*attitude*). Durch den Pfeil wird ein verstärkender Zusammenhang, bzw. eine Konflikt-Dynamik, in positiver sowie negativer Richtung veranschaulicht (Schrader 2018). Um einen „echten" Konflikt (Krysmanski 1971) handle es sich dann, wenn alle drei Komponenten vorhanden sind, wobei diese Konstellation nicht zwangsläufig zum Ausbruch eines Konflikts führt:

Ein Konflikt ist keine objektive Kategorie, sondern ein komplexes Interaktionsgeschehen zwischen Menschen. Entscheidend sind die Wahrnehmung und das Handeln der Beteiligten. Erst wenn mindestens eine Partei das Verhalten der anderen Seite als beeinträchtigend und inakzeptabel für das eigene Wohlbefinden, Selbstverständnis, Entscheidungs- und Handlungsvermögen oder die eigene Sicherheit empfindet, kann von einem Konflikt gesprochen werden. (Schrader 2018, 4)

---

[3] Insbesondere in der internationalen wissenschaftlichen Diskussion werden die Gegensätze zwischen Interessen und Zielen, die die Parteien verfolgen, betont. Siehe dazu: Brown (1983); Thomas (1992).

Das Zitat verdeutlicht ein „subjektives Erleben der Unvereinbarkeit" (Stur-zenhecker/Trödel 2021, 1200) und dass nicht jede Auseinandersetzung oder Meinungsverschiedenheit zwangsläufig in einem Konflikt mündet (van de Vliert 1997; Glasl 2003; DeDreu/Gelfand 2008).

In Anlehnung an die Definitionen von Galtung (2007) und Glasl (2003) wird der Begriff der Konflikthaftigkeit in dieser Arbeit, hier explizit in Bezug auf das Verhalten zur alltäglichen Mahlzeitengestaltung von Familien, wie folgt bestimmt.

Tabelle 3.2 Die Dimensionen der Konflikthaftigkeit

Konflikthaftigkeit der alltäglichen Mahlzeitengestaltung	
Dimension	Erläuterung
Innere Widersprüche	Intrapersonelle Unvereinbarkeiten, Spannungszustände, Ambivalenzen, Inkompatibilität mit dem individuellen Wertesystem in Bezug auf die alltägliche Mahlzeitengestaltung der Familie
Verhaltensweisen	Auseinandersetzungen, Streit, Beeinträchtigung in der Realisierung der eigenen Wertvorstellungen, offene Austragung

Quelle: Eigene Darstellung

Es werden sowohl innerfamiliäre Konflikte auf latenter Ebene, in Form der Dimension innere Widersprüche, als auch auf manifester Ebene, in Form der Dimension Verhaltensweisen, einbezogen.

3.2.1 Innere Widersprüche

Innere Widersprüche meinen eine Inkompatibilität der eigenen Wertvorstellungen. Es treten intrapersonelle Unvereinbarkeiten, Spannungszustände und Ambivalen-zen auf, die sich auch als ein „innerer Konflikt" (Pascheka 2001; Berger 2003; Böhm 2003; Stangl 2016) beschreiben lassen.

Diese Dimension knüpft an die von Galtung (1969, 2007) beschriebene Kom-ponente Interessen und Ziele (*contradiction*) an. Bezogen auf das Verhalten zur alltäglichen Mahlzeitengestaltung von Familien liegen innere Widersprüche in einer Diskrepanz zwischen Wunsch und Wirklichkeit, z. B. in Bezug auf die Realisierung gemeinsamer Mahlzeiten und deren zeitliche Ausgestaltung. In der aufgeführten aktuellen wissenschaftlichen Diskussion zum Thema Familienmahl-zeiten lässt sich ein solcher innerer Widerspruch beispielhaft an dem Konflikt zwischen dem Ideal der erwerbstätigen Frau und dem der guten Mutter (Kor-tendiek 2008; Held et al. 2011; Klünder 2018a, 16) erkennen und am damit

einhergehenden Schuldgefühl, sich nicht ausreichend um das familiäre Wohlbefinden zu kümmern und die alltägliche Mahlzeitengestaltung der Familie nicht
adäquat zu erfüllen (Devine et al. 2003; Klünder 2018a; Fielding-Singh/Cooper
2022), sowie an der Herausforderung, die eigenen Erwerbszeiten, die Erwerbszeiten des Partners, die Betreuungszeiten und Freizeitgestaltung der Kinder und
ihren Anspruch an die alltägliche Mahlzeitengestaltung aufeinander abzustim-
men (Meier-Gräwe 2006; Krüger 2011). Von Bedeutung sind hierbei zudem
die emotionale Besetzung (Cairns/Johnston 2015; Fielding-Singh/Cooper 2022)
sowie Mahlzeiten als Symbol der Kleinfamilie sowie Zeichen der Fürsorge
und Zuneigung (Bartsch 2008, 21; Schönberger/Methfessel 2011a). Derartige
Wertvorstellungen können im Widerspruch zum Verhalten der Familien zur
alltäglichen Mahlzeitengestaltung stehen.

Die vorliegende Arbeit analysiert innere Widersprüche desjenigen Elternteils,
der eher für die alltägliche Mahlzeitengestaltung der Familie zuständig ist. Zwar
spielen sich innere Widersprüche auf latenter Konfliktebene, sprich innerhalb
bzw. im Kopf eines Individuums ab, dennoch werden sie durch strukturelle
Bedingungen sowie das Verhalten anderer Personen beeinflusst.

3.2.2 Verhaltensweisen

Im Gegensatz zur vorangehenden Dimension bezieht sich die Dimension der Verhaltensweisen auf die manifeste Ebene eines Konflikts (Pondy 1967; Galtung
1969; Dahrendorf 1972; Galtung 2007). Gemeint sind sichtbare Konflikte bzw.
ihre offenen Austragungen in Form von Auseinandersetzungen oder Streitigkeiten. Durch das Verhalten wird die Realisierung der eigenen Wertvorstellungen
beeinträchtigt.

In Bezug auf das Verhalten zur alltäglichen Mahlzeitengestaltung von Familien
können unter der Dimension der Verhaltensweisen alle Handlungen verstanden
werden, die aktiv ausgeführt werden, wie das Einkaufen, die Zubereitung der
Mahlzeiten, das Tischdecken, das Verhalten bei Tisch und die Nachbereitung. In
der aktuellen wissenschaftlichen Diskussion deutet sich eine Konflikthaftigkeit
in dieser Dimension insbesondere in Anbetracht der Arbeitsteilung in hauswirtschaftlichen Bereichen an (hier bezogen auf die alltägliche Mahlzeitengestaltung),
in der hauptsächlich die Mütter die Verantwortung für die anfallenden Aufgaben
übernehmen (Meier-Gräwe 2006; Bauer 2011; Köhler et al. 2011), während die
Väter eher helfende Tätigkeiten ausführen (DeVault 1991). Unter der Arbeitsteilung im hauswirtschaftlichen Bereich kann auch der Einbezug der Kinder bzw.
deren Teilnahme an der Beköstigungsarbeit gefasst werden, die im zeitlichen

Verlauf kontinuierlich abnehme (Krüger 2011). Die Dimension der Verhaltens-weisen analysiert derartige Konflikte, die sich zwischen Personen, in dieser Arbeit zwischen den einzelnen Familienmitgliedern, ereignen.

3.2.3 Konnektivität beider Dimensionen

Die Ausführungen zu den beiden zentralen Dimensionen der Konflikthaftig-keit verdeutlichen eine Konnektivität bzw. ein Wechselspiel zwischen inneren Widersprüchen und Verhaltensweisen, das in Abbildung 3.3 dargestellt wird.

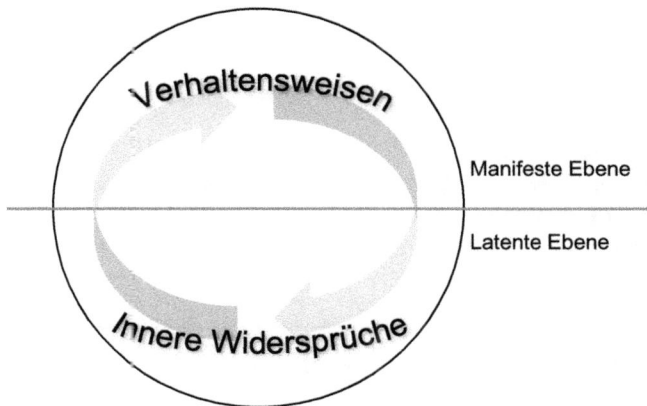

Abbildung 3.3 Konfliktzirkel. (Quelle: Eigene Darstellung)

Der Konfliktzirkel in Abbildung 3.3 zeigt die inneren Widersprüche auf der latenten Konfliktebene und die Verhaltensweisen auf der manifesten Kon-fliktebene. Die inneren Widersprüche beeinflussen die Verhaltensweisen, die Verhaltensweisen wirken wiederum auf die inneren Widersprüche.[4] Dieses Wech-selspiel wird in Abbildung 3.3 anhand der Pfeile symbolisiert. Das Wechselspiel wurde zudem in den Beispielen in den vorangehenden Dimensionsbeschreibun-gen diskutiert. Abbildung 3.4 greift noch einmal ein konkretes Bespiel für das Wechselspiel zwischen inneren Widersprüchen und Verhaltensweisen auf. Der

---

[4] Siehe zur Wechselwirkung der drei Komponenten in Galtungs Konfliktdreieck: Galtung (1997, 135, 349); Möcker (2008, 9); Schönbauer-Brousek (2012, 15).

innere Widerspruch besteht darin, dass sich die Mutter eine egalitäre Aufgabenteilung zwischen ihr und ihrem Partner wünscht, sich aber gleichzeitig für das
Wohlbefinden und die alltägliche Mahlzeitengestaltung der Familie verantwortlich fühlt. Dieser Widerspruch führt auf der Seite der Verhaltensweisen dazu, dass
die Mutter die Verantwortung für die alltägliche Mahlzeitengestaltung der Familie übernimmt, während der Vater in diesem Bereich eher helfende Tätigkeiten
übernimmt.

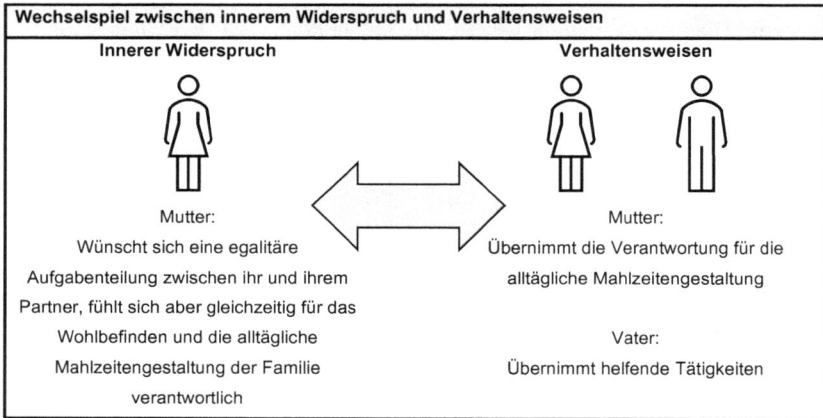

Abbildung 3.4 Wechselspiel zwischen innerem Widerspruch und Verhaltensweisen.
(Quelle: Eigene Darstellung)

Der innere Widerspruch zwischen dem Ideal der erwerbstätigen Frau und dem
der guten Mutter (Kortendiek 2008; Held et al. 2011; Klünder 2018a, 16) und die
damit zusammenhängende starke emotionale Aufladung (Fielding-Singh/Cooper
2022) bedingen eine traditionelle Arbeitsteilung in den hauswirtschaftlichen
Bereichen, in denen die Mutter die Hauptverantwortung trägt. Dieser Zustand
führt wiederum rückwirkend zu einer Verstärkung des Verantwortlichkeitsgefühls
auf Seiten der Mutter.

3.2.4 Konflikt und Konflikthaftigkeit

Unter der Bezeichnung Konflikthaftigkeit können allgemein gefasst von Gegen-
sätzen geprägte Bewertungen von Zuständen sowie Verhaltensweisen verstanden

werden, wobei die vorangehenden Ausführungen verdeutlichen, dass hierbei nicht nur manifeste, sondern auch latente Konflikte einen bedeutenden Stellenwert einnehmen. Die vorliegende Arbeit konzentriert sich dementsprechend nicht nur auf konkrete und sichtbare Konflikte in Bezug auf das Verhalten zur alltäglichen Mahlzeitengestaltung, wie Auseinandersetzungen und Streit, sondern auch auf unsichtbare, die das individuelle Wertesystem in Bezug auf die alltägliche Mahlzeitengestaltung der Familie betreffen, sowie innere Unvereinbarkeiten und Spannungszustände (s. Tabelle 3.2), die nicht zwangsläufig zum Ausbruch eines manifesten Konflikts führen.

Die Verknüpfungen und Abgrenzungen der Begriffe Konflikt und Konflikthaftigkeit im Kontext des Verhaltens zur alltäglichen Mahlzeitengestaltung von Familien werden in Abbildung 3.5 veranschaulicht.

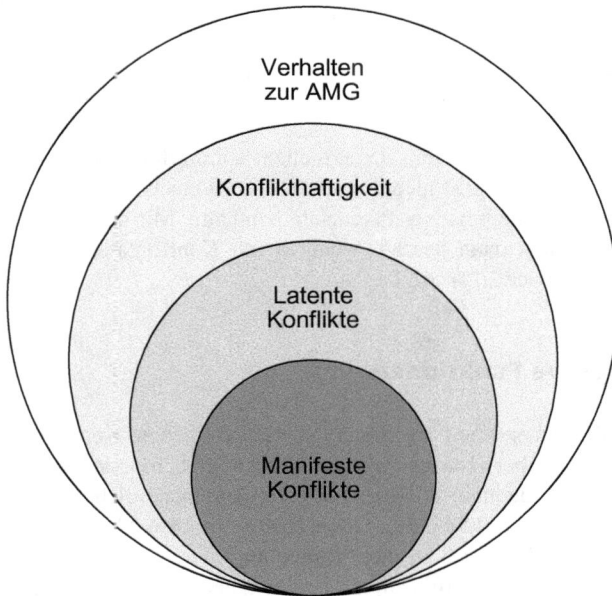

Abbildung 3.5 Venn-Diagramm – Konflikthaftigkeit im Verhalten zur alltäglichen Mahlzeitengestaltung. (Hinweis: AMG steht für alltägliche Mahlzeitengestaltung, Quelle: Eigene Darstellung)

Wird Abbildung 3.5 von außen nach innen betrachtet, so wird deutlich, dass das Verhalten zur alltäglichen Mahlzeitengestaltung eine mögliche Konflikthaftigkeit beinhaltet. Diese Konflikthaftigkeit beinhaltet wiederum Konflikte auf latenter und auf manifester Ebene. Die Darstellung verdeutlicht zum einen, dass Konflikthaftigkeit nicht zwangsläufig auch einen tatsächlichen Konflikt bedeutet, zum anderen, dass Konflikte zwar ausschließlich auf der latenten Ebene bestehen können, nicht aber ausschließlich auf der manifesten.

Mückler (2014) fasst unter dem Begriff der Konflikthaftigkeit darüber hinaus zwei Komponenten: eine Eigenschaft und ein Potenzial. Er betrachtet Konflikthaftigkeit als Eigenschaft als einen elementaren Bestandteil der menschlichen Natur, geprägt durch die Einzigartigkeit jedes Individuums bzw. die daraus resultierende Verschiedenartigkeit. Bezüglich der Komponente des Potenzials führt er aus:

> *Konflikthaftigkeit kann als Potential grundsätzlich positiv bewertet werden, wenn wir annehmen, dass in Konflikten für das Individuum und die Gruppe nutzbare Kräfte und damit entscheidende Wachstumspotentiale in Richtung neuer selbstregulativer Tendenzen stecken können. Individuen bzw. Gruppen wachsen letztlich mit ihrer Fähigkeit, Konflikte zu erkennen, zu ertragen und positiv zu nutzen. (Mückler 2014, 42 f.)*

Insgesamt wird in der Literatur zur aktuellen Konfliktforschung vielfach diskutiert, dass der Konfliktbegriff nicht grundsätzlich als etwas Negatives zu verstehen ist, sondern eine Reihe positiver Potenziale beinhalte. Mit negativen Konnotationen sei er vor allem dann besetzt, wenn er mit Konfrontationen in Beziehung gesetzt wird (Mückler 2014, 42 f.).

3.2.5   Positive Funktionen

In der sozialen Interaktion zwischen Menschen dienen Konflikte der Sichtbarmachung und Überwindung von Problemen und können auf diese Weise nicht nur zu individuellen, sondern auch zu gesellschaftlichen Veränderungen beitragen (Weh/Enaux 2008, 29; Coser 2009, 16; Mückler 2014). Weh und Enaux (2008, 29) skizzieren in ihrer Darstellung durch Konflikte hervorgerufenen Fortschritt und Veränderungen, die in einem erweiterten Handlungsspielraum zusammenlaufen. Zu diesem Fortschritt zählen sie, dass durch Konflikte Energie freigesetzt wird, Stagnation verhindert wird, auf Probleme aufmerksam gemacht wird, Neugierde und Interesse angeregt werden und Entscheidungen herausgefordert werden. Dadurch können nicht nur Veränderungen der Persönlichkeit hervorgehen, sondern auch der Gesellschaft.

Mit Rückbezug zu dem Thema familiärer Mahlzeiten und dem Tisch als Ort des Zusammentreffens individueller Bedürfnisse, sozialer Konstruktionen und unterschiedlicher ethischer Ansprüche (Methfessel 2014, 83) können durch Aushandlungsprozesse, auch in Form von Tischgesprächen (Duke et al. 2003), Veränderungen und Weiterentwicklungen hervorgebracht werden. In der Literatur wird dieser Aspekt häufig auf die Kinder bezogen, deren psychische Gesundheit und Widerstandsfähigkeit durch gemeinsame Mahlzeiten im Kreise der Familie positiv beeinflusst werde (Levin et al. 2012; Elgar et al. 2013; OECD 2014). Bei den gemeinsamen Mahlzeiten können Probleme, Sorgen und Schwierigkeiten geteilt werden (Frank et al. 2019), wodurch diverse (soziale) Fähigkeiten, wie Zuhören, Formulieren und Argumentieren vermittelt werden (Snow/Beals 2006).

Die gemeinsame Lösung eines Konflikts kann zudem das Miteinander innerhalb der Familie stärken und somit zur Stabilisierung der Gemeinschaft beitragen. Um Konflikte zu beseitigen, müssen die einzelnen Familienmitglieder zwangsläufig die unterschiedlichen Meinungen wahrnehmen und sich mit diesen aktiv auseinandersetzen. Die Lösung eines Konflikts besitzt somit das Potenzial, den Gruppenzusammenhalt zu stärken und die Einheit der Familie sicherzustellen.

Ob aus einem (familiären) Konflikt ein positives Resultat hervorgeht, steht letztlich in Abhängigkeit vom Umgang mit diesem, sprich von einer konstruktiven Konfliktführung und Lösungsstrategie (Hasselmann 2011, 122; Engelfried-Rave 2014, 1; Sturzenhecker/Trödel 2021, 1201).

3.3 Zentrale theoretische Konzepte

Der vorliegenden Arbeit liegt ein Erklärungsansatz zugrunde, der zum einen die Bedeutung kultureller Ideen, zum anderen die Bedeutung konkreter Erwerbsarbeits- und Betreuungsarrangements ins Zentrum stellt. Hierbei geht es einerseits um die Erklärung von Differenzen im Verhalten von Familien zur alltäglichen Mahlzeitengestaltung, andererseits um die Erklärung von Konflikthaftigkeit im Verhalten von Familien zur alltäglichen Mahlzeitengestaltung. Die zentralen Untersuchungszusammenhänge werden mit Hilfe des Erklärungsmodells (Abbildung 3.6) veranschaulicht.

Kulturelle Ideen	Alltägliche Mahlzeitengestaltung von Familien
(a) Kulturelle Werte bzgl. Ernährung (b) Kulturelle Leitbilder zum Verhältnis von Familie und Erwerbstätigkeit	(1) Stattfinden (4) Ablauf (2) Anwesende (5) Zuständigkeit (3) Ztl. Umfang

Erwerbsarbeits- und Betreuungsarrangements	Konflikthaftigkeit alltäglicher Mahlzeitengestaltung
(a) Erwerbssituation der Eltern (b) Betreuungssituation der Kinder	(1) Innere Widersprüche (2) Verhaltensweisen

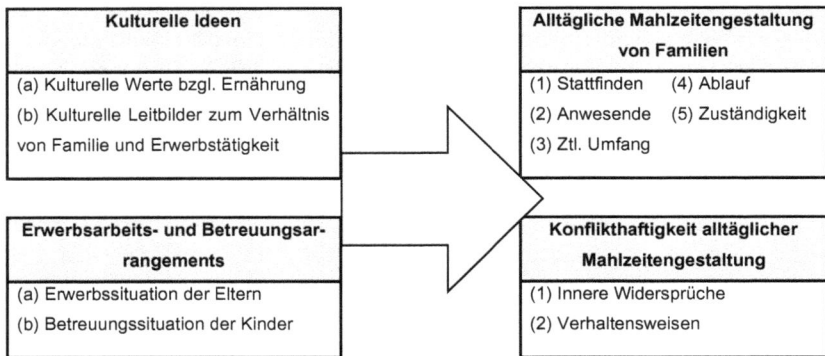

Abbildung 3.6 Modell – Der Untersuchungsgegenstand. (Quelle: Eigene Darstellung)

Nachfolgend werden die für diese Arbeit zentralen Faktorenkomplexe (1) kulturelle Ideen sowie (2) konkrete Erwerbsarbeits- und Betreuungsarrangements definiert und für diese Arbeit zentrale theoretische Konzepte diskutiert.

3.3.1 Theoretische Konzepte in Bezug auf „Kultur"

Aus den vorangehenden Darlegungen, insbesondere in Kapitel 2, geht die zentrale Bedeutung einer kulturellen Dimension des Verhaltens zur alltäglichen Mahlzeitengestaltung von Familien hervor. Essen und Trinken können als ein kulturelles Phänomen betrachtet werden, da Menschen die Auswahl, den Umgang und die Zubereitung der Nahrung ausgestalten (Rath 1984; Kleinspehn 1987). Dabei erfolge die Nahrungsaufnahme in allen menschlichen Kulturen nach sozialen Normen, die sich kulturell unterscheiden (Douglas 1972; Schütz 1979; Halkier 2017, 40 f.). Barlösius (2016) versteht den Bereich des Essens und Trinkens als einen kulturellen Aneignungsprozess, in dem räumliche, zeitliche und personelle Komponenten der Ernährung ausgehandelt werden.

Zunächst ist festzuhalten, dass für den Kulturbegriff keine einheitliche und allgemein akzeptierte Begriffsdefinition existiert. Viel eher ist eine Vielzahl verschiedener Definitionen zu erkennen, die sich je nach Disziplin und Forschungsausrichtung unterscheiden. Bereits in den 1950er Jahren tragen Kroeber und Kluckhohn über 100 Bestimmungen des Kulturbegriffs zusammen und leiten daraus eine umfassende Definition ab (Rohn 2006, 21):

Culture consists of patterns, explicit and implicit, of and for behavior acquired and transmitted by symbols, constituting the distinctive achievement of human groups, including their embodiment in artifacts; the essential core of culture consists of traditional (i. e., historically derived and selected) ideas and especially their attached values; culture systems may, on the one hand, be considered as products of action, on the other, as conditioning elements of future action. (Kroeber/Kluckhohn 1952, 181), zit. n. Rohn (2006, 21)

Die genannte Vielzahl der verschiedenen Begriffsdefinitionen lässt sich in zwei verschiedene Konzepte von Kultur untergliedern. Dies ist zum einen ein traditionelles Verständnis von „Kultur" der (frühen) Anthropologie, zu der auch die sehr breite Definition von Kroeber und Kluckhohn (1952) gezählt werden kann, da sie sowohl die geistige als auch die materielle Welt umfasst. Zum anderen handelt es sich um ein Verständnis von Kultur als ein System gesellschaftlichen Wissens und kultureller Werte. Im letztgenannten Verständnis wird die Definition des Kulturbegriffs (soziologisch) deutlich enger geführt. Beide Kulturkonzepte werden nachfolgend dargestellt, wobei vor allem zentrale Unterscheidungsmerkmale herausgestellt werden.

3.3.1.1 Verständnis von „Kultur" der (frühen) Anthropologie

Unter dem traditionellen Verständnis von „Kultur" der (frühen) Anthropologie können solche Konzepte verstanden werden, die unter Kultur sowohl die geistige als auch die materielle Welt fassen. Es handelt sich demnach um ein Verständnis, dass sich auf Gesellschaften in ihrem ganzen Verhältnis bezieht.

Dementsprechend knüpft Maletzke (1996), mit einem Verständnis von Kultur als soziale Konstruktion der Wirklichkeit, an die Definition von Kroeber und Kluckhohn (1952) an:

[Kultur ist] ein System von Konzepten, Überzeugungen, Einstellungen, Wertorientierungen, die sowohl im Verhalten und Handeln der Menschen als auch in ihren geistigen und materiellen Produkten sichtbar werden. Ganz vereinfacht kann man sagen: Kultur ist die Art und Weise wie die Menschen leben und was sie aus sich machen. (Maletzke 1996, 16)

Ebenso versteht Hofstede (1991) unter Kultur die Lebensweise, in der der Mensch lebt und arbeitet, und spricht in diesem Zusammenhang von einer kollektiven Programmierung des Geistes. Auf Grundlage dieser Programmierung unterscheiden sich Mitglieder einer Kategorie von Mitgliedern einer anderen. Thomas (2003) fasst Kultur als ein Orientierungssystem, das aus spezifischen Symbolen zusammengesetzt ist und intergenerationell weitergegeben wird:

> *Das Orientierungssystem definiert für alle Mitglieder ihre Zugehörigkeit zur Gesellschaft oder Gruppe und ermöglicht ihnen ihre ganz eigene Umweltbewältigung. Kultur beeinflusst das Wahrnehmen, Denken, Werten und Handeln aller Mitglieder der jeweiligen Gesellschaft. [...] Das kulturspezifische Orientierungssystem schafft einerseits Handlungsmöglichkeiten und Handlungsanreize, andererseits aber auch Handlungsbedingungen und setzt Handlungsgrenzen fest. (Thomas et al. 2005, 22)*

Das jeweilige Orientierungssystem[5] unterscheide sich je nach Nation, Gesellschaft, Organisation oder Gruppe und wird als ein universelles Phänomen verstanden. Das jeweils spezifische kulturelle Handlungsfeld einer Bevölkerung umfasse sowohl Objekte als auch Institutionen, Ideen und Werte (Thomas 2003).

Die Ansätze von Maletzke (1996), Hofstede (1991) und Thomas (2003) haben dynamische, identitäts- und orientierungsstiftende Elemente von Kultur, Gruppenbezogenheit und Alltäglichkeit sowie soziale Konstruiertheit (erlernt und erlernbar), gemeinsam. Dieses offene und allumfassende Verständnis von Kultur der (frühen) Anthropologie kann als kritisch betrachtet werden: Kultur werde als ein kohärentes Gebilde, bzw. als eine harmonische Einheit, zur Integration der Gesellschaft angesehen und dieser Mythos der frühen Anthropologie von der Soziologie übernommen (Pfau-Effinger 2000, 64):

> *Dabei kommt zu kurz, dass das gesellschaftliche System von Traditionen, Werten und Leitbildern durchaus in sich widersprüchlich sein kann, und dass gesellschaftliche Akteure Konflikte und Aushandlungsprozesse über die gesellschaftlich dominanten kulturellen Wertesysteme austragen. Schließlich wird auch die Bedeutung von Machtbeziehungen für kulturelle Sinngebungsprozesse ignoriert. (Pfau-Effinger 2000, 64)*

Man könne demnach nicht von kultureller „Kohärenz" ausgehen, da alternative und konkurrierende Wertesysteme existieren können (Pfau-Effinger 2000, 91).

3.3.1.2 Kultur als System gesellschaftlichen Wissens und kultureller Werte

Anknüpfend an die geübte Kritik führt Pfau-Effinger (2000) die Kulturdefinition soziologisch deutlich enger und folgt dabei dem Verständnis von Kultur als System gesellschaftlichen Wissens und kultureller Werte. Nach diesem Verständnis bestehen die Inhalte des kulturellen Systems aus „den Doktrinen, Theorien und Leitbildern und definieren die ‚ideationale Umgebung' für das Handeln der

---

[5] Forschungen der Kultursoziologie bezeichnen ein solches Orientierungssystem als ein *Toolkit* an Bedeutungen, das Individuen zur Bewertung bestimmter Situationen nutzen. Siehe dazu: Swidler (1986).

Akteure" (Pfau-Effinger 2000, 68). Im Unterschied zum Verständnis von „Kultur" der (frühen) Anthropologie bezieht sich diese Kulturdefinition ausschließlich auf die geistige Welt:

> *[Kultur] beinhaltet Wissensbestände, Werte und Leitbilder, oder kurz gesagt: Ideen. Kultur stellt die Weichen, in denen Menschen ihren Interessen nachgehen und engt damit den Raum der wahrgenommenen Möglichkeiten und Perspektiven ein. (Pfau-Effinger 2005, 3)*

Mit dieser Definition in der kulturelle Ideen einen bedeutsamen Bestandteil einnehmen, schließt Pfau-Effinger (2005, 3) sowohl an Neidhardt an, der Kultur als „System kollektiver Sinnkonstruktionen" (Neidhardt 1986, 11) versteht, als auch an Max Weber, bei dem kulturelle Ideen eine weitreichende Bedeutung einnehmen, da Weltbilder als „Weichensteller" die Dynamik der Interessen beeinflussen, selbst wenn die Interessen materiell definiert sind (Weber 1988, 252).

Angesichts dieser Spezifizierungen wird der Faktorenkomplex der kulturellen Ideen in der vorliegenden Arbeit in zwei zentrale Elemente untergliedert. Zum einen in (a) kulturelle Werte in Bezug auf die Ernährung, zum anderen in (b) kulturelle Leitbilder zum Verhältnis von Familie und Erwerbstätigkeit. Beide Elemente werden nachstehend diskutiert.

3.3.1.3 Kulturelle Werte in Bezug auf die Ernährung

Im Allgemeinen umfassen kulturelle Werte individuelle oder gemeinschaftliche Vorstellungen über Zustände und Verhaltensweisen, die als erstrebenswert, moralisch oder ethisch gut angesehen werden. Sie drücken aus, „was des Wünschens wert ist" (Joas 1997, 32), und helfen den Akteuren zu beurteilen, was gut und richtig ist (Schubert 2002, 205). Kluckhohn (1951) fasst kulturelle Werte folgendermaßen zusammen:

> *A conception, explicit or implicit, distinctive of an individual or characteristic of a group, of the desirable which influences the selection from available modes, means and ends of action. (Kluckhohn 1951, 395)*

Einstellungen und Verhalten der Menschen werden, unterbewusst und meist unkontrollierbar, durch kulturelle Werte beeinflusst. Darin, in nicht sichtbaren, unbewussten und nur schwer änderbaren Werten sieht Richter (2008) den Kern der Kultur:

> *Werte werden vom Individuum nicht als kulturspezifisch wahrgenommen, weil sie in das ureigene Wertesystem vom Kindesalter an integriert sind. Nicht selten treten die*

eigenen Wertvorstellungen erst bei einer Konfrontation der eigenen mit einer fremden Kultur auf. (Richter 2008, 11)

Bedeutsam ist darüber hinaus, dass derartige Ideale menschlichen Handelns langfristig konstant sind. Dies geht u. a. aus den repräsentativen Befragungswellen des World Value Surveys (WVS) hervor, in dem seit 1981 soziokulturelle, moralische, religiöse und politische Werte verschiedener Kulturen der Welt ermittelt werden.[6]

3.3.1.4 Kulturelle Leitbilder zum Verhältnis von Familie und Erwerbstätigkeit

Leitbilder vermitteln eine inhaltliche Umsetzung von Werten in die Praxis und verleihen auf diese Weise der Kultur des Zusammenlebens Ausdruck (Losch 2006, 145). Als eine Kombination einzelner Werte beschreiben sie, was als normal, wünschenswert, akzeptabel und abweichend gilt (Diabaté et al. 2015, 11). Wie bei anderen kulturellen Phänomenen, wie Werten, Normen oder Frames, handelt es sich auch bei Leitbildern um „sozial geteilte Vorstellungen" (Lück/Diabaté 2015, 20), mit der Unterscheidung, dass sie diese kulturellen Vorstellungen bündeln und in sich vereinen (Lück/Diabaté 2015, 20):

> *Ein Leitbild [ist] ein Bündel aus kollektiv geteilten bildhaften Vorstellungen des „Normalen", das heißt von etwas Erstrebenswertem, sozial Erwünschtem und/oder mutmaßlich weit Verbreitetem, also Selbstverständlichem. Leitbilder und Normalitätsvorstellungen sind grundsätzlich realisierbar und als Handlungsorientierung konzipiert. (Diabaté/Lück 2014, 56)*

Demnach verbinden Leitbilder die „Eigenschaften von Werten, Normen und Frames" (Lück/Diabaté 2015, 19). Mit ihrer Definition knüpfen Diabaté und Lück (2014) an die Ausführungen von Giesel an, die aufzeigt, dass kulturelle Leitbilder Wert- und Normvorstellungen einer Gesellschaft beinhalten, die als Verhaltenserwartung an deren Mitglieder herangetragen werden (Giesel 2007, 252). Sie legt die folgende Begriffsdefinition dar:

> *Leitbilder bündeln sozial geteilte (mentale oder verbalisierte) Vorstellungen von einer erwünschten bzw. wünschenswerten und prinzipiell erreichbaren Zukunft, die durch entsprechendes Handeln realisiert werden soll. (Giesel 2007, 245)*

---

[6] Siehe zum WVS: https://www.worldvaluessurvey.org/wvs.jsp.

In Bezug auf die Familie beschreiben Leitbilder „Normalitätsvorstellungen" zum Verständnis von einer „richtigen" Familie, einer idealen Kindheit oder der Ausgestaltung des familiären Zusammenlebens „im Hinblick auf Partnerschaft, Ehe, Familiengründung, Elternschaft und Generationenbeziehungen" (Diabaté et al. 2015, 11 ff.).

Gender Culture
Leitbilder zur Familie werden zudem an der „immer noch omnipräsenten Zuschreibungen dessen, was Frauen und Männer [...] innerhalb der Familie für Kompetenzen haben und welche spezifische Verantwortung ihnen zukommt", deutlich (Lück/Diabaté 2015, 27). In diesem Zusammenhang begreift Pfau-Effinger Leitbilder als „typical societal ideal representations, norms and values regarding the family and the societal integration of women and men" (Pfau-Effinger 2004, 382) und führt aus, dass in jeder modernen Gesellschaft bestimmte dominierende Werte und Leitbilder in Bezug auf die Geschlechterverhältnisse vorherrschend seien. Mit dem Verständnis von Leitbildern als „Teil des allgemeinen kulturellen Systems" (Pfau-Effinger 2005, 3) bezeichnet sie diese als „Geschlechterkultur" (Pfau-Effinger 2000, 69) oder „gender culture" (Pfau-Effinger 1998b, 151). Es wird betont, dass neben den dominierenden Leitbildern weitere marginalisierte Leitbilder für bestimmte Gruppen von Bedeutung sein können (Pfau-Effinger 2005, 3) bzw. „innerhalb des vielschichtigen Leitbilds der Familie [...] diverse dazugehörige Leitbild-Elemente [bestehen]" (Diabaté et al. 2015, 13).

Geschlechterkulturelle Familienmodelle
Aus den dominierenden Leitbildern zur Familie gehen verschiedene Geschlechter-Arrangements hervor. Pfau-Effinger (2005, 4) stellt einen theoretischen Ansatz zur Klassifikation idealtypisch verschiedener geschlechterkultureller Modelle, auch als geschlechterkulturelle Familienmodelle bezeichnet, vor. Insgesamt fünf dieser Modelle hatten für die Entwicklung westeuropäischer Gesellschaften in der zweiten Hälfte des 20. Jahrhunderts eine besondere Relevanz: (1) das familienökonomische Modell, (2) das Hausfrauenmodell der männlichen Versorgerehe, (3) das Vereinbarkeitsmodell der männlichen Versorgerehe, (4) das Doppelversorgermodell mit außerhäuslicher Kinderbetreuung und (5) das Doppelversorger-/Doppelbetreuer-Modell (Pfau-Effinger 2000, 87 f., 2005, 4):

1. In dem familienökonomischen Modell sind beide Eltern im landwirtschaftlichen oder kleingewerblichen Betrieb tätig (Pfau-Effinger 2000, 87 f., 2005, 4).

2. Das Hausfrauenmodell der männlichen Versorgerehe wird auch als traditionelles bürgerliches Modell, männliches Ernährermodell, Hausfrauenehe,
   Versorgerehe oder Einverdienermodell bezeichnet. In diesem Modell ist der
   Mann in Vollzeit berufstätig, während die Frau die alleinige Verantwortung
   für die Familienarbeit übernimmt (Pfau-Effinger 2000, 87 f., 2005, 4).
3. Das Vereinbarkeitsmodell der männlichen Versorgerehe wird auch modernisiertes bürgerliches Modell, Zuverdienermodell oder modernisiertes männliches Ernährermodell genannt. In diesem Modell ist der Mann in Vollzeit
   berufstätig, während die Frau in Teilzeit arbeitet und gleichzeitig die alleinige
   Verantwortung für die Familienarbeit übernimmt (Pfau-Effinger 2000, 87 f.,
   2005, 4).
4. Im Doppelversorgermodell mit externer Kinderbetreuung, auch als egalitär-
   erwerbsbezogenes Modell bezeichnet, sind beide Eltern in Vollzeit erwerbstätig und es wird vorwiegend eine externe Kinderbetreuung herangezogen
   (Pfau-Effinger 2000, 87 f., 2005, 4).
5. Das Doppelversorger-/Doppelbetreuer-Modell wird auch als egalitär-
   familienbezogenes Modell bezeichnet. Hierbei sind beide Eltern zu annähernd
   gleichen Teilen in Teilzeit erwerbstätig und teilen sich die Verantwortung für
   die Familienarbeit partnerschaftlich (Pfau-Effinger 2000, 87 f., 2005, 4).

In Deutschland seien vor allem zwei der angeführten Modelle dominierend. Zum
einen das „Vereinbarkeitsmodell der männlichen Versorgerehe" (Pfau-Effinger
2000, 87 f., 2005, 4), zum anderen das „Doppelversorgermodell mit externer Kinderbetreuung" (Pfau-Effinger 2000, 87 f., 2005, 4). Als ein Relikt aus Zeiten der
Hausfrauenehe sei ersteres vor allem in den alten Bundesländern vorzufinden, das
zweite, als ein kulturelles Leitbild aus DDR-Zeiten, in den neuen Bundesländern
(Pfau-Effinger/Smidt 2011).

3.3.2   Das Konzept der Erwerbsarbeits- und Betreuungsarrangements

Der Erklärungsansatz der vorliegenden Arbeit stellt neben kulturellen Ideen auch
die konkreten Erwerbsarbeits- und Betreuungsarrangements ins Zentrum. Hierbei
handelt es sich um einen Faktorenkomplex, der in (a) die Erwerbssituation der
Eltern und (b) die Betreuungssituation der Kinder unterteilt wird.

Zwar können die konkreten Erwerbsarbeits- und Betreuungsarrangements der
Eltern in gewisser Weise als ein Bestandteil der vorangehend diskutierten kulturellen Leitbilder zu Familie und Erwerbstätigkeit verstanden werden, da sie

den Erwerbsumfang sowie die Aufteilung von bezahlter und unbezahlter Arbeit
zwischen den Paaren beinhalten, jedoch werden in der vorliegenden Arbeit
beide Faktorenkomplexe unabhängig voneinander betrachtet. Dieses Vorgehen
liegt darin begründet, dass es sich bei den im Zusammenhang mit den kulturellen Leitbildern vorgestellten geschlechterkulturellen Familienmodellen um
einen Komplex kultureller Vorstellungen von der „idealen" Familienform in
Bezug auf Geschlecht, Betreuung und das Verhältnis zwischen Erwerbsarbeit und
Familie handelt (Pfau-Effinger 2004), diese Idealvorstellungen den praktizierten
Erwerbsarbeits- und Betreuungsarrangements der Eltern jedoch entgegenstehen
können, da kulturelle Ideale häufig nur teilweise realisierbar sind (Pfau-Effinger
2000, 70). Darüber hinaus werden weiterführend die konkreten Arbeitszeitformen
der Eltern analysiert, zu denen Aspekte wie Dauer, Lage, Grad und Art der Flexibilität der Erwerbsarbeit, aber auch der Ort des Arbeitsplatzes gezählt werden
können. In Bezug auf die elterlichen Arrangements ist zudem die Betreuungssituation der Kinder relevant. Hierzu zählen häusliche An- und Abwesenheiten der
Kinder sowie die Zeitdauer und -lage der häuslichen Abwesenheiten.

3.4 Forschungsleitende Annahmen

Auf Grundlage der Aufarbeitung der aktuellen wissenschaftlichen Diskussion
zum Thema Familienmahlzeiten sowie der vorangehenden theoretischen Überlegungen zum Faktorenkomplex kultureller Ideen einerseits und dem Faktorenkomplex konkreter Erwerbsarbeits- und Betreuungsarrangements andererseits liegen
der vorliegenden Arbeit insgesamt vier zentrale forschungsleitende Annahmen
zugrunde:

1. Kulturelle Ideen spielen eine zentrale Rolle für die Erklärung von Differenzen
   zwischen Familien in ihrem Verhalten zur alltäglichen Mahlzeitengestaltung.
2. Kulturelle Ideen spielen eine zentrale Rolle für die Erklärung von Konflikthaftigkeit im Verhalten von Familien zur alltäglichen Mahlzeitengestaltung.
3. Die konkreten Erwerbsarbeits- und Betreuungsarrangements der Eltern spielen
   eine zentrale Rolle für die Erklärung von Differenzen zwischen Familien in
   ihrem Verhalten zur alltäglichen Mahlzeitengestaltung.
4. Die konkreten Erwerbsarbeits- und Betreuungsarrangements der Eltern spielen
   eine zentrale Rolle für die Erklärung von Konflikthaftigkeit im Verhalten von
   Familien zur alltäglichen Mahlzeitengestaltung.

In den nachfolgenden Unterkapiteln folgt die ausführliche Begründung der forschungsleitenden Annahmen.

3.4.1 Zur Bedeutung kultureller Ideen für die Erklärung

Nachfolgend wird zunächst die Bedeutung kultureller Ideen ins Zentrum gestellt. Hierbei geht es sowohl um die Bedeutung kultureller Ideen zur Erklärung von Differenzen im Verhalten von Familien zur alltäglichen Mahlzeitengestaltung (Annahme 1) als auch um die Bedeutung kultureller Ideen zur Erklärung von Konflikthaftigkeit im Verhalten von Familien zur alltäglichen Mahlzeitengestaltung (Annahme 2).

3.4.1.1 Forschungsleitende Annahme 1

In der vorliegenden Arbeit wird davon ausgegangen, dass kulturelle Ideen eine zentrale Rolle für die Erklärung von Differenzen zwischen Familien in ihrem Verhalten zur alltäglichen Mahlzeitengestaltung spielen (forschungsleitende Annahme 1).

Unter dem Faktorenkomplex der kulturellen Ideen werden zum einen kulturelle Werte in Bezug auf die Ernährung analysiert. In der aktuellen wissenschaftlichen Diskussion zur kulturbezogenen Perspektive auf das Thema Essen wird die sozial-kulturelle Bedeutung der Ernährung herausgestellt. König (1965) legt dar, dass die Auswahl der Lebensmittel keineswegs wahllos erfolgt, sondern in jeder Kultur Entscheidungen getroffen werden, die sich auf die Vorstellungen dieser Kultur beziehen.[7] Demnach stehen unterschiedliche Ernährungsweisen in Abhängigkeit zu historischen und kulturellen Bedingungen, werden durch kulturell geltende Normen und Werte geprägt und durch Wiederholungen gefestigt. Diese kulturellen Prägungen beeinflussen die Nahrungsmittelwahl, Präferenzen und den Umgang mit Nahrung und werden bereits in einem Sozialisationsprozess in der Kindheit erlernt (Brombach o. D.; Bourdieu 1991; Leonhäuser et al. 2009; Schritt 2011). Nahrungsmittel werden mit Erinnerungen, Erfahrungen, Bedeutungen und Wertigkeit verbunden, Werte und Verhaltensweisen während gemeinsamer Familienmahlzeiten vermittelt und intergenerationell weitergegeben (Krüger 2011; Hirschfelder/Pollmer 2018).

---

[7] An dieser Stelle ist anzumerken, dass die Ergebnisse der empirischen Untersuchung der vorliegenden Arbeit, siehe Kapitel 5, zwar einige Hinweise zur Nahrungsmittelwahl der teilnehmenden Familien liefern, diese jedoch nicht im Zentrum der Analyse steht.

Zum anderen werden unter dem Faktorenkomplex der kulturellen Ideen kulturelle Leitbilder zum Verhältnis von Familie und Erwerbstätigkeit analysiert. Konkret wird angenommen, dass unterschiedliche geschlechterkulturelle Familienmodelle zu Differenzen im Verhalten von Familien zur alltäglichen Mahlzeitengestaltung führen; diese geschlechterkulturellen Familienmodellen sind verbunden mit kulturellen Idealvorstellungen einer Familienform in Bezug auf Geschlecht, Betreuung und das Verhältnis zwischen Erwerbsarbeit und Familie (Pfau-Effinger 2004). Werden die beiden in Deutschland dominierenden geschlechterkulturellen Familienmodelle, das „Vereinbarkeitsmodell der männlichen Versorgerehe" (Pfau-Effinger 2005) und das „Doppelversorgermodell mit außerhäuslicher Kinderbetreuung" (Pfau-Effinger 2005), gegenübergestellt, so kann davon ausgegangen werden, dass sich das Verhalten zur alltäglichen Mahlzeitengestaltung, z. B. in Bezug auf die Zuständigkeiten für die Vor-, Zu- und Nachbereitung sowie Planungsaspekte, unterscheidet, da sich erstgenanntes Modell durch die alleinige Verantwortung der Mutter für die Familienarbeit auszeichnet, während in zweiterem eine egalitäre Aufgabenteilung vorherrschend ist.

3.4.1.2 Forschungsleitende Annahme 2

Die zweite forschungsleitende Annahme, die sich ebenfalls auf die Bedeutung kultureller Ideen bezieht, postuliert, dass kulturelle Ideen eine zentrale Rolle für die Erklärung von Konflikthaftigkeit im Verhalten von Familien zur alltäglichen Mahlzeitengestaltung spielen. Diese Annahme lässt sich zum einen auf kulturelle Werte in Bezug auf die Ernährung übertragen, wenn die individuellen Vorstellungen zu den Idealen des Ernährungshandelns, auf Grund des Verhaltens anderer Familienmitglieder, des eigenen Verhaltens oder auch durch strukturelle Bedingungen nicht realisiert werden können. In den genannten Fällen können sowohl innere Konflikte, d. h. auf latenter Ebene, als auch Konflikte in direkter Interaktion mit anderen Familienmitgliedern, sprich auf manifester Ebene, auftreten.

Zum anderen lässt sich die Annahme auf kulturelle Leitbilder zum Verhältnis von Familie und Erwerbstätigkeit übertragen. Es wird davon ausgegangen, dass unterschiedliche geschlechterkulturelle Familienmodelle zu unterschiedlichen Konflikten im Verhalten der Familien zur alltäglichen Mahlzeitengestaltung führen können. Zum Beispiel könnte die vorangehend diskutierte Diskrepanz zwischen dem „Leitbild der berufstätigen Frau und dem Leitbild der guten Mutter" (Klünder 2018a, 16) im „Doppelversorgermodell mit außerhäuslicher Kinderbetreuung" (Pfau-Effinger 2005) auf Grund der Vollzeiterwerbstätigkeit

beider Eltern bzw. der Mutter noch stärker in Konflikt geraten als im „Vereinbarkeitsmodell der männlichen Versorgerehe" (Pfau-Effinger 2005), in dem die
Frau in Teilzeit erwerbstätig ist. Gleichermaßen könnten vor allem im „Doppelversorgermodell mit außerhäuslicher Kinderbetreuung" (Pfau-Effinger 2005)
vermehrt zeitliche Konflikte zwischen den Erwerbstätigkeiten der Eltern sowie
den gemeinsamen Familienmahlzeiten auftreten.

3.4.2   Zur Bedeutung konkreter Erwerbsarbeits- und Betreuungsarrangements für die Erklärung

Nachfolgend wird die Bedeutung konkreter Erwerbsarbeits- und Betreuungsarrangements der Eltern ins Zentrum gestellt, zunächst für die Erklärung von Differenzen im Verhalten von Familien (Annahme 3), anschließend für die Erklärung
von Konflikthaftigkeit im Verhalten von Familien zur alltäglichen Mahlzeitengestaltung (Annahme 4). Hierbei ist von Bedeutung, dass sich beide Annahmen auf
die Arrangements zwischen den Eltern beziehen und die Perspektive der Kinder
dabei weitestgehend unberücksichtigt bleibt.

3.4.2.1   Forschungsleitende Annahme 3

Die dritte forschungsleitende Annahme postuliert, dass Differenzen in den
Erwerbsarbeits- und Betreuungsarrangements der Eltern eine zentrale Rolle für
die Erklärung von Differenzen zwischen Familien in ihrem Verhalten zur alltäglichen Mahlzeitengestaltung spielen. Der Faktorenkomplex der elterlichen
Erwerbsarbeits- und Betreuungsarrangements analysiert zum einen die konkreten
Erwerbssituationen der Eltern, wie die konkreten Arbeitszeitformen, zum anderen
die konkreten Betreuungssituationen der Kinder und bezieht die häuslichen An-
und Abwesenheiten sowie die Zeitdauer und -lage der häuslichen Abwesenheiten
ein.

Zunächst kann davon ausgegangen werden, dass die Erwerbsarbeits- und
Betreuungsarrangements der Eltern das Verhalten der Familien zur alltäglichen Mahlzeitengestaltung beeinflussen. Beispielhaft könnte dies die zentralen
Dimensionen Stattfinden und Anwesende betreffen, so dass Art und Grad der
Flexibilität, z. B. in Form von Homeoffice- oder selbständigen Tätigkeiten, dazu
führen können, dass gemeinsame Mahlzeiten mit der Familie vermehrt stattfinden
und auch die personelle Konstellation während gemeinsamer Familienmahlzeiten
beeinflusst wird.

Zur   Veranschaulichung   werden   nachfolgend   zwei   unterschiedliche
Erwerbsarbeits- und Betreuungsarrangements der Eltern gegenübergestellt,

in denen die Mutter jeweils in Teilzeit und der Vater in Vollzeit erwerbstätig ist, um aufzuzeigen, dass Differenzen in den Erwerbsarbeits- und Betreuungsarrangements der Eltern zu Differenzen zwischen Familien in ihrem Verhalten zur alltäglichen Mahlzeitengestaltung führen können. Im ersten Beispiel-Arrangement ist die Mutter in Teilzeit erwerbstätig und kann ihrer Erwerbstätigkeit vollständig aus dem Homeoffice nachgehen. Dabei kann sie die Lage ihrer Arbeitszeiten frei einteilen. Der Vater ist in Vollzeit erwerbstätig, und das vollständig aushäusig. Dabei müssen feste Kernarbeitszeiten eingehalten werden. Im zweiten Beispiel-Arrangement ist die Mutter ebenfalls in Teilzeit erwerbstätig und der Vater in Vollzeit, in dieser Konstellation sind jedoch beide Elternteile vollständig aushäusig und haben feste Kernarbeitszeiten. Trotz des gleichen Stundenumfangs der Erwerbsarbeit der Eltern in beiden Beispiel-Arrangements kann davon ausgegangen werden, dass sich das Verhalten zur alltäglichen Mahlzeitengestaltung zwischen beiden Familien unterscheidet. Während die Mutter im ersten Beispiel-Arrangement auf Grund der Homeoffice-Tätigkeit zuhause kocht und auch die Kinder zum Essen nachhause kommen, isst die Mutter im zweiten Beispiel-Arrangement wie alle weiteren Familienmitglieder mittags aushäusig, z. B. in der Kantine oder der Mensa.[8] Das Beispiel verdeutlicht, dass neben den konkreten Erwerbssituationen der Eltern auch die konkreten Betreuungssituationen der Kinder von Relevanz sind. Hierbei spielt z. B. eine Rolle, ob die Kinder durch den Besuch einer Ganztagsschule bis zum Nachmittag von zuhause abwesend sind und sie eine Mittagsverpflegung in Anspruch nehmen oder ob die Kinder bereits mittags nachhause kommen und somit eine andere Art der Betreuung und Verpflegung realisiert wird. Dieses Beispiel einer Betreuungssituation der Kinder verdeutlicht Unterschiede zwischen den Familien, die wiederum in Unterschieden in der Planung der Mahlzeiten sowie deren Vor-, Zu- und Nachbereitung resultieren können.

3.4.2.2 Forschungsleitende Annahme 4

Ferner wird davon ausgegangen, dass Differenzen zwischen den Familien in den konkreten Erwerbsarbeits- und Betreuungsarrangements der Eltern für die Erklärung von Konflikthaftigkeit im Verhalten der Familien zur alltäglichen Mahlzeitengestaltung relevant sind.

Die aktuellen wissenschaftlichen Diskussionen zum Thema Familienmahlzeiten stellen eine Verschiebung des inhäusigen Essens hin zu aushäusigen

---

[8] Bei den angeführten Beispiel-Arrangements handelt es sich um fiktive Beispiele. Hierbei wurden das Stattfinden eines inhäusigen Mittagessens sowie die personelle Konstellation zur Veranschaulichung herausgegriffen.

Angeboten fest (Evers et al. 2009), zurückzuführen auf die gestiegene Frauenerwerbstätigkeit sowie den Ausbau von U3-Betreuung und Ganztagsschulen
(Klünder 2018a), die die Verpflegung der Kinder übernehmen (Evers et al.
2009). Diese Verschiebung des Essens hin zu aushäusigen Angeboten könnte den
Annahmen und Überzeugungen der Eltern entgegenstehen, dass die Realisierung
gemeinsamer Mahlzeiten innerhalb der Familie von großer Relevanz ist. Hierbei
handelt es sich um einen Konflikt, der eher auf der latenten Konfliktebene zu
verorten ist. Gleichzeitig könnten in diesem Zusammenhang jedoch auch Konflikte auf manifester Konfliktebene auftreten, wenn die Eltern innerhalb eines
Haushalts unterschiedliche Vorstellungen und Überzeugungen in Bezug auf das
Verhalten der Familie zur alltäglichen Mahlzeitengestaltung vorweisen und aus
diesem Grund vermehrt Auseinandersetzungen oder Streitigkeiten auftreten.

Inwiefern sich derartige Konflikte auf Grund unterschiedlicher Erwerbsarbeits-
und Betreuungsarrangements der Eltern zwischen den Familien unterscheiden,
lässt sich erneut anhand der im vorangehenden Unterkapitel (3.4.2.1) angeführten
Beispiel-Arrangements veranschaulichen. Bezugnehmend auf die oben genannten
Konflikte, die auf die Verschiebung des Essens hin zu aushäusigen Angeboten zurückgeführt werden können, wäre das erste Beispiel-Arrangement, in dem
die Mutter mit einem hohen Grad der Flexibilität im Homeoffice erwerbstätig
ist, weniger konfliktanfällig, da sich gemeinsame Mahlzeiten zumindest unter
Anwesenheit von Mutter und Kindern realisieren lassen. Hingegen lässt sich ein
gemeinsames Mittagessen im zweiten Beispiel-Arrangement, z. B. aus zeitlichen
Gründen, nicht realisieren.

Der Einfluss konkreter Erwerbsarbeits- und Betreuungsarrangements auf die
Konflikthaftigkeit im Verhalten der Familien zur alltäglichen Mahlzeitengestaltung ist auch deshalb bedeutsam, weil in der aktuellen wissenschaftlichen Diskussion thematisiert wird, dass die unterschiedlichen Zeitrhythmen der einzelnen
Familienmitglieder dazu führen, dass es heute immer schwieriger werde, gemeinsame Essenszeiten mit der Familie zu finden (Schlegel-Matthies 2002), wodurch
der Wert des gemeinsamen Essens mit der Familie möglicherweise nicht umgesetzt werden kann und sich der Wunsch nach gemeinsamen Familienmahlzeiten
zeitlich nicht realisieren lässt.

3.5 Zusammenfassung und Fazit

In den vorangehenden Abschnitten wurde der theoretische Zugang zur Beantwortung der Fragestellungen, unter Bezugnahme auf die aktuelle wissenschaftliche Diskussion, eröffnet, es wurden zentrale Begriffe definiert und Konzepte erläutert. Anknüpfend an die vorangehend dargestellten theoretischen Konzepte wurde die Begrifflichkeit der alltäglichen Mahlzeitengestaltung definiert und in ihre einzelnen Dimensionen, *Stattfinden, Anwesende, zeitlicher Umfang, Ablauf* und *Zuständigkeit,* aufgeschlüsselt, daran anschließend der Begriff der Konflikthaftigkeit, der sich in die Dimensionen *innere Widersprüche* und *Verhaltensweisen* untergliedert. Die Definition des Konfliktbegriffs lehnt sich hierbei an verschiedene theoretische Konzepte der Konfliktforschung an, wie die Theorie des sozialen Konflikts nach Glasl (2003) und das Konfliktdreieck nach Galtung (2007).

Der Erklärungsansatz der empirischen Studie, der zum einen die Bedeutung kultureller Ideen, zum anderen die Bedeutung konkreter Erwerbsarbeits- und Betreuungsarrangements ins Zentrum stellt, wurde anschießend graphisch skizziert. Auf diese Weise wurden die zentralen Untersuchungszusammenhänge veranschaulicht. In der vorliegenden Arbeit geht es einerseits um die Erklärung von Differenzen im Verhalten von Familien zur alltäglichen Mahlzeitengestaltung, andererseits um die Erklärung von Konflikthaftigkeit im Verhalten von Familien zur alltäglichen Mahlzeitengestaltung.

Aus den theoretischen Ausführungen und der aktuellen wissenschaftlichen Diskussion zum Thema Familienmahlzeiten wurden die folgenden forschungsleitenden Annahmen abgeleitet:

1. Kulturelle Ideen spielen eine zentrale Rolle für die Erklärung von Differenzen zwischen Familien in ihrem Verhalten zur alltäglichen Mahlzeitengestaltung.
2. Kulturelle Ideen spielen eine zentrale Rolle für die Erklärung von Konflikthaftigkeit im Verhalten von Familien zur alltäglichen Mahlzeitengestaltung.
3. Die konkreten Erwerbsarbeits- und Betreuungsarrangements der Eltern spielen eine zentrale Rolle für die Erklärung von Differenzen zwischen Familien in ihrem Verhalten zur alltäglichen Mahlzeitengestaltung.
4. Die konkreten Erwerbsarbeits- und Betreuungsarrangements der Eltern spielen eine zentrale Rolle für die Erklärung von Konflikthaftigkeit im Verhalten von Familien zur alltäglichen Mahlzeitengestaltung.

Kulturelle Ideen, worunter Wissensbestände, Werte und Leitbilder gefasst werden können, bilden einen bedeutsamen Bestandteil von Kultur (Weber 1988, 252;

Pfau-Effinger 2005, 3) und werden in der vorliegenden Arbeit in zwei zentrale Aspekte untergliedert: (1) kulturelle Werte in Bezug auf die Ernährung und (2) kulturelle Leitbilder zum Verhältnis von Familie und Erwerbstätigkeit. Kulturelle Werte beinhalten individuelle oder gemeinschaftliche Vorstellungen von dem, was wünschenswert (Joas 1997) bzw. gut und richtig ist (Schubert 2002, 205). Dies lässt sich auf das Themenfeld der Ernährung übertragen, da die Auswahl von Lebensmitteln und der Umgang mit diesen in Abhängigkeit zu den jeweiligen kulturellen Vorstellungen steht. Auch bei Leitbildern handelt es sich um „sozial geteilte Vorstellungen" (Lück/Diabaté 2015, 20), die sich jedoch insofern von anderen kulturellen Phänomenen, wie Werten, abgrenzen, als dass sie ein „Bündel aus kollektiv geteilten bildhaften Vorstellungen des ‚Normalen'" darstellen (Diabaté/Lück 2014, 56). Als Teil eines allgemeinen kulturellen Systems finden sich derartige Leitbilder in allen modernen Gesellschaften auch in Bezug auf die Familie und das Geschlechterverhältnis. Pfau-Effinger (2005) spricht in diesem Zusammenhang von „Geschlechterkultur" (Pfau-Effinger 2000, 69) und identifiziert insgesamt fünf verschiedene geschlechterkulturelle Familienmodelle (Pfau-Effinger 2005, 4), von denen in Deutschland zwei dominierend seien: Das „Vereinbarkeitsmodell der männlichen Versorgerehe" (Pfau-Effinger 2005, 4) und das „Doppelversorgermodell mit externer Kinderbetreuung" (Pfau-Effinger 2005, 4).

Als weiterer möglicher Einflussfaktor werden in der vorliegenden Arbeit konkrete Erwerbsarbeits- und Betreuungsarrangements der Eltern betrachtet. Diese werden unabhängig von dem Faktorenkomplex der kulturellen Ideen analysiert, da neben dem Erwerbsumfang und der Aufteilung von bezahlter und unbezahlter Arbeit zwischen den Eltern auch konkrete Arbeitszeitformen, wie Dauer, Lage, Grad und Art der Flexibilität der Erwerbsarbeit, aber auch der Ort des Arbeitsplatzes Berücksichtigung finden. Hierbei ist ebenfalls die Betreuungssituation der Kinder von Bedeutung, die die häuslichen An- und Abwesenheiten sowie die Zeitdauer und -lage der häuslichen Abwesenheit einbezieht. Darüber hinaus handelt es sich bei den geschlechterkulturellen Familienmodellen, die in Zusammenhang mit den kulturellen Leitbildern vorgestellt wurden, um einen Komplex kultureller Vorstellungen von der „idealen" Familienform in Bezug auf Geschlecht, Betreuung und das Verhältnis zwischen Erwerbsarbeit und Familie (Pfau-Effinger 2004), die den praktizierten Erwerbsarbeits- und Betreuungsarrangements der Eltern jedoch entgegenstehen können, da kulturelle Ideale häufig nur teilweise realisierbar sind (Pfau-Effinger 2000, 70).

Methodologischer Ansatz

Das vorliegende Kapitel legt, untergliedert in fünf Unterkapitel, den methodologischen Ansatz dieser Arbeit dar. Zunächst wird in Abschnitt 4.1 die Auswahl der angewendeten Kombination verschiedener qualitativer Methoden erläutert und begründet, die aus dem „Tagebuchverfahren" (Herzka 1985; Alaszewski 2006) und anschließenden „problemzentrierten Interviews" (Witzel 1982) bestehen. Beide Verfahren, deren Kombination als besonders geeignet gilt, um ein Phänomen ganzheitlich analysieren zu können, werden vorgestellt, außerdem die Gestaltung der eigens konzipierten Mahlzeitentagebücher sowie die Erstellung und der Aufbau des Interviewleitfadens dargestellt. Das Kapitel beinhaltet darüber hinaus eine Begründung für ein qualitatives Forschungsdesign.

Abschnitt 4.2 nimmt Bezug auf die Auswahl der Regionen. Es beinhaltet sowohl eine Argumentation für einen Ost-West-Vergleich, der vor allem in der Resilienz unterschiedlicher kultureller Leitbilder in Ost- und Westdeutschland und der damit zusammenhängenden Dominanz unterschiedlicher geschlechterkultureller Familienmodelle in beiden Teilen Deutschlands begründet liegt, als auch eine konkrete Begründung für die Auswahl der Städte Hamburg und Dresden.

In Abschnitt 4.3 wird das methodische Vorgehen dargelegt. Es schließt die Kriterien für die Auswahl des Samples ein. Darüber hinaus werden die Kontaktaufnahme zu den Teilnehmenden sowie die Erhebung der Daten beschrieben und die Zusammensetzung des Samples dargestellt. Das Unterkapitel schließt mit einer Reflexion der Probleme bei der Datenerhebung.

Ergänzende Information Die elektronische Version dieses Kapitels enthält Zusatzmaterial, auf das über folgenden Link zugegriffen werden kann https://doi.org/10.1007/978-3-658-43146-4_4.

L. E. Pöhls, *Über den Tellerrand*, https://doi.org/10.1007/978-3-658-43146-4_4

Daran anschließend stellt Unterkapitel 4.4 die Operationalisierung der zentralen Dimensionen dar. Das Analyseverfahren der qualitativen Inhaltsanalyse wird, zunächst allgemein und anschließend explizit in Bezug auf die qualitative Typenbildung, dargelegt. Es folgt eine tabellarische Darstellung des Kategoriensystems sowie eine Erläuterung der einzelnen Codes. Zur Auswertung der Daten wird das Computerprogramm MAXQDA verwendet, das mit Bezugnahme zu verschiedenen Analysemöglichkeiten vorgestellt wird.

Abschließend reflektiert Unterkapitel 4.5 die Grenzen des methodologischen Ansatzes, wobei nicht nur die Grenzen der ausgewählten Methoden dargelegt werden, sondern auch die des Sampling- sowie des Analyseverfahrens.

4.1   Auswahl der Methoden

Als Grundlage zur Beantwortung der Fragestellungen, (1) wie sich Differenzen im Verhalten von Familien zur alltäglichen Mahlzeitengestaltung erklären lassen und (2) wie sich Differenzen in der Konflikthaftigkeit bezüglich des Verhaltens zur alltäglichen Mahlzeitengestaltung von Familien erklären lassen, wird eine Kombination verschiedener qualitativer Methoden herangezogen. Der erste Schritt besteht in der Erhebung von Mahlzeitentagebüchern, der zweite Schritt in der Durchführung problemzentrierter Interviews. Beide Verfahren werden im folgenden Abschnitt im Detail aufgeschlüsselt, wobei die Auswahl der Methoden erläutert und begründet wird.

4.1.1   Schritt 1: Tagebuchverfahren

Der erste Schritt der qualitativen Methodenkombination besteht in der Erhebung von Mahlzeitentagebüchern[1]. Beim Tagebuchverfahren, auch als Tagebuchmethode bezeichnet, handelt es sich um ein Verfahren, das systematische Aufzeichnungen des Untersuchungsgegenstands ermöglicht. Häufigkeiten, Gewohnheiten und Ablaufzusammenhänge können präzise analysiert werden (Bässler 2014). Als ein berühmter Vorläufer der heutigen Tagebuchverfahren wird häufig der Zeitverwendungsbogen aus der Studie „Die Arbeitslosen von Marienthal" genannt (Jahoda et al. 2018), dem das bekannte Zitat „Einstweilen wird es Mittag" entspringt (Kunz 2016).

---

[1] Ein Ausschnitt des Mahlzeitentagebuchs befindet sich zur Veranschaulichung im Anhang im elektronischen Zusatzmaterial.

In diesem Projekt hielten die eigens konzipierten Mahlzeitentagebücher über den Zeitraum von einer Woche in insgesamt 34 Haushalten Einzug. Mit Hilfe der Mahlzeitentagebücher wurden u. a. tägliche Routinen, Planungen, Motivationen und Abläufe der gemeinsamen Mahlzeiten dokumentiert. Des Weiteren sind Merkmale wie soziale und kulturelle Regeln sowie Störfaktoren und Konfliktpotenziale von besonderer Bedeutung. Der Zeitraum wurde auf eine Woche festgelegt, da in dieser Zeit Routinen und Abläufe identifiziert werden können und gleichzeitig alle Wochentage inklusive Wochenende enthalten sind.

Alaszewski definiert ein Tagebuch als ein Dokument, das von einem Individuum erstellt wird und regelmäßige (*regularity*), persönliche (*personal*) und zeitgleiche (*contemporaneous*) Aufzeichnungen (*record*) enthält (Alaszewski 2006):

> *[1] Regularity. A diary is organized around a sequence of regular and dated entries over a period of time during which the diarist keeps or maintains the diary. These entries may be at fixed time intervals such as each day or linked to specific events. [2] Personal. The entries are made by an identifiable individual who controls access to the diary while he or she records it. [...]. [3] Contemporaneous. The entries are made at the time or close enough to the time when events or activities occurred so that the record is not distorted by problems of recall. [4] A record. The entries record what an individual considers relevant and important and many include events, activities, interactions, impressions and feelings. The record usually takes the form of a time-structured written document, though with the development of technology it can also take the form of an audio or audiovisual recording. (Alaszewski 2006, 2)*

In vielen Aufsätzen wird hervorgehoben, dass es sich bei dem Tagebuchverfahren um eine sehr anpassungsfähige Methode handelt (Belli et al. 2009), die in vielen verschiedenen Designs Anwendung findet (Alaszewski 2006) und sowohl in sehr strukturierter Form als auch in sehr uneingeschränkter Form eingesetzt werden kann. Wilz und Brähler (1997) unterscheiden zwischen standardisierten und halbstandardisierten Selbstbeobachtungsskalen und dem klassischen privaten Tagebuch. In dieser Arbeit wird ein halbstandardisiertes und strukturiertes Tagebuch verwendet. Es beinhaltet standardisierte Elemente, die häufig in der Markt- und Mediaforschung und in Zeitbudgetstudien bei schriftlichen Befragungen zum Einsatz kommen und u. a. zur Analyse des Einkaufs- bzw. des Konsumverhaltens verwendet werden (Biock 2003), sowie nichtstandardisierte Elemente, die den Befragten zusätzlichen Raum für eigene Antwortmöglichkeiten bieten.

4.1.1.1 Aufbau der Mahlzeitentagebücher

In den Mahlzeitentagebüchern des vorliegenden Projekts ist für jeden Tag der Woche eine Doppelseite vorgesehen, die sich in insgesamt vier Themenblöcke untergliedert: (1) Frühstück, (2) Mittagessen, (3) Abendessen und (4) Allgemein. In den ersten drei Themenblöcken wird jeweils erhoben, ob eine gemeinsame Mahlzeit stattgefunden hat, welche Familienmitglieder anwesend waren und/oder aus welchen Gründen Personen fehlten, zudem wird nach der Zuständigkeit für die Zubereitung der Mahlzeiten sowie nach dem Ort des Essens gefragt. Ferner wird nach der Art der verzehrten Lebensmittel gefragt. Die Themenblöcke schließen mit einer Bewertung des Ablaufs (von *sehr entspannt* bis *sehr stressig*) sowie einer kurzen schriftlichen Erläuterung der gewählten Beurteilung des Ablaufs.

Der folgende Ausschnitt aus dem Mahlzeitentagebuch (Abbildung 4.1) verdeutlicht den Aufbau, der vorab beschrieben wurde, und zeigt exemplarisch die Dokumentation des Abendessens von Familie Flemming an einem Freitag im Januar 2020.

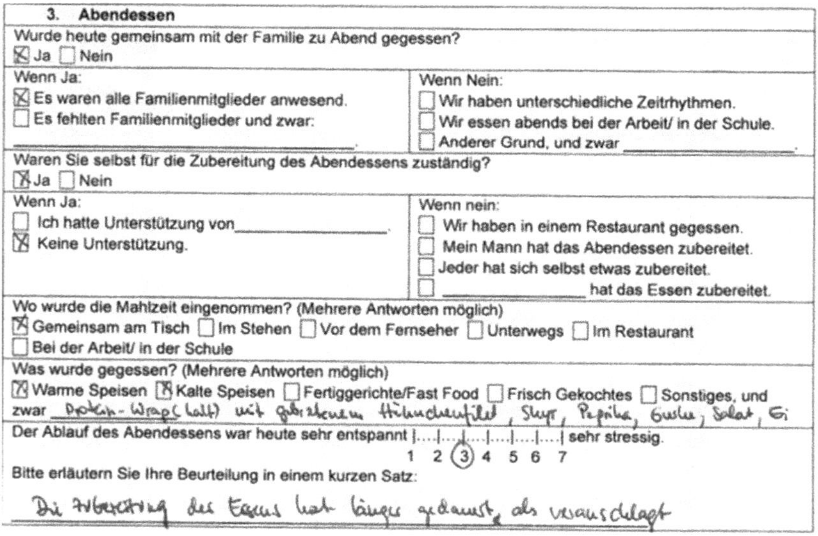
3. Abendessen
Wurde heute gemeinsam mit der Familie zu Abend gegessen?
[x] Ja [ ] Nein
Wenn Ja:
[x] Es waren alle Familienmitglieder anwesend.
[ ] Es fehlten Familienmitglieder und zwar: ____.
Wenn Nein:
[ ] Wir haben unterschiedliche Zeitrhythmen.
[ ] Wir essen abends bei der Arbeit/ in der Schule.
[ ] Anderer Grund, und zwar ____.
Waren Sie selbst für die Zubereitung des Abendessens zuständig?
[x] Ja [ ] Nein
Wenn Ja:
[ ] Ich hatte Unterstützung von ____.
[x] Keine Unterstützung.
Wenn nein:
[ ] Wir haben in einem Restaurant gegessen.
[ ] Mein Mann hat das Abendessen zubereitet.
[ ] Jeder hat sich selbst etwas zubereitet.
[ ] ____ hat das Essen zubereitet.
Wo wurde die Mahlzeit eingenommen? (Mehrere Antworten möglich)
[x] Gemeinsam am Tisch [ ] Im Stehen [ ] Vor dem Fernseher [ ] Unterwegs [ ] Im Restaurant
[ ] Bei der Arbeit/ in der Schule
Was wurde gegessen? (Mehrere Antworten möglich)
[x] Warme Speisen [x] Kalte Speisen [ ] Fertiggerichte/Fast Food [ ] Frisch Gekochtes [ ] Sonstiges, und zwar Protein-Wrap (kalt) mit gebratenem Hähnchenfilet, Skyr, Paprika, Gurke, Salat, Ei
Der Ablauf des Abendessens war heute sehr entspannt |...|...|...|...|...|...| sehr stressig.
1 2 (3) 4 5 6 7
Bitte erläutern Sie Ihre Beurteilung in einem kurzen Satz:
Die Zubereitung des Essens hat länger gedauert, als veranschlagt

Abbildung 4.1 Ausschnitt Mahlzeitentagebuch – Die Dokumentation der Mahlzeiten

An die Themenblöcke zu den Mahlzeiten Frühstück, Mittag- und Abendessen schließt der vierte Themenblock *Allgemein* an, der als nicht standardisiertes

Element einzustufen ist, da die Teilnehmenden dazu angehalten sind, Freitexte zu den Fragen: „Was hätte an diesem Tag in Bezug auf das gemeinsame Essen besser laufen können?" und „Haben Sie weitere Anmerkungen zu dem Tag?" zu formulieren. Ziel der ersten Frage ist es, mögliche Konfliktpotenziale und Störfaktoren in Bezug auf das Verhalten zur alltäglichen Mahlzeitengestaltung von Familien identifizieren zu können. Ziel der zweiten Frage ist vor allem, eine ganzheitliche Analyse des Verhaltens zur alltäglichen Mahlzeitengestaltung durchführen zu können und zu erkennen, wie die einzelnen Mahlzeiten in den Familienalltag eingebettet sind. Häufig wurde der Themenblock dazu genutzt, Situationen am Esstisch genauer zu erläutern oder Zwischenmahlzeiten zu dokumentieren. Der Ausschnitt in Abbildung 4.2, ebenfalls aus dem Mahlzeitentagebuch von Familie Flemming (am selben Tag), veranschaulicht den Themenblock vier.

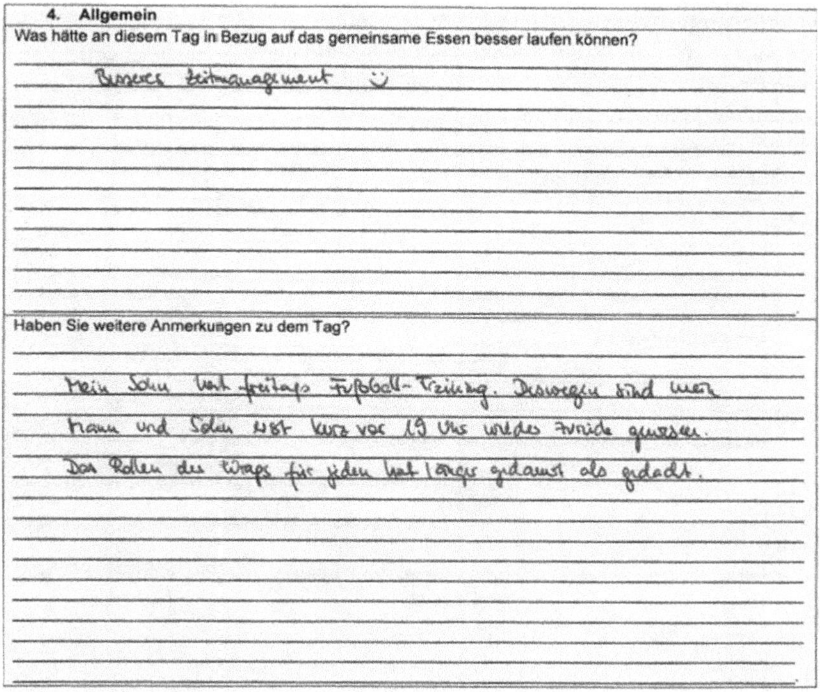

4. Allgemein

Was hätte an diesem Tag in Bezug auf das gemeinsame Essen besser laufen können?

Besseres Zeitmanagement :)

Haben Sie weitere Anmerkungen zu dem Tag?

Mein Sohn hat freitags Fußball-Training. Deswegen sind mein Mann und Sohn erst kurz vor 19 Uhr wieder zurück gewesen. Das Rollen der Wraps für jeden hat länger gedauert als gedacht.

Abbildung 4.2 Ausschnitt Mahlzeitentagebuch – Themenblock 4: Allgemein

Das Beispiel verdeutlicht die Bedeutung des vierten Themenblocks zum Verständnis und zur Einordnung des Ablaufs der Familienmahlzeiten. Erst durch die ausformulierten Ergänzungen, in denen sich Frau Flemming auf das Abendessen bezieht, wird ein ganzheitlicheres Bild der Mahlzeit deutlich und die Beurteilung des Ablaufs (siehe Abbildung 4.2) durch weitere Details nachvollziehbar.

Die Aufzeichnungen, in Form persönlicher familiärer Abläufe, Strukturen und Rituale, werden im Laufe der Woche täglich verschriftlich. Die Dokumentationen erfolgen jeweils am gleichen Tag, so dass die Geschehnisse und Abläufe präsent sind und keine Retrospektive eingenommen werden muss. Gleichzeitig werden Erinnerungsfehler minimiert. Gegenüber der retrospektiven Befragung besteht ein entscheidender Vorteil darin, das Verhalten unmittelbar und in der natürlichen Umgebung zu erfassen (Wilz/Brähler 1997).

Das Mahlzeitentagebuch schließt mit einer Umfrage zum zeitlichen Umfang der Mahlzeiten, sowohl für die Zubereitung als auch für das Einnehmen, untergliedert in Wochentage und das Wochenende. Der Ausschnitt aus dem Mahlzeitentagebuch von Familie Flemming in Abbildung 4.3 veranschaulicht den Themenblock zum zeitlichen Umfang der Mahlzeiten.

Darüber hinaus bietet die letzte Seite des Mahlzeitentagebuchs die Möglichkeit, Anmerkungen zu den Angaben zu ergänzen bzw. weitere Erklärungen anzubringen (Abbildung 4.4).

Der zeitliche Umfang der Mahlzeiten von Montag bis Freitag

1.   Frühstück
Wie viel Zeit nimmt die Zubereitung des Frühstücks unter der Woche durchschnittlich am Tag in Anspruch?
5 min für mich
Wie viel Zeit nimmt das gemeinsame Frühstück unter der Woche durchschnittlich am Tag in Anspruch?
kein gemeinsames Frühstück unter der Woche

2.   Mittagessen
Wie viel Zeit nimmt die Zubereitung des Mittagessens unter der Woche durchschnittlich am Tag in Anspruch?
1 min für mich
Wie viel Zeit nimmt das gemeinsame Mittagessen unter der Woche durchschnittlich am Tag in Anspruch?
kein gemeinsames Mittag unter der Woche. In Ausnahmen: ca. 30-45 min

3.   Abendessen
Wie viel Zeit nimmt die Zubereitung des Abendessens unter der Woche durchschnittlich am Tag in Anspruch?
20-40 min
Wie viel Zeit nimmt das gemeinsame Abendessen unter der Woche durchschnittlich am Tag in Anspruch?
10-15 min

Der zeitliche Umfang der Mahlzeiten am Wochenende

1.   Frühstück
Wie viel Zeit nimmt die Zubereitung des Frühstücks am Wochenende durchschnittlich am Tag in Anspruch?
15 min ; brötchen aufbacken, evtl. Eier kochen
Wie viel Zeit nimmt das gemeinsame Frühstück am Wochenende durchschnittlich am Tag in Anspruch?
15-20 min

2.   Mittagessen
Wie viel Zeit nimmt die Zubereitung des Mittagessens am Wochenende durchschnittlich am Tag in Anspruch?
ø 45-75 min je nach Gericht. manchmal auch länger
Wie viel Zeit nimmt das gemeinsame Mittagessen am Wochenende durchschnittlich am Tag in Anspruch?
10-15 min

3.   Abendessen
Wie viel Zeit nimmt die Zubereitung des Abendessens am Wochenende durchschnittlich am Tag in Anspruch?
20-30 min
Wie viel Zeit nimmt das gemeinsame Abendessen am Wochenende durchschnittlich am Tag in Anspruch?
10-15 min

Abbildung 4.3   Ausschnitt Mahlzeitentagebuch – Der zeitliche Umfang der Mahlzeiten

Anleitung

Dem Mahlzeitentagebuch geht zudem eine Anleitung[2] mit Hinweisen zum Ausfüllen voran, die den Zeitpunkt definiert, zu dem die Dokumentation bestenfalls erfolgen sollte. Es wird betont, dass der Beginn der Aufzeichnungen an einem Montag wichtig ist. Dadurch wird die spätere Codierung der Tagebücher in

---

[2] Zur Veranschaulichung befindet sich die Anleitung mit Hinweisen zum Ausfüllen des Mahlzeitentagebuchs im Anhang im elektronischen Zusatzmaterial.

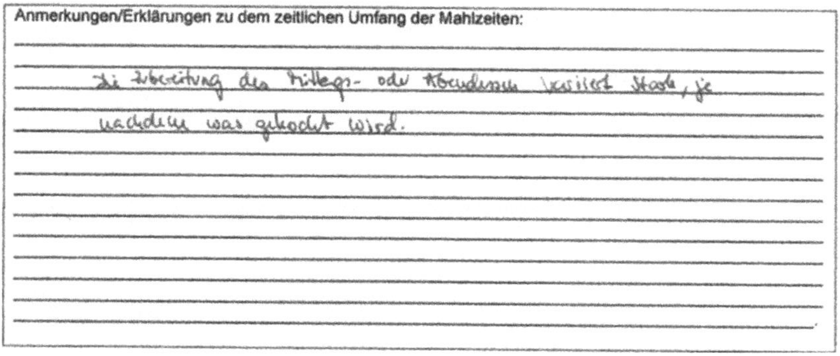
Anmerkungen/Erklärungen zu dem zeitlichen Umfang der Mahlzeiten:

Die Zubereitung des Mittags- oder Abendessens variiert stark, je nachdem was gekocht wird.

Abbildung 4.4 Ausschnitt Mahlzeitentagebuch – Anmerkungen zum zeitlichen Umfang

MAXQDA sowie die Auswertung bzw. die Gegenüberstellung der einzelnen Familien vereinfacht. Alaszewski (2006) sowie Wilz und Brähler (1997) empfehlen zudem auf die Motivation der Teilnehmenden Bezug zu nehmen bzw. den Wert der Mitarbeit zu betonen. Die Anleitung formuliert die Bitte, dass das Ausfüllen von demjenigen Elternteil übernommen wird, der eher für die Planung und Organisation sowie die Zubereitung der Mahlzeiten zuständig ist, da davon auszugehen ist, dass dieser Elternteil einen weitreichenderen Überblick über die gegenwärtige Situation hat und somit detailliertere Informationen dokumentieren kann.

Persönliche Übergabe

Ferner ist von Bedeutung, dass alle Mahlzeitentagebücher persönlich übergeben wurden, so dass im persönlichen Gespräch der Ablauf erklärt und aufkommende Fragen direkt beantwortet werden konnten. Bei der Übergabe wurde zudem betont, dass alle Informationen möglichst detailliert dargestellt werden sollten und auch weitere Notizen und Anmerkungen am Rand vermerkt werden können, um die Aufzeichnungen möglichst nachvollziehbar zu gestalten. Es wurde darauf geachtet, dass die Mahlzeitentagebücher in einer „gewöhnlichen Woche" ausgefüllt werden, in diese Woche also keine Ferien, Feier- oder Urlaubstage fallen.

Strukturdaten

Das Mahlzeitentagebuch beinhaltet zudem einen Fragebogen zu den soziodemo-graphischen Strukturdaten der Familien[3], der u. a. nach dem Alter der einzelnen Familienmitglieder, dem Wohnort, den Geburtsorten der Eltern, den Ausbildungs-abschlüssen der Eltern sowie dem monatlichen Haushaltsnettoeinkommen fragt. Zudem bietet der Fragebogen den Teilnehmenden die Möglichkeit, weitere Infor-mationen, beispielsweise in Bezug auf Homeoffice-Tätigkeiten, zu ergänzen. Die soziodemographischen Strukturdaten sind von Bedeutung, um die Familien einordnen zu können und um diese kategorial gegenüberzustellen.

4.1.1.2 Methodenkombination

Es wird deutlich, dass das Tagebuchverfahren systematische Aufzeichnungen der Familien ermöglicht sowie die Analyse von Präferenzen und Prioritäten, Zusam-menhängen und deren Häufigkeiten. Um ein Phänomen möglichst ganzheitlich untersuchen zu können, wird empfohlen das Tagebuchverfahren mit weiteren Methoden zu kombinieren (Alaszewski 2006). Diese können sich gegenseitig stüt-zen und ergänzen (Herzka 1985). In dieser Arbeit wird die Tagebuchmethode mit anschließenden problemzentrierten Interviews kombiniert (Zimmerman/Wieder 1977). Diese Kombination wird u. a. von Wilz und Brähler (1997) als besonders geeignet angesehen, da sich in den Interviews direkt auf die Tagebücher bezogen werden kann. Auf diese Weise können Aspekte, die in den Tagebüchern the-matisiert werden, anschließend in den problemzentrierten Interviews aufgegriffen werden.

4.1.2 Schritt 2: Problemzentrierte Interviews

An die Erhebung der Mahlzeitentagebücher schließt die Durchführung von (eben-falls 34) problemzentrierten Interviews an, und zwar jeweils mit derjenigen Person, die zuvor das Ausfüllen des Mahlzeitentagebuchs übernommen hat. Nachfolgend wird sowohl auf den methodischen Hintergrund problemzentrierter Interviews als auch auf die Erstellung des Interviewleitfadens eingegangen.

---

[3] Zur Veranschaulichung befindet sich der Fragebogen zu den soziodemographischen Struk-turdaten im Anhang im elektronischen Zusatzmaterial.

4.1.2.1 Methodischer Hintergrund problemzentrierter Interviews

Die Interviewform des problemzentrierten Interviews geht auf Andreas Witzel zurück, der sie im Rahmen eines problemzentrierten Forschungsprojekts entwickelt hat (Witzel 1985, 230). Sie hat eine offene, halbstrukturierte Befragung zum Gegenstand. Sie lässt die Befragten möglichst frei sprechen, gleichzeitig kommt die interviewende Person immer wieder auf eine bestimmte Problemstellung zurück (Hölzl 1994):

> *Ähnlich wie beim narrativen Interview steht beim problemzentrierten Interview das Erzählprinzip im Vordergrund, der/die InterviewerIn lenkt das Gespräch aber immer wieder zur zugrunde liegenden Problemstellung hin und bezieht Begründungen, Erklärungen, Urteile und Meinungen der Auskunftsperson explizit in die Befragung mit ein (Kepper 1994). Der/die InterviewerIn gibt also seine/ihre im narrativen Interview geforderte Zurückhaltung teilweise auf, erzielt dadurch jedoch eine stärkere Strukturierung des Gesprächs. (Kurz et al. 2007, 465)*

Das problemzentrierte Interview bietet eine Schnittstelle zwischen Induktion und Deduktion (Witzel 1985, 233). Es beinhaltet Fragestellungen, die stärker theoriegeleitet sind und keinen rein explorativen Charakter besitzen (Mayring 2008), um bereits existierendes Vorwissen über den zu untersuchenden Gegenstand zu überprüfen und zu vertiefen (Kurz et al. 2007, 465). Als konstituierend für das problemzentrierte Interview sieht Lamnek (1995), dass eine Konzeptgenerierung zwar im Vordergrund steht, ein wissenschaftliches Konzept aber bereits vorab skizziert wird, das der oder die Befragte durch seine Gesprächsbeiträge modifiziert.

Nach Witzel (1985, 230 ff.) stehen beim problemzentrierten Interview die drei zentralen Grundprinzipien (1) Problemzentrierung, (2) Gegenstandsorientierung und (3) Prozessorientierung im Vordergrund, die von Kurz et al. (2007, 466), unter Einbezug weiterer Autor:innen, wie folgt zusammengefasst werden:

> *[1] Problemzentrierung: Der/die ForscherIn geht von Problemstellungen aus, deren wesentliche objektive Aspekte er bereits vor dem Interview erarbeitet (Mayring 2008). Es handelt sich also um „objektiv" vorhandene Problembereiche, die wahrscheinlich für die Befragten relevant sind und an deren Rekonstruktion sie mitarbeiten sollen (Hölzl 1994).*

> *[2] Die Gegenstandsorientierung des Verfahrens meint, dass seine konkrete Ausgestaltung an den jeweiligen Forschungsgegenstand angepasst werden muss und nicht in der Übernahme vorgefertigter Instrumente bestehen kann (Hölzl 1994, Mayring 1990).*

> *[3] Die Prozessorientierung bezieht sich auf „die flexible Analyse des wissenschaftlichen Problemfelds, eine schrittweise Gewinnung und Prüfung von Daten, wobei*

> *Zusammenhang und Beschaffenheit der einzelnen Elemente sich erst langsam in ständigem reflexiven Bezug auf die dabei verwandten Methoden herausschälen" (Witzel 1982). Dieses Prinzip gilt sowohl für den gesamten Forschungsablauf als auch für die Herangehensweise an das einzelne Interview. (Kurz et al. 2007, 466)*

Diesen drei Prinzipien kann die Offenheit als viertes Merkmal dieser Befragungsform hinzugefügt werden:

> *Der/die ForscherIn geht mit einem bestimmten theoretischen Konzept in die Interviewsituation, das er/sie den Befragten allerdings nicht offen legt, um sie nicht zu beeinflussen. Aufgrund des offenen Charakters der Interviewsituation wird die Bedeutungsstrukturierung des Gegenstands der Auskunftsperson überlassen. „Die Forschenden halten ihr theoretisches Konzept und ihre methodische Vorgangsweise offen gegenüber den Modifizierungen durch die Empirie [...]." (Kurz et al. 2007, 467)*

Die Erhebung problemzentrierter Interviews ist für das Vorhaben dieser Arbeit besonders geeignet, da die Erfahrungen, Wahrnehmungen und Reflexionen der Befragten im Mittelpunkt stehen. Zudem vereinfacht die teilweise vorhandene Standardisierung durch den Leitfaden die Vergleichbarkeit verschiedener Interviews sowie die Verallgemeinerbarkeit (Kurz et al. 2007, 467) und ermöglicht den Einbezug größerer Fallzahlen in das Forschungsprojekt (Hölzl 1994).

4.1.2.2 Leitfadenerstellung

In Anlehnung an die theoretischen Ausführungen wurde, mit Hilfe der SPSS-Methode[4] nach Helfferich (2011), der Interviewleitfaden[5] entwickelt. Dazu wurde zunächst eine Reihe von Fragen gesammelt und anschließend auf ihre Relevanz bezüglich des Forschungsinteresses geprüft. Fragen zu Themen, die nicht von direktem Forschungsinteresse waren, wurden dabei aussortiert. Die restlichen Fragen wurden nicht nur nach Themen, sondern auch nach Fragearten, wie Erzählaufforderungen, Nachfragen, Ein- und Ausstiegsfragen, kategorisiert (Pöhls 2019, 19). Nach erneuter Bereinigung der Fragen und Kategorien, wurden insgesamt sieben Themenblöcke festgelegt: (1) Alltag, (2) Gemeinsam essen, (3) Organisation, (4) Kulturelle Werte, (5) Konflikthaftigkeit des gemeinsamen Essens, (6) Konsens und (7) Abschluss. Dabei wurden die Fragen und Themenblöcke bereits so positioniert, dass sie möglichst wenig Einfluss auf das Antwortverhalten nehmen (Pöhls 2019, 19). In den einzelnen Themenblöcken

---

[4] Die Buchstaben SPSS stehen für die Arbeitsschritte im Erstellprozess des Leitfadens: Sammeln, Prüfen, Sortieren, Subsumieren.

[5] Zur Veranschaulichung befindet sich der Interviewleitfaden im Anhang im elektronischen Zusatzmaterial.

wurde darauf geachtet, zu Beginn allgemeine Fragen zu stellen, um grundlegende Eindrücke zu sammeln und spezifische Fragen daran anzuschließen: „Vom Allgemeinen zum Spezifischen" (RUB Methodenzentrum 2021). Das Hauptaugenmerk lag darauf, die Fragen möglichst erzählgenerierend und gleichzeitig spezifisch und zielgerichtet zu formulieren. Der von Witzel empfohlene Kurzfragebogen, mit dem Rahmendaten erhoben werden (Mey/Mruck 2017), wurde bereits im ersten Verfahrensschritt mit Hilfe der Mahlzeitentagebücher (Fragebogen zu den soziodemographischen Strukturdaten der Familien) erfasst.

4.1.3 Qualitativer Forschungsansatz

Die Erforschung des Ernährungsalltags, der alltäglichen Speisen, Mahlzeiten, dem Essen vor- und nachgelagerten Tätigkeiten setzten ein tiefes Eindringen in den Alltag der zu Untersuchenden voraus. Erst dann kann der Essalltag, der so sehr mit dem Privatleben der Familie verbunden ist, eingehend untersucht werden. (Brombach 2002, 89)

Dem Forschungsprojekt liegt ein qualitativer Ansatz zugrunde, da auf diese Weise mögliche Konflikte, Widersprüche und Diskrepanzen um das Essen detaillierter untersucht werden können, als es ein quantitativer Ansatz ermöglichen könnte (Wichmann 2019). Rein quantitative Instrumente, die die Ernährungsphysiologie, den Lebensmittelverbrauch und den Lebensmittelverzehr analysieren, seien nicht in der Lage „soziale Gestaltungs- und Aneignungsprozesse des Kulinarischen empirisch zu erfassen" (Rose et al. 2021a, 269). Hingegen können mit Hilfe qualitativer Ansätze die individuellen Motive, Gründe und Muster der Befragten herausgearbeitet (Magerhans 2016) sowie Widersprüche und Diskrepanzen identifiziert werden. Mit Bezugnahme auf die Erforschung von Ernährungsverhalten sieht Halkier die Zukunft in der Kombination verschiedener Methoden:

It is becoming less and less common to see interesting and theoretically innovative consumption research being based on only one method. The degree of complexity in consumption conduct, identifications, dynamics and arrangements is calling for combinational methodological designs […]. Different methods can be combined to produce different kinds of knowledge about the same questions and categories. (Halkier 2017, 44)

Eine derartige Methodenkombination, in der verschiedene Instrumente herangezogen werden, um einen Themenkomplex möglichst umfangreich und vielschichtig abzubilden und die Ergebnisse zu verdichten, liegt, wie vorangehend ausführlich diskutiert, auch dem Forschungsvorhaben der vorliegenden Arbeit zugrunde. Die Kombination verschiedener qualitativer Methoden, bestehend aus Tagebüchern und problemzentrieten Interviews, erwies sich als sinnvoll und erkenntnisreich, da mögliche Unklarheiten aus den Mahlzeitentagebüchern in den Interviews aufgeklärt werden konnten und die Teilnehmenden die Möglichkeit hatten, schriftliche Ausführungen im anschließenden persönlichen Gespräch genauer zu erläutern. Zudem konnte auf die hinter der Ausgestaltung stehenden Motivationen der Teilnehmenden eingegangen werden. Als besonders hilfreich erwies sich die Kombination beider qualitativer Methoden darüber hinaus, da durch die Informationen aus den Mahlzeitentagebüchern die Interviewführung deutlich erleichtert wurde. Hinzu kommt, dass die persönlichen Treffen vor der Durchführung der Interviews, bei der Übergabe und Abholung der Mahlzeitentagebücher, eine Vertrauensbasis schafften, durch die ich als interviewende Person den Interviewten nicht mehr völlig fremd war und sie mir ebenfalls nicht.

4.2 Auswahl der Regionen Ost und West

Im Folgenden wird die Auswahl der Regionen mit Rückbezug zur Theorie erklärt. Bevor eine Begründung für die Auswahl der Städte Hamburg und Dresden angeführt wird, geht es um die Argumentation für einen Ost-West-Vergleich und somit für einen interkulturellen Vergleich innerhalb Deutschlands.[6]

4.2.1 Ost-West-Vergleich

Um die Fragestellungen dieser Arbeit in allen Dimensionen beantworten zu können, wird ein Vergleich zwischen Ost- und Westdeutschland durchgeführt. Im nach dem Zweiten Weltkrieg geteilten Deutschland entwickelten sich über 40 Jahre, bis zur Maueröffnung 1989, zwei unterschiedliche Gesellschaftsformen (Wiggers 1995, 44), aus denen bis heute eine Reihe kultureller Differenzen zwischen den alten und den neuen Bundesländern resultieren. Aus diesen Gründen eignet sich ein Städtevergleich innerhalb Deutschlands besonders gut zur Analyse der Bedeutung von kulturellen Ideen, zum einen zur Erklärung von Differenzen

---

[6] An dieser Stelle ist es mir wichtig zu betonen, dass es sich bei dem Ost-West-Vergleich der vorliegenden Arbeit nicht um einen „Qualitätsvergleich" handelt. Es geht also nicht darum herauszustellen, welche Form der Erwerbsarbeits- und Betreuungsarrangements besser oder schlechter ist als die andere, sondern darum, kulturelle Differenzen zwischen Ost und West systematisch zu analysieren.

zwischen Familien in ihrem Verhalten zur alltäglichen Mahlzeitengestaltung (forschungsleitende Annahme 1), zum anderen zur Erklärung von Konflikthaftigkeit im Verhalten von Familien zur alltäglichen Mahlzeitengestaltung (forschungsleitende Annahme 2).

Besonders auf Grund der Ost-West-Unterschiede in der Frauenerwerbsarbeit und in der Kinderbetreuung, die nachfolgend diskutiert werden, eignet sich der Vergleich zwischen beiden Teilen Deutschlands darüber hinaus zur Untersuchung der Rolle konkreter Erwerbsarbeits- und Betreuungsarrangements der Eltern zur Erklärung von Differenzen zwischen Familien in ihrem Verhalten zur alltäglichen Mahlzeitengestaltung (forschungsleitende Annahme 3) und zur Erklärung von Konflikthaftigkeit im Verhalten von Familien zur alltäglichen Mahlzeitengestaltung (forschungsleitende Annahme 4).

Für die vorliegende Arbeit ist in erster Linie relevant, dass in Ost- und Westdeutschland bis heute unterschiedliche geschlechterkulturelle Familienmodelle dominieren. So ist in Ostdeutschland nach wie vor das „Doppelversorgermodell mit externer Kinderbetreuung" (Pfau-Effinger 2005) am weitesten verbreitet, während das „Vereinbarkeitsmodell der männlichen Versorgerehe" (Pfau-Effinger 2005) in Westdeutschland die häufigste Erwerbskonstellation von Paaren mit Kindern darstellt (Wanger 2020, 27 ff.).

Die Dominanz unterschiedlicher geschlechterkultureller Familienmodelle in Ost- und Westdeutschland sowie weitere aktuell diskutierte und relevante Beispiele zu gesellschaftlichen Differenzen werden in den nachfolgenden Abschnitten im Einzelnen dargestellt. Dazu zählen allgemeine Mentalitätsunterschiede, Unterschiede in der Frauenerwerbsarbeit und im Geschlechterverhältnis sowie in der Einstellung gegenüber der Kinderbetreuung[7]. Darüber hinaus werden Unterschiede in den Fertilitätsmustern zwischen der ost- und der westdeutschen Bevölkerung diskutiert. Abschließend wird die Relevanz unterschiedlicher kultureller Leitbilder, und deren Resilienz, für das Untersuchungsdesign der vorliegenden Arbeit diskutiert.

4.2.1.1 Mentalitätsunterschiede

In seinem Werk „Kulturschock Deutschland", erstmals erschienen 1996, bezieht sich Wagner (2006) auf eine Reihe von Bereichen, in denen Mentalitätsunterschieden zwischen Ost- und Westdeutschen zutage treten, wie Alltagsgespräche, Sachlichkeit, Welt- und Selbstinterpretation, Selbstoffenbarung, Gemeinschaft,

---

[7] Neben kulturellen Differenzen wird in der wissenschaftlichen Diskussion häufig die wirtschaftliche Ungleichheit zwischen Ost- und Westdeutschland betont, die an dieser Stelle der Vollständigkeit halber genannt wird. Detaillierte Informationen zu wirtschaftlichen Differenzen finden u. a. sich in: Paqué et al. (2010).

Demokratievorstellungen und Moral, und nimmt auf Missverständnisse Bezug, die aus den unterschiedlichen kulturellen Hintergründen entstehen können. Arnhold (2009) diskutiert in ihrem Beitrag Mentalitätsunterschiede zwischen Ost- und Westdeutschland und deren Herkunft, und zeigt, dass auch 20 Jahre nach der Wiedervereinigung große Differenzen existieren. Beispielsweise sei die Identifikation und Zufriedenheit der Bevölkerung mit dem gegenwärtigen wirtschaftlichen und politischen System der Bundesrepublik Deutschland in Ostdeutschland geringer. Es könne ein verzögerter Wertewandel von materialistischen zu postmaterialistischen Werten identifiziert werden, welchen Arnold als Voraussetzung für Individualisierung und folglich als selbstbestimmtes, eigeninitiiertes und eigenverantwortliches Handeln betrachtet (Arnhold 2009, 38). Nähere Informationen zu Mentalitätsunterschieden zwischen Ost- und Westdeutschland sind in Falter (2006), Heisig (2020), Hensel et al. (2015), Huinink et al. (2012), Kopplin (2020), Neumann (2020) und Pickel und Pickel (2020) zu finden.

4.2.1.2 Frauenerwerbsarbeit und Geschlechterverhältnis

Im geteilten Deutschland entwickeln sich bezüglich der Frauenerwerbsarbeit und des Geschlechterverhältnisses zwei unterschiedliche kulturelle Leitbilder. Pfau-Effinger und Smidt (2011) legen dar, dass sich in Westdeutschland und der DDR unterschiedliche Traditionen herausbilden. So entwickelt sich, mit einer großen Bedeutung als ein kulturelles Leitbild und gelebte Familienform, eine Tradition der Hausfrauenehe in Westdeutschland in den 1950er Jahren, in der der Mann das Familieneinkommen sichert und sich die Frau um Haushalt und Familie kümmert (Pfau-Effinger 2005, 5). Zeitgleich vollzieht sich jedoch eine andere Entwicklung in der DDR, in der der Hausfrauenehe auf kultureller Ebene keine hohe Relevanz zukommt, sondern in der Regel beide Eltern voll erwerbstätig sind:

> *[Hier wurde] das Leitbild der Doppelversorgerehe mit staatlicher Kinderbetreuung durch den Staat massiv propagiert und in der Praxis praktisch alternativlos durchgesetzt, Abweichungen wurden stark negativ sanktioniert. Diese Entwicklung führte langfristig einerseits dazu, dass dem Modell auf der kulturellen Ebene nahezu eine Monopolstellung zukam und alternative Modelle kulturell marginalisiert wurden. (Pfau-Effinger 2005, 5)*

Im Jahr 1985 sind in Westdeutschland lediglich 30 Prozent der verheirateten Frauen zwischen 49 und 64 Jahren erwerbstätig, zumeist in Teilzeitarbeit, während die Frauen dieser Altersgruppe in der DDR fast zu 100 Prozent voll erwerbstätig sind (Wagner 2006, 117 f.).

Auch heute, über 30 Jahre nach der deutschen Wiedervereinigung, werden Unterschiede im Geschlechterverhältnis und der Frauenerwerbstätigkeit zwischen Ost- und Westdeutschland deutlich. Während in Ostdeutschland nach wie vor das „Doppelversorgermodell mit externer Kinderbetreuung" (Pfau-Effinger 2005) am weitesten verbreitet ist, als ein bestehen gebliebenes kulturelles Leitbild aus DDR-Zeiten, stellt in Westdeutschland das „Vereinbarkeitsmodell der männlichen Versorgerehe" (Pfau-Effinger 2005) die häufigste Erwerbskonstellation von Paaren mit Kindern dar (Wanger 2020, 27 ff.):

> *Die Teilzeitquote von Müttern weist ein starkes West-Ost-Gefälle auf, denn Mütter in Westdeutschland arbeiten immer noch viel häufiger in Teilzeit als Mütter in Ostdeutschland. (Hobler et al. 2020, 24)*

Das „Vereinbarkeitsmodell der männlichen Versorgerehe" (Pfau-Effinger 2005) zeichne sich durch Elemente „privater Kindheit" aus, die sich auf der gemeinsamen Zeit von Eltern und ihren Kindern sowie der temporären Betreuung der Kinder im eigenen Haushalt gründet:

> *Eine Erwerbsunterbrechung, solange die Kinder sehr klein sind, und temporäre Teilzeitarbeit so lange, bis die Kinder nicht mehr als betreuungsbedürftig angesehen werden, gelten als die geeignete Form der Vereinbarkeit von Familie und Erwerbsarbeit. (Pfau-Effinger 2005, 4)*

Bei diesem Wert handle es sich um ein Relikt aus Zeiten der Hausfrauenehe, da nach wie vor die Mutter die Verantwortung für die Kinderbetreuung übernimmt (Pfau-Effinger 2005, 4), weshalb sich diese Einstellung zur Kleinkindbetreuung insbesondere in den alten Bundesländern weit verbreitet zeigt:

> *Frauen wird trotz der Bildungsgewinne immer noch die Hauptverantwortung für die Fürsorgearbeit zugeschrieben, es ist eine weit verbreitete Sichtweise in Westdeutschland, dass Kleinkinder unter der Berufstätigkeit der Mutter leiden (EVS 2008). Dabei ist die Auffassung verbreitet, dass Kinderbetreuung außerhalb des Elternhauses vornehmlich der „Aufbewahrung" von Kindern diene und damit vor allem die Erwerbsbeteiligung der Mütter fördere, insbesondere vor dem Hintergrund des volkswirtschaftlichen Nutzens. (Diabaté et al. 2015, 12)*

Diese unterschiedliche Schwerpunktsetzung zeigt, dass die jeweiligen kulturellen Leitbilder bis heute von Bestand sind. Lück und Diabaté leiten daraus eine Resistenz und Einflussreichtum kultureller Normalitätsvorstellungen gegenüber anderen gesellschaftlichen Entwicklungen ab (Lück/Diabaté 2015, 27).

Annäherungstendenzen

Heute ist die Erwerbsbeteiligung der Frauen insgesamt höher, jedoch sind Frauen in den alten Bundesländern nach wie vor größtenteils in Teilzeit erwerbstätig, während in den neuen Bundesländern nach wie vor hauptsächlich beide Eltern voll erwerbstätig sind[3] (Lück/Diabaté 2015, 27; Hobler et al. 2020, 24; Wanger 2020, 27 ff.). Auch Grünheid (2018) stellt deutliche Ost-West-Unterschiede in der Erwerbstätigkeit der Frauen, insbesondere von Müttern, fest, identifiziert jedoch gleichzeitig sukzessive Annäherungstendenzen und legt diesbezüglich dar:

> *Zur Annäherung der Frauenerwerbstätigkeit zwischen Ost und West haben aber auch kulturelle Faktoren beigetragen: Familienleitbilder junger Menschen tendieren heute eher in Richtung des Zweiverdienermodells, junge Väter wollen sich stärker an der Kindererziehung beteiligen, die außerhäusliche Kinderbetreuung auch von kleineren Kindern wird stärker akzeptiert [...]. (Grünheid 2018, 2)*

Die hier angesprochenen Veränderungstendenzen bestehen darin, dass westdeutsche Frauen und Mütter deutlich häufiger als Anfang der 1990er Jahre einer Erwerbsarbeit nachgehen, vor allem in Teilzeit, und ostdeutsche Frauen deutlich häufiger in Teilzeit, und demnach weniger in Vollzeit, erwerbstätig sind, als zu DDR-Zeiten und nach der Wiedervereinigung (Grünheid 2018, 12).

Grunow und Müller (2012, 25) stellen (20 Jahre nach der Wiedervereinigung) fest, dass Mütter in den neuen Bundesländern stärker an den Arbeitsmarkt gebunden sind als Mütter in den alten Bundesländern. Da jedoch in beiden Teilen Deutschlands die gleichen politischen Bedingungen vorherrschen, gehen sie der Frage nach, welche Bedeutung kulturelle Unterschiede gegenüber den strukturellen Bedingungen einnehmen. Sie vergleichen westdeutsche, ostdeutsche und ost-west-mobile Mütter[9] und kommen zu dem folgenden Ergebnis:

> *Unsere Ergebnisse [...] zeigen, dass ost-west-mobile Mütter im Durchschnitt schneller als westdeutsche und langsamer als ostdeutsche Mütter in den Beruf zurückkehren. Je länger ost-west-mobile Mütter vor der Geburt ihres Kindes in Westdeutschland gelebt haben, umso mehr gleichen ihre Unterbrechungsdauern denen der westdeutschen Mütter. (Grunow und Müller 2012, 26)*

Sie verstehen diese Ergebnisse als einen Hinweis auf eine „fortschreitende kulturelle Adaption" (Grunow und Müller 2012, 25 f.).

---

[8] Die Dominanz der beiden geschlechterkulturellen Familienmodelle in Deutschland wurde bereits ausführlich in Abschnitt 3.3.1.4 dargelegt.

[9] Grunow/Müller (2012, 4) bezeichnen solche Frauen als ost-west-mobile Mütter, die im Osten geboren und aufgewachsen sind, aber ihr erstes Kind in Westdeutschland bekommen.

4.2.1.3 Kinderbetreuung

In der DDR ist eine umfassende und flächendeckende außerhäusliche Kinderbetreuung in Form von Krippen, Kindergärten und Horten vorhanden (Baske 1991;
Grandke 1990; Hildebrandt 1994; Mittelbach 1994), die neben der frühzeitigen
Vermittlung ideologischer Werte die Förderung der Erwerbstätigkeit von Müttern
zur Deckung des Arbeitskräftebedarfs der Wirtschaft zum Ziel hat. Im Gegensatz
dazu werden Kinder in der ehemaligen BRD, insbesondere im Alter von unter
drei Jahren, zuhause durch die Mutter betreut. Zwar gibt es auch hier Kindergärten (für Kinder ab drei Jahren), diese sind jedoch, wie auch die Grundschulen,
auf Halbtagsbetreuung ausgerichtet (Hank et al. 2001).

   Diese unterschiedlichen Betreuungsformen in Ost und West gehen mit einem
unterschiedlichen Verhalten zur alltäglichen Mahlzeitengestaltung einher. Während in der DDR in den Bildungs- und Betreuungsinstitutionen über die
sozialistische Kinder- und Schulspeisung eine warme Hauptmahlzeit zur Verfügung steht, obliegt die Ernährungsversorgung der Kinder im Westen den Familien,
insbesondere den Müttern (Evers et al. 2009, 70).

   Nach der Wiedervereinigung habe die Betreuungsinfrastruktur in Westdeutschland zwar deutlich aufgeholt, bis heute weise das Kinderbetreuungsangebot im
Osten jedoch weniger Lücken auf (Kopplin 2020, 74; MDR 2021) und es können Differenzen in der Inanspruchnahme und der Einstellung gegenüber der
Kinderbetreuung festgestellt werden:

> *Die Betreuungsquote bei Kindern zwischen drei und fünf Jahren hat sich zwischen
> Ost- und Westdeutschland bereits weitestgehend angeglichen (März 2019: Ost: 94,2
> %; West: 92,7 %). Bei Kindern unter drei Jahren bestehen erhebliche Unterschiede
> fort (Ost: 52,1 %; West: 30,3 %.). (Kopplin 2020, 74)*

Die Ausführungen verdeutlichen einen Zusammenhang zwischen der Frauenerwerbsarbeit, dem Geschlechterverhältnis und den Kinderbetreuungsangeboten
sowie eine Nachhaltigkeit bzw. Resilienz kultureller Leitbilder gegenüber strukturellen Rahmenbedingungen (Lück/Diabaté 2015, 27). Diese Resilienz wird auch
anhand von Unterschieden in den Fertilitätsmustern von ost- und westdeutschen
Frauen deutlich, die im nachfolgenden Unterkapitel diskutiert werden.

4.2.1.4 Fertilitätsmuster

Während der Teilung Deutschlands können deutliche Differenzen in den Fertilitätsmustern ost- und westdeutscher Frauen festgestellt werden. Kennzeichnend
seien vor allem das Alter bei der Familiengründung sowie die Verbreitung von
Kinderlosigkeit. In der DDR bekamen Frauen ihr erstes Kind durchschnittlich im

Alter von 22 Jahren und blieben seltener kinderlos, während das Alter bei der Erstgeburt sowie der Anteil der lebenslang kinderlosen Frauen in Westdeutschland kontinuierlich angestiegen sei (Kreyenfeld 2009, 102; Goldstein/Kreyenfeld 2010). Diese Verhaltensunterschiede können auf die unterschiedlichen institutionellen und sozialpolitischen Rahmenbedingungen zurückgeführt werden. Die umfassenden Kinderbetreuungsangebote in der DDR ermöglichten, anders als in der Bundesrepublik, die Vereinbarkeit von Familie und Erwerbstätigkeit (Huinink/ Schröder 2014, 73):

> *Doch waren die Frauen [in der DDR] bald zu beinahe 80 Prozent erwerbstätig und damit ökonomisch unabhängig. Überall reichlich vorhandene Kinderkrippen und Kindergärten machten es möglich, Berufstätigkeit und Mutterrolle, die in Westdeutschland in schier unlösbarem Widerspruch blieben, einigermaßen miteinander zu versöhnen, wenn auch unter immensen Anstrengungen. (Wagner 2006, 117)*

Mit der Wende setzte im Osten eine erhebliche Zunahme des Alters bei der ersten Mutterschaft (Goldstein/Kreyenfeld 2010) sowie ein dramatischer Einbruch der Geburtenziffer ein (Kreyenfeld/Konietzka 2008, 122). Durch die veränderten institutionellen und politischen Rahmenbedingungen nach der Wiedervereinigung gab es die Erwartung einer zunehmenden Angleichung an die westdeutschen Verhaltensmuster, die nicht bestätigt werden konnte (Kreyenfeld/Konietzka 2008, 122). Arránz Becker et al. (2010) identifizieren in ihrer Studie (10 Jahre nach der Wiedervereinigung) eine Nachhaltigkeit soziokultureller Unterschiede zwischen Ost- und Westdeutschland in Form von Religionszugehörigkeit, Familienorientierung und beruflichen Orientierungen, die die relative Übergangsrate auf die Erst- und Zweitgeburten bei den ostdeutschen Frauen senke und somit die relative Wahrscheinlichkeit bei den westdeutschen Frauen erhöhe. Einen bedeutsamen Einflussfaktor bilde zudem die stärker ausgeprägte Berufsorientierung ostdeutscher Frauen (Arránz Becker et al. 2010, 57 f.). Bis heute können Unterschiede in den Fertilitätsmustern zwischen Ost- und Westdeutschland festgestellt werden (Putz 2019, 166). Die Geburtenhäufigkeit in den alten und neuen Bundesländern habe sich zwar sukzessive aneinander angenähert, hinter den Geburtenzahlen verbergen sich jedoch nach wie vor unterschiedliche paritätsspezifische Fertilitätsmuster, in Form einer hohen Kinderlosigkeit im Westen und in einer stärkeren Verbreitung der Ein-Kind-Familie im Osten (BiB 2021b):

> *In Westdeutschland ist die geringe Geburtenziffer der letzten Jahrzehnte dabei das Ergebnis einer hohen Kinderlosigkeit (24,7% [sic] [...]) bei einer gleichzeitig relativ starken Verbreitung von Frauen, die zwei oder mehr Kinder zur Welt gebracht haben (53,3% [sic]). In Ostdeutschland ist das Geburtsgeschehen demgegenüber vor allem*

*durch eine vergleichsweise niedrige Kinderlosigkeit (15,2% [sic]) sowie eine relativ
starke Verbreitung von Frauen mit einem Kind geprägt (35,3% [sic]). In den alten
und neuen Bundesländern haben sich demnach zwei unterschiedliche Fertilitätsmuster
herausgebildet, die jedoch beide in einer niedrigen Geburtenziffer resultieren. (Putz
2019, 41)*

Auch in Bezug auf das mittlere Geburtsalter habe in den letzten Jahrzehnten eine
Annäherung, jedoch keine vollständige Angleichung, stattgefunden (Putz 2019,
50), so dass ostdeutsche Frauen bei der Geburt des ersten Kindes im Durchschnitt
rund ein Jahr jünger sind als westdeutsche (BiB 2021a).

4.2.2   Relevanz unterschiedlicher kultureller Leitbilder in Ost und West

Die vorangehend diskutierten Differenzen zwischen Familien in den alten und den
neuen Bundesländern, insbesondere die Dominanz unterschiedlicher geschlechterkultureller Familienmodelle in beiden deutschen Großregionen, mit dem „Doppelversorgermodell mit externer Kinderbetreuung" (Pfau-Effinger/Smidt 2011)
in Ostdeutschland und dem „Vereinbarkeitsmodell der männlichen Versorgerehe" (Pfau-Effinger/Smidt 2011) in Westdeutschland, bieten die idealen Voraussetzungen, um einen Vergleich zwischen Familien in Ost- und Familien in
Westdeutschland durchzuführen. Auf diese Weise kann der Beitrag kultureller
Ideen zur Erklärung von Differenzen im Verhalten von Familien zur alltäglichen
Mahlzeitengestaltung untersucht werden.

Die unterschiedlichen Schwerpunktsetzungen zwischen Ost- und Westdeutschland, die auch 30 Jahre nach der Wiedervereinigung Deutschlands festgestellt
werden können (Lück/Diabaté 2015, 27), sind darüber hinaus auch in Bezug auf
den zweiten Faktorenkomplex relevant, der im Erklärungsansatz der vorliegenden
Arbeit von zentraler Bedeutung ist. Bei diesem Faktorenkomplex handelt es sich
um die konkreten Erwerbsarbeits- und Betreuungsarrangements der Familien. Aus
der Resilienz unterschiedlicher kultureller Leitbilder in Ost- und Westdeutschland
resultieren bis heute nicht nur Unterschiede in der Frauenerwerbstätigkeit, sondern auch Unterschiede in der Inanspruchnahme von Kinderbetreuungsangeboten.
Zwischen den neuen und den alten Bundesländern können Differenzen in den
Einstellungen gegenüber der Kinderbetreuung festgestellt werden (Mayer/Schulze
2009; Döge/Keller 2014; Schober/Stahl 2014). Besonders deutlich wird dies
anhand der Betrachtung der U3-Betreuung, die in den neuen Bundesländern auf
eine hohe gesellschaftliche Akzeptanz stoße und hier einen Grundkonsens bilde,

während Frauen in den alten Bundesländern der externen Kleinkindbetreuung, im Vergleich zur Betreuung durch Angehörige, mit einer grundsätzlichen Skepsis gegenüberstehen (Schiefer 2018, 130). Derartige Unterschiede in der Inanspruchnahme von Betreuungsangeboten in Ost- und Westdeutschland bestehen auch bei Kindern im Grundschulalter fort:

> *In Ostdeutschland, wo neun von zehn Grundschulkindern ein Betreuungsangebot nutzen, überwiegt die Hortbetreuung [...]. In Westdeutschland stellt sich die Situation anders dar: Hier nutzen drei von fünf Kindern ein Betreuungsangebot nach Unterrichtsschluss. Jedes vierte Kind besucht eine Ganztagsschule. (Hüsken et al. 2021, 8 f.)*

Angesichts des Vorherrschens unterschiedlicher kultureller Leitbilder sowie damit zusammenhängender unterschiedlicher geschlechterkultureller Familienmodelle in Ost- und Westdeutschland ist davon auszugehen, dass sich neben Differenzen im Verhalten von Familien zur alltäglichen Mahlzeitengestaltung auch Differenzen in der Konflikthaftigkeit innerhalb der Familie bezüglich des Verhaltens zur alltäglichen Mahlzeitengestaltung auf der Grundlage der Ost-West-Unterschiede erklären lassen.

Zur Durchführung des Vergleichs zwischen dem Verhalten von Familien zur alltäglichen Mahlzeitengestaltung in Ost- und dem Verhalten von Familien zur alltäglichen Mahlzeitengestaltung in Westdeutschland wurden die Städte Hamburg und Dresden herausgegriffen, deren Auswahl nachfolgend begründet wird.

4.2.3 Auswahl der Städte Hamburg und Dresden

In diesem Forschungsprojekt werden die Städte Hamburg und Dresden gegenübergestellt, die sich aus verschiedenen Gründen für einen interkulturellen Vergleich innerhalb Deutschlands eignen. Die Auswahl der Städte liegt zum einen darin begründet, dass es sich bei Hamburg um eine westdeutsche Stadt handelt, bei Dresden um eine ostdeutsche, auf dem Gebiet der ehemaligen DDR. Über diese relevanten Unterscheidungsmerkmale hinaus weisen die Städte Gemeinsamkeiten auf, zum Beispiel im Flächenvergleich, im Städtebau und in ihren Bevölkerungszahlen. Beide Themenstränge, sowohl die relevanten Unterscheidungsmerkmale als auch die relevanten Gemeinsamkeiten beider Städte, werden in den nachfolgenden Abschnitten dargestellt.

4.2.3.1 Relevante Unterscheidungsmerkmale

Aus der Abbildung 4.5 geht hervor, dass die Stadt Dresden im Osten Deutschlands, auf dem Gebiet der ehemaligen DDR, gelegen ist, hier gekennzeichnet durch den weißen Pfeil, und die Stadt Hamburg im Westen, hier gekennzeichnet durch den schwarzen Pfeil.

Die Abbildung 4.5 zeigt zudem den Verlauf der ehemaligen Grenze zwischen der Bundesrepublik Deutschland im Westen und der DDR im Osten.

Die geographische Lage beider Städte und die damit verbundenen unterschiedlichen historischen Hintergründe, in denen sich zwei unterschiedliche Gesellschaftsformen in der DDR und der Bundesrepublik Deutschland entwickelten (Wiggers 1995, 44), deren kulturellen Leitbilder bis heute wirken, ermöglicht die Durchführung eines Ost-West-Vergleichs und somit eine geeignete Grundlage zur Beantwortung der zentralen Forschungsfragen der vorliegenden Arbeit.

Darüber hinaus spielen für die Auswahl der Städte Hamburg und Dresden verschiedene Parallelen eine bedeutende Rolle, die nachfolgend dargelegt werden.

4.2.3.2 Relevante Gemeinsamkeiten

Sowohl Hamburg als auch Dresden zählen im Flächenvergleich, neben Berlin und Köln, zu den vier größten Städten Deutschlands (Dresden.de 2020). Hamburg stellt die flächenmäßig größte Stadt der alten Bundesländer dar, Dresden die flächenmäßig größte Stadt der neuen Bundesländer bzw. der ehemaligen DDR. Beide Städte haben sich durch städtebauliche Maßnahmen von einer Großstadt zur Metropole entwickelt (Walter 2017) und gehören einwohnertechnisch zu den zwölf größten Städten Deutschlands (Statista 2021), wobei Hamburg zu den drei bevölkerungsreichsten Städten der alten und Dresden zu den drei bevölkerungsreichen Städten der neuen Bundesländer gezählt werden kann (Prokoph 2017). Gretzschel (1992, 6), der Dresden als Hamburgs sächsische Schwester betitelt, erklärt, dass die beiden Städte nicht nur durch die Elbe und ihre Städtepartnerschaft[10] verbunden seien, sondern auch durch ihre geschichtliche Prägung.

Seit der Wiedervereinigung herrschen in Hamburg und Dresden die gleichen politischen Voraussetzungen. Aktuelle Forschungsergebnisse (siehe Abschnitt 4.2.1) zeigen jedoch, dass zwischen den beiden Städten trotz allem deutliche Unterschiede, z. B. in Bezug auf die Frauenerwerbsarbeit oder die Kinderbetreuung, bestehen und neben strukturellen Bedingungen kulturelle Hintergründe eine große Bedeutung einnehmen. Wagner (2006) legt dar, dass

---

[10] Siehe zur Städtepartnerschaft zwischen Hamburg und Dresden: Freundeskreis Dresden-Hamburg e. V. (1999); Ruppert (1990); Sächsische Zeitung (2019); Endlich/Feigel (1990).

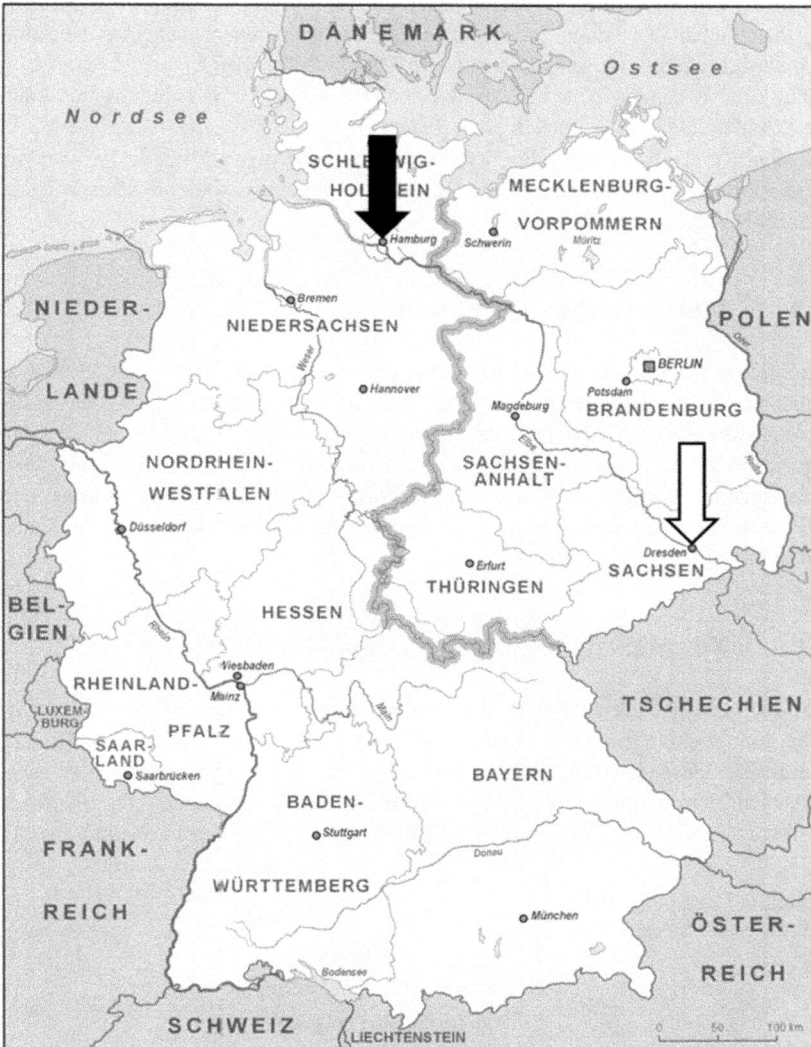

Abbildung 4.5 Geographische Lage von Hamburg und Dresden. (Quelle: Wikipedia.org, User: Lencer, Hinweis: Die Pfeile wurden zur Veranschaulichung nachträglich eingefügt)

insbesondere, wenn in zwei Regionen die gleiche Sprache gesprochen wird, häufig fälschlicherweise davon ausgegangen werde, dass zwischen beiden Kulturen keine wirklichen Unterschiede bestehen (Wagner 2006, 106 f.).

In der vorliegenden Arbeit werden Familien sowohl in Hamburg als auch in Dresden betrachtet, die in suburbanen Räumen der Großstädte leben. In Abschnitt 4.3.1 findet sich die Begründung für die Auswahl dieser Räume; die konkrete Auswahl der suburbanen Räume in Hamburg und Dresden wird in Abschnitt 4.3.2 aufgeschlüsselt.

4.3   Methodisches Vorgehen

Nachfolgend wird das methodische Vorgehen aufgezeigt. Das Kapitel nimmt zunächst auf die Kriterien für die Auswahl des Samples Bezug und geht detailliert auf die Auswahl der suburbanen Räume der Städte Hamburg und Dresden ein. Es schließt sowohl eine Beschreibung der Kontaktaufnahme zu den Teilnehmenden sowie der Erhebung der Daten ein als auch eine Darstellung und Erläuterung der Zusammensetzung des Samples. Abschließend werden Probleme bei der Datenerhebung aufgezeigt und reflektiert.

4.3.1   Kriterien für die Auswahl des Samples

Bei der Auswahl der Familien ist eine größtmögliche Homogenität von Bedeutung, um weitere mögliche Einflussfaktoren auszuschließen und den Beitrag kultureller Ideen analysieren zu können. Für die Durchführung des Vergleichs zwischen den alten und den neuen Bundesländern unterliegen die Familien konkreten Auswahlkriterien, die in Tabelle 4.1 zusammengefasst werden.

Tabelle 4.1 Kriterien für die Auswahl des Samples

Kriterien für die Auswahl des Samples
1. Vollständige Kleinfamilie
2. Heterosexuelle Partnerschaft
3. Zwei im Haushalt lebende Kinder
4. Jüngstes Kind mindestes drei Jahre alt
5. Angehörige der Mittelschicht
6. Leben im suburbanen Raum

Quelle: Eigene Darstellung

Das Forschungsprojekt fußt auf den Daten von insgesamt 34 vollständigen Kleinfamilien mit zwei Kindern, von denen das jüngste mindestens drei Jahre alt ist. Hierbei wurden ausschließlich heterosexuelle Partnerschaften in die Analyse einbezogen. Alle Familien gehören der Mittelschicht an und leben in suburbanen Räumen Dresdens und Hamburgs. Die genannten Merkmale werden in den folgenden Unterkapiteln im Detail erläutert.

4.3.1.1 Familienform

Im Allgemeinen wird Familie in dieser Arbeit als eine Lebensgemeinschaft verstanden, die aus einem Elternpaar oder einem Elternteil und mindestens einem Kind besteht (Duden 2018). Mit dem Bewusstsein, dass Familienformen vielfältig sind und sowohl verheiratete als auch unverheiratete Eltern, Alleinerziehende, gleichgeschlechtliche Familien, Patchworkfamilien, Adoptiv- und Pflegefamilien eine Familie bilden, wurden ausschließlich Kleinfamilien in die Erhebung einbezogen. Als Kleinfamilien werden solche Familien bezeichnet, die lediglich aus zwei Generationen bestehen. Das Elternpaar lebt hier gemeinsam mit seinen Kindern in einem Haushalt (Tazi-Preve 2018). Hierbei wurden ausschließlich heterosexuelle Partnerschaften betrachtet und homosexuelle Partnerschaften nicht in die Analyse einbezogen. Ein Vergleich der alltäglichen Mahlzeitengestaltung in homosexuellen Paarbeziehungen wäre sicher interessant, in Anbetracht der Tatsache, dass in dieser Arbeit Geschlechterverhältnisse, insbesondere weiblich und männlich konnotierte Verhaltensmuster, von Belang sind, wäre die Integration von homosexuellen Partnerschaften nicht zielführend. Um eine größtmögliche Homogenität der Familien gewährleisten zu können, wurden andere Familienformen, wie beispielsweise Alleinerziehende, Großfamilien oder Patchworkfamilien gleichermaßen aus der Analyse ausgeschlossen.

Da das Alter wie auch die Anzahl der Kinder Einfluss auf das Verhalten zur alltäglichen Mahlzeitengestaltung von Familien nehmen kann, beispielsweise in Bezug auf die Zeitverwendung (Klünder/Meier-Gräwe 2017a), wurden solche Familien betrachtet, in deren Haushalt zwei Kinder leben, von denen das jüngste mindestens drei Jahre alt ist. Diese Altersgrenze wurde gewählt, da davon ausgegangen wurde, dass Kinder ab einem Alter von drei Jahren uneingeschränkt an den gemeinsamen Familienmahlzeiten partizipieren können (Fiese et al. 1993).

4.3.1.2 Mittelschicht-Familien

Alle Familien gehören der Mittelschicht an, wobei sich bei dieser Zuordnung u. a. am monatlichen Haushaltsnettoeinkommen der Familien orientiert wurde. Aus

dem sozio-oekonomischen Panel (SOEP[11]) gehen die folgenden Einkommensgrenzen für den Haushaltstyp *Paarhaushalte mit zwei Kindern unter 14 Jahren*[12]
hervor (Arm&Reich.de 2021).

Tabelle 4.2
Einkommensgrenzen für
Paarhaushalte mit Kindern
unter 14 Jahren

Einkommensgrenzen für Paarhaushalte mit zwei Kindern unter 14 Jahren	
Einkommensarme Schicht	< 2.450 €
Einkommensschwache Mitte	> 2.450 €
Mitte im engeren Sinne	> 3.270 €
Einkommensstarke Mitte	> 6.130 €
Einkommensreiche Schicht	> 10.220 €

Quellen: Arm&Reich.de (2021)

Paarhaushalte mit zwei Kindern, deren monatliches Haushaltsnettoeinkommen
weniger als 2.450 Euro beträgt, werden als einkommensarme Schicht bezeichnet. Ab einem monatlichen Haushaltsnettoeinkommen von 2.450 Euro wird von
der einkommensschwachen Mitte gesprochen, ab 3.270 Euro von der Mitte im
engeren Sinne, ab 6.130 Euro von der einkommensstarken Mitte und ab 10.220
Euro von der einkommensreichen Schicht. Das monatliche Haushaltsnettoeinkommen der untersuchten Familien, in der Tabelle 4.2 als *Mitte im engeren Sinne*
bezeichnet, liegt zwischen 3.270 und 6.130 Euro.

Die charakteristischen Merkmale von Mittelschicht-Familien gehen jedoch
weit über das monatliche Haushaltsnettoeinkommen hinaus, da neben einkom-
mensbezogenen Abgrenzungen auch soziokulturelle, subjektive und wertorien-
tierte Merkmale eine bedeutende Rolle spielen (Niehues 2017, 4). In „Die Gesellschaft der Singularitäten" spricht Reckwitz (2017) von einer neuen Mittelklasse,
die sich aus der alten herausentwickelt habe:

> *Seit den 1970er Jahren findet in den bisherigen Industriegesellschaften ein funda-
> mentaler sozialstruktureller Wandel statt, der zugleich ein Kultur- und Wertewandel
> ist. In seinem Zentrum steht die neue Mittelklasse, die ihren Aufstieg der Bildungs-
> expansion verdankt und formal durch Hochschulbildung und ein hohes kulturelles
> Kapital gekennzeichnet ist. Die neue Mittelklasse ist in diesem Sinne eine akademische
> Mittelklasse, die primär in der Wissens- und Kulturökonomie der entstehenden postin-
> dustriellen Gesellschaft tätig und deren wichtigste soziale Trägergruppe ist. (Reckwitz
> 2017, 103 f.)*

---

[11] SOEP-Core Version 35.

[12] Angaben in Haushaltsnettoeinkommen des Jahres 2017.

Alte und neue Mittelklasse unterscheiden sich weniger im Einkommen als in ihrer
Kultur. Während sich das Lebensmodell der neuen Mittelklasse durch Selbst-
verwirklichung in Kombination mit Erfolg und Prestige auszeichne, sei die alte
Mittelklasse über Statusinteresse und Selbstdisziplin definiert. Es habe ein Wech-
sel der leitenden Maßstäbe stattgefunden: vom Lebensstandard zur immateriellen
Lebensqualität bzw. vom Allgemeinen und Funktionalen zum Besonderen und zur
Kultur (Reckwitz 2017, 104). Die kulturellen Muster dieser neuen akademischen
Mittelklasse ähneln sich über Grenzen hinweg (USA, Deutschland, Schweden
etc.), weshalb sie als eine globale Klasse bezeichnet wird (Reckwitz 2017, 303).

Die gemeinsame kulturelle Grundlage von Mittelschicht-Familien sei zudem
durch eine Intensivierung und Verfeinerung der Erziehungs- und Bildungsbemü-
hungen sowie einen anspruchsvollen Erziehungsstil gekennzeichnet (Reckwitz
2017, 331). Anders als bis in die 1960er Jahre, als die Kinder eher eine
Nebenrolle im Alltag der Familien spielten, nehmen sie heute in Kulturen der
Mittelschicht eher eine Hauptrolle ein. Dabei sind die Gefühle, Meinungen und
Gedanken der Kinder von Bedeutung und deren besondere Begabungen und
Eigenschaften zu fördern. Die Eltern streben eine aktive und verantwortete Erziehung an, wobei die Erziehung einen starke Bildungsorientierung aufweist (Lareau
2011, 3; Lange/Thiessen 2017, 278 f.; Oelkers 2017; Reckwitz 2017, 8):

Diese Eltern sehen sich seitens des Staates und seitens der Wirtschaft mit der Auf-
gabe konfrontiert, kompetente „Bildungscoaches" ihrer Kinder zu sein, also Kinder
möglichst frühzeitig umfassend anzuregen und zu fördern und dabei auch noch einige
Folgeprobleme der Modernisierung in den Bereichen Gesundheit, Ernährung, Medien,
Finanzen erzieherisch zu bearbeiten. (Lange/Thiessen 2017, 286)

Die Kinder sollen Fähigkeiten erlangen, um möglichst gut und umfassend auf ihre
Zukunft vorbereitet zu werden. Aktivitäten der Kinder werden von den Eltern
etabliert und organisiert, inklusive Betreuung der Hausaufgaben, Organisation
von Nachhilfeunterricht, Übernahme von Fahrdiensten zu Sportvereinen und zum
Musikunterricht, so dass der Alltag einer (zeitlichen) Kontrolle durch die Eltern
unterliegt (Lareau 2011, 4; Lee et al. 2014, 8; Lange/Thiessen 2017, 282).

Die Vorstellungen von einer *guten Elternschaft* (*good parenting*) haben sich
dahingehend verändert, dass nicht mehr ausschließlich dem Großziehen, dem
Animieren und der Sozialisierung der Kinder eine große Bedeutung zugeschrieben werde, sondern viel eher dem Überwachen ihrer Aktivitäten, wobei ein
anspruchsvolles Risikobewusstsein vorherrsche. Mögliche Risiken werden durchdacht, um diese anschließend zu meiden. Beispiele sind das Verhalten der
Mutter in der Schwangerschaft, die Säuglingsernährung, die Interaktion zwischen

Erwachsenen und Kindern. Diese Risikowahrnehmung bilde eine wichtige Grund-
lage für die Neudefinition des Elternteils als bestimmend für das zukünftige
Wohlergehen des Kindes. Die Eltern nehmen die Rolle eines Risikomanagers
ein, von dessen Handeln das Schicksal des Kindes abhängig ist. Erfolge und
Misserfolge der Kinder werden gleichermaßen auf die Elternschaft zurückgeführt
(Furedi 2002, 5; Lee et al. 2014, 12):

> *[Es geraten] zunehmend jene Eltern in den Fokus, die nicht im klassischen Sinne das
> Wohl ihrer Kinder gefährden, sondern „nur" keine optimale Förderung ihrer Kinder
> bieten. Eltern kommt [...] im Kontext sozialinvestiver Politiken die bedeutsame Aufgabe
> der richtigen Bildung und Erziehung zu und sie werden nicht nur für das Wohl, sondern
> auch den Bildungserfolg ihrer Kinder in die Verantwortung genommen. (Oelkers 2017,
> 111)*

Dass Kinder heute umfassend gefördert und respektvoll erzogen werden, sei
grundsätzlich als positiv zu bewerten, erzeuge jedoch gleichzeitig einen massiven
Druck, für eine optimale Bildung der Kinder zu sorgen. Dieser starke Bildungs-
druck betreffe Erwachsene und Kinder gleichermaßen (Jurczyk 2017, 158 f.).
In gleicher Weise stehen die Eltern unter einem Optimierungsdruck. Da potenzielle Entwicklungsprobleme, -verzögerungen und -störungen auf das Verhalten der
Eltern zurückgeführt werden, ist ihnen daran gelegen, diese Probleme prospektiv zu bearbeiten (Seehaus 2017, 195). Dieser permanente Druck werde, unter
moralischen Vorzeichen, sowohl von gesellschaftlichen Diskursen als auch von
Vertretenden der Schule ausgeübt (Lange/Thiessen 2017, 278). Insgesamt kann
der beschriebene *intensive Erziehungsstil* (*intensive parenting style*) als charakteristisch für Mittelschicht-Familien angesehen werden (Gillies 2009; Nelson 2010;
Lareau 2011; Lee et al. 2014).[13]

4.3.1.3 Raumkategorie Suburbia

Da es in dieser Arbeit um den Einfluss kultureller Ideen auf das Verhalten zur
alltäglichen Mahlzeitengestaltung von Familien geht und ausgeschlossen werden soll, dass mögliche Differenzen zwischen den Familien auf Unterschiede
im Lebensraum zurückzuführen sind, ist von Bedeutung, dass alle Familien der
gleichen Raumkategorie zugeordnet werden können.

---

[13] Erziehungspraktiken und die Elternschaft der Mittelschicht werden darüber hinaus ausführlich von den folgenden Verfassenden dargestellt: Reay (1998); Vincent (2012); Vincent/
Ball (2007); Vincent/Maxwell (2016).

Verschiedene Studien zeigen, dass Familienmahlzeiten in unterschiedlichen Regionen unterschiedlich gestaltet werden (s. Abschnitt 2.5.1). Über den ländlichen und den städtischen Raum hinaus wird häufig der suburbane Raum, auch Zwischenraum oder verstädterter Raum, als Raumkategorie genannt (Kühne 2012).[14] Der suburbane Raum werde nicht nur in Bezug auf seine Architektur, sondern auch in Bezug auf „seine sozialen Strukturen, die prägenden normativen Orientierungen und die gelebten Alltagsmuster seiner Bewohner" (Menzl 2014, 43) von der Kernstadt abgegrenzt. Gans gelangt zu dem Ergebnis, dass sich die Lebensstile suburbaner Haushalte von denen urbaner Haushalte unterscheiden und führt als Beispiele das Freizeitverhalten, Konformitätsorientierung und die stark sublokale Ausrichtung auf die Familie an (Gans 1969, 1974). Menzl sieht eine Deckung im Wohnideal der Mittelschichthaushalte und den Raumstrukturen suburbaner Räume, die „Sicherheit, Kontinuität, ein hohes Maß an sozialer Homogenität, geeignete Lebensräume für Kinder und die Wahrung der familiären Privatsphäre" (Menzl 2014, 46) repräsentieren, und stellt drei Aspekte heraus, die er bis heute als charakteristisch für den suburbanen Lebendentwurf sieht: (1) die Fokussierung auf Kinder, (2) der Wohnort als Rückzugsort und (3) eine bauliche, lebenszyklische, soziale und normative Homogenität. Vor allem die in diesem Abschnitt diskutierte Homogenität der Familien im suburbanen Raum, die sich gleichzeitig in bedeutendem Maße vom urbanen Raum abgrenzt, ist ausschlaggebend für die in dieser Arbeit gewählte Raumkategorie.

4.3.2 Suburbane Räume als gesellschaftliches Spezifikum

Um die Teilnehmenden für dieses Forschungsprojekt zu gewinnen, wurden suburbane Räume rund um Hamburg und Dresden ausgewählt. Um diese Auswahl treffen zu können, musste der Begriff des suburbanen Raums zunächst definiert werden. Über die Definition des Begriffs besteht in der (internationalen) wissenschaftlichen Diskussion keine Einigkeit:

> *Rather, it is intended to draw attention to the epistemological fragility of the term "suburb". Beyond the most perfunctory level of definition, it is far from clear as to*

---

[14] Die Akademie für Raumentwicklung in der Leibniz-Gemeinschaft legt bezüglich der Raumkategorien (auch Raumtypen, Gebietstypen, Gebietskategorien, Raumstrukturen) dar, dass es keinen verbindlichen Kanon gebe. Hier heißt es, dass Gesetze und Planwerke von Raumordnungen und Landesplanung jeweils eigene Definitionen verwenden und Anzahl und Bezeichnung der definierten Kategorien variabel seien (ARL 2021).

what this term actually means or indeed, whether it can be thought to possess meaning at all. (Vaughan et al. 2015, 11)

Weitestgehend einig sind sich die Forschenden in Bezug auf den Prozess der Suburbanisierung[15], der eine Annäherung an den Begriff des suburbanen Raums ermöglicht. Das Handwörterbuch der Stadt- und Raumentwicklung der Akademie für Raumentwicklung (ARL) legt dar, dass der Prozess der Suburbanisierung definitionsgemäß durch die Wanderung der Bevölkerung, von Industrie und Gewerbe, Handel und Freizeit an den Stadtrand und über diesen hinaus hervorgerufen werde. Hesse erklärt dazu, dass sich Wanderungsmuster und Pendlerverflechtungen umso mehr verändert haben, „vom ursprünglichen Kern-Rand-Gradienten hin zu komplexeren Interaktionen und räumlichen Mustern", je stärker sich die suburbanen Räume ausgedehnt haben (Hesse 2019, 2631). Das Lexikon der Geographie (2014) definiert suburbane Räume als Vororte in unmittelbarer Nähe zu einer größeren Stadt, mit der enge funktionale Verflechtungsbeziehungen, beispielsweise durch einen hohen Auspendleranteil in die Kernstadt, bestehen. Die räumliche Konstellation eines suburbanen Raums zeichne sich im Vergleich zu den Kernstädten vorwiegend durch die folgenden Faktoren aus: (1) eine geringe Bevölkerungsdichte, Arbeitsplatzdichte und bauliche Dichte, (2) vergleichsweise niedrige Ausstattungsniveaus, bezogen auf Infrastruktur und Erreichbarkeiten, (3) Homogenität der sozialen Schichten und Konformität der sozialen Milieus (Hesse 2019, 2631 f.). Baulich werde der suburbane Raum, auch als *Suburbia* bezeichnet, vor allem durch Ein- und Zweifamilienhäuser geprägt (Hesse 2019, 2632), wobei er aus einer Vielzahl unterschiedlicher raum- und siedlungsstruktureller Elemente bestehe, zu denen auch der Reihenhaus- und Geschossbau gezählt werden kann, der zunehmend an Bedeutung gewinne (Hesse 2012). Elementare Bestandteile des suburbanen Raums seien zudem Gewerbe- und Industriegebiete sowie Infrastruktureinrichtungen, wie Mülldeponien und Kläranlagen, aber auch Grünräume, wie Parks, Wald und Reste landwirtschaftlich genutzter Flächen (Hesse 2012). Eine Schwierigkeit stellt dar, dass sich die äußeren Grenzen eines suburbanen Raums nicht exakt definieren lassen (Haas 2018). Hesse (2012) sieht suburbane Räume darüber hinaus als ein gesellschaftliches Spezifikum und im gesellschaftlichen Kontext zwangsläufig als einen Teil von Kulturlandschaft[16].

---

[15] Siehe zu den Prozessen der Suburbanisierung: Hesse et al. (2016); Vaughan (2015); Brake (2001); Keil (2014).

[16] Siehe zu suburbanen Räume als Kulturlandschaft: Hahn (2001); Frank (2003); Schenk/ Kühn (2012).

4.3.2.1 Ermittlung der suburbanen Räume Hamburgs

Um die suburbanen Räume rund um Hamburg ausfindig zu machen, wurden zunächst Orte ausgewählt, die im Randbereich der Stadt gelegen sind. Hierbei wurde darauf geachtet, dass das Hamburger Stadtzentrum von dem jeweiligen Ort aus innerhalb von 30 bis 45 Minuten per motorisiertem Individualverkehr (MIV) zu erreichen ist. Abbildung 4.6[17] veranschaulicht die Erreichbarkeit des Hamburger Stadtzentrums.

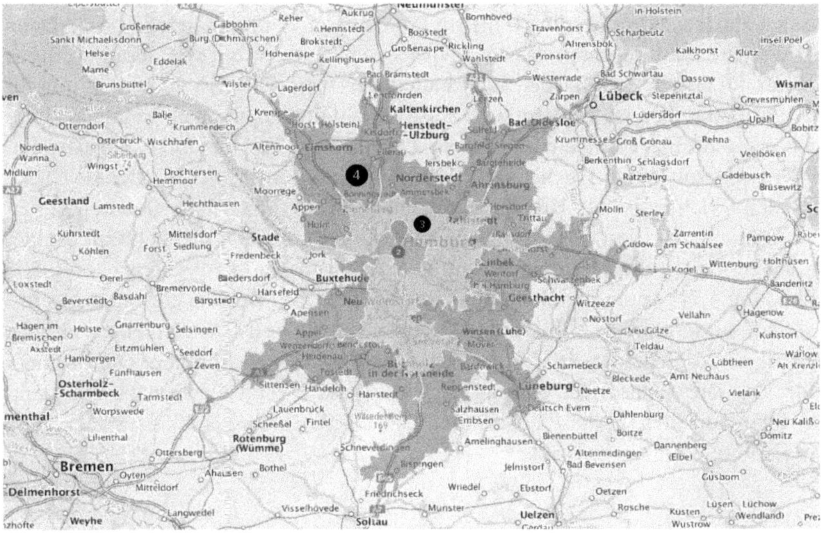

Abbildung 4.6 Isochronenkarte Hamburg. (Quelle: Eigene Darstellung)

---

[17] Bei Abbildung 4.6 handelt es sich um eine eigene Darstellung, die mit Hilfe des Online-Tools Openrouteservice (www.openrouteservice.org) erstellt wurde.

Insgesamt zeigt die Markierung in Abbildung 4.6 (Fläche 2, 3 und 4) eine zeitliche Distanz von 45 Minuten, in Zeitintervallen von jeweils 15 Minuten. Die Fläche 2 zeigt das Hamburger Stadtzentrum. Die Fläche 3 zeigt die Distanz von mehr als 15 bis 30 Minuten, die Fläche 4 eine Distanz von mehr als 30 bis 45 Minuten, jeweils vom Stadtzentrum aus.

4.3.2.2   Ermittlung der suburbanen Räume Dresdens

Auf die gleiche Weise wie bei der Auswahl der suburbanen Räume rund um Hamburg wurden auch die suburbanen Räume rund um Dresden ausgewählt. Wieder wurden zunächst Orte bestimmt, die im Randbereich der Stadt gelegen sind. Diesmal wurde darauf geachtet, dass das Dresdener Stadtzentrum von dem jeweiligen Ort aus innerhalb von 20 bis 30 Minuten per motorisiertem Individualverkehr (MIV) zu erreichen ist. Im Vergleich zur Auswahl der suburbanen Räume in Hamburg wurden eine geringere zeitliche Distanz und kürzere Intervalle gewählt, da Dresden mit einer Fläche von 328,3 Quadratkilometern (Dresden.de 2020) bedeutend kleiner ist als Hamburg mit einer Fläche von 755,1 Quadratkilometern (Statistikamt Nord 2021) und demnach nicht nur das Stadtzentrum kleiner ist, sondern auch die suburbanen Räume dichter am Stadtkern gelegen sind. Die Abbildung 4.7[18] veranschaulicht die Erreichbarkeit des Dresdener Stadtzentrums.

Die Markierung in Abbildung 4.7 (Fläche 1, 2 und 3) zeigt eine zeitliche Distanz von 30 Minuten, in Zeitintervallen von jeweils 10 Minuten. Die Fläche 1 bildet das Dresdener Stadtzentrum ab. Die Fläche 2 zeigt die Distanz von mehr als 10 bis 20 Minuten, die Fläche 3 eine Distanz von mehr als 20 bis 30 Minuten, jeweils vom Stadtzentrum aus.

---

[18] Bei Abbildung 4.7 handelt sich um eine eigene Darstellung, die mit Hilfe des Online-Tools Openrouteservice (www.openrouteservice.org) erstellt wurde.

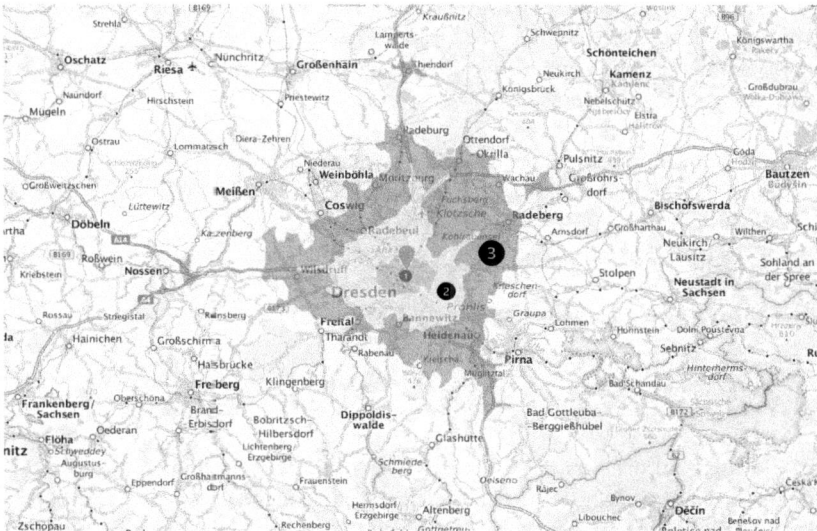

Abbildung 4.7 Isochronenkarte Dresden. (Quelle: Eigene Darstellung)

4.3.2.3 Kriterien für die Auswahl konkreter Regionen in Hamburg und Dresden

Sowohl in Hamburg als auch in Dresden wurden zunächst Orte ausgewählt, die am äußeren Rand des gelben Bereichs sowie im roten Bereich (siehe Abbildung 4.6 und Abbildung 4.7) liegen. Bei der Auswahl der Orte wurde zudem beachtet, dass eine Anbindung an den ÖPNV besteht. Das Kriterium dient der Abgrenzung des suburbanen Raums vom ländlichen Raum[19], denn je geringer eine Region besiedelt ist, desto weniger ist auch der ÖNPV ausgebaut, da es dann schwierig sei, diesen wirtschaftlich zu betreiben (BUND 2015). Zwar sei der ÖNPV auch im suburbanen Raum ausbaufähig (Hesse 2007), im Vergleich zu den Gegebenheiten im ländlichen Raum sei der suburbane Raum jedoch immer mehr von technischen Infrastrukturen, wie dem ÖNPV, geprägt (Mettke 2014, 70). Zudem kann davon ausgegangen werden, dass durch die Anbindung an

---

[19] Ähnlich wie in Bezug auf den suburbanen Raum lassen sich auch die Grenzen des ländlichen Raums schwer definieren. Siehe zu ländlichen Räumen: Hoppe (2010); BMVBS/BBSR (2009).

den ÖPNV der Auspendleranteil in die Kernstadt, der für den suburbanen Raum charakteristisch ist (Lexikon der Geographie 2014), gegeben ist.

Es folgt eine zusammenfassende Übersicht über die Kriterien zur Auswahl der suburbanen Räume in Hamburg sowie in Dresden:

1. Sie sind im Randbereich der jeweiligen Stadt gelegen.
2. Hamburg: Das Stadtzentrum ist zwischen 30 und 60 Minuten per MIV erreichbar.

   Dresden: Das Stadtzentrum ist zwischen 20 und 30 Minuten per MIV erreichbar.
3. Es besteht eine Anbindung an den ÖPNV.

4.3.3   Feldphase

Auf die Auswahl der suburbanen Räume der beiden Städte folgten die Kontaktaufnahme (Kurz et al. 2007) zu möglichen Teilnehmenden des Forschungsprojekts und die Erhebung der Daten, die nachfolgend geschildert werden.

4.3.3.1 Durchführung der Pretests

Vor der Kontaktaufnahme zu möglichen Teilnehmenden des Forschungsprojekts wurde in einem Pretest im August 2019 der erstellte Interviewleitfaden[20] ein erstes Mal zur Anwendung gebracht. Die Teilnehmerin stammte aus meinem Freundes- und Bekanntenkreis, war zu diesem Zeitpunkt 38 Jahre alt, mit ihrem Partner und deren beiden Kindern wohnhaft in einem Hamburger Vorort. Ein zweiter Pretest folgte kurze Zeit später, diesmal mit einer 35-jährigen Teilnehmerin, wohnhaft mit ihrem Partner und den beiden Kindern in einem Dresdener Vorort. Insgesamt verliefen beide Interviews sehr gut, so dass der bestehende Leitfaden nur in wenigen Punkten angepasst werden musste. Beide Teilnehmenden haben in der Woche vor dem Interview das Mahlzeitentagebuch ausgefüllt, so dass gleichzeitig dessen Aufbau und Struktur getestet werden konnte. Zudem konnte auf diese Weise geprüft werden, ob die Kombination beider Methoden und der direkte Bezug auf die Dokumentationen im Tagebuch erfolgversprechend ist.

4.3.3.2 Kontaktaufnahme zu den Teilnehmenden

Nachdem die Vororte der beiden Städte ausfindig gemacht wurden, wurden in einem nächsten Schritt Grundschulen und Kitas in diesen Räumen recherchiert,

---

[20] Die Erstellung des verwendeten Leitfadens wird in Abschnitt 4.1.2 geschildert.

um anschließend die Leitungen dieser Einrichtungen mit Informationen zum Forschungsprojekt per E-Mail zu kontaktieren. Ein Großteil der Institutionen meldete sich zwar mit der Nachricht zurück, die E-Mail an die Eltern der Grundschulen und Kitas weiterzuleiten, die Resonanz der Eltern, am Forschungsprojekt teilzunehmen, war jedoch zunächst eher gering. Aus diesem Grund wurde das Vorgehen noch einmal angepasst, indem für die Eltern jeder Institution ein persönlicher Elternbrief[21] verfasst wurde und weitere Grundschulen und Kitas mit der Bitte kontaktiert wurden, diesen direkt an die Eltern weiterzuleiten.

Einige Schulen sowohl in Hamburger als auch in Dresdener Vororten ermöglichten zudem den Besuch eines Elternabends, um das Anliegen persönlich vortragen und das Projekt vorstellen zu können. Dieses Vorgehen erwies sich als sehr konstruktiv, da durch die persönliche Vorstellung und den direkten Kontakt zu den Eltern weitere Teilnehmende für das Projekt eingeworben werden konnten.

Zusätzlich zu den E-Mail-Kontakten und den Vorstellungen des Projekts auf Elternabenden wurden Aushänge[22] mit Abreißzetteln formuliert und in Sportvereinen, Mütterzentren, Stadtbüchereien, Jugendzentren, Gemeindezentren, Elterntreffs, Familientreffs sowie weiteren Grundschulen und Kindergärten ausgehängt. Insgesamt wurde in Dresden zu 129 Institutionen Kontakt aufgenommen, in Hamburg zu 150 Institutionen. Es dauerte mehr als sieben Monate, bis ausreichend Teilnehmende gefunden waren. Teilweise kam ein Schneeballsystem (Przyborski/Wohlrab-Sahr 2014; Kruse 2015, 251) zum Tragen, in dem die Teilnehmenden meine Kontaktdaten an weitere Personen weitergaben, was sich als sehr hilfreich erwies, da auf diese Weise die Kontaktaufnahme erleichtert wurde und eine Vertrauensbasis leichter hergestellt werden konnte. Zudem sind durch dieses Vorgehen auch solche Teilnehmenden im Sample vertreten, die nicht von vornherein großes Interesse an den Themen Essen und Ernährung mitbringen und sich aus diesem Grund mit mir in Verbindung gesetzt haben.

4.3.3.3 Datenerhebungsphase

Die Erhebung der Daten wurde zwischen September 2019 und Februar 2020 durchgeführt. Sofern sich die Teilnehmenden nicht über den persönlichen Kontakt auf einem Elternabend zu einer Teilnahme bereiterklärten, sondern per E-Mail, Aushang oder über andere Teilnehmende auf das Forschungsprojekt aufmerksam

---

[21] Zur Veranschaulichung befindet sich der Elternbrief, der an die jeweiligen Institutionen gesendet wurde, im Anhang im elektronischen Zusatzmaterial.

[22] Zur Veranschaulichung befindet sich der Aushang zu dem Forschungsprojekt im Anhang im elektronischen Zusatzmaterial.

wurden, erfolgte die Kontaktaufnahme telefonisch oder per E-Mail. Nach individueller Terminabsprache wurden die Mahlzeitentagebücher persönlich an die Familien ausgehändigt. Dieses Vorgehen brachte den Vorteil mit sich, sich ein persönliches Bild von der Wohnsituation machen zu können sowie, in den meisten Fällen, die einzelnen Familienmitglieder kennenzulernen. Zudem konnte das Ausfüllen des Tagebuchs persönlich erläutert werden und es bestand die Möglichkeit, persönlich und direkt auf Fragen reagieren zu können. Ein weiterer Vorteil dieses Vorgehens bestand darin, dass durch den persönlichen Kontakt ein größeres Gefühl der Verpflichtung, das Tagebuch bis zum Ende auszufüllen, hervorgerufen wird. Roghanizad und Bohns (2017) analysieren diesen Zusammenhang und kommen in ihrer Studie zu dem Ergebnis, dass ein persönliches Gespräch 34 Mal effektiver ist als eine E-Mail. Auch aus diesem Grund wurde sich dafür entschieden, das Tagebuch in gedruckter Form und somit händisch statt digital ausfüllen zu lassen. Auf der Kehrseite handelt es sich um ein sehr zeitintensives Vorgehen, alle Mahlzeitentagebücher persönlich zu übergeben.

Während der Zeit des Ausfüllens des Mahlzeitentagebuchs bestand für die Teilnehmenden die Möglichkeit, Verständnisfragen oder allgemeine Rückfragen zu stellen. Diese Option wurde teilweise in Anspruch genommen, größtenteils bestand hier jedoch kein Bedarf. Nach einer Woche wurde das Tagebuch persönlich wieder abgeholt und ein Termin für das anschließende Interview vereinbart.

Sowohl beim Hinbringen als auch beim Abholen der Mahlzeitentagebücher wurden Feldnotizen vermerkt, ähnlich einem Log- oder Forschungstagebuch (Kunz 2015), um die Situation der Übergabe schriftlich festzuhalten und Auffälligkeiten, Gespräche und Eindrücke zu dokumentieren. Przyborski und Wohlrab-Sahr (2014, 49) fassen unter Feldnotizen im engeren Sinn Kontextinformationen und Beobachtungen.

4.3.3.4 Interviewsettings

Der Großteil der Interviews wurde bei den Familien zuhause, in vertrauter und meist ruhiger Atmosphäre durchgeführt. Eine ruhige Umgebung, die von Bedeutung ist, damit die Interviewten in Ruhe und frei erzählen können (Flick 2017), war zumeist dann gegeben, wenn die Möglichkeit bestand, das Interview durchzuführen, während die Kinder in der Schule oder der Kita waren oder Nachmittagsaktivitäten nachgingen. In diesen Fällen kam es kaum zu Störungen oder Unterbrechungen der Interviews. In anderen Familien war es nicht möglich, das Interview in einer vollständig ungestörten Umgebung durchzuführen, da die Kinder parallel zuhause betreut wurden und zwischendurch Anliegen hatten, wodurch es zu Unterbrechungen kam. Diese Gegebenheit brachte jedoch auch interessantes Material hervor, da die Kinder teilweise dem Interview zuhörten und eigene Sichtweisen einbringen konnten.

Einige wenige Interviews wurden nicht bei den Teilnehmenden zuhause, sondern in den Räumlichkeiten der jeweiligen Institution, über die die Kontaktaufnahme erfolgte, wie die Schule, die Kita oder Sportvereine, durchgeführt. Auch hierbei handelt es sich um eine den Teilnehmenden vertraute und zumeist ruhige Umgebung. Insgesamt wurde sich bei der Durchführung der Interviews nach den Wünschen der Interviewten gerichtet, so dass diese sowohl Zeit als auch Ort des Interviews bestimmen konnten.

Die Interviews wurden unter Verwendung eines Aufnahmegeräts aufgezeichnet, um das Gesagte möglichst vollständig festzuhalten. Hierbei wurde darauf geachtet, es so zu positionieren, dass eine gute Tonqualität gewährleistet ist und die Interviewten gleichzeitig nicht von dem Gerät abgelenkt werden. Krüger et al. (2015, 139) sprechen diesbezüglich über den Ertrag der Unaufdringlichkeit des Aufnahmegeräts.

Die Gesprächsdauer betrug dabei im Durchschnitt zwischen 40 und 60 Minuten. Im direkten Anschluss an das Interview wurden zusätzlich Feldnotizen vermerkt, um Besonderheiten, Störungen oder Auffälligkeiten des Interviews zu vermerken. Auch wurden Informationen zum Ort des Interviews dokumentiert und wurde festgehalten, ob weitere Personen anwesend waren. Häufig wurden interessante Informationen und Schilderungen vor oder nach dem Interview dargelegt, die somit nicht per Aufnahmegerät festgehalten und auf diese Weise gesichert werden konnten.

4.3.4 Zusammensetzung des Samples

Das Sample setzt sich aus insgesamt 34 Familien zusammen, die sich wie folgt auf die Städte Hamburg und Dresden, bzw. deren suburbane Räume, verteilen.

Tabelle 4.3 Verteilung der Familien auf Hamburg und Dresden

Verteilung der Familien		
	Hamburg	Dresden
Beide Eltern West/Ost	17	10
Mutter Ost, Vater West	5	2
	22	12

Quelle: Eigene Datenerhebung

Insgesamt wurden 22 Familien in die Analyse einbezogen, die in suburbanen Regionen von Hamburg leben, und 12 Familien, die in suburbanen Regionen von Dresden leben. In 17 der Hamburger Familien sind beide Elternteile in den alten Bundesländern aufgewachsen (beide Eltern West), in 10 der Dresdner Familien beide Elternteile in den neuen Bundesländern (beide Eltern Ost). In insgesamt sieben Familien ist die Mutter in den neuen Bundesländern und der Vater in den alten Bundesländern aufgewachsen (Mutter Ost, Vater West), wobei fünf dieser Familien in suburbanen Regionen Hamburgs und zwei von ihnen in suburbanen Regionen Dresdens wohnhaft sind.[23]

4.3.4.1 Soziodemographische Merkmale der Familien

Um einen Gesamtüberblick über die Familien des Samples zu schaffen, werden nachfolgend zwei Tabellen dargelegt: Tabelle 4.5 bildet die Familien ab, die in suburbanen Räumen Hamburgs wohnhaft sind, Tabelle 4.6 die Familien, die in suburbanen Räumen Dresdens leben. Beide Tabellen geben Auskunft über das Alter der einzelnen Familienmitglieder, die Bildungsabschlüsse der Eltern, den wöchentlichen Erwerbsumfang in Stunden sowie die Wohnsituation.

Die Familien werden hierbei jeweils verschiedenen praktizierten Familienarrangements zugeordnet: (1) Arrangement der Vereinbarkeitsfamilie mit männlichem Hauptversorger, in dem die Mutter Teilzeit erwerbstätig ist und der Vater Vollzeit(-nah), (2) Arrangement der Doppelversorgerfamilie mit außerhäuslicher Kinderbetreuung, in dem beide Eltern Vollzeit(-nah) erwerbstätig sind und (3) Arrangement der Doppelversorger-/Doppelbetreuerfamilie, in dem beide Eltern Teilzeit erwerbstätig sind.

Die angeführte Bezeichnung der Arrangements erfolgt in Anlehnung an den theoretischen Ansatz zur Klassifikation idealtypisch verschiedener geschlechterkultureller Familienmodelle nach Pfau-Effinger (2000, 2005) und drei der insgesamt fünf Modelle, die eine besondere Relevanz für die Entwicklung westeuropäischer Gesellschaften in der zweiten Hälfte des 20. Jahrhunderts hatten: (1) Das „Vereinbarkeitsmodell der männlichen Versorgerehe", in dem der Mann in Vollzeit berufstätig ist, während die Frau in Teilzeit arbeitet und gleichzeitig die alleinige Verantwortung für die Familienarbeit übernimmt, (2) das „Doppelversorgermodell mit außerhäuslicher Kinderbetreuung", in dem beide Eltern in Vollzeit erwerbstätig sind und vorwiegend eine externe Kinderbetreuung herangezogen wird, und (3) das „Doppelversorger-/Doppelbetreuer-Modell", in dem

---

[23] An dieser Stelle fällt auf, dass die Anzahl der in Hamburg lebenden Familien deutlich größer ist als die Anzahl der in Dresden lebenden Familien. Eine ausführliche Erklärung dafür sowie detailliertere Informationen zum Auswahlverfahren finden sich in Abschnitt 4.3.5.

beide Eltern zu annähernd gleichen Teilen in Teilzeit erwerbstätig sind und sich die Verantwortung für die Familienarbeit partnerschaftlich teilen (Pfau-Effinger 2000, 87 f., 2005, 4). Diese Modellbezeichnungen werden in der Darstellung und Diskussion der Ergebnisse nicht verwendet, da es sich bei den geschlechterkulturellen Familienmodellen um eine Kombination kultureller Vorstellungen von der „idealen" Familienform in Bezug auf Geschlecht, Betreuung und das Verhältnis zwischen Erwerbsarbeit und Familie handelt (Pfau-Effinger 2004). Diese Idealvorstellungen können jedoch den letztlich von den Familien praktizierten Arrangements entgegenstehen, die möglicherweise auf Grund einer größeren Praktikabilität, nicht aber aus kultureller Überzeugung heraus, umgesetzt werden. Darüber hinaus kann nicht zwangsläufig davon ausgegangen werden, dass z. B. in dem Arrangement der Doppelversorger-/Doppelbetreuerfamilie, in dem beide Eltern in Teilzeit erwerbstätig sind, die Verantwortung für die Familienarbeit auch zwangsläufig partnerschaftlich zwischen den Eltern aufgeteilt wird, wie in dem idealtypischen geschlechterkulturellen Familienmodell „Doppelversorger-/Doppelbetreuer-Modell" (Pfau-Effinger 2005) dargelegt.

Die Zuordnung zu den unterschiedlichen Familienarrangements erfolgt auf Grundlage der Übersicht in Tabelle 4.4.

Tabelle 4.4 Grenzen Erwerbsumfang

Zuordnung anhand des Erwerbsumfangs (HPW)	
< 30	Teilzeit
30–36	Vollzeitnahe Teilzeit
> 36	Vollzeit

Hinweis: HPW steht für Stunden pro Woche (hours per week)
Quelle: Eigene Darstellung in Anlehnung an BMFSFJ (2016)

Ein Erwerbsumfang von weniger als 30 Stunden wird als Teilzeittätigkeit eingestuft, 30 bis 36 Stunden wöchentlicher Erwerbsarbeit gelten als vollzeitnahe Teilzeit und mehr als 36 Stunden als Vollzeittätigkeit (BMFSFJ 2016). Bei der vollzeitnahen Teilzeit liegt der Zeitumfang dichter an der klassischen Vollzeitstelle als an einer 50-Prozent-Teilzeitstelle (RKW Hessen o. D.).

Tabelle 4.5 zeigt eine Übersicht über die Merkmale der insgesamt 22 Hamburger Familien des Samples. Sie stellt das Alter der einzelnen Familienmitglieder, die Bildungsabschlüsse der Eltern, den Erwerbsumfang der Eltern und die familiäre Wohnsituation dar.

Tabelle 4.5 Übersicht Hamburger Familien

Hamburger Familien

Nr.	Familienname	Alter (Mutter, Vater, Kind 1, Kind 2)	Bildungsabschluss (Mutter, Vater)	Erwerbsumfang (HPW) (Mutter, Vater)	Wohnsituation
Vereinbarkeitsfamilie – Mutter Teilzeit, Vater Vollzeit(-nah)					
3-HH	Clausen	41, 44, 9, 7	BAB, BAB	24, 38 +	Einfamilienhaus
5-H#	Ebel	39, 40, 9, 6	HS, HS	24, 40	Reihenhaus
8-HH	Hagenacker	41, 43,10, 7	HS, BAB	24, 30	Wohnung
10-HH	Jochen	41, 43, 10, 5	HS, BAB	24, 40	Einfamilienhaus
11-HH	Krämer	34, 37, 6, 5	BAB, BAB	25, 40	Reihenhaus
12-HH	Lippenberger	40, 40, 8, 6	HS, HS	20, 41	Einfamilienhaus
13-H#	Mauermann	46, 49, 9, 5	BAB, HS	15, 40	Doppelhaushälfte
14-H#	Neubert	43, 47, 11, 8	HS, HS	20, 38	Einfamilienhaus
16-HH	Petermann	44, 44, 11, 8	HS, HS	10, 40	Doppelhaushälfte
17-HH	Quandt	42, 45, 11, 8	HS, HS	20, 45	Einfamilienhaus
19-HH	Schipper	39, 39, 8, 4	HS, HS	22, 39	Reihenhaus
20-HH	Trappmann	36, 44, 8, 5	HS, HS	24, 40	Reihenhaus
22-HH	Voss	45, 47, 8, 5	HS, HS	16, 40	Doppelhaushälfte
25-HH	York	43, 48, 11, 7	BAB, HS	25, 37,5	Reihenhaus
26-HH	Zimmer	41, 42, 8, 7	BAB, BAB	22, 35	Einfamilienhaus
Doppelversorgerfamilie – Beide Eltern Vollzeit(-nah)					
1-HH	Ackermann	39, 38, 8, 5	HS, HS	35, 39	Doppelhaushälfte
2-HH	Bodenstein	37, 44, 8, 4	BAB, BAB	39, 39	Einfamilienhaus
23-HH	Wolf	42, 42, 12, 8	BAB, BAB	30, 40	Wohnung
27-HH	Albrecht	40, 50, 8, 5	BAB, HS	50, 30	Reihenhaus
6-H#	Flemming	40, 40,10, 7	HS, HS	40, 30	Doppelhaushälfte
15-H#	Otto	40, 41, 7, 5	HS, PhD	32, 40	Einfamilienhaus
Doppelversorger-/Doppelbetreuerfamilie – Beide Eltern Teilzeit					
4-HH	Dambacher	39, 40, 8, 4	HS, HS	10–20, 15	Einfamilienhaus

Hinweise: Die Namen der Familien wurden vollständig anonymisiert; HPW steht für Stunden pro Woche (hours per week); BAB = Berufsausbildung, HS = Hochschule, PhD = Doktorgrad; HH = Hamburger Familie (Mutter West, Vater West), H# = Hamburger Familie (Mutter Ost, Vater West) Quelle: Eigene Datenerhebung

In Bezug auf das Alter der einzelnen Familienmitglieder ist festzuhalten, dass der jüngste Hamburger Elternteil 34 Jahre alt ist, der älteste 50. Das jüngste Kind der Hamburger Familien ist vier Jahre alt, das älteste zwölf. Die Tabelle teilt die Familien zudem in die verschiedenen praktizierten Familienarrangements ein. Dabei fällt auf, dass das Arrangement der Vereinbarkeitsfamilie mit männlichem Hauptversorger, in dem der Mann in Vollzeit berufstätig ist und die Frau in Teilzeit, mit 15 Familien dominierend ist. Sechs der Hamburger Familien praktizieren das Arrangement der Doppelversorgerfamilie mit außerhäuslicher Kinderbetreuung, in dem beide Eltern Vollzeit erwerbstätig sind. Eine Hamburger Familie praktiziert das Arrangement der Doppelversorger/-Doppelbetreuerfamilie Familie, in dem beide Eltern in Teilzeit erwerbstätig sind. Auf die Bildungsabschlüsse sowie die familiäre Wohnsituation wird im Anschluss an die Beschreibung der Tabelle 4.6, die die Merkmale der Dresdner Familien abbildet, sampleübergreifend eingegangen.

Tabelle 4.6 nimmt auf die konkreten Merkmale der 12 Dresdner Familien Bezug und geht dabei auf das Alter der einzelnen Familienmitglieder, die Bildungsabschlüsse der Eltern, den Erwerbsumfang der Eltern sowie die familiäre Wohnsituation ein.

Tabelle 4.6 Übersicht Dresdener Familien

Dresdener Familien

Nr.	Familienname	Alter (Mutter, Vater, Kind 1, Kind 2)	Bildungsabschluss (Mutter, Vater)	Erwerbsumfang (HPW) (Mutter, Vater)	Wohnsituation
Vereinbarkeitsfamilie – Mutter Teilzeit, Vater Vollzeit					
12-DD	Löscher	31, 30, 9, 3	HS, HS	20, 40–60	Wohnung
14-DD	Nohl	38, 37, 7, 5	BAB, BAB	25, 40–45	Einfamilienhaus
17-DD	Quedlin	40, 44, 6, 5	HS, HS	20, 40	Reihenhaus
Doppelversorgerfamilie – Beide Eltern Vollzeit(-nah)					
1-DD	Anders	35, 41, 9, 7	BAB, HS	32, 40 +	Wohnung
2-DD	Boll	40, 45, 10, 8	BAB, BAB	40, 30	Einfamilienhaus
3-DD	Carow	39, 31, 9, 6	HS, BAB	40, 40 +	Einfamilienhaus
6-DD	Fahrenhorst	35, 35, 5, 3	HS, HS	30, 35	Wohnung

(Fortsetzung)

Tabelle 4.6 (Fortsetzung)

Dresdener Familien

Nr.	Familienname	Alter (Mutter, Vater, Kind 1, Kind 2)	Bildungsabschluss (Mutter, Vater)	Erwerbsumfang (HPW) (Mutter, Vater)	Wohnsituation
8-DD	Hempe	31, 31, 5, 3	HS, PhD	31, 30–40	Wohnung
11-D#	Kaufmann	29, 30, 5, 3	HS, HS	35, 40	Wohnung
13-DD	Möller	37, 38, 7, 5	PhD, HS	35, 40	Einfamilienhaus
15-D#	Olsen	45, 47, 13, 10	HS, HS	40, 40	Wohnung
16-DD	Pauls	32, 35, 6, 3	BAB, BAB	35, 40	Wohnung

Hinweise: Die Namen der Familien wurden vollständig anonymisiert; HPW steht für Stunden pro Woche (hours per week); BAB = Berufsausbildung, HS = Hochschule, PhD = Doktorgrad; DD = Dresdener Familie (Mutter Ost, Vater Ost), D# = Dresdener Familie (Mutter Ost, Vater West)
Quelle: Eigene Datenerhebung

Der jüngste Dresdener Elternteil ist 29 Jahre alt, der älteste 47. Das jüngste Kind der Dresdener Familien ist drei Jahre als, das älteste dreizehn. Die Unterteilung in die verschiedenen praktizierten Familienarrangements zeigt, dass das Arrangement der Doppelversorgerfamilie mit außerhäuslicher Kinderbetreuung, in dem beide Eltern Vollzeit erwerbstätig sind, mit neun Familien dominierend ist. Drei der Dresdener Familien praktizieren das Arrangement der Vereinbarkeitsfamilie mit männlichem Hauptversorger, in dem der Mann in Vollzeit berufstätig ist und die Frau in Teilzeit.

Bildungsabschlüsse der Eltern
Die Betrachtung der Bildungsabschlüsse der Eltern (Tabelle 4.5 und Tabelle 4.6) verdeutlicht, dass sowohl in Dresden als auch in Hamburg die Anzahl der Familien überwiegt, in denen mindestens ein Elternteil einen Hochschulabschluss vorweisen kann. Insgesamt dominiert in dem Sample ein hoher Bildungsgrad der Eltern. Dies deutet auf eine Homogenität der sozialen Schichten des suburbanen Raums hin (Hesse 2019, 2631 f.). Reckwitz (2017, 274) spricht in diesem Zusammenhang von der neuen akademisch gebildeten Mittelklasse.

Familiäre Wohnsituation
Die Wohnsituation der Familien deutet auf die bauliche Prägung *Suburbias* durch Ein- und Zweifamilienhäuser, aber auch Reihenhaus- und Geschossbauten hin

(Hesse 2012, 2019, 2632). Im direkten Vergleich der Wohnsituation der Hamburger sowie Dresdener Familien fällt auf, dass ein Großteil der Dresdener Familien des Samples in Wohnungen lebt. Dies kann vermutlich auf die unterschiedlichen Verläufe der Suburbanisierung in Ost- und Westdeutschland (Breitenbach 2006) zurückgeführt werden. Ab 1960 setzt in Westdeutschland die Verstädterung der Randzonen ein, bedingt durch die zunehmende Massenmotorisierung sowie das Verlangen der Bevölkerung, auf dem Land zu leben (Heineberg 2017). Während die (tertiäre) Suburbanisierung hier weiter voranschreitet, kommt es in den neuen Bundesländern erst nach der Wende zu einer „nachholenden Suburbanisierung" (Breitenbach 2006; Wiegandt 2008, 1). So stammen die Baustrukturen von Dresdens *Suburbia* vorwiegend aus der Vorkriegszeit und aus den 1990er Jahren (Albertsmeyer et al. 2021), da in der ehemaligen DDR keine zunehmende räumliche Verflechtung zwischen Kernstadt und Umland stattgefunden habe (Jessen 2001, 324).

Praktizierte Familienarrangements
Insgesamt ist festzuhalten, dass das Arrangement der Vereinbarkeitsfamilie mit männlichem Hauptversorger und das Arrangement der Doppelversorgerfamilie mit außerhäuslicher Kinderbetreuung im Sample deutlich dominieren. Auffällig ist zudem, dass ersteres unter den Hamburger Familien überwiegt und zweiteres unter den Dresdener Familien. Diese Gegebenheit stützt die Ausführungen von Pfau-Effinger und Smidt (2011), dass das „Vereinbarkeitsmodell der männlichen Versorgerehe" insbesondere in Westdeutschland vertreten sei, da es auf Werten aus Zeiten der Hausfrauenehe baue, wogegen das „Doppelversorgermodell mit externer Kinderbetreuung" als ein bestehen gebliebenes kulturelles Leitbild aus DDR-Zeiten vor allem in Ostdeutschland vorzufinden sei.

Über die beiden dominierenden Arrangements hinaus ist im Sample eine Familie vertreten, in der beide Eltern in Teilzeit erwerbstätig sind: Familie 4-HH Dambacher (Tabelle 4.5). Diese Familie wird dem Arrangement der Doppelversorger-/Doppelbetreuerfamilie zugeordnet.

Das Verhalten zur alltäglichen Mahlzeitengestaltung wird in der Ergebnisdarstellung (Kapitel 5) in Bezug auf die im Sample vertretenen Arrangements im Detail analysiert: (1) das Arrangement der Vereinbarkeitsfamilie mit männlichem Hauptversorger (Mutter Teilzeit, Vater Vollzeit(-nah), (2) das Arrangement der Doppelversorgerfamilie mit außerhäuslicher Kinderbetreuung (beide Eltern Vollzeit(-nah)) und (3) das Arrangement der Doppelversorger-/Doppelbetreuerfamilie (beide Eltern Teilzeit).

Ort des Arbeitsplatzes

Aus Fragebögen zu den soziodemographischen Strukturdaten der Familien, die mit Hilfe der Mahlzeitentagebüchern erhoben wurden, sowie aus den Hintergrundgesprächen, die bei der Übergabe sowie der Abholung der Tagebücher geführt wurden, gehen Informationen zum Ort des Arbeitsplatzes der Eltern hervor.

In Bezug auf den Ort des Arbeitsplatzes der Eltern wird in der vorliegenden Arbeit vor allem zwischen Homeoffice-Tätigkeiten und aushäusiger Erwerbsarbeit unterschieden. Hierbei ist auffällig, dass Homeoffice-Tätigkeiten ausschließlich in den Hamburger Familien des Samples vorkommen, nicht aber in den Dresdener. Dabei lässt sich zwischen Familien unterscheiden, in denen ein Elternteil teilweise von zuhause aus erwerbstätig ist und in denen ein Elternteil vollständig von zuhause aus erwerbstätig ist. Tabelle 4.7 verdeutlicht darüber hinaus, dass hauptsächlich die Mütter einer Homeoffice-Tätigkeit nachgehen.

Tabelle 4.7
Homeoffice-Tätigkeiten

Homeoffice-Tätigkeiten	
Teilweise	Vollständig
Mutter	
1-HH, 5-H#, 17-HH, 20-HH, 25-HH	6-H#, 8-HH
Vater	
13-H#	26-H#

Hinweis: HH = Hamburger Familie (Mutter West, Vater West), H# = Hamburger Familie (Mutter Ost, Vater West)
Quelle: Eigene Datenerhebung

Tabelle 4.7 zeigt, dass in fünf der 22 Hamburger Familien die Mutter teilweise im Homeoffice erwerbstätig ist. In zwei der Hamburger Familie ist die Mutter vollständig von zuhause aus erwerbstätig. In einer der Hamburger Familien ist der Vater teilweise im Homeoffice erwerbstätig und in einer vollständig.

Schichtdienste

Für den Untersuchungsgegenstand der vorliegenden Arbeit ist auch die Analyse von Schichtdiensten von Bedeutung. Bei den Schichtdiensten handelt es sich um ein Beispiel, das Auskunft über die konkreten Arbeitszeitformen der Eltern gibt, wie die Dauer, die Lage, der Grad der Flexibilität sowie die Art der Flexibilität (selbst- oder fremdbestimmt). Im Gegensatz zu den Homeoffice-Tätigkeiten sind es im Sample dieser Arbeit ausschließlich Väter, die im Schichtdienst erwerbstätig sind.

Tabelle 4.8 Schichtdienste

Väter im Schichtdienst	
Hamburg	Dresden
2-HH, 4-HH, 8-HH, 11-HH	1-DD

Hinweis: HH = Hamburger Familie (Mutter West, Vater West),
DD = Dresdener Familie (Mutter Ost, Vater Ost)
Quelle: Eigene Datenerhebung

Tabelle 4.8 zeigt, dass in vier der Hamburger Familien der Vater im Schichtdienst erwerbstätig ist und in einer der Dresdener.

4.3.4.2 Ausfüllende Person/en und Interviewte

In den Mahlzeitentagebüchern wird die Bitte formuliert, dass derjenige Elternteil das Ausfüllen übernimmt, der eher für die Planung und Organisation sowie die Zubereitung der Mahlzeiten zuständig ist, da diese Person einen umfassenden Überblick hat und daher Informationen detailliert dokumentieren kann. Tabelle 4.9 zeigt, welcher Elternteil das Ausfüllen des Mahlzeitentagebuchs übernommen hat und mit welchem Elternteil das anschließende problemzentrierte Interview durchgeführt wurde.

Tabelle 4.9 Ausfüllende Person/en und Interviewte

Ansprechpersonen			
	Mutter	Vater	Gemeinsam
Ausfüllende Person/en Tagebuch			
HH	1-HH, 2-HH, 3-HH, 4-HH, 5-H#, 6-H#, 8-HH, 10-HH, 11-HH, 12-HH, 13-H#, 14-H#, 15-H#, 16-HH, 17-HH, 19-HH, 20-HH, 22-HH, 23-HH, 25-HH, 26-HH	27-HH	
DD	1-DD, 3-DD, 11-D#, 12-DD, 14-DD, 13-DD, 16-DD, 17-DD	2-DD, 8-DD	6-DD, 15-D#

(Fortsetzung)

Tabelle 4.9   (Fortsetzung)

Ansprechpersonen			
	Mutter	Vater	Gemeinsam
Interviewte			
HH	1-HH, 2-HH, 3-HH, 4-HH, 5-H#, 6-H#, 8-HH, 10-HH, 11-HH, 12-HH, 13-H#, 14-H#, 15-H#, 16-HH, 17-HH, 19-HH, 20-HH, 22-HH, 23-HH, 25-HH, 26-HH	27-HH	
DD	1-DD, 3-DD, 11-D#, 12-DD, 14-DD, 13-DD, 15-D#, 16-DD, 17-DD	2-DD, 8-DD	6-DD

Hinweis: HH = Hamburger Familie (Mutter West, Vater West), H# = Hamburger Familie (Mutter Ost, Vater West); DD = Dresdener Familie (Mutter Ost, Vater Ost), D# = Dresdener Familie (Mutter Ost, Vater West)
Quelle: Eigene Datenerhebung

In 29 der 34 Fällen wurde das Verhalten zur alltäglichen Mahlzeitengestaltung von den Müttern in den Tagebüchern dokumentiert, in drei Fällen von den Vätern (2-DD, 8-DD, 27-HH) und in zwei Fällen gemeinsam bzw. abwechselnd (6-DD, 15-D#). Mit der Ausnahme von Familie 15-D#, in der zwar das Tagebuch gemeinsam ausgefüllt wurde, das anschließende problemzentrierte Interview jedoch ausschließlich mit der Mutter stattfand, handelt es sich bei dem ausfüllenden Elternteil und dem/der Interviewten um dieselbe Person. Dies bedeutet zudem, dass eines der Interviews als Paarinterview stattgefunden hat (6-DD), sprich, beide Eltern an dem Interview teilgenommen haben.

4.3.5   Probleme bei der Datenerhebung

Bei der Datenerhebung ergab sich zum einen die Problematik, dass sich die Rekrutierung von Teilnehmenden zu Beginn der Datenerhebung als besonders schwierig erwies, weshalb die festgelegten Auswahlkriterien noch einmal überarbeitet wurden. Zum anderen wichen zuvor akquirierte Familien von den festgelegten Merkmalen ab. Darüber hinaus kam es im März 2020 zu den mit COVID-19 begründeten Kontaktbeschränkungen. Die drei genannten Themenstränge werden in den nachfolgenden Abschnitten dargelegt.

4.3.5.1 Überarbeitung der festgelegten Kriterien

Zu Beginn der Datenerhebungsphase wurde eines der festgelegten Auswahlkriterien überarbeitet und eine Anpassung in der Strategie der Datenerhebung vorgenommen. Beide Aspekte werden nachfolgend kurz dargelegt.

Anpassung der Altersspanne der Kinder
Zu Beginn der Rekrutierung von teilnehmenden Familien wurde eines der Auswahlkriterien angepasst. Hierbei handelt es sich um das letztlich angewendete Auswahlkriterium 4 „jüngstes Kind mindestens drei Jahre alt" (s. Tabelle 4.1). Ursprünglich sollte die Altersspanne der Kinder auf „zwei Kinder im Grundschulalter" begrenzt werden, um sicherzugehen, dass das Alter der Kinder zwischen den Familien möglichst wenig voneinander abweicht. Jedoch stellte sich die Rekrutierung von Teilnehmenden, die diesem Kriterium entsprachen, als besonders schwierig heraus, weshalb es korrigiert und die Altersspanne ausgedehnt wurde.

Befragtes Familienmitglied
Wie vorangehend ausführlich dargelegt, wurden sowohl das Ausfüllen des Mahlzeitentagebuchs als auch die Teilnahme am Interview von demjenigen Elternteil übernommen, der nach eigenen Angaben eher für die Planung und Organisation sowie die Zubereitung der Mahlzeiten zuständig ist (s. Abschnitt 4.3.4.2).

Zu Beginn war ein Vorgehen geplant, in dem in allen Familien die Mutter sowohl das Ausfüllen des Mahlzeitentagebuchs als auch die Teilnahme am Interview übernimmt, um die Vergleichbarkeit des Verhaltens zur alltäglichen Mahlzeitengestaltung zwischen den Familien zu vereinfachen. Von diesem Vorgehen wurde jedoch abgewichen, da der Einbezug der Perspektive der Väter bzw. die Befragung desjenigen Elternteils, der einen umfassenderen Überblick über die Planung, Organisation und Zubereitung der Mahlzeiten hat, eine detailliertere und umfangreichere Dokumentation des Verhaltens zu alltäglichen Mahlzeitengestaltung der Familie ermöglicht.

4.3.5.2 Abweichungen von den festgelegten Kriterien

Während der Datenerhebung zeigte sich, dass einige der zuvor akquirierten Familien nicht den festgelegten Kriterien entsprachen. Von diesen Familien wurde sowohl das Mahlzeitentagebuch als auch ein problemzentriertes Interview erhoben, die Daten jedoch nicht in die Auswertung einbezogen. Insgesamt wurden die Daten von 44 Familien erhoben, von 34 sind sie in die Analyse eingeflossen.

Familienform
Während der Übergabe der Mahlzeitentagebücher stellte sich in einigen Fällen heraus, dass die Teilnehmenden alleinerziehend waren, also nicht den festgelegten Merkmalen entsprachen.

Anzahl der Kinder
Ebenfalls erst bei der Übergabe der Mahlzeitentagebücher zeigte sich, dass in einigen Familien zwar zwei Kinder lebten, von denen das jüngste mindestens drei Jahre alt war, zu den Haushaltsmitgliedern jedoch noch weitere Kinder zählten. Da die Anzahl der Kinder beispielsweise die Zeitverwendung für die Mahlzeiten deutlich beeinflusst, wurden diese Familien aus der späteren Analyse ausgeschlossen.

Raumkategorie
Als weitere Schwierigkeit stellte sich heraus, dass Familien, deren Kinder eine Schule oder eine Kita im suburbanen Raum besuchen und auf diese Weise von meinem Projekt erfahren haben, trotzdem im städtischen Bereich wohnhaft sind. Ein Einbezug dieser Familien in die Analyse wäre problematisch gewesen, da verschiedene Studien darlegen, dass die jeweilige Raumkategorie Einfluss auf das Verhalten zur alltäglichen Mahlzeitengestaltung von Familien nimmt (s. Abschnitt 4.3.1.3).

Migrationshintergrund
Außerdem nahmen Familien an der Erhebung teil, in denen die Eltern oder ein Elternteil nicht in Deutschland, sondern in anderen europäischen und außereuropäischen Ländern geboren und aufgewachsen sind. Da kulturelle Prägungen in Bezug auf das Thema Mahlzeiten von Generation zu Generation weitergeben werden und sich die symbolische Bedeutung von Mahlzeiten, aber auch die jeweiligen Mahlzeitenrhythmen, von Land zu Land unterscheiden, wurden ausschließlich diejenigen Familien in die Analyse einbezogen, in denen beide Eltern in Deutschland geboren und aufgewachsen sind. Somit konzentriert sich das qualitative Sample ausschließlich auf Personen ohne Migrationshintergrund.

4.3.5.3 COVID-19 Pandemie
Aus der Darstellung in Tabelle 4.3 wird ersichtlich, dass die Anzahl der in Hamburg lebenden Familien größer ist als die Anzahl der in Dresden lebenden Familien. Dies liegt vor allem daran, dass ein Großteil der oben genannten

Familien, bei denen sich in der Phase der Datenerhebung herausstellte, dass sie aus verschiedenen Gründen nicht den festgelegten Merkmalen entsprechen, aus Dresden stammten und diese daher aus der Auswertung ausgeschlossen wurden. Da es bereits kurze Zeit nach der Datenerhebung, im März 2020, in Deutschland zu dem mit COVID-19 begründeten Lockdown kam und die Ausgangs- und Kontaktbeschränkungen, die den Alltag der Menschen stark beeinflussten, über mehrere Monate anhielten, fiel die Entscheidung, die aus dem Sample entfernten Familien nicht durch neue zu ersetzen. Müller et al. (2021) verdeutlichen, dass der Alltag der Menschen in Deutschland das gesamte Jahr 2020 und auch darüber hinaus durch die Corona-Maßnahmen beeinflusst wurde. Für die Datenerhebung der vorliegenden Arbeit ist besonders relevant, dass im März 2020 erste Schulen und Kitas schlossen. Insgesamt wurde das gesellschaftliche Leben Mitte März 2020 weitestgehend eingeschränkt, um die Ausbreitung von COVID-19 zu vermindern. Viele Menschen konnten auf Grund der strengen Ausgangs- und Kontaktbeschränkungen nicht mehr arbeiten oder arbeiteten vom Homeoffice aus (MDR 2020). In dieser Zeit unterlag der Familienalltag wesentlichen Veränderungen, da Erwerbsarbeit und Kinderbetreuung koordiniert werden mussten (Andresen et al. 2020). Ein wesentlicher Bestandteil des Alltags bestand aus hauswirtschaftlichen Tätigkeiten (Schäfer 2004, 250) sowie der Organisation des Essalltags (Bauer 2011, 17), der während der COVID-19 Pandemie häufig neu gestaltet werden musste, da Schulen und Kitas geschlossen waren und keine Verpflegung außer Haus stattfand. Verschiedene wissenschaftliche Beiträge diskutieren Veränderungen im Verhalten von Familien zur alltäglichen Mahlzeitengestaltung während der COVID-19 Pandemie: Während des Lockdowns würde wieder vermehrt zuhause gekocht und häufiger zusammen mit der (vollständigen) Familie gegessen (BMEL 2020). Begründet wird dies häufig mit mehr Zeit sowie den Homeoffice-Tätigkeiten der Eltern und dem Homeschooling der Kinder. Zudem würden vermehrt frische Lebensmittel und weniger Fertiggerichte verwendet (BMEL 2020). Insbesondere das Frühstück sei während des Lockdowns deutlich entspannter und ausgiebiger, da zumindest die Kinder die Möglichkeit haben, auszuschlafen (Noertemann 2020). Als negative Entwicklung wird diskutiert, dass die vorhandenen traditionellen Rollenzuweisungen zwischen Männern und Frauen durch den Lockdown verstärkt würden. So seien es die Frauen, die in dieser Zeit für die Kinder, Haushaltsaufgaben sowie das Essen und den Einkauf sorgen (Esselborn/Wolff 2020; Kohlrausch/Zucco 2020). Die Gleichberechtigung zwischen Männern und Frauen sei daher gefährdet (Lewis 2020). Die Ergebnisse zeigen, dass die COVID-19-Pandemie weitreichende Folgen für den Familienalltag und Veränderungen im Verhalten zur alltäglichen Mahlzeitengestaltung hervorbringt. Aus diesem Grund und da es sich bei dem mit COVID-19 begründeten Lockdown um eine Ausnahmesituation handelte, von der ein Großteil der Menschen in der Vergangenheit noch nicht betroffen gewesen war, wurde die Entscheidung getroffen, in dieser Phase keine weiteren Familien für dieses Forschungsprojekt zu akquirieren. Des Weiteren wäre es während der Pandemie nicht möglich gewesen, die Daten weiterhin in der zuvor ausgeführten Weise zu erheben. So wäre es nicht umsetzbar gewesen, die Mahlzeitentagebücher eigenhändig zu übergeben und auch die Interviews hätten nicht mehr persönlich stattfinden können. Diese unterschiedlichen Grundvoraussetzungen hätten eine Vergleichbarkeit der Familien stark verkompliziert und wären nicht zielführend gewesen.[24]

Zwar verteilen sich die Familien nicht gleichmäßig auf die Städte Hamburg und Dresden, jedoch zu fast gleichen Anteilen auf das Arrangement der Vereinbarkeitsfamilie mit männlichem Hauptversorger und das Arrangement der Doppelversorgerfamilie mit außerhäuslicher Kinderbetreuung, wie Tabelle 4.10 darlegt.

---

[24] Da es sich bei den durch COVID-19 bedingten Veränderungen im Verhalten zur alltäglichen Mahlzeitengestaltung von Familien dennoch um ein interessantes Forschungsfeld handelt, fiel die Entscheidung, die Familien, die bereits vor der Pandemie an der Erhebung teilgenommen hatten, ein weiteres Mal zu befragen. 23 der 34 Familien erklärten sich dazu bereit, erneut ein Ernährungstagebuch auszufüllen. In diesem zweiten Ernährungstagebuch wurde ergänzend nach der alltäglichen Lebensführung während des Lockdowns gefragt, nach der Betreuung der Kinder, beruflichen Veränderungen der Eltern, nach Veränderungen im Tagesablauf sowie in Bezug auf das gemeinsame Essen. Auch dieses zweite Ernährungstagebuch wurde über den Zeitraum von einer Woche ausgefüllt. Anders als bei der ersten Erhebungswelle wurde es diesmal auf Grund der strengen Kontaktbeschränkungen nicht persönlich, sondern per Post übermittelt. Die zweite Erhebungswelle wird an dieser Stelle der Vollständigkeit halber erwähnt, die Ergebnisse werden in dieser Arbeit jedoch nicht weitergehend dargestellt, da dies den Umfang dieser Arbeit bei Weitem übersteigen würde. Erste Ergebnisse wurden unter anderem im Rahmen des digitalen Kolloquiums „Soziologische Perspektiven auf die Corona-Krise" des WZB präsentiert. Siehe dazu: Pöhls (2020).

Tabelle 4.10 Verteilung der Familien auf die Arrangements

Verteilung der Familien auf die Arrangements

	Vereinbarkeitsfamilie	Doppelversorgerfamilie	Doppelversorger/-Doppelbetreuerfamilie
	Mutter Teilzeit, Vater Vollzeit	Beide Eltern Vollzeit(-nah)	Beide Eltern Teilzeit
Hamburg	3-HH (Clausen) 5-H# (Ebel) 8-HH (Hagenacker) 10-HH (Jochen) 11-HH (Krämer) 12-HH (Lippenberger) 13-H# (Mauermann) 14-H# (Neubert) 16-HH (Petermann) 17-HH (Quandt) 19-HH (Schipper) 20-HH (Trappmann) 22-HH (Voss) 25-HH (York) 26-HH (Zimmer)	1-HH (Ackermann) 2-HH (Bodenstein) 6-H# (Flemming) 15-H# (Otto) 23-HH (Wolf) 27-HH (Albrecht)	4-HH (Dambacher)
Dresden	12-DD (Löscher) 14-DD (Nohl) 17-DD (Quedlin)	1-DD (Anders) 2-DD (Boll) 3-DD (Carow) 6-DD (Fahrenhorst) 8-DD (Hempe) 13-DD (Möller) 16-DD (Pauls) 11-D# (Kaufmann) 15-D# (Olsen)	
Σ	18	15	1

Hinweis: Die Namen der Familien wurden vollständig anonymisiert; HH = Hamburger Familie (Mutter West, Vater West), H# = Hamburger Familie (Mutter Ost, Vater West); DD = Dresdener Familie (Mutter Ost, Vater Ost), D# = Dresdener Familie (Mutter Ost, Vater West)
Quelle: Eigene Datenerhebung

18 der 32 Familien des Samples können dem Arrangement der Vereinbarkeitsfamilie mit männlichem Hauptversorger zugeordnet werden, 15 der 32 Familien praktizieren das Arrangement der Doppelversorgerfamilie mit außerhäuslicher Kinderbetreuung. Eine Familie des Samples praktiziert das Arrangement der Doppelversorger/-Doppelbetreuerfamilie.

Hinzu kommt, dass es sich trotz der Entscheidung, die aus dem Sample entfernten Familien nicht durch neue zu ersetzen bzw. das Sample nicht weiter
auszudehnen, bei der Anzahl von 34 Familien um einen üblichen Umfang für die
Durchführung einer qualitativen Inhaltsanalyse handelt und um eine angemessene
Gesamtzahl zur Erschließung des Themenkomplexes bzw. zur Beantwortung der
zugrundeliegenden Forschungsfragen. Bedeutsam ist insgesamt, dass es sich um
einen qualitativen Forschungsansatz[25] handelt, bei dem die Herausarbeitung von
Handlungsmotiven im Zentrum steht (Small/Cook 2021). Small fasst es wie folgt
zusammen:

> *Generally, [qualitative] approaches call for logical rather than statistical inference, for
> case- rather than sample-based logic, for saturation rather than representation as the
> stated aims of research. The approaches produce more logically sensible hypotheses
> and more transparent types of empirical statements. (Small 2009, 28)*

Wichtiger als die Anzahl der Probanden ist für qualitative Studien, wer oder
was untersucht wird, da sich dadurch erste Grundlagen für unbekanntes Wissen
konstituieren lassen (Merkens 1997).

4.4   Operationalisierung der zentralen Dimensionen

Im Folgenden wird die Operationalisierung der zentralen Dimensionen dargestellt. Zunächst wird das Analyseverfahren der qualitativen Inhaltsanalyse
allgemein und anschließend explizit in Bezug auf die typenbildende qualitative
Inhaltsanalyse dargelegt. Mit Bezugnahme auf verschiedene Analysemöglichkeiten wird das Computerprogramm MAXQDA vorgestellt, das zur Auswertung
der Mahlzeitentagebücher sowie der problemzentrierten Interviews herangezogen wurde. In einer tabellarischen Darstellung wird abschließend das verwendete
Kategoriensystem veranschaulicht und werden dessen Codes erläutert.

4.4.1   Die qualitative Inhaltsanalyse

Zur Auswertung der erhobenen Daten wird die qualitative Inhaltsanalyse nach
Kuckartz (2016) herangezogen. Neben Kuckartz erläutern u. a. auch Mayring (2008, 2010), Mayring und Gläser-Zikuda (2008) sowie Schreier (2012)

---

[25] Siehe zur Begründung des qualitativen Forschungsansatzes auch Abschnitt 4.1.3 der vorliegenden Arbeit.

die Auswertungsverfahren der qualitativen Inhaltsanalyse ausführlich. Nähere Informationen zum Ursprung und zur Entwicklung des Verfahrens werden von Buchhaupt/Schallenkammer (2016, 167 f.), Diekmann (2018, 607), Krippendorff (2019), Kuckartz (2016, 13 ff.), Kuckartz (2018, 506 ff.), Titscher et al. (1998) sowie Merten (1983, 36) dargestellt.

Bei der qualitativen Inhaltsanalyse handelt es sich um ein kategorienbasiertes Analyseverfahren, in dem das theoriegeleitete oder am Material entwickelte Kategoriensystem zur Zusammenfassung und Strukturierung der Daten verwendet wird (Mayring 2010). Das Verfahren zeichnet sich durch die zentrale Stellung der Forschungsfrage während des gesamten Auswertungsprozesses aus (Kuckartz 2016, 45). Das Ablaufschema beginnt mit der Textarbeit, an die die Kategorienbildung und die Codierung der Daten anschließt. Das Kategoriensystem ist dabei als ein zentrales Instrument der qualitativen Inhaltsanalyse zu verstehen (Kruse 2015, 379), das gleichzeitig den Codierleitfaden darstellt. Die Kategorienbildung kann sowohl deduktiv, induktiv oder als Mischform erfolgen (Kuckartz 2010, 2016). In dieser Arbeit wird das Kategoriensystem (siehe Abschnitt 4.4.4) deduktiv-induktiv gebildet. Zunächst werden die Hauptkategorien deduktiv aus der Theorie, den Hypothesen und der Forschungsfrage abgeleitet, während anschließend aus dem Material induktiv gebildete Subkategorien ergänzt werden. Die relevanten Textabschnitte der Mahlzeitentagebücher und Interviewtranskripte werden codiert und den Kategorien zugewiesen. Hierbei ist ein systematisches Vorgehen von zentraler Bedeutung. Es handelt sich um eine methodisch kontrollierte Textauswertung nach festem und transparentem Analyseprozess, der zu einer intersubjektiven Nachvollziehbarkeit führt (Mayring 2008).

Gläser und Laudel (2004) fassen die Operationen der qualitativen Inhaltsanalyse in den folgenden Schritten zusammen: (1) theoretische Vorüberlegungen, (2) Vorbereitung der Extraktion, (3) Extraktion, (4) Aufbereitung und (5) Auswertung (Gläser und Laudel 2004, 197). Der Schritt der Extraktion wird von Kuckartz (2016) als Codieren bezeichnet, worunter er „das Analysieren, Benennen, Kategorisieren und theoretische Einordnen der Daten" (Kuckartz 2016, 35) begreift. Für die Fragestellungen irrelevante Textstellen bleiben uncodiert (Gläser/Laudel 2004, 193; Kuckartz 2016). Die qualitative Inhaltsanalyse schließt mit der Interpretation der Ergebnisse in Richtung der zentralen Forschungsfragen und einer Darstellung der Ergebnisse.

Mit dem Verfahren der qualitativen Inhaltsanalyse werden in den meisten Fällen Texte, wie qualitative Interviews, Fokusgruppen, Feldnotizen, Dokumente und vieles mehr analysiert (Kuckartz 2018, 511). Insgesamt sei das Verfahren jedoch nicht auf Textdokumente beschränkt, so dass auch Bild- und Videomaterialien mit Hilfe der qualitativen Inhaltsanalyse analysiert werden können (Kuckartz 2018,

511). Sowohl für die Auswertung der Tagebücher als auch für die Auswertung der daran anschließenden Interviews bietet das Analyseverfahren die idealen Voraussetzungen. Thanner (2014) legt eine ausführliche Begründung für die Eignung der qualitativen Inhaltsanalyse zur Auswertung von Tagebüchern dar: (1) Durch die systematische Textanalyse, welche die Oberflächenstruktur durchbreche, könne in die Tiefenstruktur der Tagebücher eingedrungen werden (Thanner 2014, 110); (2) durch die Zuordnung zu Kategorien und die Neuordnung des Textes (Rosenthal 2015, 230) werde die Erhebung einer *sozialen Wirklichkeit* ermöglicht (Thanner 2014, 110); und (3) die Loslösung der Textsegmente aus dem Originaltext biete einen Überblick und liefere Schlüsselinformationen (Thanner 2014, 110). Die qualitative Inhaltsanalyse eröffnet die Möglichkeit, qualitative Daten theorie- und regelgeleitet sowie methodisch kontrolliert auszuwerten. Auf diese Weise können die erhobenen Daten inhaltlich erschlossen und systematisch analysiert werden (Mayring 2010), Merkmale von Mitteilungen können nach intersubjektiv nachvollziehbaren Kriterien formal und inhaltlich erschlossen werden (Meier 2014, 357).

Des Weiteren bietet das Auswertungsverfahren die Möglichkeit, mehrere Analyseschritte miteinander zu verbinden (Mayring 2010). In Bezug auf diese Arbeit handelt es sich hierbei um einen besonderen Vorteil, da zur Beantwortung der zentralen Fragestellungen eine Kombination verschiedener qualitativer Methoden herangezogen wird.

4.4.2 Qualitative Typenbildung

Kuckartz (2016) unterscheidet zwischen (1) der inhaltlich strukturierenden, (2) der evaluativen[26] und (3) der typenbildenden qualitativen Inhaltsanalyse. Die Arbeit stützt sich auf die typenbildende qualitative Inhaltsanalyse, die auf einer inhaltlich strukturierenden Inhaltsanalyse aufbaut (Kuckartz 2016, 143). Zunächst wird das Interviewmaterial, wie beschrieben, codiert, um anschließend eine Typenbildung durchführen zu können. Der generelle Ablauf empirischer Typenbildung erfolgt in fünf Phasen. Anknüpfend an die Forschungsfrage wird in der ersten Phase der Merkmalsraum bestimmt, der der Typenbildung zugrunde liegt. Zentral ist, dass Typologien auf mehreren Merkmalen fußen, die gemeinsam

---

[26] Die evaluative qualitative Inhaltsanalyse wird an dieser Stelle der Vollständigkeit halber erwähnt. Detailliertere Informationen zu dieser Form der Inhaltsanalyse finden sich in: Kuckartz (2016, 123 ff.).

den Merkmalsraum bilden (Kuckartz 2016, 146 f.). Hierfür werden entweder festgelegte oder empirisch begründete Merkmalsdimensionen herangezogen (Kruse 2015, 621). In der vorliegenden Arbeit bildet das Verhalten zur alltäglichen Mahlzeitengestaltung von Familien den zentralen Merkmalsraum (deduktiv), der sich aus den fünf festgelegten Dimensionen Stattfinden, Anwesende, zeitlicher Umfang, Ablauf und Zuständigkeiten zusammensetzt und der im Zuge der Analyse mit Merkmalen aus dem Material heraus (induktiv) ergänzt wird.

In der zweiten Phase wird die Typologie konstruiert, in der die einzelnen Fälle gruppiert werden (Kuckartz 2016, 147). Diese Konstruktion kann auf Grundlage verschiedener Verfahren vollzogen werden: (1) durch die Bildung merkmalshomogener Typen (monothetisch)[27], (2) durch Reduktion[28] und (3) durch die Bildung merkmalsheterogener Typen (polythetisch). Letztgenanntes Verfahren findet in der vorliegenden Arbeit Anwendung. Während die ersten beiden Verfahren auch als *künstlich* bezeichnet werden und ohne direkte Bezugnahme auf die Empirie gebildet werden können, werden polythetische Typen *natürlich*, d. h. aus dem empirischen Material konstruiert Kuckartz 2016, 150). Die Daten werden nach einem Mini-Max-Prinzip zu Typen aufbereitet, indem die Merkmale eines Typus nach innen eine minimale Unterschiedlichkeit und nach außen eine maximale Unterschiedlichkeit der Merkmalsdimensionen aufweisen (Kruse 2015, 621; Tippelt 2018, 212). Demnach sind die Familien, die den Typen zugeordnet werden, nicht völlig identisch, aber einander besonders ähnlich (Kuckartz 2016, 151).

In der dritten Phase werden die gebildeten Typen detailliert beschrieben, um in Phase 4 die einzelnen Fälle (hier Familien) der Typologie zuzuordnen (Kuckartz 2016, 147). Abschließend (Phase 5) wird eine Zusammenhangsanalyse durchgeführt, in der zum einen die Charakteristika der einzelnen Typen aufgezeigt werden und zum anderen die Zusammenhänge zwischen der Typologie und sekundären Variablen dargestellt werden (Kuckartz 2016, 147 f.).

Insgesamt geht es weniger darum, die genaue Fallstruktur jedes einzelnen Interviews zu erfassen, sondern darum, die analysierten Fälle zu Typologien zu verdichten (Kruse 2015, 620). Die Ziele der Typenbildung bestehen zum einen in der Erkenntnis gesellschaftlicher Realität durch Strukturierung und Ordnung (Gruppierungseffekt) (Kluge 1999, 43) und zum anderen in der Rekonstruktion und Analyse inhaltlicher Sinnzusammenhänge (heuristische Funktion) (Kluge 1999, 43). Anders ausgedrückt sollen *Sinn* und *Bedeutung* verschiedener Merkmalskombinationen (Kelle/Kluge 2010, 90 f.) erfasst werden. Typologien seien

---

[27] Siehe dazu: Kuckartz (2016, 148); Preisendörfer (1999, 94ff.).

[28] Siehe dazu: Kuckartz (2016, 149); Lazarsfeld (1972).

am ehesten im Stande, „heterogene Gegenstände und differenzierte Handlungsmuster angemessen zu identifizieren und zu strukturieren" (Kull/Riedmüller 2007,
28).

4.4.3   Computergestützte Analyse mit MAXQDA

Zur Analyse qualitativer Daten werden heute nahezu standardmäßig QDA-
Programme eingesetzt (Kuckartz 2016, 163). Insgesamt lässt sich QDA-Software
für viele verschiedene methodische Ansätze einsetzen (Kelle 1995; Fielding/
Lee 1998; Kelle 2007; Kuckartz et al. 2007; Lewins/Silver 2009; Kruse 2015;
Diekmann 2018) und bietet auch für das Analyseverfahren der qualitativen
Inhaltsanalyse viele Optionen. Die qualitative Inhaltsanalyse der vorliegenden
Daten erfolgte mit Hilfe des Computerprogramms MAXQDA[29]. Dem Import
der Daten in das QDA-Programm gehen die Transkription und die Formatie-
rung der Daten voraus. In der vorliegenden Arbeit bezieht sich dies auf die
Mahlzeitentagebücher, die Interviews und die Feldnotizen. Da die Mahlzeitentagebücher von den Teilnehmenden händisch ausgefüllt und auch die Feldnotizen
per Hand festgehalten wurden, mussten diese zunächst digitalisiert bzw. transkri-
biert werden. Auch die Tonaufnahmen der Interviews wurden, unter Einhaltung
von Transkriptionsregeln[30] (Claussen et al. 2020), verschriftlicht und in das
QDA-Programm eingefügt. MAXQDA unterstützt eine methodisch kontrollierte
Auswertung und ermöglicht eine deduktive sowie auch eine induktive Codierung der Texte. Das Programm bietet die Möglichkeit, Häufigkeitsverteilungen
zu berechnen und Codierungen einer Kategorie gesondert zu betrachten oder
vergleichend gegenüberzustellen (Kuckartz 2010).

   In der vorliegenden Arbeit wurde zunächst das Codesystem in MAXQDA ein-
gegeben, das dem Kategoriensystem entspricht, dessen Erstellung im folgenden
Abschnitt 4.4.4 beschrieben wird. Anschließend wurden diesem System die einzelnen Textstellen zugewiesen und gleichzeitig weitere Subkategorien aus dem
Material gebildet.

   Nach der Codierung des Materials in MAXQDA besteht die Möglichkeit,
die Codierungen in verschiedenen Kombinationen anzeigen zu lassen, zu sortieren und Häufigkeiten berechnen zu lassen. Eine detaillierte Darstellung der
Analysemöglichkeiten mit Hilfe einer QDA-Software findet sich in Kuckartz

---

[29] MAXQDA 2020, VERBI Software GmbH.

[30] Die Transkriptionsregeln werden im Anhang dieser Arbeit im elektronischen Zusatzmaterial dargestellt.

(2010), Jackson und Bazeley (2019), Friese (2019), Lewins und Silver (2009), Fisher (2017), Gibbs (2018), Rädiker und Kuckartz (2019), Kuckartz und Rädiker (2020).[31]

4.4.4 Das Kategoriensystem

Für qualitative Untersuchungen sind sowohl ein systematischer und transparenter Analyseprozess als auch eine intersubjektive Überprüfbarkeit von zentraler Bedeutung (Meier 2014, 358). Deshalb wird das regelgeleitete Zerlegen des Materials in Analyseeinheiten (Mayring 2008) anhand des konzipierten Kategoriensystems dargelegt.

Das in dieser Arbeit verwendete Kategoriensystem, das deduktiv-induktiv (Kuckartz 2010) gebildet wurde, wird in den folgenden Abschnitten aufgeschlüsselt. Es gliedert sich entlang von fünf Hauptkategorien, die deduktiv aus der Theorie, den Hypothesen und den Forschungsfragen abgeleitet wurden: (1) Wochenverlauf, (2) Ablauf, (3) Organisation, (4) kulturelle Werte und Leitbilder sowie (5) Konflikt und Konsens. Auf die einzelnen Hauptkategorien wird nachfolgend im Einzelnen eingegangen, wobei die Subkategorien, die sowohl deduktiv als auch induktiv gebildet wurden (Kuckartz 2010), ebenfalls dargestellt werden.[32]

4.4.4.1 Hauptkategorie 1: Wochenverlauf

Die erste Hauptkategorie *Wochenverlauf* (siehe dazu Tabelle 4.11) orientiert sich hauptsächlich am Aufbau und an der Struktur der Mahlzeitentagebücher[33]. Ziel ist es, anhand der Gliederung des Datenmaterials zunächst einen Überblick über das Verhalten zur alltäglichen Mahlzeitengestaltung der einzelnen Familien zu erhalten und alltägliche Muster, Strukturen und Abläufe zu identifizieren. Die in Tabelle 4.12 aufgelisteten Subkategorien 2 und 3 wurden jeweils für die Mahlzeiten Frühstück, Mittag- und Abendessen erstellt, um Unterschiede in den Dimensionen *Stattfinden* und *Anwesende, Zuständigkeit* und *zeitlicher Umfang* bestmöglich ausarbeiten zu können. Auch die Orte des Essens sind von

---

[31] Darüber hinaus wird die computergestützte Auswertung qualitativer Daten von Ezzy (2002) und Früh (2015) dargestellt.

[32] Aus Gründen der Übersichtlichkeit ist die Darstellung des Kategoriensystems auf die jeweilige Hauptkategorie sowie die zugehörigen Subkategorien bis zur dritten Ebene (Subkategorie 3) beschränkt.

[33] Siehe zur Ausgestaltung der Mahlzeitentagebücher Abschnitt 4.1.1.

Bedeutung, wie auch ein erster Überblick über die Lebensmittelwahl der Familien[34]. Die Anmerkungen der Familien in den Mahlzeitentagebüchern wurden der jeweiligen Kategorie (Subkategorie 2) zugeordnet. Die gezielte Analyse des *Wochenverlaufs* der Familien ermöglicht zudem die Ausarbeitung von Differenzen an einzelnen Wochentagen, somit auch zwischen den Tagen unter der Woche sowie dem Wochenende.

Tabelle 4.11 Hauptkategorie Wochenverlauf (hpts. Mahlzeitentagebuch)

Hauptkategorie 1: Wochenverlauf		
Subkategorie 1 (deduktiv)	Subkategorie 2 (deduktiv)	Subkategorie 3 (deduktiv)
Frühstück/Mittag-/ Abendessen	Stattfinden	Gemeinsam
		Nicht gemeinsam
		Anmerkungen
	Anwesende	Vollständige Familie
		Abwesende Person/en
		Anmerkungen
	Zubereitung	Zuständige Person/en
		Weitere Anmerkungen
	Lebensmittel	Warme Speisen
		Kalte Speisen
		Fertiggerichte/Fast Food
		Frisch Gekochtes
		Sonstiges
		Anmerkungen
	Ort des Essens	Am Tisch
		Im Stehen
		Vor dem Fernseher
		Unterwegs
		Im Restaurant
		Arbeit/Schule/Kita
		Anmerkungen

(Fortsetzung)

---

[34] Die Lebensmittelwahl wird im Detail in der Hauptkategorie 4: Kulturelle Werte und Leitbilder analysiert.

Tabelle 4.11 (Fortsetzung)

Hauptkategorie 1: Wochenverlauf		
Subkategorie 1 (deduktiv)	Subkategorie 2 (deduktiv)	Subkategorie 3 (deduktiv)
	Zeitlicher Umfang	Zubereitung
		Essen
		Anmerkungen
	Unterschiede Wochenende	Unterschiede Samstag und Sonntag

Quelle: Eigene Darstellung

Tabelle 4.11 zeigt zudem, dass die Subkategorien 1, 2 und 3 deduktiv gebildet wurden. Dies liegt daran, dass sich die Kategorien direkt am Aufbau der Mahlzeitentagebücher orientieren. Die unter Subkategorie 3 gelisteten Kategorien *Anmerkungen* wurden im nächsten Schritt in weitere Subkategorien unterteilt, die induktiv gebildet wurden.

4.4.4.2 Hauptkategorie 2: Ablauf

Die zweite Hauptkategorie *Ablauf* (siehe dazu Tabelle 4.12) dient insbesondere der Analyse der gleichnamigen Dimension, wobei der Verlauf der Mahlzeiten im Zentrum steht. Es geht um das Identifizieren und Analysieren von Routinen und Ritualen, Regeln und deren Handhabung sowie um Tischgespräche und Themen der Kommunikation. Diese Aspekte sind in Tabelle 4.12 jeweils unter der Subkategorie 2 gelistet. Für die Untersuchungen sind die Daten der Mahlzeitentagebücher sowie der Interviews gleichermaßen von Bedeutung, wobei sich die Subkategorien *entspannt* und *stressig*, ebenfalls Subkategorie 2, insbesondere auf die Angaben in den Mahlzeitentagebüchern stützen[35].

---

[35] Hier hat die ausfüllende Person den Verlauf jeder einzelnen Mahlzeit bewertet und diese Bewertung zusätzlich schriftlich erläutert.

Tabelle 4.12   Hauptkategorie Ablauf

Hauptkategorie 2: Ablauf		
Subkategorie 1 (deduktiv)	Subkategorie 2 (deduktiv)	Subkategorie 3 (induktiv)
Mahlzeitenverlauf	Routinen/Rituale	Sitzordnung
		Essenszeiten
		Guten Appetit
		Tischspruch
		Tischgebet
	Regeln	Sitzen bleiben
		Etikette und Manieren
		Gemeinsam beginnen
		Probieren
		Lebensmittelregeln
		Auffüllen
		Essen am Tisch
		Kommunikationsregeln
		Nicht spielen
		Keine elektronischen Medien
	Handhabung von Regeln	Laissez-faire
		Leger
		Streng
	Tischgespräche/ Kommunikationsthemen	Tagesaktuelle Erlebnisse
		Organisatorisches
		Essensplanung
		Politik und Gesellschaft
	Entspannt	Viel Zeit
		Gute Laune/Stimmung
	Stressig	Zeitdruck
		Streit
		Müdigkeit

Quelle: Eigene Darstellung

Aus Tabelle 4.12 geht zudem hervor, dass die Subkategorien 1 und 2 deduktiv gebildet wurden. Hingegen handelt es sich bei den Subkategorien 3 um induktiv gebildete Kategorien. Bezogen auf die Subkategorie 2 *Routinen und Rituale* wurden die Subkategorien 3 *Sitzordnung, Essenszeiten, Guten Appetit, Tischspruch* und *Tischgebet* gebildet. Aus der Subkategorie 2 *Regeln* sind die Subkategorien 3 *Sitzen bleiben, Etikette und Manieren, Gemeinsam beginnen, Probieren, Lebensmittelregeln, Auffüllen, Essen am Tisch, Kommunikationsregeln, Nicht spielen* und *Keine elektronischen Medien* hervorgegangen. Anknüpfend an die Subkategorie 2 *Handhabung von Regeln* wurden die Subkategorien 3 *Laissez-faire, Leger* und *Streng* gebildet. Die Subkategorie 2 *Entspannt* untergliedert sich in die Subkategorien 3 *Viel Zeit* und *Gute Laune/Stimmung*. Aus der Subkategorie 2 *Stressig* sind die Subkategorien 3 *Zeitdruck, Streit* und *Müdigkeit* hervorgegangen.

4.4.4.3   Hauptkategorie 3: Organisation

Die dritte Hauptkategorie konzentriert sich auf die *Organisation* der familiären Mahlzeiten (siehe dazu Tabelle 4.13). Hierbei ist die Dimension der *Zuständigkeit*, betreffend den Lebensmitteleinkauf, die Vor-, Zu- und Nachbereitung der Mahlzeiten sowie die allgemeine Arbeitsteilung in der Familie, von übergeordneter Bedeutung. Diese Aspekte sind in Tabelle 4.13 jeweils unter der Subkategorie 2 aufgeführt.

Tabelle 4.13   Hauptkategorie Organisation

Hauptkategorie 3: Organisation		
Subkategorie 1 (deduktiv)	Subkategorie 2 (deduktiv)	Subkategorie 3 (induktiv)
Zuständigkeiten	Einkauf	Planung
		Orte
		Häufigkeit
		Vorratshaltung
	Vor- und Zubereitung	Aufdecken
		Kochen
		Backen
	Nachbereitung	Abräumen

(Fortsetzung)

Tabelle 4.13   (Fortsetzung)

Hauptkategorie 3: Organisation		
Subkategorie 1 (deduktiv)	Subkategorie 2 (deduktiv)	Subkategorie 3 (induktiv)
		Aufräumen
	Allgemeine Arbeitsteilung/ Geschlechter-Arrangements	Haushalt
		Erwerbsarbeit
		Nachmittagsaktivitäten

Quelle: Eigene Darstellung

   Während die Subkategorien 1 und 2 deduktiv gebildet wurden, wurde die Sub-kategorie 3 induktiv gebildet. Bezogen auf die Subkategorie 2 *Einkauf* handelt es sich bei den Subkategorien 3 um *Planung, Orte, Häufigkeit* und *Vorrats-haltung*. Zur Subkategorie 2 *Vor- und Zubereitung* wurden aus dem Material außerdem die Subkategorien 3 *Aufdecken, Kochen* und *Backen* gebildet. Aus der Subkategorie 2 *Nachbereitung* gingen die Subkategorien 3 *Abräumen* und *Aufräumen* hervor. Die Subkategorie 2 *Allgemeine Arbeitsteilung/Geschlechter-Arrangements* untergliedert sich in die Subkategorien 3 *Haushalt, Erwerbsarbeit, Nachmittagsaktivitäten*.

4.4.4.4 Hauptkategorie 4: Kulturelle Werte und Leitbilder

Die vierte Hauptkategorie *Kulturelle Werte und Leitbilder* (siehe dazu Tabelle 4.14) fasst die relevanten Textabschnitte zur Kindheit der Eltern, zur Bedeutung der gemeinsamen Familienmahlzeiten und zur Lebensmittelwahl der Familien zusammen (alle Subkategorie 1). In Bezug auf die Subkategorie 1 *Eigene Kindheit (Eltern)* wird analysiert, welche Aspekte aus der Kindheit, insbesondere das Verhalten zur alltäglichen Mahlzeitengestaltung betreffend, für die eigene Familie übernommen wurden und welche Unterschiede beste-hen. In Tabelle 4.14 werden diese beiden Aspekte als die Subkategorien 2 *Unterschiedlich* und *Übernommen* aufgeführt. Der Subkategorie 1 *Bedeutung der Mahlzeiten* werden Textabschnitte zugeordnet, in denen die Bedeutung der gemeinsamen Familienmahlzeiten für die Interviewten sowie deren Partner:innen besprochen werden. Die Schilderungen der Befragten bezüglich der Subkate-gorie 1 *Lebensmittelwahl* lassen sich insgesamt 5 induktiven Subkategorien 2 zuordnen: *Gesundheitsaspekte, Umweltaspekte, Tierische Produkte, Geschmack, Abwechslungsreich*.

Tabelle 4.14   Hauptka:egorie Kulturelle Werte und Leitbilder

Hauptkategorie 4: Kulturelle Werte und Leitbilder

Subkategorie 1 (deduktiv)	Subkategorie 2 (deduktiv)	Subkategorie 3 (induktiv)
Eigene Kindheit (Eltern)	Unterschiedlich	Regeln und Rituale
		Umgang mit Lebensmitteln
		Intensive Familienzeit
		Anzahl gemeinsame Mahlzeiten
		Einbezug der Kinder
		Restaurantbesuche
		Rollenteilung der Eltern
	Übernommen	Lebensmittelwahl, Zubereitung
		Familiäre Mahlzeiten
		Struktur und Organisation
		Regeln
		Einbezug der Kinder
		Rollenteilung der Eltern
Bedeutung der Mahlzeiten	Für Interviewte/n und Partner/in	Austauschplattform
		Gemeinsame Zeit
Subkategorie 1 (deduktiv)	Subkategorie 2 (induktiv)	Subkategorie 3 (induktiv)
Lebensmittelwahl	Gesundheitsaspekte	Obst und/oder Gemüse
		Frische Lebensmittel
		Unverträglichkeiten/ Krankheiten
	Umweltaspekte	Saisonal/Regional
		Plastik vermeiden
		Palmöl vermeiden
		Lebensmittelverschwendung
	Tierische Produkte	Fleischverzehr
		Veganismus/Vegetarismus

(Fortsetzung)

Tabelle 4.14   (Fortsetzung)

Hauptkategorie 4: Kulturelle Werte und Leitbilder		
Subkategorie 1 (deduktiv)	Subkategorie 2 (deduktiv)	Subkategorie 3 (induktiv)
	Geschmack	„Kindergerichte"
	Abwechslungsreich	Neue Rezepte

Quelle: Eigene Darstellung

Tabelle 4.14 gibt zudem einen Überblick über die Subkategorien 3, die induktiv gebildet wurden. In Bezug auf die Unterschiede (Subkategorie 2 *Unterschiedlich*) im Verhalten zur alltäglichen Mahlzeitengestaltung zwischen der Kindheit der Eltern und der gegenwärtigen Situation handelt es sich bei diesen Subkategorien 3 um *Regeln und Rituale*, den *Umgang mit Lebensmitteln*, eine *intensive Familienzeit*, die *Anzahl gemeinsamer Mahlzeiten*, den *Einbezug der Kinder*, *Restaurantbesuche* und die *Rollenteilung der Eltern*. In Bezug auf die Gemeinsamkeiten (Subkategorie 2 *Übernommen*) im Verhalten zur alltäglichen Mahlzeitengestaltung zwischen der Kindheit der Eltern und der gegenwärtigen Situation handelt es sich bei diesen Subkategorien 3 um die *Lebensmittelwahl*, die *Zubereitung*, das Stattfinden *familiärer Mahlzeiten*, die *Struktur und Organisation*, *Regeln*, den *Einbezug der Kinder* und die *Rollenteilung der Eltern*. Aus der Subkategorie 2 Bedeutung *für Interviewte/n und Partner/in* sind die Subkategorien 3 *Austauschplattform* und *gemeinsame Zeit* hervorgegangen.

In der Subkategorie 2 *Gesundheitsaspekte* wurden aus dem Material die Subkategorien 3 *Obst und/oder Gemüse, frische Lebensmittel* und *Unverträglichkeiten/Krankheiten* gebildet. Bezogen auf die Subkategorie 2 *Umweltaspekte* handelt es sich bei den Subkategorien 3 um *Saisonal/Regional*, *Plastik vermeiden*, *Palmöl vermeiden* und *Lebensmittelverschwendung*. Die Subkategorie 2 *Tierische Produkte* wird in die Subkategorien 3 *Fleischverzehr* sowie *Veganismus/Vegetarismus* untergliedert. In Bezug auf die Subkategorie 2 *Geschmack* spielt vor allem das Thema *Kindergerichte* (Subkategorie 3) eine bedeutende Rolle, in Bezug auf die Subkategorie 2 *Abwechslungsreich* vor allem das Thema *Neue Rezepte* (Subkategorie 3).

4.4.4.5   Hauptkategorie 5: Konflikt und Konsens

Ziel der fünften Hauptkategorie ist in der Hauptsache die Analyse der Fragestellungen 2. Diese Fragestellungen sind:

2a. Inwiefern besteht bezüglich des Verhaltens zur alltäglichen Mahlzeitengestaltung Konflikthaftigkeit innerhalb der Familie?

2b. Welchen Beitrag leisten kulturelle Ideen zur Erklärung von Konflikthaftigkeit im Verhalten von Familien zur alltäglichen Mahlzeitengestaltung?

2c. Welchen Beitrag leisten konkrete Erwerbsarbeits- und Betreuungsarrangements der Eltern zur Erklärung von Konflikthaftigkeit im Verhalten von Familien zur alltäglichen Mahlzeitengestaltung?

Die Hauptkategorie *Konflikt und Konsens* (siehe Tabelle 4.15) gliedert sich entlang der deduktiv gebildeten Subkategorien 1: *Essenskonflikte, Änderungs- und Verbesserungswünsche, Konfliktlösungen* sowie *Konsens*. Das bedeutet, dass neben einer Herausarbeitung der Konflikte auch deren Lösungen und (familiärer) Konsens bezüglich der Ausgestaltung des Verhaltens zur alltäglichen Mahlzeitengestaltung der Familien berücksichtigt werden.

Tabelle 4.15 gibt zudem einen Überblick über die induktiven Subkategorien 2 und 3. Die Subkategorie 1 *Essenskonflikte* untergliedert sich in die Subkategorien 2 *Lebensmittelkonflikte, Missachtung von Regeln, Streit (der Kinder), äußere Einflussfaktoren, Meinungsverschiedenheiten der Eltern, Meinungsverschiedenheiten Eltern und Großeltern, Müdigkeit und Erschöpfung*. Aus der Subkategorie 1 *Änderungs- und Verbesserungswünsche* gehen die Subkategorien 2 *Zeitlicher Rahmen/Timing, Lebensmittelwahl, Unterstützung (durch Kinder), Anwesenheit aller, Tischmanieren, Entspannter Ablauf* und *Häufiger kochen* hervor. Bezogen auf die Subkategorie 1 *Konfliktlösungen* handelt es sich bei den Subkategorien 2 um *Kompromisse, Diskussionen* und *Konsequenzen*. In der Subkategorie 1 *Zufriedenheit/Konsens* wurden die Subkategorien 2 *Gemeinsame Mahlzeiten, Wochenende, Abläufe, Tischmanieren* und *Lebensmittelwahl* gebildet.

Tabelle 4.15 Hauptkategorie Konflikthaftigkeit

Hauptkategorie 5: Konflikt und Konsens		
Subkategorie 1 (deduktiv)	Subkategorie 2 (induktiv)	Subkategorie 3 (induktiv)
Essenskonflikte	Lebensmittelkonflikte	Kritik am Essen
		Auswahl des Essens
	Missachtung von Regeln	Rumgehampel und Aufstehen
		Fehlende Tischmanieren

(Fortsetzung)

Tabelle 4.15   (Fortsetzung)

Hauptkategorie 5: Konflikt und Konsens		
Subkategorie 1 (deduktiv)	Subkategorie 2 (induktiv)	Subkategorie 3 (induktiv)
		Kommunikation
	Streit (der Kinder)	Futterneid/Fressneid
		Geschrei und Drama
	Äußere Einflussfaktoren	Zeitdruck
		Telefon; Türklingel; Fernseher
		Haustiere
	Meinungsverschiedenheiten der Eltern	Tischregeln
		Lebensmittelwahl und Zubereitung
	Meinungsverschiedenheiten Eltern und Großeltern	
	Müdigkeit und Erschöpfung	Der Kinder
		Der Eltern
Änderungs- und Verbesserungswünsche	Zeitlicher Rahmen/Timing	
	Lebensmittelwahl	
	Unterstützung (durch Kinder)	
	Anwesenheit aller	
	Tischmanieren	
	Entspannter Ablauf	
	Häufiger kochen	
Konfliktlösungen	Kompromisse	
	Diskussionen	
	Konsequenzen	
Zufriedenheit/Konsens	Gemeinsame Mahlzeiten	
	Wochenende	
	Abläufe	
	Tischmanieren	
	Lebensmittelwahl	

Quelle: Eigene Darstellung

Die Subkategorie 2 *Lebensmittelkonflikte* untergliedert sich wiederum in die Subkategorien 3 *Kritik am Essen* und *Auswahl des Essens*, die Subkategorie 2 *Missachtung von Regeln* in die Subkategorien 3 *Rumgehampel und Aufstehen* sowie *fehlende Tischmanieren*. Die Subkategorie 2 *Streit (der Kinder)* wird unterteilt in die Subkategorien 3 *Futterneid/Fressneid* sowie *Geschrei und Drama*. Bezogen auf die Subkategorie 2 *Äußere Einflussfaktoren* handelt es sich bei den Subkategorien 3 um *Zeitdruck, Telefon; Türklingel; Fernseher* und *Haustiere*. Die Subkategorie 2 *Meinungsverschiedenheiten der Eltern* enthält die Subkategorien 3 *Tischregeln* sowie *Lebensmittelwahl und Zubereitung*. Die Subkategorie 2 *Müdigkeit und Erschöpfung* bezieht sich sowohl auf die Situation der *Kinder* als auch auf die der *Eltern* (Subkategorien 3).

Insgesamt leiten sich die fünf dargestellten Hauptkategorien aus den zentralen Fragestellungen und den damit verknüpften zentralen Dimensionen der alltäglichen Mahlzeitengestaltung ab, die bereits zuvor für die Erstellung der Mahlzeitentagebücher sowie des Interviewleitfadens maßgebend waren. Insbesondere die Gliederung und die Struktur des Kategoriensystems orientieren sich am Aufbau der Mahlzeitentagebücher und des Interviewleitfadens. Gleichermaßen spielen das im theoretischen Rahmen dieser Arbeit verankerte Erklärungsmodell und die daraus abgeleiteten forschungsleitenden Annahmen (s. Abschnitt 3.3 und 3.4) eine bedeutende Rolle in der Erstellung des Kategoriensystems.

4.5 Reflexion der Grenzen des methodologischen Ansatzes

Im vorliegenden Unterkapitel werden die Grenzen des zuvor ausführlich dargestellten methodologischen Ansatzes selbstkritisch reflektiert. Hierbei werden zunächst die Grenzen der ausgewählten qualitativen Methoden, des Tagebuchverfahrens sowie der problemzentrierten Interviews, diskutiert (Abschnitt 4.5.1). Anschließend werden sowohl die Grenzen des Samplingverfahrens (Abschnitt 4.5.2) als auch des Analyseverfahrens (Abschnitt 4.5.3) dargelegt.[36]

---

[36] In diesem Zusammenhang sind auch die vorangehend diskutierten Probleme bei der Datenerhebung von Bedeutung. Siehe dazu: Abschnitt 4.3.5.

4.5.1   Grenzen der ausgewählten Methoden

Nachfolgend werden zunächst die Grenzen des Tagebuchverfahrens reflektiert, anschließend die Grenzen problemzentrierter Interviews. Hierbei wird deutlich, dass den Schwierigkeiten beider Methoden, zumindest in Teilen, durch die Kombination der beiden qualitativen Verfahren entgegengewirkt werden kann. Das Unterkapitel mündet in einer Reflexion dazu, dass sich die Datenanalyse der vorliegenden Arbeit auf die Perspektive eines Familienmitglieds beschränkt.

4.5.1.1   Grenzen des Tagebuchverfahrens

Das Tagebuchverfahren ist insgesamt mit einem hohen Ressourcenaufwand verbunden. In der vorliegenden Studie liegt das auch darin begründet, dass die Mahlzeitentagebücher von mir persönlich übergeben und wieder abgeholt wurden, u. a. um hohen Ausfallquoten bei weniger engagierten Teilnehmenden entgegenzuwirken. Neben der persönlichen Instruktion ist von Bedeutung, dass die Mahlzeitentagebücher von den Teilnehmenden handschriftlich ausgefüllt wurden. Dieses Verfahren ist für die Teilnehmenden einfach und barrierearm, stellt für mich als Forschende jedoch einen hohen Ressourcenaufwand dar, da alle Daten im Nachhinein digitalisiert werden mussten.

Zu bedenken sind zudem die Effekte der Reaktanz und der sozialen Erwünschtheit (Bolger et al. 2003). Zwar kann auch in der vorliegenden Arbeit nicht vollständig ausgeschlossen werden, dass die Teilnehmenden in ihrer Dokumentation bedeutsame Informationen auslassen oder Daten verfälschen, jedoch wurde versucht, diesen Effekten durch die detaillierten und sorgfältigen Instruktionen entgegenzuwirken.

Während der persönlichen Instruktion und zusätzlich in der schriftlichen Anleitung zum Ausfüllen der Mahlzeitentagebücher wurden die Teilnehmenden darum gebeten, die Einträge jeweils spätestens am Ende des jeweiligen Tages vorzunehmen. Aus der Perspektive der Forschenden lässt sich jedoch nicht kontrollieren, ob die Dokumentationen tatsächlich immer direkt im Anschluss an einen Tag oder nachträglich stattfanden. In den Fällen, in denen die Einträge nachträglich erfolgten, könnten sich durch die eingenommene Retrospektive Ungenauigkeiten und Unschärfen einschleichen, da sich die Teilnehmenden zum Beispiel nicht mehr genau erinnern können.

Zu bedenken ist darüber hinaus, dass die Mahlzeitentagebücher lediglich einen Ausschnitt aus dem Mahlzeitenalltag der Familien abbilden, hier den Zeitraum von einer Woche, und dass die Daten Grenzen aufweisen, die sich dem Bias für die Bereitschaft, an einer Tagebuchstudie teilzunehmen, verdanken (Reinsch et al.

1999, 64). Dieser Bias liegt darin begründet, dass sich eher diejenigen Personen beteiligen, die an den Ergebnissen interessiert sind (Carp/Carp 1981).

Zwar können Routinen mit dem Tagebuchverfahren zuverlässiger erfasst werden als bei einmaligen Abfragen, dennoch können Aspekte, die aus sozialwissenschaftlicher Perspektive relevant sind, wie detaillierte Abläufe der Mahlzeiten und die dahinterstehenden Motivationen, nur bedingt erhoben werden (Wittwer et al. 2019). Um diese Details dennoch zu erfassen, bietet sich die Kombination des Tagebuchverfahrens mit problemzentrierten Interviews an.

4.5.1.2 Grenzen problemzentrierter Interviews

Generell wird in qualitativen Interviews von der interviewenden Person die Fähigkeit gefordert, Erzählungen zu stimulieren, ein flüssiges Gespräch und reichhaltige Informationen zu generieren. Hierbei ist zu bedenken, dass es Interviewten in unterschiedlichem Maße leicht fällt, auf gegebene Stimuli zu reagieren (Reinders 2016, 107). Insbesondere problemzentrierte Interviews stellen hohe Anforderungen an die interviewende Person, da sie als ein Kompromiss zwischen leitfadenorientierten und narrativen Interviews angesehen werden können:

Das problemzentrierte Interview hat keinen festen Ablauf, auch wenn ein dem narrativen Interview vergleichbarer Erzählbogen wünschenswert ist, sondern die Interviewenden können schon sehr früh strukturierend und nachfragend in das Gespräch eingreifen, Themen einführen, Kommentare und Bewertungen erbitten oder im Sinne des dialogisch-diskursiven Vorgehens bereits im Interview selbst beginnen, die eigenen Interpretationen kommunikativ zu validieren. (Mey/Mruck 2011, 262)

Aus diesem nicht standardisierten Ablauf der Interviews können Auswertungsschwierigkeiten, insbesondere in Bezug auf die Vergleichbarkeit, hervorgehen. Daraus resultiert wiederum ein höherer Zeitaufwand im Vergleich zu einer vollständig standardisierten Befragung.

Ein höherer Zeitaufwand steht auch damit in Verbindung, dass zur Durchführung problemzentrierter Interviews ein möglichst fundiertes Vorwissen zu einer bestimmten Problemstellung oder einem Thema benötigt wird, so dass eine detaillierte Ausarbeitung der einzelnen Dimensionen eines Problemfeldes unerlässlich ist, um einen Interviewleitfaden zu erstellen:

Wesentlich ist dabei, das eigene Vorwissen [...] zu explizieren, also sich selbst und denen, die die eigene Forschung nachvollziehen sollen, die eingeflossenen Vorannahmen zu verdeutlichen. Ansonsten besteht die Möglichkeit einer verfrühten Einengung der Forschung auf jene Aspekte, die einen selbst interessieren und nicht eine

Bezugnahme zu solchen Bereichen, die die Befragten interessieren. (Reinders 2016, 107)

Bei der Durchführung des Tagebuchverfahrens und der problemzentrierten Interviews muss zudem kritisch reflektiert werden, dass das Verhalten zur alltäglichen Mahlzeitengestaltung der Familie aus der Perspektive eines Elternteils betrachtet wird, nämlich derjenigen Person, die sich eher für Aufgaben der alltäglichen Mahlzeitengestaltung der Familie zuständig sieht. Die Perspektive der anderen Familienmitglieder bleibt dabei weitestgehend unberücksichtigt, auch wenn die persönliche Übergabe der Mahlzeitentagebücher und das Zuhause der Teilnehmenden als Ort des Interviews in vielen Fällen das Kennenlernen weiterer Familienmitglieder und Hintergrundgespräche mit diesen ermöglichte. Der Einbezug der Perspektiven aller Familienmitglieder wäre sicher aufschlussreich, würde die Kapazitäten dieses praxisnahen Dissertationsprojekts jedoch deutlich übersteigen, und der Einbezug einer großen Fallzahl an Familien wäre nicht möglich gewesen. Auch die Durchführung von Paarinterviews anstelle von Einzelinterviews wäre eine Möglichkeit, eine weitere Perspektive auf das Verhalten zur alltäglichen Mahlzeitengestaltung der Familien einzubinden. Jedoch gestatten Einzelinterviews durch längere Sprechzeiten ein tieferes Eintauchen in Inhalte und die Ausführungen werden nicht durch weitere Teilnehmende unterbrochen.

4.5.2 Grenzen des Samplingverfahrens

Um den Einfluss kultureller Ideen auf das Verhalten von Familien zur alltäglichen Mahlzeitengestaltung analysieren zu können, unterliegt die Auswahl der Familien konkreten Kriterien, wobei eine größtmögliche Homogenität der Familien von Bedeutung ist, um weitere mögliche Einflussfaktoren ausschließen zu können.[37] Aus diesen konkreten Auswahlkriterien und der Homogenität der Familien resultieren Grenzen des Samplingverfahrens, die nachfolgend diskutiert werden.

4.5.2.1 Heterosexuelle Partnerschaften und vollständige Kleinfamilien

Der Analyse der vorliegenden Arbeit liegen ausschließlich die Daten heterosexueller Paare zugrunde. Dies liegt zum einen an der angestrebten Homogenität zwischen den Familien in ihren Merkmalen, zum anderen an der Bedeutung von

---

[37] Diese Auswahlkriterien werden ausführlich in Abschnitt 4.3.1 dargestellt.

Geschlechterverhältnissen, insbesondere von weiblich und männlich konnotierten Verhaltensmustern, für den Erklärungsansatz dieses Forschungsprojekts. Darüber hinaus werden ausschließlich vollständige Kleinfamilien, bestehend aus zwei Generationen, analysiert. Aus diesen Gründen bleiben andere Familienformen, wie Alleinerziehende, LGBTQIA*-Familien, Patchwork-Familien, Großfamilien, Adoptiv- und Pflegefamilien und weitere, in der vorliegenden Arbeit unberücksichtigt.

4.5.2.2 Alter und Anzahl der Kinder

Von Bedeutung ist zudem, dass sowohl das Alter als auch die Anzahl der Kinder das Verhalten der Familien zur alltäglichen Mahlzeitengestaltung beeinflussen können (Klünder/Meier-Gräwe 2017a). In allen Familien des Samples leben ausschließlich zwei Kinder, von denen das jüngste mindestens drei Jahre alt ist. Die Darstellung der Zusammensetzung des Samples, insbesondere der soziodemographischen Merkmale, zeigt darüber hinaus, dass das älteste Kind des Gesamtsamples 13 Jahre alt ist (s. Abschnitt 4.3.4). Aus diesen Gründen bleiben in der vorliegenden Arbeit Familien unberücksichtigt, in denen Kinder unter drei Jahren leben, außerdem Ein-Kind-Familien und Familien mit mehr als zwei Kindern. Auch sind im Sample keine Familien vertreten, in denen das ältere Kind älter als 13 Jahre ist.

4.5.2.3 Familien im suburbanen Raum

Um auszuschließen, dass Unterschiede im Verhalten zur alltäglichen Mahlzeitengestaltung zwischen den Familien auf Unterschiede im Lebensraum zurückzuführen sind, leben alle Familien des Samples im suburbanen Raum und können somit derselben Raumkategorie zugeordnet werden. Hierbei ist zu bedenken, dass sich das Verhalten von Familien zur alltäglichen Mahlzeitengestaltung zwischen Familien unterschiedlicher Raumkategorien unterscheiden kann (Zartler 2010, 471; Hriberschek 2011, 81). Daher können die Ergebnisse der vorliegenden Arbeit keinen Aufschluss über das Verhalten von Familien zur alltäglichen Mahlzeitengestaltung anderer Raumkategorien, zum Beispiel des urbanen oder ländlichen Raums, geben.

4.5.2.4 Soziale Schichtzugehörigkeit: Mittelschicht

Verschiedene Studien zeigen, dass sich das Verhalten zur alltäglichen Mahlzeitengestaltung zwischen Familien unterschiedlicher sozialer Schichten unterscheiden kann (Hupkens et al. 2000; Meier-Gräwe 2010; Wills et al. 2011; Jarosz 2017). Aus diesem Grund und um auszuschließen, dass Unterschiede im Verhalten zur alltäglichen Mahlzeitengestaltung zwischen den Familien auf Unterschiede

der sozialen Schichtzugehörigkeit zurückzuführen sind, gehören alle Familien
des Samples der Mittelschicht an. Bei der Auswahl der Familien bzw. bei der
Zuordnung dieser zur Mittelschicht wurde sich u. a. am monatlichen Haus-
haltsnettoeinkommen der Familien orientiert. Dieses liegt in allen untersuchten
Familien zwischen 3.270 und 6.130 Euro.[38] Bei dieser Zuordnung muss kri-
tisch angemerkt werden, dass weitere finanzielle Aspekte wie Vermögen und
Wohneigentum der Familien unberücksichtigt bleiben. Dies ist besonders vor
dem Hintergrund kritisch zu betrachten, dass zwischen den alten und den neuen
Bundesländern deutliche Vermögensunterschiede bestehen (Lejeune et al. 2017;
Tiefensee/Spannagel 2018; Bartels/Schröder 2020; Bundeszentrale für politische
Bildung 2020).

4.5.2.5 Ost-West-Vergleich auf Grundlage des Städtevergleichs

Der vorliegenden Arbeit liegt ein Vergleich zwischen Ost- und Westdeutschland
zugrunde, der auf dem Städtevergleich zwischen Hamburg und Dresden basiert.
Zwar wurden die beiden Städte sorgfältig ausgewählt und die Auswahl ausführlich begründet (s. Abschnitt 4.2.3), jedoch ist zu bedenken, dass sich jede der
beiden Städte durch einen spezifischen Charakter aus Gewohnheiten, Traditionen
und Einstellungen auszeichnet (Lexikon der Geographie 2001) und somit auch
innerhalb der alten wie der neuen Bundesländer Differenzen zwischen Familien
in ihrem Verhalten zur alltäglichen Mahlzeitengestaltung bestehen können.

4.5.2.6 Anzahl der teilnehmenden Familien

Das Sample setzt sich aus insgesamt 34 Familien zusammen und erhebt
als ein qualitativer Forschungsansatz nicht den Anspruch der Repräsentativität der Ergebnisse. Durch die sorgfältige Fallauswahl (s. Abschnitt 4.3.1) sind
die Ergebnisse dennoch verallgemeinerbar. Im vorliegenden Forschungsprojekt
besteht ein maximaler Kontrast innerhalb des Samples in der Dominanz unterschiedlicher (geschlechterkultureller) Leitbilder in Ost- und Westdeutschland (s.
Abschnitt 4.2). Gleichzeitig weisen die Familien des Gesamtsamples, also in beiden Regionen Deutschlands, minimale Kontraste in ihren soziodemographischen
Merkmalen auf (s. Abschnitt 4.3.1).

---

[38] Die Einkommensgrenzen gehen aus dem sozio-oekonomischen Panel (SOEP) für den
Haushaltstyp „Paarhaushalte mit zwei Kindern unter 14 Jahren" hervor.

4.5.3 Grenzen des Analyseverfahrens

Das Analyseverfahren der qualitativen Inhaltsanalyse wird häufig mit dem Argument kritisiert, dass die Interpretation beliebig und intersubjektiv kaum überprüfbar sei. In der Praxis existieren jedoch verschiedene Möglichkeiten, diese Beliebigkeit einzuschränken. Eine Möglichkeit besteht darin, dass zwei Personen denselben Text unabhängig voneinander codieren und ihre Ergebnisse anschließend miteinander vergleichen (Kuckartz 2016, 211). Dieses Vorgehen wird als „subjective assessment" (Guest et al. 2012, 89) oder „konsensuelles Codieren" (Hopf/Schmidt 1993, 61) bezeichnet. Eine weitere Möglichkeit besteht in der Berechnung der Codier-Übereinstimmung, die ausführlich von Kuckartz (2016, 212) diskutiert wird.

Da es sich bei dem vorliegenden Dissertationsprojekt um ein Individualprojekt handelt, wurde das Prinzip des konsensuellen Codierens im Tandem mit der Kollegschaft ausschließlich mit ausgewählten Mahlzeitentagebuch- und Interviewsequenzen durchgeführt, nicht aber mit dem gesamten Datenmaterial. Das konsensuelle Codieren des gesamten Datenmaterials hätte den Ressourcenaufwand des Projekts deutlich überschritten.

Darüber hinaus wird in der aktuellen wissenschaftlichen Diskussion zum Analyseverfahren der qualitativen Inhaltsanalyse kritisch angemerkt, dass das Ablaufmodell, insbesondere nach Mayring, die Gefahr des Verlusts inhaltlicher Nuancen birgt, die dadurch bedingt sei, dass Kategorien übereilt gebildet werden (Lamnek 1989; Groeben/Rustemeyer 1995; Oevermann 2002).[39]

Gegen den Verlust inhaltlicher Nuancen steht, dass in der vorliegenden Arbeit nach dem Ablaufschema der qualitativen Inhaltsanalyse nach Kuckartz die Hauptkategorien zwar zunächst deduktiv gebildet wurden, diese jedoch anschließend durch induktiv gebildete Subkategorien ergänzt wurden. Darüber hinaus legt Kuckartz nahe, die Hauptkategorien im Laufe der Analyse anzupassen:

Bei der Anwendung von deduktiv entwickelten Kategorien kann sich herausstellen, dass Kategorien nicht trennscharf sind oder dass sehr viele Textstellen mit „Sonstiges" codiert werden. Dies führt dazu, dass neue Kategorien modifiziert oder sogar neue Kategorien definiert werden. Eine deduktive Kategorienbildung schließt also keineswegs aus, dass während der Analyse Veränderungen am Kategoriensystem und an den Kategoriendefinitionen vorgenommen werden und damit von der strengen Einhaltung der Vorab-Definitionen abgewichen wird. (Kuckartz 2016, 71 f.)

---

[39] Mayring (2019) selbst greift Kritikpunkte an der qualitativen Inhaltsanalyse und Missverständnisse auf und diskutiert diese ausführlich.

Insgesamt ist zu bedenken, dass die in der vorliegenden Arbeit durchgeführte typenbildende qualitative Inhaltsanalyse komplexer und methodisch anspruchsvoller ist als die inhaltlich strukturierende Inhaltsanalyse oder die evaluative Inhaltsanalyse (Kuckartz 2016, 143). Zudem stoßen Forschenden im Verfahren der qualitativen Inhaltsanalyse, unabhängig vom gewählten Ansatz, zwangsläufig auf ungeklärte Fragen, uneindeutige Definitionen und komplexe Entscheidungsprozesse.

Darstellung der Ergebnisse der empirischen Untersuchung

Im vorliegenden Kapitel werden die Ergebnisse der empirischen Untersuchung dargestellt. Um Wiederholungen in der Darstellung zu vermeiden, werden in einem ersten Schritt (Abschnitt 5.1) Gemeinsamkeiten zwischen den Hamburger und Dresdener Familien in ihrem Verhalten zur alltäglichen Mahlzeitengestaltung aufgezeigt. Anschließend folgen die Forschungsergebnisse, die sich auf die Unterschiede zwischen den Familien beziehen. Die Analyse in Abschnitt 5.2 bezieht sich auf die Hamburger Familien des Samples. In Abschnitt 5.3 werden die Ergebnisse in Bezug auf die Dresdener Familien[1] dargestellt. Für beide Städte werden charakteristische Merkmale des Verhaltens zur alltäglichen Mahlzeitengestaltung der Familien analysiert und in einem anschließenden Ost-West-Vergleich (Abschnitt 5.4) gegenübergestellt. Um die Unterschiede der alltäglichen Mahlzeitengestaltung zwischen den Familien möglichst umfassend abzubilden, laufen die Ergebnisse in der Darstellung der ausgearbeiteten Typologie (Abschnitt 5.5) zusammen. Es folgt ein Überblick zu den Ergebnissen des Themenbereichs der Konflikthaftigkeit entlang der zentralen Dimensionen *innere*

---

[1] Für Hamburg und Dresden werden dabei sowohl die Familien betrachtet, in denen beide Eltern in den neuen Bundesländern geboren und aufgewachsen sind (beide Eltern Ost), als auch diejenigen, in denen die Mutter in den neuen und der Vater in den alten Bundesländern geboren und aufgewachsen ist (Mutter Ost, Vater West).

Ergänzende Information Die elektronische Version dieses Kapitels enthält Zusatzmaterial, auf das über folgenden Link zugegriffen werden kann https://doi.org/10.1007/978-3-658-43146-4_5.

Widersprüche sowie *Verhaltensweisen* (Abschnitt 5.6). Die Darstellung mündet in einer Zusammenfassung der zentralen Forschungsergebnisse (Abschnitt 5.7).[2]

Alle in der Ergebnisdarstellung verwendeten Namen und Ortsangaben wurden vollständig anonymisiert.

5.1 Gemeinsamkeiten zwischen den Familien des Samples

Aus der Datenanalyse geht hervor, dass neben Differenzen im Verhalten zur alltäglichen Mahlzeitengestaltung auch Gemeinsamkeiten zwischen den Familien des Samples bestehen. Diese Gemeinsamkeiten beziehen sich nicht nur auf den Vergleich der unterschiedlichen praktizierten Familienarrangements, sondern auch auf den Vergleich zwischen den Hamburger und den Dresdener Familien. Es handelt sich um die Aspekte Tischregeln und deren Handhabung, Routinen und Rituale, den Einbezug der Kinder in die Aufgaben der alltäglichen Mahlzeitengestaltung sowie Kommunikationsthemen bei Tisch, die ausnahmslos der zentralen Dimension *Ablauf* zugehörig sind.

5.1.1 Tischregeln

Unter Tischregeln werden in der vorliegenden Arbeit verbindliche Richtlinien verstanden, die während der Mahlzeiten konsequent beachtet werden sollen. Diese werden nachfolgend in Tabelle 5.1, absteigend nach Häufigkeit, dargestellt. Regel Nummer eins *Sitzen bleiben* ist die häufigste genannte Regel, wogegen die Regel zehn *Keine elektronischen Medien* am seltensten thematisiert wurde.

---

[2] Die in der Darstellung des Materials ausgewählten Zitate wurden wegen ihrer Klarheit und als gute Beispiele für allgemeine Tendenzen in den Antworten ausgewählt.

Tabelle 5.1 Übersicht der bestehenden Tischregeln	**Tischregeln**
	1. Sitzen bleiben
	2. Etikette und Manieren
	3. Gemeinsam beginnen
	4. Probieren
	5. Lebensmittelregeln
	6. Auffüllen
	7. Essen am Tisch
	8. Kommunikationsregeln
	9. Nicht spielen
	10. Keine elektronischen Medien

Quelle: Eigene Datenerhebung

Die erste Tischregel *Sitzen bleiben* wird von den Familien auf zwei unterschiedliche Weisen praktiziert. Zum einen gilt, dass alle Familienmitglieder so lange am Tisch sitzen bleiben, bis die letzte Person mit dem Essen fertig ist. Zum anderen besteht eine abgeschwächte Form dieser Regelung: *Kinder warten auf Kinder.* Diese zweite Form, die von den Familien deutlich häufiger praktiziert wird, besagt, dass die Kinder erst dann aufstehen dürfen, wenn beide mit dem Essen fertig sind und nicht auf die Eltern warten müssen.

Am zweithäufigsten werden in den Interviews Regeln zu *Etikette und Manieren* umschrieben. Beispiele hierfür sind: Messer und Gabel benutzen; nicht schmatzen; mit geschlossenem Mund essen; nicht mit vollem Mund reden; Ellenbogen nicht auf den Tisch stützen; nicht das Messer ablecken; stillsitzen; ordentlich/gerade sitzen; Servietten/Tücher benutzen.

Die Regel *Gemeinsam beginnen* zielt darauf ab, dass erst dann mit dem Essen begonnen wird, wenn alle Familien am Tisch sitzen.

Bei der vierten Regel *Probieren* geht es darum, dass insbesondere die Kinder Lebensmittel probieren sollen, die sie noch nicht kennen oder deshalb nicht essen möchten, weil sie davon ausgehen, dass sie ihnen nicht schmecken. In den Dresdener Familien wird diese Regel auch als Probier- oder Kosteklecks bezeichnet. Sollte es den Kindern auch nach dem Probieren nicht schmecken, müssen die Lebensmittel nicht gegessen werden.

In einigen Familien gelten bestimmte *Lebensmittelregeln*. Beispiele hierfür sind, dass unter der Woche oder am Abend kein süßer Aufstrich gegessen werden darf oder dass es unter der Woche keinen Nachtisch gibt bzw. nur dann, wenn aufgegessen wurde. Familien schildern auch, dass zu jeder Mahlzeit ein Glas Wasser getrunken werden muss, es jeden Tag zum Frühstück ein *Pflichtobst* gibt oder zu den Mahlzeiten ein *Pflichtgemüse.*

Die sechste Regel *Auffüllen* umschreibt, dass sich jede/r nur so viel auf den Teller nimmt, wie er/sie aufessen kann.

Eine Regel, die in den Interviews selten thematisiert wurde, jedoch, mit einer Ausnahme[3], in allen Familien greift, ist das *Essen am Tisch.* Dies zeigt insbesondere die Auswertung der Mahlzeitentagebücher. Bei Abweichungen von dieser Regel handelt es sich um (geplante) Ausnahmen am Wochenende, wie beispielsweise ein gemeinsames Picknick im Wohnzimmer oder ein Abendessen während eines Fernseh- oder Filmabends. Die wenigen Fälle, die in den Mahlzeitentagebüchern beschrieben werden, in denen die Kinder unter der Woche vor dem Fernseher essen, werden stets als Ausnahmen betitelt.

Bei den *Kommunikationsregeln* geht es den Familien in erster Linie um einen respektvollen Umgang miteinander, also darum, einander aussprechen zu lassen, nicht zu laut zu werden oder zu leise zusprechen und jeden zu Wort kommen zu lassen.

Auch bei der nächsten Regel geht es um einen respektvollen Umgang, in diesem Fall jedoch in Bezug auf den Umgang mit Lebensmitteln. Die Regel *Nicht spielen* beinhaltet, dass nicht mit dem Essen gespielt werden darf und, allgemeiner gefasst, dass während des Essens kein Spielzeug am Tisch erlaubt ist.

Der Regelkatalog schließt mit der Regel, dass während des Essens *Keine elektronischen Medien* verwendet werden dürfen. Beispiele hierfür sind ein Handyverbot am Tisch oder dass Fernseher und Radio während des Essens ausbleiben, um sich in ruhiger Atmosphäre unterhalten zu können.

Zwar können bezüglich der Tischregeln Gemeinsamkeiten zwischen den unterschiedlichen praktizierten Familienarrangements sowie zwischen den Hamburger und Dresdener Familien festgestellt werden, jedoch bestehen Unterschiede zwischen den Familien in Bezug auf die Vielzahl der geltenden Regeln, den Umgang mit diesen und deren Durchsetzung, die im folgenden Abschnitt dargestellt werden.

---

[3] Die Ausnahme bildet Familie 4-HH (Dambacher), in der die Kinder jeden Morgen ihr Frühstück vor dem Fernseher einnehmen.

5.1.2 Handhabung von Tischregeln

In Bezug auf das Thema Tischregeln lassen sich die Familien des Samples in drei unterschiedliche Kategorien einordnen: (1) Laissez-faire, (2) Leger und (3) Streng. Die Familien dieser einzelnen Kategorien unterscheiden sich nicht nur in Bezug auf die Anzahl der Tischregeln, sondern auch in der Bedeutung, die der Einhaltung dieser Regeln beigemessen wird.

Die Familien der ersten Kategorie, die ich als *Laissez-faire* bezeichne, zeichnen sich dadurch aus, dass keine oder nur wenige Tischregeln existieren und diesen keine große Relevanz zugeschrieben wird:

> *Wir achten jetzt nicht da drauf, dass sie perfekt mit Messer und Gabel essen. Das machen wir nicht. Hauptsache sie kommen da irgendwie mit zurecht. Da gibt es bestimmt, also das ist jetzt bei uns nicht so wichtig, Hauptsache jeder wird satt und man isst so, wie man kann. Und man benimmt sich einigermaßen, aber das klappt eigentlich ganz gut, also ja. (Familie 11-HH (Krämer) Itv., Pos. 27)*

Im Vergleich dazu existieren in den Familien der zweiten Kategorie Tischregeln. Es besteht ein Bestreben, diese einzuhalten, was in der Praxis jedoch nicht durchgängig umgesetzt wird. In Bezug auf die Regel *Gemeinsam beginnen* legt Frau Petermann (16-HH) dar, dass sich eine Einhaltung teilweise schwierig gestaltet:

> *Aber wir versuchen alle da zu sein und dass auch keiner anfängt zu essen, bevor nicht zumindest alle sitzen. Gerne natürlich jeder was auf dem Teller hat, das schaffen wir nicht immer, weil mein Großer dann schon den Löffel im Mund hat, aber das wäre mein Ziel. (Familie 16-HH (Petermann) Itv., Pos. 31)*

Insgesamt zeichnet sich die Kategorie *Leger* dadurch aus, dass die Einhaltung der bestehenden Regeln nicht besonders streng verfolgt wird und die Regeln nicht immer eingehalten werden müssen. So erklärt Frau Schipper (19-HH) in Bezug auf die Regel *Sitzen bleiben*:

> *Aber es ist nicht immer so, dass sie so lange sitzen müssen, bis alle fertig sind. Weil manchmal wollen sie auch einfach spielen oder wir wollen einfach in Ruhe noch einmal eine zweite Portion essen und dann können sie aufstehen, Hände waschen und spielen. Also, da sind wir jetzt nicht so, dass sie immer sitzen bleiben müssen bis zum Ende. (Familie 19-HH (Schipper) Itv., Pos. 19)*

Die dritte Kategorie *Streng* grenzt sich insofern von den ersten beiden ab, als dass hier eine Vielzahl an Tischregeln zu verzeichnen ist, auf deren Einhaltung großer Wert gelegt wird. Besonders hervorstechend sind in diesem Typ die

Bedeutung von Etikette und Tischmanieren sowie die Konsequenzen, die aus der Nichteinhaltung der Regeln erwachsen:

> *Also, die Kinder dürfen gerne immer gerade am Tisch sitzen. Das Besteck soll benutzt werden, außer vielleicht bei Pizza und Co. Na ja, es soll nicht geschmatzt werden, es soll mit geschlossenem Mund gesprochen-, oder gegessen werden. Es soll nicht mit vollem Mund gesprochen werden. Wir lassen ausreden, also nicht unterbrechen, wenn jemand gerade spricht. Und der Reihe nach. [...]. Also, wenn jemand trotz Ermahnens mehrfach stört, dann gibt es auch die Verwarnung: „Du hast jetzt die Möglichkeit, entscheide dich, entweder isst du jetzt hier anständig mit oder du bist fertig, räumst deinen Teller ab und gehst." (Familie 26-HH (Zimmer) Itv., Pos. 13)*

Welche Familien welcher der drei Kategorien zugeordnet werden, wird im Laufe des Kapitels dargestellt, im Unterkapitel 5.5.9 *Zusammenhangsanalyse* beschrieben und mit der ausgearbeiteten Typologie in Zusammenhang gesetzt.

5.1.3   Routinen und Rituale

Wie in Bezug auf die Tischregeln können auch in Bezug auf Routinen und Rituale Gemeinsamkeiten zwischen den unterschiedlichen praktizierten Familienarrangements sowie zwischen den Hamburger und Dresdener Familien festgestellt werden. Routinen und Rituale werden in der vorliegenden Arbeit als wiederkehrende Symbolhandlungen bzw. feste Gewohnheiten im Verhalten zur alltäglichen Mahlzeitengestaltung der Familien verstanden. Diese werden in Tabelle 5.2 absteigend nach Häufigkeiten dargestellt. Es zeigt sich, dass insbesondere die Rituale der *festen Sitzordnung* sowie der *festen Essenszeiten* dominieren, wogegen die *sprachlichen Rituale* sich einen *guten Appetit* zu wünschen, einen *Tischspruch* aufzusagen oder ein *Gebet* zu sprechen, die alle den Beginn der gemeinsamen Mahlzeit signalisieren, weniger häufig praktiziert werden.

Tabelle 5.2 Übersicht der bestehenden Routinen und Rituale

Routinen und Rituale
1. Feste Sitzordnung
2. Feste Essenszeiten (Abendessen)
3. Guten Appetit
4. Tischspruch
5. Tischgebet

Quelle: Eigene Datenerhebung

Unabhängig von Arrangement und Lebensraum berichten alle Familien von einer festen Sitzordnung während der Mahlzeiten, die teilweise von Zeit zu Zeit neu verhandelt wird. Jedes Familienmitglied sitzt an seinem festen Platz. In einigen Familien hat sich die Sitzordnung im Laufe der Zeit ergeben, in anderen wurde sie bewusst gewählt, z. B. um Hilfestellung beim Essen leisten können oder die Kinder voneinander zu trennen, um Streitigkeiten zu vermeiden. Je nach Alter der Kinder ist die Sitzordnung auch durch unterschiedliche Stühle für die Erwachsenen und die Kinder erkenntlich. Die Kinder sitzen teilweise auf höhenverstellbaren Stühlen mit Fußtritten, die an ihre jeweilige Körpergröße angepasst sind.

Ebenfalls ritualisiert sind die festen Essenszeiten. Abgesehen von einigen Ausnahmen (2-HH, 14-H#, 15-D#, 27-HH) finden die häuslichen Mahlzeiten unter der Woche stets zur gleichen Uhrzeit statt. Zeitlicher Taktgeber beim Frühstück ist hierbei der Beginn von Schule und Erwerbsarbeit, wodurch der zeitliche Umfang gleichzeitig nach hinten begrenzt wird. In den Familien, in denen ein häusliches Mittagessen stattfindet, richtet sich dieses nach dem Schulschluss der Kinder sowie den Erwerbszeiten der Eltern (zumeist des Vaters). Das Abendessen ist zeitlich so ausgerichtet, dass nach Möglichkeit alle Familienmitglieder daran teilnehmen können, von Bedeutung hierfür sind die Zeiten der Nachmittagsaktivitäten, aber auch die Erwerbszeiten der Eltern. Zudem sind Beginn und Ende des Abendessens so getaktet, dass die Kinder rechtzeitig ins Bett gehen können, um am nächsten Tag ausgeschlafen zu sein. Somit ist auch der Umfang dieser Mahlzeit unter der Woche zeitlich begrenzt.

Im Vergleich zu den ersten beiden Ritualen wird das dritte Ritual, sich vor dem Essen einen *guten Appetit* zu wünschen, von verhältnismäßig wenigen Familien praktiziert (2-HH, 6-H#, 10-HH, 14-H#, 17-HH). Das *guten Appetit* läutet hier den Beginn des Essens ein. In den anderen Familien, in denen ebenfalls gemeinsam mit dem Essen begonnen wird (Tabelle 5.18, Regel 3), gilt als Zeichen für den Beginn entweder, dass alle Familienmitglieder am Tisch sitzen, oder aber, dass alle sich etwas aufgefüllt haben.

Ebenfalls in eher wenigen Familien wird vor jedem Essen ein gemeinsamer Tischspruch aufgesagt (11-D#, 12-DD, 14-DD). Alle anderen Familien berichten, dass ein Tischspruch Bestandteil der Mahlzeiten gewesen ist, als die Kinder noch jünger waren, heute jedoch nicht mehr oder lediglich in Ausnahmefällen praktiziert werde:

Bei meinen Eltern, wenn wir dort sind, gibt es dann schon-, wenn auch mein kleiner Neffe dabei ist, gibt es dann schon einen Tischspruch, aber er ist vier. Also, wir haben das früher mal gemacht, aber das machen wir jetzt-. Da sind sie herausgewachsen.

Das ist jetzt nicht mehr so, machen wir nicht mehr. (Familie 6-H# (Flemming) Itv., Pos. 17)

Zuletzt wird von den Interviewten das Ritual des gemeinsamen Tischgebets thematisiert, dass in zwei der Familien (6-DD, 11-D#) praktiziert wird und den offiziellen Beginn der gemeinsamen Mahlzeit signalisiert.

5.1.4 Einbezug der Kinder

Ein weiteres Themenfeld, in dem Gemeinsamkeiten zwischen den unterschiedlichen praktizierten Familienarrangements sowie zwischen den Hamburger und Dresdener Familien festgestellt werden konnten, ist der Einbezug der Kinder in die Aufgaben der alltäglichen Mahlzeitengestaltung. Da Familienmahlzeiten, wie vorab ausführlich dargelegt (s. Abschnitt 3.1.5), mit einer Vielzahl an Aktivitäten verknüpft sind, wird der Einbezug der Kinder in die Aufgaben der alltäglichen Mahlzeitengestaltung der Familie nachfolgend entlang der Themenblöcke (1) Planung und Organisation, (2) Einkauf, (3) Zubereitung, (4) Vorbereitung und (5) Nachbereitung dargestellt.[4]

5.1.4.1 Planung und Organisation

Familienmahlzeiten umfassen weit mehr als das gemeinsame Essen. Sie erfordern einen bedeutenden Anteil an planerischen und organisatorischen Aufgaben. Hierzu zählen z. B. die Fragen, was wann gegessen werden soll, welche Lebensmittel aktuell vorrätig sind, was eingekauft werden muss und welche Familienmitglieder zu welchem Zeitpunkt anwesend oder abwesend sind. Dieser Aufgabenbereich der Planung und Organisation obliegt in allen Familien des Samples den Eltern[5], wobei die Kinder häufig insofern einbezogen werden, als dass ihre Essenswünsche in der Planung berücksichtigt werden. Dieser Aspekt wird in dem nachfolgenden Unterkapitel 5.1.5 zu den Kommunikationsthemen der Familien am Esstisch dargestellt.

---

[4] Die Themenblöcke orientieren sich an der Abbildung 3.1, die die Aufgaben der alltäglichen Mahlzeitengestaltung der Familie abbildet.

[5] Welcher Elternteil in der Familie jeweils die Zuständigkeit für die Aufgaben der alltäglichen Mahlzeitengestaltung der Familie übernimmt, wird in den Unterkapiteln 5.2.3 und 5.3.3 zur Dimension der Zuständigkeit dargestellt.

5.1.4.2 Einkauf

Einen bedeutenden Bestandteil der Aufgaben der alltäglichen Mahlzeitengestaltung der Familie nimmt darüber hinaus der Lebensmitteleinkauf ein. In diesen Themenbereich sind die Kinder der Familien des Samples ebenfalls zu einem geringen Grad eingebunden. Ausschließlich in einer Familie des Samples geht die Mutter einmal wöchentlich gemeinsam mit dem Sohn einkaufen (Familie 1-HH (Ackermann)). In allen anderen Familien sind die Kinder eher in Ausnahmefällen beim Einkaufen dabei.

5.1.4.3 Zubereitung

Auch bei der Zubereitung der alltäglichen Mahlzeiten (Montag bis Freitag) sind die Kinder zu einem eher geringen Anteil einbezogen und übernehmen eher in Ausnahmefällen helfende Tätigkeiten wie Gemüseschneiden oder Umrühren. Ein Einbezug der Kinder in die Zubereitung der Speisen findet in den Familien hingegen eher am Wochenende statt und spielt somit in der außeralltäglichen Mahlzeitengestaltung der Familien eine Rolle. Hierzu zählen die Zubereitung des Frühstücks oder das gemeinsame Kochen am Wochenende, Kuchen oder Kekse backen und die Zubereitung von Speisen zu besonderen Anlässen wie Geburtstagen oder Festlichkeiten.

5.1.4.4 Vorbereitung

Bei der Vorbereitung der gemeinsamen Familienmahlzeit handelt es sich um den Schritt, der zwischen der Zubereitung des Essens und dem Stattfinden der gemeinsamen Mahlzeit ausgeführt wird. Hierzu zählt zum Beispiel das Eindecken des Tischs. Im Vergleich zu den vorangehend diskutierten Kategorien werden die Kinder deutlich stärker in Vorbereitungstätigkeiten der gemeinsamen Familienmahlzeit einbezogen. In einem Großteil der Interviews wird jedoch geschildert, dass es situationsabhängig ist, ob die Kinder das Tischdecken übernehmen oder nicht. In diesem Zusammenhang wird häufig dargelegt, dass es für die Eltern effizienter sei, diese Tätigkeit, z. B. während des Kochens bzw. der Zubereitung, selbst auszuführen, anstelle erst die Kinder herbeizurufen.

5.1.4.5 Nachbereitung

Der stärkste Einbezug der Kinder lässt sich im Themenfeld der Nachbereitung der gemeinsamen Familienmahlzeiten feststellen. So besteht in fast allen Familien[6]

---

[6] Ausnahmen bilden hier Familie 11-D# (Kaufmann), in der die Eltern das Abräumen übernehmen, und Familie 15-D# (Olsen), in der das Abräumen zwischen den einzelnen Familienmitgliedern, also Eltern und Kindern, abwechselt.

zumindest der Anspruch, dass die Kinder nach dem Essen ihr eigenes Geschirr abräumen und, sofern vorhanden, in die Spülmaschine einräumen. Die Daten zeigen jedoch, dass dieser Anspruch in der Praxis nicht durchgängig umgesetzt wird.

Insgesamt handelt es sich beim Einbezug der Kinder in die Aufgaben alltäglicher Mahlzeitengestaltung um einen Themenbereich, in dem die Schilderungen der Interviewteilnehmenden häufig nicht mit den Dokumentationen aus den Mahlzeitentagebüchern übereinstimmen. Die in den Mahlzeitentagebüchern dokumentierte Beteiligung der Kinder ist häufig deutlich geringer, als es die Schilderungen aus den Interviews vermuten ließen. Zudem geht aus den Interviews hervor, dass sich die Eltern eine stärkere Beteiligung der Kinder an den Aufgaben alltäglicher Mahlzeitengestaltung wünschen und sie diese vor allem in Zubereitungsprozesse gerne stärker einbeziehen würden.

5.1.5 Kommunikationsthemen

Auch betreffend der Kommunikationsthemen bei Tisch gibt es deutliche Gemeinsamkeiten zwischen den Familien. Absteigend nach Häufigkeiten sortiert zeigt Tabelle 5.3 die Oberthemen der familiären Tischgespräche.

Tabelle 5.3 Übersicht der Kommunikationsthemen

Tischgespräche
1. Tagesaktuelle Erlebnisse (der Kinder)
2. Organisatorisches
3. Essensplanung
4. Politik und Gesellschaft

Quelle: Eigene Datenerhebung

Hauptsächlich unterhalten sich die Familien während des Essens über tagesaktuelle Erlebnisse und Vorkommnisse im Alltag. Hierbei stehen die Angelegenheiten der Kinder im Zentrum der Kommunikation. Die Kinder berichten, was an dem jeweiligen Tag vorgefallen ist, über Erlebnisse in der Schule oder dem Kindergarten, aber auch über Hobbys und Nachmittagsaktivitäten. Den Eltern ist daran gelegen, zu erfahren, was die Kinder aktuell beschäftigt, ob es Streit gegeben hat oder sie etwas bedrückt. Erwerbsarbeitsthemen und insgesamt elterliche Themen spielen in einem Großteil der Familien eine eher untergeordnete Rolle.

Diese werden außerhalb der Mahlzeiten besprochen oder wenn die Kinder nicht mehr am Tisch sitzen

Ebenfalls eher kinderorientiert sind die Tischgespräche über Organisatorisches. Hierbei geht es um einen Austausch zu der Planung der nächsten Tage: Welche Termine, wie Sport- und Musikveranstaltungen sowie Nachmittagsaktivitäten der Kinder, stehen an? Müssen noch Hausaufgaben und/oder Schulprojekte bearbeitet werden?

Das dritte Kommunikationsthema *Essensplanung* beinhaltet Essenswünsche der Kinder, nicht nur in Bezug auf die Mahlzeiten, sondern auch in Bezug auf die Brotdosen, die die Kinder mit in die Schule oder den Kindergarten nehmen.

Ein kleiner Teil der Familien (8-HH, 8-DD, 12-DD, 15-D#, 16-DD, 14-H#) berichtet, dass während der Mahlzeiten über Politik und Gesellschaft gesprochen werde. Es findet ein Austausch über die aktuellen Nachrichten statt, aber auch über Umweltthemen, wie Nachhaltigkeit, Klimawandel und Fleischkonsum. Häufig sind dies Themen, die in direktem Zusammenhang mit dem Thema Ernährung stehen.

Die Analyse der Themen bei Tisch zeigt, dass sich die Familien in zwei verschiedene Kategorien einordnen lassen:

1. Stark kinderorientierte Kommunikation: Die Themen der Erwachsenen werden weitestgehend ausgeklammert.
2. Es gibt keine Tabuthemen: Auch die Erwerbsarbeit der Eltern wird thematisiert; politische und gesellschaftliche Themen werden diskutiert.

Anzumerken ist, dass der deutlich größere Teil der Familien der ersten Kategorie zuzuordnen ist.

5.2   Hamburger Familien: Verhalten zur alltäglichen Mahlzeitengestaltung

Nachfolgend wird das Verhalten zur alltäglichen Mahlzeitengestaltung der Hamburger Familien in den Dimensionen *Stattfinden und Anwesende, zeitlicher Umfang* sowie *Zuständigkeit* analysiert. Hierbei werden einerseits die Familien einbezogen, in denen die Mutter in Teilzeit und der Vater in Vollzeit erwerbstätig ist, andererseits diejenigen, in denen beide Eltern Vollzeit(-nah) erwerbstätig sind. Abschließend werden die Ergebnisse beider Gruppen miteinander ins Verhältnis gesetzt und Unterschiede und Gemeinsamkeiten analysiert, um charakteristische

Merkmale zu identifizieren (Abschnitt 5.2.4). Die Hamburger Familien verteilen sich wie folgt auf die praktizierten Familienarrangements.

Tabelle 5.4 Verteilung der Hamburger Familien auf die Arrangements

Hamburg

	Vereinbarkeitsfamilie	Doppelversorgerfamilie	Doppelversorger-/ Doppelbetreuerfamilie
	Mutter Teilzeit, Vater Vollzeit	Beide Eltern Vollzeit(-nah)	Beide Eltern Teilzeit
Beide Eltern West	3-HH (Clausen) 8-HH (Hagenacker) 10-HH (Jochen) 11-HH (Krämer) 12-HH (Lippenberger) 16-HH (Petermann) 17-HH (Quandt) 19-HH (Schipper) 20-HH (Trappmann) 22-HH (Voss) 25-HH (York) 26-HH (Zimmer)	1-HH (Ackermann) 2-HH (Bodenstein) 23-HH (Wolf) 27-HH (Albrecht)	4-HH (Dambacher)
Mutter Ost, Vater West	5-H# (Ebel) 13-H# (Mauermann) 14-H# (Neubert)	6-H# (Flemming) 15-H# (Otto)	

Hinweis: Die Namen der Familien wurden vollständig anonymisiert
Quelle: Eigene Datenerhebung

Tabelle 5.4 zeigt, dass unter den in Hamburg lebenden Familien sowohl solche vertreten sind, in denen beide Eltern in den alten Bundesländern geboren und aufgewachsen sind (beide Eltern West; n = 17), als auch solche, in denen die Mutter in den neuen und der Vater in den alten Bundesländern geboren und aufgewachsen ist (Mutter Ost, Vater West; n = 5). Zudem ist auffällig, dass das Arrangement der Vereinbarkeitsfamilie mit männlichem Hauptversorger, in dem die Mutter in Teilzeit und der Vater in Vollzeit erwerbstätig ist, hier mit 15 der 22 Familien dominiert.

Neben den Familien, die sich dem Arrangement der Vereinbarkeitsfamilie mit männlichem Hauptversorger und dem Arrangement der Doppelversorger-familie mit außerhäuslicher Kinderbetreuung zuordnen lassen, ist eine Familie vertreten, in der beide Eltern in Teilzeit erwerbstätig sind, Familie 4-HH (Dambacher). Diese Familie bildet eine Ausnahme im Gesamtsample, da sie als einzige ein Arrangement der Doppelversorger-/Doppelbetreuerfamilie praktiziert, in dem beide Eltern zu annähernd gleichen Teilen in Teilzeit erwerbstätig sind.

5.2.1 Stattfinden und Anwesende

Im Zuge der Auswertung wurde in einem ersten Schritt die Dimension *Stattfinden* analysiert. Auf Grundlage der Tagebuchaufzeichnungen und ergänzenden Schilderungen in den Interviews wurde identifiziert, welche Mahlzeiten innerhalb einer Woche von Montag bis Sonntag inhäusig stattfinden. In diese Betrachtung wurden alle Mahlzeiten einbezogen, die sich unter der Anwesenheit von mindestens zwei Familienmitgliedern vollziehen. Daran anschließend wurde die Dimension *Anwesende* analysiert und geprüft, welche Mahlzeiten mit der vollständigen Familie stattfinden[7].

Aus der Analyse der Dimensionen *Stattfinden* und *Anwesende* lassen sich für die Hamburger Familien insgesamt vier verschiedene Mahlzeitenschemata erkennen, die in Tabelle 5.5 dargestellt werden. Aus Gründen der Übersichtlichkeit wird hierbei der Ablauf unter der Woche, d. h. von Montag bis Freitag, dargestellt.

Tabelle 5.5 Mahlzeitenschemata – Hamburg

Mahlzeitenschemata (Montag–Freitag)			
	Inhäusige Mahlzeiten	Mutter Teilzeit, Vater Vollzeit	Beide Eltern Vollzeit(-nah)
1	Frühstück Mittag (HMZ) Abendessen	11-HH, 26-HH	
2	Frühstück Mittag (1–2 DPW) Abendessen (HMZ)	8-HH, 17-HH, 20-HH, 22-HH, 25-HH 5-H#, 14-H#	1-HH, 23-HH
3	Frühstück – Abendessen (HMZ)	3-HH, 10-HH, 12-HH, 16-HH, 19-HH 13-H#	15-H#

(Fortsetzung)

---

[7] Eine tabellarische Übersicht zur Auswertung der Dimensionen Stattfinden und Anwesende findet sich im Anhang im elektronischen Zusatzmaterial.

Tabelle 5.5 (Fortsetzung)

Mahlzeitenschemata (Montag–Freitag)		
	Inhäusige Mahlzeiten	Mutter Teilzeit, Vater Vollzeit	Beide Eltern Vollzeit(-nah)
4	–		2-HH, 27-HH
	–		6-H#
	Abendessen (HMZ)		

Hinweis: HMZ steht für Hauptmahlzeit; DPW steht für Tage pro Woche (days per week); (HH = Hamburger Familie (Mutter West, Vater West), H# = Hamburger Familie (Mutter Ost, Vater West)
Quelle: Eigene Datenerhebung

5.2.1.1 Mahlzeitenschema 1

Das erste Mahlzeitenschema, welches in den Hamburger Familien des Arrangements der Vereinbarkeitsfamilie mit männlichem Hauptversorger, nicht aber denen des Arrangements der Doppelversorgerfamilie mit außerhäuslicher Kinderbetreuung zu finden ist, zeichnet sich dadurch aus, dass täglich alle drei Mahlzeiten (Frühstück, Mittag- und Abendessen) inhäusig stattfinden. Hierbei bildet das gemeinsame Mittagessen die familiäre Hauptmahlzeit (HMZ), bei der täglich die vollständige Familie anwesend ist. Neben den Müttern, die im Anschluss an ihre Teilzeiterwerbstätigkeit mittags nachhause kommen, sind auch die Väter, die im Homeoffice (26-HH) oder im Schichtdienst (11-HH) arbeiten, mittags zuhause[8].

Die Auswertung der Interviews verdeutlicht, dass sich die Familien trotz des gleichen Mahlzeitenschemas unterscheiden, beispielsweise, wenn es um die Motivation geht, die hinter den gemeinsamen Mittagsmahlzeiten steht, aber auch in Bezug auf die Leidenschaft für die Themen Kochen und die alltägliche Mahlzeitengestaltung der Familie im Allgemeinen. Während Frau Krämer (11-HH) darlegt, nicht kochen zu können, gibt Frau Zimmer (26-HH) an, gerne zu kochen und neue Rezepte auszuprobieren. Zudem spricht Frau Zimmer (26-HH) vom *Luxus*, ein gemeinsames Mittagessen mit der vollständigen Familie einzunehmen, und von der bewussten Entscheidung dafür, während Frau Krämer (11-HH) eher pragmatische Gründe anführt und erklärt, dass weder sie noch der Vater die Möglichkeit haben, bei der Erwerbsarbeit ein Mittagessen einzunehmen und daher gemeinsam zuhause gegessen werde.

---

[8] Auf Grund unterschiedlicher Schichten kann es vorkommen, dass sich die familiäre Hauptmahlzeit vom Mittag auf den Abend verschiebt und anstelle des Mittagessens das Abendessen mit der vollständigen Familie eingenommen wird.

Neben einem inhäusigen Mittagessen finden in Abhängigkeit von den Dienstzeiten des Vaters auch das Frühstück und das Abendessen zuhause statt, entweder zu dritt (Mutter und Kinder) oder mit der vollständigen Familie.

Wie zu Beginn des Abschnitts 5.2 dargelegt, ist im Sample eine Familie vertreten, in der beide Eltern zu annähernd gleichen Teilen in Teilzeit erwerbstätig sind: Familie 4-HH (Dambacher), die ebenfalls dem Mahlzeitenschema 1 zuzuordnen ist. Dort finden alle drei Mahlzeiten inhäusig statt und das Mittagessen stellt die zentrale familiäre Hauptmahlzeit dar, die i. d. R. mit der vollständigen Familie eingenommen wird:

> *Das Mittag wird immer zusammen gegessen! Mein Mann hat Nachtschicht 6x im Monat und bereitet das Essen vor. (Familie 4-HH (Dambacher) Tgb., Pos. 33)*

Eine Besonderheit ist jedoch, dass sowohl das Frühstück als auch das Abendessen bei Familie 4-HH (Dambacher) nicht gemeinsam, sondern individualisiert stattfinden.

5.2.1.2 Mahlzeitenschema 2

Das zweite Mahlzeitenschema, welches sowohl in den Familien des Arrangements der Vereinbarkeitsfamilie mit männlichem Hauptversorger als auch in denen des Arrangements der Doppelversorgerfamilie mit außerhäuslicher Kinderbetreuung auftritt, zeichnet sich durch ein inhäusiges Frühstück und Abendessen sowie ein Mittagessen, das größtenteils aushäusig stattfindet, aus. Mittags essen an den meisten Tagen alle Familienmitglieder unabhängig voneinander. Jedoch realisieren die Mütter auch unter der Woche an ein oder mehreren Tagen ein gemeinsames Mittagessen für sich und die Kinder:

> *Und genau, Mittag essen wir also dementsprechend alle eigentlich verschieden, außer freitags, da kommt Nala [8] direkt nach Schulschluss nachhause und isst dann mit mir zusammen Mittag. Da habe ich Homeoffice und dann richte ich das immer so ein, dass ich dann irgendetwas schnelles koche, etwas, was nicht so viel Zeit braucht. (Familie 20-HH (Trappmann) Itv., Pos. 5)*

Diese Mütter sind vollständig oder teilweise aus dem Homeoffice erwerbstätig (5-H#, 8-HH, 17-HH, 20-HH, 25-HH) und/oder haben häufig nicht die Gelegenheit, mittags bei der Erwerbsarbeit, z. B. in der Kantine, zu essen.

Das Frühstück findet inhäusig statt[9], in der Regel jedoch nicht mit der vollständigen Familie, da der Vater fehlt. Ausnahmen bilden hier die Familien Ackermann (1-HH), Ebel (5-H#), Trappmann (20-HH) und Voss (22-HH), die normalerweise mit der vollständigen Familie frühstücken.

Auch das Abendessen findet inhäusig statt und bildet in diesem Schema die familiäre Hauptmahlzeit, die meist mit der vollständigen Familie stattfindet:

Und abends versuchen wir dann zu viert zusammen zu essen. Das ist dann die erste Mahlzeit, wo wir alle vier dann quasi da sind. Mein Mann schafft es auch zu 80 Prozent, sage ich mal, dass er dann da ist. Dann essen wir Brot mit Aufschnitt und Käse und so weiter [...]. (Familie 17-HH (Quandt) Itv., Pos. 5)

5.2.1.3 Mahlzeitenschema 3

In dem dritten Mahlzeitenschema, welches sowohl in den Familien des Arrangements der Vereinbarkeitsfamilie mit männlichem Hauptversorger als auch in denen des Arrangements der Doppelversorgerfamilie mit außerhäuslicher Kinderbetreuung auftritt, finden das Frühstück und das Abendessen unter der Woche inhäusig statt, das Mittagessen ausnahmslos aushäusig. Die Väter haben die Möglichkeit, bei der Erwerbsarbeit in der Kantine oder einem Restaurant zu essen, die Kinder essen in der Schule oder dem Kindergarten, die Mütter essen individualisiert zuhause (3-HH, 12-HH, 13-H#, 16-HH, 19-HH) oder ebenfalls in der Kantine (10-HH, 15-H#). Während des gemeinsamen Frühstücks ist i. d. R. der Vater abwesend (3-HH, 10-HH, 12-HH, 13-H#) oder die Familie ist in den meisten Fällen[10] vollständig (16-HH,19-HH, 15-H#).

Auch in diesem Schema findet am ehesten das Abendessen mit der vollständigen Familie statt und kann als familiäre Hauptmahlzeit verstanden werden. Ist die Familie während des Abendessens nicht vollständig, ist der Grund auch hier die Abwesenheit des Vaters:

Und dann sehen wir zu, dass wir zumindest zu dritt Abendbrot essen, weil, bei meinem Mann ist immer nie so ganz klar, wann der nachhause kommt. Weil, das kann auch mal später sein und da haben wir dann keinen Bock zu warten [...]. (Familie 10-HH (Jochen) Itv., Pos. 3)

---

[9] Eine Ausnahme bildet hier Familie Quandt (17-HH): Unter der Woche haben alle Familienmitglieder unterschiedliche Zeitrhythmen am Morgen und frühstücken unabhängig voneinander zuhause.

[10] Sind diese Familien nicht vollständig, fehlt auch hier i. d. R. der Vater.

5.2.1.4   Mahlzeitenschema 4

Die Familien Bodenstein (2-HH), Flemming (6-H#) und Albrecht (27-HH) finden sich im Mahlzeitenschema 4 wieder, welches ausschließlich in den Hamburger Familien des Arrangements der Doppelversorgerfamilie mit außerhäuslicher Kinderbetreuung, nicht aber in denen des Arrangements der Vereinbarkeitsfamilie mit männlichem Hauptversorger vertreten ist. Dieses Schema zeichnet sich dadurch aus, dass ausschließlich das Abendessen inhäusig stattfindet, auf Grund von Erwerbsarbeit jedoch häufig nicht mit der vollständigen Familie, so dass bei Familie Bodenstein (2-HH) i. d. R. der Vater abwesend ist und bei Familie Albrecht (27-HH) i. d. R. die Mutter.

Das Frühstück findet aushäusig statt, wobei die Mutter (2-HH) oder der Vater (27-HH) morgens die Pausenbrote für die Kinder vorbereiten. Herr Albrecht (27-HH) gibt an, dass die Kinder in Ausnahmefällen bereits zuhause eine Kleinigkeit essen. Bei Familie Flemming (6-H#) werden auf Grund des Angebots der Schule morgens keine Pausenbrote vorbereitet. Während Frau Flemming (6-H#) ihr Frühstück individualisiert zuhause einnimmt, frühstücken Herr Flemming und die Kinder außer Haus. Auch das Mittagessen findet unter der Woche individualisiert und aushäusig statt.

5.2.1.5   Zwischenmahlzeiten

Ergänzend zu den vorgestellten Mahlzeitenschemata berichten alle Hamburger Familien des Arrangements der Vereinbarkeitsfamilie mit männlichem Hauptversorger in den Interviews, dass neben den drei Hauptmahlzeiten auch eine inhäusige Zwischenmahlzeit am Nachmittag fester Bestandteil der alltäglichen Mahlzeitengestaltung ist. Die Ausgestaltung dieser Zwischenmahlzeit wird von den Familien jedoch unterschiedlich vollzogen. Insgesamt lassen sich hier zwei Gruppierungen ausmachen. Ein Teil der Familien bezeichnet die Zwischenmahlzeit als *Knabberpause, Knusperpause, Teestunde* oder *Kaffeepause* (5-H#, 16-HH, 17-HH, 19-HH, 20-HH, 22-HH; 25-HH). Diese *Knabberpause* findet gemeinsam statt und wird von den Familien als Mahlzeit bezeichnet, bei der das Hauptanliegen im Austausch zwischen Mutter und Kindern besteht. Die Interviewten berichten ausführlich vom Ablauf und der Bedeutung der *Knabberpause*:

> *Und dann ist es eigentlich in der Regel so, dass wir hier nochmal zusammen, also so Knabbern dazu. So Kaffeetrinken und so. Dann gibt es entweder mal irgendwie einen Quark mit Obst drin oder mal Kuchen. Oder mal eine Laugenstange oder mal Obst. Was halt gerade so da ist. Dann wird nochmal ein bisschen erzählt, wie es so war. [...] Und dann ist das manchmal so, dass wir echt lange sitzen. So eine halbe Stunde und dann wird erzählt und so ein bisschen, was so war. Einfach so, um auch ein bisschen mitzukriegen, was passiert da eigentlich so. (Familie 22-HH (Voss) Itv., Pos. 5, 17)*

Dem anderen Teil der Familien geht es bei der Zwischenmahlzeit weniger um den Austausch und die Kommunikation, sondern eher darum, den Hunger zu stillen (3-HH, 8-HH, 10-HH, 11-HH; 12-HH, 13-H#, 14-H#). Mutter und Kinder nehmen diese meist unabhängig voneinander ein und in den Interviews wird die Zwischenmahlzeit eher beiläufig erwähnt:

> *Und dann isst er meistens noch irgendwie Reste aus seiner Brotdose in der Zwischenzeit, wenn er da noch ein bisschen Hunger hat und dann ist Nachmittagszeit. (Familie 12-HH (Lippenberger) Interview, Pos. 7)*

Anders als in den Familien des Arrangements der Vereinbarkeitsfamilie mit männlichem Hauptversorger findet in den Familien des Arrangements der Doppelversorgerfamilie mit außerhäuslicher Kinderbetreuung unter der Woche keine inhäusige, sondern eine aushäusige Zwischenmahlzeit (insbesondere der Kinder) am Nachmittag statt:

> *Was sie auch noch bekommen, ist ein Snack in der Schule. Das kann alles Mögliche sein. Das können irgendwelche Reste vom Mittagessen sein. Letzte Woche hatten sie irgendwie Rührei. (lächelt) Haben sie aber auch Obst, Gemüse. Je nachdem, was dann halt-. Das sehe ich dann nicht. (Familie 6-H# (Flemming) Itv., Pos. 3)*

5.2.2　Zeitlicher Umfang

Im nächsten Schritt wird die Dimension des *zeitlichen Umfangs* analysiert. Da aus der Analyse der ersten beiden Dimensionen hervorgeht, dass in einem Großteil der Familien am ehesten das Abendessen mit der vollständigen Familie stattfindet, beziehen sich die folgenden Darstellungen auf den zeitlichen Umfang dieser Mahlzeit[11] an den Werktagen von Montag bis Freitag. Es wird sowohl der zeitliche Umfang für die Zubereitung der Mahlzeiten analysiert als auch der zeitliche Umfang für das gemeinsame Essen.

---

[11] Mit Hilfe der Mahlzeitentagebücher wurde neben dem zeitlichen Umfang des Abendessens auch der zeitliche Umfang der Mahlzeiten Frühstück und Mittagessen sowohl für die Wochentage von Montag bis Freitag als auch für das Wochenende erhoben. Um die Darstellung möglichst übersichtlich zu gestalten, liegt der Schwerpunkt in diesem Abschnitt auf der Mahlzeit, die am ehesten als familiäre Hauptmahlzeit betrachtet wird – dem Abendessen. Die Tabellen für den zeitlichen Umfang des Frühstücks unter der Woche finden sich zur Information im Anhang im elektronischen Zusatzmaterial.

Tabelle 5.6 Zeitlicher Umfang des Abendessens – Hamburg

Zeitlicher Umfang der Zubereitung

−	15–20 Minuten		+
⟵━━━━━		━━━━━⟶	

Mutter Teilzeit, Vater Vollzeit

−	15–20 Minuten		+
11-HH, 20-HH	8-HH, 10-HH, 16-HH, 17-HH, 19-HH, 25-HH		3-HH, 12-HH, 22-HH, 26-HH
	13-H#		5-H#, 14-H#

Beide Eltern Vollzeit(-nah)

−	15–20 Minuten		+
23-HH	1-HH		2-HH, 27-HH
	15-H#		6-H#

Zeitlicher Umfang des gemeinsamen Essens

−	20–30 Minuten		+
⟵━━━━━		━━━━━⟶	

Mutter Teilzeit, Vater Vollzeit

−	20–30 Minuten		+
11-HH	8-HH, 10-HH, 16-HH, 20-HH, 22-HH, 25-HH, 26-HH		3-HH, 12-HH, 17-HH, 19-HH
	5-H#, 13-H#, 14-H#		

Beide Eltern Vollzeit(-nah)

−	20–30 Minuten		+
	1-HH, 2-HH, 23-HH, 27-HH		
6-H#	15-H#		

Hinweis: HH = Hamburger Familie (Mutter West, Vater West), H# = Hamburger Familie (Mutter Ost, Vater West)
Quelle: Eigene Datenerhebung

In der Darstellung (Tabelle 5.6) wurde als Richtwert ein zeitlicher Umfang von 15 bis 20 Minuten für die Zubereitung des Abendessens unter der Woche und von 20 bis 30 Minuten für das gemeinsame Abendessen gewählt, da diese Zeiten in der Betrachtung des gesamten Samples am häufigsten vertreten sind. Auf der linken Seite sind die Familien aufgeführt, die weniger Zeit für die Zubereitung und/oder das gemeinsame Essen aufwenden, auf der rechten Seite die Familien, die mehr Zeit für diese Tätigkeiten aufbringen. Zudem werden die Familien in das Arrangement der Vereinbarkeitsfamilie mit männlichem Hauptversorger (Mutter Teilzeit, Vater Vollzeit) und das Arrangement der Doppelversorgerfamilie mit außerhäuslicher Kinderbetreuung (beide Eltern Vollzeit(-nah)) unterteilt. So ermöglicht die Darstellung sowohl den Vergleich der Familien innerhalb eines Arrangements als auch der Arrangements untereinander[12]. In den nachfolgenden Abschnitten wird darauf eingegangen, welche der Familien einen unterdurchschnittlichen und welche einen überdurchschnittlichen zeitlichen Umfang für die Zubereitung und die gemeinsamen Mahlzeiten aufwenden und mit welchen Faktoren der jeweilige Umfang in Zusammenhang stehen könnte.

5.2.2.1 Dauer der Zubereitung

Die Analyse zeigt, dass für den zeitlichen Umfang der Zubereitung in erster Linie die Art der Lebensmittel, die zubereitet werden, von Bedeutung ist, aber auch eine (mütterliche) Leidenschaft für Themen der alltäglichen Mahlzeitengestaltung der Familie. Diese Zusammenhänge lassen sich sowohl in den Familien des Arrangements der Vereinbarkeitsfamilie mit männlichem Hauptversorger als auch in denen des Arrangements der Doppelversorgerfamilie mit außerhäuslicher Kinderbetreuung feststellen.

Die Familien, die mehr als 20 Minuten für die Zubereitung des Abendessens aufwenden, bereiten zumeist warme Speisen zu und/oder verarbeiten Lebensmittel, bevor diese auf den Tisch gestellt werden. Teilweise werden sogar verschiedene Gerichte zubereitet:

Und dann koche ich dann häufig Zweierlei, weil ich häufig anders esse als die Kinder.
Also, die Kinder essen natürlich so gerne so klassische Sachen, wie Pfannkuchen,

---

[12] Familie 4-HH (Dambacher), in der beide Eltern einer Teilzeit-Erwerbstätigkeit nachgehen, wurde in der Darstellung des zeitlichen Umfangs nicht berücksichtigt, da kein gemeinsames Abendessen stattfindet. Wie zuvor dargelegt, bildet das Mittagessen die einzige gemeinsame Mahlzeit dieser Familie. Bezüglich des zeitlichen Umfangs des Mittagessens fällt auf, dass die Zubereitungszeit mit 60 bis 120 Minuten im Vergleich zu den HMZ der anderen Familien des Samples ausgedehnt ist. Das gemeinsame Essen dauert mit 30 Minuten ähnlich lange wie in dem Großteil der Familien.

Nudeln, Kartoffelbrei und sowas, und wenn ich das abends immer essen würde, würde mir das nicht so gut bekommen. Und beim Kochen macht das nicht so viel aus. Also gestern gab es dann Pfannkuchen [...]. Den Teig habe ich dann schon vorbereitet und dann kann ich in der Zwischenzeit mein Essen mir dann fertig machen und dann essen wir aber alle gemeinsam, aber immer warm. (Familie 12-HH (Lippenberger) Itv., Pos. 11)

Ausgedehnte Zubereitungszeiten bedeuten in den meisten Fällen, dass am Abend gekocht wird. Hierbei kann sich die Dauer auch innerhalb einer Familie unterscheiden, je nachdem, ob gekocht oder z. B. Brot gegessen wird.

Anders als in dem Beispiel von Frau Lippenberger (12-HH) schildern die Mütter der Familien, die mit kurzen Zubereitungszeiten auffallen (11-HH, 23-HH), in den Interviews, dass sie keine große Leidenschaft für die Zubereitung der Mahlzeiten oder für die alltägliche Mahlzeitengestaltung der Familie im Allgemeinen aufweisen. Auch ist zu bedenken, dass diese Familien unter der Woche Mittagsmahlzeiten zuhause realisieren. Dies geschieht entweder täglich (11-HH, Mahlzeitenschema 1) oder an ein bis zwei Tagen unter der Woche (23-HH und 20-HH, Mahlzeitenschema 2), wodurch die Zubereitung am Abend möglicherweise kürzer ausfällt.

5.2.2.2 Dauer des Essens

Für die zeitliche Ausgestaltung der Familienmahlzeit Abendessen ist von Bedeutung, ob es die erste und einzige Mahlzeit des Tages ist, die mit der vollständigen Familie eingenommen wird. Dies fällt insbesondere bei Betrachtung der Familien des Arrangements der Vereinbarkeitsfamilie mit männlichem Hauptversorger auf, in denen das gemeinsame Essen eine Dauer von 30 Minuten übersteigt. Wichtig für die zeitliche Ausgestaltung ist zudem die Bedeutung, die der gemeinsamen Familienmahlzeit zugeschrieben wird. Ist das gemeinsame Essen nicht von oberster Priorität, fällt es i. d. R. eher kürzer aus. Nicht außer Acht zu lassen sind zeitliche Taktgeber von außen, z. B. die Schule:

Abendessen wieder mit Zeitdruck, da rechtzeitiges Ins-Bett-Gehen wichtig ist. (Familie 11-HH (Krämer) Tgb., Pos. 33)

Hierzu zählen auch Nachmittagsaktivitäten, aber auch Erwerbszeiten, die die zeitliche Ausgestaltung der Mahlzeiten beeinflussen können. Dies ist eine mögliche Erklärung dafür, dass keine Familie des Arrangements der Doppelversorgerfamilie mit außerhäuslicher Kinderbetreuung den zeitlichen Umfang von 30 Minuten für das gemeinsame Essen übersteigt.

Insgesamt ist zu bedenken, dass die Dauer der Zubereitung sowie des gemeinsamen Essens auch innerhalb einer Familie schwanken kann, z. B., wenn der Alltag an unterschiedlichen Wochentagen (unter der Woche) unterschiedlichen (zeitlichen) Strukturen unterliegt.

5.2.3 Zuständigkeit

Nachfolgend werden die Ergebnisse in Bezug auf die zentrale Dimension der *Zuständigkeit* dargestellt, wobei zunächst die Familien des Arrangements der Vereinbarkeitsfamilie mit männlichem Hauptversorger und anschließend des Arrangements der Doppelversorgerfamilie mit außerhäuslicher Kinderbetreuung analysiert werden.

5.2.3.1 Arrangement der Vereinbarkeitsfamilie mit männlichem Hauptversorger

Alle Hamburger Familien des Arrangements der Vereinbarkeitsfamilie mit männlichem Hauptversorger haben gemeinsam, dass die Mütter die Verantwortung für die alltägliche Mahlzeitengestaltung der Familie übernehmen. Hierbei sind zwei verschiedene Abstufungen zu erkennen. Entweder die Mütter übernehmen vollständig allein die Verantwortung für Planung, Organisation, Einkauf und Zubereitung der Mahlzeiten (3-HH, 11-HH, 12-HH; 13-H#; 25-HH, 26-HH), oder die Väter sind teilweise ins Einkaufen und/oder in die Zubereitung der Mahlzeiten einbezogen (5-H#; 8-HH, 10-HH, 16-HH, 17-HH, 19-HH, 20-HH). Die Mütter schildern, dass sie diejenigen sind, die den Überblick über die vorhandenen Lebensmittel und Vorräte haben:

> *Das mache ich eigentlich meistens, weil ich einfach mehr im Thema bin, dadurch, dass ich koche. Ich weiß eigentlich mehr, ob was da ist oder nicht. Wir haben eine gemeinsame App […]. Und da kann mein Mann auch mal sehen, was es gibt und einkaufen. Ja, es ist unterschiedlich […]. Aber er kauft-, also ich kaufe, ja, ich würde sagen, ich kaufe 70 Prozent ein, er 30 Prozent. Wobei er mir das immer reinträgt und sowas. Also, das macht er auch. Es ist manchmal so, wenn man das bei Männern nicht ganz genau aufschreibt, was man will, dann wird dann halt dann das falsche mitgebracht. (Familie 16-HH (Petermann) Itv., Pos. 19)*

Wie Frau Petermann (16-HH) in dem Interviewausschnitt darlegt, übernimmt sie zwar den größeren Anteil des Einkaufs, jedoch ist ihr Mann ebenfalls in den Prozess einbezogen. Dass die Väter hierfür genaue Anweisungen erhalten, schildern eine Vielzahl der Mütter dieses Arrangements. Teilweise reicht dies sogar so weit, dass die Mütter die anfallenden Aufgaben lieber selbst übernehmen, anstatt sie an ihren Partner zu delegieren:

Ja, das ist so ein Thema. Ja, also, das plane ich. Ich mache auch den Wocheneinkauf. Mein Mann würde es auch machen. Da müsste ich ihm aber ganz genau aufschreiben. Da mache ich das lieber selber. Ich überlege mir eben, was es am Wochenende zu essen geben soll. Weil ich da ja meistens auch nur warm koche. Und dann kauft man natürlich auch noch nebenbei ein, was man unter der Woche braucht. Brot und Aufschnitt und so etwas. Das mache ich entweder freitagnachmittags oder samstags. Wenn ich gut bin, kriege ich das auch hin, sonntags irgendetwas zu kochen, was ich dann auch noch montags essen kann. (Familie 25-HH (York) Itv., Pos. 31)

Es kann ein Phänomen identifiziert werden, welches ich als *Delegationsdilemma* bezeichne. So ist es unkomplizierter, die anfallenden Aufgaben der alltäglichen Mahlzeitengestaltung eigenständig zu erledigen, als diese an den Partner zu delegieren. Handlungsabläufe können ohne Hilfe schneller vollzogen werden:

Und mein Mann würde es dann halt machen, wenn ich sage, ich brauche Hilfe. Weil ich habe das ganz gerne, ich habe da so meinen Handlungsablauf, wie ich koche, was ich koche. Klar, Vorbereitung gerne, dann aber können die das auch gerne vorbereitend hier im Wohnzimmer machen. Aber in der Küche, weil sie auch nicht so extrem groß ist, habe ich gerne meinen Überblick und meinen Handlungsablauf. (Familie 5-H# (Ebel) Itv., Pos. 31)

Es zeigt sich, dass die Mütter davon ausgehen, dass die Väter die jeweiligen Aufgaben nicht zufriedenstellend erledigen würden bzw. nicht so gut ausführen würden, wie die Mütter es selbst tun:

Ich könnte ihm eine Liste geben und er kauft dann ein, aber oft kauft er auch Sachen, die ich persönlich nicht so optimal finde. Also was weiß ich, ich mag lieber Bio-Eier als Boden Eier. Also, da achte ich dann schon drauf und mein Mann ist da halt relativ entspannt. Der kauft dann, wenn Eier draufsteht und nichts Besonderes, dann kauft der halt Eier. Was jetzt nicht schlimm ist, aber es ist- wenn wir drauf achten können. (Familie 5-H# (Ebel) Itv., Pos. 25)

Auch die Zubereitung der Mahlzeiten wird in den meisten Fällen von den Müttern übernommen. Es wird geschildert, dass sich die Beteiligung der Väter an der alltäglichen Mahlzeitengestaltung auf das Brötchenholen am Wochenende beschränke:

Das mache ich alles. Mein Mann hasst einkaufen gehen. […]. Von daher geht es gar nicht anders. Also, er ist schon so, dass-. Also, ich mache die ganzen Wocheneinkäufe.

Und er holt am Wochenende dann halt morgens Brötchen. Also, da fährt er dann zum Bäcker und holt die Brötchen. Aber ansonsten ist alles quasi-, liegt es alles bei mir. (Familie 13-H# (Mauermann) Itv., Pos. 64–67).

Es lässt sich außerdem erfahren, dass die Väter (insbesondere am Wochenende) für die Zubereitung spezifischer Gerichte zuständig sind:

[…] aber mein Mann, wenn er hier „kocht", dann ist das bayrischer Abend, dann gibt es ein Weizenbier, wir backen Laugenstangen auf im Backofen, diese Tiefkühllaugenstangen und dann gibt es süßen Senf und Leberkäse aus der Pfanne mit Spiegelei, das ist Kochen für meinen Mann. Das ist so ziemlich alles. Ansonsten klar, kann sich das regenerieren, wir haben keine Mikrowelle, wir haben einen Dampfgarer, kann sich das im Dampfgarer regenerieren, das Essen, wenn er denn da das machen möchte und ansonsten, ich weiß gar nicht, aber er weiß schon, wie das Induktionsfeld angeht, also das schon. (Familie 3-HH (Clausen) Itv., Pos. 49)

Ähnlich wie Frau Clausen (3-HH), die erklärt, dass sich das Kochen ihres Mannes auf das Verwenden von Fertiggerichten beschränkt, schildert auch Frau Krämer (11-HH), dass ihr Mann eher in Ausnahmefällen kocht:

Nee, das mache eigentlich-, also, Papa kocht auch mal. Das macht er auch mal ganz gerne am Wochenende. (Kind spricht: „Aber eigentlich nur Rührei.") Ja, das stimmt. Da hast du recht. Also, wir essen, zum Beispiel, total gerne zum Frühstück Rührei. Und das macht Papa eigentlich immer, weil er das gut, schafft er irgendwie ganz gut zu würzen. Das ist so Papas Ding. Der macht immer Rührei. Der hat auch schon mal am Wochenende gekocht, aber es ist selten. Das ist so, wenn er sagt: „So, jetzt will ich mal was kochen. Jetzt mache ich mal was." Aber das ist halt selten. Eigentlich bin ich diejenige, die kocht. Ich frage immer nur: „Was wollt ihr essen?" Und dann gucke ich, dass ich das besorgt kriege und dass ich das koche. (Familie 11-HH (Krämer) Itv., Pos. 21)

Das nachfolgende Zitat aus dem Interview mit Frau Trappmann veranschaulicht die mütterliche Verantwortlichkeit für die familiäre Ernährungsversorgung, die als *typisch weiblich* deklariert wird, einen starken emotionalen Gehalt aufweist und über die ein Verantwortungsgefühl zum Ausdruck gebracht wird:

Also, ich bin sicher der, der mehr so darauf achtet, aber das-, weiß ich auch nicht, wahrscheinlich ist das relativ typisch so Mann-Frau-Aufteilung. Kann ich mir vorstellen, dass das bei vielen so ist, dass die Frauen da mehr darauf schauen […]. Und ich habe auch in einer Zeit, wo Mael [5] wahnsinnig krank war, also da in dem Krippenwinter, erster Krippenwinter, der war nur krank, da habe ich dann irgendwann angefangen morgens frischen Orangensaft zu pressen. Und das mache ich heute noch, weil ich einfach irgendwie das Gefühl habe, dass das etwas bringt […]. Wenn mein Mann jetzt das Frühstück machen würde morgens, dann würde der das nicht machen [...]. Und ich glaube dieses Verantwortungsgefühl für die gesunde Ernährung, das habe ich viel stärker als er jetzt. (Familie 20-HH (Trappmann) Itv., Pos. 57–59)

Anders verhält es sich bei Familie Neubert (14-H#), bei der die Hauptverantwortlichkeit für die alltägliche Mahlzeitengestaltung der Familie bei Frau Neubert liegt, diese jedoch von ihrem Mann unterstützt wird, der ebenfalls einen bedeutenden Teil der Aufgaben übernimmt. Dieser Grad der Aufgabenteilung stellt eine Ausnahme unter den Familien des Arrangements der Vereinbarkeitsfamilie mit männlichem Hauptversorger dar. Frau Neubert erklärt im Interview, dass ihr Mann großen Spaß am Kochen habe und auch einen Teil der Essensplanung übernehme.

5.2.3.2 Arrangement der Doppelversorgerfamilie mit außerhäuslicher Kinderbetreuung

In den Familien des Arrangements der Doppelversorgerfamilie mit außerhäuslicher Kinderbetreuung ist in Bezug auf die Dimension *Zuständigkeit*, anders als in den Hamburger Familien des Arrangements der Vereinbarkeitsfamilie mit männlichem Hauptversorger, eine große Variabilität zu erkennen, die sich in drei verschiedenen Abstufungen veranschaulichen lässt. Die alltägliche Mahlzeitengestaltung der Familie 2-HH (Bodenstein) unterliegt der (1) alleinigen Verantwortung der Mutter, wobei der Vater kleinere Aufgaben, meist mit Anweisungen der Mutter, übernimmt (wie in den Hamburger Familien des Arrangements der Vereinbarkeitsfamilie mit männlichem Hauptversorger):

[...] wenn er einkaufen geht. Das macht er schon. Und, ich sage mal, 90 Prozent, dass ich mir Gedanken darüber machen muss und ihm dann aber auch sage, was er dazu benötigt, was geplant ist. (Familie 2-HH (Bodenstein) Itv., Pos. 51)

Hingegen ist bei Familie 1-HH (Ackermann) und 15-H# (Otto) die (2) Hauptverantwortlichkeit für die alltägliche Mahlzeitengestaltung der Familie von den Müttern zu erkennen, die von den Vätern unterstützt werden. Diese Hauptverantwortlichkeit lässt sich auch bei Familie 4-HH (Dambacher) feststellen, in der beide Eltern in Teilzeit erwerbstätig sind. Die alltägliche Mahlzeitengestaltung in Familie 6-H# (Flemming), 27-HH (Albrecht) und 23-HH (Wolf) unterliegt einer (3) geteilten Verantwortung, die annähernd ausgewogen ist, bei Familie 27-HH übernimmt der Vater einen etwas größeren Anteil der alltäglichen Mahlzeitengestaltung, bei Familie 23-HH die Mutter. Festzuhalten ist, dass in allen

Familien, auch wenn die Aufgaben annähernd gleichverteilt sind, ein Elternteil eher für die alltägliche Mahlzeitengestaltung zuständig ist. Eine vollständig egalitäre Aufgabenteilung ist in keiner der Familien vorzufinden.

5.2.4 Zusammenfassung des Verhaltens zur alltäglichen Mahlzeitengestaltung der Hamburger Familien

Nachfolgend werden die Ergebnisse in Bezug auf das Verhalten zur alltäglichen Mahlzeitengestaltung der Hamburger Familien zusammengefasst und die beiden Arrangements miteinander ins Verhältnis gesetzt.[13] Zunächst werden die Unterschiede zwischen den Familien des Arrangements der Vereinbarkeitsfamilie mit männlichem Hauptversorger und denen des Arrangements der Doppelversorgerfamilie mit außerhäuslicher Kinderbetreuung aufgezeigt, bevor anschließend die Gemeinsamkeiten dargelegt werden.

5.2.4.1 Unterschiede zwischen den beiden Arrangements

Im Verhalten zur alltäglichen Mahlzeitengestaltung der Hamburger Familien lassen sich Differenzen zwischen den Familien des Arrangements der Vereinbarkeitsfamilie mit männlichem Hauptversorger und denen des Arrangements der Doppelversorgerfamilie mit außerhäuslicher Kinderbetreuung feststellen, die die Themen Zwischenmahlzeiten, Mahlzeitenschemata, zeitlicher Umfang, Zuständigkeiten und Mittagessen der Mütter betreffen. Sie werden in den nachfolgenden Abschnitten zusammengefasst.

Zwischenmahlzeiten
Ein zentraler Unterschied im Verhalten zur alltäglichen Mahlzeitengestaltung zwischen den Hamburger Familien des Arrangements der Vereinbarkeitsfamilie mit männlichem Hauptversorger und denen des Arrangements der Doppelversorgerfamilie mit außerhäuslicher Kinderbetreuung ist, dass ausschließlich die Familien des Arrangements der Vereinbarkeitsfamilie mit männlichem Hauptversorger von einer Zwischenmahlzeit bzw. einer gemeinsamen *Knabberpause* am Nachmittag berichten. Auf Grund der zeitlichen Rhythmen der Doppelversorgerfamilien findet eine solche inhäusige Zwischenmahlzeit nicht statt, sowohl die Kinder als auch die Mütter und/oder Väter treffen deutlich später zuhause ein.

---

[13] Da Familie 4-HH (Dambacher), in der beide Eltern in Teilzeit erwerbstätig sind, eine Ausnahme im gesamten Sample darstellt, bleibt sie in dem Modellvergleich (Abschnitt 5.2.4) zunächst unberücksichtigt und wird in der Darstellung der Typologie (Abschnitt 5.5) wieder aufgegriffen.

Mahlzeitenschemata

Insgesamt lassen sich bezüglich der ausgearbeiteten Mahlzeitenschemata Differenzen zwischen den beiden Arrangements erkennen. So findet sich das Mahlzeitenschema 1, in dem Frühstück, Mittag- und Abendessen inhäusig stattfinden, ausschließlich in den Familien des Arrangements der Vereinbarkeitsfamilie mit männlichem Hauptversorger. Hingegen wird das Mahlzeitenschema 4, in dem das Abendessen die einzige Mahlzeit ist, die inhäusig stattfindet, ausschließlich im Arrangement der Doppelversorgerfamilie mit außerhäuslicher Kinderbetreuung praktiziert (s. Tabelle 5.5).

Zeitlicher Umfang

Während die Familien des Arrangements der Vereinbarkeitsfamilie mit männlichem Hauptversorger eine zeitlich deutlich ausgedehntere familiäre Hauptmahlzeit einnehmen, wenn es sich um die einzige gemeinsame Mahlzeit am Tag handelt, sticht im Arrangement der Doppelversorgerfamilie mit außerhäuslicher Kinderbetreuung keine der Familie mit einem zeitlichen Umfang des Abendessens hervor, der 30 Minuten übersteigt.

Zuständigkeiten

In den Hamburger Familien des Arrangements der Vereinbarkeitsfamilie mit männlichem Hauptversorger wird bezüglich der Zuständigkeiten ein Phänomen deutlich, welches ich als Delegationsdilemma bezeichne. Die Mütter erklären, dass es einfacher sei, anfallende Aufgaben der alltäglichen Mahlzeitengestaltung eigenständig zu erledigen, als diese an den Partner zu delegieren:

> *Und ich räume das dann meistens auch alles wieder ab und wasche das ab, je nachdem, manchmal macht mein Mann das dann auch. Also, wenn ich ihn bitten würde, würde er es auch mitmachen. Das ist manchmal-, dass man es einfach schneller, kann man es selber machen. (Familie 16-HH (Petermann) Itv., Pos. 11)*

Sie geben an, dass sie alleinig für die Planung zuständig sind und ihre Partner, anders als sie selbst, keinen Überblick über die Lebensmittelvorräte sowie die anfallenden Aufgaben hätten. Werden die Väter in die alltägliche Mahlzeitengestaltung der Familie einbezogen, erhalten sie von den Müttern genaue Anweisungen.

Während in allen Familien des Arrangements der Vereinbarkeitsfamilie mit männlichem Hauptversorger die Mutter die alleinige Verantwortung, ggf. mit geringer Unterstützung durch den Vater, für Planung, Organisation, Einkauf und

Zubereitung der Mahlzeiten übernimmt[14], sind im Arrangement der Doppelversorgerfamilie mit außerhäuslicher Kinderbetreuung auch solche Paare zu finden, in denen die Mutter zwar die Hauptverantwortung trägt, der Vater jedoch mit einem bedeutenden Anteil einbezogen ist, oder solche, in denen sich die Eltern die anfallenden Aufgaben der alltäglichen Mahlzeitengestaltung der Familie zu annähernd identischen Anteilen aufteilen.

Mittagessen der Mütter
Ein weiterer Unterschied zwischen den beiden Arrangements besteht darin, dass sich die Mütter des Arrangements der Vereinbarkeitsfamilie mit männlichem Hauptversorger[15] täglich zuhause eine Mittagsmahlzeit zubereiten und diese, sofern die Kinder nicht zum Essen nachhause kommen, individualisiert einnehmen:

> *Ich habe den Ablauf des Mittagessens als eher entspannt beurteilt: Ich war ja nur alleine zuhause. (Familie 16-HH (Petermann) Tgb., Pos. 8)*

Hingegen nehmen im Arrangement der Doppelversorgerfamilie mit außerhäuslicher Kinderbetreuung i. d. R. beide Eltern ein aushäusiges Mittagessen bei der Erwerbsarbeit, z. B. in der Kantine oder in einem Restaurant, ein.

5.2.4.2 Gemeinsamkeiten zwischen den beiden Arrangements
Der Vergleich des Verhaltens zur alltäglichen Mahlzeitengestaltung zwischen den Hamburger Familien des Arrangements der Vereinbarkeitsfamilie mit männlichem Hauptversorger und denen des Arrangements der Doppelversorgerfamilie mit außerhäuslicher Kinderbetreuung bringt neben den zuvor aufgezeigten Differenzen auch Gemeinsamkeiten zutage, die in den nachfolgenden Abschnitten zusammengetragen werden.

Mahlzeitenschemata
Neben den aufgezeigten Differenzen lassen sich auch Gemeinsamkeiten zwischen den Hamburger Familien des Arrangements der Vereinbarkeitsfamilie mit männlichem Hauptversorger und denen des Arrangements der Doppelversorgerfamilie mit außerhäuslicher Kinderbetreuung feststellen. Sowohl im Arrangement der Vereinbarkeitsfamilie mit männlichem Hauptversorger als auch im Arrangement

---

[14] Eine Ausnahme bildet hier Familie 14-H# (Neubert). Siehe dazu: Abschnitt 5.2.3.

[15] Mit Ausnahme von Frau Jochen (10-HH), die mittags in der Kantine isst.

der Doppelversorgerfamilie mit außerhäuslicher Kinderbetreuung sind Familien eingeschlossen, in denen die Mütter auch unter der Woche an einem oder mehreren Tagen ein gemeinsames Mittagessen für sich und die Kinder realisieren. Diese Vorgehensweise wird als Mahlzeitenschema 2 beschrieben (s. Tabelle 5.5). Angesichts dieser Ergebnisse kann eine große Bedeutung inhäusiger Mahlzeiten festgestellt werden.

Auch Mahlzeitenschema 3, in dem Frühstück und Abendessen inhäusig und das Mittagessen ausnahmslos aushäusig eingenommen werden (s. Tabelle 5.5), wird sowohl von Familien des Arrangements der Vereinbarkeitsfamilie mit männlichem Hauptversorger als auch von denen des Arrangements der Doppelversorgerfamilie mit außerhäuslicher Kinderbetreuung praktiziert. Der Unterschied ist, dass die Mütter im Arrangement der Vereinbarkeitsfamilie mit männlichem Hauptversorger meist individualisiert ein inhäusiges Mittagessen einnehmen, während im Arrangement der Doppelversorgerfamilie mit außerhäuslicher Kinderbetreuung alle Familienmitglieder aushäusig essen.

Zeitlicher Umfang
In beiden Arrangements ist der zeitliche Umfang der Zubereitung des Abendessens davon abhängig, welche Lebensmittel zubereitet werden bzw. ob am Abend gekocht wird oder nicht:

> *Dauer der Zubereitung des Abendessens unter der Woche: 15–30 Minuten, kommt auf das Essen an. (Familie 19-HH (Schipper) Tgb., Pos. 31)*

Zuständigkeit
Bezüglich der Zuständigkeit lässt sich als eine Gemeinsamkeit aller Hamburger Familien zusammenfassen, dass jeweils ein Elternteil eher für die alltägliche Mahlzeitengestaltung der Familie zuständig ist. Dies zeigt sich besonders deutlich bei den Familien des Arrangements der Vereinbarkeitsfamilie mit männlichem Hauptversorger, doch auch im Arrangement der Doppelversorgerfamilie mit außerhäuslicher Kinderbetreuung findet sich keine Familie, in der eine vollständig egalitäre Aufgabenteilung alltäglicher Mahlzeitengestaltung vorliegt. Insbesondere der Aspekt der Planung und Organisation obliegt in den Hamburger Familien, mit Ausnahme von Familie 27-HH (Albrecht), den Müttern.

Abwesenheiten

Auffällig ist, dass der Vater unter der Woche die am häufigsten abwesende Person während der gemeinsamen Familienmahlzeiten ist: Der Grund für die Unvollständigkeit beim Frühstück ist i. d. R. die Abwesenheit des Vaters, der zu diesem Zeitpunkt bereits das Haus verlassen hat; findet unter der Woche ein gemeinsames Mittagessen statt, sind hierbei Mutter und Kinder anwesend, während der Vater aushäusig isst (bezogen auf Mahlzeitenschema 2). Während des gemeinsamen Abendessens kommt es vor, dass der Vater wegen der Erwerbsarbeit abwesend ist oder aber die Kinder fehlen, weil sie Nachmittagsaktivitäten, wie Sport, Musik oder Verabredungen mit Freund:innen, nachgehen. Die Abwesenheit der Mutter während der Mahlzeiten stellt in beiden Arrangements eine Ausnahme dar[16].

Weitere Gemeinsamkeiten, die nicht nur zwischen den unterschiedlichen praktizierten Familienarrangements bestehen, sondern auch zwischen den Hamburger und Dresdener Familien und insbesondere die Dimension *Ablauf* betreffen, wurden vorab (Abschnitt 5.1) im Detail dargestellt. Sie tangieren: Regeln und deren Handhabung, Routinen und Rituale sowie Kommunikationsthemen bei Tisch.

5.3   Dresdener Familien: Verhalten zur alltäglichen Mahlzeitengestaltung

Anschließend an die Hamburger Familien werden nachfolgend die Ergebnisse zum Verhalten zur alltäglichen Mahlzeitengestaltung der Dresdener Familien dargestellt. Hierbei werden sowohl die Familien berücksichtigt, in denen beide Eltern in den neuen Bundesländern geboren und aufgewachsen sind (beide Eltern Ost), als auch diejenigen, in denen die Mutter in den neuen und der Vater in den alten Bundesländern geboren und aufgewachsen ist (Mutter Ost, Vater West) (s. Tabelle 5.7). Die Dresdener Familien verteilen sich wie folgt auf die beiden Arrangements.

---

[16] Abgesehen von Familie 27-HH (Albrecht), in der der Vater eher für die alltägliche Mahlzeitengestaltung der Familie zuständig ist und die Mutter während der Woche des Tagebuchausfüllens auf Grund von Erwerbstätigkeit an mehreren Tagen nicht an den gemeinsamen Mahlzeiten teilnimmt.

Tabelle 5.7 Verteilung der Dresdener Familien auf die Arrangements

Dresden

	Vereinbarkeitsfamilie	Doppelversorgerfamilie
	Mutter Teilzeit, Vater Vollzeit	Beide Eltern Vollzeit(-nah)
Beide Eltern Ost	12-DD (Löscher) 14-DD (Nohl) 17-DD (Quedlin)	1-DD (Anders) 2-DD (Boll) 3-DD (Carow) 6-DD (Fahrenhorst) 8-DD (Hempe) 13-DD (Möller) 16-DD (Pauls)
Mutter Ost, Vater West		11-D# (Kaufmann) 15-D# (Olsen)

Hinweis: Die Namen der Familien wurden vollständig anonymisiert
Quelle: Eigene Datenerhebung

Tabelle 5.7 verdeutlicht, dass das Arrangement der Doppelversorgerfamilie mit außerhäuslicher Kinderbetreuung, in dem beide Eltern Vollzeit(-nah) erwerbstätig sind, unter den Dresdener Familien des Samples mit 9 der 12 Familien dominiert. Drei der Dresdener Familien praktizieren das Arrangement der Vereinbarkeitsfamilie mit männlichem Hauptversorger. Die Ergebnisse beider Arrangements werden zunächst anhand der Dimensionen *Stattfinden* und *Anwesende, zeitlicher Umfang* sowie *Zuständigkeit*[17] analysiert, bevor sie abschließend miteinander ins Verhältnis gesetzt sowie Unterschiede und Gemeinsamkeiten untersucht werden, um charakteristische Merkmale zu identifizieren (Abschnitt 5.3.4).

5.3.1 Stattfinden und Anwesende

Mit Hilfe der Tagebuchaufzeichnungen und den Schilderungen in den Interviews wurde auch für die Dresdener Familien zunächst die Dimension *Stattfinden* analysiert und identifiziert, welche Mahlzeiten innerhalb einer Woche inhäusig stattfinden[18]. Anschließend wurde die Dimension *Anwesende* analysiert und

---

[17] Die Dimension Ablauf wurde bereits vorab in Abschnitt 5.1 analysiert.

[18] Wieder wurden hierbei alle Mahlzeiten in die Betrachtung einbezogen, die sich unter der Anwesenheit von mindestens zwei Familienmitgliedern vollziehen.

überprüft, bei welcher der Mahlzeiten die vollständige Familie anwesend ist[19].
Auf diese Weise lassen sich für die Dresdener Familien, bezogen auf die Tage
von Montag bis Freitag, zwei Mahlzeitenschemata (3 und 4) erkennen[20]. Diese
werden in der Tabelle 5.8 aufgezeigt und die Familie werden ihnen zugeordnet.

Tabelle 5.8   Mahlzeitenschemata – Dresden

Mahlzeitenschemata (Montag – Freitag)			
	Inhäusige Mahlzeiten	Mutter Teilzeit, Vater Vollzeit	Beide Eltern Vollzeit(-nah)
1	Frühstück Mittag (HMZ) Abendessen		
2	Frühstück Mittag (1–2 DPW) Abendessen (HMZ)		
3	Frühstück – Abendessen (HMZ)	12-DD, 17-DD	1-DD, 2-DD, 3-DD, 6-DD, 8-DD, 13-DD, 16-DD 11-D#
4	– – Abendessen (HMZ)	14-DD	15-D#

Hinweis: HMZ steht für Hauptmahlzeit; DPW steht für Tage pro Woche (days per week); DD = Dresdener Familie (Mutter Ost, Vater Ost), D# = Dresdener Familie (Mutter Ost, Vater West)
Quelle: Eigene Datenerhebung

   Tabelle 5.8 verdeutlicht zudem, dass keine der Dresdener Familien das Mahlzeitenschema 1 oder 2 praktiziert. Im Mahlzeitenschema 1 finden die drei
Mahlzeiten Frühstück, Mittag und Abendessen unter der Woche täglich inhäusig statt. Im Mahlzeitenschema 2 finden das Frühstück und das Abendessen unter
der Woche täglich inhäusig statt und an ein bis zwei Tagen zusätzlich ein inhäusiges Mittagessen. Demnach findet in keiner der Dresdener Familien unter der
Woche ein inhäusiges Mittagessen statt. Die Mahlzeitenschemata 3 und 4 werden
nachfolgend dargestellt, wobei auch auf die Familien Bezug genommen wird, die
dem jeweiligen Schema zugeordnet werden können.

---

[19] Eine tabellarische Übersicht zur Auswertung der Dimensionen Stattfinden und Anwesende findet sich im Anhang im elektronischen Zusatzmaterial.

[20] Zur Übersichtlichkeit und für den späteren Vergleich der Modelle und Städte werden die Mahlzeitenschemata 1 und 2 in der Tabelle mit aufgeführt.

5.3.1.1   Mahlzeitenschema 3

In allen Familien, die dem dritten Schema zugeordnet werden können, findet täglich ein inhäusiges Frühstück sowie ein inhäusiges Abendessen statt. Hierbei ist besonders auffällig, dass beide Mahlzeiten ausnahmslos stattfinden und an keinem Tag der Woche entfallen. Mittags essen unter der Woche alle Familienmitglieder ausnahmslos aushäusig.

Bezüglich der Anwesenheiten ist festzuhalten, dass während des Frühstücks häufig ein Elternteil auf Grund von Erwerbsarbeit abwesend ist. Auffällig ist, dass es sich hierbei, besonders im Arrangement der Doppelversorgerfamilie mit außerhäuslicher Kinderbetreuung, häufig um die Mutter handelt (1-DD, 2-DD, 6-DD, 8-DD, 16-DD[21]).

In der Regel findet das Abendessen mit der vollständigen Familie statt. Zwar wird es während der Woche des Tagebuchausfüllens in keiner der Familien an allen Tagen mit der vollständigen Familie eingenommen, da Mutter oder Vater an mindestens einem Tag abwesend ist. Dennoch handelt es sich um die Mahlzeit, die am ehesten mit allen Familienmitgliedern eingenommen wird und die zentrale Mahlzeit im Familienalltag abbildet:

Und dann machen wir Abendbrot. […]. Und wir essen meistens Brot, also kalt abends, aber auch immer zusammen. Und da gibt es dann halt Schnitte mit Aufstrich, Belag. (Familie 6-DD (Fahrenhorst) Itv., Pos. 24)

5.3.1.2   Mahlzeitenschema 4

Auch im Mahlzeitenschema 4, in dem das Abendessen die einzige inhäusige bzw. gemeinsame Mahlzeit des Tages darstellt, bildet die Abwesenheit einzelner Familienmitglieder eine Ausnahme:

Genau, nein, aber eigentlich unter der Woche sind wir meistens alle komplett zum Abendbrot. Also, es ist selten, sagen wir mal in drei Wochen eben mal, dass einer nicht da ist. (Familie 14-DD (Nohl) Interview, Pos. 9–10)

Das Frühstück wird, wie auch das Mittagessen, unter der Woche aushäusig eingenommen, d. h. in der Kita, der Schule oder bei der Erwerbsarbeit. Frau Nohl erklärt im Interview, dass die Kinder in Ausnahmen eine Kleinigkeit essen, bevor sie morgens das Haus verlassen:

---

[21] In den Familien 3-DD, 11-D# und 12-DD fehlen während des Frühstücks unter der Woche die Väter; die Familien 13-DD und 17-DD nehmen das Frühstück i. d. R. mit der vollständigen Familie ein.

Wenn manchmal eine von denen sehr zeitig wach ist, dann mache ich meistens noch eine kleine Knabberschüssel zurecht oder schneide ich ein bisschen Obst, dass die einfach hier schon was Kleines gegessen haben. Da gibt es eben, was ich schnell zur Hand habe, ein paar Salzbrezeln oder ein bisschen Popcorn, sowas. Einfach, dass sie was zu kauen haben oder eben Obst. Und ja, dann, wie gesagt, die frühstücken alle auswärts. (Familie 14-DD (Nohl) Interview, Pos. 5)

Aus dem Mahlzeitentagebuch von Familie Olsen (15-D#) geht hervor, dass die einzelnen Familienmitglieder am Morgen unterschiedliche Zeitrhythmen haben und ein gemeinsames Frühstück unter der Woche daher eine Ausnahme darstellt.

In beiden Schemata (3 und 4) stellt das Abendessen die familiäre Hauptmahlzeit dar, wobei besonders auffällig ist, dass das Abendessen in allen Dresdener Familien ausnahmslos stattfindet und an keinem Tag des Tagebuchausfüllens entfallen ist.

5.3.1.3 Zwischenmahlzeit

Auch eine Zwischenmahlzeit ist fester Bestandteil im Verhalten zur alltäglichen Mahlzeitengestaltung der Dresdener Familien, wobei diese meist individualisiert stattfindet und nicht als gemeinsame und familiäre Mahlzeit einzuordnen ist:

Ja, und wenn ich die Kinder aus der Einrichtung abhole, dann gibt es meistens ein Brötchen vom Bäcker oder auch wieder so eine kleine Knabberei. Paar Gummibärchen im Auto gleich, weil die meistens Hunger haben. (Familie 14-DD (Nohl) Interview, Pos. 5)

Diese Zwischenmahlzeit findet in den Dresdener Familien des Arrangements der Vereinbarkeitsfamilie mit männlichem Hauptversorger inhäusig, in denen des Arrangements der Doppelversorgerfamilie mit außerhäuslicher Kinderbetreuung aushäusig, das heißt in der Schule oder dem Kindergarten, statt.

5.3.2 Zeitlicher Umfang

Da das Abendessen in den ausgearbeiteten Mahlzeitenschemata als familiäre Hauptmahlzeit betrachtet werden kann (hier Schema 3 und 4), wird die Dimension des *zeitlichen Umfangs* nachfolgend am Beispiel dieser Mahlzeit[22] (wie zuvor für die Hamburger Familien) dargestellt. Es werden der zeitliche

---

[22] Zur Information finden sich zusätzlich Tabellen zum zeitlichen Umfang des Frühstücks unter der Woche im Anhang im elektronischen Zusatzmaterial.

Umfang für die Zubereitung wie auch für das gemeinsame Essen analysiert. Die Ergebnisse beziehen sich auf die Werktage von Montag bis Freitag.

Tabelle 5.9   Zeitlicher Umfang des Abendessens – Dresden

Zeitlicher Umfang der Zubereitung

−	15–20 Minuten		+
⟵		⟶	
Mutter Teilzeit, Vater Vollzeit			
	14-DD		12-DD, 17-DD
Beide Eltern Vollzeit(-nah)			
	3-DD, 6-DD, 8-DD, 16-DD		1-DD, 2-DD, 13-DD
	15-D#		11-D#

Zeitlicher Umfang des gemeinsamen Essens

−	20–30 Minuten		+
⟵		⟶	
Mutter Teilzeit, Vater Vollzeit			
			12-DD, 14-DD, 17-DD
Beide Eltern Vollzeit(-nah)			
	2-DD, 3-DD, 8-DD, 13-DD		1-DD, 6-DD, 16-DD
	15-D#		11-D#

Hinweis: DD = Dresdener Familie (Mutter Ost, Vater Ost), D# = Dresdener Familie (Mutter Ost, Vater West)
Quelle: Eigene Datenerhebung

In der Tabelle 5.9 wurde als Richtwert ein zeitlicher Umfang von 15 bis 20 Minuten für die Zubereitung des Abendessens und von 20 bis 30 Minuten für das gemeinsame Abendessen gewählt. Auf der linken Seite sind die Familien aufgeführt, die weniger Zeit für die Zubereitung und/oder das gemeinsame Essen aufwenden, auf der rechten Seite die Familien, die mehr Zeit für diese Tätigkeiten verwenden. Mit Hilfe der Tabelle 5.9 lassen sich nicht nur die Familien innerhalb eines Arrangements gut miteinander vergleichen, sondern auch die Arrangements untereinander.

In der Tabelle 5.9 ist zunächst auffällig, dass keine der Dresdener Familien, weder des Arrangements der Vereinbarkeitsfamilie mit männlichem Hauptversorger noch des Arrangements der Doppelversorgerfamilie mit außerhäuslicher Kinderbetreuung, mit kurzen Zubereitungs- und Essenszeiten auffällt. Hingegen sind beide Tätigkeiten in einem Großteil der Familien zeitlich ausgedehnt:

> *Ja, und das Abendbrot unter der Woche ist dann eben auch vom Zeitraum meistens ziemlich ausgedehnt, weil wir dann einfach auch noch über den Tag reden. Und also es kann schonmal eine Dreiviertelstunde ziehen, über den Tag reden und noch ein bisschen Gemüse knabbern. (Familie 14-DD (Nohl) Itv., Pos. 5)*

Wie auch in den Hamburger Familien ist die Zubereitungszeit davon abhängig, welche Lebensmittel bzw. Gerichte zubereitet werden. Ein Teil der Familien isst am Abend i. d. R. Brot (zeitlicher Umfang der Zubereitung 15–20 Min.), während der andere (zumindest an einigen Tagen) am Abend kocht (zeitlicher Umfang der Zubereitung > 30 Min). Auch kann die zeitliche Ausgestaltung des Abendessens innerhalb einer Familie variieren:

> *Und da ist es dann halt auch unterschiedlich. Entweder ich koche etwas oder es gibt halt Schnitte. Da ist dann aber halt auch Käse, Wurst können sich die Kinder aussuchen. Aber was es immer dazu gibt, ist ein Gemüseteller. Der ist wichtig, weil, wir sagen halt immer: „Abends lieber noch viel Gemüse essen dazu." (Familie 1-DD (Anders) Itv., Pos. 3)*

In fast allen Familien (Ausnahme 16-DD, 17-DD) handelt es sich um die erste Mahlzeit des Tages, die mit der vollständigen Familie eingenommen wird, wodurch möglicherweise der zeitlich ausgedehnte Umfang des Essens erklärt werden kann.

5.3.3 Zuständigkeit

Es folgen die Ergebnisse in Bezug auf die zentrale Dimension der *Zuständigkeit*. Hierbei werden zunächst die Hamburger Familien des Arrangements der Vereinbarkeitsfamilie mit männlichem Hauptversorger und anschließend die des Arrangements der Doppelversorgerfamilie mit außerhäuslicher Kinderbetreuung analysiert.

5.3.3.1 Arrangement der Vereinbarkeitsfamilie mit männlichem Hauptversorger

In den Dresdener Familien des Arrangements der Vereinbarkeitsfamilie mit männlichem Hauptversorger übernehmen die Mütter die Verantwortung für Planung, Organisation, Einkauf und Zubereitung der Mahlzeiten, wobei die Väter teilweise ins Einkaufen und/oder in die Zubereitung der Mahlzeiten einbezogen sind.

Im Unterschied zu den Hamburger Familien des Arrangements der Vereinbarkeitsfamilie mit männlichem Hauptversorger spricht keine der Dresdener Mütter in den Interviews dem Vater eine Unwissenheit in Bezug auf die alltägliche Mahlzeitengestaltung der Familie zu. Auch ist unter den Dresdener Familien keine, in der der Vater gar nicht in die alltägliche Mahlzeitengestaltung der Familie einbezogen ist und die Mutter vollständig allein zuständig ist.

5.3.3.2 Arrangement der Doppelversorgerfamilie mit externer Kinderbetreuung

Die Zuständigkeit für die alltägliche Mahlzeitengestaltung in den Dresdener Familien des Arrangements der Doppelversorgerfamilie mit außerhäuslicher Kinderbetreuung lässt sich, wie auch die Zuständigkeiten der Hamburger Familien des Arrangements der Doppelversorgerfamilie mit außerhäuslicher Kinderbetreuung, in drei verschiedene Kategorien unterteilen: (1) Alleinverantwortlichkeit: Bei Familie 1-DD (Anders) fällt die Verantwortung für die alltägliche Mahlzeitengestaltung in den Aufgabenbereich der Mutter, wobei der Vater in geringem Maße mit einbezogen ist. (2) Hauptverantwortlichkeit: In der Kategorie der Hauptverantwortlichkeit trägt ein Elternteil die Hauptverantwortung und übernimmt den größeren Anteil der Aufgaben, während der jeweils andere unterstützend tätig ist und ebenfalls einen Teil der Aufgaben übernimmt. Bei Familie 3-DD (Carow) und 13-DD (Möller) liegt die Hauptverantwortung bei der Mutter, bei Familie 2-DD und 8-DD bei dem Vater. (3) Geteilte Verantwortlichkeit: Die Aufgaben der alltäglichen Mahlzeitengestaltung sind zu annähernd gleichen Teilen zwischen den Eltern aufgeteilt. Dies betrifft Familie 6-DD (Fahrenhorst), 11-D# (Kaufmann) und 16-DD (Pauls). Festzuhalten ist, dass die Aufgabenteilung auch in diesen Familien nicht vollständig egalitär ist, da ein Elternteil, wenn auch in geringem Maße, eher für die alltägliche Mahlzeitengestaltung der Familie zuständig ist. Bei Familie 15-D# (Olsen) handelt es sich um die einzige Familie des gesamten Samples, in der eine vollständig egalitäre Aufgabenteilung alltäglicher Mahlzeitengestaltung zwischen den Eltern vorliegt.

5.3.4   Zusammenfassung des Verhaltens zur alltäglichen Mahlzeitengestaltung der Dresdener Familien

In den folgenden Abschnitten werden die Ergebnisse der alltäglichen Mahlzeitengestaltung der Dresdener Familien in Bezug auf das Arrangement der Vereinbarkeitsfamilie mit männlichem Hauptversorger und das Arrangement der Doppelversorgerfamilie mit außerhäuslicher Kinderbetreuung gegenübergestellt. Bevor die Gemeinsamkeiten beider Arrangements aufgezeigt werden, wird zunächst auf die Unterschiede im Verhalten zur alltäglichen Mahlzeitengestaltung zwischen den Dresdener Familien des Arrangements der Vereinbarkeitsfamilie mit männlichem Hauptversorger und denen des Arrangements der Doppelversorgerfamilie mit außerhäuslicher Kinderbetreuung eingegangen.

5.3.4.1   Unterschiede zwischen den beiden Arrangements

Zwischen den Dresdener Familien des Arrangements der Vereinbarkeitsfamilie mit männlichem Hauptversorger und denen des Arrangements der Doppelversorgerfamilie mit außerhäuslicher Kinderbetreuung lassen sich Differenzen im Verhalten zur alltäglichen Mahlzeitengestaltung feststellen, die die Themen Zwischenmahlzeiten, Anwesenheiten und Zuständigkeiten betreffen, die nachfolgend zusammengefasst werden.

Zwischenmahlzeiten
Ein Unterschied im Verhalten zur alltäglichen Mahlzeitengestaltung zwischen den Dresdener Familien des Arrangements der Vereinbarkeitsfamilie mit männlichem Hauptversorger und denen des Arrangements der Doppelversorgerfamilie mit außerhäuslicher Kinderbetreuung ist, dass ausschließlich in den Familien des Arrangements der Vereinbarkeitsfamilie mit männlichem Hauptversorger eine häusliche Zwischenmahlzeit am Nachmittag stattfindet (i. d. R. individualisiert). In den Familien des Arrangements der Doppelversorgerfamilie mit außerhäuslicher Kinderbetreuung kommt eine solche Zwischenmahlzeit auf Grund der Zeitrhythmen nicht zustande, wobei die Kinder diese in den Betreuungseinrichtungen einnehmen.

Anwesenheiten
Im Dresdener Arrangement der Doppelversorgerfamilie mit außerhäuslicher Kinderbetreuung ist, anders als im Dresdener Arrangement der Vereinbarkeitsfamilie mit männlichem Hauptversorger, in vielen Familien die Mutter die bei

den Mahlzeiten abwesende Person, was besonders bei der Betrachtung der Frühstücksmahlzeit auffällt.[23]

Auch in Bezug auf die *Anwesenheit* während des Abendessens sind Unterschiede festzustellen. Während das Abendessen im Arrangement der Vereinbarkeitsfamilie mit männlichem Hauptversorger in aller Regel mit der vollständigen Familie stattfindet, kommt es im Arrangement der Doppelversorgerfamilie mit außerhäuslicher Kinderbetreuung eher vor, dass die Mutter oder der Vater auf Grund von (meist beruflichen) Terminen abwesend sind.

Zuständigkeiten
In Bezug auf die Dimension der *Zuständigkeit* lässt sich als Unterschied zwischen den beiden Arrangements feststellen, dass in allen Dresdener Familien des Arrangements der Vereinbarkeitsfamilie mit männlichem Hauptversorger eine weitestgehend alleinige Verantwortung der Mutter für die alltägliche Mahlzeitengestaltung besteht und der Vater (in eher geringem Maße) unterstützt. Hingegen finden sich im Dresdener Arrangement der Doppelversorgerfamilie mit außerhäuslicher Kinderbetreuung zum einen Familien, in denen ein Elternteil zwar die Hauptverantwortung für die alltägliche Mahlzeitengestaltung übernimmt, der jeweils andere Elternteil jedoch mit einem bedeutenden Anteil einbezogen ist. In den Familien 3-DD und 13-DD übernimmt die Mutter die Hauptverantwortung, in den Familien 2-DD und 8-DD der Vater. Zum anderen sind Familien vertreten, in denen sich die Eltern die anfallenden Aufgaben der alltäglichen Mahlzeitengestaltung zu fast identischen Anteilen teilen (in Familie 6-DD übernimmt der Vater einen etwas größeren Anteil, in Familie 11-D# und 16-DD die Mutter). Die Aufgabenteilung der Familie 15-D# lässt sich als egalitär bezeichnen.

5.3.4.2 Gemeinsamkeiten zwischen den beiden Arrangements
Neben den aufgezeigten Differenzen lassen sich im Vergleich der beiden Arrangements auch Gemeinsamkeiten zwischen den Dresdener Familien des Arrangements der Vereinbarkeitsfamilie mit männlichem Hauptversorger und denen des Arrangements der Doppelversorgerfamilie mit außerhäuslicher Kinderbetreuung feststellen, die nachfolgend dargestellt werden.

Mahlzeitenschemata
Es fällt auf, dass in beiden Arrangements das Mahlzeitenschema 3, in dem unter der Woche das Frühstück und das Abendessen inhäusig stattfinden und das Mittagessen ausnahmslos aushäusig, dominiert. Auch das Mahlzeitenschema 4, in

---

[23] Siehe dazu auch Tabelle 47 im Anhang im elektronischen Zusatzmaterial.

dem ausschließlich das Abendessen gemeinsam stattfindet, ist in beiden Arrangements zu finden. Anhand des Datenmaterials wird eine umfassende Bedeutung der Außer-Haus-Verpflegung für die alltägliche Mahlzeitengestaltung deutlich.

Auffällig ist zudem eine deutliche Regelmäßigkeit im Verhalten zur alltäglichen Mahlzeitengestaltung: Das jeweilige von den Familien praktizierte Mahlzeitenschema wird strikt eingehalten, so dass keine Abweichungen festzustellen sind. In keiner der Familien wird von der Routine abgewichen, so dass ein Ausfall einer Mahlzeit nicht vorkommt.

Zeitlicher Umfang

Bezüglich der Dimension des zeitlichen Umfangs des gemeinsamen Abendessens unter der Woche fällt auf, dass keine der Dresdener Familien mit besonders kurzen Zeiten für die Zubereitung und für die gemeinsame Mahlzeit hervorsticht. Dies kann darauf zurückgeführt werden, dass es sich häufig um die einzige Mahlzeit handelt, die mit der vollständigen Familie eingenommen wird, oder sogar um die erste Mahlzeit, die inhäusig und mit der ganzen Familie stattfindet (Mahlzeitenschema 4).

Zuständigkeiten

Neben den zuvor aufgezeigten Unterschieden zwischen den Arrangements bezüglich der Zuständigkeit besteht die Gemeinsamkeit, dass Alleinverantwortlichkeit für die alltägliche Mahlzeitengestaltung der Familie auch im Arrangement der Doppelversorgerfamilie mit außerhäuslicher Kinderbetreuung zu finden ist. Dies scheint jedoch eher eine Ausnahme zu sein, da hierzu lediglich eine der Familien gezählt werden kann. Frau Anders (1-DD) übernimmt hauptsächlich die alleinige Verantwortung für die alltägliche Mahlzeitengestaltung der Familie, wobei Herr Anders in eher geringem Maße einbezogen ist.

Insgesamt ist ausschließlich in einer der Dresdener Familien (15-D#) eine vollständig egalitäre Aufgabenteilung alltäglicher Mahlzeitengestaltung vorhanden. In den anderen Familien übernimmt ein Elternteil, wenn auch in geringem Maße, einen etwas größeren Teil der alltäglichen Mahlzeitengestaltung als der jeweils andere.

5.4   Städtevergleich: Gegenüberstellung Hamburg und Dresden

An die vorangehende Analyse des Verhaltens zur alltäglichen Mahlzeitengestaltung der Hamburger und Dresdener Familien schließt im Folgenden eine Konkretisierung der charakteristischen Merkmale des Verhaltens zur alltäglichen Mahlzeitengestaltung sowie eine Gegenüberstellung beider Städte an.

5.4.1   Ost-West-Differenzen im Verhalten zur alltäglichen Mahlzeitengestaltung

Im direkten Vergleich des Verhaltens zur alltäglichen Mahlzeitengestaltung in den Hamburger und den Dresdener Familien werden deutliche Unterschiede sichtbar. Diese zeigen sich anhand des Stattfindens inhäusiger Mahlzeiten gegenüber der Inanspruchnahme der Außer-Haus-Verpflegung an einer Regelmäßigkeit im Verhalten zur alltäglichen Mahlzeitengestaltung, anhand der Zuständigkeiten sowie anhand der zeitlichen Ausgestaltung der familiären Hauptmahlzeit. Die genannten Aspekte werden im Folgenden dargestellt sowie die Differenzen zwischen den Hamburger und Dresdener Familien dargelegt.

5.4.1.1   Mittags- und Zwischenmahlzeiten: Inhäusig vs. außer Haus

Während sich in den Mahlzeitentagebüchern und Interviews der Hamburger Familien ein häufigeres Stattfinden inhäusiger Mahlzeiten identifizieren lässt, wird in den Dresdener Familien eine deutlich größere Inanspruchnahme der Außer-Haus-Verpflegung sichtbar. Dieser Kontrast wird anhand verschiedener Aspekte deutlich. Ausschließlich in Hamburg sind Familien vertreten, in denen täglich die drei Hauptmahlzeiten Frühstück, Mittag- und Abendessen zuhause und in Familie stattfinden (Mahlzeitenschema 1). Zudem werden sowohl im Arrangement der Vereinbarkeitsfamilie mit männlichem Hauptversorger als auch im Arrangement der Doppelversorgerfamilie mit außerhäuslicher Kinderbetreuung unter der Woche gemeinsame Mittagsmahlzeiten von den Müttern realisiert. Hier kommen Mutter und Kind(-er) zum gemeinsamen Mittagessen zusammen, meist an ein bis zwei Tagen, während die Kinder an den verbleibenden Tagen außer Haus, d. h. in der Schule oder im Kindergarten essen (Mahlzeitenschema 2).

   In einem Großteil der Familien des Hamburger Arrangements der Vereinbarkeitsfamilie mit männlichem Hauptversorger findet am Nachmittag eine von den Familien als *Knabberpause*, *Knusperpause*, *Teestunde* oder *Kaffeepause* bezeichnete gemeinsame Zwischenmahlzeit statt. Nach der Schule und/oder dem Kindergarten kommen Mutter und Kind(-er) am Tisch zusammen, essen eine Kleinigkeit und tauschen sich über Ereignisse des aktuellen Tages aus, wobei die Erlebnisse der Kinder im Mittelpunkt stehen.

Hingegen nehmen die Dresdner Familien unter der Woche ausnahmslos die Gemeinschaftsverpflegung der Schule und/oder des Kindergartens in Anspruch (Mahlzeitenschema 3). Ein Mahlzeitenschema, in dem unter der Woche eine familiäre Mittagsmahlzeit zuhause stattfindet, ist in keiner der Familien vorhanden. Zwar findet in den Dresdner Familien des Arrangements der Vereinbarkeitsfamilie mit männlichem Hauptversorger ebenfalls eine Zwischenmahlzeit am Nachmittag statt, diese ist in der Regel jedoch individualisiert und dient eher der Befriedigung des Hungers als dem gezielten Austausch zwischen Mutter und Kind(-ern).

5.4.1.2 Außer-Haus-Verpflegung: Unzufriedenheit vs. Zufriedenheit

Eine weitere Unterscheidung zwischen den Hamburger und Dresdner Familien, die direkt mit der Bedeutung inhäusiger Mahlzeiten sowie der Außer-Haus-Verpflegung verwoben ist, zeigt sich darin, dass ein Teil der Hamburger Familien, insbesondere diejenigen, die auch unter der Woche ein inhäusiges Mittagessen realisieren, ihre Unzufriedenheit über die Schulspeisung der Kinder artikulieren. Zentral ist hierbei häufig die unzureichende Qualität des Essens sowie dass die Eltern keinen Überblick darüber haben, welche Lebensmittel ihre Kinder zu sich nehmen:

> *Und manchmal, wenn Sophie [8] nichts Anständiges in der Schule bekommen hat oder es ihr nicht schmeckte, dann mache ich noch ein Rührei oder ein Spiegelei. (Familie 19-HH (Schipper) Itv., Pos. 7)*

Eine solche Unzufriedenheit geht weder aus den Mahlzeitentagebüchern noch aus den Interviews der Dresdner Familien hervor. Ob die Qualität des Essens in Schulen und Kindergärten der alten Bundesländer tatsächlich minderwertiger ist als in den neuen Bundesländern, lässt sich an dieser Stelle nicht feststellen.

5.4.1.3 Mahlzeitenschema: Variabilität vs. Regelmäßigkeit

Der zuvor angeführte Aspekt, dass die Dresdner Familien unter der Woche ausnahmslos auf die institutionelle Gemeinschaftsverpflegung zurückgreifen, hat zur Folge, dass das Verhalten zur alltäglichen Mahlzeitengestaltung der Dresdner Familien einer größeren Regelmäßigkeit unterliegt als das der Hamburger

Familien. Dies zeigt insbesondere der Vergleich der Mahlzeitentagebücher. In Dresden finden die Mahlzeiten Frühstück und/oder Abendessen, je nach Mahlzeitenschema, unter der Woche ausnahmslos statt. Während der Woche des Tagebuchausfüllens ist in keiner der Dresdener Familien eine der Mahlzeiten entfallen. Insgesamt ist das Mahlzeitenschema in allen Dresdener Familien von Montag bis Freitag identisch (Mahlzeitenschema 3 oder 4), während sich die Schemata an einzelnen Wochentagen in einem Teil der Hamburger Familien unterscheiden (Mahlzeitenschema 2). Bezüglich des Stattfindens und auch der Anwesenheiten ist in Hamburg eine größere Variabilität zu verzeichnen. Insbesondere die Analyse des Abendessens zeigt, dass es in den Dresdener Familien häufiger mit der vollständigen Familie stattfindet. Mahlzeitenschema 3 und Mahlzeitenschema 4, in denen das Mittagessen ausnahmslos aushäusig stattfindet, scheint in Dresden stark historisch verinnerlicht zu sein.

5.4.1.4 Zuständigkeiten: Alleinige Verantwortung der Mutter vs. Einbezug des Vaters

Sowohl im Hamburger als auch im Dresdener Arrangement der Vereinbarkeitsfamilie mit männlichem Hauptversorger sind Familien vorhanden, deren Aufgabenteilung bei der alltäglichen Mahlzeitengestaltung als traditionell bezeichnet werden kann. Hierbei werden jedoch zwei Abstufungen deutlich. Entweder die Mütter übernehmen die alleinige Verantwortung für Planung, Organisation, Einkauf und Zubereitung der Mahlzeiten oder die Mütter übernehmen die Hauptverantwortung für die genannten Tätigkeiten, wobei die Väter teilweise ins Einkaufen und/oder die Zubereitung der Mahlzeiten einbezogen sind. Auffällig ist an dieser Stelle, dass in Dresden in keiner Familie des Arrangements der Vereinbarkeitsfamilie mit männlichem Hauptversorger eine alleinige Verantwortlichkeit der Mutter vorzufinden ist, ohne dass der Vater (wenn auch in geringem Maße) in die alltägliche Mahlzeitengestaltung einbezogen ist. Der Einbezug der Väter scheint hier selbstverständlich zu sein, was u. a. anhand sprachlicher Formulierungen in den Interviews deutlich wird. Während die Hamburger Mütter hauptsächlich in der Ich-Form von der alltäglichen Mahlzeitengestaltung berichten, sprechen die Dresdener Mütter fast ausschließlich in der Wir-Form.

Ein weiterer bedeutender Unterschied zwischen den Hamburger und Dresdener Familien, der die Zuständigkeit für die alltägliche Mahlzeitengestaltung betrifft, besteht in einem Phänomen, das ich als Delegationsdilemma bezeichne. Dieses Delegationsdilemma lässt sich ausschließlich in den Hamburger Familien des Arrangements der Vereinbarkeitsfamilie mit männlichem Hauptversorger beobachten. Die Mütter legen dar, dass es einfacher sei, anfallende Aufgaben eigenständig zu erledigen, als diese an den Partner zu delegieren: „Da müsste ich ihm aber ganz genau aufschreiben. Da mache ich das lieber selber" (Familie 25-HH (York) Itv., Pos. 31). Die Mütter geben an, dass sie alleinig für die Planung zuständig seien und ihre Partner, anders als sie selbst, keinen Überblick über die Lebensmittelvorräte und die anfallenden Aufgaben hätten. Den Vätern wird eine Unwissenheit in Bezug auf die alltägliche Mahlzeitengestaltung zugesprochen. Insgesamt ist hier eine Schwierigkeit zu erkennen, Aufgaben an den Partner abzugeben und darauf zu vertrauen, dass dieser die Aufgaben so gut ausführt, wie die Mütter es selbst tun würden. Werden die Hamburger Väter des Arrangements der Vereinbarkeitsfamilie mit männlichem Hauptversorger in die alltägliche Mahlzeitengestaltung der Familie einbezogen, erhalten sie von den Müttern genaue Anweisungen.

Eine solche Zuschreibung der väterlichen Unwissenheit geht weder aus den Mahlzeitentagebüchern noch aus den Interviews der Dresdener Familien hervor. Ebenso wenig wird den Dresdener Vätern die Fähigkeit zum Kochen abgesprochen. Dies geschieht insbesondere in einigen Familien des Hamburger Arrangement der Vereinbarkeitsfamilie mit männlichem Hauptversorger. Die Mütter erklären, dass die *Kochleistung* der Väter im Aufwärmen von Tiefkühlprodukten oder dem Zubereiten von spezifischen Gerichten, wie einem Rührei, besteht.

5.4.1.5 Zeitlicher Umfang: Teilweise komprimiert vs. eher ausgedehnt

Insbesondere bei der Betrachtung des zeitlichen Umfangs des gemeinsamen Abendessens sowie dessen Zubereitung fällt auf, dass keine der Dresdener Familien des Samples mit kurzen Zeiten hervorsticht. Anders verhält es sich in einem Teil der Hamburger Familien, in denen für die Zubereitung weniger als 15 Minuten und für das gemeinsame Essen weniger als 20 Minuten aufgewendet werden. Dieser Unterschied kann damit erklärt werden, dass es sich bei dem gemeinsamen Abendessen der Dresdener Familien häufig um die erste Mahlzeit des Tages handelt, die mit der vollständigen Familie eingenommen wird, oder sogar um die einzige gemeinsame Mahlzeit des Tages (Mahlzeitenschema 4), weshalb sich die Familien an dieser Stelle viel Zeit zum Austausch nehmen. Hingegen finden in einem Teil der Hamburger Familien inhäusige Mittagsmahlzeiten oder gemeinsame Zwischenmahlzeiten statt, bei denen die Familie zwar nicht vollständig anwesend ist, die aber dennoch dem Austausch dienen.

5.4.2 Ost-west-mobile Eltern

Im Folgenden werden diejenigen Familien, in denen die Mutter in den neuen und der Vater in den alten Bundesländern geboren und aufgewachsen ist (ost-west-mobile Eltern[24]), noch einmal gesondert aufgegriffen. Die nachfolgende Tabelle 5.10 zeigt, dass es sich hierbei insgesamt um sieben Familien des Samples handelt. Hiervon leben fünf Familien in suburbanen Räumen Hamburgs und zwei in suburbanen Räumen Dresdens. Drei der Hamburger ost-west-mobilen Eltern praktizieren das Arrangement der Vereinbarkeitsfamilie mit männlichem Hauptversorger, zwei das Arrangement der Doppelversorgerfamilie mit außerhäuslicher Kinderbetreuung. Beide Dresdener Familien praktizieren das Arrangement der Doppelversorgerfamilie mit außerhäuslicher Kinderbetreuung.

Tabelle 5.10 Ost-West-mobile Eltern

Ost-West-mobile Eltern		
	Mutter Teilzeit, Vater Vollzeit	Beide Eltern Vollzeit(-nah)
Hamburg	5-H# (Ebel) 13-H# (Mauermann) 14-H# (Neubert)	6-H# (Flemming) 15-H# (Otto)
Dresden		11-D# (Kaufmann) 15-D# (Olsen)

Hinweis: Die Namen der Familien wurden vollständig anonymisiert
Quelle: Eigene Darstellung

Auffällig ist, dass verschiedene charakteristische Merkmale der Hamburger Familien auch in denjenigen Hamburger Familien identifiziert werden können, in denen die Mutter in den neuen und der Vater in den alten Bundesländern geboren und aufgewachsen ist. Dies betrifft z. B. die Praktizierung des Mahlzeitenschemas 2 (5-H# und 14-H#), in dem die Mütter unter der Woche ein gemeinsames Mittagessen für sich und die Kinder realisieren. Dieses Schema wird in keiner der Dresdener Familien des Samples ausgeführt. Gleiches gilt für die gemeinsame Zwischenmahlzeit am Nachmittag, die als *Knabberpause*, *Knusperpause*, *Teestunde* oder *Kaffeepause* bezeichnet wird (5-H#). Die Adaption dieser regionalen Charakteristika verdeutlicht, dass neben dem Wohnort

---

[24] Der in der Überschrift verwendete Begriff *ost-west-mobil* geht zurück auf Grunow/Müller (2012).

auch eine Ost-West-Partnerschaft Einfluss auf das Verhalten zur alltäglichen Mahlzeitengestaltung der Familien nehmen kann.

Keine der Familien des Arrangements der Doppelversorgerfamilie mit außerhäuslicher Kinderbetreuung (Mutter Ost, Vater West), weder in Hamburg noch in Dresden, realisiert unter der Woche ein inhäusiges Mittagessen. Viel eher wird eines der Mahlzeitenschemata 3 oder 4 eingehalten und ausnahmslos die Außer-Haus-Verpflegung in Anspruch genommen.

5.5   Verdichtung der analysierten Fälle zu Typologien

Durch die Analyse konnten eindeutige Differenzen zwischen den Familien des Arrangements der Vereinbarkeitsfamilie mit männlichem Hauptversorger und denen des Arrangements der Doppelversorgerfamilie mit außerhäuslicher Kinderbetreuung sowie zwischen den Hamburger und Dresdener Familien festgestellt werden. Es wird jedoch gleichermaßen ersichtlich, dass das Verhalten zur alltäglichen Mahlzeitengestaltung nicht nur sehr vielseitig, sondern auch sehr individuell ist. Dies zeigen beispielhaft Familie 11-HH (Krämer) und Familie 26-HH (Zimmer), die beide dem Arrangement der Vereinbarkeitsfamilie mit männlichem Hauptversorger zuzuordnen sind, in suburbanen Räumen Hamburgs leben und dasselbe Mahlzeitenschema praktizieren. Aus dem Datenmaterial gehen, trotz der genannten Gemeinsamkeiten, eine Reihe von Differenzen im Verhalten zur alltäglichen Mahlzeitengestaltung hervor, die sich z. B. auf Aspekte der Planung, Organisation und Struktur beziehen[25].

In den folgenden Abschnitten werden die analysierten Fälle zu Typologien verdichtet, da auf diese Weise heterogene Gegenstände und differenzierte Handlungsmuster angemessen identifiziert und strukturiert werden können (Kull/Riedmüller 2007, 28), mit dem Ziel, *Sinn* und *Bedeutung* verschiedener Merkmalskombinationen zu erfassen (Kelle/Kluge 2010, 90 f.). Wie vorab in Abschnitt 4.4.2 ausführlich dargelegt, handelt es sich bei dem angewendeten Verfahren um eine polythetische Typenbildung, d. h. die Bildung erfolgt mit direkter Bezugnahme auf die Empirie (Kuckartz 2016, 150). Die Daten werden nach einem Mini-Max-Prinzip zu Typen aufbereitet; die Ausprägung der Merkmalsdimensionen eines Typus weist also nach innen eine minimale und nach außen eine maximale Unterschiedlichkeit auf (Kruse 2015, 621; Tippelt 2018, 212). Deshalb sind die

---

[25] Die Differenzen wurden teilweise bereits in Abschnitt 5.2.1 angeführt und werden in der nachfolgenden Typologie tiefergehend behandelt.

Familien, die den Typen zugeordnet werden, nicht völlig identisch, aber einander besonders ähnlich (Kuckartz 2016, 151).

Bei den insgesamt sechs gebildeten Typen handelt es sich um: (1) die hingebungsvollen Kümmerinnen, (2) die flexiblen Pragmatikerinnen, (3) die engagierten Fürsprecher:innen, (4) die gelassenen Enthusiast:innen, (5) die systematischen Organisator:innen und (6) die unbekümmerten Improvisator:innen.[26] Bevor diese einzeln dargestellt werden, wird vorab das Gruppierungsverfahren im Detail aufgeschlüsselt, das sich insbesondere an den zentralen Typisierungsdimensionen (1) Grad der Geregeltheit und (2) Aufgabenteilung alltäglicher Mahlzeitengestaltung orientiert. Das Kapitel der Typenbildung schließt mit einer Zusammenhangsanalyse (Abschnitt 5.5.9), die herausarbeitet, welche Faktoren eine hohe und welche eine niedrige Ausprägung der jeweiligen Typisierungsdimension bedingen.

5.5.1 Gruppierungsverfahren anhand markanter Bedeutungsgegenstände

Aus der vorangehenden Darstellung der Ergebnisse, insbesondere aus den Unterschieden zwischen dem Arrangement der Vereinbarkeitsfamilie mit männlichem Hauptversorger und dem Arrangement der Doppelversorgerfamilie mit außerhäuslicher Kinderbetreuung, aber auch zwischen den Hamburger und Dresdener Familien, lassen sich anhand der Dimensionen Stattfinden, Anwesende, Zeitlicher Umfang, Ablauf und Zubereitung, zwei *besonders markante Bedeutungsgegenstände* (Mayring 1988, 90) herausziehen. Diese lassen sich als die Typisierungsdimensionen (1) Grad der Geregeltheit und (2) Aufgabenteilung alltäglicher Mahlzeitengestaltung zusammenfassen, die nachfolgend definiert werden. Die Ausprägungen dieser Dimensionen sind zum einen besonders auffällig, zum anderen aber auch von besonderem theoretischem Interesse (Mayring 1988, 90).

5.5.1.1 Definition der Typisierungsdimension 1: Grad der Geregeltheit

Die erste zentrale Typisierungsdimension, der Grad der Geregeltheit, setzt sich aus den zuvor analysierten Dimensionen Stattfinden, Anwesende und Ablauf zusammen. Sie fragt danach, ob eine feste Mahlzeitenstruktur vorhanden ist,

---

[26] Typ 1 und 2 werden im Unterschied zu den verbleibenden Typen nicht gegendert, da ihnen ausschließlich Mütter des Samples zugeordnet werden können.

sprich, ob die verschiedenen Mahlzeiten täglich, aber auch wöchentlich, im gleichen Rhythmus unter Anwesenheit der gleichen Familienmitglieder stattfinden. Von Bedeutung sind zudem die zeitliche Struktur bzw. die Essenszeiten sowie das Bestehen von Regeln, Routinen, Ritualen und Kommunikation. Tabelle 5.11 gibt einen Überblick über die genannten Merkmale:

Tabelle 5.11 Typisierungsdimension 1: Grad der Geregeltheit

Typisierungsdimension 1: Grad der Geregeltheit	
Hoch	– Feste Mahlzeitenstruktur – Feste Essenszeiten, feste zeitliche Struktur – Einkaufsplanung – Bestehen von Regeln, Routinen, Ritualen, Kommunikation ➔ Hohes Maß an Planung, Organisation und Struktur
Gering	– Keine oder variable Mahlzeitenstruktur – Unterschiedliche Essenszeiten, flexible zeitliche Struktur – Spontanes Einkaufen ohne vorherige Planung – Wenig bis keine Regeln, Routinen, Rituale, Kommunikation ➔ Geringes Maß an Planung, Organisation und Struktur

Quelle: Eigene Datenerhebung

Anhand der genannten Merkmale werden die Familien entweder einem hohen oder einem geringen Grad der Geregeltheit zugeordnet. Je mehr der genannten Merkmale erfüllt sind, desto höher werden die Familien eingeordnet bzw. je weniger Merkmale vorhanden sind, desto niedriger ist der Grad, dem sie zugeordnet werden[27].

5.5.1.2 Definition der Typisierungsdimension 2: Aufgabenteilung alltäglicher Mahlzeitengestaltung

Die zweite Typisierungsdimension, die Aufgabenteilung alltäglicher Mahlzeitengestaltung, schließt in erster Linie die Dimension der Zuständigkeit ein, die sich auf die Zu- und Nachbereitung, aber auch auf die Planung und Organisation der Mahlzeiten bezieht. Somit spielen über die Mahlzeiten hinaus auch Aspekte wie das Einkaufen eine Rolle.

---

[27] Diese Zuweisung wird besonders deutlich anhand von Abbildung 5.1 (siehe Ordinatenachse).

Tabelle 5.12 Typisierungsdimension 2: Aufgabenteilung alltäglicher Mahlzeitengestaltung

Typisierungsdimension 2: Aufgabenteilung alltäglicher Mahlzeitengestaltung	
Hoch	(Annähernd) gleichwertige Aufgabenteilung zwischen den Eltern
Mittel	Hauptverantwortlichkeit eines Elternteils, mit Unterstützung durch den jeweils anderen
Gering	Alleinverantwortlichkeit eines Elternteils, ohne oder mit geringfügiger Unterstützung durch den jeweils anderen

Quelle: Eigene Datenerhebung

Tabelle 5.12 zeigt dass die Zuordnung zur Typisierungsdimension 2 anhand von drei verschiedenen Kategorien erfolgt: hoch, mittel und gering. Bei einer hohen Aufgabenteilung alltäglicher Mahlzeitengestaltung sind die Aufgaben zu (annähernd) gleichen Teilen zwischen den Eltern aufgeteilt. Dem steht eine geringe Aufgabenteilung gegenüber, bei der ein Elternteil (hier in allen Fällen die Mutter) die alleinige Verantwortung für die alltägliche Mahlzeitengestaltung der Familie übernimmt. In dieser Kategorie ist der Vater entweder gar nicht oder zu einem geringen Anteil einbezogen. Zwischen diesen beiden Kategorien sind auch solche Familien im Sample vertreten, in denen eine mittlere Aufgabenteilung vorzufinden ist. Dies bedeutet, dass ein Elternteil (Mutter oder Vater) die Hauptverantwortung trägt und den größeren Anteil der Aufgaben übernimmt, während der andere unterstützend wirkt und einen Teil der Aufgaben übernimmt[28].

Anhand der unterschiedlichen Typen, die im Folgenden dargestellt und erklärt werden, zeigen sich zudem Unterschiede in der zeitlichen Ausgestaltung der Mahlzeiten.

5.5.1.3 Zuordnung der Familien entlang der Typisierungsdimensionen

Im Nachfolgenden (Abbildung 5.1) werden die Familien anhand der beiden Typisierungsdimensionen (1) Grad der Geregeltheit (Ordinatenachse) und (2) Aufgabenteilung alltäglicher Mahlzeitengestaltung (Abszissenachse) zugeordnet.

---

[28] Die Zuweisung wird besonders deutlich anhand der Abbildung 5.1 (siehe Abszissenachse).

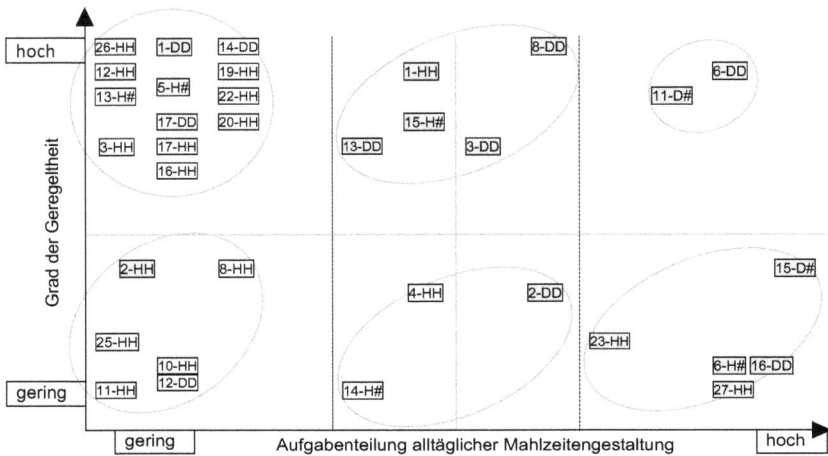

Abbildung 5.1 Zweidimensionale Verteilung der Familien. (Quelle: Eigene Darstellung)

In dem zweidimensionalen Koordinatensystem (Abbildung 5.1) fällt bezüglich der Typisierungsdimension Aufgabenteilung alltäglicher Mahlzeitengestaltung zunächst auf, dass die Familien des Arrangements der Vereinbarkeitsfamilie mit männlichem Hauptversorger (hier weiß hinterlegt) eher einen geringen Grad der Aufgabenteilung aufweisen. In diesen Familien trägt die Mutter die Hauptlast der anfallenden Aufgaben in der alltäglichen Mahlzeitengestaltung. Hingegen besteht in den Familien des Arrangements der Doppelversorgerfamilie mit außerhäuslicher Kinderbetreuung (hier dunkelgrau hinterlegt) eher ein hoher Grad der Aufgabenteilung. Auffällig sind die Familien 1-DD (Anders) und 2-HH (Bodenstein), die trotz der Vollzeiterwerbstätigkeit beider Eltern eine geringe Aufgabenteilung alltäglicher Mahlzeitengestaltung vorweisen und in denen die Mutter die Hauptverantwortung trägt[29]. Auch die Familie 14-H# sticht dadurch hervor, dass trotz des Arrangements der Vereinbarkeitsfamilie mit männlichem

---

[29] Ein Grund könnte in beiden Familien der Schichtdienst des Vaters sein. Dieser Zusammenhang wird in Laufe der Darstellung der Typologie sowie der anschließenden Zusammenhangsanalyse dargestellt.

Hauptversorger der Vater in einem vergleichsweise hohen Maß in die alltägliche Mahlzeitengestaltung einbezogen ist.[30]

Es wird deutlich, dass ausschließlich in einer Familie des gesamten Samples eine vollständig ausgewogene Aufgabenteilung zwischen den Eltern vorherrscht (15-D#). In allen anderen Familien ist ein Elternteil eher für die alltägliche Mahlzeitengestaltung zuständig als der andere.[31]

Bezüglich der Typisierungsdimension Grad der Geregeltheit sind zunächst keine Auffälligkeiten bzw. kein direkter Zusammenhang zwischen der Dimension und den beiden Arrangements erkennbar, und die Familien verteilen sich relativ gleichmäßig auf einen hohen sowie einen geringen Grad der Geregeltheit. Welche Faktoren den jeweiligen Grad der Geregeltheit bedingen, wird in der folgenden detaillierten Beschreibung der einzelnen Typen und der daran anschließenden Zusammenhangsanalyse untersucht. Gleiches gilt für die Typisierungsdimension der Aufgabenteilung alltäglicher Mahlzeitengestaltung.

Abbildung 5.1 legt dar, dass sich anhand der beiden Dimension sechs verschiedene Typen identifizieren lassen (in der Grafik anhand der Kreise erkenntlich). Das Koordinatensystem verdeutlicht zudem, dass die einzelnen Fälle eines Typus nicht vollständig identisch, sondern einander nur besonders ähnlich sind, und sich z. B. in den Ausprägungen der beiden Typisierungsdimensionen unterscheiden:

> *Da sich die Elemente, die zu einem Typ verschmolzen werden, niemals vollständig gleichen, bleiben immer mehr oder weniger große Abweichungen zwischen den Einzelfällen und dem Typus, dem die Einzelfälle zugeordnet werden, bestehen. Dafür entstehen griffige Typen, mit deren Hilfe die komplexe Vielfalt der sozialen Realität einprägsam beschrieben werden kann. (Kull/Riedmüller 2007, 28 f.)*

Die Kreuztabelle (Tabelle 5.13) veranschaulicht die Verteilung der Familien noch einmal übersichtlicher und strukturierter und ist um die Nummerierung der einzelnen Typen ergänzt (Typ 1 bis 6).

---

[30] Ein Grund könnte die Leidenschaft des Vaters für die Themen Kochen und Essen sein. Dieser Zusammenhang wird in Laufe der Darstellung der Typologie sowie der anschließenden Zusammenhangsanalyse dargestellt.

[31] In 30 der 34 Familien des Samples handelt es sich hierbei um die Mutter.

Tabelle 5.13 Typologie von Aufgabenteilung und Grad der Geregeltheit

Mahlzeitengestaltung			
	Aufgabenteilung alltäglicher Mahlzeitengestaltung		
	Alleinverantwortlichkeit	Hauptverantwortlichkeit	Geteilte Verantwortlichkeit
Grad der Geregeltheit — hoch	3-HH (Clausen) 5-H# (Ebel) 12-HH (Lippenberger) 13-H# (Mauermann) 16-HH (Petermann) 17-HH (Quandt) 19-HH (Schipper) 20-HH (Trappmann) 22-HH (Voss) 26-HH (Zimmer) 1-DD (Anders) 14-DD (Nohl) 17-DD (Quedlin) → Typ 1	1-HH (Ackermann) 15-H# (Otto) 3-DD (Carow) 8-DD (Hempe) 13-DD (Möller) → Typ 3	6-DD (Fahrenhorst) 11-D# (Kaufmann) → Typ 5
niedrig	2-HH (Bodenstein) 8-HH (Hagenacker) 10-HH (Jochen) 11-HH (Krämer) 25-HH (York) 12-DD (Löscher) → Typ 2	4-HH (Dambacher) 14-H# (Neubert) 2-DD (Boll) → Typ 4	6-H# (Flemming) 27-HH (Albrecht) 23-HH (Wolf) 16-DD (Pauls) 15-D# (Olsen) → Typ 6

Hinweis: Die Namen der Familien wurden vollständig anonymisiert; HH = Hamburger Familie (Mutter West, Vater West), H# = Hamburger Familie (Mutter Ost, Vater West); DD = Dresdener Familie (Mutter Ost, Vater Ost), D# = Dresdener Familie (Mutter Ost, Vater West)
Quelle: Eigene Darstellung

In der jeweiligen Zelle der Tabelle 5.13 werden zunächst die Hamburger Familien genannt, anschließend die Dresdener (jeweils aufsteigend nach der Nummerierung). Wie in der vorangehenden Darstellung sind die Familien des Arrangements der Vereinbarkeitsfamilie mit männlichem Hauptversorger weiß hinterlegt, die des Arrangements der Doppelversorgerfamilie mit außerhäuslicher

Kinderbetreuung dunkelgrau und die des Arrangements der Doppelversorger-/ Doppelbetreuerfamilie (ausschließlich 4-HH) hellgrau.

In einem Großteil der Familien besteht eine Alleinverantwortlichkeit für die alltägliche Mahlzeitengestaltung (Typ 1 und 2), wobei der erste Typus (hoher Grad der Geregeltheit bei geringem Grad der Aufgabenteilung) am häufigsten vertreten ist. In Ergänzung dazu verdeutlicht die Kreuztabelle, dass in verhältnismäßig weniger Familien eine zu annähernd gleichen Anteilen geteilte Verantwortlichkeit der alltäglichen Mahlzeitengestaltung vorliegt (Typ 5 und 6).

5.5.2 Beschreibung der sechs Typen

Die Typen werden als (1) die hingebungsvollen Kümmerinnen, (2) die flexiblen Pragmatikerinnen, (3) die engagierten Fürsprecher:innen, (4) die gelassenen Enthusiast:innen, (5) die systematischen Organisator:innen und (6) die unbekümmerten Improvisator:innen bezeichnet und nachfolgend im Detail beschrieben. Abbildung 5.2 zeigt eine zweidimensionale Darstellung[32] der sechs gebildeten Typen.

In Abbildung 5.2 wurde für die Bezeichnung der Typen 1 und 2 bewusst die weibliche Form verwendet, da ihnen in der vorliegenden Arbeit ausschließlich Mütter zugeordnet werden können. Hingegen beziehen sich die Bezeichnungen der Typen 3 und 4 auf die Mutter oder den Vater und die Bezeichnungen der Typen 5 und 6 auf das Elternpaar.

Die dichte Beschreibung der einzelnen Typen erfolgt hintereinander (Kuckartz 2016, 157). Hierbei wird jeweils (1) auf die Verortung in der Typologie, d. h. auf die Ausprägungen der beiden Typisierungsdimensionen, (2) auf das praktizierte Familienarrangement, das in dem jeweiligen Typus am häufigsten vertreten ist, (3) auf den Elternteil, der die Hauptverantwortlichkeit übernimmt, (4) auf die Lebensmittelwahl und (5) auf weitere sekundäre Merkmale im Verhalten zur alltäglichen Mahlzeitengestaltung der Familien eingegangen. Bei diesen sekundären Merkmalen handelt es sich um solche Merkmale, die nicht die Hauptgrundlage der Typenbildung waren, jedoch bedeutsame Gemeinsamkeiten zwischen den Familien einen Typus darstellen (Kuckartz 2016, 154).

Die Darstellung der einzelnen Typen orientiert sich an der Vorgehensweise, die Kuckartz als „Bildung eines aus mehreren prototypischen Fällen ‚komponierten'

---

[32] Die zweidimensionale Darstellung im Koordinatensystem dient vor allem dem Verständnis der Typologie. Siehe dazu: Kuckartz (2016, 160).

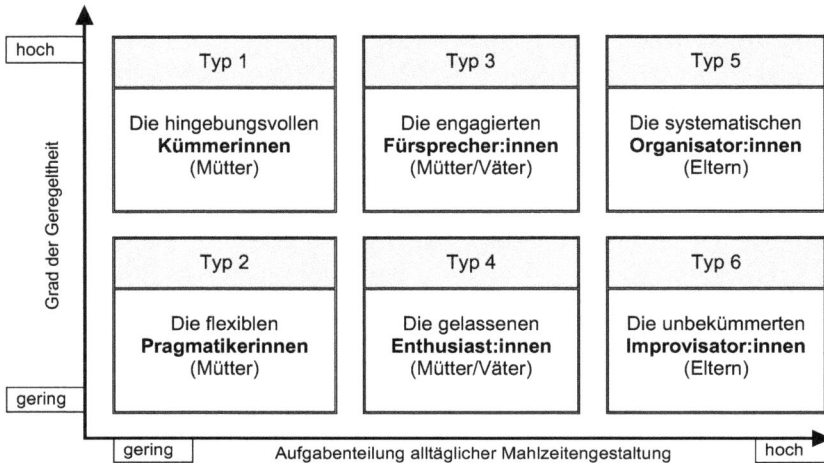

Abbildung 5.2 Zweidimensionale Darstellung der sechs gebildeten Typen. (Quelle: Eigene Darstellung)

idealtypischen Konstrukts" (Kuckartz 1988, 224) bezeichnet und die die qualitativen Daten für eine „Zusammenschau oder Montage der am besten geeigneten Textsegmente" (Kuckartz 2016, 158) aufbereitet:

> *Dafür werden [...] die Fälle ausgewählt, die den gebildeten Typus hinsichtlich möglichst vieler Merkmalsausprägungen deutlich repräsentieren, und aus diesen realen Fällen wird dann ein idealer Vertreter oder „Modellfall" konstruiert. (Kelle/Kluge 2010, 106)*

Das Ziel dieser Vorgehensweise besteht im Komponieren eines ideal gedachten Falls, der den jeweiligen Typus angemessen repräsentieren soll (Kelle/Kluge 2010, 106).

5.5.3   Typ 1: Die hingebungsvollen Kümmerinnen

> *Bei den Herren ist es tatsächlich so, dass sie teilweise gar nicht wissen, was wo im Schrank lagert. Da sind die drei Herren hier bei uns im Haus tatsächlich Prinzen. Was zumindest die Essensvorräte angeht, wir haben einen Zettel am Herd liegen, wo ich jederzeit notiere, was wieder neu eingekauft wird. Sprich, sobald ich merke, dass sich*

*was dem Ende neigt, geht es auf den Zettel fürs nächste Mal Einkaufen mit drauf und
wird dann wieder aufgefüllt. (Familie 26-HH (Zimmer) Itv., Pos. 27)*

Tabelle 5.14 zeigt einen Überblick zu den zentralen Merkmalen des ersten Typus,
die nachfolgend im Detail beschrieben werden.

Tabelle 5.14 Typ 1 im Überblick

Typ 1: Die hingebungsvollen Kümmerinnen	
Typisierungsdimension 1	– Hoher Grad der Geregeltheit
Typisierungsdimension 2	– Geringes Maß der Aufgabenteilung
Praktiziertes Familienarrangement	– Hauptsächlich Arrangement der Vereinbarkeitsfamilie mit männlichem Hauptversorger
Verantwortlicher Elternteil	– Mutter
Lebensmittelwahl	– Bewusster Konsum: Gesundheit, Lebensmittelherkunft
Sekundäre Merkmale	– Ernährungserziehung – Kinderorientierung – Kontrollaspekt – Selbstbeschreibung über Anti-Typus

Quelle: Eigene Datenerhebung

Tabelle 5.14 nimmt zunächst auf die Verortung des ersten Typus in der Typologie bzw. auf die Ausprägungen der beiden zentralen Typisierungsdimensionen
Bezug. Die hingebungsvollen Kümmerinnen zeichnen sich durch ein geringes
Maß der Aufgabenteilung bei einem gleichzeitig hohen Grad der Geregeltheit aus.
Ferner wird in der Tabelle dargestellt, welches der praktizierten Familienarrangements, die in der vorliegenden Arbeit untersucht wurden, in dem ersten Typus
am häufigsten vertreten ist. Hierbei handelt es sich um das Arrangement der Vereinbarkeitsfamilie mit männlichem Hauptversorger[33]. Darüber hinaus nimmt die
Tabelle darauf Bezug, welcher Elternteil in den Familien die Verantwortung für
die alltägliche Mahlzeitengestaltung der Familie übernimmt. In allen Familien des
ersten Typus übernimmt die Mutter die Verantwortung für die alltägliche Mahlzeitengestaltung. In einem Teil der Familien hat sie die Verantwortung vollständig
allein, in dem anderen Teil übernehmen die Väter kleinere Aufgaben. Die Analyse der Einkaufs- und Essensplanung zeigt, dass die Abläufe in der alltäglichen

---

[33] Eine Ausnahme bildet hier Familie 1-DD (Anders), die dem Arrangement der Doppelversorgerfamilie mit außerhäuslicher Kinderbetreuung zuzuordnen ist.

Mahlzeitengestaltung der Familien durch die Planung der Mutter insgesamt stark strukturiert, systematisch und organisiert sind:

> *Ja, ich kaufe ein […] also, wir haben diesen gemeinsamen Kalender, wo ich zum Beispiel dann eben die Essenstermine mit eintrage, dass mein Mann im Prinzip weiß, wann es Essen gibt und was es zu essen gibt. Und wir haben auch eine gemeinsame Einkaufsliste, es ist schon meine Einkaufsliste, aber es ist dann eben doch so, dass man die eben dann eben auch mit zusammen nutzen kann und da trage ich dann alles ein […]. Ich kaufe in der Regel alleine ein, mache ich auch gerne, weil ich-, mir ist das schon wichtig, was wir-, ich versuche regional zu kaufen, wenn es denn geht. Ich suche dann eben auch aus-, versuche da eine Abwechslung reinzubringen, was wir essen mögen immer, weil ich ja weiß, wer was gerne mag oder eben auch gar nicht mag. (Familie 3-HH (Clausen) Itv., Pos. 27)*

Ein weiteres Merkmal, dass in der Tabelle 5.14 dargestellt wird, bezieht sich auf die Lebensmittelwahl der Familien. Bei der Lebensmittelwahl der Familien des ersten Typus steht eine gesunde[34] und ausgewogene Ernährung der Familie, und insbesondere der Kinder, im Mittelpunkt. In der Regel wird mit frischen Lebensmitteln gekocht und Fertigprodukte oder -gerichte werden gemieden:

> *Ich versuche eigentlich so viel wie möglich selbst zu machen. Weil, wie gesagt, dieses Ganze-. Also, ich würde jetzt auch nie irgendwie auf die Idee kommen, im Supermarkt mir irgendwie diese Schalen, wo schon Fertigessen darin ist, würde ich nie auf die Idee kommen, mir das zu kaufen. Weil ich weiß, okay, ich habe so schnell irgendwie ein paar Nudeln gekocht und irgendwie eine Tomatensoße dazu gemacht. Also, das ist echt kein Hexenwerk. Das ist innerhalb von 20 Minuten, halbe Stunde, fertig. Und da weiß ich, was darin ist. (Familie 13-H# (Mauermann) Itv., Pos. 74)*

Im letzten Schritt zeigt die Tabelle 5.14 weitere charakteristische Merkmale der Familien des ersten Typus, die in der Tabelle als sekundäre Merkmale bezeichnet werden. Bei diesen Charakteristika handelt es sich um besonders auffällige Merkmale, die alle Familien dieses Typus gemeinsam haben. Gleichzeitig handelt es sich um Merkmale, die nicht die Hauptgrundlage der Typenbildung waren. Diese sekundären Merkmale wurden im Anschluss an die Zuordnung der Familien zu den einzelnen Typen anhand der beiden zentralen Typisierungsdimensionen herausgearbeitet. Das heißt, zunächst wurden die Familien anhand

---

[34] Die Wortwahl der gesunden Ernährung ist aus den Interviews entnommen. Dass Lebensmittel nicht grundsätzlich in gesund oder ungesund eingeteilt werden können, sondern hierfür verschiedene persönlichen Faktoren von Bedeutung sind, wird ausführlich von den folgenden Autoren dargestellt: Ellrott (2011); Knop (2021).

der Typisierungsdimension 1, dem Grad der Geregeltheit, sowie der Typisierungsdimension 2, der Aufgabenteilung alltäglicher Mahlzeitengestaltung, eingeordnet.
Anschließend wurde analysiert, welche zentralen Gemeinsamkeiten zwischen den
Familien eines Typus bestehen. Die jeweiligen Kategorien wurden also induktiv gebildet. Bei diesen sekundären Merkmalen der Familien des ersten Typus
handelt es sich um die Ernährungserziehung der Kinder, um eine generelle Kinderorientierung, Kontrollaspekte und eine Selbstbeschreibung des Verhaltens zur
alltäglichen Mahlzeitengestaltung mit Hilfe eines Anti-Typus. Diese Aspekte
werden in den nachfolgenden Abschnitten genauer erläutert.

Mit der ausgewogenen Ernährung, die vorangehend erläutert wurde, geht in
den Familien des ersten Typus der Aspekt der Ernährungserziehung einher. Diese
Ernährungserziehung äußert sich in den Daten anhand von Aufklärungs- und Bil-
dungsbemühungen der Eltern in Bezug auf das Essen. Diese Bemühungen werden
anhand des nachfolgenden Beispiels deutlich:

> *Viel ist uns auch wichtig, neue Sachen auszuprobieren, dass die Kinder auch alles
> einfach mal kennenlernen. Und wichtig ist uns auch beim Einkauf, dass die Kinder
> auch die Gemüse- und Obstsorten kennen. Dass, wenn man einkaufen geht, die Kinder
> auch einfach wissen: „Heute holen wir das und das und das." Und die Kinder auch
> zuordnen können: „Wie heißt das? Wie sieht es aus? Und wo finde ich es?" Und wie
> ist es auch-, die Saisongemüsesorten. Also, dass es zum Beispiel zu einer bestimmten
> Zeit immer viele Beerensorten gibt. Dass zum Beispiel die Erdbeere die erste Beere
> ist und die Heidelbeere auch die letzte Beere ist. Dass dann damit-, über den ganzen
> Sommer kommt man und dass man das dann zu der Jahreszeit auch essen sollte. Dass
> es jetzt im Winter keine Erdbeeren gibt. Auch wenn es sie zu kaufen gibt, gibt es keine
> Erdbeeren. (Familie 1-DD (Anders) Itv., Pos. 47)*

Die hingebungsvollen Kümmerinnen zeichnen sich darüber hinaus durch eine
starke *Kinderorientierung* aus, so dass die Kinder im familiären (Ess-)Alltag stark
im Fokus stehen. Ein besonderes Merkmal ist die zuvor dargestellte Lebensmittelwahl, wobei zu ergänzen ist, dass die Ernährung stets an die Bedarfe der Kinder
angepasst wird. Dies gilt z. B. für bestimmte Entwicklungsphasen, aber auch in
Bezug auf mögliche Unverträglichkeiten oder Unbekömmlichkeiten:

> *Und Fructose. Also, wenn wir jetzt auf leeren Magen fünf Weintrauben essen würden,
> dann würden wir sofort einen Blähbauch bekommen oder vielleicht auch Durchfall
> und so. Und deswegen versuchen wir halt schon auf so etwas zu achten. Das wir, wenn
> wir Teestunde machen, dann dürfen die zum Beispiel auch erst ihre Reiswaffel oder
> ihren Keks oder so essen und dann erst das Obst, weil wenn sie das Obst auf leeren
> Magen essen, dann gibt das halt so ein Völlegefühl, so ein Blähgefühl. (Familie 19-HH
> (Schipper) Itv., Pos. 25)*

Insgesamt orientiert sich das Verhalten zur alltäglichen Mahlzeitengestaltung der Familien hauptsächlich am Alltag und an den Bedürfnissen der Kinder und weniger am Alltag und an den Bedürfnissen der Eltern:

Also, ich würde mich freuen, wenn wir die nächsten Jahre weiterhin hier mittags zu viert essen können, was natürlich durch die Schulzeit nachher sich ein bisschen nach hinten verlagern wird. Worüber ich mich dann aber auch freue, wenn ich dann etwas mehr Freiraum für mich kriege. Weil jetzt so diese Zwölf-Uhr-Geschichte ist mit meiner Arbeitszeit momentan sehr schwer zu vereinbaren. Ab Sommer nachher hat der Kleine ja auch bis eins Schule, so dass ich da eine ganze Stunde gewinne, wo sich das hier entspannen sollte. Wenn dem nicht so ist, dann muss ich mir nochmal anders Gedanken machen, wie wir das machen. (Familie 26-HH (Zimmer) Itv., Pos. 37)

Bezüglich der Lebensmittelwahl, aber auch der *Kinderorientierung* lässt sich in den Familien dieses Typus ein gewisser Kontrollaspekt identifizieren. Die Mütter legen Wert darauf, zu wissen, welche Lebensmittel die Kinder zu sich nehmen und in welchem Ausmaß dies geschieht. Dies wird etwa am Beispiel der *Knabberpause*[35] deutlich, die neben dem Austausch zwischen Mutter und Kind(-ern) auch dazu dient zu sehen, was die Kinder essen:

Also, erst mal weiß man, was die Kinder gegessen haben, und zum anderen weiß man einfach selber auch, was man auf den Tisch bringt. Also, damit möchte ich auch nicht unterstellen, dass es in der Schule kein gutes Essen gibt, aber gerade, wenn man seine Kinder ja kennt und auch weiß, wie hungrig sie sind, dann finde ich es auch immer ganz gut, selbst zu schauen, auch wenn Kinder in Wachstumsschüben sind, gibt es ja Phasen, da sind sie etwas dicklicher oder etwas dünner. Wenn man selber einfach so einen Eindruck darüber hat, was sie zu sich nehmen, kann man auch für sich abschätzen, befinden sie sich gerade vor einem Wachstumsschub oder naschen sie heimlich oder was passiert da einfach. Also, man hat eben eine ganz gute Kontrolle, nenne ich das jetzt mal. (Familie 26-HH (Zimmer) Itv., Pos. 39)

Zudem geht es bei der Kontrolle darum, dass die Kinder nicht übergewichtig bzw. „zu dick" werden:

Nein, wir gucken schon ein bisschen, wie gesagt. Die kann Salami essen, aber dann bitte auch mal noch was anderes. Und gerade, weil sie, die Große, ja jetzt ein kleines bisschen zugenommen hat über die Schule, gucken wir dann eben auch, dass sie sich jetzt nicht noch eine Schnitte reinstopft, obwohl sie vielleicht schon satt ist. Man weiß ja in etwa, was sie verträgt. Dann sagt man schon: „Jetzt isst du erstmal Gemüse und deinen Joghurt, und dann guckst du, ob du doch noch Hunger hast." Also, alles in

---

[35] Nicht in allen Familien des ersten Typs findet eine *Knabberpause* statt, aber alle Familien, in denen eine *Knabberpause* stattfindet, sind dem ersten Typen zugeordnet.

allem darf sie sich schon nehmen, was sie will. Aber bei ihr müssen wir ein kleines bisschen aufpassen, dass sie nicht nur das Leckere isst, ja. (Familie 14-DD (Nohl) Itv., Pos. 25)

Häufig schreiben die Mütter der gemeinsamen familiären Mahlzeit eine große Bedeutung zu, und definieren das eigene Verhalten zur alltäglichen Mahlzeitengestaltung durch die Abgrenzung zu anderen Familien. Die Selbstbeschreibung erfolgt mit Hilfe eines Anti-Typus:

Ich kenne jetzt etwas anders nur aus dem Fernsehen und aus Erzählungen. Also, ich war jetzt noch nie irgendwo in einer Familie oder mit dabei, wo dann jeder in sein Zimmer gegangen ist oder sowas. Ich kenne das nur aus dem Fernsehen vielleicht, aber für mich ist das, Gott, ich weiß nicht, ob ich das sagen-, es ist halt so eine asoziale Komponente, wenn man nicht gemeinsam isst. Also natürlich, klar, gibt es jetzt viele Familien, wo das vielleicht-. Jeder arbeitet unterschiedlich oder Schichtdienst oder wie auch immer, aber dass man wenigstens versucht irgendeine Mahlzeit gemeinsam einzunehmen. (Familie 16-HH (Petermann) Itv., Pos. 45)

Der zweite Typus, die flexiblen Pragmatikerinnen, der im Folgenden beschrieben wird, gleicht dem ersten in der Ausprägung der Typisierungsdimension Aufgabenteilung alltäglicher Mahlzeitengestaltung, unterscheidet sich jedoch in der Typisierungsdimension Grad der Geregeltheit.

5.5.4 Typ 2: Die flexiblen Pragmatikerinnen

Also, da ist auch jeder Tag unterschiedlich. Da gibt es keinen Standard, weil mein Mann entweder Früh-, Nacht- oder Spätdienst hat. Je nachdem, wie er arbeitet, arbeite ich. Das heißt, ich-. Mein Mann ist halt im Dreischichtsystem. Wenn er Nachtdienst hat, kommt er um halb sieben nachhause. Dann habe ich aber die Kinder, bringe die nach dem Frühstück und bringe die Kinder in Kindergarten und Schule. Und gehe dann selber arbeiten. (Familie 2-HH (Bodenstein) Itv., Pos. 13)

Tabelle 5.15 zeigt die charakteristischen Merkmale des zweiten Typus und gibt dabei einen Überblick über die Ausprägungen der beiden zentralen Typisierungsdimensionen auf das praktizierte Familienarrangement, das in dem zweiten Typus am häufigsten vertreten ist, auf den Elternteil, der die Hauptverantwortlichkeit übernimmt, auf charakteristische Merkmale, die die Lebensmittelwahl betreffen, und auf sekundäre Merkmale im Verhalten zur alltäglichen Mahlzeitengestaltung, die die Familien dieses Typus gemeinsam haben.

Tabelle 5.15 Typ 2 im Überblick

Typ 2: Die flexiblen Pragmatikerinnen	
Typisierungsdimension 1	– Geringer Grad der Geregeltheit
Typisierungsdimension 2	– Geringes Maß der Aufgabenteilung
Praktiziertes Familienarrangement	– Hauptsächlich Arrangement der Vereinbarkeitsfamilie mit männlichem Hauptversorger
Verantwortlicher Elternteil	– Mutter
Lebensmittelwahl	– Geschmack und Zweckmäßigkeit
Sekundäre Merkmale	– Pragmatismus und Flexibilität – Ernährung als Nebenschauplatz im Alltag – Vertrauensaspekt – Kochen als Anstrengung

Quelle: Eigene Datenerhebung

Wie der erste Typus zeichnet sich auch der zweite, die flexiblen Pragmatikerinnen, durch ein geringes Maß der Aufgabenteilung aus. Die Mutter trägt die
Hauptlast der alltäglichen Mahlzeitengestaltung der Familie, während der Vater
gar nicht oder zu einem geringen Anteil einbezogen ist:

In der Regel bin ich die vorbereitende Person. Das ist-, klar, am Wochenende hilft
mir auch mal mein Mann oder ich spanne die Kinder mit ein, wenn sie auch mal ein
bisschen was schnippeln sollen oder so. Das übt ja auch. Aber in der Regel, sagen wir
mal, zu 80 bis 90 Prozent mache das ich. (Familie 10-HH (Jochen) Itv., Pos. 11)

Eine weitere Gemeinsamkeit zwischen den Typen 1 und 2 besteht darin, dass
ihnen hauptsächlich Familien des Arrangements der Vereinbarkeitsfamilie mit
männlichem Hauptversorger[36] zugeordnet sind. Im Unterschied zum ersten Typen
ist der Grad der Geregeltheit im zweiten Typen eher niedrig zu verorten. Beispielsweise erfolgt das Einkaufen spontan, was teilweise durch die Schichtdienste
der Väter bedingt ist:

Ansonsten bin ich wirklich nicht in der Lage, eine Wochenplanung an Mittagessen
oder so vorzuplanen. Aber das ist auch dadurch bedingt, dass mein Mann immer
unterschiedliche Dienstzeiten hat. Das ist nicht eine Woche früh, eine Woche spät,
eine Woche Nacht, sondern das variiert in der Woche […]. Und dementsprechend ist

---

[36] Eine Ausnahme bildet hier Familie 2-HH (Bodenstein), die dem Arrangement der Doppelversorgerfamilie mit außerhäuslicher Kinderbetreuung zuzuordnen ist.

*es sehr unregelmäßig halt. Und ich bin nicht-. Ja, ich schaffe es einfach nicht mehr,
Wochenplanung da zu erstellen und zu sagen: „Montag essen wir Kartoffelpüree mit
Fischstäbchen, Dienstag essen wir Spaghetti Bolo-." Also, das schaffe ich einfach
nicht. Nein. Es wird halt sich an dem Tag Gedanken gemacht, und dann holt man
das dazu Benötigte. Die dazu benötigten Speisen oder Fleisch kauft man ein. Genau.
(Familie 2-HH (Bodenstein) Itv., Pos. 48–50)*

Die Schichtdienste haben zur Folge, dass ein Einbezug der Väter in die Planung
und Organisation der alltäglichen Mahlzeitengestaltung der Familie erschwert
wird oder die Väter auf Grund dessen nicht an den gemeinsamen Mahlzeiten
teilnehmen können:

*Wenn er Spätschicht hat, dann muss er schon um zwei auf der Arbeit sein. Und das
ist genau die Zeit, wo ich Pius [6] von der Schule abhole. Und dann machen wir ja
quasi das Mittagessen, also, dann könnte er gar nicht mehr mitessen. (Familie 11-HH
(Krämer) Itv., Pos. 15)*

Im Unterschied zum ersten Typus steht eine „gesunde" Ernährung bei den flexiblen Pragmatikerinnen weniger im Blickpunkt. Viel eher geht es um den
Geschmack, so dass häufig „kindgerecht" gekocht wird und der Gesundheitsaspekt in den Hintergrund rückt:

*Da gibt es dann eher so mal Spaghetti mit Tomatensoße oder was wir dann auch mal
machen, ist Pfannkuchen. Oder also, irgendwie so Sachen, die ganz schnell gehen. Hat
natürlich beide Seiten. Einmal ganz positiv, weil es schnell geht, aber auch negativ,
weil es dann vielleicht nicht ganz so gesund ist. (Familie 11-HH (Krämer) Itv., Pos.
15)*

Neben der geschmacklichen Komponente ist auch die Zweckmäßigkeit von
Bedeutung, so dass beispielsweise die Zubereitung möglichst wenig Zeit in
Anspruch nehmen soll:

*Also, wir essen abends im Normalfall eher kalt. Außer dass es vielleicht noch irgendwie
ein Rührei oder so etwas dazu gibt. Irgendetwas Schnelles. Aber eigentlich haben wir
mittags alle warm gegessen, deswegen gibt es dann abends nur noch etwas Kaltes.
(Familie 8-HH (Hagenacker) Itv., Pos. 9)*

Hierbei handelt es sich um eine weitere Unterscheidung zum ersten Typus, in
dem häufig am Abend eine warme Mahlzeit zubereitet wird. Der Pragmatismus
wird zudem daran deutlich, dass sich die Mahlzeiten eher nach der Erwerbsarbeit
der Eltern als nach den Zeiten der Kinder richten:

Bei uns ist eigentlich schwierig, so einen ganz gewöhnlichen Tag, weil bei uns ist jeder Tag vom Ablauf her ja so ein bisschen anders [...]. Und dann kommen die Kinder entweder mittags nachhause oder sie bleiben in der Schule zum Mittagessen und kommen dann erst gegen drei oder vier nachhause, je nach dem. Also, ich mache manchmal mittags Schluss und manchmal arbeite ich länger. Montags da sind sie bei meinem Schwiegervater [...]. Ansonsten dienstags bleiben sie bis nachmittags in der Schule, donnerstags bleiben sie auch bis nachmittags und mittwochs ist mein Tag, wo ich dann mittags schon frei habe und dann irgendetwas koche. (Familie 8-HH (Hagenacker) Itv., Pos. 3)

Das Zitat verdeutlicht, dass für den zweiten Typus ein hohes Maß an Flexibilität charakteristisch ist. Anders als im ersten Typus werden die Mahlzeiten im zweiten Typus eher in den Alltag integriert und weniger der Alltag um die Mahlzeiten herum organisiert. Im Vergleich zum ersten Typus sind die Mahlzeiten weniger zentral im Familienalltag und das Thema Ernährung fungiert eher als Nebenschauplatz. Anstelle eines Kontrollaspekts geht aus dem Datenmaterial des zweiten Typus eher einen Vertrauensaspekt hervor, der sich u. a. darin zeigt, dass die Zwischenmahlzeit am Nachmittag individualisiert eingenommen wird, dass die Kinder auch „ungesunde" Lebensmittel verzehren dürfen bzw. dass keine bis wenige Einschränkungen bei bestimmten Lebensmitteln, beispielsweise Süßigkeiten, bestehen:

Ja, dann Süßkram machen wir eigentlich, wird nicht reglementiert in dem Sinne, dass wir jetzt sagen: „Ah, heute-. Es gibt nur drei Gummibärchen am Tag." Also, es ist immer frei zugänglich [...]. Also, wenn etwas da ist, dann kann es einmal sein, die mampfen einmal zwei Tage am Stück dann wirklich viel Süßkram. Und dann ist aber für zwei Wochen wieder gar nicht interessant. Also, von daher haben wir gesagt, okay, dann, wenn das so läuft und so entspannt läuft, dass wir sagen, okay, man muss da nicht hier eingreifen. (Familie 12-DD (Löscher) Itv., Pos. 37)

Zwar sind die Mütter für die alltägliche Mahlzeitengestaltung der Familie verantwortlich, beschreiben jedoch keine große Leidenschaft für die Themen Essen und Ernährung. Sie erklären u. a., keine guten Köchinnen zu sein, dass ihnen Kochen keinen Spaß bereitet und häufig Ideen fehlen, welche Gerichte zubereitet werden könnten:

Nein, also, was ich merke, ist, dass es mir immer wieder schwerfällt, aber das war auch schon immer so, dass ich jede Woche neu denke: „Was kann ich denn jetzt kochen?" Und dass ich da irgendwie einfach nicht so die Ideen habe. Das wäre schon toll, wenn mir das irgendwie leichter fallen würde. Aber, ja, ich muss ehrlich sagen, dass ich jetzt nicht so die super Köchin bin und da total Spaß dran habe und darin aufgehe. Es wäre natürlich toll, wenn das anders wäre. (Familie 25-HH (York) Itv., Pos. 61)

Während die hingebungsvollen Kümmerinnen (Typ 1) die alltägliche Mahlzeiten-gestaltung der Familie mit Begeisterung betrachten, wird sie von den flexiblen Pragmatikerinnen (Typ 2) eher als Anstrengung empfunden.

5.5.5 Typ 3: Die engagierten Fürsprecher:innen

Aber wir haben immer zusammen Abendbrot gegessen. Und das ist mir super, super-wichtig für die Kinder, dass wir das durchziehen. Auch durch die Pubertät durch. Das wird schwer, das sind zwei Mädchen. Das kann ich verstehen. Das dann irgendwann der Punkt kommt, dass sie einfach nur das Essen nehmen. Und dann irgendwie in ihr Zimmer gehen. Aber das würde ich nie machen, also, das möchte ich nicht zulassen [...]. Ich würde die nicht zwingen wollen. Aber ich würde versuchen, dass wenigstens eine gemeinsame Mahlzeit am Tag eingenommen wird. (Familie 8-DD (Hempe) Itv., Pos. 19)

Die zentralen Merkmale des dritten Typus, die engagierten Fürsprecher:innen, werden in der Tabelle 5.16 dargestellt. Dabei wird auf die Ausprägungen der beiden zentralen Typisierungsdimensionen bzw. die Verortung in der Typologie eingegangen, außerdem auf das praktizierte Familienarrangement, das unter den Familien des dritten Typus am häufigsten vertreten ist, auf denjenigen Elternteil, der die Verantwortung für die Aufgaben der alltäglichen Mahlzeitengestaltung der Familie trägt, auf charakteristische Merkmale, die die Lebensmittelwahl betreffen, sowie auf sekundäre Merkmale, die die Familien dieses Typus gemeinsam haben.

Tabelle 5.16 Typ 3 im Überblick

Typ 3: Die engagierten Fürsprecher:innen	
Typisierungsdimension 1	– Hoher Grad der Geregeltheit
Typisierungsdimension 2	– Mittleres Maß der Aufgabenteilung
Praktiziertes Familienarrangement	– Arrangement der Doppelversorgerfamilie mit außerhäuslicher Kinderbetreuung
Verantwortlicher Elternteil	– Mutter oder Vater als Hauptverantwortliche/r mit Unterstützung durch den jeweils anderen Elternteil
Lebensmittelwahl	– Bewusster Konsum: Gesundheit, Lebensmittelherkunft
Sekundäre Merkmale	– Maßgebendes Engagement eines Elternteils – Orientierung an äußeren Taktgebern – Routinierter (Ess-)Alltag

Quelle: Eigene Datenerhebung

Im Vergleich zu Typ 1 und 2 ist die Aufgabenteilung alltäglicher Mahlzeiten-gestaltung zwischen den Eltern im dritten Typus etwas höher angesetzt und kann als „mittel"[37] eingeordnet werden. Im Typ der engagierten Fürsprecher:innen übernimmt ein Elternteil die Hauptverantwortung für die alltägliche Mahlzeiten-gestaltung der Familie, wobei der jeweils andere Elternteil mit einbezogen ist und beispielsweise die Zubereitung von Mahlzeiten oder Einkäufe übernimmt:

> *Und inzwischen würde ich fast sagen, es ist so, dass wir am Wochenende-, also, an einem Tag kocht der eine und am anderen kocht der andere [...]. Es kann mal sein, dass er beides macht am Wochenende. Und es kann auch mal sein, dass ich beides mache. Aber ich würde mal sagen, dass wir da schon fast bei-, noch nicht ganz, aber fast bei 50/50 angekommen sind. (Familie 1-HH (Ackermann) Itv., Pos. 9)*

Anders als in den ersten beiden Typen kann die Hauptverantwortung im dritten Typus auch bei den Vätern liegen. Dies ist bei einer Familie (8-DD) der Fall, in der der Vater hauptverantwortlich ist und von seiner Frau unterstützt wird:

> *Dieses Kochen oder dieses Vorbereiten oder so was. Dass ich das immer weiß, da hat dann meine Seele Ruhe. Und genau. Also, ich kümmere mich hauptsächlich ums Kochen so. Meine Frau auch mit. Aber mir macht es persönlich auch viel Spaß. Deswegen kümmere ich mich auch viel drum. (Familie 8-DD (Hempe) Itv., Pos. 19)*

In den anderen Familien des dritten Typus ist die Mutter hauptverantwortlich und wird durch den Vater unterstützt.

Der Grad der Geregeltheit ist in diesem Typus hoch einzuordnen[38], was vor allem durch zwei verschiedene Faktoren bedingt ist, die gleichzeitig als cha-rakteristisch für die engagierten Fürsprecher:innen angesehen werden können: (1) das Engagement des hauptverantwortlichen Elternteils und (2) die Orientie-rung an äußeren Zeitgebern. Ein Elternteil weist ein größeres Engagement für die alltägliche Mahlzeitengestaltung der Familie auf als der andere und kann als Fürsprecher:in gemeinsamer Familienmahlzeiten angesehen werden. Neben dem Engagement des hauptverantwortlichen Elternteils sind äußere Taktgeber, wie Schule, Kita und Erwerbsarbeit, für die Mahlzeitenstruktur von zentraler Bedeu-tung. Beide Elternteile weisen einen hohen Grad eines geregelten „Arbeitslebens" auf. Beide sind Vollzeit(-nah) erwerbstätig und halten feste Kernarbeitszeiten

---

[37] Die verschiedenen Abstufungen (hoch, mittel, gering) der Typisierungsdimension *Aufga-benteilung alltäglicher Mahlzeitengestaltung* wurden in Tabelle 5.12 aufgezeigt.

[38] Siehe zu einem hohen Grad der Geregeltheit Tabelle 5.11.

ein. In keiner der Familien sind die Eltern, oder ein Elternteil, im Schichtdienst erwerbstätig.

Unter der Woche wird i. d. R. ein kaltes Abendessen zubereitet[39] und ausschließlich am Wochenende gekocht. Aus diesem Grund steht am Samstag und Sonntag der Geschmack im Vordergrund, wobei auch auf Aspekte wie abwechslungsreiche und ausgewogene Ernährung wertgelegt wird:

> *Also dadurch, dass wir nur zweimal in Woche kochen, gucken wir schon, dass wir Sachen kochen, die die Kinder mögen. Also, wir wissen ja, was sie mögen und was sie nicht mögen. Und klar, gibt es mal ein Essen, was der eine lieber mag und der andere vielleicht nicht so. Aber da legen-, also, das ist nicht, dass wir, keine Ahnung, Linsensuppe kochen und wir wissen beide: Sie mögen es nicht, aber wir finden es toll. Das würden wir dann in der Woche essen abends, ohne die beiden, sowas. Also wir legen schon-, also, da achten wir schon drauf. Weil, das finde ich irgendwie doof. Bei zwei Essen in der Woche ist das ja nicht nötig, dass wir da nur Sachen machen, die sie doof finden. (Familie 1-HH (Ackermann) Itv., Pos. 15).*

Insgesamt zeichnen sich die engagierten Fürsprecher:innen durch einen routinierten (Ess-)Alltag aus, der sich zum einen an äußeren Taktgebern orientiert und für den zum anderen das Engagement eines Elternteils von maßgebender Bedeutung ist, der als Taktgeber, Initiator und Organisator agiert.

5.5.6   Typ 4: Die gelassenen Enthusiast:innen

> *Aber sonst ja, also steckt jetzt kein so ein Wochenplan dahinter. Ich habe, glaube ich, auch Kollegen, die machen sich, glaube ich, für die ganze Woche einen Plan und gehen einmal die Woche einkaufen und kaufen alles. Also, das wäre bei uns nicht möglich. Da sind wir viel zu chaotisch dafür. Oder haben halt also, ja, viel zu viele andere Sachen irgendwie so im Kopf. (Familie 14-HH (Neubert) Itv., Pos. 15)*

Wie bereits in der Darstellung der vorangehenden Typen zeigt Tabelle 5.17 die Verortung des vierten Typus, der gelassenen Enthusiast:innen, in der Typologie. Dies geschieht anhand der beiden zentralen Typisierungsdimensionen und des praktizierten Familienarrangements, das in dem Typus am häufigsten vertreten ist. Darüber hinaus wird in der Tabelle dargestellt, welcher Elternteil die Hauptverantwortung für die alltägliche Mahlzeitengestaltung der Familie übernimmt, welche

---

[39] Anders als im zweiten Typus ist in den Familien des dritten Typus keine fehlende Leidenschaft für Themen der alltäglichen Mahlzeitengestaltung zu verzeichnen. Als Grund für ein kaltes Abendessen werden einerseits Zeitgründe genannt, andererseits die Tatsache, dass alle Familienmitglieder bereits ein warmes Mittagessen eingenommen haben.

charakteristischen Merkmale in Bezug auf die Lebensmittelwahl der Familien zu verzeichnen sind und welche weiteren sekundären Merkmale den Typus der gelassenen Enthusiast:innen auszeichnen. Die genannten Aspekte werden nachfolgend weiter ausgeführt.

Tabelle 5.17 Typ 4 im Überblick

Typ 4: Die gelassenen Enthusiast:innen	
Typisierungsdimension 1	– Geringer Grad der Geregeltheit
Typisierungsdimension 2	– Mittleres Maß der Aufgabenteilung
Praktiziertes Familienarrangement	– Übergreifend
Verantwortlicher Elternteil	– Mutter oder Vater als Hauptverantwortliche/r mit Unterstützung durch den jeweils anderen Elternteil
Lebensmittelwahl	– Bewusster Konsum: Gesundheit, Lebensmittelherkunft
Sekundäre Merkmale	– Aufwendiges und ausgedehntes Kochen – Väter als leidenschaftliche Köche – Vertrauensaspekt – Spontanität

Quelle: Eigene Datenerhebung

Identisch zum dritten Typen ist das Maß der Aufgabenteilung alltäglicher Mahlzeitengestaltung im Typ der gelassenen Enthusiast:innen ebenfalls im mittleren Bereich angesiedelt. Auch hier übernimmt ein Elternteil (Mutter oder Vater) die Hauptverantwortung, während der andere mit einbezogen ist. Im Unterschied zum dritten Typen weist der vierte Typ jedoch einen niedrigen Grad der Geregeltheit auf. Die Erwerbszeiten der Eltern sind wenig strukturgebend, beispielsweise durch Schichtdienste, ein hohes Maß an Flexibilität durch Selbstständigkeit oder flexible Arbeitszeiten.

In diesem Typus sind die verschiedenen praktizierten Familienarrangements gleichermaßen vertreten: Familie 4-HH (Dambacher) gehört dem Arrangement der Doppelversorger/-Doppelbetreuerfamilie an, Familie 14-H# (Neubert) dem Arrangement der Vereinbarkeitsfamilie mit männlichem Hauptversorger und Familie 2-DD (Boll) dem Arrangement der Doppelversorgerfamilie mit außerhäuslicher Kinderbetreuung.

Die gelassenen Enthusiast:innen stechen, im Vergleich zu den anderen Familien des Samples, mit ausgedehnten Zeiten (mind. eine Stunde) für die Zubereitung der Mahlzeiten hervor. In den Familien wird meist ausgiebig und aufwendig gekocht, wobei die Väter als leidenschaftliche Köche agieren, auch dann, wenn

die Hauptzuständigkeit der alltäglichen Mahlzeitengestaltung bei den Müttern
liegt:

*Also, mein Mann backt das Brot auch meistens selber, das macht ihm total Spaß, so
hobbymäßig [...]. Und am Wochenende bekocht Karl, also, der kocht halt gerne so,
macht ihm halt Spaß Und ja, also ist halt so sein Ding. Und wenn er dann Zeit hat
am Wochenende, dann macht er beispielsweise Pizza selber, also macht auch den Teig
selber und alles und die Soßen und so. Oder ihm fällt irgendwie Donnerstag ein ach,
am Freitag könnte ich ja auf dem Nachhauseweg dann noch von diesem Schlachter da
in A-Ort, der dieses Demeter-Fleisch hat, da bringe ich dann irgendwie Gulasch mit
und dann mache ich ein Gulasch für uns am Wochenende. Also, das fällt ihm dann
relativ kurzfristig ein. Also ja, von daher ist es tatsächlich eher fast so, dass wir das
so, also ja, wir machen das spontan, was wir kochen. (Familie 14-HH (Neubert) Itv.,
Pos. 3; 15)*

Dies wird auch in den Schilderungen von Herrn Boll deutlich:

*Ich habe jetzt eben zum Beispiel eine Stunde in der Küche gestanden, habe schön
Zwiebeln angeröstet, Knoblauch mit Chili und eine Sahne-Weißweinsoße, die ich da
gezaubert habe machen, die dient als Grundlage, um die gebratenen Gambas nachher,
die ich eingekauft habe, eben nicht aus einer Aquakultur irgendwo in Taiwan oder
Thailand kommen, sondern, die mit Schleppnetzen gefangen wurden im Südwestpazifik,
zubereiten auf dem Grill und dann werden die da reingeworfen, dann werden wir heute
Abend zum Beispiel selbstgebackenes Maisbrot essen, was wir dann nochmal anrösten
und die Knoblauchzehe hineinreiben und Aioli draufmachen, die hat meine Frau heute
Morgen um sieben gemacht, dass die schon durchzieht und dann schneiden wir uns die
Tomaten drauf, machen Olivenöl, Salz, Pfeffer drauf und dann essen wir das zu diesen
Gambas dazu. (Familie 2-DD (Boll) Itv., Pos. 24)*

Das Zitat verdeutlicht, dass die Familien großen Wert auf die Qualität der Lebensmittel und deren Herkunft legen, was ein charakteristisches Merkmal des vierten
Typus darstellt:

*Wir kaufen schon sehr bewusst, also wir-. Also, ich habe zum Beispiel so eine Gemüse-
kiste, kaufe ich meistens von A-Hof, ich weiß nicht, ob du das kennst? Das ist auch so
ein Biobauer, Demeter-Bauer [...]. Die haben halt diverse Gemüsesorten, was sie halt
selber anbauen. Dann haben die eine eigene Bäckerei, dann haben die eigene Hühner,
also, Eier kann man da frisch kaufen, und die haben halt Rinder und Schweine. Und
das ist halt alles so Demeter-Fleisch. Und das kaufen wir ich würde jetzt mal sagen
zu 50 Prozent, dass wir das einkaufen. (Familie 14-HH (Neubert) Itv., Pos. 13)*

Wie im zweiten Typus besteht auch im vierten Typus ein besonderes Merkmal im Vertrauensaspekt, z. B. darin, dass bezüglich des Essens wenige oder

keine Maßregelungen bestehen. Dies wird anhand des Umgangs mit Süßigkeiten ersichtlich:

> *Dann gibt es noch Nachtisch und dann dürfen die Kinder was Süßes am Nachmittag.*
> *Da essen sie, da kommen meistens Freunde oder sie gehen zu Freunden hin. Dann essen*
> *sie querbeet. Das dürfen sie dann auch am Nachmittag. (Familie 4-HH (Dambacher)*
> *Itv., Pos. 3)*

Ein weiteres charakteristisches Merkmal ist die Spontanität. Diese wird u. a. daran deutlich, dass Reste vom Vortag, wie z. B. Linsensuppe (Familie 14-HH (Neubert) Tgb., Pos. 11), zum Frühstück verzehrt werden, oder daran, dass das Einkaufen ad hoc erfolgt:

> *Vorratshaltung kannst du, also, wir haben das Jahre gemacht, weil ich viel unterwegs*
> *war und dann habe ich immer, wenn ich zuhause war zwei, drei Tage, vorgekocht, dass*
> *die anderen, also die Familie was hatte, wenn ich fünf Tage weg war, haben sie das*
> *eigentlich einfach aus dem Frost rausgeholt und haben sich das einvakuumiert warm*
> *gemacht. Ist jetzt seit einem Jahr anders, das heißt, man spart dadurch unheimlich viel*
> *Geld und hat dadurch weniger Wegwerfzeug. Wir entscheiden uns am Abend nach dem*
> *Abendessen, was gibt es morgen und dann kaufe ich das ein und dann wird das frisch*
> *zubereitet, das heißt, dass das immer von Tag zu Tag seit einem Jahr hier eingekauft*
> *wird, war aber auch mal auf Grund der Lebenssituation anders. (Familie 2-DD (Boll)*
> *Itv., Pos. 46)*

Auch die Zubereitung der Mahlzeiten, inklusive der Zeiten, erfolgt aus der Situation heraus, je nach dem, wer gerade hungrig und zuhause ist:

> *Ja, und dann kommen wir nachhause, dann ist es meistens tatsächlich so, dass die dann*
> *schon um fünf total Hunger haben. Weil sie natürlich irgendwie viel zu wenig in der*
> *Schulkantine gegessen haben. Und dann mache ich, also, meistens koche ich dann halt*
> *was Schnelles. […]. Und dann essen sie manchmal wie gesagt vorher, manchmal geht*
> *es, dann-. Manchmal essen wir auch dann zusammen. Also, es kommt immer darauf*
> *an wie gesagt, was jetzt auch nachmittags war oder wann halt auch jemand zuhause*
> *ist. Also, es ist manchmal auch so, da essen sie nachmittags nochmal einen Apfel, und*
> *dann essen wir zusammen, wenn Karl nachhause kommt, meistens so um halb sieben.*
> *(Familie 14-HH (Neubert) Itv., Pos. 3)*

Insgesamt zeichnen sich die gelassenen Enthusiast:innen durch ein hohes Maß an Spontanität und Vertrauen, durch aufwendiges und ausgedehntes Kochen, meist durch die Väter, die als leidenschaftliche Köche agieren, sowie eine große Bedeutung qualitativ hochwertiger Lebensmittel aus.

5.5.7 Typ 5: Die systematischen Organisator:innen

Also dass man halt so zusammenkommt und das halt immer so ist. Ja, und ich glaube, dass es gerade auch den Kindern so-, das ist halt ein ganz strukturierter Alltag. Also wir hatten, also oder ich hatte auf jeden Fall das Gefühl, dass Kinder das auch brauchen. So dass die wissen so, morgens, abends, das ist so der Rahmen, in dem sich alles so abspielt. (Familie 6-DD (Fahrenhorst) Itv., Pos. 69)

Tabelle 5.18 gibt einen Überblick über die charakteristischen Merkmale des fünften Typus der systematischen Organisator:innen. Sie nimmt dabei Bezug auf die Ausprägungen der beiden zentralen Typisierungsdimensionen, auf das praktizierte Familienarrangement, das am häufigsten vertreten ist, und auf den Elternteil, der für die Aufgaben alltäglicher Mahlzeitengestaltung verantwortlich ist. Des Weiteren werden charakteristische Merkmale der Lebensmittelwahl und weitere sekundäre Merkmale der Familien des fünften Typus dargestellt.

Tabelle 5.18 Typ 5 im Überblick

Typ 5: Die systematischen Organisator:innen	
Typisierungsdimension 1	– Hoher Grad der Geregeltheit
Typisierungsdimension 2	– Hohes Maß der Aufgabenteilung
Praktiziertes Familienarrangement	– Arrangement der Doppelversorgerfamilie mit außerhäuslicher Kinderbetreuung
Verantwortlicher Elternteil	– Beide Elternteile: Geteilte Denkarbeit
Lebensmittelwahl	– Bewusster Konsum: Gesundheit, Lebensmittelherkunft
Sekundäre Merkmale	– Gemeinsame Mahlzeiten für beide Eltern von Bedeutung – Partnerschaftlichkeit – Systematizität – (Religiosität)

Quelle: Eigene Datenerhebung

Der fünfte Typ, die systematischen Organisator:innen, weist in beiden Typisierungsdimensionen eine hohe Ausprägung auf. Die Aufgabenteilung alltäglicher Mahlzeitengestaltung ist zu annähernd gleichen Teilen zwischen den Eltern aufgeteilt, wobei beide Eltern in die Denkprozesse involviert sind und von einer geteilten Denkarbeit[40] gesprochen werden kann, wie das folgende Beispiel verdeutlicht:

> *Genau, also wenn, ich versuche immer so eine Wochenplanung zu machen. Und wir haben einen geteilten, eine geteilte Einkaufsliste, also die online ist, so dass jeder von uns da was raufschreiben kann und der andere sieht es, eine App. Und wir gliedern zum Teil auch, wo diese jeweiligen Lebensmittel oder Sachen, die wir brauchen, halt zu kaufen sind. [...]. Und je nachdem, also, bei mir um die Ecke gibt es eine Drogerie und du kommst am Supermarkt vorbei von der Arbeit. Also, dann organisieren wir das schon so, dass derjenige dann die Sache kauft und dann von der Liste dann. Und dann sieht der andere halt, okay, das brauche ich nicht mehr besorgen. Und beim Essen, meistens beim Frühstück, spricht man dann vielleicht auch nochmal, wer heute vielleicht einkaufen geht. Meistens Christian. (Familie 6-DD (Fahrenhorst) Itv., Pos. 76)*

Charakteristisch für den Typus der systematischen Organisator:innen ist nicht nur, dass beide Eltern Vollzeit(-nah) erwerbstätig sind, sondern auch, dass die Realisierung der gemeinsamen Mahlzeiten für beide Eltern gleichermaßen von Bedeutung ist. Im Datenmaterial zeigt sich deutlich der Aspekt der Partnerschaftlichkeit, der sich nicht nur am hohen Maß der Aufgabenteilung in der alltäglichen Mahlzeitengestaltung zeigt, sondern auch generell an einem hohen Maß der Aufgabenteilung im Familienalltag. Beide Eltern sind gleichermaßen in die alltäglichen Abläufe eingebunden, was anhand des folgenden Beispiels veranschaulicht werden kann:

> *Wir stehen meistens zusammen auf, also Christian und ich, mein Mann. Und dann wecken wir die Kinder. Also, ich wecke meistens Daniel [5] und Christian weckt Michelle [3]. [...]. Genau, das ist dann so, dann ist Frühstücken, dann Zähne putzen nach dem Frühstücken. Also, das ist immer danach, und das machen wir tatsächlich auch alle zusammen, weil wir alle gleichzeitig frühstücken. [...]. Und nach dem Zähneputzen geht es dann eigentlich auch schon los. Da werden die Sachen zusammengepackt. Und dann, je nachdem, wer die Kinder bringt, geht dann mit den Kindern los und der andere zur Arbeit. [...]. Und dann wechseln wir halt immer. Wer die Kinder gebracht hat, der andere holt dann die Kinder von der Kita. (Familie 6-DD (Fahrenhorst) Itv., Pos. 3, 20, 24)*

Ebenso ist die Typisierungsdimension Grad der Geregeltheit hoch einzuordnen. Wie im dritten Typus (bei den engagierten Fürsprecher:innen) spielen hierbei äußere Taktgeber, wie die Erwerbsarbeit, eine bedeutende Rolle für zeitliche

---

[40] Denkarbeit meint unsichtbare Aktivitäten, wie die Planung und Organisation der alltäglichen Mahlzeitengestaltung. Das Thema wird ausführlich in Abschnitt 6.3.1 diskutiert.

Abläufe in der alltäglichen Mahlzeitengestaltung. Charakteristisch ist das Merkmal der Systematizität, das besonders anhand der Einkaufsplanung deutlich wird, die mit einem hohen Maß an Planung und Routine erfolgt:

> Also, wir versuchen immer und so Rezepte auszudenken, dass wir unseren kompletten Wocheneinkauf hinkriegen. Also, dass wir wissen, dass wir verschiedene Sachen für Salat abends zuhause haben oder dass wir wissen, am Samstag gibt es das und am Sonntag gibt es das. (Familie 11-DD (Kaufmann) Itv., Pos. 31)

Insgesamt wird den Mahlzeiten im fünften Typus ein großer Stellenwert im Familienalltag beigemessen. Bei der Wahl der Lebensmittel geht es vor allem um einen bewussten Konsum und die Herkunft der Lebensmittel:

> Wir essen sehr wenig Fleisch und versuchen viel Gemüse zu essen. Oft auch, zumindest im Sommer und im Herbst, aus dem Garten. Also, wir haben einen Schrebergarten und bauen da vieles an. Das versuchen wir dann auch gut zu verarbeiten, dass wir irgendwie alles unterkriegen. (Familie 11-DD (Kaufmann) Itv., Pos. 41)

In den beiden Familien, die diesem Typus entsprechen, nimmt die Religion im (Ess-)Alltag einen großen Stellenwert ein und nimmt Einfluss auf den Ablauf der Mahlzeiten, z. B. in Form von Tischgebeten oder Tischliedern:

> Mittags und, also mittags am Wochenende und zum Abendbrot eigentlich immer sprechen wir meistens so ein Tischgebet und dann sind die Kinder immer ganz heiß noch irgendwie so einen Tischspruch hinterher zu schieben, den sie irgendwie aus dem Kindergarten kennen. (Familie 11-DD (Kaufmann) Itv., Pos. 15)

Es ist nicht auszuschließen, dass auch solche Familien diesem Typen zugeordnet werden können, die in beiden Typisierungsdimensionen starke Ausprägungen aufweisen, in deren Alltag die Religion jedoch keine Rolle spielt. Diese sind in dem Sample der vorliegenden Arbeit jedoch nicht vertreten.

5.5.8 Typ 6: Die unbekümmerten Improvisator:innen

> Also, da sind wir ganz offen. Also, das ist nicht so, dass wir sagen, irgendwelches Lebensmittel oder so gibt es nicht. Also, ich bin da auch so: Das, was die Kinder mögen, sollen sie dann auch essen. Natürlich alles immer im Rahmen. Also, dass es jetzt nicht jeden Tag Pommes gibt, das ist ganz klar. Man versucht es dann irgendwie schon so ein bisschen auszugleichen, aber ansonsten – nö, sind wir da ganz entspannt tatsächlich. (Familie 23-HH (Wolf) Itv., Pos. 35)

Tabelle 5.19 zeigt eine Übersicht zu den Merkmalen des sechsten Typus, die unbekümmerten Improvisator:innen. Dabei gibt sie einen Überblick über die Ausprägungen der beiden zentralen Typisierungsdimensionen und zeigt, welches der praktizierten Familienarrangements am häufigsten vertreten ist und welcher Elternteil die Verantwortung für die Aufgaben der alltäglichen Mahlzeitengestaltung der Familie trägt. Des Weiteren wird dargestellt, welche charakteristischen Merkmale zur Lebensmittelwahl der Familien identifiziert werden konnten und welche weiteren sekundären Merkmale von Bedeutung sind.

Tabelle 5.19 Typ 6 im Überblick

Typ 6: Die unbekümmerten Improvisator:innen	
Typisierungsdimension 1	– Geringer Grad der Geregeltheit
Typisierungsdimension 2	– Hohes Maß der Aufgabenteilung
Praktiziertes Familienarrangement	– Arrangement der Doppelversorgerfamilie mit außerhäuslicher Kinderbetreuung
Verantwortlicher Elternteil	– Beide Elternteile; (Geteilte Denkarbeit)
Lebensmittelwahl	– Geschmack und Zweckmäßigkeit
Sekundäre Merkmale	– Leidenschaftslos (beide Elternteile) – Imbiss/Restaurantbesuche als fester Bestandteil – Ernährung als Nebenschauplatz im Alltag – Vertrauensaspekt

Quelle: Eigene Datenerhebung

Die unbekümmerten Improvisator:innen (Typ 6) weisen einen hohen Grad der Aufgabenteilung alltäglicher Mahlzeitengestaltung zwischen den Eltern auf. Die Aufgaben der alltäglichen Mahlzeitengestaltung der Familie, aber auch die gesamtanfallenden Haushaltsaufgaben sind zu annähernd gleichen Teilen zwischen den Eltern aufgeteilt, wobei (zumindest in einem Teil der Familien) beide Elternteile in die Denkarbeit einbezogen sind:

> *Und es gibt auch keine Regel, wer mehr kocht oder ob jetzt mein Mann oder ich, da gibt es keine. Wer Lust hat, der kocht, und der andere muss was Anderes machen. Der macht dann die Wäsche, ja. (Familie 15-D# (Olsen) Itv., Pos. 24)*

Im Unterschied zum zuvor dargestellten fünften Typus ist der Grad der Geregeltheit im sechsten Typus niedrig angesetzt. Beispielsweise werden Einkäufe in der Regel nicht geplant, sondern spontan ausgeführt:

Ist ganz fürchterlich bei uns. [...]. Wir nehmen uns das immer vor, dass man sagt: „Okay, wir müssen uns wirklich mal hinsetzen am Wochenende und überlegen, was man so über die Woche isst und auch braucht" [...]. Bei uns ist es tatsächlich so, dass wir zu oft einkaufen gehen zwischendurch mal. (Familie 23-HH (Wolf) Itv., Pos. 21)

Während des Einkaufens werden auch ad hoc Lebensmittel ausgewählt, d. h. es wird zuvor in der Regel kein Einkaufszettel geschrieben:

Und dann gucke ich und gehe halt durch die Regale und gucke: Okay, was könnten wir halt sonst noch so brauchen? Weil ich halt-. Bin dann halt oft spontan abends, wenn ich etwas koche. Ich versuche viel, mit Hähnchenbrust zu kochen. Und dann nehme ich mir halt einfach mal Sachen mit. Habe noch keinen Plan, was ich denn genau machen will, ich weiß nur, es gibt das. Das, das möchte ich gerne mitverarbeiten und dann ja. Ich sollte viel öfter einen Plan machen, aber es scheitert dann halt manchmal an den Anforderungen, die man auch sonst im Job hat, dass man dann einfach die Energie dafür aufbringt. (Familie 6-H# (Flemming) Itv., Pos. 41)

Wie im fünften Typus sind auch im sechsten Typus beide Eltern Vollzeit(-nah) erwerbstätig, jedoch unterliegen die Erwerbszeiten keiner so großen Regelhaftigkeit, beispielsweise durch unterschiedliche Zeiten an unterschiedlichen Wochentagen, durch Schichtdienste und Homeoffice-Tätigkeiten:

Es gibt keinen gewöhnlichen Tag. (lacht) Einfach wegen der Aktivitäten der Kinder ist es halt immer ein bisschen schwierig. Und wegen meiner Arbeitssituation. Ich arbeite von zuhause und es sind die Projekte, die dann meine Aufmerksamkeit fordern. (Familie 6-H# (Flemming) Itv., Pos. 3)

In diesem Typus stehen die gemeinsamen Mahlzeiten weniger im Mittelpunkt des familiären Alltags, vielmehr stellt das Thema Ernährung ein Nebenschauplatz dar:

Und das gelingt uns in den Fällen, in denen ich nicht unterwegs bin, weil ich sozusagen auch ehrenamtlich eingespannt bin, dass wir dann zusammen Abendbrot essen. Und ja, die Kinder gehen drei- bis viermal in der Woche trainieren, kann das auch ein bisschen später sein, kann auch manchmal erst so gegen halb acht sein. Aber das versuche ich zumindest immer. (Familie 15-D# (Olsen) Itv., Pos. 16)

Bei der Lebensmittelwahl sind Geschmack und Zweckmäßigkeit zentral, wobei dem „Gesundheitsaspekt" eine eher untergeordnete Bedeutung beigemessen wird:

Also, wir versuchen natürlich so wenig wie möglich jetzt irgendwelche Knorr- oder Maggitüten natürlich zu benutzen, aber ansonsten -. Wir essen auch gerne mal Pommes aus der Fritteuse und Chicken Nuggets und auch ein Schnitzel. Also, ich würde nicht sagen, dass wir -. Na ja, ungesund, weiß ich nicht. Ich glaube, wir sind so ein ganz gutes Mittelmaß. Ich habe ganz gerne abends beim Abendbrot schon die Gurke mit auf dem Tisch und ich versuche auch, den Kindern auch immer irgendwie einen Apfel oder Gurke und Paprika so etwas mitzugeben, aber es gibt dann auch mal, klar, Nutella, Streusel. (Familie 23-HH (Wolf) Itv., Pos. 35)

Anhand der Lebensmittelwahl, aber auch darüber hinaus, ist ein hohes Maß an Vertrauen zu erkennen (wie auch in Typ 2 und 4). Ein weiterer Aspekt, der in direktem Zusammenhang zur Lebensmittelwahl gesehen werden kann, besteht darin, dass auf Seiten der Eltern keine große Leidenschaft für die Themen Essen, Ernährung und Kochen besteht. Auch aus diesem Grund stellen regelmäßige Imbiss- und Restaurantbesuche einen festen Bestandteil in der alltäglichen Mahlzeitengestaltung der Familie dar:

Es gibt aber auch Tage so wie gestern, da war Mittwoch. Mein Sohn [7] hat Training bis- Fußballtraining bis halb sieben. Ich war müde und dann-. Ich sage: „Ich habe Lust auf nichts." Ja, wir sind zu McDonalds gefahren (lächelt), weil auch die große Tochter [10] gerade nicht da ist, dass man irgendetwas Besonderes macht. (Familie 6-H# (Flemming) Itv., Pos. 5)

Auch anhand der Mahlzeitentagebücher wird deutlich, dass häufig eine externe Zubereitung der familiären Mahlzeiten in Anspruch genommen wird. Das Abendessen von Familie Albrecht wird innerhalb einer Woche dreimal durch eine Pizzeria oder eine Pommesbude zubereitet (Familie 27-HH (Albrecht) Tgb., Pos. 13, 24, 25). Daraus ergibt sich insgesamt eine unbekümmerte Haltung gegenüber den Themen Kochen, Essen und Ernährung.

5.5.9 Zusammenhangsanalyse: Ausprägungen der Typisierungsdimensionen

Im vorliegenden Unterkapitel wird die abschließende Phase der Typenbildung, die Zusammenhangsanalyse, noch einmal zusammenfassend dargestellt. Hierbei geht es vor allem um die Darlegung der Zusammenhänge zwischen Typologie und sekundären Variablen[41] (Kuckartz 2016, 147 f.) bzw. um die Analyse inhaltlicher Sinnzusammenhänge (Kelle/Kluge 2010, 91 f.). Dabei gliedert sich das Kapitel der Zusammenhangsanalyse in zwei Unterkapitel. Zuallererst wird auf die unterschiedlichen Ausprägungen der ersten Typisierungsdimension *Grad*

---

[41] Sekundär bedeutet an dieser Stelle, dass es sich um Merkmale und Themen handelt, die nicht die Hauptgrundlage der Typenbildung waren. Siehe dazu: Kuckartz (2016, 158 ff.).

der Geregeltheit Bezug genommen. In einem zweiten Schritt geht es um die Ausprägungen der zweiten Typisierungsdimension Aufgabenteilung alltäglicher Mahlzeitengestaltung. Es wird jeweils dargelegt, welche Faktoren mit einer hohen und einer niedrigen Ausprägung der Typisierungsdimension in Zusammenhang stehen.

5.5.9.1 Grad der Geregeltheit: Unterschiede in Planung, Organisation und Struktur

Mit Hilfe der Typologie, insbesondere der detaillierten Beschreibung der einzelnen Typen, konnten bestimmte Merkmale der Familien identifiziert werden, die in Zusammenhang mit der Ausprägung der Typisierungsdimension Grad der Geregeltheit stehen. Abbildung 5.3 gibt einen Überblick über diese Merkmale. Dabei werden auf der linken Seite solche Merkmale dargestellt, die in Zusammenhang mit einem hohen Grad der Geregeltheit stehen, auf der rechten Seite solche, die in Zusammenhang mit einem niedrigen Grad der Geregeltheit stehen.

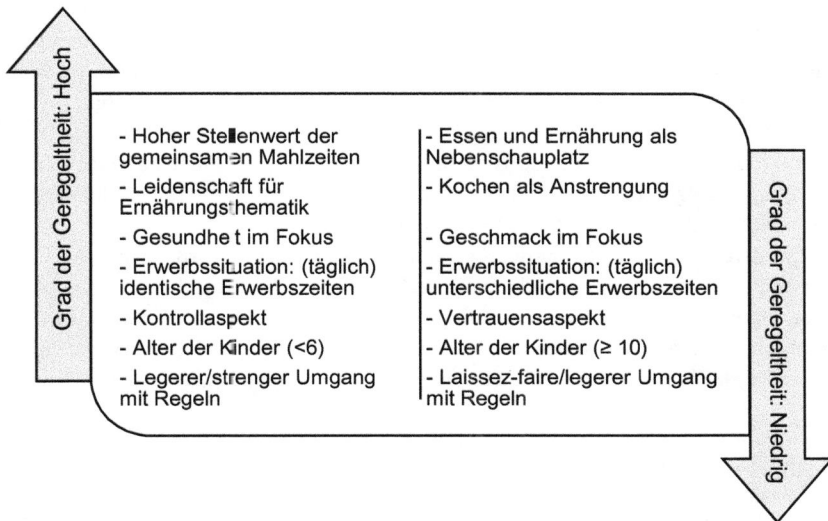

Abbildung 5.3 Ausprägung der Typisierungsdimension 1. (Quelle: Eigene Darstellung)

Die einzelnen Merkmale, die in Abbildung 5.3 dargestellt werden, werden in den nachfolgenden Abschnitten näher erläutert.

Der erste Aspekt, der in Abbildung 5.3 aufgeführt wird, bezieht sich auf den Stellenwert, den die Familien dem Stattfinden der gemeinsamen Mahlzeiten zuschreiben. Aus der Typologie geht hervor, dass in den Familien, in denen ein hoher *Grad der Geregeltheit* vorherrscht, den gemeinsamen Mahlzeiten und deren Realisierung ein hoher Stellenwert beigemessen wird und die gemeinsamen Mahlzeiten im familiären Alltag prioritär sind:

> *Alleine ist halt, nicht traurig, aber alleine schmeckt es vielleicht halt nicht so. Wie es so ist, wenn man alleine isst, ist es nicht so gesellig, als wenn man in der Einheit ist. Und das ist wirklich was, wo man wirklich- wo wir uns alle vier nochmal sehen [...]. Das ist wirklich was zusammen und das würde ich auch nicht missen wollen. (Familie 5-H# (Ebel) Itv.: 7)*

Mit dieser Aussage bringt Frau Ebel den Stellenwert des gemeinsamen Abendessens mit ihrer Familie zum Ausdruck. Sie spricht von Geselligkeit und Zusammensein, bezeichnet die Familie als Einheit, die mit Hilfe der gemeinsamen Mahlzeit versinnbildlicht wird. Es wird deutlich, dass es sich bei dem gemeinsamen Essen nicht nur um ein bloßes Mittel zum Zweck handelt, sondern es weit mehr als die rein physiologische Nahrungsaufnahme zum Gegenstand hat.

Anders verhält es sich in den Familien, in denen ein niedriger *Grad der Geregeltheit* zu verzeichnen ist. Hier sind die gemeinsamen Mahlzeiten im Familienalltag weniger prioritär und die Themen Essen und Ernährung bilden eher einen Nebenschauplatz im täglichen Familienleben.

Der zweite Aspekt, der in der Abbildung 5.3 dargestellt wird, zeigt eine Leidenschaft für die Ernährungsthematik auf der einen Seite und eine Last bzw. Anstrengung auf der anderen, vor allem bezogen auf das Thema Kochen. In den Familien, in denen ein hoher Grad der Geregeltheit vorzufinden ist, weist mindestens ein Elternteil eine Leidenschaft für die Themen Essen und Ernährung auf:

> *Also, ich koche jetzt nicht außergewöhnlich, aber wo ich sage, es macht mir Spaß, ich mag das ganz gerne am Wochenende, weil mit Kochen beschäftigt man sich auch so ein bisschen. (Familie 5-H# (Ebel) Itv., Pos. 5)*

Eine solche Leidenschaft ist in Typ 2 und Typ 6, in denen ein niedriger Grad der Geregeltheit vorherrscht, nicht zu erkennen. Viel eher wird das Kochen als Anstrengung empfunden:

Und ich bin keine Köchin, überhaupt gar nicht. Also, ich bin keine, die sich total gerne in die Küche stellt und kocht. (Familie 11-HH (Krämer) Itv., Pos. 23)

Anders verhält es sich bei Typ 4, den gelassenen Enthusiast:innen. Die Familien weisen einen niedrigen Grad der Geregeltheit bei gleichzeitiger Leidenschaft für die Ernährungsthematik auf. Dies kann möglicherweise damit erklärt werden, dass hier äußere Faktoren, wie die Erwerbsarbeitszeiten der Eltern, einen vollständig geregelten Ablauf nur schwer möglich machen und den niedrigen Grad der Geregeltheit bedingen.

Der dritte Aspekt, der in der Abbildung 5.3 aufgeführt wird, ist der Fokus auf Gesundheit auf der einen Seite und der Fokus auf Geschmack auf der anderen. Die Ergebnisse der Datenanalyse zeigen, dass die Familien mit einer hohen Ausprägung des *Grads der Geregeltheit* i. d. R. großen Wert auf eine „gesunde" und ausgewogene Ernährung, insbesondere der Kinder, legen. Es wird mit frischen Lebensmitteln gekocht, Fertigprodukte und vermeidlich „ungesunde" Lebensmittel werden gemieden:

Und zur Schule gibt es eigentlich immer, ja, beschmierte Brote, aber natürlich dann keine Weizenbrote, sondern eben entweder backen wir selber Brot oder wir nehmen Dinkelbrote und ab und zu, wenn wir in die Stadt kommen, da gibt es ja glutenfreie Brote, greifen wir auch auf die gerne zurück. Schwarzbrot ist immer gerne gesehen und Roggenvollkornbrote werden auch gerne genommen. (Familie 26-HH (Zimmer) Itv., Pos. 21)

Im Unterschied dazu weisen die Familien mit einer geringen Ausprägung des *Grads der Geregeltheit* keine deutliche Priorisierung des Gesundheitsaspekts auf. Viel eher steht hier der Geschmack im Vordergrund. Dies wird besonders anhand der Typen 2 und 6 deutlich, in denen neben dem Geschmack auch die Zweckmäßigkeit von Bedeutung ist. Anders verhält es sich in Bezug auf den dritten Typus, da hier die Qualität der Lebensmittel und das aufwendige und ausgedehnte Kochen charakteristisch ist.

Ferner greift Abbildung 5.3 die Erwerbssituation der Eltern auf. Hierbei spielen sowohl die Lage als auch Grad und Art der Flexibilität der Erwerbsarbeit der Eltern eine Rolle. In den Familien, die einem hohen Grad der Geregeltheit zugeordnet werden können (Typ 1: die hingebungsvollen Kümmerinnen; Typ 3: die engagierten Fürsprecher:innen; Typ 5: die systematischen Organisator:innen), ist kein Elternteil im Schichtdienst erwerbstätig. Insbesondere Typ 3 und 5 zeichnen sich durch ein geregeltes Arbeitsleben der Eltern aus. Beide sind Vollzeit(-nah) erwerbstätig und halten feste Kernarbeitszeiten ein.

In den Familien, die einen niedrigen Grad der Geregeltheit aufweisen, sind die Erwerbszeiten der Eltern, beispielsweise durch Schichtdienste, Selbstständigkeit und/oder flexible Arbeitszeiten, hingegen weniger strukturgebend:

Also, bei uns eher unterschiedlich, weil ich an manchen Tagen ganz lange arbeite und heute zum Beispiel zuhause bin. Also für Haushalt und Einkäufe und so weiter. Deswegen ist es eher unterschiedlich so. (Familie 14-HH (Neubert) Itv., Pos. 3)

Ein weiteres Merkmal, dass in Abbildung 5.3 dargestellt wird, bezieht sich auf das Thema der Kontrolle auf der einen Seite und das Thema Vertrauen auf der anderen. Der Aspekt der Kontrolle zeigt sich besonders stark anhand des ersten Typus, bei einem hohen *Grad der Geregeltheit*. Dieser Kontrollaspekt wird u. a. daran deutlich, dass die Mütter beobachten, welche Lebensmittel die Kinder zu sich nehmen und in welchem Ausmaß dies geschieht. Hierbei geht es auch darum, Übergewicht zu vermeiden.

In alle Familien, die einen niedrigen *Grad der Geregeltheit* aufweisen (Typ 2: die flexiblen Pragmatikerinnen; Typ 4: die gelassenen Enthusiast:innen; Typ 6: die unbekümmerten Improvisator:innen), lässt sich anstelle des Kontrollaspekts das Vertrauen der Eltern in das Verhalten ihrer Kinder identifizieren. Dieses zeigt sich darin, dass Zwischenmahlzeiten individualisiert eingenommen werden, dass Kinder auch „ungesunde" Lebensmittel verzehren dürfen und keine bis wenige Einschränkungen und Maßregelungen bei bestimmten Lebensmitteln bestehen.

Ferner greift Abbildung 5.3 das Alter der Kinder auf. Aus der Analyse geht hervor, dass das Alter der Kinder Einfluss auf den Grad der Geregeltheit alltäglicher Mahlzeitengestaltung nehmen kann. Zwar können alle Kinder des Samples der Altersspanne zwischen drei und dreizehn Jahren zugeordnet werden, jedoch zeigt sich, dass alle Familien, in denen zwei Kinder unter sechs Jahren leben (6-DD, 8-DD, 11-D#), d. h. beide Kinder in den Kindergarten gehen, einen hohen Grad der Geregeltheit aufweisen. Dies fällt mit den Ausführungen der Interviews zusammen, in denen die Familien schildern, dass die alltägliche Mahlzeitengestaltung einem höheren Maß an Struktur unterlag, als die Kinder jünger waren:

Das war früher, als die kleiner waren und nicht im Hort waren. Bis vor fünf Jahren, würde ich sagen, war das immer so, war das alles noch viel mehr natürlich rituali-siert. Nach dem Kindergarten gab es dann Mittagessen und so weiter. (Familie 16-HH (Petermann) Itv., Pos. 29)

In Kontrast dazu weisen fast[42] alle Familien, in denen mindestens ein Kind zehn Jahre oder älter ist (6-H#, 8-HH, 10-HH, 14-H#, 23-HH, 25-HH, 2-DD, 15-DD) und ggf. bereits die weiterführende Schule besucht, einen niedrigen Grad der Geregeltheit auf. Hierbei können verschiedene Aspekte eine Rolle spielen. Zum einen besuchen die Kinder dieser Familien häufig unterschiedliche Schulen, weshalb die alltägliche Malzeitengestaltung an verschiedenen Zeitrhythmen ausgerichtet werden muss. Auch sind die Kinder in diesem Alter bereits deutlich selbstständiger, bspw. in der Gestaltung ihrer Freizeit, und die gemeinsamen Mahlzeiten verlieren an Priorität:

> *Manchmal ist es so, dass das Essen vorher fertig ist und ich nicht weiß, kommt sie nachhause oder nicht? Dann esse ich vielleicht schon mal, weil ich auch Hunger habe. Manchmal ruft sie einfach an und sagt: „Ich gehe noch zu einer Freundin." Und dann habe ich jetzt gewartet und hatte total Hunger. (Familie 17-HH (Quandt) Itv., Pos. 23)*

Der letzte Aspekt, der in Abbildung 5.3 aufgegriffen wird, ist die Handhabung von Regeln. Zu Beginn der Ergebnisdarstellung wurden die Gemeinsamkeiten zwischen den unterschiedlichen praktizierten Familienarrangements sowie zwischen den Hamburger und Dresdener Familien dargestellt (Abschnitt 5.1). Dabei wurde u. a. aufgezeigt, welche Tischregeln in den Familien vorherrschen und dass sich die Familien in Bezug auf die Handhabung dieser Regeln in drei unterschiedliche Kategorien einordnen lassen. In der Tabelle 5.20 werden die Familien des Samples den drei Kategorien der Handhabung von Regeln, Laissez-faire, Leger und Streng, zugeordnet.

---

[42] Ausnahmen bilden hier lediglich Familie 16-HH (Petermann) und 17-HH (Quandt), in denen zwar ein Kind die weiterführende Schule besucht, das Verhalten zur alltäglichen Mahlzeitengestaltung trotzdem einen hohen Grad an Geregeltheit aufweist.

Tabelle 5.20 Zuordnung der Familien zu den Kategorien der Handhabung von Tischregeln

Umgang mit Tischregeln		
Laissez-faire	**Leger**	**Streng**
Vereinbarkeitsfamilie		
11-HH, 14-H#	5-H#, 8-HH, 10-HH, 16-HH, 17-HH, 19-HH, 20-HH, 25-HH 12-DD, 14-DD, 17-DD	3-HH, 12-HH, 13-H#, 22-HH, 26-HH
Doppelversorgerfamilie		
23-HH, 27-HH 2-DD	1-HH, 2-HH, 6-H#, 15-H# 3-DD, 6-DD, 8-DD, 11-D#, 13-DD, 15-D#, 16-DD	1-DD

Hinweis: HH = Hamburger Familie (Mutter West, Vater West), H# = Hamburger Familie (Mutter Ost, Vater West); DD = Dresdener Familie (Mutter Ost, Vater Ost), D# = Dresdener Familie (Mutter Ost, Vater West)
Quelle: Eigene Darstellung

Dabei wird deutlich, dass alle Familien, die in der Handhabung der Regeln der Kategorie *Laissez-faire* zugeordnet werden können, einen geringen Grad der Geregeltheit aufweisen (Typ 2: die flexiblen Pragmatikerinnen; Typ 4: die gelassenen Enthusiast:innen; Typ 6: die unbekümmerten Improvisator:innen). Demgegenüber weisen alle Familien, die in der Handhabung der Regeln der Kategorie *Streng* zugehören, einen hohen *Grad der Geregeltheit* auf.

5.5.9.2 Aufgabenteilung alltäglicher Mahlzeitengestaltung: Unterschiede in den Verantwortlichkeiten

Aus der detaillierten Beschreibung der sechs verschiedenen Typen geht hervor, dass bestimmte Merkmale in Zusammenhang mit der Typisierungsdimension 2, der Aufgabenteilung alltäglicher Mahlzeitengestaltung, stehen. Die nachfolgende Abbildung 5.4 gibt einen Überblick über diese Merkmale. Dabei bezieht sie sowohl solche Merkmale ein, die in Zusammenhang mit einem hohen Grad der Aufgabenteilung alltäglicher Mahlzeitengestaltung stehen, als auch solche, die in Zusammenhang mit einem niedrigen Grad der Aufgabenteilung alltäglicher Mahlzeitengestaltung stehen.

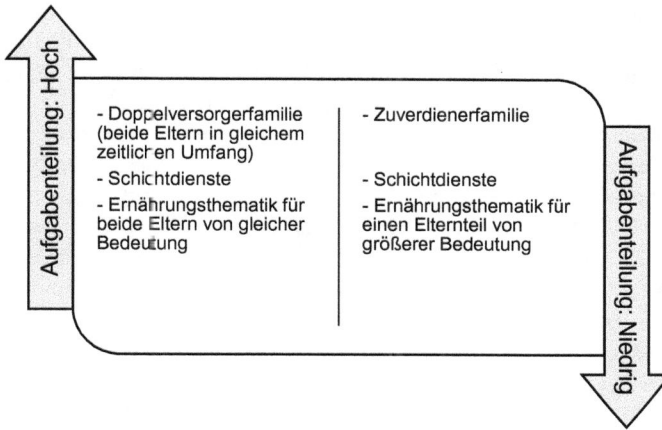

Abbildung 5.4 Ausprägung der Typisierungsdimension 2: Aufgabenteilung alltäglicher Mahlzeitengestaltung. (Quelle: Eigene Darstellung)

Die Merkmale, die in Abbildung 5.4 dargestellt sind, werden nachfolgend nacheinander erläutert. Hierbei wird auf die Bedeutung des praktizierten Familienarrangements, auf die Bedeutung von Schichtdiensten und auf die Bedeutung der Ernährungsthematik für die Eltern eingegangen, und zwar jeweils zur Erklärung von Unterschieden zwischen den Familien in der Aufgabenteilung der Eltern.

Die Datenanalyse zeigt, dass ein Zusammenhang zwischen dem jeweils praktizierten Familienarrangement und der Aufgabenteilung alltäglicher Mahlzeitengestaltung besteht. In fast[43] allen Familien des Arrangements der Vereinbarkeitsfamilie mit männlichem Hauptversorger übernimmt die Mutter die Verantwortung für die alltägliche Mahlzeitengestaltung der Familie, während die Väter gar nicht oder in geringem Maße involviert sind. Im Vergleich dazu ist der Grad der Aufgabenteilung zwischen den Eltern in den Familien des Arrangements der Doppelversorgerfamilie mit außerhäuslicher Kinderbetreuung i. d. R. höher zu verorten, so dass beide Elternteile in die alltägliche Mahlzeitengestaltung eingebunden sind. Gleichzeitig herrscht ausschließlich in einer Familie des gesamten

---

[43] Eine Ausnahme bildet hier Familie 14-H# (Neubert), in der der Vater (trotz Arrangement der Vereinbarkeitsfamilie mit männlichem Hauptversorger) einen bedeutenden Anteil der anfallenden Aufgaben der alltäglichen Mahlzeitengestaltung der Familie übernimmt.

Samples eine vollständig egalitäre Aufgabenteilung alltäglicher Mahlzeitengestaltung zwischen den Eltern (15-D#). In allen anderen Familien ist ein Elternteil eher für die alltägliche Mahlzeitengestaltung zuständig als der andere. Ist ein Elternteil in geringerem zeitlichem Umfang erwerbstätig, so ist dieser eher für die alltägliche Mahlzeitengestaltung verantwortlich bzw. übernimmt den größeren Anteil der Aufgaben. Dies ist auch dann der Fall, wenn sich die Anzahl der Stunden der Erwerbstätigkeit nur in geringem Maße unterscheidet[44]. Auffällig ist, dass die Familien 1-DD (Anders) und 2-HH (Bodenstein) trotz der Vollzeiterwerbstätigkeit beider Eltern eine geringe Aufgabenteilung alltäglicher Mahlzeitengestaltung vorweisen und die Mutter die Hauptverantwortung trägt. Beide Familien haben gemeinsam, dass die Väter im Schichtdienst tätig sind, weshalb sich eine Einbindung in die alltägliche Mahlzeitengestaltung teilweise nur schwer realisieren lässt.

Während die Schichtdienste in den Familien 1-DD (Anders) und 2-HH (Bodenstein) dazu führen, dass die Väter wenig bis gar nicht in die alltägliche Mahlzeitengestaltung eingebunden sind, ermöglicht der Schichtdienst von Herrn Dambacher (4-HH) die aktive Partizipation an der alltäglichen Mahlzeitengestaltung der Familie in Form der Zubereitung des Mittagessens unter der Woche. Auf der einen Seite haben die Schichtdienste zur Folge, dass der Einbezug der Väter in die Organisation der alltäglichen Mahlzeitengestaltung erschwert wird oder die Väter nicht an den gemeinsamen Mahlzeiten teilnehmen können, auf der anderen Seite wird die Partizipation der Väter eben dadurch ermöglicht.

Insgesamt deuten die Ergebnisse darauf hin, dass die Aufgaben der alltäglichen Mahlzeitengestaltung dann eher zwischen den Eltern gleichverteilt sind, wenn die Ernährungsthematik für beide Eltern gleichermaßen von Bedeutung ist. Hierzu zählt z. B. die Bedeutung einer „gesunden" Ernährung der Kinder, aber auch eine geteilte Leidenschaft für die Zubereitung der Mahlzeiten. Sind die genannten Aspekte für einen Elternteil von größerer Relevanz als für den anderen, so übernimmt dieser in der Regel eher die Aufgaben, die in der alltäglichen Mahlzeitengestaltung anfallen.

Die Analyse derjenigen Familien, in denen der Vater die Hauptverantwortung für die Aufgaben der alltäglichen Mahlzeitengestaltung übernimmt, verdeutlicht zudem verschiedene Gemeinsamkeiten zwischen diesen Familien, die nachfolgend kurz zusammengefasst werden. Insgesamt sind die Väter stärker in die alltägliche Mahlzeitengestaltung der Familie einbezogen oder tragen sogar die

---

[44] Ein Beispiel bildet hier Familie 1-HH (Ackermann). Die Mutter ist in einem wöchentlichen Umfang von 34 Stunden erwerbstätig, der Vater von 39, so dass die Mutter die Hauptverantwortlichkeit für die alltägliche Mahlzeitengestaltung der Familie übernimmt.

Hauptverantwortung[45], wenn (1) die Eltern entweder zu gleichen Teilen erwerbstätig sind oder der Vater in geringerem Umfang erwerbstätig ist als die Mutter, (2) die Väter eine große Flexibilität in ihrem beruflichen Kontext aufweisen, beispielsweise durch freie Einteilung der Arbeitszeiten, und (3) großen Spaß am Kochen und/oder Backen haben. Dieser Spaß am Kochen wird durch das nachfolgende Beispiel veranschaulicht:

> *Es gibt Nachtisch und dann ist das innerhalb von einer halben dreiviertel Stunde die zwei Stunden Vorbereitung, die du hattest, die sind dann hinüber, aber mir geht es eigentlich nicht um das Essen an sich, sondern mir geht es um den Spaß und die Freude vorher, dieses Dastehen und so ein Produkt zuzubereiten. (Familie 2-DD (Boll) Itv., Pos. 54)*

Der Spaß des Vaters am Kochen wird auch anhand von Familie 14-H# (Neubert) deutlich, in der der Vater, im Unterschied zu den anderen Familien des Arrangements der Vereinbarkeitsfamilie mit männlichem Hauptversorger, zu einem bedeutenden Anteil einbezogen ist. Die väterliche Leidenschaft wird insgesamt besonders im vierten Typus, bei den gelassenen Enthusiast:innen, ersichtlich.

5.6   Konflikthaftigkeit im Verhalten zur alltäglichen Mahlzeitengestaltung

Im Folgenden werden die Ergebnisse in Bezug auf die Fragestellung (2a), inwiefern bezüglich des Verhaltens zur alltäglichen Mahlzeitengestaltung Konflikthaftigkeit innerhalb der Familie besteht, analysiert. Anhand der Mahlzeitentagebücher sowie der problemzentrierten Interviews werden verschiedene familiäre Essenskonflikte deutlich. Diese Konflikte lassen sich sieben verschiedenen Kategorien zuordnen, die in Tabelle 5.21 dargestellt werden und absteigend nach Häufigkeiten sortiert sind.

---

[45] Es folgen die Familien, in denen die Väter die Hauptverantwortung für die alltägliche Mahlzeitengestaltung tragen oder den größeren Anteil der anfallenden Aufgaben übernehmen: 2-DD (Boll), 6-DD (Fahrenhorst), 8-DD (Hempe), 27-HH (Albrecht).

Tabelle 5.21 Essenskonflikte

Essenskonflikte	
Subkategorie 2 (induktiv)	Subkategorie 3 (induktiv)
Lebensmittelkonflikte	Kritik am Essen
	Auswahl des Essens
Missachtung von Regeln	Rumgehampel und Aufstehen
	Fehlende Tischmanieren
	Kommunikation
Streit (der Kinder)	Futterneid/Fressneid
	Geschrei und Drama
Äußere Einflussfaktoren	Zeitdruck
	Telefon; Türklingel; Fernseher
	Haustiere
Meinungsverschiedenheiten der Eltern	Tischregeln
	Lebensmittelwahl und Zubereitung
Meinungsverschiedenheiten Eltern und Großeltern	
Müdigkeit und Erschöpfung	Der Kinder
	Der Eltern

Quelle: Eigene Datenerhebung

Bei den sechs induktiv gebildeten Kategorien in Tabelle 5.21 handelt es sich um (1) Lebensmittelkonflikte, (2) die Missachtung von Regeln, (3) Streit (der Kinder), (4) äußere Einflussfaktoren, (5) Meinungsverschiedenheiten der Eltern, (6) Meinungsverschiedenheiten zwischen Eltern und Großeltern sowie (7) Müdigkeit und Erschöpfung. Diese Subkategorien 2 werden wiederum in Subkategorien der dritten Ordnung unterteilt. In Bezug auf die Subkategorie 2 *Lebensmittelkonflikte* handelt es sich hierbei um die Subkategorien 3 *Kritik am Essen* und *Auswahl des Essens*. Die Subkategorie 2 Missachtung von Regeln untergliedert sich in die Subkategorien 3 *Rumgehampel und Aufstehen, fehlende Tischmanieren* und *Kommunikation*. In der Subkategorie 2 *Streit (der Kinder)* handelt es sich bei den Subkategorien 3 um *Futterneid/Fressneid* sowie *Geschrei und Drama*. Die Subkategorie 2 *äußere Einflussfaktoren* wird unterteilt in die Subkategorien 3 *Zeitdruck, Telefon; Türklingel; Fernseher* sowie *Haustiere*. Die Subkategorie 2 *Meinungsverschiedenheiten der Eltern* hat die Subkategorien 3 *Tischregeln,* sowie *Lebensmittelwahl und Zubereitung*. In der Subkategorie 2 *Müdigkeit und*

Erschöpfung geht es sowohl um die Situation der *Kinder* als auch die der *Eltern* (Subkategorien 3).

Die Darstellung der Ergebnisse erfolgt entlang der zwei zentralen Dimensionen *innere Widersprüche* und *Verhaltensweisen*. Da die Familien des Samples bezüglich der Essenskonflikte deutliche Gemeinsamkeiten aufweisen, wird die Darstellung übergreifend vorgenommen. Das bedeutet, dass die Gemeinsamkeiten sowohl zwischen den unterschiedlichen praktizierten Familienarrangements bestehen als auch zwischen den Hamburger und Dresdener Familien.

Zunächst werden die auf der manifesten Ebene bestehenden Konflikte, d. h. konkrete Verhaltensweisen, aufgezeigt, daran anschließend Konflikte auf der latenten Ebene, d. h. bezogen auf innere Widersprüche. Es wird eine Verknüpfung beider Ebenen bzw. der beiden Dimensionen deutlich, die anhand der Abbildung 5.5 veranschaulicht wird.

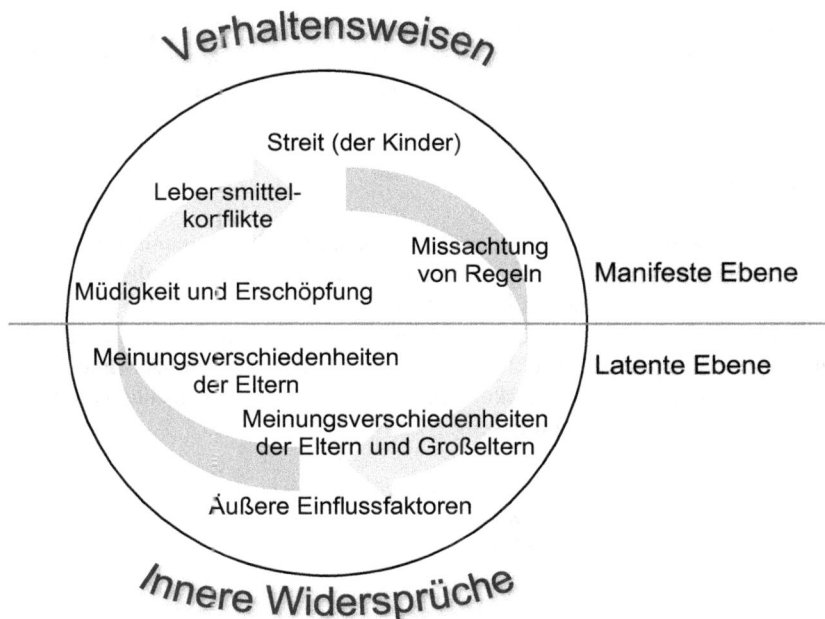

Abbildung 5.5 Konfliktzirkel – Konflikthaftigkeit im Verhalten zur alltäglichen Mahlzeitengestaltung. (Quelle: Eigene Darstellung)

Abbildung 5.5 zeigt einen Konfliktzirkel mit inneren Widersprüchen auf der latenten Konfliktebene und Verhaltensweisen auf der manifesten Konfliktebene. Die Konfliktkategorien in Abbildung 5.5 sind die sieben zentralen Konfliktkategorien Lebensmittelkonflikte, Missachtung von Regeln, Streit (der Kinder), äußere Einflussfaktoren, Meinungsverschiedenheiten der Eltern, Meinungsverschiedenheiten zwischen Eltern und Großeltern sowie Müdigkeit und Erschöpfung (siehe auch Tabelle 5.21). Die Pfeile symbolisieren, dass die inneren Widersprüche die Verhaltensweisen beeinflussen, während die Verhaltensweisen wiederum auf die inneren Widersprüche wirken. Gleichzeitig wird anhand der Pfeile deutlich, dass sich die Kategorien auf beiden Konfliktebenen bewegen können. Dies wird z. B. anhand der Lebensmittelkonflikte deutlich. Wenn die Kinder Kritik am Essen äußern und dadurch Auseinandersetzungen entstehen, handelt es sich zunächst um ein konkretes Verhalten, also um die manifeste Ebene des Konflikts. Gleichzeitig kann jedoch auch die latente Ebene des Konflikts beeinflusst werden, da die Kritik möglicherweise mit dem Wertesystem der zubereitenden Person oder der Person mit Planungsverantwortung inkompatibel ist.

Die nachfolgende Darstellung der Ergebnisse gliedert sich entlang der beiden zentralen Dimensionen Verhaltensweisen und innere Widersprüche.

5.6.1 Verhaltensweisen

Die Dimension der Verhaltensweisen bezieht Konflikte auf der manifesten Ebene, wie Auseinandersetzungen, Streit, Beeinträchtigung in der Realisierung der eigenen Wertvorstellungen und offene Austragungen, ein (Abschnitt 3.2.2).

Ein häufig genanntes Konfliktthema besteht in der Beanstandung des Essens durch die Kinder, die während der gemeinsamen Mahlzeiten zum Ausdruck bringen, dass es ihnen nicht schmeckt (Hauptkategorie (HK): Lebensmittelkonflikte, Subkategorie (SK): Kritik am Essen):

> *Was dann halt unglaublich nervt, ist, wenn sie das Essen nicht mögen, dann wollen sie das natürlich auch nicht essen, sind mäkelig und hopsen die ganze Zeit auf ihren Stühlen rum und sind halt eigentlich schon in Gedanken völlig woanders. (Familie 10-HH (Jochen) Itv., Pos. 11)*

Anhand verschiedener Interviewpassagen wird deutlich, dass die Beanstandung des Essens durch die Kinder häufig weitere Aspekte, wie Unruhe und/oder Diskussionen, zur Folge hat.

Ebenfalls in direktem Zusammenhang mit den Kindern stehen Streitigkeiten der Kinder untereinander, die während der Mahlzeiten ausgetragen werden:

Und dann essen wir zusammen, mehr oder weniger entspannt. Das hängt total vor allem von der Stimmung natürlich der Kinder ab, wie die gerade drauf sind, ob die sich gerade dabei streiten oder ob irgendjemand beleidigt ist oder ob es gut schmeckt oder nicht gut schmeckt und so. (Familie 20-HH (Trappmann) Itv., Pos. 35)

Ein explizites und häufig genanntes Streitthema, das während des Essens unter den Kindern aufkommt, wird von den Interviewten als *Futterneid* oder *Fressneid* bezeichnet.

Wenn es etwas gibt, was nicht in Masse genug da ist. Also neulich hatten wir ein ganz besonderes, für die Kinder ein besonderes Brot. Das war nicht ausreichend verfügbar, wie die Kinder uns das dann gesagt haben. Also zum Schluss, die Kinder hatten die gleiche Anzahl Brote schon gegessen und es war halt nur noch eins übrig. Und das ist ein Riesenthema. Also gerade, wenn es um Besonderheiten geht, also, ich habe die Kinder schon mit Gabel auf das Brot einstechen sehen. Also, das ist teilweise sehr- also, die fauchen sich dann teilweise richtig an, also, weil es so besonders ist, wo ich mir denke, das ist ein Brot. […]. Dann war hier Highlife in Dosen, also, das war richtig extrem. (Familie 5-Hf (Ebel) Itv., Pos. 47)

Es wird erläutert, dass *Futterneid* insbesondere dann aufkommt, wenn es sich um Lebensmittel handelt, die von den Kindern als besonders angesehen werden, nur begrenzt zur Verfügung stehen und/oder ihnen besonders gut schmecken.

Die Ergebnisse der empirischen Untersuchung verdeutlichen einen Zusammenhang zwischen einem stressigen bzw. einem wenig entspannten Ablauf der Mahlzeiten und der Müdigkeit und Erschöpfung der einzelnen Familienmitglieder:

Manchmal ist es einfach, sie sind müde oder haben keinen Bock oder irgendwas, und spielen dann halt nur rum, dann sagen wir dann: „Gut, okay, dann räume bitte deinen Platz ab." (Familie 8-DD (Hempe) Itv., Pos. 13)

Zwar wird die Müdigkeit der Kinder in den Interviews häufiger angesprochen, aber gleichzeitig wird deutlich, dass auch die der Eltern den Verlauf der Mahlzeiten beeinflussen können:

Manchmal entwickelt sich das schon, dass irgendeiner mit schlechter Laune nachhause kommt. Meistens ist es mein Mann, der irgendwie genervt ist von der Arbeit und er ist so ein bisschen der Typ, der das manchmal dann in die Familie so trägt und seine schlechte Laune dann an allen so ein bisschen auslässt. Also, nicht böswillig, sondern einfach halt, weil er überlastet ist und dass dann oft auch nicht so trennen kann, dass die Kinder nichts dafürkönnen, dass er gerade schlecht gelaunt ist. Also, dann eskaliert das manchmal, dass die Kinder irgendetwas harmloses Dummes machen, und er das dann zum Anlass nimmt, seine schlechte Laune dann so ein bisschen an den Kindern auszulassen und eben so kleine Situationen eben sich dann in so Streit hochschaukelt. (Familie 8-HH (Hagenacker) Itv., Pos. 15)

Anhand des Beispiels wird die Konnektivität zwischen der latenten und der manifesten Konfliktebene deutlich. Innere Widersprüche münden in konkreten Verhaltensweisen und umgekehrt. Diese Verbindung lässt sich auch in Bezug auf die Missachtung der geltenden Tischregeln[46] feststellen. Diesbezüglich wird am häufigsten die Nichteinhaltung der Regel Sitzenbleiben genannt:

Und ich versuche denen zu sagen: „Nein, jetzt essen wir." Aber die springen ständig auf und ich versuche sie ständig wieder auf ihrem Hintern festzunageln. Aber das ist schwierig. (Familie 4-HH (Dambacher) Itv., Pos. 11)

Direkt damit verknüpft sind die Themen still, ordentlich und gerade sitzen, die ebenso häufig in den Interviews angeführt werden und mit der Regel Etikette und Manieren verwoben sind, zu der die Familien zudem das Nutzen von Messer und Gabel zählen:

Oder mein Sohn, der ist jetzt elf, in der Vorpubertät, ganz toll, der hängt da halt wie so ein Sack Kartoffeln auf seinem Stuhl und ist also nicht der Meinung, dass man das Besteck angemessen benutzen müsste und das ist halt das. Darüber gibt es Differenzen, definitiv. Aber das hat jetzt nicht, weiß ich nicht, hat jetzt nichts mit dem Ablauf des Essens zu tun, sondern das ist, glaube ich, eher so eine erzieherische Komponente. (Familie 16-HH (Petermann) Itv., Pos. 47)

Als ein Störfaktor während des Essens wird es zudem genannt, wenn die Kinder kleckern oder Becher und Gläser umkippen, insbesondere bei Kindern im Kindergartenalter:

Und ja, Niki [11] die ist dann manchmal so, dass sie manche Sachen so hastig macht. Also, beispielsweise, sie nimmt sich die Tomatensoße so schnell, dass die Hälfte davon über den Tisch kleckert. Und dann ist das halt schon, werde ich halt schon böse, also, mich nervt das dann schon. Weil ich denke, wenn sie es jetzt mal etwas bewusster und langsamer gemacht hätte, dann wäre nicht die ganze Soße über den Tisch gekleckert.

---

[46] Die in den Familien geltenden Tischregeln werden in den Abschnitten 5.1.1 und 5.1.2 im Detail beschrieben.

Aber sie macht das halt alles so zack zack zack. (Familie 14-H# (Neubert) Itv., Pos. 27)

Auch eine Nichtachtung der Kommunikationsregeln, insbesondere des gegenseitigen Ausredenlassens und der Regel, jeden gleichermaßen zu Wort kommen zu lassen, kann in Konflikten münden:

Unruhe ist ein großer Punkt. Wenn Unruhe herrscht, wenn sich vielleicht die beiden Geschwister nicht einig sind, wer jetzt zuerst etwas erzählen darf. [...]. Na ja, dass vielleicht einer irgendwie eher stinkig ist, weil er irgendwie glaubt, er ist jetzt zurückgesetzt, weil er gerade mal nichts erzählen darf, weil der andere erst einmal dran ist oder so. (Familie 23-HH (Wolf) Itv., Pos. 49-51)

Aus der Datenauswertung geht hervor, dass eine Nichteinhaltung der Regeln (s. Abschnitt 5.1.1) insgesamt Konfliktpotenzial birgt, das davon abhängig ist, welche Bedeutung der Einhaltung der einzelnen Regeln beigemessen wird.

5.6.2 Innere Widersprüche

Innere Widersprüche meinen Unvereinbarkeiten, Spannungszustände, Ambivalenzen und eine Inkompatibilität mit dem individuellen Wertesystem in Bezug auf das Verhalten zur alltäglichen Mahlzeitengestaltung der Familie. Derartige innere Widersprüche werden im Datenmaterial u. a. anhand von Meinungsverschiedenheiten zwischen den einzelnen Familienmitgliedern deutlich. Dazu zählen z. B. Meinungsverschiedenheiten zwischen Eltern und Großeltern, zwischen den Eltern untereinander oder zwischen Eltern und Kindern. Derartige Meinungsverschiedenheiten verdeutlichen zudem die enge Verknüpfung der latenten und der manifesten Konfliktebene. Darüber hinaus werden im Datenmaterial in Bezug auf das Verhalten zur alltäglichen Mahlzeitengestaltung der Familie verschiedene Ideale sichtbar, die in der Realität nicht immer umgesetzt werden.

5.6.2.1 Meinungsverschiedenheiten zwischen den Familienmitgliedern

Die vorliegende Arbeit analysiert ausschließlich Kleinfamilien, d. h. ausschließlich zwei Generationen, die Eltern und ihre Kinder leben hier in einem Haushalt. Trotzdem spielen die Großeltern in einem Teil der Familien eine bedeutende Rolle im Alltag, z. B. indem die Großeltern die Kinder an einem festen Wochentag aus der Schule und/oder dem Kindergarten abholen und in diesem Rahmen auch die Zubereitung der Mahlzeiten übernehmen. Die Eltern legen in den Interviews dar, dass es sich hierbei zwar um eine deutliche Entlastung handelt, die eigenen Vorstellungen über die richtige Ernährung der Kinder und die Handlungen der Großeltern jedoch teilweise differieren, insbesondere wenn es um das Thema Süßigkeiten geht, wie die folgenden Beispiele verdeutlichen:

> *In der Zeit haben wir keine Kontrolle über das Essen, was die Kinder bekommen. Meistens gehen sie halt zum Bäcker oder so was. Da dürfen die sich ein Brötchen aussuchen oder so was. Also jetzt kein-. Vielleicht auch ein Schweinsohr oder so. Aber den lassen wir dann freie Wahl. So freie-, wir geben halt die Sorgerechtspflicht in dem Sinne ab an unsere Eltern. Und die dürfen dann halt, okay. Dass sie dann solche Kinder mit Süßigkeiten nicht vollstopfen sollen, das haben wir dann auch oft schon diskutiert. Und ich versuche da jetzt eine neue Strategie zu fahren. In eine andere Richtung zu gehen. Zu sagen: „Ihr wollt ja auch, dass die Kinder gesund sind." Oder dass wir-. Und so weiter. Und an die Vernunft zu appellieren, weil es teilweise sehr-, da ist meine Mutter sehr nachgiebig so, was das angeht. (Familie 8-DD (Hempe) Itv., Pos. 11)*

Oder:

> *Also, entwicklungswünschenswert wäre, dass alle möglichen Verwandtschaften nicht so viel Süßes schenken, aber das kriegt man leider ja dann doch nicht raus. Ich weiß nicht, warum die Gesellschaft so ist und dann immer wieder was mitgebracht wird und man hat es dann da und mein Aspekt ist immer so, ja schmeiße ich es jetzt weg oder esse ich es? Meistens nehme ich es dann mit auf Arbeit, dass es bei mir ist, aber ja, das würde ich einfach viel lieber nochmal reduzieren, damit bei uns nicht so viel Süßes rumsteht. (Familie 16-DD (Pauls) Itv., Pos. 41)*

Es werden Meinungsverschiedenheiten zwischen den Eltern und den Großeltern (oder weiteren Verwandten) sichtbar und somit eine Konflikthaftigkeit im Verhalten zur alltäglichen Mahlzeitengestaltung zwischen den Generationen.[47]

Betreffend die alltägliche Mahlzeitengestaltung sind darüber hinaus besonders in den Interviews, aber auch in den Mahlzeitentagebüchern Meinungsverschiedenheiten zwischen den Eltern zu erkennen. Diese lassen sich wiederum verschiedenen Themensträngen zuordnen. Es geht (1) um einen unterschiedlichen Grad der Strenge sowie einen unterschiedlichen Umgang mit Regeln, (2) den Einbezug der Kinder und (3) um Unterschiede in der Lebensmittelwahl bzw. um unterschiedliche Lebensmittelpräferenzen.

---

[47] Es wird deutlich, dass es sich bei dem Thema intergenerationelle Konflikte im Verhalten zur alltäglichen Mahlzeitengestaltung bzw. Meinungsverschiedenheiten zwischen Eltern und Großeltern um ein weiteres interessantes Forschungsfeld handelt, das in zukünftigen Forschungsarbeiten Berücksichtigung finden könnte.

Es zeigt sich, dass unterschiedliche Vorstellungen der Eltern über den Umgang mit Regeln sowie den Grad der Strenge zu Konflikten führen können:

Also, bei der war es andersrum, halt ein bisschen strenger und jetzt versuchen wir da so den gemeinsamen Mittelweg zu finden. Da sind manchmal so die meisten Konflikte. Dass ich denke: „Ach, mein Gott, lass doch." Und meine Frau denkt: „Nein, die sollen aber." (Familie 27-HH (Albrecht) Itv., Pos. 17)

Das Beispiel zeigt unterschiedliche Ansichten und Vorstellungen der Eltern und verdeutlicht, dass ein Elternteil strengere Regeln verfolgt und umsetzt als der andere:

Höchstens in Bezug auf Süßigkeiten, würde ich mal sagen, manchmal. Dass mein Mann sicherlich da-, also weniger streng ist als ich. Die Kinder wissen ganz genau, wenn sie ihn fragen, kriegen sie eher ein Ja als bei mir. (Familie 1-HH (Ackermann) Itv., Pos. 36)

Neben dem Umgang mit Süßigkeiten wird dies auch am Einbezug der Kinder, beispielsweise bei der Zubereitung der Mahlzeiten deutlich:

Mir ist es ehrlich gesagt wichtiger als Karl. Also, Karl ist dann so, der macht einfach, der stellt sich dann da hin und macht halt das Gulasch so ungefähr. Und wenn jetzt ein Kind käme und sagt: „Ich will mitmachen", dann würde er auch sagen: „Ja, klar" so. Und ich bin aber eher so diejenige, die sagt: „Komm, jetzt wollt ihr mal mithelfen und dann kann ja jeder von euch mal was schnippeln." Also, ich bin dann eher diejenige, die so aktiv auf die Kinder zugeht. (Familie 14-H# (Neubert) Itv., Pos. 17)

Die Ergebnisse zeigen zudem Meinungsverschiedenheiten der Eltern in Bezug auf unterschiedliche Präferenzen in der Lebensmittwahl beider Elternteile:

Wenn er Lebensmittel verwendet, die ich nicht esse, wie Grünkohl zum Beispiel. Ich weiß gar nicht, was es noch ist. Es gibt manche Sachen, die möchte ich einfach nicht essen. […]. Wenn ich halt mal wieder Diät mache und er halt irgendetwas Fettiges kochen will. Er nimmt irgendwie total viel Fett und dann kommen schon Konflikte. (Familie 6-H# (Flemming) Itv., Pos. 35)

Im Zentrum stehen hierbei zumeist die Themen Zucker, Fett und Fleisch. Die Mütter schildern, dass sie diese Lebensmittelgruppen, im Gegensatz zu den Vätern, zumeist aus Gesundheitsgründen meiden und sie diejenigen seien, die auf eine gesunde Ernährung der Kinder achten:

Die trinken also zu ihrem Glas immer noch so ein Schnapsglas Orangensaft. Wenn mein
Mann jetzt das Frühstück machen würde morgens, dann würde der das nicht machen.
Also, das sind halt auch fünf Minuten, die er sich dann echt-, wo er wahrscheinlich
auch sagen würde: „Da bleibe ich jetzt echt lieber mal fünf Minuten länger liegen."
(lacht) Und ich glaube, dieses Verantwortungsgefühl für die gesunde Ernährung, die
habe ich viel stärker als er jetzt. (Familie 20-HH (Trappmann) Itv., Pos. 59)

Insgesamt lassen sich im Datenmaterial Unvereinbarkeiten in Bezug auf die Auswahl des Essens feststellen, die durch unterschiedliche Lebensmittelpräferenzen
der einzelnen Familienmitglieder erschwert wird. Dies betrifft nicht nur unterschiedliche Vorstellungen zwischen Kindern und Erwachsenen, sondern auch der
Kinder untereinander:

Ja, doch, höchstens sie möchte was essen, was er nicht mag. Wie kriegt man dann die
Kuh vom Eis. Weil, was weiß ich, er mag Oliven, sie nicht. Sie mag dafür ganz andere
Sachen, die er nicht mag. Broccoli mag sie gerne. Er nicht. So, dann muss man halt
eine Lösung finden. (Familie 22-HH (Voss) Itv., Pos. 47)

Direkt damit verknüpft ist die Frage „Was kann oder soll ich kochen?" (Familie
19-HH (Schipper) Itv., Pos. 33), die sich besonders dann als herausfordernd darstellt, wenn ein Elternteil alleinig für die Planung und Zubereitung des Essens
zuständig ist:

Es ist schwierig, wenn du alleine für diese Planung verantwortlich-, also was machst
und jedes Mal setzt du was Neues vor und dann-, ist da Mais drin? Ich mag das nicht-,
was ist das Mama, Zwiebeln? Ja, du isst gerne Zwiebeln. Und dann wird da sortiert
und ich kann aber nicht-, ich setze da auch nicht jeden Tag Fischstäbchen hin und
sage, gut. Das geht halt auch nicht. (Familie 3-HH (Clausen) Itv., Pos. 35)

Ebenfalls unter die Subkategorie *Auswahl des Essens* fallen Aspekte, die in
Zusammenhang mit einer veganen oder vegetarischen Ernährung einzelner oder
mehrere Familienmitglieder stehen:

Wir haben so ein bisschen das Problem, also, ich bin Vegetarier, mein Mann isst auch
kaum mehr Fleisch. Das heißt, bei uns gibt es im Normalfall eigentlich kein Fleisch,
keine Wurst auch. Aber meine Tochter-, also Liam [7] ist nicht ganz so, der isst auch
nicht so gern Fleisch, aber Anna [10] ist so, dass sie schon sehr gerne Fleisch isst
und dass es ihr auch total egal ist, wo das Fleisch herkommt im Endeffekt. Und damit
kann ich überhaupt nicht umgehen, dass, wenn sie irgendwo zu Besuch ist, sie dann
jedes Fleisch quasi isst, ohne sich Gedanken darüber zu machen, wo das herkommt.
[...]. Aber da erwarte ich wohl zu viel, dass sie das alles schon so einordnen kann
und dann eben diesen Verzicht auch bewusst steuern kann. Das ist wahrscheinlich in

ihrem Alter noch nicht präsent genug. Aber da hat sie die Verbindung nicht. Sie ist ein wahnsinniger Tierfreund eigentlich, und gleichzeitig mag sie einfach Fleisch und hat die Verbindung nicht: Das ist ein Tier, das ich da gerade esse – was ich total verinnerlicht habe und was für mich überhaupt nicht mehr geht, ist für sie einfach noch nicht da. (Familie 8-HH (Hagenacker) Itv., Pos. 17)

Das Beispiel verdeutlicht, dass unterschiedliche Wertvorstellungen, hier hauptsächlich zwischen Mutter und Tochter, in Bezug auf den Verzehr von Fleisch bestehen, die sich auch in weiteren Interviews zeigen. Das nächste Beispiel von Frau Neubert (14-H#) ist ebenfalls mit unterschiedlichen Wertvorstellungen verknüpft, allerdings ist es hier die Tochter, nicht die Mutter, die den Fleischkonsum hinterfragt:

Ja und Nika [11], man merkt halt, dass sie teilweise ein bisschen in so einem Konflikt ist. Also sie mag dann, hat total Appetit auf irgendwas und dann fällt ihr aber ein, ach ja, ist das denn jetzt irgendwie aus einer guten Quelle und kann ich das denn essen? Sie macht sich halt schon viel Gedanken so. Finde ich auch gut, aber muss natürlich irgendwie gucken, dass sie sich jetzt nicht total da abschrecken lässt. Wir hatten die Situation jetzt am Wochenende, wo Freunde von uns gekocht haben, die haben irgendwie so ein Schweine-Schmorfleisch gemacht oder so. Und dann hat sie da die ganze Zeit den Eike gelöchert, woher dieses Fleisch kommt und wie denn die Tierhaltung war. Und der war schon total genervt. (Familie 14-H# (Neubert) Itv., Pos. 11)

Unterschiedliche Ernährungsstile der einzelnen Familienmitglieder können zudem zur Folge haben, dass zu einer Mahlzeit verschiedene Gerichte zubereitet werden:

Also, Inga [11] boykottiert das total. Also, sie isst gar nichts, das vegan ist. Am Wochenende da ist das immer spannend. Da muss man immer gucken, wer kocht was. Da haben wir zum Teil auch zwei Gerichte, also einmal vegan und einmal nicht vegan. Marten [8] isst das ganz gut mit. Auch wenn es Gemüsepfanne oder sowas gibt. In der Woche koche ich eben nicht vegan und mein Mann isst in der Stadt. (Familie 17-HH (Quandt) Itv., Pos. 5)

Die familiären Diskussionen bezüglich veganer oder vegetarischer Ernährung scheinen weniger davon abhängig zu sein, welches der Familienmitglieder[48] kein Fleisch bzw. keine tierischen Produkte verzehrt, als von unterschiedlichen Wertvorstellungen. Anhand des Beispiels der veganen oder vegetarischen

---

[48] Mutter vegan/vegetarisch: 4-HH (Dambacher), 8-HH (Hagenacker); Vater vegan/vegetarisch: 17-HH (Quandt); Kind vegetarisch: 15-D# (Olsen).

Ernährung wird die Konnektivität der beiden zentralen Konfliktdimensionen Verhaltensweisen und innere Widersprüche besonders deutlich.

5.6.2.2 Ideale vs. Realitäten

Differenzen zwischen den Ansprüchen an das Verhalten zur alltäglichen Mahlzeitengestaltung der Familie und deren Umsetzung werden zum einen anhand des Vergleichs zwischen den Ausführungen in den Interviews und den Dokumentationen in den Mahlzeitentagebüchern, aber auch anhand von Kontrasten und Widersprüchen innerhalb der Interviews sichtbar. Diese Diskrepanzen zeigen sich besonders anhand der Lebensmittelwahl der Familien (SK: Auswahl des Essens) und in der Arbeitsteilung in Bezug auf die alltägliche Mahlzeitengestaltung der Familie deutlich. Auf beide Aspekte wird in den nachfolgenden Abschnitten eingegangen.

In den Interviews wird der Anspruch der Eltern deutlich, ihre Kinder möglichst gesund zu ernähren, was sie i. d. R. mit dem Verzehr von Gemüse, Obst und Vollkornprodukten, wenig Zucker sowie dem Meiden von Fertigprodukten und -gerichten beschreiben. Es wird das starke Motiv deutlich, die Kinder mit gesunden Lebensmitteln zu versorgen. Auch wird häufig geschildert, dass die Ernährungsweise verbesserungswürdig sei bzw. der Wunsch geäußert, die Ernährung gesünder auszugestalten:

> *Das ist was mir ein bisschen ein Dorn im Auge, dass es ein bisschen zu ungesund ist, ehrlicherweise. Weil, es gibt irgendwie Rosinenbrötchen? Mit dicken Schoko-, hier Nutella und Honig und Marmelade und dann noch Kakao. Und denke ich manchmal: „Huch, der Zuckerkonsum für heute aber auch echt schon abgedeckt." (Familie 1-HH (Ackermann) Itv., Pos. 59)*

Ein präsentes Thema in den Interviews besteht in der Schilderung der Ernährungsgewohnheiten und den Lebensmittelpräferenzen der Kinder in Kontrast zu den Vorstellungen der Eltern, insbesondere der Mütter, von einer gesünderen Ernährungsweise. Es werden verschiedene Kontrollmechanismen und Strategien erkennbar, um eine allumfassende Nährstoffversorgung der Kinder sicherzustellen. Eine dieser Strategien besteht darin, den Mahlzeiten der Kinder bestimmte Lebensmittel, insbesondere Gemüse, heimlich unterzumengen:

> *Und da muss ich dann leider mal etwas Kinderadäquates kochen also, keine Ahnung, ich versuche manchmal wirklich Gemüse zu pürieren und dann unter die Kindersoße mit zu tun. Ja, ist leider immer noch so. (Familie 16-HH (Petermann) Itv., Pos. 7)*

Das gleiche Vorgehen beschreibt auch Frau Schipper (19-HH):

Aber ich mache so alle zwei Wochen [...] eine Gemüsesuppe. Da müssen dann auch Würstchen drin schwimmen, aber dann klappt das immer ganz gut. Also, dann kann man auch alles Mögliche, auch Sellerie und sowas denen unterjubeln. Püriert und dann habe ich auch das Gefühl: Jetzt haben sie auch einmal warmes Gemüse gegessen, aber sonst. (Familie 19-HH (Schipper) Itv., Pos. 35)

Zu diesen Bemühungen, die Essgewohnheiten der Kinder zu kontrollieren, zählt auch, welche Lebensmittel, wann und in welchem Umfang verzehrt werden:

Abends isst der Kleine häufig nichts und kriegt dann um halb acht Hunger. Und dann bleibe ich aber auch hart, weil ich finde, man muss sich auch so mal an Regeln halten. Und das tut mir dann auch immer leid, wenn er sagt: „Ich habe solchen Hunger. Mama, ich brauche Essen." Ich sage aber, er hat dann teilweise schon Zähne geputzt, und dann denke ich mir auch so, nein, jetzt ist mal Schluss. Also, man muss dann auch essen, wenn es angeboten wird. Das war früher, glaube ich, gang und gäbe, aber es ist für mich so hart, das durchzuziehen, dann zu sagen, er muss hungrig ins Bett gehen. Und da bin ich immer noch im inneren Konflikt. Also, wenn das vor dem Zähneputzen ist, kriegt er meistens noch ein Möhrchen oder sowas, damit er nicht ganz hungrig ist. (Familie 4-HH (Dambacher) Itv., Pos. 61)

Frau Dambacher (4-HH) beschreibt an dieser Stelle einen inneren Konflikt zwischen ihren Idealen und Regeln sowie den Bedürfnissen des Kindes, zwischen einschränkenden und kontrollierenden Handlungen auf der einen und der Berücksichtigung der Wünsche der Kinder auf der anderen Seite. In den Interviews wird deutlich, dass die Ansprüche der Eltern der Berücksichtigung der Wünsche der Kinder gegenüberstehen, weshalb sich die guten Absichten nicht immer realisieren lassen. Die Eltern spielen eine entscheidende Rolle in der Lebensmittelwahl der Kinder, sehen sich in der Rolle, für die Ernährung und den Gesundheitszustand ihrer Kinder zu sorgen und nehmen sich selbst als Vorbilder wahr. Dieses Bewusstsein zeigt sich beispielsweise daran, dass die Eltern Mahlzeiten vor dem Fernseher einnehmen, wenn die Kinder nicht anwesend sind:

Wenn ich ganz alleine bin, ja, esse ich auch manchmal auf dem Sofa, vor dem Fernseher, okay. Aber das sollen die Kinder nicht sehen und wir haben einen Esstisch und daran wird auch immer gegessen. (Familie 16-HH (Petermann) Itv., Pos. 45)

Das Bewusstsein wird auch daran deutlich, dass die Eltern heimlich Süßigkeiten verzehren:

Ja, ich habe schon das Gefühl, das wir uns halbwegs gesund ernähren. Das ist mir wichtig. Wir naschen alle gern, also mein Mann und ich essen auch, abends manchmal

naschen wir dann noch vor dem Fernseher, wenn die Kinder im Bett sind. (Familie
19-HH (Schipper) Itv., Pos. 37)

Die Eltern möchten ihren Kindern ein Vorbild sein und ihnen einen gesunden
Lebensstil vorleben, weshalb sie bestimmtes Verhalten nur praktizieren, wenn die
Kinder abwesend sind. Gleichzeitig sind bestimmte Lebensmittel, insbesondere
Süßigkeiten, für die Kinder reglementiert.

Beim Einbezug der Kinder in die alltägliche Mahlzeitengestaltung der Familie liegen Vorstellungen und Realität auch häufig auseinander. Es besteht der
Anspruch, die Kinder aktiv in die Vor-, Zu- und Nachbereitung einzubinden, was
sich in der Umsetzung jedoch nicht immer realisieren lässt:

Und dann nach dem Essen sollen sie eigentlich den Teller eigenständig abräumen
und auch in den Geschirrspüler räumen, was sie dann aber natürlich nicht freiwillig
machen, vergessen es eigentlich täglich. Also, man muss es immer wieder sagen. Meis-
tens bin ich diejenige, die das dann sagt. Was ich auch irgendwie doof finde, aber na
ja, es ist halt irgendwie so. Und dann, wenn man hinterher ist, dann räumen sie den
Teller auch eigenständig ab. Und wenn der Geschirrspüler gerade leer ist, dann sollen
sie eigentlich auch den Geschirrspüler einräumen. Ja. Da gibt es immer Phasen, wo
man dann selber auch mehr dran denkt, dass es geschehen soll, und wieder Phasen,
wo man selber auch denkt: „Ach, das ist jetzt auch egal." (Familie 14-H# (Neubert)
Itv., Pos. 11)

Häufig spielt auch eine Rolle, dass es schneller und einfacher sei, die anfallenden
Aufgaben ohne die Hilfe der Kinder zu erledigen – nach dem Motto: Es ist eine
große Hilfe, nicht zu helfen:

Ich koche zwar alleine, aber irgendwann stehen trotzdem mindestens drei weitere Leute
mit in der Küche und stehen halt herum und gucken und quatschen. Also, meistens ist
es da schon so, dass man da-. Also, sie wollen zwar helfen, aber manchmal hilft man
ja mehr, wenn man nichts tut. (Familie 12-DD (Löscher) Itv., Pos. 32)

Aus beiden Beispielen, sowohl von Frau Neubert (14-H#) als auch von Frau
Löscher (12-DD), ergibt sich eine gewisse Konfliktvermeidungsstrategie, bei
einem gleichzeitigen Konflikt zwischen Idealvorstellungen und Realität: Die Kinder sollen helfen, aber es ist unkomplizierter, wenn sie es nicht tun. Derartige
Strategien stehen wiederum in Kontrast zu den Schilderungen, dass die Kinder
vielfältiger essen und bisher unbekannte oder tendenziell unbeliebte Lebensmittel
probieren, wenn sie aktiv an der Zubereitung beteiligt sind:

Also, gut finde ich es, wenn sie halt mitmachen vorher, also wenn sie dann, was weiß ich, wenn wir einen Eintopf kochen oder so, dass sie dann auch schon mal ein bisschen Möhren mit schneiden und so weiter, weil sie das dann in der Regel-, da sind sie dann auch so ein bisschen stolz drauf, dass sie was gemacht haben, finden das dann tendenziell noch besser. (Familie 10-HH (Jochen) Itv., Pos. 21)

Neben dem Einbezug der Kinder spielen auch die Vorstellungen bezüglich der Aufgabenteilung zwischen den Eltern eine Rolle. Bei der Übergabe der Tagebücher, d. h. in Hintergrundgesprächen, betonen einige der Mütter, insbesondere in den Hamburger Familien des Arrangements der Vereinbarkeitsfamilie mit männlichem Hauptversorger, dass die Väter einen bedeutenden Anteil der anfallenden Aufgaben in der alltäglichen Mahlzeitengestaltung übernehmen, z. B. die Zubereitung der Mahlzeiten abwechselnd erfolge. In Kontrast dazu zeigt die Auswertung der Tagebücher und Interviews jedoch, dass die Väter gar nicht oder in deutlich geringerem Maße in die Zubereitung involviert sind als vorab geschildert. Als besonders aufschlussreich stellten sich solche Interviewpassagen heraus, in denen neben den Müttern auch Kinder anwesend waren, wie in dem Beispiel von Frau Krämer (11-HH) und ihrem Sohn Pius, in dem Frau Krämer schildert, dass ihr Mann ganz gerne am Wochenende koche. Das Kind wirft daraufhin ein: „Aber eigentlich nur Rührei" und die Mutter stimmt zu. Das Beispiel verdeutlicht, dass die Idealvorstellung, in der der Vater die Zubereitung einzelner Mahlzeiten übernimmt, nicht der Realität entspricht.

Darüber hinaus spielen äußere Einflussfaktoren eine bedeutende Rolle, auf die nachfolgend eingegangen wird. Der am häufigsten genannte äußere Einflussfaktor, dem Konflikthaftigkeit innewohnt, ist die Zeit bzw. sind Mahlzeiten unter Zeitdruck. Die Auswertung der Mahlzeitentagebücher verdeutlicht, dass besonders das Frühstück unter der Woche in vielen Familien unter Zeitdruck stattfindet bzw. Zeitmangel als Begründung für einen stressigen Ablauf der Mahlzeiten angeführt wird:

Für einen Montagmorgen war die Stimmung entspannt – am Ende des Frühstücks wurde es etwas stressiger, weil die Zeit knapp wurde. (Familie 1-HH (Ackermann) Tgb., Pos. 3)

Im Gegensatz dazu wird viel Zeit häufig als Begründung für einen entspannten Mahlzeitenverlauf angeführt.

Weitere Einflüsse von außen, von den Familien als leichte Störfaktoren bezeichnet, sind Unterbrechungen der Mahlzeiten, beispielsweise durch ein klingelndes Telefon oder das Klingeln an der Tür, aber auch durch im Haushalt lebende Tiere:

Wenn wir mal etwas vergessen haben, steht einer auf und holt noch etwas. In der Zwischenzeit springt die Katze auf den Stuhl und möchte auch. Und dann muss sie halt wieder herunter und (lacht) fängt er halt an zu betteln. (Familie 6-H# (Flemming) Itv., Pos. 37)

5.6.3   Bedeutsame Kerngegenstände

Gesamtheitlich deuten die Ergebnisse darauf hin, dass drei Kerngegenstände für die Erklärung von Differenzen in der Konflikthaftigkeit bezüglich des Verhaltens zur alltäglichen Mahlzeitengestaltung zwischen Familien von Bedeutung sind: (1) Alter der Kinder, (2) der Weg zum praktizierten Familienarrangement und (3) die (Ernährungs-)Sozialisation der Eltern. Diese werden nachfolgend dargelegt.

5.6.3.1   Alter der Kinder
In allen Familien des Samples leben zwei Kinder im Alter zwischen drei und dreizehn Jahren. Die Datenauswertung deutet darauf hin, dass das Alter der Kinder eine bedeutende Rolle für die Art der auftretenden Konflikte spielt:

Störfaktoren? Kinder. (lacht). In erster Linie Kinder. Nein, also, es ist tatsächlich so, entweder zappelt sie [3] halt herum und will aufstehen. Oder will hier Gläser. Also, momentan ist sie ja noch in dem Alter, wo sie eben dann noch sehr viel experimentiert. (Familie 12-DD (Löscher) Itv., Pos. 51)

Es wird deutlich, dass eine Mahlzeit mit zwei Kindergartenkindern, hier im Alter zwischen drei und sechs, teilweise andere Herausforderungen birgt als eine Mahlzeit mit zwei Kindern, die bereits die weiterführende Schule besuchen, hier im Alter zwischen zehn und dreizehn Jahren. Während die Mahlzeiten mit jüngeren Kindern u. a. durch Störfaktoren wie umfallende Becher und Gläser unterbrochen werden, geht es in den Familien mit älteren Kindern in der (Vor-)Pubertät um der Meinung der Eltern nach unangemessenes Verhalten und darum, dass die gemeinsamen Familienmahlzeiten für die Kinder und Jugendlichen an Priorität verlieren.

5.6.3.2   Weg zu dem praktizierten Familienarrangement
Die Auswertung der Daten deutet zudem darauf hin, dass bezüglich der Konflikthaftigkeit im Verhalten von Familien zur alltäglichen Mahlzeitengestaltung weniger das praktizierte Familienarrangement als solches, sondern viel eher der Weg zum jeweiligen praktizierten Familienarrangement entscheidend ist. Dabei scheint von Bedeutung zu sein, ob es sich bei dem jeweils praktizierten Familienarrangement um eine bewusste Entscheidung handelt oder ob die Aufgabenteilung

zwischen den Eltern aus der Situation heraus entstanden ist, meist mit der Geburt des ersten Kindes. Übereinstimmung herrscht, wenn die Entscheidung für das jeweilige Familienarrangement bewusst getroffen und die Aufgabenteilung zwischen den Eltern ausgehandelt wurde, d. h., wenn eindeutig abgesprochen wurde, wer welche der anfallenden Aufgaben übernimmt. Themen der Aufgabenteilung zwischen den Eltern in Bezug auf die alltägliche Mahlzeitengestaltung, aber auch darüber hinaus, scheinen weniger konfliktanfällig, wenn klare Absprachen existieren.

Besonders anschaulich lässt sich dies am Beispiel des Arrangements der Vereinbarkeitsfamilie mit männlichem Hauptversorger verdeutlichen. Insgesamt berichten die Interviewten, die sich ganz bewusst für dieses Arrangement entschieden haben, zufrieden zu sein:

Aber so haben wir, glaube ich, ganz gut unseren Weg gefunden, weil wir alle damit zufrieden sind. Sophie [8], wenn sie keine AG hat, dass sie dann um 14 Uhr frei hat und nachhause kommt. Also, das finde ich gut, dass sie nicht so lange in der Betreuung ist. Also, dass ich nicht so lange arbeiten muss. Das finde ich ganz schön. Aber das ist auch ein guter Kompromiss. Also, ich möchte jetzt nicht mehr arbeiten, ich möchte aber auch nicht weniger arbeiten, also, ich glaube, so wie es gerade ist, sind wir alle ganz zufrieden. (Familie 19-HH (Schipper) Itv., Pos. 41)

Anders verhält es sich, wenn die Aufgabenteilung aus der Situation heraus entstanden ist und sich die Zuständigkeiten ohne eindeutige Absprachen ergeben haben. In diesen Familien sind eher Konflikthaftigkeit sowie eine Unzufriedenheit in Bezug auf das jeweilige Arrangement und die Aufgabenteilung insgesamt zu verzeichnen.

In einem Großteil der Interviews, insbesondere der Familien des Arrangements der Vereinbarkeitsfamilie mit männlichem Hauptversorger, wird berichtet, dass die Aufgabenteilung in Bezug auf die alltägliche Mahlzeitengestaltung in der Partnerschaft ohne Kinder egalitär gewesen sei, jedoch eine Re-Traditionalisierung eingesetzt habe, als das erste Kind geboren wurde:

Claas kann auch kochen. Also der hat, als noch keine Kinder da waren, hat er auch also mindestens 50 Prozent gekocht. Das ist halt-, das kam mit den Kindern so, weil ich ja dann sowieso sehr viel Zeit, also mehr Zeit mit ihnen verbringe als mein Mann. Und das war dann halt so am Wochenende, gerade als nur ein Kind da war, dass er dann halt ganz viel mit-, die Zeit genutzt hat, um mit dem Kind zu spielen. Und da war ich auch gar nicht scharf drauf, weil, ich hatte ja sowieso immer schon so viel (lacht) mit ihm gespielt, dass ich gedacht habe: „Ist okay. Ich koche, kein Problem." (Lachen) Von daher hat sich da dann so ein-, hat sich das so eingeregelt, dass ich das mehr mache. (Familie 10-HH (Jochen) Itv., Pos. 35)

Insgesamt deuten die Ergebnisse darauf hin, dass Absprachen in Bezug auf die Aufgabenverteilung zwischen den Eltern eine große Bedeutung einnehmen. Weniger entscheidend als die letztlich gefundene Aufgabenteilung scheint es zu sein, ob und wie diese im Vorhinein kommuniziert wurde.

In Zusammenhang mit den Wegen zu den jeweils praktizierten Familienarrangements sind darüber hinaus die unterschiedlichen historischen Ausgangspunkte der Hamburger und Dresdener Familien des Samples von Bedeutung. Diese werden in Abbildung 5.6 dargestellt.

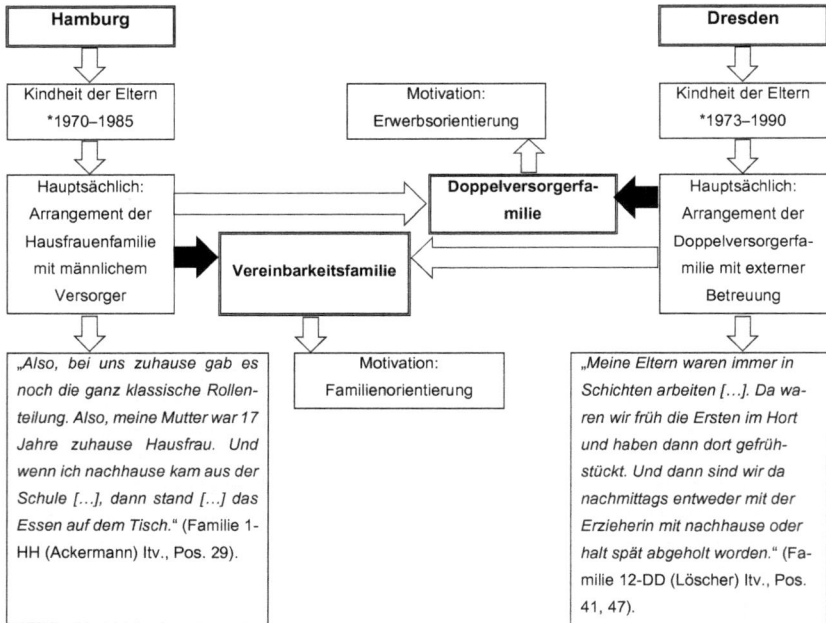

Hamburg		Dresden
Kindheit der Eltern *1970–1985	Motivation: Erwerbsorientierung	Kindheit der Eltern *1973–1990
Hauptsächlich: Arrangement der Hausfrauenfamilie mit männlichem Versorger	Doppelversorgerfamilie / Vereinbarkeitsfamilie	Hauptsächlich: Arrangement der Doppelversorgerfamilie mit externer Betreuung
„Also, bei uns zuhause gab es noch die ganz klassische Rollenteilung. Also, meine Mutter war 17 Jahre zuhause Hausfrau. Und wenn ich nachhause kam aus der Schule […], dann stand […] das Essen auf dem Tisch." (Familie 1-HH (Ackermann) Itv., Pos. 29).	Motivation: Familienorientierung	„Meine Eltern waren immer in Schichten arbeiten […]. Da waren wir früh die Ersten im Hort und haben dann dort gefrühstückt. Und dann sind wir da nachmittags entweder mit der Erzieherin mit nachhause oder halt spät abgeholt worden." (Familie 12-DD (Löscher) Itv., Pos. 41, 47).

Abbildung 5.6 Historische Wege zu dem jeweiligen Familienarrangement. (Quelle: Eigene Darstellung)

Die Interviewten der vorliegenden Arbeit, die in den neuen Bundesländern (zwischen 1973 und 1990) geboren und aufgewachsen sind, berichten größtenteils, dass ihre Eltern das Arrangement der Doppelversorgerfamilie mit außerhäuslicher Kinderbetreuung praktiziert haben. Dieser Ausgangspunkt wird in Abbildung 5.6 auf der rechten Seite dargestellt. Hingegen berichten diejenigen Interviewten, die in den alten Bundesländern (zwischen 1970 und 1985) geboren und aufgewachsen sind, größtenteils im Arrangement der Hausfrauenehe mit männlichem Versorger aufgewachsen zu sein. Dieser Ausgangspunkt wird in der Abbildung 5.6 auf der linken Seite dargestellt. Das Arrangement der Vereinbarkeitsfamilie mit männlichem Hauptversorger wird in den Hamburger Familien des Samples häufig aus einem Selbstverständnis heraus praktiziert, während dem Arrangement der Doppelversorgerfamilie mit außerhäuslicher Kinderbetreuung ein längerer Entscheidungsprozess vorausgeht. Aus diesem Grund wird der Weg der Hamburger Familien zum Arrangement der Vereinbarkeitsfamilie mit männlichem Hauptversorger in Abbildung 5.6 mit einem kurzen (schwarzen) Pfeil dargestellt. Der Weg der Hamburger Familien zum Arrangement der Doppelversorgerfamilie wird in Abbildung 5.6 hingegen mit Hilfe des längeren weißen Pfeils dargestellt. Dieser längere weiße Pfeil symbolisiert, dass der Entwicklungsprozess vom Arrangement der Hausfrauenfamilie mit männlichem Versorger zum Arrangement der Doppelversorgerfamilie mit außerhäuslicher Kinderbetreuung ein längerer ist und eine größere Veränderung bedeutet als die Entwicklung vom Arrangement der Hausfrauenfamilie mit männlichem Versorger zum Arrangement der Vereinbarkeitsfamilie mit männlichem Hauptversorger. In den Dresdener Familien sind diese Prozesse entgegengesetzt zu erkennen. Hier wird das Arrangement der Doppelversorgerfamilie mit außerhäuslicher Kinderbetreuung häufig aus einem Selbstverständnis heraus praktiziert, während dem Arrangement der Vereinbarkeitsfamilie mit männlichem Hauptversorger ein längerer Entscheidungsprozess vorausgeht. In den Dresdener Familien des Samples stellt das Praktizieren des Arrangements der Vereinbarkeitsfamilie mit männlichem Hauptversorger eine deutliche Veränderung und Abgrenzung zu den Erfahrungen aus der eigenen Kindheit dar. Dies wird anhand des folgenden Beispiels aus dem Interview mit Frau Löscher (Dresdener Familie, Arrangement der Vereinbarkeitsfamilie mit männlichem Hauptversorger) deutlich:

Also, gerade meine Eltern haben halt wirklich dann-. Kinder waren da, die waren halt nebenbei da. Und na ja, die mussten sich halt selber kümmern. Und bei uns ist-, [...] okay, ich bleibe so lange zuhause, wie das die Kinder brauchen. [...]. Und dass man nicht den Stress hat, dass wenn die Kinder krank sind oder so, dass man da irgendwie einen Arbeitgeber am Arsch lecken muss, sozusagen. Sondern sagen kann, okay, das Kind ist jetzt krank und ich kann dem Kind auch die zwei Wochen, wenn es jetzt irgendwie schlimm ist, zuhause gönnen und muss nicht nach einer Woche sagen: „Ah na ja, eigentlich ist es noch nicht so richtig. Aber du musst." (Familie 12-DD (Löscher) Itv., Pos. 49)

Das Beispiel zeigt nicht nur eine bewusste Entscheidung für das familienorientierte Arrangement der Vereinbarkeitsfamilie mit männlichem Hauptversorger, sondern auch eine deutliche Abgrenzung zu den Erfahrungen in der eigenen Kindheit, hier der Mutter. In den Daten werden zum einen Abgrenzungen der Dresdener Mütter, die das Arrangement der Vereinbarkeitsfamilie mit männlichem Hauptversorger praktizieren, vom Arrangement der Doppelversorgerfamilie mit außerhäuslicher Kinderbetreuung deutlich, das sie in der eigenen Kindheit erfahren haben. Ebenso grenzen sich Hamburger Mütter, die das Arrangement der Vereinbarkeitsfamilie mit männlichem Hauptversorger praktizieren, vom Arrangement der Hausfrauenehe mit männlichem Versorger ab, das in der eigenen Kindheit erfahren wurde.

Gleichzeitig verdeutlicht Abbildung 5.6, dass sich die Motivationen, eines der Arrangements zu praktizieren, trotz unterschiedlicher Ausgangspunkte gleichen. Während in den Familien des Arrangements der Vereinbarkeitsfamilie mit männlichem Hauptversorger die Orientierung stärker auf die Familie ausgerichtet ist, ist in den Familien des Arrangements der Doppelversorgerfamilie mit außerhäuslicher Kinderbetreuung eine stärkere Orientierung an Erwerbsarbeit bzw. Individualisierung zu erkennen.

5.6.3.3   (Ernährungs-)Sozialisation der Eltern

Die Ergebnisse der empirischen Untersuchung deuten zudem darauf hin, dass die (Ernährungs-)Sozialisation der Eltern eine Rolle für die Erklärung von Differenzen in der Konflikthaftigkeit bezüglich des Verhaltens zur alltäglichen Mahlzeitengestaltung von Familien spielt. Weisen beide Elternteile einen ähnlichen kindlichen Erfahrungsraum auf, herrscht bezüglich des Verhaltens zur alltäglichen Mahlzeitengestaltung der Familie möglicherweise eher Einigkeit und eine geringere Konfliktanfälligkeit. Andersherum könnte es sich verhalten, wenn sich der Erfahrungsraum (stark) unterscheidet. Das Verhalten zur alltäglichen Mahlzeitengestaltung der Familie wäre dann auf Grund von Uneinigkeit eher konfliktanfällig. Diese Uneinigkeit der Eltern veranschaulicht das nachfolgende Beispiel aus dem Interview mit Frau Flemming:

> *Er ist halt der Meinung, man muss alles, was auf den Tisch kommt, muss gegessen werden. Und ich so: „Ja, mag bei dir so gewesen sein, dass-. Du hattest da nicht viel Wahl, aber ich mag das dann nicht, weil ich kenne es von zuhause anders." (Familie 6-H# (Flemming) Itv., Pos. 23)*

Besonders an der Darlegung der Konfliktkategorie *Meinungsverschiedenheiten der Eltern* wird deutlich, dass die (Ernährungs-)Sozialisation der Eltern in ihrer eigenen Kindheit eine Rolle für die Erklärung von Differenzen in der Konflikt-haftigkeit bezüglich des Verhaltens zur alltäglichen Mahlzeitengestaltung spielen kann. Dies betrifft die aufgezeigten Unterthemen (1) Strenge im Umgang mit Regeln, (2) den Einbezug der Kinder sowie (3) Unterschiede in der Lebensmittel-wahl gleichermaßen. Gleiche kulturelle Werte beider Elternteile, z. B. gegenüber der Umwelt (Regionalität, Saisonalität) und dem Verzehr tierischer Produkte (Veganismus, Vegetarismus) zeigen sich als weniger konfliktanfällig.

5.7 Zusammenfassung der Ergebnisdarstellung

Im vorliegenden Ergebniskapitel wurden zuallererst Gemeinsamkeiten zwischen den Hamburger und Dresdener Familien in ihrem Verhalten zur alltäglichen Mahlzeitengestaltung dargestellt. Diese Gemeinsamkeiten beziehen sich auf die Aspekte Regeln und deren Handhabung, Routinen und Rituale, den Einbezug der Kinder in die Aufgaben der alltäglichen Mahlzeitengestaltung sowie Kommuni-kationsthemen bei Tisch (s. Abschnitt 5.1). Die genannten Aspekte können der zentralen Dimension *Ablauf* (s. Tabelle 3.1) zugeordnet werden.

5.7.1 Unterschiede im Verhalten zur alltäglichen Mahlzeitengestaltung

Anschließend wurden Unterschiede zwischen den Familien analysiert, wobei die Analyse der zentralen Dimensionen *Stattfinden, Anwesende, zeitlicher Umfang* und *Zuständigkeiten* zunächst für die Hamburger Familien (s. Abschnitt 5.2) erfolgte und anschließend für die Dresdener (s. Abschnitt 5.3). Hierbei wurden die Familien des Arrangements der Vereinbarkeitsfamilie mit männlichem Haupt-versorger und des Arrangements der Doppelversorgerfamilie mit außerhäuslicher Kinderbetreuung zunächst jeweils unabhängig voneinander betrachtet, danach miteinander ins Verhältnis gesetzt; es wurden Unterschiede und Gemeinsamkeiten analysiert und charakteristische Merkmale identifiziert. In einem anschließenden Ost-West-Vergleich (s. Abschnitt 5.4) wurden die Ergebnisse beider Städte gegen-übergestellt. Unterschiede zwischen den Hamburger und den Dresdener Familien zeigten sich insbesondere anhand des Stattfindens inhäusiger Mahlzeiten gegen-über der Inanspruchnahme der Außer-Haus-Verpflegung, an der Regelmäßigkeit im Verhalten zur alltäglichen Mahlzeitengestaltung, anhand der Zuständigkeiten sowie bei der zeitlichen Ausgestaltung der familiären Hauptmahlzeit.

Durch die Analyse konnten deutliche Differenzen zwischen den Familien des Arrangements der Vereinbarkeitsfamilie mit männlichem Hauptversorger und denen des Arrangements der Doppelversorgerfamilie mit außerhäuslicher Kinderbetreuung sowie zwischen den Hamburger und Dresdener Familien festgestellt werden. Gleichermaßen wurden auch innerhalb der Arrangements Unterschiede ersichtlich[49], weshalb die analysierten Fälle zu Typologien (s. Abschnitt 5.5) verdichtet wurden, um heterogene Gegenstände und differenzierte Handlungsmuster angemessen identifizieren und strukturieren zu können (Kull/Riedmüller 2007, 28). Insgesamt konnten entlang zweier „besonders markanter Bedeutungsgegenstände" (Mayring 1988, 90), (1) dem Grad der Geregeltheit und (2) der Aufgabenteilung alltäglicher Mahlzeitengestaltung, sechs unterschiedliche Typen identifiziert werden:

1. Die hingebungsvollen Kümmerinnen (s. S. 174).
2. Die flexiblen Pragmatikerinnen (s. S. 179).
3. Die engagierten Fürsprecher:innen (s. S. 182).
4. Die gelassenen Enthusiast:innen (s. S. 184).
5. Die systematischen Organisator:innen (s. S. 187).
6. Die unbekümmerten Improvisator:innen (s. S. 189).

In der Zusammenhangsanalyse (s. Abschnitt 5.5.9), die an die Typologie anschließt, wurde u. a. analysiert, welche Faktoren in Zusammenhang mit den unterschiedlichen Ausprägungen des Grads der Geregeltheit (Typisierungsdimension 1) und der Aufgabenteilung alltäglicher Mahlzeitengestaltung (Typisierungsdimension 2) stehen. Für die Ausprägung des Grads der Geregeltheit sind (1) der Stellenwert den gemeinsamen Mahlzeiten, (2) eine Leidenschaft für Themen der alltäglichen Mahlzeitengestaltung, (3) die Bedeutung einer gesunden Ernährung, (4) die Kontrolle der Ernährung der Kinder, (5) die Erwerbssituation der Eltern und (6) das Alter der Kinder relevant (s. Abschnitt 5.5.9.1). Für die Ausprägung der Aufgabenteilung alltäglicher Mahlzeitengestaltung spielen (1) das praktizierte Familienarrangement, (2) Schichtdienste und (3) die Bedeutung der Ernährungsthematik eine Rolle (s. Abschnitt 5.5.9.2).

---

[49] Dies wird u. a. anhand von Familie 11-HH (Krämer) und Familie 26-HH (Zimmer) deutlich, die beide dem Arrangement der Vereinbarkeitsfamilie mit männlichem Hauptversorger zuzuordnen sind, in suburbanen Räumen Hamburgs leben und dasselbe Mahlzeitenschema praktizieren. Trotz der genannten Gemeinsamkeiten sind Differenzen im Verhalten zur alltäglichen Mahlzeitengestaltung der Familien zu erkennen, die sich z. B. auf Aspekte der Planung, Organisation und Struktur beziehen.

5.7.2 Konflikthaftigkeit: Essenskonflikte auf verschiedenen Ebenen

Im nächsten Schritt wurde der Themenkomplex der Konflikthaftigkeit analysiert, in dem die Familien des Samples deutliche Gemeinsamkeiten vorweisen, weshalb die Ergebnisdarstellung sampleübergreifend entlang der beiden zentralen Dimensionen *innere Widersprüche* und *Verhaltensweisen* erfolgte. Die Analyse der Mahlzeitentagebücher und der problemzentrierten Interviews brachte unterschiedliche familiäre Essenskonflikte hervor, die sich in verschiedene Kategorien unterteilen lassen: Lebensmittelkonflikte, Missachtung von Regeln, Streit (der Kinder), äußere Einflussfaktoren, Meinungsverschiedenheiten der Eltern sowie Müdigkeit und Erschöpfung. Es konnten sowohl Konflikte auf manifester als auch auf latenter Ebene identifiziert werden, wobei sich deutliche Verbindungen zwischen beiden Ebenen und beiden zentralen Dimensionen feststellen ließen, weshalb sich eine trennscharfe Zuordnung der Konflikte also herausfordernd darstellte.

Als bedeutsame Kerngegenstände konnten insgesamt drei Themenstränge identifiziert werden, die mit Konflikthaftigkeit im Verhalten der Familien zur alltäglichen Mahlzeitengestaltung in Zusammenhang stehen: (1) das Alter der Kinder, (2) der Weg zum jeweiligen praktizierten Familienarrangement und (3) die (Ernährungs-)Sozialisation der Eltern.

Diskussion der Ergebnisse der empirischen Untersuchung

6

Im vorliegenden Kapitel werden die Forschungsergebnisse sowohl mit Bezug auf die zentralen Fragestellungen als auch auf die forschungsleitenden Annahmen interpretiert und diskutiert. Zunächst werden die Gemeinsamkeiten zwischen den unterschiedlichen praktizierten Familienarrangements sowie zwischen den Hamburger und Dresdener Familien[1] in ihrem Verhalten zur alltäglichen Mahlzeitengestaltung ins Zentrum gestellt, die anhand der empirischen Untersuchung identifiziert wurden. Hierbei wird zum einen diskutiert, inwiefern diese Gemeinsamkeiten auf eine gemeinsame deutsche Esskultur zurückgeführt werden können (Abschnitt 6.1), zum anderen, inwiefern sich eine gemeinsame kulturelle Grundlage von Mittelschicht-Familien im suburbanen Raum im Verhalten zur der alltäglichen Mahlzeitengestaltung feststellen lässt (Abschnitt 6.2).

Daran anschließend werden die folgenden Fragestellungen konkret beantwortet:

1a. Inwiefern unterscheiden sich Familien in ihrem Verhalten zur alltäglichen Mahlzeitengestaltung?
1b. Welchen Beitrag leisten kulturelle Ideen zur Erklärung von Differenzen im Verhalten von Familien zur alltäglichen Mahlzeitengestaltung?
1c. Welchen Beitrag leisten konkrete Erwerbsarbeits- und Betreuungsarrangements der Eltern zur Erklärung von Differenzen im Verhalten von Familien zur alltäglichen Mahlzeitengestaltung?

---

[1] Die Ergebnisse zu den Gemeinsamkeiten zwischen den unterschiedlichen praktizierten Familienarrangements sowie zwischen den Hamburger und Dresdener Familien wurden vorab in Abschnitt 5.1 dargestellt.

Dabei wird zunächst der Themenbereich der Aufgabenteilung bzw. der zentralen Dimension der Zuständigkeit ins Zentrum der Diskussion gestellt (Abschnitt 6.3), anschließend wird die Bedeutung unterschiedlicher kultureller Traditionen in Ost- und Westdeutschland betrachtet (Abschnitt 6.4).

Es folgt die Diskussion der Ergebnisse in Bezug auf die folgenden Fragestellungen in Abschnitt 6.5:

2a. Inwiefern besteht bezüglich des Verhaltens zur alltäglichen Mahlzeitengestaltung Konflikthaftigkeit innerhalb der Familie?
2b. Welchen Beitrag leisten kulturelle Ideen zur Erklärung von Konflikthaftigkeit im Verhalten von Familien zur alltäglichen Mahlzeitengestaltung?
2c. Welchen Beitrag leisten konkrete Erwerbsarbeits- und Betreuungsarrangements der Eltern zur Erklärung von Konflikthaftigkeit im Verhalten von Familien zur alltäglichen Mahlzeitengestaltung?

Das Kapitel schließt mit einem Rückbezug zu den forschungsleitenden Annahmen in Abschnitt 6.6. Diese Annahmen sind:

1. Kulturelle Ideen spielen eine zentrale Rolle für die Erklärung von Differenzen zwischen Familien in ihrem Verhalten zur alltäglichen Mahlzeitengestaltung.
2. Kulturelle Ideen spielen eine zentrale Rolle für die Erklärung von Konflikthaftigkeit im Verhalten von Familien zur alltäglichen Mahlzeitengestaltung.
3. Die konkreten Erwerbsarbeits- und Betreuungsarrangements der Eltern spielen eine zentrale Rolle für die Erklärung von Differenzen zwischen Familien in ihrem Verhalten zur alltäglichen Mahlzeitengestaltung.
4. Die konkreten Erwerbsarbeits- und Betreuungsarrangements der Eltern spielen eine zentrale Rolle für die Erklärung von Konflikthaftigkeit im Verhalten von Familien zur alltäglichen Mahlzeitengestaltung.

6.1   Eine gemeinsame deutsche Esskultur?

Die Ergebnisse der vorliegenden Arbeit zeigen, dass zwischen den Hamburger und Dresdener Familien neben den Differenzen auch Gemeinsamkeiten im Verhalten zur alltäglichen Mahlzeitengestaltung bestehen. Insbesondere die identifizierten Mahlzeitenschemata, die in der Literatur auch als Mahlzeitenmuster, Mahlzeitenrhythmus oder Mahlzeitenstruktur bezeichnet werden, können als ein

Element einer gemeinsamen deutschen Esskultur angesehen werden. Hierzu können die Untergliederung des Essalltags in die Mahlzeiten Frühstück (zwischen sechs und acht Uhr), Mittagessen (zwischen zwölf und 14 Uhr) und Abendessen (zwischen 18 und 20 Uhr) gezählt werden, außerdem häufig das Einnehmen von zwei Zwischenmahlzeiten, eine am späten Vormittag, die andere am Nachmittag, die in Deutschland als selbstverständlich gelten (Meyer 2002; Bartsch 2011, 83). Koch (2019) spricht in diesem Zusammenhang von einem kulturell geprägten Mahlzeitenrhythmus, Schlegel-Matthies (2011) von einer allgemeinen Habitualisierung[2] der Struktur (Stattfinden dreier Hauptmahlzeiten), der Uhrzeiten und der Lebensmittel, die zu den jeweiligen Mahlzeiten verzehrt werden:[3]

> *In Deutschland gelten zum Frühstück Brot und Brötchen mit einem süßen oder herzhaften Belag sowie Heißgetränke wie Kaffee und Tee als „normal" und angemessen. Ein Teller Hühnersuppe – oder wie in Japan üblich Miso, Reis und Algen – wären dagegen absolut unpassend. Physiologisch gibt es keinen Grund für diese Festlegung der Speisen und Gerichte. Zum Mittagessen gehört in Deutschland „selbstverständlich" etwas Warmes wie eine Suppe oder ein Hauptgericht aus Fleisch, Kartoffeln und Gemüse [...]. (Schlegel-Matthies 2011, 28)*

Im Vergleich zu anderen Ländern werde der gemeinsamen Familienmahlzeit in Deutschland insgesamt eine größere symbolische Bedeutung zugeschrieben (Schlegel-Matthies 2011, 29). Während traditionell das Mittagessen die familiäre Hauptmahlzeit des Tages darstellte (Schlegel-Matthies 2011, 35), zeigt die Analyse der vorliegenden Daten, dass die Familien in der Woche zum gemeinsamen Abendessen zusammenkommen und diese Mahlzeit größtenteils als familiäre Hauptmahlzeit und zentralen Ort der Kommunikation beschreiben. Bezüglich der verzehrten Lebensmittel berichtet ein Teil der Familien des Samples, am Abend warme Speisen zuzubereiten, der andere, traditionell Brot zu essen. Für alle Familien ist von Bedeutung, dass täglich, entweder mittags oder abends, eine „richtige" Mahlzeit, sprich etwas Warmes eingenommen wird.

---

[2] Als Habitualisierung begreift die Autorin bestimmte Verhaltens- und Handlungsweisen, die zu Gewohnheiten werden und gleichzeitig von uns erwartet werden, s. Schlegel-Matthies (2011, 27).

[3] Siehe zu Mahlzeitenrhythmen und Essenszeiten aus einer kulturellen Perspektive auch: Fjellström (2004).

6.1.1   (Keine) Tischgebete als Eröffnungsritus der Familienmahlzeit

Rituale haben wir sonst nicht. Also, wir beten nicht. (Celina [4]: Was ist beten?) Genau, da weißt du Bescheid. Wer oder was ist beten? (Familie 19-HH (Schipper) Itv., Pos. 21)

Das Ritual des Tischgebets als offizieller Beginn bzw. als Eröffnungsritus der gemeinsamen Mahlzeit (Keppler 1994, 62; Fuchs 1998, 67) wird lediglich von zwei Familien des Samples praktiziert (6-DD und 11-DD). Dieser im Verhältnis zur Gesamtzahl des Samples kleine Anteil stimmt mit dem in der Literatur beschriebenen Trend überein, dass das familiäre Tischgebet seltener wird (Fuchs 2018). Fuchs (1998) beschreibt den Rückgang des Tischgebets zwischen den 1960er und 1980er Jahren in der Bundesrepublik Deutschland und sieht darin keinen schleichenden Traditionsschwund, sondern einen Traditionsbruch, der sich über Generationen vorbereite. Dabei wird aufgezeigt, dass die Anzahl derer, die vor und nach dem Essen ein Tischgebet sprechen, seit der Wiedervereinigung Deutschlands weiter sinke (Fuchs 1998, 66 f.). So spielt das Tischgebet im Großteil der untersuchten Familien keine Rolle.

6.1.2   In Westeuropa gängige Tischsitten

Die im Ergebnisteil dargestellten Gemeinsamkeiten der Familien bei der Nennung der Tischregeln (*Sitzen bleiben, Etikette und Manieren, Gemeinsam beginnen, Probieren, Lebensmittelregeln, Auffüllen, Essen am Tisch, Kommunikationsregeln, Nicht spielen, Keine elektronischen Medien*, s. Abschnitt 5.1.1) lassen sich damit erklären, dass es sich hierbei größtenteils um Sitten handelt, die in Westeuropa gängig sind (Pommrich/Pietzner-Clausen 1956; Fuchs et al. 2002; Wikibooks.org 2018). Einzig die dargelegten Tischregeln *Lebensmittelregeln* sowie *Keine elektronischen Medien*[4] lassen sich nicht den gängigen Tischsitten zuordnen, die in wissenschaftlichen Beiträgen diskutiert werden.

Tolksdorf (1994) identifiziert drei zentrale geschichtliche Phasen, in denen sich die gängigen Tischsitten herausstellen: (1) das Mittelalter, in dem keine Tischregeln vorherrschend waren und mit den Händen gegessen wurde, (2) die Zeit zwischen dem 16. und 18. Jahrhundert, in der sich eine umfassende Sammlung von Verhaltensweisen bei Tisch etablierte, und (3) die Zeit zwischen dem

---

[4] Beide Regeln werden im nachfolgenden Unterkapitel 6.2 aufgegriffen.

19. und 20. Jahrhundert, in der sich die erreichten Standards lediglich unbeträchtlich veränderten. Die in Deutschland gängigen Tischsitten etablierten sich demnach bereits vor der Teilung Deutschlands und haben sich während dieser Zeit kaum weiterentwickelt, weshalb sich in der vorliegenden Arbeit sowohl zwischen praktizierten Familienarrangements als auch zwischen den Hamburger und Dresdener Familien keine bedeutenden Unterschiede in der Art der geltenden Regeln feststellen lassen.

Neben den geschichtlichen Phasen für die Herausbildung von Tischsitten schreibt Schürmann (1994) auch der sozialen Herkunft bzw. der Angehörigkeit zu einer bestimmten Gesellschaftsschicht eine umfassende Bedeutung zu. Dieser Aspekt ist für die vorliegende Arbeit von Relevanz, da alle Familien der Mittelschicht angehören. Die identifizierten mittelschichtspezifischen Charakteristika im Verhalten zur alltäglichen Mahlzeitengestaltung der Familien werden im Nachfolgenden ausführlich diskutiert, ebenso die Übereinstimmung der Raumkategorie des suburbanen Raums.

6.2 Mahlzeiten als Kulturpraxis der suburbanen Mittelschicht

Der basale Gedanke, dass mit der Nahrungsaufnahme des Kindes nicht nur ein physiologisches Grundbedürfnis gestillt wird, sondern mit ihr auch kulturelle Praxen und Logiken einverleibt werden, macht eine Erziehung zum richtigen Essen zum Problem und zur Aufgabe. (Seichter/Brumlik 2020, 183)

Die Gemeinsamkeiten zwischen den Familien des Samples, beispielsweise in Bezug auf Tischregeln, Routinen und Rituale sowie Kommunikationsthemen (s. Abschnitt 5.1), die aus der Datenanalyse hervorgegangen sind, werden in der aktuellen wissenschaftlichen Diskussion unter dem Themenbereich einer eigenen *kulturellen Logik* im Verhalten zur alltäglichen Mahlzeitengestaltung von Mittelschicht-Familien (Lareau 2011, 3) diskutiert bzw. als Kochen und gemeinsames Essen als *Kulturpraxis* der Mittelklasse (Reckwitz 2017, 313 f.). Hierbei zeigt sich dieser Themenbereich eng verknüpft mit einer umfangreichen und anspruchsvollen Ausgestaltung der Elternrolle (Oelkers 2017, 113) bzw. einem intensiven Erziehungsstil (*intensive parenting style*) (Gillies 2009; Nelson 2010; Lareau 2011; Lee et al. 2014). In den nachfolgenden Unterkapiteln wird entlang der Themenbereiche *Tischgespräche, Bildungsorientierung, Risikobewusstsein, Optimierungsdruck, Abgrenzungsmechanismen* sowie *Selbstentfaltung* diskutiert, inwiefern sich eine gemeinsame kulturelle Grundlage im Verhalten zur alltäglichen Mahlzeitengestaltung von Mittelschicht-Familien im suburbanen Raum feststellen lässt. Abschließend wird die Bedeutung des suburbanen Raums als gemeinsame Raumkategorie aller Familien diskutiert.

6.2.1 Tischgespräche: Stark kinderorientierte Konversationen

Bedeutsame Kennzeichen des intensiven Erziehungsstils bilden Konversationen und die Kommunikation zwischen Eltern und Kindern, wobei die Eltern auf die Bedürfnisse der Kinder eingehen, erfahren möchten, was diese aktuell beschäftigt, deren Gefühle, Meinungen und Gedanken berücksichtigen (Lareau 2011, 1 ff.).

In den Familien des Samples bildet der familiäre Esstisch den Ort des Essens (s. Abschnitt 5.1.1). Abweichungen von dieser Regel, wenn die Mahlzeiten z. B. vor dem Fernseher eingenommen werden, werden stets als Ausnahmen betitelt. Grundsätzlich besteht das Ideal des gemeinsamen Essens ohne die Ablenkung durch elektronische Medien, wie Smartphones oder den Fernseher, um eine möglichst ruhige Gesprächsatmosphäre herzustellen:

> *Es gibt kein Handy am Tisch und kein Fernsehen am Tisch und ich will alles aus haben. Wenn ich nicht da bin, weiß ich nicht, was hier immer passiert. Also, es kann auch mal vorkommen, dass der Fernseher an ist, aber bei mir gibt es das nicht. (Familie 16-DD (Pauls) Itv., Pos. 19)*

Die Kommunikationsthemen bei Tisch (s. Abschnitt 5.1.5) verdeutlichen eine starke Orientierung an den Bedürfnissen der Kinder. Aktuelle Erlebnisse der Kinder, z. B. aus der Schule oder dem Kindergarten, aber auch die Planung und Organisation der Nachmittagsaktivitäten der nächsten Tage bilden das Zentrum der Kommunikation. Ebenfalls an den Kindern orientiert sich das Thema der Essensplanung, bei der es darum geht, die Wünsche der Kinder in der Planung der nächsten Tage zu berücksichtigen. In einem Großteil der Familien des Samples ist die Kommunikation so stark kinderorientiert, dass die Themen der Erwachsenen, beispielsweise zur Erwerbsarbeit, während des gemeinsamen Essens weitestgehend ausgeklammert werden. In einem deutlich kleineren Anteil der Familien des Samples existieren während der Familienmahlzeiten keine Tabuthemen, so dass zusätzlich über die Erwerbsarbeit der Eltern gesprochen wird und politische und gesellschaftliche Themen diskutiert werden. Häufig geht es hierbei um Sachverhalte, die in direktem Zusammenhang mit dem Thema Ernährung stehen, wie Nachhaltigkeit, Klimawandel und Fleischkonsum:

> *Und, ja, auch das Thema Klimawandel – das sind schon Dinge, die uns oft beschäftigen, und wo die Kinder wahrscheinlich sagen: „Oh Gott, nicht schon wieder!" (lachen) Aber, weiß ich nicht, ich denke, das müssen die Kinder heutzutage auch mitbekommen, dass das auch alles nicht so gut aussieht im Moment und dass wir nicht alle so weiterleben können, wie wir so leben. (Familie 8-HH (Hagenacker) Itv., Pos. 31)*

Das Zitat verdeutlicht, dass dem Thema Bildung ein bedeutender Wert zugeschrieben wird. Zu diesem Ergebnis gelangen auch Lange und Thiessen (2017, 286), die darlegen, dass Eltern heute als *Bildungscoaches* ihrer Kinder fungieren und dazu angehalten sind, „Folgeprobleme der Modernisierung in den Bereichen Gesundheit, Ernährung, Medien, Finanzen erzieherisch zu bearbeiten". Ramaekers und Suissa (2011) erklären diesbezüglich, dass die Eltern ihre Kinder heute nicht mehr auf Grundlage ihrer eigenen Erfahrungen in der Welt lehren und bilden, sondern die mit der Elternschaft verbundene Erziehungsidee viel formaler geworden sei und die Bildung auf Grundlage wissenschaftlicher Forschung erfolge (Ramaekers/Suissa 2011, 198 f.).

6.2.2   Bildungsorientierung: Familienmahlzeiten als Ort des Lernens

Die Bildungsorientierung, die im vorangehenden Abschnitt bereits angesprochen wurde, habe sich in den letzten Jahren intensiviert (Lange/Thiessen 2017, 282) und soll den Kindern optimale Chancen eröffnen (Oelkers 2017). Das Ziel bestehe darin, den Kindern Fähigkeiten zu vermitteln (Lee et al. 2014, 8), um den schulischen und beruflichen Erfolg zu sichern (Reckwitz 2017, 332) und sie möglichst gut auf ihre Zukunft als Erwachsene vorzubereiten (Lareau 2011, 4). Das Anstreben einer zielgerichteten Bildung und Entwicklung der Kinder (Lange/Thiessen 2017, 273) lässt sich in den Daten der vorliegenden Arbeit in Bezug auf das Verhalten zur alltäglichen Mahlzeitengestaltung der Familien anhand verschiedener Beispiele erkennen:

In der Typologie der vorliegenden Arbeit spielt der Aspekt der Ernährungserziehung eine bedeutende Rolle. Dies gilt insbesondere für die Familien des ersten Typus, in denen die verschiedenen Erziehungs-, Aufklärungs- und Bildungsmaßnahmen die Bildungsorientierung veranschaulichen. Die Kinder sollen lernen, wie bestimmte Gerichte zubereitet werden und anschließend die Zubereitung übernehmen, außerdem etwas über Lebensmittel lernen, beispielsweise wann, wo und wie bestimmte Pflanzen wachsen, wie diese heißen und aussehen:

> *Also, ich mache das dann schon noch häufiger, dass ich jetzt irgendwie sage: „Nika [11], pass auf, geh mal bitte und schnibbel Oregano." Und dann muss sie erst mal: „Häh, wie sieht denn Oregano aus?" Also, das ist ja auch echt so ein Lernprozess. Also, das würde ich ganz gerne noch ein bisschen ausbauen so. Und dass sie halt auch selbstständig zum Beispiel einkaufen können. (Familie 14-H# (Neubert) Itv., Pos. 41)*

Das Beispiel verdeutlicht, dass Frau Neubert ihren Kindern bestimmte Fertigkeiten vermitteln möchte, die mit einem Lernprozess zu Herkunft, Regionalität, Saisonalität und Zubereitung einhergehen. Neben der Zubereitung und dem Einkaufen wird auch der familiäre Esstisch zu einem Ort des Lernens:

> *Wasser trinken ist wichtig oder so, dass wir denen das wirklich vorleben wollen. Also, das ist wirklich für mich wichtig. Klar, man gibt ihnen vieles mit, und essen, gut, essen. Aber dass man ihnen auch so ein bisschen, sage ich mal, nochmal beibringt, was weiß ich, wie kann man ein Glas mit Schraubverschluss öffnet oder so, das zu ist, dass man so einen Trick hat mit dem Löffel oder so. Dass man ihnen so ein bisschen was mitgibt. (Familie 5-H# (Ebel) Itv., Pos. 9)*

Die Aussage „und essen, gut, essen" im Zitat aus dem Interview mit Frau Ebel zeigt, dass die Nahrungsaufnahme in den Hintergrund gerät und es bedeutsam ist, den Kindern „etwas mitzugeben", in Form bestimmter Fertigkeiten, Fähigkeiten und Kenntnisse.

In diesem Zusammenhang kann die empirische Untersuchung der vorliegenden Arbeit verdeutlichen, dass eine Ernährungserziehung bereits in der frühesten Kindheit beginnt, wenn es um die Ausgestaltung der Säuglings- und Kleinkindernährung geht:

> *Also, wir haben zum Beispiel, als die Kinder angefangen haben mit irgendwie fester Nahrung, haben wir zum Beispiel keinen Brei gegeben, sondern haben wir sie halt immer mitessen lassen, was wir gekocht haben oder was wir gegessen haben. Und weiß ich nicht, ob da wirklich ein Zusammenhang besteht, aber ich könnte mir vorstellen, dass sie dadurch wirklich auch Lust haben oder Geschmack haben auf Sachen, die vielleicht nicht kindertypisch sind. Also, meine Kinder essen zum Beispiel unglaublich gerne Oliven. Ich glaube, es gibt nicht viele Kinder, die gerne Oliven essen. Die stehen da voll drauf. (Familie 11-D# (Kaufmann) Itv., Pos. 51)*

Das Beispiel aus dem Interview mit Frau Kaufmann verdeutlicht, dass die Eltern einen offenen und flexiblen Umgang mit Lebensmitteln anstreben. Häufig werden in den Interviews für Kinder ungewöhnliche Geschmackspräferenzen dargelegt, wie eine Vorliebe für grünen Salat, Rosenkohl, Grünkohl, Oliven oder Kapern:

> *Die haben-, ich meine Lukas [9], der hat sein erstes Essen nach dem Brei-, wo er dann mit uns am Tisch unser Essen gegessen hat-, waren Königsberger Klopse. Und die Kapern hat er so weggelutscht, also, das ist ja schon ein extremer Geschmack für jemanden, der da herkommt, der noch kaum-, keine Gewürze kannte richtig-, für den nur Kartoffeln und Gemüse, diese Mischung mit ein bisschen Fleisch, war und da hat er da die Königsberger Klopse weggemuffelt, also ohne Ende. Das war sein erstes Gericht. Und dieses Süßlich-Säuerliche ist was ganz anderes und er immer, immer rein damit. (Familie 3-HH (Clausen) Itv., Pos. 64)*

Darüber hinaus kann in diesem Zusammenhang auch die Tischregel *Probieren* (s. Abschnitt 5.1.1) als bedeutsam angesehen werden, die darauf abzielt, dass die Kinder alle Lebensmittel probieren müssen:

> *Also, es muss probiert werden. Man muss dann aber halt nicht, wenn man sagt, okay, es schmeckt jetzt gar nicht, dann muss man es nicht essen. Aber um halt den Horizont vielleicht auch so ein bisschen zu erweitern. (Familie 6-DD (Fahrenhorst) Itv., Pos. 111)*

Anving und Sellerberg (2010) ordnen die Bedeutsamkeit einer aufgeschlossenen Erziehung, in diesem Fall im Umgang mit Lebensmitteln, als spezifisch für mittelständische Eltern ein. Diese offenen Sozialisationsambitionen seien darauf zurückzuführen, dass die Eltern die Zukunft ihrer Kinder woanders, z. B. im Ausland oder in anderen sozialen Kontexten, sehen (Anving/Sellerberg 2010, 212). Reckwitz (2017) ordnet besonders dem kosmopolitischen, internationalen und liberalen Lebensgefühl der neuen Mittelklasse eine Abgrenzung zur alten Mittelklasse und eine weltzugewandte Selbstverwirklichung und Statusinvestition als kennzeichnend zu (Reckwitz 2017, 332).

6.2.3   Risikobewusstsein: Gesundheitsförderung und Prävention von Übergewicht

Als ein weiteres Element guter Elternschaft (*good parenting*) wird ein anspruchsvolles Risikobewusstsein diskutiert (Furedi 2002, 5; Lee et al. 2014, 12; Andersen/Holm 2018, 299 f.). Mögliche Risiken werden durchdacht, um diese anschließend zu meiden. Das Schicksal des Kindes zeigt sich hierbei abhängig von dem Handeln der Eltern, die in der Rolle von Risikomanagern agieren.

Eine solche Risikowahrnehmung, die dem Wohnergehen der Kinder dienen soll (Lee et al. 2014, 12), geht auch aus der Datenanalyse der vorliegenden Arbeit hervor. Deutlich wird sie anhand der in Abschnitt 5.1.1 dargestellten *Lebensmittelregeln*, die süßen Aufstrich und Nachtisch regulieren sowie *Pflicht-obst*, *Pflichtgemüse* und ein *verpflichtendes Glas Wasser* zu den Mahlzeiten bestimmen. Außerdem wird sie auch im Allgemeinen anhand der bewussten Aus-wahl bestimmter Lebensmittel bzw. der Vermeidung und Beschränkung anderer, wie Zucker, Süßigkeiten, Fett, Fertiggerichte, Weizen. Der Gesundheit der Kin-der wird eine große Bedeutung zugeschrieben und Übergewicht soll vermieden werden:

> *Oder halt morgens, dass wir immer verschiedenes Obst schnippeln, ihnen Gemüse mitgeben in die Brotdose und so. Also, das ist, glaube ich,- da werden wir unseren Ansprüchen gerecht. Und da sind wir zum Glück auch beide so, dass uns das wichtig ist. Weil wir halt aber auch nicht wollen, dass sie jetzt irgendwie mopsig werden oder so. Deswegen denke ich, ist es gut, wenn man so unbewusst das steuert. (Familie 19-HH (Schipper) Itv., Pos. 37)*

Verschiedene Forschende erklären in diesem Zusammenhang, dass die Mahlzei-ten nicht nur gesund und damit sicher sein sollen, sondern auch optimal auf die Entwicklung der Kinder abgestimmt. Weiter heißt es, dass die Eltern, sofern möglich, kontrollieren, welche Lebensmittel in welchem Umfang gegessen wer-den, und dies mit den jeweiligen Entwicklungsphasen und Wachstumsschüben in Relation setzen (Hays 1996; Furedi 2002; Wolf 2011; Lee et al. 2014).

6.2.4   Optimierungsdruck: Elterliche Verpflichtungsgefühle

Die Ergebnisse der vorliegenden Arbeit zeigen, dass sich die Mütter auch dann dazu verpflichtet fühlen, die Ernährung der Kinder einwandfrei, d. h. möglichst gesund, auszugestalten, wenn sie berichten, daran persönlich keinen zu Spaß haben:

> *Und ich versuche eigentlich immer frisch zu kochen. Ich mag das nicht, aber-, also, ich koche jetzt nicht so gerne, aber ich versuche das immer wieder. (Familie 16-HH (Petermann) Itv., Pos. 5)*

Eine Verpflichtung zum gesunden Kochen sowie das Gefühl, als Mutter für die Aufgaben der alltäglichen Mahlzeitengestaltung und das familiäre Wohlbefinden verantwortlich zu sein, werden auch von Devine et al. (2003) und Szabo (2011) diskutiert.

In den Interviews der vorliegenden Arbeit wird deutlich, dass ein aktives und verantwortliches Ernährungshandeln der Mütter bereits sehr früh einsetzt. So schildern diese unaufgefordert und sehr ausführlich, wie sie die Säuglings- und Kleinkindernährung ausgestaltet haben, obwohl dieser Lebensabschnitt meist mehrere Jahre zurückliegt:

> *Unsere Kinderärztin hat mir ein Rezept gegeben, so und so viel Gramm Kartoffeln oder, was weiß ich, oder so und so viel Gramm Gemüse und dann musste da ein Teelöffel Öl rein, irgendwie ein gutes, und drei Löffel Orangensaft oder irgendwie sowas, um den Vitamin-C-Haushalt-, [...] ich meine, ich habe immer schon gekocht, aber da hat es angefangen [...]. Das geht mit einer Babyernährung ging das schon los, dass du dir Gedanken machst, was gibst du deinem Kind, wie isst das. (Familie 3-HH (Clausen) Itv., Pos. 62)*

Es zeigt sich, dass die Auswahl der Nahrungsmittel keineswegs wahllos erfolgt und die Nährstoffzusammensetzung ideal auf die Entwicklung des Kindes abgestimmt wird. Anschaulich wird das in dem Zitat aus dem Interview mit Frau Clausen, u. a. anhand der Gegebenheit, dass eine Rücksprache mit der Kinderärztin erfolgte.

Verschiedene Autor:innen legen dar, dass eine verantwortungsvolle Elternschaft nicht erst mit der Geburt der Kinder beginne, sondern bereits pränatal. Nähere Informationen zum Beginn einer verantwortungsvollen Elternschaft in der Schwangerschaft werden von Lee et al. (2014, 11–12, 30, 216–217), Oelkers (2017), Ott und Seehaus (2012), Pape (2021), Seichter (2020), Seichter und Brumlik (2020, 275) sowie Tolasch (2021) dargestellt.

6.2.5 Abgrenzungsmechanismen: Wir und die anderen

Im Datenmaterial werden zudem deutliche Abgrenzungsmechanismen der Interviewten zu anderen Familien deutlich. In Bezug auf das Verhalten zur alltäglichen Mahlzeitengestaltung wird Unverständnis zum Ausdruck gebracht, wenn andere Familien keinen Wert auf gemeinsame Mahlzeiten legen und die einzelnen Mitglieder unabhängig voneinander essen. Die Interviewten beschreiben ihre eigenen Werte, indem sie sich vom Verhalten anderer Eltern differenzieren. Die Selbstbeschreibung des Verhaltens zur alltäglichen Mahlzeitengestaltung erfolgt mit Hilfe eines Anti-Typus. Häufig wird in den Interviews der Erziehungsstil anderer Eltern bemängelt:

> *Also, ich habe das zum Beispiel erlebt, Levi [8] hatte letzte Woche einen Kumpel zu Besuch. Und ich hatte dann Levi gesagt: „Ja, pass auf, bevor ihr hochgeht, jetzt hilfst du mir ganz kurz einmal Wäsche aufhängen." Und Levi so: „Ja, okay." Und der Junge, der hat solche Augen gekriegt und meinte so: „Wieso muss Levi die Wäsche aufhängen?" Ich sage: „Ja, wieso, musst du nichts im Haushalt helfen?" Der muss null im Haushalt helfen. Und ich habe echt gedacht so, wie schlimm ist das, was für alte Strukturen. Ich finde das ganz furchtbar. Ich meine das-, ja. Also, ich meine, das ist ein Thema für sich so. Aber ich habe gedacht, das kann doch nicht sein. Also, ich versuche wirklich beide Kinder so zu erziehen, dass sie alles im Haushalt können. (Familie 14-H# (Neubert) Itv., Pos. 41)*

Frau Neubert distanziert sich mit ihrer Aussage und den Worten „schlimm" und „furchtbar" vom Verhalten des Kindes und dem Erziehungsstil seiner Eltern und definiert darüber ihren eigenen. Trummer spricht in diesem Zusammenhang vom „Bedürfnis, seine Individualität zu bewahren […], sich [von anderen] abzugrenzen und im kulturellen Feld zu positionieren", wobei auch die Entscheidung für oder gegen bestimmte Lebensmittel eine besondere Bedeutung spiele (Trummer 2014, 71 ff.).

Diese Abgrenzungsstrategien lassen sich im Datenmaterial auch direkt in Bezug auf das Verhalten zur alltäglichen Mahlzeitengestaltung wiederfinden, wenn es z. B. um die Tischmanieren anderer Kinder geht oder darum, welche „risikoreichen" Lebensmittel andere Eltern ihren Kindern zur Verfügung stellen. Im nachfolgenden Zitat beschreibt Frau Mauermann ihr Unverständnis für Süßigkeiten in den Brotdosen anderer Kinder:

> *Und dann gucke ich halt immer einmal so: Was haben die denn da so [in ihren Brotdosen]? Was packen die denn ein? Und da ist dann halt auch meistens irgendwie eine Süßigkeit oder irgendwie ein Schokoriegel oder irgendetwas, darin. Und da sage ich halt auch, also, das muss nicht sein. (Familie 13-H# (Mauermann) Itv., Pos. 62)*

Insgesamt zeigt sich, dass das Verhalten anderer Eltern in Bezug auf die Ernährung der Kinder als risikoreich bewertet wird, was anhand des folgenden Beispiels besonders deutlich wird:

> *„Mein Kind isst nur Fischstäbchen, ich mache jeden Tag Fischstäbchen." Ich sage: „Bist du irre?" Das sind so Sachen. Ich habe eine Mutter gehabt in einer Krabbelgruppe, da hat das Kind nur Apfelsaft getrunken, Apfelschorle, auch nachts. Dem*

haben sie mit drei, vier Jahren die Milchzähne gezogen. (Familie 3-HH (Clausen) Itv., Pos. 60)

Die Beispiele zeigen die große Bedeutung, die dem Verhalten der (anderen) Eltern zugeschrieben wird.

Auch aus anderen Studien geht hervor, dass Erfolge und Misserfolge der Kinder gleichermaßen auf die Elternschaft zurückgeführt werden und die Augen auf diejenigen Eltern gerichtet werden, die ihren Kindern keine optimale Förderung bieten (Oelkers 2017, 111). Die Eltern sollen potenzielle Probleme prospektiv bearbeiten (Seehaus 2017, 195), die Gesundheit ihrer Kinder über die „richtige" Ernährung schützen, und die Kinder mit Hilfe der „richtigen" Erziehungsstrategie zu zukunftsfähigen Erwachsenen erziehen (Lareau 2011, 4). Gleichermaßen wird deutlich, dass durch die gesellschaftlichen Diskurse (Lange/Thiessen 2017, 278), aber auch explizit durch die Eltern untereinander Druck ausgeübt wird und dass es sich beim Thema Essen im Alltag um eine soziale Praxis handelt, über die Identität zum Ausdruck gebracht wird (Halkier 2017, 38 f.).

6.2.6 Selbstentfaltung: Zwischen Kontrolle und Selbstbestimmung

Die Ergebnisse der vorliegenden Arbeit zeigen an verschiedenen Stellen eine Gradwanderung zwischen Kontrolle und Selbstbestimmung. Z. B. können die Kinder bei der Lebensmittelwahl Präferenzen äußern, die jedoch häufig in Kontrast zu den Vorstellungen der Eltern stehen, was die Auswahl durch unterschiedliche Vorlieben erschwert. Es wird die Schwierigkeit einer Balance zwischen der Entfaltung der Kinder auf der einen und Richtlinien auf der anderen Seite deutlich. Diese Schwierigkeit zeigt sich besonders anhand verschiedener identifizierter Essenskonflikte. Das betrifft vor allem *Lebensmittelkonflikte*, die *Missachtung von Regeln* und *Streitigkeiten der Kinder* (s. Abschnitt 5.6).

In der aktuellen wissenschaftlichen Debatte wird der Selbstverwirklichung und Selbstentfaltung der Kinder in Kulturen der Mittelschicht eine bedeutende Rolle beigemessen (Reckwitz 2017, 331): Während die Kinder bis in die 1960er Jahre hinein *nebenher mitliefen* (Lange/Thiessen 2017, 278 f.), stehen ihre Bedürfnisse heute an erster Stelle und Eltern wenden viel Zeit, Energie und materielle Ressourcen für ihre Kinder auf (Hays 1996, 5). Diese Ausführungen treffen auch auf die Praktiken alltäglicher Mahlzeitengestaltung zu:

> *Another important aspect of today's feeding practice is that parents take children's wants into greater account; there has thus been a change in the relationship between parents and children. Children have a considerable impact on food choice and should be seen as social actors. (Anving/Thorsted 2010, 33)*

Die Kinder sollen als Subjekte wahrgenommen werden (Jurczyk 2017, 158), gleichzeitig geltende Regeln und Vorgaben der Eltern einhalten. In Kontrast dazu war die Eltern-Kind-Beziehung „in den 1950er und 1960er Jahren von verbindlichen Normen und einem starken Machtgefälle geprägt" (Rosenbaum 2017, 61). Es galt: „Es wird gegessen, was auf den Tisch kommt." Methfessel (2004) erklärt diesbezüglich, dass die heute üblichen Widerstände durch Hunger, unhinterfragte Tischregeln und die Strenge der Eltern unterbunden wurden.

In den Daten der vorliegenden Arbeit zeigen sich derartige Widerstände anhand der *Beanstandung des Essens* durch die Kinder, die während des Essens zum Ausdruck bringen, dass es ihnen nicht schmeckt, was zu Unmut auf Seiten der zubereitenden Person führt und in Unruhe und Diskussionen mündet, außerdem anhand der Missachtung der geltenden Tischregeln, wie Sitzenbleiben, still, ordentlich und gerade sitzen, sowie an Streitigkeiten der Kinder untereinander.

6.2.7 Nachhaltigkeitsorientierung: Auswahl und Meidung von Lebensmitteln

Die im Ergebnisteil dieser Arbeit dargestellte Typologie verdeutlicht, dass in einem Großteil der Familien ein bewusster Lebensmittelkonsum angestrebt wird, bei dem der Gesundheit, aber auch der Herkunft der Lebensmittel ein großer Stellenwert beigemessen wird. Bei diesen Typen handelt es sich um Typ 1: die hingebungsvollen Kümmerinnen, Typ 3: die engagierten Fürsprecher:innen, Typ 4: die gelassenen Enthusiast:innen und Typ 5: die systematischen Organisator:innen. Insgesamt lässt sich anhand der Lebensmittelauswahlkriterien der Familien eine Nachhaltigkeitsorientierung erkennen.

Der wissenschaftliche Beirat für Agrarpolitik, Ernährung und gesundheitlichen Verbraucherschutz (WBAE) integriert in das Thema Nachhaltigkeit die vier Dimensionen Gesundheit, Soziales, Umwelt und Tierwohl (WBAE 2020, 1). Laut Koerber und Leitzmann (2012) ist eine Nachhaltigkeitsorientierung dann angemessen erfüllt, wenn Lebensmittel gesundheits-, wirtschafts-, sozial und umweltverträglich sind, woraus Koch (2019) wiederum sieben Grundsätze ableitet, die sich auch auf das Datenmaterial der vorliegenden Arbeit übertragen lassen: (1) Bevorzugung pflanzlicher Lebensmittel, (2) ökologisch erzeugte

Lebensmittel, (3) regionale und saisonale Produkte, (4) Bevorzugung gering verarbeiteter Lebensmittel bzw. reichlich Frischkost, (5) umweltverträglich verpackte Produkte, (6) fair gehandelte Lebensmittel sowie (7) genussvolle und bekömmliche Speisen (Koch 2019, 114).

Eine derartige Nachhaltigkeitsorientierung zeigt sich auch anhand der Ergebnisse der vorliegenden Arbeit. Das nachfolgende Beispiel verdeutlicht eine Nachhaltigkeitsorientierung anhand der Bevorzugung gering verarbeiteter Lebensmittel bzw. der Auswahl sowie der Meidung bestimmter Lebensmittel:

> *Also, was ich gar nicht einkaufe, sind so Fertigprodukte. Also, diese Abteilung mit-, keine Ahnung, ich gehe da nicht rein. Das ist mir echt suspekt, was es da so gibt. Neulich, das war witzig, da sagte eine Freundin von mir: „Ich habe da gelacht. Inga [11] wusste nicht, was Ravioli sind." Sehr niedlich. Inga wusste es einfach nicht, weil das mache ich irgendwie nicht. Also, früher haben wir das gegessen und ich mochte das auch, aber heutzutage, wenn ich darüber nachdenke, was da wohl so drinnen ist, dann möchte ich das nicht essen. (Familie 17-HH (Quandt) Itv., Pos. 43)*

Frau Quandt grenzt sich mit ihrer Aussage deutlich von der Verwendung von Fertigprodukten ab, die sie als „suspekt" bezeichnet. Gleichzeitig bringt sie mit dem Beispiel, dass ihre Tochter Inga (11) nicht wisse, was Ravioli sind, zum Ausdruck, dass ihre Kinder ohne die Verwendung von Fertiggerichten aufwachsen. Das Beispiel greift die bereits veranschaulichte Bildungsorientierung, das Risikobewusstsein und die Abgrenzungsmechanismen gleichermaßen auf.

6.2.8 Bedeutung der Raumkategorie des suburbanen Raums

Alle der in dieser Arbeit untersuchten Familien sind in Suburbia wohnhaft[5] und können der suburbanen Mittelschicht zugeordnet werden. Demgegenüber wird in der Literatur hervorgehoben, dass die neue Mittelklasse heute zunehmend den urbanen Raum in Form von Stadtwohnungen bevorzuge und das Einfamilienhaus in der Vorstadt seinen Status verliere (Läpple 2005; Frank 2014a, 166, 2014b; Koppetsch/Speck 2015, 38):

> *Häufig werden [...] innenstadtnahe Altbauviertel bevorzugt, die seit den 1970er Jahren eine verblüffende Revalorisierung erleben: Im Rahmen der industriegesellschaftlichen Gebrauchslosigkeit als gestrig und abbruchreif verschrien, sind sie innerhalb*

---

[5] Siehe zur Begründung der Raumkategorie sowie zur Auswahl der suburbanen Räume: Abschnitt 4.3.1.3 und 4.3.2.

der Kulturalisierungslogik zu Symbolen von Urbanität und ästhetischer Großzügig-keit avanciert. Generell verliert in der neuen, urban orientierten Mittelklasse das Einfamilienhaus damit seinen Status als unumstrittenes Wohnideal, den es in der nivellierten Mittelstandsgesellschaft besaß, und Stadtwohnungen erscheinen umso attraktiver. (Reckwitz 2017, 316)

Gleichermaßen ist der Zuzug in suburbane Wohngebiete keinesfalls abgebro-chen[6] (Bartholomae/Nam 2014; Henger/Oberst 2019; Hesse 2019; Adam 2020). Angesichts dessen gilt zu bedenken, dass Differenzen in den Lebensstilen, Wohnvorstellungen und Einstellungen zwischen der urbanen und der suburbanen Mittelschicht bestehen können, die sich möglicherweise auch in Differenzen der alltäglichen Mahlzeitengestaltung zeigen. Die vorangehenden Ausführungen zei-gen, dass sich die Praktiken der neuen Mittelschicht, die in der Literatur dargelegt werden, deutlich im Verhalten zur alltäglichen Mahlzeitengestaltung der subur-banen Mittelschicht, bzw. der Familien des Samples der vorliegenden Arbeit, identifizieren lassen.

6.3   Zuständigkeiten: Viel mehr als Einkaufen und Kochen

Die Ergebnisse der vorliegenden Arbeit zeigen, dass die Zuständigkeit für die alltägliche Mahlzeitengestaltung der Familien hauptsächlich bei den Frauen liegt. Zunächst einmal wird dies daran ersichtlich, dass das Ausfüllen der Mahlzeiten-tagebücher in 29 von 34 Fällen von den Müttern übernommen wurde, in zwei Fällen gemeinsam bzw. abwechselnd (6-DD, 15-D#) und in drei Fällen von den Vätern (2-DD, 8-DD, 27-HH)[7] vorgenommen wurde.

Insgesamt verdeutlichen die Analyse der zentralen Dimension der Zustän-digkeit (s. Abschnitt 5.2.3, 5.3.3) und die der Typisierungsdimension 2 Aufga-benteilung alltäglicher Mahlzeitengestaltung (s. Abschnitt 5.5.1.2), dass mit der Ausnahme einer Familie (15-D#) jeweils einen Elternteil einen größeren Anteil der anfallenden Aufgaben in der alltäglichen Mahlzeitengestaltung (wenn auch teil-weise in geringem Maße) übernimmt bzw. sich eher in der Verantwortung sieht.

---

[6] Insbesondere ausgelöst durch COVID-19 gewinne der suburbane Raum, und zu einem geringen Anteil auch der ländliche Raum, zunehmend an Attraktivität. Siehe dazu: Dolls/ Mehles (2021); Höhne/Michel (2021); Maschke et al. (2020).

[7] Das Mahlzeitentagebuch formuliert die Bitte, dass das Ausfüllen von demjenigen Elternteil übernommen wird, der eher für die alltägliche Mahlzeitengestaltung der Familie zuständig ist.

Gleichermaßen wird deutlich, dass neben sichtbaren Tätigkeiten auch eine Reihe unsichtbarer Aufgaben anfallen, wie Planung, Organisation und Koordination. Diese unsichtbare Denkarbeit (Abschnitt 6.3.1) wird im nachfolgenden Unterkapitel diskutiert, ebenso die Themen Homeoffice zur Vereinbarkeit von Familie und Erwerbstätigkeit (Abschnitt 6.3.2), Re-Traditionalisierung (Abschnitt 6.3.3), die väterliche Verantwortlichkeit für die alltägliche Mahlzeitengestaltung der Familie (Abschnitt 6.3.4) sowie die Beteiligung der Kinder an den Aufgaben der alltäglichen Mahlzeitengestaltung der Familie (Abschnitt 6.3.5).

6.3.1 Unsichtbare Denkarbeit: Planung, Organisation, Koordination

Die Auswertung der Daten, insbesondere die Analyse der Dimension der Zuständigkeit, verdeutlicht, dass die alltägliche Mahlzeitengestaltung der Familie weit über Tätigkeiten wie das Einkaufen und die Essenszubereitung hinausgeht. Diese physischen und sichtbaren Aufgaben sind eng mit unsichtbaren Aktivitäten, wie der Planung und Organisation der alltäglichen Mahlzeitengestaltung, verknüpft. DeVault (1991) bezeichnet diese unsichtbare Denkarbeit als *invisible work*. Die alltägliche Mahlzeitengestaltung der Familie, aber auch die Organisation des Haushalts im Allgemeinen erfordere eine präzise Planung und Koordination: Voraussicht, Aufmerksamkeit und eine anhaltende Offenheit für laufende Ereignisse und Interaktionen. Diese unsichtbare Denkarbeit unterscheidet sich dahingehend zu physischen Tätigkeiten, dass sie nicht zeitlich begrenzt ist, sondern sich über den gesamten Tag ausdehnt (DeVault 1991, 55 f.). Hinzu kommt, dass sie nur dann sichtbar wird, wenn sie nicht akkurat ausgeführt wird, wenn das Essen nicht rechtzeitig auf dem Tisch steht oder wenn Lebensmittel nicht mehr vorrätig sind. Wird die Arbeit jedoch „fehlerfrei" ausgeführt, bleibt sie unsichtbar (DeVault 1991, 57; DeGroot/Vik 2020, 1260).

In aktuellen wissenschaftlichen Beiträgen wird die unsichtbare Denkarbeit auch als mentale Arbeit, *mental load* oder *cognitive labor* bezeichnet und diskutiert, dass diese vor allem von Frauen ausgeführt werde (Papanek 1979; Daniels 1987; Daminger 2019; Cammarata 2020):

Specifically [...] women perform more household tasks (e. g., laundry, cleaning, cooking), but they also provide the majority of the household management (e. g., grocery shopping, scheduling of the children, attending meetings/practices/back to school night) than their male significant others. (DeGroot/Vik 2020, 1263)

Dass Frauen insgesamt erheblich mehr Zeit für unbezahlte Arbeit aufwenden und hauptsächlich ihnen die unsichtbare Denkarbeit obliegt, ist vielfach diskutiert (Mederer 1993; Coltrane 1996; Allen/Hawkins 1999; Arendell 2001; Daly 2001)[8] und wird auch anhand der Daten der vorliegenden Arbeit ersichtlich. Als Erklärungen für die weibliche Verantwortlichkeit für die alltägliche Mahlzeitengestaltung der Familie, aber auch die unbezahlte Arbeit im Allgemeinen werden in der aktuellen wissenschaftlichen Diskussion zum einen häufig kulturelle Traditionen angeführt, die nachfolgend in Abschnitt 6.4 dargestellt werden, zum anderen der Aspekt der Erziehung, der nachfolgend in Abschnitt 6.5.3 ausführlich diskutiert wird. Darüber hinaus ist das Thema der Effizienz von großer Relevanz, auf das nachfolgend eingegangen wird.

6.3.1.1 „Dann kann ich es auch gleich selbst machen"

Das Thema der Effizienz wird in den Daten der vorliegenden Arbeit anhand des identifizierten Delegationsdilemmas[9] deutlich. Dabei erledigen die Mütter die im Haushalt anfallenden Aufgaben, hier insbesondere in der alltäglichen Mahlzeitengestaltung, vornehmlich selbst, statt diese an ihren Partner zu delegieren. Dieses Vorgehen sei schneller und effizienter. Deutlich wird dabei vor allem, dass die Frauen in diesen Familien die alleinige Denkarbeit übernehmen und die Väter daher zunächst Anweisungen und Anleitungen erhalten müssen, um bei den jeweils anfallenden Aufgaben zu unterstützen. In den Familien, in denen beide Elternteile die Denkarbeit übernehmen, ist dies hingegen nicht notwendig. Das Thema der Effizienz, aber auch unterschiedliche Ansprüche von Müttern und Vätern an die Ausführung der Tätigkeiten als Begründung für die Übernahme der anfallenden Aufgaben wird ausführlich von Beagan et al. (2008), Meryem (2018) und van Hooff (2011) dargestellt.

6.3.1.2 Unsichtbare Denkarbeit in den verschiedenen Arrangements

Besonders in den Familien des Arrangements der Vereinbarkeitsfamilie mit männlichem Hauptversorger, sowohl in Hamburg als auch in Dresden, wird die beschriebene unsichtbare Denkarbeit von den Müttern übernommen. Sie planen und organisieren den (Ess-)Alltag, behalten den Überblick über Lebensmittelvorräte und Einkäufe, berücksichtigen verschiedene Lebensmittelpräferenzen

---

[8] Siehe zur weiblichen Verantwortlichkeit für die Aufgaben alltäglicher Mahlzeitengestaltung auch Abschnitt 2.4.3.

[9] Siehe zum Delegationsdilemma u. a. Abschnitt 5.2.3.

und jonglieren unterschiedliche Zeitrhythmen und Freizeitinteressen der Kinder. Die im Ergebnisteil ausgearbeitete Typologie verdeutlicht, dass das jeweils praktizierte Familienarrangement Einfluss auf die Aufgabenteilung alltäglicher Mahlzeitengestaltung zwischen den Eltern nimmt: Die Familien des Arrangements der Vereinbarkeitsfamilie mit männlichem Hauptversorger weisen eher einen geringen Grad der Aufgabenteilung auf und die Mutter trägt die Hauptlast der anfallenden Aufgaben, wogegen die Familien des Arrangements der Doppelversorgerfamilie mit außerhäuslicher Kinderbetreuung eher einen hohen Grad der Aufgabenteilung vorweisen und beide Elternteile (wenn auch zu ungleichen Anteilen) in die alltägliche Mahlzeitengestaltung der Familie eingebunden sind. Jedoch wird gleichermaßen deutlich, dass das Arrangement der Doppelversorgerfamilie mit außerhäuslicher Kinderbetreuung und eine geteilte Verantwortlichkeit für die alltägliche Mahlzeitengestaltung nicht zwangsläufig auch zu einer geteilten Denkarbeit führen. Eine geteilte Denkarbeit findet sich ausschließlich im fünften Typus (6-DD, 11-D#) und in zwei Familien des sechsten (15-D#, 16-DD). In diesen Familien ist nicht nur eine (annähernd) gleichwertige Aufgabenteilung zwischen den Eltern zu verzeichnen (geteilte Verantwortlichkeit), sondern auch eine geteilte Denkarbeit. Diese geteilte Denkarbeit meint, dass beide Elternteile nicht nur sichtbare Aufgaben der alltäglichen Mahlzeitengestaltung untereinander aufteilen, wie die Zubereitung der Mahlzeiten oder das Einkaufen, sondern auch gleichermaßen die im Hintergrund bestehenden unsichtbaren Tätigkeiten, wie die Planung und Organisation. Zwar weisen auch die verbleibenden Familien des sechsten Typus (6-H#, 27-HH, 23-HH), wie im Ergebniskapitel ausführlich dargelegt, eine geteilte Verantwortlichkeit auf, jedoch obliegt die Denkarbeit einem Elternteil, der die alltägliche Mahlzeitengestaltung plant und organisiert und die Aufgaben an den/die Partner/in überträgt. Insgesamt wird deutlich, dass die Denkarbeit in Form der Planung und Organisation des familiären (Ess-)Alltags in einem Großteil der untersuchten Familien den Müttern zukommt, auch wenn die im Haushalt anfallenden Aufgaben aufgeteilt werden. Tabelle 6.1 zeigt, dass in 27 der 34 Familien des Samples die Mutter die alleinige Denkarbeit trägt. In drei Familien ist es der Vater und in vier Familien wird die Denkarbeit von beiden Elternteilen gleichermaßen übernommen.

Tabelle 6.1 Unsichtbare Denkarbeit in Bezug auf die verantwortliche/n Person/en

Unsichtbare Denkarbeit alltäglicher Mahlzeitengestaltung
Alleinige Denkarbeit Mutter
1-HH 2-HH 3-HH 4-HH 5-H# 6-H# 8-HH 10-HH 11-HH 12-HH 13-H# 14-H# 15-H# 16-HH 17-HH 19-HH 20-HH 22-HH 23-HH 25-HH 26-HH 1-DD 3-DD 12-DD 13-DD 14-DD 17-DD
Alleinige Denkarbeit Vater
27-HH 8-DD 2-DD
Geteilte Denkarbeit
6-DD 11-D# 15-D# 16-DD

Hinweis: HH = Hamburger Familie (Mutter West, Vater West), H# = Hamburger Familie (Mutter Ost, Vater West); DD = Dresdener Familie (Mutter Ost, Vater Ost), D# = Dresdener Familie (Mutter Ost, Vater West); dunkelgrau = Arrangement der Doppelversorgerfamilie, weiß = Vereinbarkeitsfamilie, hellgrau = Doppelversorger/-Doppelbetreuerfamilie
Quelle: Eigene Datenerhebung

Insgesamt verdeutlichen die Daten, dass die Frauen den Anforderungen an die alltägliche Mahlzeitengestaltung und die Elternschaft häufig mehr mentale Energie widmen und dass sie der Ernährungsthematik, z. B. in Form einer gesunden (Kinder-)Ernährung, eine größere Bedeutung zuschreiben. Ist die Ernährungsthematik für beide Eltern gleichermaßen von Bedeutung, sind die Aufgaben der alltäglichen Mahlzeitengestaltung der Familie eher zwischen den Eltern gleichverteilt. Ist diese für einen Elternteil von größerer Relevanz, übernimmt dieser in der Regel den größeren Anteil der in der alltäglichen Mahlzeitengestaltung anfallenden Aufgaben.

Auch Daly (2001), Daminger (2019) und LaRossa (1988) kommen zum Ergebnis, dass Frauen sich eher in der Verantwortung sehen, selbst wenn Hausarbeit und Kinderbetreuung gleichermaßen zwischen den Eltern aufgeteilt sind. Frauen koordinieren und strukturieren den Familienalltag, haben den Überblick über anstehende Ereignisse, erinnern ihre Partner an das Erledigen bestimmter Aufgaben (Ahn et al. 2017) und setzen den Maßstab für die Definition einer akzeptablen Mahlzeit (Mederer 1993).

6.3.2 Homeoffice-Tätigkeiten von Müttern und Vätern

Homeoffice-Tätigkeiten kommen im Sample ausschließlich in den Hamburger Familien vor, wobei auffällt, dass vor allem die Mütter einer Homeoffice-Tätigkeit nachgehen (VF: 5-H#, 8-HH, 17-HH, 20-HH, 25-HH; DVF: 1-HH, 6-H#). Gleichzeitig zeigt sich das Verhalten zur alltäglichen Mahlzeitengestaltung der Familie beeinflusst, so dass z. B. unter der Woche gemeinsame inhäusige Mittagsmahlzeiten stattfinden.

In zwei weiteren Familien des Hamburger Arrangements der Vereinbarkeitsfamilie mit männlichem Hauptversorger (13-H#, 26-HH) sind die Väter teilweise oder vollständig aus dem Homeoffice erwerbstätig, was jedoch nicht zu einer Einbindung in die alltägliche Mahlzeitengestaltung der Familien führt. Die Verantwortung obliegt in beiden Familien alleinig den Müttern.

In diesem Zusammenhang kommen Samtleben et al. (2020) zu dem Ergebnis, dass zwar sowohl Männer als auch Frauen ihre Sorgearbeit ausweiten, wenn sie beginnen, im Homeoffice zu arbeiten, der Effekt bei Frauen jedoch deutlich stärker sei als bei Männern. Lott (2019) gelangt zu der Erkenntnis, dass Mütter und Väter Homeoffice und selbstbestimmte Arbeitszeiten unterschiedlich verwenden. Während Väter das Homeoffice ausschließlich nutzen, um deutlich länger zu arbeiten, nutzen Mütter dieses Arrangement, um deutlich mehr Zeit in die Kinderbetreuung zu investieren.

6.3.3 Re-Traditionalisierung: „Früher war ich auch Vollzeit, vor den Kindern"

Verschiedene Studien zeigen, dass sich die Arbeitsteilung zwischen den Partner:innen im Verlauf der Ehe oder nach der Geburt der Kinder mehr und mehr traditionalisiere (Schulz/Blossfeld 2010; Grunow et al. 2012; Pollmann-Schult 2012, 81; Dechant et al. 2014):

> *Gerade im Zuge der Familiengründung – dann, wenn männliche Partner zu Vätern werden – beginnen sich Paare wieder stark an den Mustern partnerschaftlicher Arbeitsteilung zu orientieren [...]. (Lück 2015, 229)*

Eine derartige *Re-Traditionalisierung* (Maiwald 2012; Dechant et al. 2014; Koppetsch/Speck 2015, 235 f.; Breuer 2017) zum Zeitpunkt der Erstgeburt lässt sich auch in den Daten der vorliegenden Arbeit feststellen, und zwar explizit auf die in der alltäglichen Mahlzeitengestaltung anfallenden Aufgaben bezogen. Gleichermaßen verdeutlichen aktuelle wissenschaftliche Diskussionen zu Verantwortlichkeiten für die Haus- und Familienarbeit, dass hierbei nicht nur bestimmte *Mutterleitbilder* (Diabaté 2015), sondern auch bestimmte *Vaterleitbilder* (Lück 2015) vorherrschen. Für die Väter bestehe ein Zwiespalt zwischen neuen Erwartungen, sich auch in der Haus- und Familienarbeit zu engagieren, und der gleichzeitigen sozialen Ablehnung, wenn sie ihre Ernährerrolle vernachlässigen. Die Abwendung von der Rolle als Ernährer der Familie stoße hierbei auf eine geringe soziale Akzeptanz (Lück 2015, 229).[10] Anhand der Analyse der Daten der vorliegenden Arbeit ist der Prozess der Re-Traditionalisierung besonders deutlich in denjenigen Familien zu erkennen, die das Arrangement der Vereinbarkeitsfamilie mit männlichem Hauptversorger praktizieren (s. Abschnitt 5.6.3.2).

6.3.4 Väterliche Verantwortung: Kocharbeit als erfüllende Tätigkeit

Anhand der Zusammenhangsanalyse (s. Abschnitt 5.5.9) konnte zudem festgestellt werden, dass diejenigen Väter stärker in die alltägliche Mahlzeitengestaltung der Familie einbezogen sind oder die Hauptverantwortung tragen, die von großem Spaß am Kochen und/oder Backen bzw. von einer Leidenschaft für die Ernährungsthematik berichten.

Diese Erkenntnisse werden auch in den Forschungsarbeiten verschiedener Wissenschaftler:innen deutlich. Baum (2012) analysiert die Abgrenzungsstrategien von Männern und deren Veränderungspotenziale und legt dar, dass sich Männer durch bestimmte Strategien von der weiblichen Kocharbeit abgrenzen. Zwar werde das Kochen von den Männern als etwas Alltägliches durchgeführt, jedoch als Spaß und Freizeitaktivität bewertet und nicht als fürsorgeorientierte Versorgungsarbeit (Baum 2012). Zu ähnlichen Ergebnissen gelangen Frerichs und Steinrücke (1997), die die Kocharbeit der Männer als Spiel betiteln. Während die Frauen in der Woche einfache Gerichte wie Aufläufe oder Nudeln zubereiten,

---

[10] Das in der Überschrift angeführte Zitat stammt aus dem Interview mit Frau Ebel (5-H#), Pos. 29.

kochen die Männer am Wochenende etwas Spektakuläres[11] mit mehreren Gängen (für Gäste) (Frerichs/Steinrücke 1997). Die Ergebnisse werden zudem von Geyer (2007) gestützt, die Folgendes zusammenfasst:

Dass Kochen keine alltägliche Pflicht ist, sondern mehr eine Freizeitbetätigung, zeigt sich speziell dann, wenn sich Männer in der Küche betätigen. Männer mit Kochkompetenz sehen im Kochen primär einen geplanten Akt, der eher einem kreativen Hobby gleichgesetzt werden kann. Sie kochen meist nur zu bestimmten Anlässen (z. B. bei Einladungen, bei Abwesenheit der Partnerin) oder wenn abseits des Berufsalltages genügend Zeit für häusliche Tätigkeiten zur Verfügung steht (z. B. in arbeitsfreien Zeiten am Wochenende). (Geyer 2007, 78)

Demnach kann die väterliche Beschreibung der alltäglichen Mahlzeitengestaltung als eine erfüllende Tätigkeit verstanden werden, die so in der vorliegenden Arbeit identifiziert wurde, als Strategie, mit deren Hilfe die Verantwortlichkeit der Väter aller Wahrscheinlichkeit nach auf eine größere gesellschaftliche Akzeptanz stößt als bei einem Verständnis der alltäglichen Mahlzeitengestaltung als reine Fürsorgearbeit.

6.3.4.1 Schichtarbeit: Soziale Desynchronisation und Flexibilität

Die Aufgabenteilung alltäglicher Mahlzeitengestaltung zwischen den Eltern wird darüber hinaus durch Erwerbstätigkeiten der Eltern im Schichtdienst beeinflusst. Die Erwerbsarbeit in Schichten, im Sample betrifft dies ausschließlich Väter, kann auf der einen Seite den Einbezug in die Organisation der alltäglichen Mahlzeitengestaltung der Familie erschweren oder die Abwesenheit während der gemeinsamen Mahlzeiten bedingen, auf der anderen Seite wird die Partizipation der Väter eben durch die Schichtdienste ermöglicht, beispielsweise kann unter der Woche ein gemeinsames Mittagessen stattfinden (4-HH).

In der wissenschaftlichen Diskussion zur Vereinbarkeit von Schichtarbeit und Privat- bzw. Familienleben wird eben dieser Zwiespalt aus sozialer Desynchronisation und Flexibilität diskutiert. Soziale Desynchronisation[12] meint einen Widerspruch zwischen den Zeitrhythmen Schichtarbeitender und den Zeitrhythmen ihres sozialen Umfelds:

---

[11] Siehe zur väterlichen Verantwortung für die (alltägliche) Mahlzeitengestaltung der Familie auch: Schritt (2011, 89).

[12] Siehe zur sozialen Desynchronisation auch: DeCordova et al. (2012); Folkard/Lombardi (2004); Folkard/Lombardi (2006); Knauth/Hornberger (1997); Reinberg et al. (2015); Rosa (2020); Wagstaff/Sigstad Lie (2011); Wedderburn (1992).

> *So kann es zu Einschränkungen im familiären und sozialen Leben der Beschäftigten kommen; gesellschaftliche, kulturelle, sportliche und gesundheitsfördernde Aktivitäten, aber auch die Teilhabe am normalen Familienleben werden durch die zeitlichen Vorgaben des Schichtsystems erschwert. (Angerer/Petru 2010, 89)*

Demgegenüber wird die aus der Schichtarbeit resultierende Flexibilität diskutiert, da häufig substanzielle Spielräume der Zeiteinteilung bestehen (Arlinghaus et al. 2016; Gärtner et al. 2016). Früh- und Spätdienste ermöglichen eine Unabhängigkeit von bestimmten Zeiten nach Feierabend zur Durchführung von Tätigkeiten aller Art und das Tauschen von Schichten das Nachgehen von Terminen zu bestimmten Zeitpunkten (Arlinghaus/Lott 2018, 6). Darüber hinaus nimmt die Debatte um die Realisierung familienbewusster und -freundlicher Schichtarbeit sowie um eine Flexibilisierung einen zentralen Stellenwert in der wissenschaftlichen Diskussion ein. Detaillierte Ausführung dazu finden sich u. a. in BMFSFJ (2014), Gärtner et al. (2016) sowie Rott und Watrinet (2016).

6.3.4.2 Flexibilisierung und Erwerbsumfang

Auch unabhängig vom Themenbereich der Schichtarbeit spielt die Flexibilisierung von Arbeitszeiten und -modellen in der aktuellen wissenschaftlichen Diskussion eine bedeutende Rolle:

> *Die zukünftige Arbeitswelt basiert auf der immer kraftvoller werdenden Flexibilisierung, Vernetzung und Individualisierung der Arbeit. Dimensionen der Flexibilisierung sind Arbeitsort, Arbeitszeit, Arbeitsorganisation und Handlungsfreiräume. Resultierend daraus entwickeln sich vielfältige Szenarien von mobilen und vernetzten Arbeitssystemen. (Stowasser 2021, 55)*

Als Chance, resultierend aus der Digitalisierung, die zu ortsflexibler Erwerbsarbeit führt, wird vielfach die bessere Vereinbarkeit von Beruf und Familie diskutiert sowie eine bessere Wahrnehmung familiärer Aufgaben (Jürgens 2002; Winker/Carstensen 2004; König/Cesinger 2015; Lott 2015; Krauss-Hoffmann 2021; Schmied 2021).

In den Daten der vorliegenden Arbeit zeigt sich die Bedeutsamkeit einer großen Flexibilität im beruflichen Kontext der Väter, beispielsweise durch eine freie Einteilung der Arbeitszeiten. Diejenigen Väter, die die Hauptzuständigkeit für die alltägliche Mahlzeitengestaltung der Familie übernehmen oder zumindest deutlich eingebunden sind, weisen eine große Flexibilität in ihrem beruflichen Kontext auf, können beispielsweise ihre Arbeitszeiten zumindest weitgehend eigenverantwortlich wählen. Darüber hinaus sind sie entweder im gleichen oder etwas geringerem Umfang erwerbstätig als ihre Partnerinnen[13], weshalb bei der Aufgabenteilung im familiären (Ess-)Alltag auch dem Erwerbsumfang der Väter eine Bedeutung beigemessen werden kann.

Dieses Ergebnis wird vom Väterreport des Bundesministeriums für Familie, Senioren, Frauen und Jugend aus dem Jahr 2018 gestützt, aus dem hervorgeht, dass sich Männer mit einer vollzeitberufstätigen Partnerin stärker als der Durchschnitt bei der Hausarbeit einbringen (BMFSFJ 2018). Überdies diskutiert der Väterreport die überdurchschnittlich aktive Beteiligung ostdeutscher Väter an der Hausarbeit (BMFSFJ 2018, 34). Dies ist ein Befund, der gleichermaßen aus den Ergebnissen der vorliegenden Forschungsdaten hervorgeht und neben weiteren in dieser Arbeit analysierten Ost-West-Differenzen in den nachfolgenden Abschnitten diskutiert wird.

6.3.5 Beteiligung der Kinder an den Aufgaben alltäglicher Mahlzeitengestaltung

Zunächst ist in Bezug auf die Beteiligung der Kinder an den Aufgaben der alltäglichen Mahlzeitengestaltung der Familie von Bedeutung, dass diesbezüglich deutliche Gemeinsamkeiten zwischen den Familien des Samples bestehen. In der Analyse wurden in diesem Zusammenhang die Tätigkeitsfelder (1) Planung und Organisation, (2) Einkauf, (3) Zubereitung, (4) Vorbereitung und (5) Nachbereitung analysiert (s. Abschnitt 5.1.4).

Die Gemeinsamkeiten im Verhalten der Familien zum Einbezug der Kinder in die Aufgaben der alltäglichen Mahlzeitengestaltung konnten dabei sowohl zwischen den Hamburger und Dresdener Familien als auch zwischen dem Arrangement der Vereinbarkeitsfamilie mit männlichem Hauptversorger und dem Arrangement der Doppelversorgerfamilie mit außerhäuslicher Kinderbetreuung festgestellt werden (s. Abschnitt 5.1.4). Dieses Ergebnis ist auch deshalb überraschend, da die Vermutung naheliegt, dass sich der Einbezug der Kinder in die Aufgaben der alltäglichen Mahlzeitengestaltung zwischen beiden Arrangements unterscheidet. Während die Mütter des Arrangements der Vereinbarkeitsfamilie mit männlichem Hauptversorger z. B. die Einkäufe häufig an einem erwerbsarbeitsfreien Wochentag erledigen, wenn die Kinder in der Schule oder dem

---

[13] Es handelt sich hierbei um Familien des Arrangements der Doppelversorgerfamilie mit außerhäuslicher Kinderbetreuung (beide Eltern Vollzeit(-nah)) sowie des Arrangements der Doppelversorger/-Doppelbetreuerfamilie (beide Eltern Teilzeit). Familien, in denen der Vater in Teilzeit und die Mutter in Vollzeit erwerbstätig ist, sind im Sample nicht vertreten.

Kindergarten sind, werden die Einkäufe im Arrangement der Doppelversorgerfamilie mit außerhäuslicher Kinderbetreuung eher am späten Nachmittag oder am Wochenende erledigt, so dass die Kinder theoretisch daran partizipieren könnten.

Ein weiteres Beispiel, dass Unterschiede im Einbezug der Kinder zwischen den praktizierten Arrangements vermuten lässt, besteht darin, dass im Arrangement der Vereinbarkeitsfamilie mit männlichem Hauptversorger der Hamburger Familien, anders als in den Familien des Arrangements der Doppelversorgerfamilie mit außerhäuslicher Kinderbetreuung oder des Arrangements der Vereinbarkeitsfamilie mit männlichem Hauptversorger der Dresdener Familien, häufig ein inhäusiges Mittagessen zubereitet wird. Aus diesem Grund könnte angenommen werden, dass die Kinder in den Familien, in denen auch unter der Woche ein gemeinsames und inhäusiges Mittagessen stattfindet, eher an der Zubereitung beteiligt sind. Derartige Unterschiede in der Beteiligung der Kinder an der alltäglichen Mahlzeitengestaltung der Familie lassen sich in den Daten der vorliegenden Arbeit jedoch nicht feststellen.

Im Unterschied dazu können Leonhäuser et al. (2009, 72) in ihrer Zeitverwendungsstudie zum Essalltag in Familien zeigen, dass die Mitarbeit der Kinder im Alter von über zehn Jahren bei bestimmten Tätigkeiten, wie der Mahlzeitenzubereitung und der Geschirrreinigung, mit dem Umfang der Erwerbstätigkeit der Mütter ansteigt. Hofmann et al. (2020, 7) legen darüber hinaus dar, dass auch die Größe der Familie von entscheidender Bedeutung sei. So werden die Vorbereitungen in großen Familien „unter den einzelnen Familienmitgliedern aufgeteilt, so dass die Kinder und Jugendlichen umfangreich eingebunden sind" (Hofmann et al. 2020, 7). Die Forschenden können zudem Differenzen in der Beteiligung der Kinder an der Zubereitung der Speisen zwischen Ost- und Westdeutschland feststellen:

> *Besonders in Ostdeutschland legen Familien noch Wert auf die Umsetzung von Essensritualen. Die Mahlzeiten finden dort nicht nur vermehrt zu festen Uhrzeiten statt, sondern die Kinder und Jugendlichen beteiligen sich auch umfangreicher an der Zubereitung der Speisen. (Hofmann et al. 2020, 7)*

Aus der empirischen Analyse der vorliegenden Arbeit geht zudem hervor, dass die Kinder unter der Woche nur zu einem geringen Grad in die Zubereitung der Mahlzeiten einbezogen werden und gemeinsames Kochen eher am Wochenende oder zu außeralltäglichen Anlässen eine Rolle spielt. Unter der Woche werden die Kinder vor allem in die Vor- und Nachbereitung der Mahlzeiten eingebunden. Bei den konkreten Tätigkeiten, die diesen Feldern zugeordnet werden, handelt es sich vor allem um das Tischdecken (Vorbereitung) sowie das Abräumen (Nachbereitung).

Verschiedene sozialwissenschaftliche Studien zur Arbeitsteilung im Haushalt von Familien zeigen, dass die Mithilfe der Kinder bei den Tätigkeiten der alltäglichen Mahlzeitengestaltung stetig abnimmt (Meier et al. 2004; Bartsch 2011, 82; Krüger 2011) und dass Mädchen häufig stärker in die Hausarbeit integriert sind als Jungen (Bartsch 2011, 82; Geis 2017; Wirth 2017, 117).

6.4   Unterschiede in den Traditionen zwischen Ost- und Westdeutschland

Die Ergebnisse der empirischen Untersuchung verdeutlichen konkrete Unterschiede im Verhalten zur alltäglichen Mahlzeitengestaltung zwischen den Hamburger und den Dresdener Familien[14], die sich besonders deutlich anhand des Stattfindens inhäusiger Mahlzeiten gegenüber der Inanspruchnahme der Außer-Haus-Verpflegung, an der Regelmäßigkeit im Verhalten zur alltäglichen Mahlzeitengestaltung, anhand der Zuständigkeiten und anhand der zeitlichen Ausgestaltung der familiären Hauptmahlzeit zeigen. Die nachfolgende Diskussion und Interpretation der Forschungsergebnisse verdeutlichen die Relevanz unterschiedlicher kultureller Traditionen in Ost- und Westdeutschland.

6.4.1   Rollenverständnis

Aus der Datenanalyse geht hervor, dass sowohl in den Hamburger als auch in den Dresdener Familien des Arrangements der Vereinbarkeitsfamilie mit männlichem Hauptversorger die Mütter die Hauptverantwortung für die alltägliche Mahlzeitengestaltung übernehmen. Auffällig ist jedoch, dass in keiner der Dresdener Familien die vollständig alleinige Verantwortlichkeit der Mutter vorzufinden ist, ohne dass der Vater, wenn auch in geringem Maße, in die alltägliche Mahlzeitengestaltung einbezogen ist. Zudem erklären ausschließlich Hamburger Mütter des Samples, dass ihre Partner, anders als sie selbst, keinen Überblick über die Lebensmittelvorräte und die anfallenden Aufgaben hätten. Ferner schreiben ausschließlich Hamburger Mütter ihren Partnern eine Unwissenheit in Bezug auf die alltägliche Mahlzeitengestaltung der Familie zu. Eine solche Zuschreibung der väterlichen Unwissenheit geht weder aus den Mahlzeitentagebüchern noch aus den Interviews der Dresdener Familien hervor.

---

[14] Die Ergebnisse des Städtevergleichs werden in Abschnitt 5.4 dargestellt.

6.4.1.1 Väterliches Engagement in Ost und West

Zwar zeigen verschiedene Studien, dass auch in der DDR die Frauen die Hauptlast der Haus- und Familienarbeit tragen (Bebel 1990; Merkel/Tippach-Schneider
1990; Bühler 1997; Schröter/Ullrich 2003, 155; Kaminsky 2016), jedoch ist durch
die Vollzeiterwerbstätigkeit der Mütter die Beteiligung der Väter deutlich stärker
ausgeprägt als in Westdeutschland:

> *Dieses normative Muster und das damit verbundene Leitbild des Vaters als Oberhaupt
> der Familie finden sich um die Mitte des 20. Jahrhunderts in nahezu allen indus-
> trialisierten Staaten wieder, jedoch in unterschiedlichen Abstufungen. Während es in
> Westdeutschland stark präsent ist, gehört es zur Normalität in Ostdeutschland, dass
> Mütter nahezu vollständig in die Erwerbsarbeit und Väter vergleichsweise stark in die
> Haus- und Familienarbeit eingebunden sind. Diese Unterschiede bestehen der Tendenz
> nach bis heute […]. (Lück 2015, 228)*

So lassen sich bis heute Unterschiede in den Einstellungen zum väterlichen Engagement sowie zur Müttererwerbstätigkeit zwischen den alten und den neuen
Bundesländern feststellen (Mühling 2007, 136; Kassner 2014; Zerle-Elsäßer/Li
2017, 22). Pollmann-Schult (2012) spricht in diesem Zusammenhang von einer
moderneren Einstellung zur Arbeitsteilung und einer stärkeren Beteiligung ostdeutscher Männer an der Haus- und Familienarbeit. Nach seinen Ausführungen
werde eine traditionelle Aufteilung der Hausarbeit von lediglich 19 Prozent
der ostdeutschen Männer, jedoch von 40 Prozent der westdeutschen präferiert
(Pollmann-Schult 2012, 82).

Lück (2015) identifiziert unterschiedliche Vaterleitbilder zwischen Ost und
West, nämlich zum einen das Leitbild des *aktiven Vaters* in den neuen Bundesländern, „der seine Erwerbsarbeit reduziert und sich aktiv in die Erziehung der Kinder einbringt" (Lück 2015, 227), zum anderen das Leitbild des *Familienernährers*
in den alten Bundesländern, „der für das Bestreiten des Haushaltseinkommens
Verantwortung übernimmt und die Familienarbeit der Mutter überlässt" (Lück
2015, 227). Bedeutende Unterschiede in der väterlichen Praxis werden auch von
Behnke-Vonier (2012) und Behnke et al. (2013) dargestellt, Differenzen in der
Aufteilung von Familienarbeit von Kreyenfeld und Geisler (2006) sowie Tölke
und Wirth (2013).

6.4.1.2 Kulturelle Prägungen und Leitbilder

Auch über 30 Jahre nach der Wiedervereinigung werden Differenzen im Rollenverständnis zwischen Ost und West deutlich, die auf eine unterschiedliche
kulturelle Prägung zurückgeführt werden können (Alheit 2005; Bernardi et al.
2007; Bernardi/Keim 2007; Boehnke 2007; Arránz Becker et al. 2010):

Durch die Prägekraft der eigenen Familie werden typische ostdeutsche und typische westdeutsche Verhaltensweisen und Werte auch an die nächste Generation weitergegeben, so dass die alten Werte fortbestehen, obwohl heute alle in einem vereinigten Deutschland zusammenleben [...]. (Schiefer/Naderi 2015, 157)

Während sich in den 1950er Jahren in Westdeutschland die Hausfrauenehe entwickelt, in der die Mutter die alleinige Verantwortung für die Haus- und Familienarbeit übernommen hat, sind in der DDR in der Regel beide Eltern voll berufstätig:

Der westdeutsche Sozialstaat hat lange Zeit das Alleinverdienermodell durch sozialpolitische Regelungen wie dem Ehegattensplitting, dem Erziehungs- bzw. Elterngeld für nichterwerbstätige Mütter sowie einem geringen Angebot an öffentlich finanzierten Kinderbetreuungsplätzen gefördert [...]. In der DDR hingegen galt eine hohe Frauenerwerbsquote als explizites Ziel der Familienpolitik (Trappe 1995, 2007). Für Mütter bestand der Erwartungsdruck, nach einer kurzen Erwerbsunterbrechung wieder eine Vollzeitbeschäftigung aufzunehmen. Die Vereinbarkeit von Familie und Beruf wurde durch ein flächendeckendes Angebot an Kinderbetreuungsplätzen erleichtert. (Pollmann-Schult 2012, 82)

Aus diesen Traditionen heraus ist in Westdeutschland das „Vereinbarkeitsmodell der männlichen Versorgerehe" (Pfau-Effinger 2005, 2) entstanden, welches hier weiterhin dominiert, in Ostdeutschland besteht das „Doppelversorgermodell mit externer Kinderbetreuung" (Pfau-Effinger 2005, 2) als dominierendes kulturelles Leitbild fort.[15]
Die historische Betrachtung bzw. die unterschiedlichen historischen Ausgangspunkte erklären die Beständigkeit der Differenzen in der Aufteilung von Care- und Erwerbsarbeit bzw. von bezahlter und unbezahlter Arbeit, die zwischen den alten und den neuen Bundesländern zu erkennen sind (Grunow/Müller 2012; Barth et al. 2020).[16]

6.4.2   Küche vs. Kantine

Unterschiedliche kulturelle Traditionen in Ost- und Westdeutschland werden darüber hinaus anhand der identifizierten Differenzen in der Inanspruchnahme der

---

[15] Siehe dazu auch: BMFSFJ (2021); Hobler et al. (2020); Lück/Diabaté (2015); Pfau-Effinger (2005); Pfau-Effinger/Geissler (2002); Wanger (2020).
[16] Eine detaillierte Darstellung der Entscheidungen über den Erwerbsumfang von Paaren findet sich in Besenthal/Lang (2004), Frodermann (2015), Ott (1989) sowie Ott (1992).

Außer-Haus-Verpflegung der Kinder in den Betreuungs- und Bildungseinrichtungen sichtbar. Während in einem Großteil der untersuchten Hamburger Familien auch unter der Woche inhäusige und gemeinsame Mittags- und Zwischenmahlzeiten stattfinden, nehmen die Dresdener Familien des Samples ausnahmslos die Gemeinschaftsverpflegung der Schule und/oder des Kindergartens in Anspruch (s. Abschnitt 5.4).

Auch Hofmann et al. (2020) kommen zum Ergebnis, dass das Mittagessen auch heute in westdeutschen Bundesländern häufiger im Familienverbund eingenommen wird:

Während 65 Prozent der Kinder und Jugendlichen aus den ostdeutschen Bundesländern angeben, dass sie an keinem Schul- oder Werktag gemeinsam mit der Familie zu Mittag essen, sind es bei den westdeutschen Kindern und Jugendlichen weniger als ein Drittel (28 Prozent). (Hofmann et al. 2020, 9)

Vor diesem Hintergrund sind die unterschiedlichen Traditionen der Inanspruchnahme der Außer-Haus-Verpflegung der Kinder in den Betreuungs- und Bildungseinrichtungen in Ost- und Westdeutschland interessant. In den nachfolgenden Unterkapiteln werden diese unterschiedlichen Traditionen näher erläutert und in Zusammenhang mit den Ergebnissen der vorliegenden Arbeit diskutiert.

6.4.2.1 Essen als Privatsache

Die Ergebnisse der vorliegenden Arbeit zeigen, dass in einem Teil der Hamburger Familien auch unter der Woche regelmäßig gemeinsame inhäusige Mittagsmahlzeiten stattfinden (Mahlzeitenschema 1, 2; s. Abschnitt 5.2.1). Diese werden von den Müttern realisiert. Dieses Ergebnis wird nachfolgend in Zusammenhang mit der starken historischen Prägung der Hausfrauenehe in den 1950er Jahren ins Verhältnis gesetzt.

Mit einem historischen Blick auf die alltägliche Mahlzeitengestaltung westdeutscher Familien wird deutlich, dass diese in den Nachkriegsjahren zur Privatsache erklärt wurde, sich das Essen in Schule und Kindergarten auf mitgebrachte Pausenbrote beschränkte (Evers et al. 2009, 70) und der Fürsorgeakt traditionell ausschließlich den Familien oblag (Jansen 2021, 224). Während der Vater einer Vollzeiterwerbstätigkeit nachging und auf diese Weise das Haushaltseinkommen sicherte, übernahm die Mutter die Haus- und Familienarbeit (Pfau-Effinger 1998a). Eine Folge dieser Prägung sei, „dass der Wert der familialen Betreuung und Pflege […] nicht grundsätzlich aufgehoben wurde" (Pfau-Effinger 2005, 4). Untersuchungen von Pfau-Effinger zeigen, dass „in Ländern, in denen die Hausfrauenehe bis in die zweite Hälfte des 20. Jahrhunderts hinein historisch niemals eine starke kulturelle Bedeutung hatte, die Geschlechterkultur heute weit weniger auf der Idee von ‚homecare' beruht" (Pfau-Effinger 2005, 4).

Heute ist in den alten Bundesländern auf Grund des Ausbaus des Betreuungs- und Schulsystems in Richtung Ganztagsbetreuung eine Verschiebung der Essensversorgung in den Zuständigkeitsbereich des Staates zu verzeichnen (Jansen 2021, 224), wobei insbesondere die Vereinbarung des Anstiegs der Erwerbstätigkeit von Frauen mit familienergänzenden und -unterstützenden Diensten der alltäglichen Versorgung von Interesse sei (Evers et al. 2009, 70). In den Ergebnissen der vorliegenden Arbeit zeigt sich diese Entwicklung daran, dass ein Teil der Hamburger Familien unter der Woche ausnahmslos die Essenversorgung der Schule und/oder Kita in Anspruch nimmt (Mahlzeitenschema 3, 4; s. Abschnitt 5.2.1) und, wie in den Dresdener Familien des Samples, dem inhäusigen Mittagessen unter der Woche keine Bedeutung zugeschrieben wird.

6.4.2.2 Staatlich finanzierte Ganztagsverpflegung

In Kontrast zu der in Westdeutschland gängigen Hausfrauenehe waren in der DDR größtenteils beide Eltern in Vollzeit erwerbstätig und eine warme Mahlzeit wurde im Rahmen der sozialistischen Planwirtschaft geregelt und staatlich finanziert (Evers et al. 2009, 70). Aus der langen Tradition von Ganztagsbetrieb und Ganztagsverpflegung in den ostdeutschen Bundesländern von über 60 Jahren gehe insgesamt ein höherer Institutionalisierungsgrad von Mahlzeiten und Esssituationen hervor (Flämig 2021, 76).

Die Beständigkeit der Tradition der aushäusigen Mittagsverpflegung ist in den Ergebnissen der vorliegenden Arbeit anhand der Gegebenheit zu erkennen, dass die Dresdener Familien des Samples ausnahmslos die Außer-Haus-Verpflegung der Bildungs- und Betreuungseinrichtungen in Anspruch nehmen (Mahlzeitenschema 3, 4; s. Abschnitt 5.3.1) und unter der Woche keine gemeinsamen inhäusigen Mittagsmahlzeiten stattfinden.

Eng damit verknüpft sind die identifizierten Differenzen zwischen den Hamburger und Dresdener Familien in Bezug auf die Zufriedenheit mit der Außer-Haus-Verpflegung (s. Abschnitt 5.4.1.2), die im Folgenden diskutiert werden.

6.4.2.3 Akzeptanz der Mittagsverpflegung

Mit den vorangehenden Ausführungen ist das Ergebnis verbunden, dass ausschließlich Hamburger Familien des Samples ihre Unzufriedenheit über die Schulspeisung der Kinder zum Ausdruck bringen. Zwar lässt sich anhand der vorliegenden Daten keine Beurteilung der tatsächlichen Unterschiede in der Qualität

des Essens treffen. Fakt ist jedoch, dass die Schulspeisung, die in die Ganztagsbetreuung eingebunden ist, in den neuen Bundesländern eine lange Tradition
aufweist (Arens-Azevedo 2011), wogegen es sich in den alten Bundesländern um
eine relativ neue Entwicklung handelt (Schiefer 2018, 44 f.). Aus diesem Grund
werde die Ganztagsverpflegung in den neuen Bundesländern eher als Selbstverständlichkeit wahrgenommen und sei tiefer in den sozialen Praktiken eingelagert
(Flämig 2021, 76). Arens-Azevedo (2011) identifiziert neben der Tradition der
Mittagsverpflegung der neuen Bundesländer, die als Gewohnheit in den heutigen Schulalltag übernommen wurde, zwei weitere Faktoren, die die Unterschiede
zwischen Ost und West in Hinblick auf die Akzeptanz des Mittagessens beeinflussen. Dabei handele es sich um das Alter der Kinder und um die jeweilige
Schulform:

> *Zum einen ist die Teilnahme am Mittagessen bei jüngeren Schülern regelmäßiger als bei
> älteren. […]. Des Weiteren kann eine Abhängigkeit vom jeweiligen Schultyp festgestellt
> werden. Bei der voll gebundenen Ganztagsschule wird immer häufiger ein Commitment
> zwischen Eltern und Schulleitung über eine verbindliche Teilnahme der Kinder an der
> Verpflegung angetroffen. (Arens-Azevedo 2011, 132)*

6.4.3   Regelmäßigkeiten und zeitliche Ausgestaltung

Die Ergebnisse zeigen, dass das Verhalten zur alltäglichen Mahlzeitengestaltung
der Dresdener Familien insgesamt einer stärkeren Regelmäßigkeit unterliegt als
in vielen der Hamburger Familien. Während sich das Mahlzeitenschema in den
Dresdener Familien von Montag bis Freitag gleicht (Mahlzeitenschema 3, 4; s.
Abschnitt 5.3.1), unterscheiden sich die Schemata in einem Teil der Hamburger
Familien an den einzelnen Tagen unter der Woche, so dass die Kinder teilweise
zuhause und teilweise in der Schule oder dem Kindergarten verpflegt werden.
Hierbei unterscheiden sich auch die personellen Konstellationen an den einzelnen
Tagen (Mahlzeitenschema 2; s. Abschnitt 5.2.1).

Der direkte Vergleich der Mahlzeitentagebücher verdeutlicht zudem, dass in
keiner der Dresdener Familien in der Zeit des Ausfüllens das Frühstück oder das
Abendessen entfallen ist. Beide Mahlzeiten finden, je nach Mahlzeitenschema,
ausnahmslos statt. Hingegen findet sich in den Mahlzeitentagebüchern der Hamburger Familien eine größere Variabilität in Bezug auf das Stattfinden und die
Anwesenheiten. Aus dem vorliegenden Städtevergleich geht zudem hervor, dass

das Abendessen in den Dresdener Familien häufiger mit der vollständigen Familie stattfindet und anders als in Hamburg keine Familie mit kurzen Zubereitungs- und/oder Essenszeiten auffällt (s. Abschnitt 5.3.2).

Ähnliche Ergebnisse finden sich in der Studie von Roether et al. (2000), die in Ostdeutschland eine ausgeprägtere Regelmäßigkeit von Frühstück und Abendessen feststellen, und in der Studie „Essensrituale von Familien in Deutschland" des Deutschen Kinderhilfswerk e. V., die darlegt, dass Familien in den neuen Bundesländern einen größeren Wert auf die Umsetzung von Essensritualen legen, beispielsweise in Form fester Uhrzeiten (Hofmann et al. 2020, 7).

6.5 Alltägliche Mahlzeitengestaltung zwischen Idealen und Realitäten

In den vorangehenden Abschnitten der Ergebnisdiskussion wurden bereits verschiedene latente Konflikte in der alltäglichen Mahlzeitengestaltung der Familien diskutiert. Hierzu können der beschriebene *Optimierungsdruck* (Abschnitt 6.2.4), die *Abgrenzungsmechanismen* (6.2.5) sowie die *Selbstentfaltung zwischen Kontrolle und Selbstbestimmung* (Abschnitt 6.2.6) gezählt werden. Dazu gehört aber auch die diskutierte Denkarbeit (Abschnitt 6.3.1), die eng mit der alltäglichen Mahlzeitengestaltung der Familie verknüpft und auf Grund ihrer Unsichtbarkeit besonders konfliktanfällig ist.

In den nachfolgenden Abschnitten werden die Ergebnisse detailliert mit Bezug auf die folgenden Fragestellungen diskutiert und interpretiert:

2a. Inwiefern besteht bezüglich des Verhaltens zur alltäglichen Mahlzeitengestaltung Konflikthaftigkeit innerhalb der Familie?

2b. Welchen Beitrag leisten kulturelle Ideen zur Erklärung von Konflikthaftigkeit im Verhalten von Familien zur alltäglichen Mahlzeitengestaltung?

2c. Welchen Beitrag leisten konkrete Erwerbsarbeits- und Betreuungsarrangements der Eltern zur Erklärung von Konflikthaftigkeit im Verhalten von Familien zur alltäglichen Mahlzeitengestaltung?

6.5.1   Zwischen Wunsch und Wirklichkeit

Aus der Analyse der zentralen Dimension der *inneren Widersprüche*
(Abschnitt 5.6.2) geht eine deutliche Diskrepanz zwischen Idealen und Realitä-
ten im Verhalten zur alltäglichen Mahlzeitengestaltung hervor, so dass die eigenen
Ansprüche in der Realität nicht konstant umgesetzt werden (können).

6.5.1.1   Ernährungsideale

Die Ergebnisse zeigen deutliche Motive der Eltern, eine gesunde Ernährung der
Kinder sicherzustellen, deren Umsetzung von den Interviewten jedoch häufig als
verbesserungsbedürftig dargelegt wird. In diesem Zusammenhang beschreiben
sie Kontrollmechanismen und Strategien zur Sicherstellung einer allumfassenden
Nährstoffversorgung der Kinder, wie das heimliche Untermengen von Gemüse
oder die Reglementierung zuckerhaltiger, fettiger oder salziger Nahrungsmittel.[17]

Bourcier et al. (2003) untersuchen Strategien, die Eltern anwenden, um ihre
Kinder zu gesünderem Essen zu animieren und kommen zu dem Ergebnis, dass
mit diesen häufig Druck ausgeübt wird und gesundes Essen in direktem Zusam-
menhang mit den Themen *sich gut fühlen* und *gut aussehen* diskutiert wird.
Bemühungen, die Essgewohnheiten der Kinder zu kontrollieren, werden in der
Literatur zudem häufig als *Gatekeeping* beschrieben (Morrow 1994; Zelizer 2002;
Anving/Thorsted 2010).

In den Ergebnissen der vorliegenden Arbeit zeigt sich zudem, dass die
unterschiedlichen Vorlieben und Lebensmittelpräferenzen der einzelnen Familienmitglieder häufig in Kontrast zueinander stehen. Anving und Thorsted (2010)
führen dazu aus:

> *The children's wishes and wants can meet and sometimes counter these efforts to serve
> healthy food, which can end in food being served and eaten that is completely outside
> the feeding ideals and feeding intentions. (Anving/Thorsted 2010, 33)*

Die Autorinnen fassen bezüglich des Konflikts zwischen den Ernährungsidealen
und dem tatsächlichen Verhalten zur alltäglichen Mahlzeitengestaltung zusammen, dass der interaktive Charakter der Ernährungsarbeit und des zeitgenössi-
schen Ernährungsdiskurses zu einer ständigen Spannung zwischen dem Versuch,
Normen in die Praxis umzusetzen, und dem gleichzeitigen Umgang mit bestimmten, oft unsicheren Situationen führe (Anving/Thorsted 2010, 30). Koch (2019)

---

[17] Siehe dazu auch die Aspekte Gesundheitsförderung und Prävention von Übergewicht, die
in der vorliegenden Arbeit in Abschnitt 6.2.3 unter dem Thema Risikobewusstsein diskutiert
werden.

identifiziert in ihrer Forschung, dass es kaum alltagsadäquat zu sein scheint, Ernährungsentscheidungen stets zu reflektieren und in entsprechendes Handeln umzusetzen (Koch 2019, 130).[18] Wilk (2010) fasst bezüglich der Diskrepanz zwischen Idealen und Realitäten zusammen:

> *In family meals the normative and the performative are very far apart – though everyone likes to think of the family table as a place of harmony and solidarity, it is often the scene for the exercise of power and authority, a place where conflict prevails. (Wilk 2010, 428)*

Es wird deutlich, dass Mahlzeiten in einen komplexen Alltag eingebettet sind, der unterschiedlichen Logiken folgt und in dem die Ernährung nicht zwangsläufig prioritär ist. Das Essen im Alltag ist im Kontext der Lebensführung eine Aufgabe von vielen. Dies zeigt sich beispielhaft anhand der Nachhaltigkeitsorientierung, die in einem Großteil der in dieser Arbeit untersuchten Familien identifiziert werden kann (s. Abschnitt 6.2.7). Abbildung 6.1 greift das Ideal der Nachhaltigkeitsorientierung auf, bezugnehmend auf die Grundsätze nach Koch (2019), die sich auch in dem Datenmaterial der vorliegenden Arbeit wiederfinden lassen.

Abbildung 6.1 zentriert das Ideal der Nachhaltigkeitsorientierung, zu dem die Aspekte genussvolle und bekömmliche Speisen, die Bevorzugung pflanzlicher Lebensmittel, ökologisch erzeugte Lebensmittel, regionale und saisonale Produkte, die Bevorzugung gering verarbeiteter Produkte, reichlich Frischkost, umweltverträgliche Verpackung und fair gehandelte Lebensmittel gezählt werden können (Koch 2019, 114). Gleichzeitig verdeutlicht Abbildung 6.1, dass dem Ideal der Nachhaltigkeit verschiedene alltägliche Praktiken gegenüberstehen: (1) Infrastruktur, (2) Zeitmanagement, (3) Ausgabenmanagement, (4) Bedürfniskombination, (5) Kontrollentzug, (6) Unverzichtbarkeit, (7) Interessenunterschiede und (8) Abstimmung im Haushalt, die dazu führen, dass die eigenen Ideale in der Praxis nicht zwangsläufig umgesetzt werden. Diese alltäglichen Praktiken und ihr Einfluss auf ein nachhaltigkeitsorientiertes Handeln werden nachfolgend näher erläutert.

Infrastruktur
Wenn es um das Ideal einer nachhaltigen Familienernährung geht, muss das Thema der Infrastruktur mitgedacht werden. Die Interviewten berichten, dass Geschäfte wie Biomärkte außerhalb alltäglicher Wege liegen, Bauernmärkte nur

---

[18] Eine derartige Diskrepanz zwischen Idealen und Praktiken wird u. a. von Martens (2012) und Martens et al. (2014) dargestellt.

Zeitmanagement:	Ausgabenmanagement:	Bedürfniskombination:
Aufwendiges Aufwiegen zeitlicher Arrangements	Priorität Nachhaltigkeit vs. Geld	Wünsche der Kinder berücksichtigen

Infrastruktur:	Genussvolle und bekömmliche Speisen	Bevorzugung pflanzlicher Lebensmittel	Ökologisch erzeugte Lebensmittel	Kontrollentzug:
Bestimmte Geschäfte außerhalb alltäglicher Wege	Fair gehandelte Lebensmittel	**Ideal: Nachhaltigkeitsorientierung**	Regionale und saisonale Produkte	Keine Kontrolle über (Zwischen-) Mahlzeiten außerhalb des Haushalts
Vieles In Plastik verpackt	Umweltverträgliche Verpackung	Reichlich Frischkost	Bevorzugung gering verarbeiteter Produkte	

Abstimmung im Haushalt:	Interessenunterschiede:	Unverzichtbarkeit:
Unterschiedliche Lebensmittelpräferenzen	Nachhaltigkeit keine Bedeutung für Partner/in	Saisonunabhängige Relevanz gewisser Lebensmittel

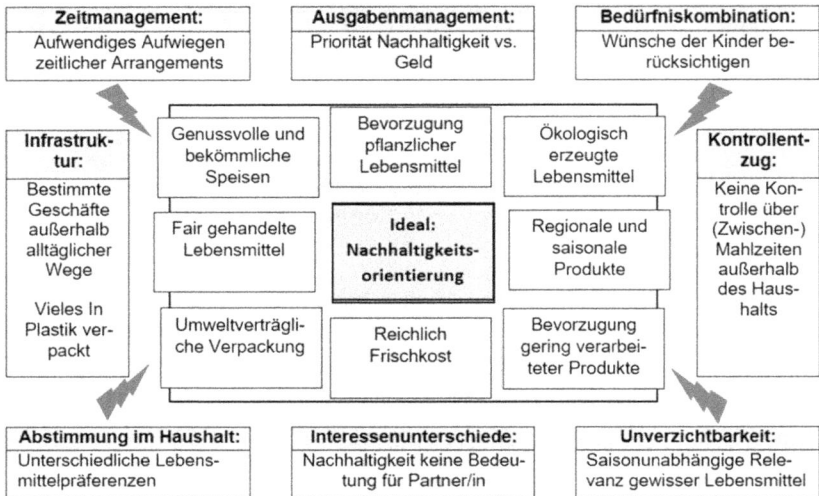

Abbildung 6.1 Konflikt-Geflecht von Idealen und Praktiken. (Quelle: Eigene Darstellung)

an bestimmten Wochentagen stattfinden und trotz des Vorhabens, auf umweltverträgliche Verpackungen zurückzugreifen, ein Großteil der Produkte im Supermarkt in Plastik verpackt ist. Bedeutsam ist auch das Thema der Mobilität, denn nicht in allen der untersuchten Familien steht uneingeschränkt ein Auto zur Verfügung.

Zeitmanagement
Das aufwendige Aufwiegen zeitlicher Arrangements der einzelnen Familienmitglieder, das in Zusammenhang mit der identifizierten und ausführlich diskutierten unsichtbaren Denkarbeit steht (s. Abschnitt 6.3.1), sowie Zeitdruck im Familienalltag wirken dem Ideal der Nachhaltigkeit häufig entgegen.[19]

Ausgabenmanagement
Das Ausgabenmanagement zeigt sich eng verwoben mit der Einkaufsplanung. Nach Möglichkeit wird so geplant, dass keine Lebensmittel entsorgt werden müssen, denn das sei *erstens schade für die Umwelt und auch schade für den Geldbeutel*

---

[19] Zeitliche Taktgeber und Dynamisierungen im Familienalltag werden in Abschnitt 6.5.5 ausführlich diskutiert.

(Familie 8-DD (Hempe) Itv., Pos. 23). Bedeutsam ist insgesamt die Abwägung zwischen Nachhaltigkeit und Ausgaben, da fair gehandelte und ökologisch produzierte Lebensmittel in der Regel teurer sind als konventionell hergestellte.

Bedürfniskombination

Zur Bedürfniskombination, die der Nachhaltigkeitsorientierung entgegensteht, zählen die Bedeutung der Berücksichtigung der Wünsche und Bedürfnisse der Kinder, die Beanstandung des Essens durch die Kinder sowie damit zusammenhängende Konfliktvermeidungsstrategien. Die Herausforderung der Berücksichtigung unterschiedlicher Präferenzen der einzelnen Familienmitglieder wird nachfolgend (Abschnitt 6.5.2) ausführlich diskutiert.

Kontrollentzug

Der Nachhaltigkeitsorientierung des Haushalts steht zudem das Verhalten zur Nachhaltigkeit der einzelnen Familienmitglieder außerhalb des Haushalts entgegen. In diesem Zusammenhang berichten die Interviewten, dass die Kinder die in den Brotdosen eingepackte Frischkost aus der Schule wieder mit nachhause bringen, Obst und Gemüse in der Schule mit anderen Kindern gegen stark verarbeitete Lebensmittel tauschen oder sich von ihrem Taschengeld Süßigkeiten kaufen. Außerhalb der Kontrolle der Eltern steht zudem die Zubereitung der Mahlzeiten bzw. die Ernährungsversorgung im Allgemeinen durch die Großeltern oder weitere Familienmitglieder (s. Abschnitt 5.6.2.1).

Unverzichtbarkeit

Die Unverzichtbarkeit meint die Priorisierung eigener Wünsche und Bedürfnisse gegenüber nachhaltigem Handeln, etwa die Relevanz bestimmter Lebensmittel unabhängig von ihrer jeweiligen Saison wie das nachfolgende Beispiel verdeutlicht:

> *Tomate und Gurke, okay, die kaufe ich jetzt trotzdem immer noch, auch wenn es nicht die Zeit dafür ist. Aber für die Brotbüchse brauche ich es einfach, da kann ich schlecht einen Weißkrautsalat einpacken. (Familie 1-DD (Anders) Itv., Pos. 47)*

Interessenunterschiede

Bedeutsam sind auch die unterschiedlichen Interessen in der Lebensmittelwahl zwischen den Eltern: Der Nachhaltigkeitsorientierung eines Elternteils steht das Handeln des anderen Elternteils entgegen, der beim Einkaufen z. B. nicht auf ökologische Erzeugung, Regionalität und Saisonalität, fairen Handel sowie einen geringen Verarbeitungsgrad achtet.[20]

Abstimmung im Haushalt
Eng verknüpft mit den vorangehend aufgezeigten Interessensunterschieden stehen Abstimmungen und Aushandlungsprozesse innerhalb des Haushalts. Hierzu können z. B. eine vegane oder vegetarische Ernährung, also die Bevorzugung pflanzlicher Lebensmittel, gegenüber der Präferenz einer fleischreichen Ernährung gezählt werden.

6.5.1.2 Gleichberechtigungsideale

Die Interviewten sprechen sich in den Hintergrundgesprächen, z. B. bei der Kontaktaufnahme oder Übergabe der Tagebücher, für eine egalitäre Aufgabenteilung in ihrer Partnerschaft aus. Hierbei erläutern vor allem die Mütter, dass die Haus- und Familienarbeit von beiden Partner:innen zu gleichen Teilen ausgeführt werde bzw. der Partner ebenfalls einen bedeutenden Anteil übernehme. Die Dokumentationen in den Tagebüchern sowie die Schilderungen in den Interviews zeigen jedoch häufig eine andere Situation, in der die Mutter die Hauptlast der anfallenden Aufgaben übernimmt.

Ein derartiges Phänomen, das sich als Gleichberechtigungsideal bezeichnen lässt, findet sich auch in den Ausführungen von anderen Forschenden:

> *Männer sprechen sich zwar (ähnlich wie Frauen) in Umfragen zunehmend deutlich für eine egalitäre Aufteilung von Erwerbs-, Haus-, und Familienarbeit in der Partnerschaft aus; sie verändern jedoch ihr Verhalten diesbezüglich kaum […]. (Lück 2015, 229)*

Beck und Beck-Gernsheim (2015) sprechen in diesem Zusammenhang von einer *verbalen Aufgeschlossenheit bei gleichzeitiger Verhaltensstarre* (Beck/Beck-Gernsheim 2015, 31). Das Ideal einer gleichberechtigten Partnerschaft werde demnach zwar kommuniziert, nicht aber gelebt. Die Diskrepanz zwischen dem Ideal der Gleichberechtigung und der realen weiblichen Verantwortung für die Haus- und Familienarbeit wird darüber hinaus von Baxter (2000), Fthenakis und Minsel (2002), Helfferich (2017), Hofäcker (2007), Koppetsch und Burkart (2008), Meuser (2005), Oberndorfer und Rost (2005), Possinger und Müller (2017) sowie Wetterer (2005) analysiert.

---

[20] Siehe zum Thema Interessenunterschiede auch die identifizierten Meinungsverschiedenheiten zwischen den Eltern (Abschnitt 5.6.2.1) und die nachfolgende Diskussion von (Ernährungs-)Sozialisationsprozessen (Abschnitt 6.5.3).

6.5.2 Lebensmittelkonflikte: Kochen am Konfliktherd

Die Kategorie der *Lebensmittelkonflikte* lässt sich in verschiedene Themenstränge unterteilen. Der Themenstrang der Beanstandung des Essens durch die Kinder (SK: *Kritik am Essen*), die häufig in Unruhe und/oder Diskussionen mündet, wurde bereits vorab in Abschnitt 6.2.6 diskutiert, mit dem Ergebnis, dass es sich hierbei um ein relativ neues Phänomen handelt. Während noch in den 1950er und 1960er Jahren ein deutliches Machtgefälle zwischen Eltern und Kindern existierte und letztere wenig Mitspracherecht hatten, sollen die (Essens-)Wünsche der Kinder heute Berücksichtigung finden. Gleichzeitig stimmen diese Wünsche jedoch häufig nicht mit den Vorstellungen der Eltern überein, so dass ein Konflikt zwischen der Selbstentfaltung der Kinder und den Idealen der Eltern entsteht.

6.5.2.1 Unterschiedliche Präferenzen als Herausforderung

Ebenfalls unter die Kategorie der *Lebensmittelkonflikte* fällt das Thema der Auswahl des Essens (SK: *Auswahl des Essens*), das der eigentlichen Mahlzeit vorgelagert ist und durch die unterschiedlichen Lebensmittelpräferenzen der einzelnen Familienmitglieder zur Herausforderung werden kann.

Koch (2019) identifiziert unterschiedliche Bedürfnisse zwischen Eltern und Kindern: Während sich die Kinder Wiederholung wünschen, sprechen sich die Eltern für Variation aus (Koch 2019, 122). Methfessel (2014) spricht im Zusammenhang mit differenten Lebensmittelpräferenzen von einem Zusammentreffen von *individuellen Bedürfnissen, sozialen Konstruktionen und unterschiedlichen ethischen Ansprüchen* am Familientisch und einer Herausbildung von Interessen und Wertehierarchien:

> *Sollen die häufig unterschiedlichen Essinteressen berücksichtigt werden (wie z. B.: Vater isst viel Fleisch, Mutter kämpft um die Linie, Tochter ist Vegetarierin), dann erfordert das zusätzliche Arbeit durch die Zubereitung mehrerer Gerichte. (Methfessel 2014, 83)*

Die Ergebnisse der vorliegenden Erhebung zeigen, dass die unterschiedlichen Essinteressen insbesondere dann zu einer Herausforderung werden, wenn ein Elternteil alleinig für die Planung und Organisation der alltäglichen Mahlzeitengestaltung der Familie zuständig ist und dementsprechend die *unsichtbare Denkarbeit*[21] übernimmt.

---

[21] Siehe zur unsichtbaren Denkarbeit Abschnitt 6.3.1.

6.5.2.2 Veganismus und Vegetarismus

Die unterschiedlichen Lebensmittelpräferenzen führen teilweise dazu, dass zu einer Mahlzeit verschiedene Gerichte zubereitet werden, was einen größeren Planungs-, Organisations- und Zeitaufwand bedeutet. Zu unterschiedlichen Ernährungsstilen können auch der Veganismus oder der Vegetarismus einzelner Familienmitglieder gezählt werden, an dem sich unterschiedliche Wertvorstellungen in Bezug auf den Verzehr tierischer Produkte identifizieren lassen und aus dem Diskussionen und Meinungsverschiedenheiten resultieren. Das Konfliktpotenzial zeigt sich dabei unabhängig davon, welches der Familienmitglieder auf Fleisch oder tierische Produkte im Allgemeinen verzichtet (s. Abschnitt 5.6.2.1).

Die Sozialpsychologin Melanie Joy (2018) spricht in Bezug auf den Verzehr von Fleisch von einer unsichtbaren und unbewussten Ideologie, die uns im Kindesalter anerzogen wird. Ändert also eines der Familienmitglieder sein Ernährungsverhalten, beispielsweise in Form des Verzichts auf tierische Produkte, laufen die Werte in entgegengesetzte Richtungen und der neue Ernährungsstil steht in Kontrast zu den in der Familie anerzogenen Praktiken. Ein veganer oder vegetarischer Ernährungsstil, der in der Regel aus Überzeugung praktiziert wird und für den ethische Aspekte einen der Hauptgründe darstellen (Hopp et al. 2017), steht der Selbstverständlichkeit des Fleischkonsums, wie sie von Joy beschrieben wird, gegenüber. In diesem Szenario teilen nicht mehr alle Familienmitglieder die gleichen Überzeugungen und Werte und der Verzicht auf tierische Produkte kann als Ablehnung des Traditionellen, der eigenen Kultur, der ursprünglichen Werte verstanden werden, aber auch als Nicht-Wertschätzung der zubereiteten Speisen und der zubereitenden Person. Andersherum kann ein Unverständnis gegenüber dem Verzehr tierischer Produkte bestehen. Es wird deutlich, dass es sich um ein stark emotional besetztes Thema handelt, bei dem häufig gegenseitiges Unverständnis in Konflikten mündet. Dass es sich bei dem Thema des Fleischverzehrs insgesamt um ein kontrovers diskutiertes Thema mit emotionaler Besetzung handelt, wird ausführlich von Heimberger (2015), Kofahl und Weyand (2016), Kompatscher (2018) und Trummer (2014) dargelegt.

6.5.2.3 Genderspezifisches Ernährungsverhalten

Die Ergebnisse der vorliegenden Arbeit zeigen, dass bei den Lebensmittelkonflikten zwischen den Eltern häufig geschlechtsspezifische Ernährungsweisen im Zentrum stehen. Im Gegensatz zu den Vätern schildern die Mütter, Zucker, Fett und Fleisch möglichst zu meiden.

Schritt (2011) umschreibt diese Ernährungsweisen als ein *Doing Gender im Ernährungsverhalten*[22] und stellt eine Tendenz der Männer hin zu einer *ungesunden* Ernährung dar, bestehend aus zu viel Fleisch und zu wenig Obst und Gemüse. Das Ernährungsverhalten der Frauen tendiert dagegen zu einer *gesunden* Ernährung, bestehend aus mehr Obst und Gemüse und weniger Fleisch. Schritt (2011) erklärt derartige Unterschiede mit geschlechtlichen Konstruktionsprozessen: Um ihre Geschlechtsidentität konstant aufrechtzuerhalten, bedienen sich Individuen an bestimmten symbolischen Ressourcen. Während z. B. Fleisch als eher männliches Nahrungsmittel angesehen werde, da es Kraft und Potenz suggeriere, werde Obst und Gemüse durch seine Leichtigkeit eher als feminines Nahrungsmittel wahrgenommen. *Weibliches* Ernährungsverhalten werde als kontrolliert und zurückhaltend empfunden, *männliches* Essverhalten als ungehemmt und impulsiv. Mithilfe dieser symbolischen Ernährungsweisen können Mann und Frau ihre eigene Geschlechteridentität stärker untermauern (Schritt 2011, 53 ff.). Die Ausführungen von Schritt werden u. a. von Cairns et al. (2010), DeVault (1991), Gough (2007) und Sobal (2005) gestützt.

Darüber hinaus spielt in Zusammenhang mit der Diskussion über ein genderspezifisches Ernährungsverhalten auch die Reproduktion von Geschlechterrollen eine bedeutende Rolle. Trotz der Tendenz zu einer egalitären Arbeitsteilung verbringen Frauen häufig mehr Zeit mit Hausarbeit als Männer[23], wobei die Verknüpfung von Frauen und Hausarbeit in der Gesellschaft noch immer reproduziert werde, z. B. durch Werbung[24], und an das Bild der *umsorgenden Weiblichkeit* gekoppelt werde. Schritt legt dar, dass Männer eher Aufgaben übernehmen, die nach außen hin sichtbar[25] sind und dem *männlichen Selbstbild* entsprechen, während sich Frauen eher um die unangenehmeren und arbeitsintensiveren Aufgaben[26] sowie auch die alltägliche Essenszubereitung kümmern. Die Autorin folgert, dass Frauen auf Grund der ihnen zugewiesenen Zuständigkeit für das Kochen für die Familie ein größeres Bewusstsein für eine gesunde Ernährung erlangen (Schritt 2011, 90 ff.).

---

[22] Doing Gender nennt sich der Prozess, in dem Geschlecht sozial konstruiert wird und immer wieder durch Alltagsprozesse hergestellt werden muss. Geschlecht sei somit nicht „vorsozial" oder natürlich, sondern wird durch gesellschaftliche Interaktion erst konstruiert. Siehe dazu: Schritt (2011, 53 ff.) und Abschnitt 2.4.3 der vorliegenden Arbeit.

[23] Siehe zur weiblichen Verantwortlichkeit für die Aufgaben alltäglicher Mahlzeitengestaltung Abschnitt 2.4.3.

[24] Siehe zu Werbung bzw. Gender Food: Atkinson (2014); Barletta (2006); Flick/Rose (2012); Kreienkamp (2007); Parkin (2006); Zellerhoff (2001).

[25] Als Beispiele nennt Schritt Müllrausbringen, Rasen mähen, Autowaschen.

[26] Als Beispiele nennt Schritt Kochen, Wäsche waschen und Putzen.

6.5.3   (Ernährungs-)Sozialisationsprozesse: „Ich kenne es von zuhause anders"

Die Ergebnisse der vorliegenden Arbeit zeigen, dass *Meinungsverschiedenheiten zwischen den Eltern* (SK 2) nicht nur in Zusammenhang mit unterschiedlichen Lebensmittelpräferenzen stehen, sondern auch mit dem Einbezug der Kinder, einem unterschiedlichen Grad der Strenge sowie einem unterschiedlichen Umgang mit Regeln (s. Abschnitt 5.6.2.1). Gleichermaßen wird die Bedeutung der (unterschiedlichen) (Ernährungs-)Sozialisation der Eltern deutlich, die nachfolgend diskutiert wird.

Die Ernährungssozialisation beginne bereits in der frühen Kindheit, wobei die Prägung und Habitualisierung durch das jeweilige Umfeld neben einer Ausbildung von Geschmackspräferenzen auch Umgangsweisen mit Ernährung beeinflussen (Reitmeier 2014, 117). Reitmeier (2014) geht davon aus, dass der Geschmack eines Menschen bereits maßgeblich in der frühen Kindheit durch die Einstellungen und Gegebenheiten in der Familie geprägt werde, da sich in dieser Lebensphase die grundlegenden Persönlichkeitsstrukturen ausbilden, wobei die alltäglichen Verhaltens- und Denkweisen der Eltern dabei zunächst übernommen werden. Dabei beeinflusst vor allem die soziokulturelle Herkunft der Familie die Art des Ernährungsverhaltens sowie den Geschmack:

Und das, was uns in Fleisch und Blut überging damals, als wir Kinder waren, wird uns zeitlebens begleiten, und wir werden es, gewollt oder ungewollt, in mehr oder weniger abgewandelter Form weitergeben an die nächste Generation. (Hartmann 2006, 148)

Verschiedene Forschungsarbeiten legen darüber hinaus dar, dass Jungen und Mädchen eine unterschiedliche Sozialisation des Ernährungsverhaltens erfahren:

Die stärkere Fixierung von Mädchen auf die Unversehrtheit ihres Körpers und die Bedeutung der eigenen Attraktivität führt dazu, dass Ernährung und die damit verknüpfte Angst um das Körpergewicht bei Mädchen eine größere Rolle spielt als bei Jungen. Ebenso konnte gezeigt werden, dass Mädchen viel weniger Lust am Essen zeigen. Dies wird von Eltern oft gefördert. Jungen werden eher dazu angehalten, ihren Teller aufzuessen und mal kräftig zuzulangen. Mädchen, die viel essen, werden hingegen eher zur Zurückhaltung aufgefordert. (Schritt 2011, 83)

Zudem komme es in der Sozialisation zur Vermittlung von klassischen Rollenbildern hinsichtlich der Arbeitsteilung im Haushalt:

Schon im Kindesalter werden Mädchen von ihren Müttern sehr viel mehr an das Kochen herangeführt als Jungen. Die meisten Mädchen werden von ihren Müttern öfter und auch schon im jüngeren Alter zu Hilfstätigkeiten in der Küche aufgefordert. So lernen Mädchen schon früh, mit Küchengeräten umzugehen und sammeln Erfahrungen in der Zubereitung von Essen, so dass Kochen für viele junge Frauen zu etwas Selbstverständlichem wird. Auch sammeln Mädchen in der Schule im Hauswirtschaftsunterricht Erfahrungen, die Jungen oft nicht sammeln, weil sie diese Fächer nicht wählen. Denn Kochen gilt immer noch als „weibliches" Feld und wirkt dadurch „unmännlich". (Schritt 2011, 91 f.)

In Anbetracht der Ausführungen scheint es naheliegend, dass aus den unterschiedlichen Sozialisationsprozessen des Ernährungsverhaltens von Jungen und Mädchen später im Erwachsenenalter bzw. in Paarbeziehungen Meinungsverschiedenheiten bzw. Konflikte, z. B. bezüglich der Lebensmittelwahl oder der Zuständigkeiten, hervorgehen können und zwischen Müttern und Vätern unterschiedliche Ansichten und Vorstellungen vorherrschen.[27]

6.5.4   Mahlzeiten in Kindheit und Jugend

Die Analyse der Konflikthaftigkeit im Verhalten zur alltäglichen Mahlzeitengestaltung der Familien zeigt als einen bedeutenden Kerngegenstand das Alter der Kinder (s. Abschnitt 5.6.3.1). Dieses beeinflusst u. a. die Art der Streitigkeiten, die während des Essens zwischen den Kindern ausgetragen werden und den Verlauf der Mahlzeiten bestimmen, aber auch die Beanstandung des Essens durch die Kinder (s. Abschnitt 5.6.2.1). Es wird deutlich, dass eine Mahlzeit mit zwei Kindergartenkindern, hier im Alter zwischen drei und sechs Jahren, teilweise andere Herausforderungen birgt, wie Unterbrechungen durch Kleckern und Verschütten, als eine Mahlzeit mit zwei Kindern, die bereits die weiterführende Schule besuchen, hier im Alter zwischen zehn und dreizehn Jahren. Gleichzeitig wird ein Einfluss des Alters auf die Häufigkeit und Regelmäßigkeit familiärer Mahlzeiten deutlich, der in der aktuellen wissenschaftlichen Diskussion Bestätigung findet:

Je älter die Kinder und Jugendlichen sind, desto weniger essen sie gemeinsam mit den Familien zu den Mahlzeiten. Ein Hauptgrund hierfür ist die zunehmende Selbstständigkeit der Kinder und Jugendlichen mit steigendem Alter sowie die Freiheiten, die ihnen von den Eltern zugestanden werden. (Hofmann et al. 2020, 7)

---

[27] Das in der Überschrift angeführte Zitat stammt aus dem Interview mit Frau Flemming (6-H#), Pos. 23.

Dies bzw. die Abwesenheiten der Jugendlichen während der Familienmahlzeiten auf Grund einer höheren Selbstständigkeit in der Freizeitgestaltung werden auch in den Daten der vorliegenden Arbeit ersichtlich. Nach Bartsch (2008, 43) erfolge die Einnahme täglicher Mahlzeiten umso unregelmäßiger, je älter die Kinder sind, bzw. umso regelmäßiger und häufiger, je jünger die Kinder sind.

6.5.5 Zeitliche Taktgeber und Dynamisierungen

Die Auswertung der Mahlzeitentagebücher verdeutlicht, dass ein Zeitmangel häufig als Begründung für einen stressigen Ablauf der Mahlzeiten angeführt wird und „viel Zeit" häufig einen entspannten Mahlzeitenverlauf bedingt (s. Abschnitt 5.6.2.2). In den Familien des Samples findet die Mahlzeitenvorbereitung unter der Woche häufig unter Zeitdruck statt und auch die Dauer der Mahlzeiten ist zeitlich begrenzt. Dies zeigt sich besonders deutlich anhand des Frühstücks, betrifft jedoch ebenfalls das Abendessen, insbesondere, wenn gekocht wird, sowie das Mittagessen, sofern es unter der Woche inhäusig stattfindet.

Auch Brombach (2002) stellt in ihrer Studie fest, dass die Verfügungszeit für die Vorbereitung und das Einnehmen in einen vorgegebenen Rahmen eingebettet ist, der die zeitliche Ausgestaltung begrenzt (Brombach 2002, 93). In diesem Zusammenhang spricht King (2017) von einer permanenten Zeitoptimierung im Familienalltag und einem Leben im Modus der Dringlichkeiten:

> *Zeitstress und fortlaufende Dringlichkeiten führen häufig dazu, dass die Effizienz-Logiken im Familienalltag selbst gesteigert werden – z. B. wenn Eltern versuchen, Abläufe straff und instrumentell durchzuorganisieren. (King 2017, 42)*

King argumentiert, dass die gesellschaftliche Dynamisierung bzw. die beschleunigte Moderne „nicht nur die Arbeitswelt, sondern auch den Familienalltag und die individuelle Lebensführung" beeinflusse (King 2017, 40).[28]

In Rückbezug auf die Ergebnisse der vorliegenden Arbeit und das Thema gemeinsamer Familienmahlzeiten wird eine Dynamisierung nicht nur in Anbetracht der Verfügungszeiten deutlich, sondern auch anhand der geschilderten *Müdigkeit und Erschöpfung* (SK 2, Abschnitt 5.6) sowohl der Eltern als auch der Kinder, die in Zusammenhang mit einem stressigen bzw. weniger entspannten Ablauf der Mahlzeiten stehen und besonders unter der Woche von Bedeutung sind. Der Verlauf der Mahlzeiten am Wochenende wird von Müdigkeit und

---

[28] Die Beschleunigung des (Familien-)Alltags wird ausführlich von King (2013), King/Busch (2012), Lambers (2016) und Rosa (2020) diskutiert.

Erschöpfung weniger beeinflusst, da i. d. R. ausgeschlafen werden kann und der Alltag weniger zeitlichen Verpflichtungen und Terminen unterliegt.[29]

6.6 Rückbezug zu den forschungsleitenden Annahmen

Nachfolgend werden die dargestellten zentralen Ergebnisse der empirischen Untersuchung noch einmal explizit unter Bezugnahme auf die vier forschungsleitenden Annahmen betrachtet:

1. Kulturelle Ideen spielen eine zentrale Rolle für die Erklärung von Differenzen zwischen Familien in ihrem Verhalten zur alltäglichen Mahlzeitengestaltung.
2. Kulturelle Ideen spielen eine zentrale Rolle für die Erklärung von Konflikthaftigkeit im Verhalten von Familien zur alltäglichen Mahlzeitengestaltung.
3. Die konkreten Erwerbsarbeits- und Betreuungsarrangements der Eltern spielen eine zentrale Rolle für die Erklärung von Differenzen zwischen Familien in ihrem Verhalten zur alltäglichen Mahlzeitengestaltung.
4. Die konkreten Erwerbsarbeits- und Betreuungsarrangements der Eltern spielen eine zentrale Rolle für die Erklärung von Konflikthaftigkeit im Verhalten von Familien zur alltäglichen Mahlzeitengestaltung.

In den nachfolgenden Ausführungen wird zunächst auf den Beitrag kultureller Ideen sowohl zur Erklärung von Differenzen zwischen Familien in ihrem Verhalten zur alltäglichen Mahlzeitengestaltung (Annahme 1) als auch zur Erklärung von Konflikthaftigkeit im Verhalten von Familien zur alltäglichen Mahlzeitengestaltung (Annahme 2) eingegangen. Hierbei untergliedert sich die Darstellung in die Themenblöcke (1) kulturelle Werte (in Bezug auf die Ernährung) sowie (2) kulturelle Leitbilder (zum Verhältnis von Familie und Erwerbstätigkeit), die in dieser Arbeit als zentrale Elemente kultureller Ideen verstanden werden (s. Abschnitt 3.3.1).

Daran anschließend wird der Beitrag konkreter Erwerbsarbeits- und Betreuungsarrangements der Eltern zunächst zur Erklärung von Differenzen zwischen Familien in ihrem Verhalten zur alltäglichen Mahlzeitengestaltung (Annahme 3), anschließend zur Erklärung von Konflikthaftigkeit im Verhalten von Familien

---

[29] Erschöpfung in Zusammenhang mit einem beschleunigten Familienalltag und gesteigerten Anforderungen an die Elternschaft wird im Detail von Alt/Lange (2012) und Becklas/Klocke (2012) diskutiert.

zur alltäglichen Mahlzeitengestaltung (Annahme 4) dargestellt. Als zentrale Elemente der konkreten Erwerbsarbeits- und Betreuungsarrangements der Eltern (s. Abschnitt 3.3.2) werden hierbei (1) die Erwerbssituation der Eltern und (2) die Betreuungssituation der Kinder betrachtet.

6.6.1   Kulturelle Ideen als Erklärungsfaktor

Die Forschungsergebnisse zeigen, dass kulturelle Ideen sowohl für die Erklärung von Differenzen zwischen Familien in ihrem Verhalten zur alltäglichen Mahlzeitengestaltung (Annahme 1) als auch für die Erklärung von Konflikthaftigkeit im Verhalten von Familien zur alltäglichen Mahlzeitengestaltung (Annahme 2) eine zentrale Rolle spielen. Als zentrale Elemente kultureller Ideen werden in dieser Arbeit (1) kulturelle Werte (in Bezug auf die Ernährung) sowie (2) kulturelle Leitbilder (zum Verhältnis von Familie und Erwerbstätigkeit) verstanden, auf die in den nachfolgenden Abschnitten eingegangen wird.

6.6.1.1   Bedeutung kultureller Werte in Bezug auf die Ernährung
Mit Hilfe der Datenanalyse konnten verschiedene Themenkomplexe identifiziert werden, durch die bestimmte kulturelle Werte deutlich werden. Hierzu zählen (1) Ernährungsentscheidungen, (2) die (Ernährungs-)Sozialisation, (3) die Relevanz von Essen und Ernährung, (4) der Umgang mit Regeln sowie (5) Religion, die nachfolgend in dieser Reihenfolge dargestellt werden. Dabei werden jeweils sowohl die untersuchten Differenzen zwischen Familien in ihrem Verhalten zur alltäglichen Mahlzeitengestaltung als auch die Konflikthaftigkeit im Verhalten der Familien zur alltäglichen Mahlzeitengestaltung berücksichtigt.

Ernährungsentscheidungen
Unterschiede in den kulturellen Werten der Familien werden anhand der Ernährungsentscheidungen bzw. der Auswahl der Lebensmittel deutlich. Einer „gesunden" Ernährung, die teilweise einer Kontrolle unterliegt, steht eine Ernährungsweise gegenüber, in der wenige oder keine Einschränkungen existieren. Während für die Familien des zweiten Typus, die flexiblen Pragmatikerinnen, und die des sechsten Typus, die unbekümmerten Improvisator:innen, in erster Linie die Zweckmäßigkeit und der Geschmack von Bedeutung für die Lebensmittelwahl sind, werden in den anderen Typen (1, 3, 4, 5) komplexere Auswahlprozesse in Form einer Nachhaltigkeitsorientierung deutlich, in der u. a. Gesundheit, Umweltaspekte und Tierschutz berücksichtigt werden. Im folgenden Beispiel wird eine derartige Orientierung deutlich:

Also, ich versuche schon darauf zu achten, weil ich habe halt selber ja, möchte halt auch nicht so pestizidbelastetes Essen essen. Und möchte halt auch nach Möglichkeit was haben, was regional ist und auch nicht so in Plastik eingepackt. Also die Sachen, die von diesem A-Hof kommen, das Gemüse ist einfach nur in so einer Kiste, die Wurst und der Käse sind in Wachspapier eingepackt. (Familie 14-H# (Neubert) Itv., Pos. 13)

Abbildung 6.2 veranschaulicht verschiedene kulturelle Werte in Bezug auf die Ernährung, die in Zusammenhang mit den Ernährungsentscheidungen der Familien stehen. Diese kulturellen Werte sind: Abwechslung, Achtsamkeit, Effektivität, Effizienz, ethischer Umgang mit der Umwelt, ethischer Umgang mit Tieren, Genusswert, Gerechtigkeit, Gesundheit, Intuition, Leichtigkeit, Mäßigkeit, Nachhaltigkeit, Selbstbestimmung und Vertrauen. Hierbei ist von Bedeutung, dass es sich um ein Wechselspiel handelt. Das heißt, dass zum Beispiel der Wert der Gesundheit Einfluss auf die Ernährungsentscheidungen nimmt und sich diese Ernährungsentscheidungen wiederum auf die Gesundheit auswirken. Besonders deutlich wird dieses Wechselspiel auch anhand des Werts eines ethischen Umgangs mit Tieren, dem eine bedeutende Rolle für Ernährungsentscheidungen zukommt, welche wiederum einen ethischen Umgang mit Tieren beeinflussen.

Abbildung 6.2
Wertewolke – Ernährungsentscheidungen. (Quelle: Eigene Darstellung)

Unterschiedliche kulturelle Werte in Bezug auf die Ernährung können hierbei zu unterschiedlichen Ernährungsentscheidungen der Familien führen. Dies wird zum Beispiel an der oben angesprochenen Gegenüberstellung der Werte

Gesundheit und Genusswert[30] deutlich. Hierbei kann Konflikthaftigkeit darin bestehen, dass die Werte der einzelnen Familienmitglieder nicht zwangsläufig übereinstimmen.

Die Analyse der zentralen Dimension *innere Widersprüche* zeigt darüber hinaus, dass bezüglich der Lebensmittelwahl häufig eine Diskrepanz zwischen Idealen und Realitäten besteht und die Ansprüche der Eltern an die Ernährung der Familie in der Realität nicht konstant umgesetzt werden (können).[31] Gleichzeitig stehen unterschiedliche Lebensmittelpräferenzen der einzelnen Familienmitglieder, wie Veganismus und Vegetarismus oder genderspezifisches Ernährungsverhalten, in Zusammenhang mit Konflikten, die sich sowohl auf der latenten als auch auf der manifesten Konfliktebene zutragen.[32]

(Ernährungs-)Sozialisation
Unterschiede in den kulturellen Werten zeigen sich auch anhand des Beispiels der Ernährungserziehung der Kinder, die insbesondere für Familien des ersten Typus, die hingebungsvollen Kümmerinnen, aber auch für einzelne Familien der anderen Typen, von großer Bedeutung ist. Die Kinder sollen Ernährungsbildung erfahren, beispielsweise die Herkunft bestimmter Lebensmittel kennen, etwas über Regionalität und Saisonalität lernen, die Zubereitung einzelner Mahlzeiten übernehmen, sich über die Konsequenzen ihres Ernährungsverhaltens, z. B. in Bezug auf die Umwelt oder die eigene Gesundheit, bewusst sein.[33]

Die Schilderungen der Interviewten verdeutlichen, dass kulturelle Prägungen und Sozialisationsprozesse, die in der eigenen Kindheit erlernt wurden, von großer Relevanz sind, wenn es um die Nahrungsmittelwahl und Präferenzen geht. Dies betrifft u. a. die Weitergabe von Rezepten zwischen den Generationen, aber auch Lebensmittelpräferenzen im Allgemeinen, die mit Erinnerungen und Erfahrungen besetzt sind. Die Eltern legen in den Interviews dar, dass sie die alltägliche Mahlzeitengestaltung ihrer Familie ähnlich ausführen, wie sie es in ihrer

---

[30] Synonym für den Genusswert wird auch der Begriff sensorischer Wert verwendet. Er beinhaltet alle mit den Sinnen wahrnehmbare Elemente eines Lebensmittels, wie Aussehen, Geruch, Geschmack und Konsistenz. Siehe dazu: Koerber/Leitzmann (2012).

[31] Eine ausführliche Diskussion der Diskrepanzen zwischen Idealen und Realitäten findet sich in Abschnitt 6.5.1.

[32] Eine ausführliche Diskussion derartiger Lebensmittelkonflikte findet sich in Abschnitt 6.5.2.

[33] Der Themenkomplex der Bildungsorientierung wurde vorab ausführlich in Abschnitt 6.2.2 diskutiert.

eigenen Kindheit erfahren haben, und dabei bestimmte Routinen und Abläufe übernommen haben:[34]

Also, weil meine Mutter tatsächlich immer sehr auf unsere Ernährung geachtet hat. Und ich auch tatsächlich damit aufgewachsen bin, dass zum Beispiel frisch gekocht, dass nicht irgendwie viel Fertigprodukte genommen werden [...]. Meine Mutter hat immer sehr auf irgendwie gesunde vernünftige Ernährung geachtet, ausgewogen. Und da versuche ich tatsächlich, das so ein bisschen-, also das auch so zu machen. Und bei meinem Mann ist das genauso, also, der ist am Bauernhof groß geworden. Und da hat seine Mutter auch schon immer irgendwie viel drauf geachtet. (Familie 1-HH (Ackermann) Itv., Pos. 34)

Es zeigt sich die Vermittlung und Weitergabe von Werten und Verhaltensweisen zwischen den Generationen. In Kontrast dazu wird deutlich, dass bestimmte Aspekte bewusst anders praktiziert werden,[35] da diese z. B. mit schlechten Erfahrungen verknüpft sind, oder sich die Lebensumstände und Bedingungen (stark) unterscheiden:

Ich kann mich daran erinnern, dass ich immer irgendwelche Sachen essen sollte und musste, die ich nicht wirklich mochte. Und dass das irgendwie keine Option war, das nicht zu essen. [...]. Also ganz bewusst haben wir so ein bisschen die Regel eingeführt, dass, wenn man halt was nicht mag, ist das in Ordnung, aber man soll bitte probieren. Und nicht Ih sager. oder was auch immer. Das kann man dann sagen, wenn man probiert hat. Das ist so ein bisschen die Regel, weil ich das von zuhause, von früher so ein bisschen das Trauma mitgenommen habe. (Familie 11-D# (Kaufmann) Itv., Pos. 23-25)

Es wird deutlich, dass die Esserziehung im Kindesalter einen bedeutenden Stellenwert einnimmt.

Abbildung 6.3 gibt einen Überblick über kulturelle Werte in Bezug auf die Ernährung, die in Zusammenhang mit den Themen der (Ernährungs-)Sozialisation stehen. Diese kulturellen Werte sind: Anerkennung, Anpassungsfähigkeit, Engagement, Erfolg, (Ernährungs-)Bildung, Hilfsbereitschaft, Kompetenz, Kreativität,

---

[34] Nachfolgend werden die Kategorien, absteigend nach Häufigkeit, genannt, denen die Aspekte zugeordnet werden können, die die Eltern aus ihrer eigenen Kindheit übernommen haben: (1) Lebensmittelwahl und Rezepte, (2) gemeinsame Mahlzeiten, (3) Struktur und Organisation, (4) Regeln.

[35] Nachfolgend werden die Kategorien absteigend nach Häufigkeit genannt, denen die Aspekte zugeordnet werden können, die die Eltern (bewusst) anders praktizieren: (1) Regeln und Rituale, (2) Lebensmittelwahl, (3) Fokus auf Kindern, (4) Anzahl der Mahlzeiten, (5) Restaurantbesuche.

Lernbereitschaft, Rücksichtnahme, Selbstverwirklichung, Sympathie, Unabhängigkeit, Vertrauen. Hierbei kann von einem doppelten Boden gesprochen werden,
da es zum einen um die (Ernährungs-)Sozialisation der Kinder der in dieser Arbeit
untersuchten Familien geht, zum anderen um die (Ernährungs-)Sozialisation der
Eltern der in dieser Arbeit untersuchten Familien, die sie in ihrer eigenen Kindheit erfahren haben. Zudem stehen beide (Ernährungs-)Sozialisationsprozesse,
also die der Kinder und die der Eltern, in einer Beziehung zueinander, da die
(Ernährungs-)Sozialisation der Eltern die (Ernährungs-)Sozialisation der eigenen
Kinder beeinflusst.

Abbildung 6.3
Wertewolke – (Ernährungs-)
Sozialisation. (Quelle:
Eigene Darstellung)

Die (Ernährungs-)Sozialisation der Eltern lässt sich als konflikterklärender
Themenstrang identifizieren. Dies betrifft die aufgezeigten Unterthemen (1)
Strenge im Umgang mit Regeln, (2) Einbezug der Kinder und (3) Unterschiede
in der Lebensmittelwahl (siehe Abschnitt 5.6.2.1) gleichermaßen. Wenn sich der
kindliche Erfahrungsraum der Eltern (stark) unterscheidet, ist das Verhalten zur
alltäglichen Mahlzeitengestaltung auf Grund von Uneinigkeit eher konfliktanfällig. Weisen beide Eltern einen ähnlichen Erfahrungsraum auf, herrscht eher
Einigkeit und eine geringere Konfliktanfälligkeit.

In Bezug auf das Thema der (Ernährungs-)Sozialisation sind zudem unterschiedliche Sozialisationsprozesse des Ernährungsverhaltens von Jungen und
Mädchen bedeutsam. Zwar gehen aus der vorliegenden Arbeit keine Ergebnisse dazu hervor, inwiefern die Jungen und Mädchen der untersuchten Familien
im Haushalt unterschiedliche Tätigkeiten übernehmen, jedoch werden in einem

Großteil der untersuchten Familien klassische Rollenbilder bezüglich der Arbeitsteilung im Haushalt durch die Eltern vorgelebt.[36]

Relevanz von Essen und Ernährung

Anhand der Analyse des Datenmaterials, insbesondere anhand der ausgearbeiteten Typologie, können Differenzen zwischen den Familien in Bezug auf den Stellenwert der gemeinsamen Familienmahlzeiten festgestellt werden. Während der Realisierung der gemeinsamen Mahlzeiten in einem Teil der Familien ein hoher Stellenwert zugeschrieben wird und diese im Mittelpunkt des Familienalltags stehen (insbesondere Typ 1, 3, 5), bilden die Themen Essen und Ernährung in dem anderen Teil eher einen Nebenschauplatz im täglichen Familienleben (insbesondere Typ 2, 6).

Die Relevanz von Essen und Ernährung bzw. die Bedeutung der Ernährungsthematik nimmt zudem Einfluss auf die Aufgabenteilung sowie die zeitliche Ausgestaltung der Mahlzeiten. Die Ergebnisse zeigen, dass eher eine ausgewogene Aufgabenteilung vorherrscht, wenn die Ernährungsthematik für beide Eltern gleichermaßen von Bedeutung ist (s. Abschnitt 5.5.9.2). Besteht eine große Leidenschaft für die Themen Kochen bzw. die alltägliche Mahlzeitengestaltung der Familie im Allgemeinen, sind die Zubereitungszeiten i. d. R. zeitlich ausgedehnt (besonders anhand von Typ 4 ersichtlich). Insgesamt lassen sich deutliche Unterschiede in der Hingabe bei der alltäglichen Mahlzeitengestaltung der Familie erkennen. Für die einen eine große Leidenschaft, stellt die Ernährungsthematik für die anderen eine eindeutige Anstrengung dar und insbesondere das Kochen wird als Last empfunden.

In einer weiteren Wertewolke (Abbildung 6.4) werden kulturelle Werte in Bezug auf die Ernährung dargestellt, die in Zusammenhang mit dem Themenkomplex Relevanz von Essen und Ernährung stehen. Diese kulturellen Werte sind: Aufgeschlossenheit, Flexibilität, Freiheit, Fürsorglichkeit, Hingabe, Kommunikation, Nähe, Pünktlichkeit, Respekt, Selbstbestimmung, Sicherheit, Solidarität, Ungebundenheit, Verbundenheit, Verlässlichkeit, Zugehörigkeit, Zuneigung und Zuverlässigkeit.

---

[36] Die (Ernährungs-)Sozialisation wurde ausführlich in Abschnitt 6.5.3 diskutiert.

Abbildung 6.4
Wertewolke – Relevanz von
Essen und Ernährung.
(Quelle: Eigene
Darstellung)

Zuverlässigkeit
Sicherheit Pünktlichkeit
Solidarität Selbstbestimmung
Hingabe
Zuneigung
Kommunikation
Ungebundenheit Nähe
Fürsorglichkeit
Verbundenheit
Zugehörigkeit
Verlässlichkeit
Respekt Flexibilität
Aufgeschlossenheit
Freiheit

Der Themenkomplex Relevanz von Essen und Ernährung ist eng mit der Bedeutung verbunden, die das Stattfindens gemeinsamer Familienmahlzeiten hat, denn bei gemeinsamen Familienmahlzeiten geht es auch um die Vermittlung von Werten, wie zum Beispiel Pünktlichkeit, Zuverlässigkeit oder Respekt. Gleichzeitig beeinflussen die kulturellen Werte, wie zum Beispiel Fürsorglichkeit oder Zuneigung, die Relevanz, die den Themen Essen und Ernährung sowie dem Stattfinden gemeinsamer Familienmahlzeiten zugeschrieben wird.

Die Relevanz von Essen und Ernährung unterscheidet sich nicht nur zwischen den Familien, sondern teilweise auch innerhalb der Paarbeziehung. Misst ein Elternteil der Ernährungsthematik einen größeren Stellenwert bei als der andere, ist die Folge zumeist eine Ungleichverteilung der anfallenden Aufgaben. Derjenige Elternteil, der der alltäglichen Mahlzeitengestaltung der Familie einen größeren Wert beimisst, übernimmt i. d. R. den größeren Anteil. Legt beispielsweise die Mutter Wert auf den Einkauf von Bio-Lebensmitteln, nicht aber der Vater, erledigt sie die Einkäufe vornehmlich eigenständig, um sicherzustellen, dass ihre Ansprüche an den Lebensmitteleinkauf erfüllt werden. Meinungsverschiedenheiten der Eltern zeigen sich zudem in Bezug auf die Beteiligung der Kinder an der alltäglichen Mahlzeitengestaltung und in Bezug auf die Handhabung von (Tisch-)Regeln. Insbesondere im ersten Typus, bei den hingebungsvollen Kümmerinnen, legen die Mütter Wert auf die Ernährungsbildung der Kinder und die Einbindung in die Zubereitung der Mahlzeiten, während die Väter diesem Aspekt keine übergeordnete Bedeutung zuschreiben.

Umgang mit Regeln

Zwar weisen die Familien deutliche Gemeinsamkeiten in Bezug auf die geltenden (Tisch-)Regeln auf (s. Abschnitt 5.1.1), sie unterscheiden sich jedoch in Bezug auf die Vielzahl der geltenden Regeln, den Umgang mit diesen und deren Durchsetzung. Der Einhaltung wird eine unterschiedlich große Bedeutung beigemessen, so dass sich die Familien in Bezug auf den Umgang mit Regeln in drei verschiedene Kategorien einordnen lassen: (1) Laissez-faire, (2) Leger und (3) Streng (s. Abschnitt 5.1.2; Tabelle 5.20).

Abbildung 6.5 stellt kulturelle Werte in Bezug auf die Ernährung dar, die mit dem Umgang mit Regeln der untersuchten Familien bzw. der Eltern in Zusammenhang stehen. Diese kulturellen Werte sind: Anstand, Disziplin, Ehrlichkeit, Eigenständigkeit, Geduld, Gehorsam, Gelassenheit, Regeltreue, Selbstbestimmung und Zielstrebigkeit.

Abbildung 6.5
Wertewolke – Umgang mit
Regeln. (Quelle: Eigene
Darstellung)

Während Werte wie Regeltreue, Disziplin und Gehorsamkeit eher dazu führen, dass eine strenge Einhaltung der (Tisch-)Regeln angestrebt wird, bedingen Werte wie Selbstbestimmung, Gelassenheit und Geduld eher einen legeren oder gewähren lassenden Umgang der Eltern mit der Einhaltung der (Tisch-)Regeln.

Gleichermaßen wird in den Ergebnissen der empirischen Untersuchung deutlich, dass sich der Umgang mit Regeln nicht nur zwischen den Familien unterscheidet, sondern auch innerhalb der Paarbeziehungen unterschiedliche Vorstellungen über die Handhabung von Regeln und den Grad der Strenge vorherrschen können. Gehen die Vorstellungen der Eltern deutlich auseinander, verfolgt beispielsweise ein Elternteil deutlich strengere Regeln als der jeweils andere, treten vermehrt Konflikte auf. Gleiche Werte beider Elternteile in Bezug auf den Umgang mit Regeln, aber auch gegenüber der Umwelt und zum Verzehr tierischer Produkte zeigen sich als weniger konfliktanfällig.[37] Die Missachtung von Regeln beinhaltet insgesamt Konfliktpotenzial, da es sich um einen Verstoß, zumeist der Kinder, gegen bestimmte Vorstellungen und Werte der Eltern handelt.

Religion
Am Beispiel zweier Familien des Samples, 6-DD (Fahrenhorst) und 11-D# (Kaufmann), beide Typ 5, wird deutlich, dass die Religiosität Einfluss auf den Ablauf der gemeinsamen Familienmahlzeiten nimmt. Dies geschieht hier in Form von gemeinsamen Tischgebeten und Tischliedern, die der Eröffnung der gemeinsamen Mahlzeiten dienen. Dahinter stehen verschiedene Werte und deren Vermittlung, die in einer weiteren Wertewolke (Abbildung 6.6) dargestellt werden. Diese kulturellen Werte sind: Anerkennung, Bescheidenheit, Dankbarkeit, Demut, Glaube, Nächstenliebe und Wertschätzung.

Abbildung 6.6
Wertewolke – Religion.
(Quelle: Eigene
Darstellung)

Eine Konflikthaftigkeit im Verhalten von Familien zur alltäglichen Mahlzeitengestaltung, die in Zusammenhang mit der Religion oder dem Grad der Religiosität steht, geht aus den Ergebnissen der vorliegenden Arbeit nicht hervor.

---

[37] Die Meinungsverschiedenheiten der Eltern werden ausführlich in Abschnitt 5.6.2.1 dargestellt.

Zusammenführung der Themenkomplexe

Die vorangehenden Ausführungen zeigen, dass kulturelle Werte in Bezug auf die Ernährung zum einen für die Erklärung von Differenzen zwischen Familien in ihrem Verhalten zur alltäglichen Mahlzeitengestaltung (Annahme 1), zum anderen für die Erklärung von Konflikthaftigkeit im Verhalten von Familien zur alltäglichen Mahlzeitengestaltung (Annahme 2) eine zentrale Rolle spielen. Unter den einzelnen Themenkomplexen (1) Ernährungsentscheidungen, (2) (Ernährungs-)Sozialisation, (3) Relevanz von Essen und Ernährung, (4) Umgang mit Regeln sowie (5) Religion wurden jeweils Wertewolken dargestellt, die bestimmte kulturelle Werte beinhalten. In der Abbildung 6.7 werden die genannten Themenkomplexe unter dem übergreifenden Dach kultureller Werte in Bezug auf die Ernährung zusammengeführt.

Die Darstellung der einzelnen Wertewolken verdeutlicht, dass es sich bereits bei den einzelnen Themenbereichen allein um komplexe Gebilde handelt. Dies liegt darin begründet, dass die kulturellen Werte einer Person oder einer Gruppe in der Praxis nicht zwangsläufig umgesetzt werden (können), dass die Werte der einzelnen Familienmitglieder häufig nicht übereinstimmen und die kulturellen Werte einer Person nicht direkt sichtbar sind, da es sich häufig um unbewusste Vorstellungen handelt, die Handlungen beeinflussen.

In Bezug auf die allumfassende Wertewolke (Abbildung 6.7) ist von Bedeutung, dass sich die einzelnen Wertewolken, und somit die kulturellen Werte in Bezug auf die Ernährung, überschneiden können. Ein bestimmter kultureller Wert kann somit mit mehreren der Themenkomplexe in Zusammenhang stehen. Beispielhaft gilt dies für den kulturellen Wert der Eigenständigkeit, hier abgebildet in der Wertewolke Umgang mit Regeln, der jedoch auch mit den anderen Wertewolken in Zusammenhang stehen kann, wie etwa den Ernährungsentscheidungen oder der (Ernährungs-)Sozialisation.

6.6.1.2 Bedeutung kultureller Leitbilder zum Verhältnis von Familie und Erwerbstätigkeit

Als zweites zentrales Element kultureller Ideen werden neben kulturellen Werten (in Bezug auf die Ernährung) kulturelle Leitbilder (zum Verhältnis von Familie und Erwerbstätigkeit) verstanden. Die Ergebnisse der empirischen Untersuchung zeigen, dass kulturelle Leitbilder zum Verhältnis von Familie und Erwerbstätigkeit sowohl eine zentrale Rolle für die Erklärung von Differenzen zwischen Familien in ihrem Verhalten zur alltäglichen Mahlzeitengestaltung als auch für die Erklärung von Konflikthaftigkeit im Verhalten von Familien zur alltäglichen Mahlzeitengestaltung spielen. Dies wird u. a. anhand des Vergleichs der verschiedenen praktizierten Familienarrangements deutlich. Der Vergleich des

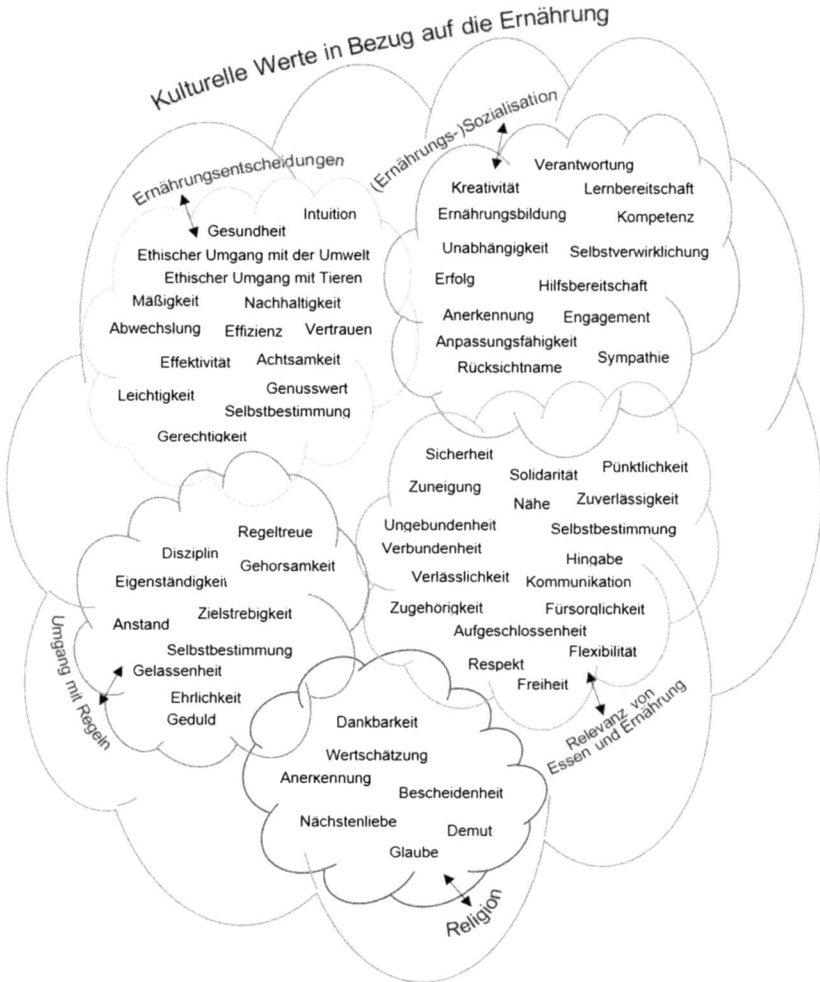

Abbildung 6.7 Wertewolke – Kulturelle Werte in Bezug auf die Ernährung. (Quelle: Eigene Darstellung)

Arrangements der Vereinbarkeitsfamilie mit männlichem Hauptversorger und des Arrangements der Doppelversorgerfamilie mit außerhäuslicher Kinderbetreuung zeigt, dass insbesondere Differenzen in der Dimension der Zuständigkeit bzw. der Typisierungsdimension der Aufgabenteilung alltäglicher Mahlzeitengestaltung bestehen (s. Abschnitt 5.5.9.2). Diese Differenzen sind besonders vor dem Hintergrund interessant, dass auch heute in Westdeutschland häufiger das Arrangement der Vereinbarkeitsfamilie mit männlichem Hauptversorger praktiziert wird, während in Ostdeutschland noch immer das Arrangement der Doppelversorgerfamilie mit außerhäuslicher Kinderbetreuung dominiert.[38] In Bezug auf das Geschlechterverhältnis zeigt die Analyse der Differenzen zwischen den Hamburger und Dresdener Familien in ihrem Verhalten zur alltäglichen Mahlzeitengestaltung, dass die Dresdener Väter regelmäßiger in die Erledigung der anfallenden Aufgaben einbezogen sind.[39] Der Ost-West-Vergleich der vorliegenden Arbeit zeigt darüber hinaus Unterschiede in der Inanspruchnahme der Außer-Haus-Verpflegung der Kinder, die von den Dresdener Familien ausnahmslos in Anspruch genommen wird, während in einem Teil der Hamburger Familien, sowohl im Arrangement der Vereinbarkeitsfamilie mit männlichem Hauptversorger als auch im Arrangement der Doppelversorgerfamilie mit außerhäuslicher Kinderbetreuung, auch unter der Woche regelmäßig inhäusige Mittagsmahlzeiten stattfinden.[40] Dieses Ergebnis ist vor dem Hintergrund interessant, dass die Außer-Haus-Verpflegung in Ostdeutschland eine lange Tradition hat, während es sich in Westdeutschland um eine relativ neue Entwicklung handelt.

Die Analyse von Konflikthaftigkeit im Verhalten von Familien zur alltäglichen Mahlzeitengestaltung zeigt darüber hinaus, dass der Entscheidungsprozess, der dem praktizierten Familienarrangement vorausgeht, für die Erklärung von Konflikthaftigkeit relevant ist. Hierbei wird deutlich, dass nicht zwangsläufig eines der praktizierten Familienarrangements konflikthafter ist als das andere (s. Abschnitt 5.6.3.2).

Der Einfluss kultureller Leitbilder auf das Verhalten von Familien zur alltäglichen Mahlzeitengestaltung wird zudem anhand der dargelegten Re-Traditionalisierung der Geschlechterrollen deutlich, die mit der Geburt des ersten

---

[38] Die Dominanz der unterschiedlichen Familienarrangements in beiden Teilen Deutschlands wurde ausführlich in Abschnitt 4.2.1 diskutiert.

[39] Dieses Ergebnis bezieht sich vor allem auf den Vergleich der Familien des Arrangements der Vereinbarkeitsfamilie mit männlichem Hauptversorger zwischen Hamburg und Dresden.

[40] Die Differenzen zwischen den Hamburger und den Dresdener Familien im Verhalten zur alltäglichen Mahlzeitengestaltung werden ausführlich in Abschnitt 5.4 dargestellt.

Kindes einsetzt. In der Zeit vor dem ersten Kind sei die Aufgabenteilung der alltäglichen Mahlzeitengestaltung egalitär gewesen.[41]

6.6.2   Erwerbsarbeits- und Betreuungsarrangements als Erklärungsfaktor

Aus der Datenanalyse geht hervor, dass die konkreten Erwerbsarbeits- und Betreuungsarrangements der Eltern sowohl für die Erklärung von Differenzen zwischen Familien in ihrem Verhalten zur alltäglichen Mahlzeitengestaltung (Annahme 3) als auch für die Erklärung von Konflikthaftigkeit im Verhalten von Familien zur alltäglichen Mahlzeitengestaltung (Annahme 4) eine zentrale Rolle spielen. Das Strukturelement der konkreten Erwerbsarbeits- und Betreuungsarrangements umfasst dabei sowohl die Erwerbssituation der Eltern als auch die Betreuungssituation der Kinder.

6.6.2.1   Bedeutung der Erwerbssituation der Eltern
Die Erwerbssituation der Eltern umfasst konkrete Arbeitszeitformen. Nachfolgend wird auf die Bedeutung von Dauer, Lage, Grad und Art der Flexibilität sowie den Ort des Arbeitsplatzes für die Erklärung von Differenzen im Verhalten von Familien zur alltäglichen Mahlzeitengestaltung eingegangen.

Dauer der Erwerbsarbeit
Die Ergebnisse der empirischen Untersuchung zeigen, dass die Dauer der Erwerbsarbeit Einfluss auf das Verhalten der Familien zur alltäglichen Mahlzeitengestaltung der Familie nimmt. Dies wird beispielhaft daran deutlich, dass sich die Aufgabenteilung der Eltern in Bezug auf die alltägliche Mahlzeitengestaltung je nach praktiziertem Familienarrangement unterscheidet. Hierbei ist von Bedeutung, ob beide Eltern Vollzeit(-nah) erwerbstätig sind, also mindestens 30 Stunden pro Woche arbeiten, oder ob der Vater in Vollzeit erwerbstätig ist und die Mutter in Teilzeit, also weniger als 30 Stunden pro Woche.[42] Darüber hinaus zeigen die Ergebnisse, dass diejenigen Väter stärker in die alltägliche Mahlzeitengestaltung einbezogen sind, die im gleichen Stundenumfang erwerbstätig sind wie ihre Partnerinnen oder in einem geringeren Stundenumfang.

---

[41] Das Thema der Re-Traditionalisierung der Geschlechterrollen wird in Abschnitt 6.3.3 diskutiert.

[42] Die Zuordnung der Familien zu den verschiedenen Familienarrangements anhand des Erwerbsumfangs wird in Tabelle 4.4 dargestellt.

Lage der Erwerbsarbeit

Dass die Lage der Erwerbsarbeit das Verhalten der Familien zur alltäglichen Mahlzeitengestaltung beeinflusst, wird anhand von Schichtarbeit mindestens eines Elternteils deutlich, die insbesondere Einfluss auf den Grad der Geregeltheit nimmt. Wenn sich die Schichtarbeit mit den familiären Essenszeiten überschneidet, treten einerseits zeitliche Konflikte auf, die dazu führen, dass der im Schichtdienst erwerbstätige Elternteil, im Sample ausschließlich der Vater, nicht an den gemeinsamen Mahlzeiten teilnehmen kann:

> *Ja, die Woche*[43] *war ganz schrecklich! [...]. Wir haben durch den Schichtbetrieb von meinem Mann natürlich oftmals, dass er keine Mahlzeiten mit uns einnehmen kann. Also, das hört sich auch an! Aber wir sind halt beide voll berufstätig und er im Schichtdienst. Deswegen haben wir da-, ist es nicht so wie bei anderen Familien. (Familie 2-HH (Bodenstein) Itv., Pos. 9-11)*

Durch die Schichtarbeit wird der Einbezug in die Organisation der alltäglichen Mahlzeitengestaltung erschwert und kommt es zu Abwesenheiten während der Mahlzeiten. Andererseits kann die Erwerbsarbeit in Schichten zur Partizipation der Väter an der alltäglichen Mahlzeitengestaltung führen, wenn diese z. B. tagsüber zuhause sind und in dieser Zeit im Haushalt anfallende Aufgaben übernehmen.[44] Im Unterschied zu Schichtdiensten geht eine geregelte Erwerbsarbeitssituation in Form täglich identischer Arbeitszeiten in der Regel mit einer strukturierten alltäglichen Mahlzeitengestaltung einher.

Darüber hinaus spielt auch die tägliche Anfangszeit der Erwerbsarbeit eine bedeutende Rolle. Insbesondere das Frühstück findet unter der Woche in einem Großteil der Familien unter Zeitdruck statt, wobei der stressige Verlauf teilweise einer bewussten Entscheidung unterliegt, was das nachfolgende Beispiel verdeutlicht:

> *Wir nehmen das stressige Frühstück bewusst in Kauf, damit v. a. wir Eltern mehr Schlaf bekommen. (Familie 15-H# (Otto) Tgb., Pos. 6)*

Das Frühstück unter Zeitdruck ist nicht nur durch die Erwerbszeiten der Eltern bedingt, sondern auch durch den Beginn von Schule und Kita. Insgesamt wird Zeitmangel von den Teilnehmenden häufig als Begründung für einen stressigen Verlauf der Mahlzeiten angeführt, während *viel Zeit* einen entspannten Ablauf bedingt.

---

[43] Frau Bodenstein bezieht sich an dieser Stelle auf die Woche des Tagebuchausfüllens.

[44] Das Thema der Schichtdienste wird ausführlich in Abschnitt 6.3.4.1 diskutiert.

Betreffend die Lage der Erwerbsarbeit ist darüber hinaus bedeutsam, dass die Mütter des Samples, die in Teilzeit erwerbstätig sind, häufig an einem Tag der Woche keiner Erwerbsarbeit nachgehen. Diesen erwerbsfreien Tag nutzen sie z. B. für den Lebensmitteleinkauf. Zudem findet an diesen Tagen, zumindest in den Hamburger Familien, häufig ein inhäusiges Mittagessen mit den Kindern statt.

Grad und Art der Flexibilität
Aus der Analyse geht hervor, dass Selbstständigkeiten und flexible Arbeitszeiten der Eltern den Grad der Geregeltheit der alltäglichen Mahlzeitengestaltung der Familie beeinflussen. Diese geben nicht zwangsläufig eine feste Alltagsstruktur vor, so dass der Grad der Geregeltheit häufig niedriger ist als in den Familien, in denen die Erwerbszeiten der Eltern täglich identisch sind. In diesem Zusammenhang ist auch bedeutsam, dass diejenigen Väter stärker in die alltägliche Mahlzeitengestaltung der Familie einbezogen sind, die zum Beispiel durch freie Einteilung der Arbeitszeiten in ihrem beruflichen Kontext eine große Flexibilität aufweisen.

Ort des Arbeitsplatzes
Insbesondere die Unterscheidung zwischen Homeoffice-Tätigkeiten und aushäusiger Erwerbsarbeit zeigt, dass sich der Ort des Arbeitsplatzes auf das Verhalten der Familien zur alltäglichen Mahlzeitengestaltung auswirkt. Dies wird z. B. daran deutlich, dass in denjenigen Familien, in denen die Mutter teilweise im Homeoffice erwerbstätig ist, in der Regel auch unter der Woche inhäusige Mittagsmahlzeiten stattfinden. Im Sample sind Homeoffice-Tätigkeiten ausschließlich in den Hamburger Familien vertreten und dominieren im Arrangement der Vereinbarkeitsfamilie mit männlichem Hauptversorger. Hierbei lassen sich deutliche geschlechtsspezifische Unterschiede feststellen. Zum einen sind es hauptsächlich die Mütter, die ihrer Erwerbsarbeit von zuhause aus nachgehen, zum anderen führt eine Homeoffice-Tätigkeit der Väter nicht zwangsläufig zu einer Einbindung in die alltägliche Mahlzeitengestaltung der Familien.[45]

6.6.2.2 Bedeutung der Betreuungssituation der Kinder
Die Betreuungssituation der Kinder umfasst die häuslichen An- und Abwesenheiten sowie die Zeitdauer und -lage der häuslichen Abwesenheiten der Kinder. Nachfolgend wird auf die Bedeutung der Betreuungssituation der Kinder für die

---

[45] Eine ausführliche Diskussion der Homeoffice-Tätigkeiten zur Vereinbarkeit von Familie und Erwerbsarbeit findet sich in Abschnitt 6.3.2 der vorliegenden Arbeit.

Erklärung sowohl von Differenzen zwischen Familien in ihrem Verhalten zur alltäglichen Mahlzeitengestaltung als auch zur Erklärung von Konflikthaftigkeit im
Verhalten von Familien zur alltäglichen Mahlzeitengestaltung eingegangen. Darüber hinaus zeigen die Ergebnisse der empirischen Untersuchung, dass das Alter
der Kinder einen bedeutenden Stellenwert einnimmt.

Häusliche An- und Abwesenheiten der Kinder
Bezüglich der häuslichen An- und Abwesenheiten der Kinder ist zunächst festzuhalten, dass die Kinder der Familien des Arrangements der Vereinbarkeitsfamilie
mit männlichem Hauptversorger nach der Schule und dem Kindergarten früher häuslich anwesend sind als die Kinder der Familien des Arrangements
der Doppelversorgerfamilie mit außerhäuslicher Kinderbetreuung. Betreffend das
Verhalten zur alltäglichen Mahlzeitengestaltung gehen daraus insbesondere Unterschiede beim Stattfinden eines inhäusigen Mittagessens, ausschließlich in den
Hamburger Familien, sowie einer inhäusigen Zwischenmahlzeit hervor. Beide
Mahlzeiten finden in den Familien des Arrangements der Doppelversorgerfamilie
mit außerhäuslicher Kinderbetreuung in der Regel in den Betreuungseinrichtungen der Kinder statt.

Zeitdauer und -lage der häuslichen Abwesenheiten der Kinder
Die Zeitdauer und -lage der häuslichen Abwesenheiten der Kinder beeinflussen
insbesondere die Dimensionen *Anwesende* sowie *zeitlicher Umfang* der alltäglichen Mahlzeitengestaltung der Familie (s. Abschnitt 3.1.2 und 3.1.3). Dies ist
vor allem dann der Fall, wenn sich die Nachmittagsgestaltung bzw. die Freizeitaktivitäten, aber auch außeralltägliche Termine und Veranstaltungen mit den
eigentlichen Essenszeiten überschneiden. Hierbei spielt auch das Alter der Kinder eine Rolle bzw. ob sich die Kinder eigenständig oder in Begleitung eines
Elternteils zu der jeweiligen Aktivität bewegen. Besonders das Abendessen unter
der Woche findet auf Grund häuslicher Abwesenheiten der Kinder unter Zeitdruck
statt, verschiebt sich nach hinten oder wird in unterschiedlichen personellen Konstellationen unabhängig voneinander eingenommen. Das bedeutet, dass z. B. der
Vater gemeinsam mit einem Kind zu Abend isst und die Mutter später mit dem
anderen Kind.

Alter der Kinder
Die Datenanalyse verdeutlicht, dass das Alter der Kinder, das mit der jeweiligen Betreuungsform zusammenhängt, Einfluss auf das Verhalten zur alltäglichen
Mahlzeitengestaltung der Familien, insbesondere den Grad der Geregeltheit,
nimmt. Diejenigen Familien, in denen zwei Kinder unter sechs Jahren leben,

d. h., in denen beide Kinder in den Kindergarten gehen, weisen ein hohes Maß an Struktur und ritualisierten Abläufen auf. Die Familien, in denen mindestens ein Kind zehn Jahre oder älter ist und ggf. bereits die weiterführende Schule besucht, haben hingegen (größtenteils) ein niedriges Maß an Struktur und ritualisierten Abläufen. Besuchen beide Kinder unterschiedliche Schulen, muss die alltägliche Mahlzeitengestaltung der Familien an verschiedenen Zeitrhythmen ausgerichtet werden. Hinzu kommt eine größere Selbstständigkeit der Kinder, z. B. in der Freizeitgestaltung. Dass das Alter der Kinder in der alltäglichen Mahlzeitengestaltung der Familien insgesamt eine große Bedeutung hat, zeigt sich anhand von Streitigkeiten der Kinder, Unterbrechungen der Mahlzeiten, Häufigkeiten und Regelmäßigkeiten sowie der Partizipation, jeweils in Abhängigkeit zum Alter.[46]

---

[46] Eine ausführliche Diskussion der Bedeutung des Alters findet sich in Abschnitt 6.5.4.

Zusammenfassung der Ergebnisse 7

In den nachfolgenden Abschnitten werden die Ergebnisse der empirischen Untersuchung noch einmal zusammengefasst. Dabei werden die folgenden zentralen Forschungsfragen nacheinander beantwortet:

1a. Inwiefern unterscheiden sich Familien in ihrem Verhalten zur alltäglichen Mahlzeitengestaltung?
1b. Welchen Beitrag leisten kulturelle Ideen zur Erklärung von Differenzen im Verhalten von Familien zur alltäglichen Mahlzeitengestaltung?
1c. Welchen Beitrag leisten konkrete Erwerbsarbeits- und Betreuungsarrangements der Eltern zur Erklärung von Differenzen im Verhalten von Familien zur alltäglichen Mahlzeitengestaltung?
2a. Inwiefern besteht bezüglich des Verhaltens zur alltäglichen Mahlzeitengestaltung Konflikthaftigkeit innerhalb der Familie?
2b. Welchen Beitrag leisten kulturelle Ideen zur Erklärung von Konflikthaftigkeit im Verhalten von Familien zur alltäglichen Mahlzeitengestaltung?
2c. Welchen Beitrag leisten konkrete Erwerbsarbeits- und Betreuungsarrangements der Eltern zur Erklärung von Konflikthaftigkeit im Verhalten von Familien zur alltäglichen Mahlzeitengestaltung?

7.1   Fragestellung 1a: Differenzen im Verhalten zur alltäglichen Mahlzeitengestaltung

Die Ergebnisse der empirischen Untersuchung zeigen sowohl Differenzen im Verhalten der Familien zur alltäglichen Mahlzeitengestaltung als auch Gemeinsamkeiten. Nachfolgend werden diese Gemeinsamkeiten und Differenzen entlang des Städtevergleichs sowie der Typologisierung zusammengefasst.

7.1.1   Gemeinsamkeiten im Verhalten zur alltäglichen Mahlzeitengestaltung

Die Gemeinsamkeiten zwischen den Familien in ihrem Verhalten zur alltäglichen Mahlzeitengestaltung beziehen sich auf die Themenbereiche Regeln und deren Handhabung, Routinen und Rituale, den Einbezug der Kinder in die Aufgaben alltäglicher Mahlzeitengestaltung sowie die Kommunikationsthemen am Esstisch (s. Abschnitt 5.1).

In Bezug auf die Tischregeln, die die Teilnehmenden in den Interviews schildern, lassen sich deutliche Gemeinsamkeiten zwischen den Familien des Samples feststellen. Bei diesen Regeln handelt es sich um (1) Sitzen bleiben, (2) Etikette und Manieren, (3) Gemeinsam beginnen, (4) Probieren, (5) Lebensmittelregeln, (6) Auffüllen, (7) Essen am Tisch, (8) Kommunikationsregeln, (9) Nicht spielen, (10) Keine elektronischen Medien. Die Ergebnisdiskussion in Abschnitt 6.1.2 zeigt auf, dass es sich bei diesen Regeln größtenteils um Tischsitten handelt, die in Deutschland bzw. Westeuropa verbreitet sind.

Gemeinsamkeiten zwischen den Familien in ihrem Verhalten zur alltäglichen Mahlzeitengestaltung können zudem anhand von Routinen und Ritualen festgestellt werden (s. Abschnitt 5.1.3). In allen Familien besteht während der gemeinsamen Mahlzeiten eine feste Sitzordnung. Zudem sind die Essenszeiten in der Regel ritualisiert, so dass die häuslichen Mahlzeiten unter der Woche stets zur gleichen Uhrzeit stattfinden. Sprachliche Rituale werden in den Familien des Samples vergleichsweise selten praktiziert. Dazu zählen etwa solche Praktiken wie die, dass sich die Familienmitglieder einen „guten Appetit" wünschen, dass ein Tischspruch gesagt wird oder dass ein Tischgebet gesprochen wird.

Gemeinsamkeiten werden jedoch anhand der Kommunikationsthemen bei Tisch deutlich (s. Abschnitt 5.1.5). Die Familien unterhalten sich während des Essens über tagesaktuelle Erlebnisse und Vorkommnisse, wobei die Angelegenheiten der Kinder im Zentrum der Kommunikation stehen. Kinderorientiert sind auch die Tischgespräche über Organisatorisches und die Essensplanung, in denen die Abläufe der nächsten Tage und Essenswünsche besprochen werden. Ein eher geringer Teil der Familien berichtet, während der Mahlzeiten über Politik und Gesellschaft zu sprechen. Hier findet ein Austausch über aktuelle Nachrichten und über Umweltthemen, wie Nachhaltigkeit, Klimawandel und Fleischkonsum, statt. Häufig handelt es sich um Themen, die in direktem Zusammenhang mit dem Thema Ernährung stehen.

Insgesamt deutet die Ergebnisdiskussion in Abschnitt 6.1 darauf hin, dass es möglicherweise eine gemeinsame deutsche Esskultur gibt, zu der auch die Untergliederung des Essalltags in die Mahlzeiten Frühstück, Mittag- und Abendessen gezählt werden kann sowie die Auswahl bestimmter Lebensmittel zu bestimmten Mahlzeiten. Gleichermaßen verweist die Ergebnisdiskussion in Abschnitt 6.2 auf eine (Ess-)Kulturpraxis von Mittelschicht-Familien im suburbanen Raum. Auf diese Kulturpraxis deuten die Themenbereiche Tischgespräche, Bildungsorientierung, Risikobewusstsein, Optimierungsdruck, Abgrenzungsmechanismen, Selbstentfaltung und Nachhaltigkeitsorientierung.

7.1.2 Ost-West-Differenzen: Hamburg und Dresden im direkten Vergleich

Der Städtevergleich, der in der vorliegenden Arbeit durchgeführt wurde (s. Abschnitt 5.4), zeigt deutliche Differenzen im Verhalten zur alltäglichen Mahlzeitengestaltung zwischen den Hamburger und den Dresdener Familien. Diese Differenzen werden insbesondere anhand des Stattfindens inhäusiger Mahlzeiten gegenüber der Inanspruchnahme der Außer-Haus-Verpflegung, an der Regelmäßigkeit im Verhalten zur alltäglichen Mahlzeitengestaltung, anhand der Zuständigkeiten sowie anhand der zeitlichen Ausgestaltung der familiären Hauptmahlzeit deutlich. Tabelle 7.1 gibt eine Übersicht über die Differenzen, die nachfolgend noch einmal zusammengefasst werden.

Tabelle 7.1 Städtevergleich – Gegenüberstellung Hamburg und Dresden

Städtevergleich

Hamburg	Dresden
Stattfinden inhäusiger Mittagsmahlzeiten unter der Woche	Keine inhäusigen Mittagsmahlzeiten unter der Woche, ausnahmslos Inanspruchnahme der Außer-Haus-Verpflegung
Unzufriedenheit mit der Außer-Haus-Verpflegung der Kinder	Zufriedenheit mit der Außer-Haus-Verpflegung der Kinder
Stattfinden gemeinsamer Zwischenmahlzeiten zuhause unter der Woche	Keine gemeinsamen Zwischenmahlzeiten zuhause unter der Woche, da außer Haus oder individualisiert
Variabilität im Mahlzeitenschema (Schema 2)	Regelmäßigkeit im Mahlzeitenschema (Schema 3, 4)
Alleinige Verantwortung der Mutter für die alltägliche Mahlzeitengestaltung im Arrangement der Vereinbarkeitsfamilie mit männlichem Hauptversorger	Einbezug des Vaters in die alltägliche Mahlzeitengestaltung im Arrangement der Vereinbarkeitsfamilie mit männlichem Hauptversorger
Zeitlicher Umfang der familiären Hauptmahlzeit teilweise komprimiert	Zeitlicher Umfang der familiären Hauptmahlzeit eher ausgedehnt

Quelle: Eigene Datenerhebung

In einem Großteil der Hamburger Familien des Samples finden auch unter der Woche inhäusiger Mittagsmahlzeiten mit den Kindern statt (Mahlzeitenschema 1, 2), während die Dresdener Familien ausnahmslos die Ganztagsverpflegung der Schule und/oder des Kindergartens in Anspruch nehmen (Mahlzeitenschema 3, 4). Zugleich bringen ausschließlich Hamburger Familien ihre Unzufriedenheit über die Außer-Haus-Verpflegung der Kinder zum Ausdruck, nicht aber die Dresdener. Unterschiede lassen sich auch in Bezug auf die Zwischenmahlzeiten am Nachmittag feststellen, die in einem Teil der Hamburger Familien als gemeinsame Mahlzeit von Mutter und Kindern inhäusig stattfinden. Im Gegensatz dazu findet die Zwischenmahlzeit am Nachmittag in den Dresdener Familien außer Haus, also in der jeweiligen Betreuungseinrichtung, oder aber individualisiert zuhause statt. Die Ergebnisse der empirischen Untersuchung zeigen zudem, dass das Verhalten zur alltäglichen Mahlzeitengestaltung der Dresdener Familien insgesamt einer stärkeren Regelmäßigkeit unterliegt (Mahlzeitenschema 3 und 4). Die Ergebnisdiskussion in Abschnitt 6.4 deutet darauf hin, dass hierbei die starke historische Verinnerlichung der Außer-Haus-Verpflegung in Ostdeutschland eine bedeutende Rolle spielt.

Auch in Bezug auf die Zuständigkeiten können Differenzen zwischen den Hamburger und den Dresdener Familien festgestellt werden. Die Hamburger Mütter des Samples, insbesondere im Arrangement der Vereinbarkeitsfamilie mit männlichem Hauptversorger, sind in der Regel alleinverantwortlich für die Aufgaben der alltäglichen Mahlzeitengestaltung der Familie. Die Ergebnisse der empirischen Untersuchung deuten darauf hin, dass eine mögliche Erklärung für die Alleinverantwortlichkeit der Mütter darin besteht, dass es effizienter sei, die anfallenden Aufgaben direkt selbst zu erledigen, anstatt sie an ihren Partner zu delegieren. Dieses Phänomen bezeichne ich als Delegationsdilemma. Hingegen sind die Väter aller Dresdener Familien in die alltägliche Mahlzeitengestaltung der Familie einbezogen, wenn auch teilweise in geringem Maße.

In Bezug auf die Zubereitungs- und Essenszeiten der familiären Hauptmahlzeit fällt keine der Dresdener Familien mit einer (vergleichsweise) kurzen Dauer auf. Dies könnte damit in Zusammenhang stehen, dass es sich häufig um die erste gemeinsame Mahlzeit des Tages handelt, die mit der vollständigen Familie stattfindet, so dass sich die Familien an dieser Stelle viel Zeit nehmen. Im Vergleich dazu fällt das Abendessen in einem Teil der Hamburger Familien kürzer aus, insbesondere, wenn bereits eine inhäusige Mittagsmahlzeit oder eine gemeinsame Zwischenmahlzeit[1] stattgefunden hat.

7.1.3 Typologisierung: Differenzen innerhalb einer sozialen Schicht

Um die Unterschiede zwischen den Familien noch detaillierter untersuchen zu können, wurden die analysierten Fälle im nächsten Schritt zu Typologien (s. Abschnitt 5.5) verdichtet. Die Typologie wurde entlang von zwei zentralen Typisierungsdimensionen gebildet. Bei diesen Typisierungsdimensionen handelt es sich zum einen um den *Grad der Geregeltheit*, zum anderen um die *Aufgabenteilung alltäglicher Mahlzeitengestaltung*. Dabei setzt sich die erste Typisierungsdimension, der Grad der Geregeltheit, aus den Dimensionen Stattfinden, Anwesende und Ablauf zusammen, die vorangehend im Detail analysiert wurden. Ferner sind für die Dimension das Maß an Planung, Organisation und Struktur der alltäglichen Mahlzeitengestaltung von Bedeutung. Die zweite zentrale Typisierungsdimension, die Aufgabenteilung alltäglicher Mahlzeitengestaltung, bezieht sich vor allem auf die Dimension der Zuständigkeit, die sowohl die

---

[1] Bei diesen Mahlzeiten ist die Familie zwar nicht vollständig anwesend, sie dient dennoch dem Austausch.

Zu- und Nachbereitung der Mahlzeiten einbezieht als auch die Planung und Organisation, z. B. von Einkäufen. Entlang dieser beiden Typisierungsdimensionen konnten insgesamt sechs verschiedene Typen identifiziert werden: (1) die hingebungsvollen Kümmerinnen, (2) die flexiblen Pragmatikerinnen, (3) die engagierten Fürsprecher:innen, (4) die gelassenen Enthusiast:innen, (5) die systematischen Organisator:innen und (6) die unbekümmerten Improvisator:innen. Die detaillierte Beschreibung der einzelnen Typen und die daran anschließende Zusammenhangsanalyse zeigen, dass sich die sechs Typen nicht nur entlang der beiden Typisierungsdimensionen unterscheiden, sondern auch in Bezug auf das jeweils praktizierte Familienarrangement, d. h. in Bezug auf den Elternteil, der die Hauptverantwortlichkeit für die Aufgaben alltäglicher Mahlzeitengestaltung übernimmt, sowie in Bezug auf verschiedene Aspekte der Lebensmittelwahl. Des Weiteren konnten für jeden der Typen weitere sekundäre Merkmale im Verhalten zur alltäglichen Mahlzeitengestaltung der Familien identifiziert werden. Bei diesen sekundären Merkmalen handelt es sich um zentrale Gemeinsamkeiten zwischen den Familien eines Typus, die nicht die Hauptgrundlage der Typenbildung waren. Diese Merkmale wurden anhand von Kategorien identifiziert, die induktiv, also aus dem Material heraus gebildet wurden. Hierbei ist von Bedeutung, dass die ausgearbeiteten Typen nach innen eine minimale und nach außen eine maximale Unterschiedlichkeit aufweisen. Deshalb sind die Familien eines Typs in ihrem Verhalten zur alltäglichen Mahlzeitengestaltung nicht völlig identisch, aber einander besonders ähnlich. Daran wird deutlich, wie umfangreich und vielschichtig das Verhalten zur alltäglichen Mahlzeitengestaltung der Familien ist.

Insgesamt zeigt die Analyse der Fragestellung 1a, dass sich die Familien in ihrem Verhalten zur alltäglichen Mahlzeitengestaltung entlang der Dimensionen *Stattfinden und Anwesende, zeitlicher Umfang, Ablauf* und *Zuständigkeit* insbesondere anhand der daraus resultierenden Typisierungsdimensionen (1) *Aufgabenteilung alltäglicher Mahlzeitengestaltung* und (2) *Grad der Geregeltheit* unterscheiden. Diese Unterschiede zwischen den Familien in ihrem Verhalten zur alltäglichen Mahlzeitengestaltung sind besonders vor dem Hintergrund interessant, dass alle Familien des Samples der Mittelschicht angehören. In bisherigen Forschungsarbeiten werden zur Erklärung von Differenzen zwischen Familien in ihrem Verhalten zur alltäglichen Mahlzeitengestaltung häufig soziale Unterschiede auf Basis von Schicht-Differenzen angeführt. Mit der Analyse des Verhaltens von Mittelschicht-Familien leistet die vorliegende Arbeit damit einen Beitrag zur Forschung zur Bedeutung weiterer Erklärungsfaktoren, die auch Differenzen zwischen Familien innerhalb einer sozialen Schicht erklären kann.

7.2 Fragestellung 1b: Der Beitrag kultureller Ideen zur Erklärung der Differenzen

Die Ergebnisse der empirischen Untersuchung zeigen ferner, dass kulturelle Ideen einen zentralen Beitrag zur Erklärung von Differenzen im Verhalten zur alltäglichen Mahlzeitengestaltung von Familien leisten. In der vorliegenden Arbeit wurden zum einen kulturelle Werte in Bezug auf die Ernährung analysiert, d. h. Vorstellungen eines Individuums oder einer Gemeinschaft über Zustände und Verhaltensweisen, die als erstrebenswert, moralisch oder ethisch gut betrachtet werden. Zum anderen wurden kulturelle Leitbilder zum Verhältnis von Familie und Erwerbstätigkeit untersucht, die Werte und Leitbilder, z. B. in Bezug auf Geschlechterverhältnisse, einbeziehen, die innerfamiliär, aber auch gesellschaftlich vorherrschend sind.[2]

7.2.1 Kulturelle Werte in Bezug auf die Ernährung

Nachfolgend werden die bedeutsamen Themenkomplexe, anhand derer Unterschiede in den kulturellen Werten in Bezug auf die Ernährung deutlich werden, noch einmal zusammengefasst. Hierbei handelt es sich um (1) Ernährungsentscheidungen, (2) (Ernährungs-)Sozialisation, (3) die Relevanz von Essen und Ernährung, (4) den Umgang mit Regeln sowie (5) Religion. Hierbei ist von Bedeutung, dass die einzelnen Themenkomplexe miteinander in Zusammenhang stehen können.[3]

7.2.1.1 Ernährungsentscheidungen

Anhand von Unterschieden in den Ernährungsentscheidungen werden Unterschiede in den kulturellen Werten der Familien in Bezug auf die Ernährung deutlich. Besonders anschaulich wird dies anhand der Werte *Gesundheit* und *Genusswert*, deren unterschiedliche Priorisierung entlang der Typologisierung deutlich wird. Einer Priorisierung von Geschmack und Zweckmäßigkeit, in der wenige oder keine Einschränkungen existieren (Typ 2: die flexiblen Pragmatikerinnen; Typ 6: die unbekümmerten Improvisator:innen), steht ein bewusster

---

[2] Siehe zum Beitrag kultureller Ideen zur Erklärung von Differenzen zwischen Familien in ihrem Verhalten zur alltäglichen Mahlzeitengestaltung auch die Diskussion der forschungsleitenden Annahmen in Abschnitt 6.6.

[3] Die Bedeutung kultureller Werte zur Erklärung von Differenzen im Verhalten von Familien zur alltäglichen Mahlzeitengestaltung wird ausführlich in Abschnitt 6.6.1.1 diskutiert, ebenso die Verflechtungen der einzelnen Themenkomplexe.

Konsum gegenüber, in dem neben der Gesundheit auch die Nachhaltigkeitsorientierung eine Rolle spielt.

7.2.1.2 (Ernährungs-)Sozialisation

Insbesondere in den Familien des ersten Typus, aber auch darüber hinaus, spielt die Ernährungserziehung der Kinder eine bedeutende Rolle. Die Kinder sollen die Herkunft bestimmter Lebensmittel kennen, etwas über Regionalität und Saisonalität sowie die Zubereitung einzelner Mahlzeiten lernen und sich über die Konsequenzen ihres Ernährungsverhaltens bewusst sein. In Bezug auf die (Ernährungs-)Sozialisation ist bedeutsam, dass nicht nur die (Ernährungs-)Sozialisation der Kinder eine Rolle spielt, sondern auch die (Ernährungs-)Sozialisation der Eltern, die sie in der eigenen Kindheit erfahren haben. Diese beeinflussen u. a. Ernährungsentscheidungen und Lebensmittelpräferenzen. In den Interviews wird dies anhand der Verknüpfung von Lebensmitteln mit Erfahrungen und Erinnerungen deutlich. Auch zeigt sich in den Daten eine Vermittlung und Weitergabe von Werten und Verhaltensweisen zwischen den Generationen. Die Schilderungen verdeutlichen jedoch, dass Aspekte, die mit negativen Erinnerungen und Erfahrungen verbunden werden, häufig bewusst divergent praktiziert werden.

7.2.1.3 Relevanz von Essen und Ernährung

Die Familien der identifizierten Typen unterscheiden sich zudem anhand des Stellenwerts gemeinsamer Familienmahlzeiten: In einem Teil der Familien wird der Realisierung der gemeinsamen Mahlzeiten, die im Zentrum des Familienalltags stehen, eine große Bedeutung beigemessen. Hierbei handelt es sich insbesondere um Typ 1: die hingebungsvollen Kümmerinnen, Typ 3: die engagierten Fürsprecher:innen und Typ 5: die systematischen Organisator:innen. Hingegen stellen die Mahlzeiten in einem anderen Teil der Familien eher einen Nebenschauplatz im familiären Alltag dar. Hierbei handelt es sich insbesondere um Typ 2: die flexiblen Pragmatikerinnen und Typ 6: die unbekümmerten Improvisator:innen. Auf der einen Seite ist eine große Leidenschaft für die alltägliche Mahlzeitengestaltung der Familie zu erkennen, auf der anderen Seite wird diese als Anstrengung dargestellt. Gleichzeitig wirkt sich eine Leidenschaft für die Themen Kochen und Ernährung sowohl auf die Dauer der Zubereitung aus, was besonders anhand der ausgedehnten Zubereitungszeiten des vierten Typus, der gelassenen Enthusiast:innen deutlich wird, als auch auf die Aufgabenteilung alltäglicher Mahlzeitengestaltung. Sind die Themen Essen und Ernährung für beide Eltern gleichermaßen von Bedeutung, herrscht i. d. R. eine ausgewogene Aufgabenteilung alltäglicher Mahlzeitengestaltung und die Aufgaben sind zwischen den Eltern gleichverteilt (s. Abschnitt 5.5.9.2). Kulturelle Werte, die in Zusammenhang mit der Relevanz von Essen und Ernährung bzw. mit der Bedeutung des Stattfindens gemeinsamer Familienmahlzeiten stehen, sind z. B. Sicherheit, Zuneigung und Zugehörigkeit.

7.2.1.4 Umgang mit Regeln

Die Ergebnisse zeigen, dass die Familien Differenzen in Bezug auf die Vielzahl der geltenden Tischregeln sowie den Umgang mit diesen aufweisen, so dass sie den Kategorien (1) Laissez-faire, (2) Leger und (3) Streng zugeordnet werden können. Hinter dem gewähren lassenden und legeren Umgang der Eltern mit den (Tisch-)Regeln stehen Werte wie Gelassenheit und Geduld, während Werte wie Disziplin, Anstand oder Gehorsamkeit eher einen strengen Umgang mit den (Tisch-)Regeln bedingen.

7.2.1.5 Religion

Auch religiöse Praktiken, z. B. in Form von Tischgebeten oder Tischliedern, können den Ablauf der gemeinsamen Mahlzeiten beeinflussen, was am Beispiel zweier Familien des Samples deutlich wird, die beide dem fünften Typus zugeordnet werden können: 6-DD (Fahrenhorst) und 11-D# (Kaufmann).

7.2.2 Kulturelle Leitbilder zum Verhältnis von Familie und Erwerbstätigkeit

Die Datenanalyse verdeutlicht, dass kulturelle Leitbilder zum Verhältnis von Familie und Erwerbstätigkeit, als zweites zentrales Element kultureller Ideen, einen zentralen Beitrag für die Erklärung von Differenzen im Verhalten zur der alltäglichen Mahlzeitengestaltung von Familien leisten. Dies wird besonders anhand der Differenzen im Verhalten zur alltäglichen Mahlzeitengestaltung zwischen dem Arrangement der Vereinbarkeitsfamilie mit männlichem Hauptversorger und dem Arrangement der Doppelversorgerfamilie mit außerhäuslicher Kinderbetreuung deutlich. Darüber hinaus zeigen die Differenzen im Geschlechterverhältnis zwischen den Hamburger und Dresdener Familien die bedeutende Rolle kultureller Leitbilder zur Erklärung der Differenzen im Verhalten zur alltäglichen Mahlzeitengestaltung.

Die Typologie und die daran anschließende Zusammenhangsanalyse (Abschnitt 5.5.9) zeigen, dass das jeweils praktizierte Familienarrangement Einfluss auf die Aufgabenteilung alltäglicher Mahlzeitengestaltung zwischen den Eltern nimmt. Während die Familien des Arrangements der Vereinbarkeitsfamilie

mit männlichem Hauptversorger i. d. R. einen geringen Grad der Aufgabenteilung
aufweisen und die Mutter die Hauptlast der anfallenden Aufgaben trägt, weisen
die Familien des Arrangements der Doppelversorgerfamilie mit außerhäuslicher
Kinderbetreuung eher einen hohen Grad der Aufgabenteilung auf und beide
Elternteile sind, wenn auch zu ungleichen Anteilen, in die alltägliche Mahlzeitengestaltung der Familie eigebunden. Relevant sind diese Differenzen insbesondere
vor dem Hintergrund verschiedener Studien, denen zufolge das Arrangement
der Vereinbarkeitsfamilie mit männlichem Hauptversorger auch heute häufiger
in Westdeutschland praktiziert wird, während in Ostdeutschland noch immer
das Arrangement der Doppelversorgerfamilie mit außerhäuslicher Kinderbetreuung dominiert. Hieran werden unterschiedliche Leitbilder zur Familie in beiden
Teilen Deutschlands deutlich.[4] Dabei spielen auch die unterschiedlichen historischen Wege zwischen Ost- und Westdeutschland zu den jeweils praktizierten
Familienarrangements eine bedeutende Rolle. Die Interviewten, die in den neuen
Bundesländern geboren und aufgewachsen sind, berichten, im Arrangement der
Doppelversorgerfamilie mit außerhäuslicher Kinderbetreuung aufgewachsen zu
sein, während diejenigen, die in den alten Bundesländern geboren und aufgewachsen sind, größtenteils darlegen, im männlichen Ernährermodell aufgewachsen zu
sein (s. Abbildung 5.6). Differenzen im Geschlechterverhältnis zwischen Ost und
West werden zudem daran deutlich, dass die Dresdener Väter des Samples regelmäßiger in die alltägliche Mahlzeitengestaltung der Familie einbezogen sind als
die Hamburger Väter.

Darüber hinaus zeigt der Ost-West-Vergleich Unterschiede in der Inanspruchnahme der Außer-Haus-Verpflegung der Kinder. Während diese von den
Dresdener Familien ausnahmslos in Anspruch genommen wird, finden in einem
Teil der Hamburger Familien auch unter der Woche regelmäßig inhäusige Mittagsmahlzeiten statt. Dabei ist von Bedeutung, dass die Außer-Haus-Verpflegung
in Ostdeutschland insgesamt eine lange Tradition aufweist, während es sich in
Westdeutschland um eine relativ neue Entwicklung handelt.

---

[4] Siehe zur Dominanz der unterschiedlichen Familienarrangements in beiden Teilen
Deutschlands: Abschnitt 4.2.1.

7.3 Fragestellung 1c: Der Beitrag konkreter Erwerbsarbeits- und Betreuungsarrangements zur Erklärung der Differenzen

Die Ergebnisse der empirischen Untersuchung verdeutlichen, dass neben kulturellen Ideen auch die konkreten Erwerbsarbeits- und Betreuungsarrangements der Eltern einen zentralen Beitrag zur Erklärung von Differenzen im Verhalten zur alltäglichen Mahlzeitengestaltung von Familien leisten. Zu diesen Erwerbsarbeits- und Betreuungsarrangements können sowohl die Erwerbssituation der Eltern als auch die Betreuungssituation der Kinder gezählt werden.[5]

7.3.1 Erwerbssituation der Eltern

Die Ergebnisse zeigen, dass Dauer, Lage, Grad und Art der Flexibilität der Erwerbstätigkeit sowie der Ort des Arbeitsplatzes für die Erklärung von Differenzen im Verhalten von Familien zur alltäglichen Mahlzeitengestaltung eine bedeutende Rolle spielen.

Der Vergleich der verschiedenen praktizierten Familienarrangements zeigt, dass sich die Dauer der Erwerbstätigkeit auf die Aufgabenteilung der Eltern bei der alltäglichen Mahlzeitengestaltung der Familie auswirkt. In den Familien des Samples sind in der Regel beide Eltern in die alltägliche Mahlzeitengestaltung der Familie einbezogen, wenn beide Vollzeit(-nah) erwerbstätig sind, wenn auch zu ungleichen Anteilen. Ist hingegen die Mutter in Teilzeit erwerbstätig und der Vater in Vollzeit, übernimmt hauptsächlich die Mutter die Verantwortung für die anfallenden Aufgaben der alltäglichen Mahlzeitengestaltung.

Das Beispiel der Schichtdienste verdeutlicht besonders anschaulich, dass auch die Lage der Erwerbsarbeit einen Einfluss auf das Verhalten zur alltäglichen Mahlzeitengestaltung der Familie nimmt. Zum einen zeigen die Ergebnisse, dass der Einbezug in die Aufgaben der alltäglichen Mahlzeitengestaltung desjenigen Elternteils, der im Schichtdienst erwerbstätig ist, erschwert sein kann und Abwesenheiten während der gemeinsamen Mahlzeiten durch die Schichtdienste bedingt sein können. Zum anderen zeigt sich, dass eine aktive Partizipation an den Aufgaben der alltäglichen Mahlzeitengestaltung eben durch diese Schichtdienste ermöglicht wird. Die Ergebnisse zeigen darüber hinaus, dass nicht nur

---

[5] Siehe zum Beitrag konkreter Erwerbsarbeits- und Betreuungsarrangements der Eltern zur Erklärung von Differenzen zwischen Familien in ihrem Verhalten zur alltäglichen Mahlzeitengestaltung auch die Diskussion der forschungsleitenden Annahmen in Abschnitt 6.6.

die Aufgabenteilung, sondern auch der Grad der Geregeltheit durch die Schicht-dienste beeinflusst werden kann. Betreffend die Lage ist auch der zeitliche Beginn der Erwerbsarbeit insgesamt von Bedeutung, der in einem Großteil der Familien den zeitlichen Umfang des Frühstücks beeinflusst, sowie ein erwerbsfreier Tag der Mütter unter der Woche, der z. B. zum Einkaufen genutzt wird oder in den Hamburger Familien zur Zubereitung eines gemeinsamen Mittagessens mit den Kindern.

Die Art und der Grad der Flexibilität spielen insofern eine Rolle, als dass Selbstständigkeiten und flexible Arbeitszeiten der Eltern insbesondere den Grad der Geregeltheit der alltäglichen Mahlzeitengestaltung der Familie beeinflussen, da diese nicht zwangsläufig eine feste Alltagsstruktur vorgeben. Zudem sind die Väter, die in ihrem beruflichen Kontext zum Beispiel durch freie Einteilung der Arbeitszeiten eine große Flexibilität aufweisen, in der Regel stärker in die alltägliche Mahlzeitengestaltung der Familie einbezogen.

Dass der Ort des Arbeitsplatzes das Verhalten der Familien zur alltäglichen Mahlzeitengestaltung beeinflusst, wird insbesondere an der Unterscheidung zwi-schen Homeoffice-Tätigkeiten und aushäusiger Erwerbsarbeit deutlich. Hierbei ist von Bedeutung, dass Homeoffice-Tätigkeiten im Sample ausschließlich unter den Hamburger Familien vertreten sind. In den Familien, in denen die Mutter teil-weise im Homeoffice erwerbstätig ist, finden in der Regel auch unter der Woche inhäusige Mittagsmahlzeiten statt.

7.3.2 Betreuungssituation der Kinder

Die Betreuungssituation der Kinder beinhaltet die häuslichen An- und Abwe-senheiten sowie die Zeitdauer und -lage der häuslichen Abwesenheiten der Kinder. In diesem Zusammenhang ist von Bedeutung, dass sich die häuslichen An- und Abwesenheiten der Kinder zwischen den untersuchten Familienarran-gements unterscheiden. Die Kinder des Arrangements der Vereinbarkeitsfamilie mit männlichem Hauptversorger sind nach der Schule und dem Kindergarten in der Regel früher zuhause anwesend als die Kinder des Arrangements der Doppelversorgerfamilie mit außerhäuslicher Kinderbetreuung. Daraus resultie-ren Differenzen im Verhalten der Familien zur alltäglichen Mahlzeitengestaltung. Dies betrifft vor allem das Stattfinden inhäusiger Mittags- und Zwischenmahlzei-ten im Arrangement der Vereinbarkeitsfamilie mit männlichem Hauptversorger[6],

---

[6] Hierbei ist von Bedeutung, dass sich das Stattfinden inhäusiger Mittags- und Zwischen-mahlzeiten unter der Woche ausschließlich auf die Hamburger Familien des Samples bezieht.

die im Arrangement der Doppelversorgerfamilie mit außerhäuslicher Kinderbetreuung in der Regel aushäusig stattfinden, d. h. in den Betreuungseinrichtungen der Kinder.

Darüber hinaus zeigen die Ergebnisse, dass die Zeitdauer und -lage der häuslichen Abwesenheiten der Kinder insbesondere die Anwesenheiten während der gemeinsamen Mahlzeiten sowie den zeitlichen Umfang der Mahlzeiten beeinflussen. Dies ist vor allem dann der Fall, wenn sich Freizeitaktivitäten, außeralltägliche Termine und Veranstaltungen mit den eigentlichen Essenszeiten überschneiden. Davon ist insbesondere das Abendessen unter der Woche betroffen, das sich auf Grund der Abwesenheiten der Kinder nach hinten verschieben kann, dadurch unter Zeitdruck stattfindet oder das die Familienmitglieder in unterschiedlichen personellen Konstellationen unabhängig voneinander einnehmen.

In diesem Zusammenhang wird deutlich, dass auch das Alter der Kinder eine bedeutende Rolle in der Erklärung der Unterschiede zwischen den Familien in ihrem Verhalten zur alltäglichen Mahlzeitengestaltung spielt. In den Familien mit zwei Kindern unter sechs Jahren, die beide den Kindergarten besuchen, sind die Abläufe der alltäglichen Mahlzeitengestaltung in der Regel stark ritualisiert. Anders verhält es sich in den Familien, in denen mindestens ein Kind zehn Jahre oder älter ist. Für die Erklärung dieser weniger ritualisierten Abläufe mit steigendem Alter der Kinder könnte die größere Selbstständigkeit der Kinder, z. B. in ihrer individuellen Freizeitgestaltung von Bedeutung sein.

7.4 Fragestellung 2a: Konflikthaftigkeit im Verhalten zur alltäglichen Mahlzeitengestaltung

Die Analyse der Fragestellung 2a, inwiefern bezüglich des Verhaltens zur alltäglichen Mahlzeitengestaltung Konflikthaftigkeit innerhalb der Familie besteht, brachte zunächst verschiedene familiäre Essenskonflikte hervor, die sich in sechs Kategorien unterteilen lassen: (1) Lebensmittelkonflikte, (2) Missachtung von Regeln, (3) Streit (der Kinder), (4) äußere Einflussfaktoren, (5) Meinungsverschiedenheiten der Eltern und (6) Müdigkeit und Erschöpfung[7]. Hierbei zeigten sich deutliche Gemeinsamkeiten in den Essenskonflikten zwischen den unterschiedlichen praktizierten Familienarrangements sowie zwischen den Hamburger und Dresdener Familien. Aus diesem Grund erfolgte die Ergebnisdarstellung entlang der zentralen Dimensionen der Konflikthaftigkeit *innere Widersprüche*

---

[7] Siehe dazu Abschnitt 5.6.

und *Verhaltensweisen*. Die zentralen Ergebnisse werden in den nachfolgenden
Abschnitten noch einmal zusammengefasst, wobei deutlich wird, dass bezüglich des Verhaltens zur alltäglichen Mahlzeitengestaltung sowohl auf manifester
als auch auf latenter Ebene Konflikte innerhalb der Familien bestehen, und
dass die beiden Dimensionen der Konflikthaftigkeit eine deutliche Verschränkung
aufweisen.

7.4.1   Konflikte auf manifester Ebene

Bei Konflikten auf der manifesten Ebene handelt es sich um sichtbare Konflikte
sowie offene Austragungen, z. B. in Form von Streitigkeiten oder Auseinandersetzungen (s. Abschnitt 3.2), die in der vorliegenden Arbeit unter der Dimension der
Verhaltensweisen analysiert wurden. Hierzu kann die Beanstandung des Essens
durch die Kinder gezählt werden, die häufig in Unruhe und/oder Diskussionen mündet, aber auch Streitigkeiten der Kinder, die während der gemeinsamen
Mahlzeiten aufkommen oder ausgetragen werden. In Zusammenhang mit den
Streitigkeiten spielen auch die Aspekte Müdigkeit und Erschöpfung eine bedeutende Rolle, die sich nicht nur auf die Kinder, sondern auch auf die Eltern
beziehen und häufig einen Ablauf der Mahlzeiten zur Folge haben, den die Familien als stressig bezeichnen. Konfliktpotenzial beinhaltet auch die Missachtung
bzw. Nichteinhaltung von Regeln[8], und zwar in Abhängigkeit zur Bedeutung,
die der Einhaltung der jeweiligen Regel beigemessen wird. Besonders häufig
wird die Nichteinhaltung der Regel *Sitzenbleiben* genannt, aber auch fehlende
Etikette und Manieren im Allgemeinen sowie eine Missachtung der geltenden
Kommunikationsregeln.
   Die Analyse der Daten verdeutlicht eine Verbindung zwischen den Dimensionen Verhaltensweisen und innere Widersprüche, die sich wechselseitig bedingen,
also eine Konnektivität zwischen der manifesten und der latenten Konfliktebene.

7.4.2   Konflikte auf latenter Ebene

Unter Konflikten auf der latenten Ebene werden unsichtbare Konflikte, d. h.
Interessen, Ziele, Annahmen und Einstellungen der am Konflikt beteiligten Personen, verstanden (s. Abschnitt 3.2). In der vorliegenden Arbeit wurde die

---

[8] Eine detaillierte Beschreibung der verschiedenen (Tisch-)Regeln findet sich in
Abschnitt 5.1.1.

latente Konfliktebene anhand der Dimension innerer Widersprüche, die intrapersonelle Unvereinbarkeiten, Spannungszustände, Ambivalenzen sowie eine
Inkompatibilität mit den eigenen Wertvorstellungen einschließt, analysiert.

Zu Konflikthaftigkeit, die sich hauptsächlich auf latenter Ebene abspielt,
können Meinungsverschiedenheiten zwischen den Eltern gezählt werden, die
(1) einen unterschiedlichen Grad der Strenge sowie einen unterschiedlichen
Umgang mit Regeln, (2) den Einbezug der Kinder und (3) unterschiedliche
Lebensmittelpräferenzen betreffen.

Darüber hinaus können innere Widersprüche in der Form von Differenzen
zwischen Idealen und Realitäten identifiziert werden; zum einen in Bezug auf
die Lebensmittelwahl, zum anderen in Bezug auf die Arbeitsteilung. Innere
Widersprüche in Bezug auf die Lebensmittelwahl werden anhand des Motivs
deutlich, die Ernährung der Familie, insbesondere der Kinder, gesund auszugestalten, wobei die Vorstellungen der Eltern (hauptsächlich der Mütter) in Kontrast
zu den Vorstellungen der Kinder stehen können. Aus diesem Grund setzen die
Eltern verschiedene Strategien um und greifen auf Kontrollmechanismen zurück,
um eine allumfassende Nährstoffversorgung der Kinder zu gewährleisten.

Zudem können innere Konflikte zwischen einschränkenden und kontrollierenden Handlungen auf der einen und der Berücksichtigung der Wünsche der Kinder
auf der anderen Seite identifiziert werden, weshalb die vorherrschenden Ideale in
der Realität nicht zwangsläufig umgesetzt werden. Ein derartiger Widerspruch
zwischen Idealen und Realitäten lässt sich auch in Bezug auf die Arbeitsteilung
feststellen. Zum einen betrifft dies den Anspruch einer aktiven Partizipation der
Kinder an den Vor-, Zu- und Nachbereitungsprozessen der Mahlzeiten, die aus
Gründen der Konfliktvermeidung und der Effizienz häufig nicht umgesetzt wird,
zum anderen die Vorstellung einer egalitären Aufteilung der Zuständigkeiten für
die alltägliche Mahlzeitengestaltung der Familie zwischen den Eltern, der die
Realität ebenfalls häufig nicht entspricht.

Die Auswahl des Essens beinhaltet in verschiedenen Teilaspekten eine Konflikthaftigkeit. Hierbei spielen unterschiedliche Lebensmittelpräferenzen der einzelnen Familienmitglieder eine bedeutende Rolle, wodurch der Auswahlprozess
der Lebensmittel bzw. einzelner Gerichte zu einer Herausforderung werden kann,
vor allem, wenn die Planungsverantwortung allein bei einem Elternteil liegt. Von
besonderer Bedeutung sind zudem vegane oder vegetarische Ernährungsweisen
einzelner Familienmitglieder.

Insgesamt verdeutlicht die Datenanalyse einen direkten Zusammenhang zwischen einem Großteil der Essenskonflikte[9] und bestimmten Lebensmitteln. Die umfangreichste Konfliktkategorie des Datenmaterials ist die der *Lebensmittelkonflikte*, die sich in verschiedene Themenstränge untergliedert: Es geht um die Beanstandung des Essens durch die Kinder, die Auswahl des Essens, die als besonders herausfordernd beschrieben wird, wenn eine alleinige Planungsverantwortung besteht, um unterschiedliche Wertvorstellungen in Bezug auf den Verzehr tierischer Produkte sowie die Umwelt, aber auch um Reglementierungen bestimmter Lebensmittel wie z. B. Süßigkeiten. Lebensmittelkonflikte zeigen sich zudem in der Kategorie *Meinungsverschiedenheiten der Eltern*, wenn es um „geschlechtsspezifisches Ernährungsverhalten" geht, und in der Kategorie *Streitigkeiten der Kinder*, wenn Lebensmittel von den Kindern als besonders bewertet werden und dadurch *Futterneid* ausgelöst wird.

7.5   Fragestellung 2b: Der Beitrag kultureller Ideen zur Erklärung der Konflikthaftigkeit

Die empirische Untersuchung verdeutlicht den zentralen Beitrag kultureller Ideen zur Erklärung von Konflikthaftigkeit im Verhalten von Familien zur alltäglichen Mahlzeitengestaltung. Dies wird zum einen anhand von kulturellen Werten in Bezug auf die Ernährung deutlich, wobei die Ergebnisse zeigen, dass insbesondere die (Ernährungs-)Sozialisation in Bezug auf kulturelle Werte eine bedeutende Rolle spielt. Zum anderen zeigt sich dies anhand kultureller Leitbilder zum Verhältnis von Familie und Erwerbstätigkeit, wobei die Ergebnisse darauf hindeuten, dass Aushandlungsprozesse in der Paarbeziehung, die der Ausübung der praktizierten Familienarrangements vorgelagert sind, einen bedeutenden Stellenwert einnehmen.[10]

7.5.1   Kulturelle Werte in Bezug auf die Ernährung

Aus der Datenanalyse geht hervor, dass Unterschiede in den kulturellen Werten der Eltern in Bezug auf die Ernährung eine zentrale Rolle für die Erklärung

---

[9] Eine detaillierte Beschreibung der verschiedenen Essenskonflikte findet sich in Abschnitt 5.6.

[10] Siehe zum Beitrag kultureller Ideen zur Erklärung von Konflikthaftigkeit im Verhalten von Familien zur alltäglichen Mahlzeitengestaltung auch die Diskussion der forschungsleitenden Annahmen in Abschnitt 6.6.

von Konflikthaftigkeit im Verhalten zur alltäglichen Mahlzeitengestaltung der Familien spielen. Dies wird anhand der analysierten Meinungsverschiedenheiten deutlich. Die Meinungsverschiedenheiten beziehen sich auf: (1) die Strenge im Umgang mit Regeln, (2) den Einbezug der Kinder und (3) Unterschiede in der Lebensmittelwahl. Hingegen zeigen sich übereinstimmende Vorstellungen der Eltern in Bezug auf die Regeln, die Beteiligung der Kinder an der alltäglichen Mahlzeitengestaltung, aber auch in Bezug auf eine Nachhaltigkeitsorientierung[11] weniger konfliktanfällig.

Die Zusammenhangsanalyse zeigt zudem, dass sich die Relevanz von Essen und Ernährung sowie die Bedeutung, die dem Stattfinden gemeinsamer Familienmahlzeiten beigemessen wird, auch innerhalb der Paarbeziehung unterscheiden kann. Diese Differenzen spiegeln sich auch in der Aufgabenteilung der Paare wider. In der Regel übernimmt derjenige Elternteil den größeren Anteil der Aufgaben, der der alltäglichen Mahlzeitengestaltung der Familie einen größeren Stellenwert beimisst. Dies bezieht sich nicht nur auf die sichtbaren Tätigkeiten, wie die Zubereitung von Mahlzeiten und das Einkaufen, sondern auch auf unsichtbare Tätigkeiten[12], wie die Planung und die Organisation der Mahlzeiten.

In den zuvor andiskutierten Ergebnissen zeigt sich die Bedeutung der (Ernährungs-)Sozialisation der Eltern in Bezug auf kulturelle Werte. Unterscheidet sich der kindliche Erfahrungsraum der Eltern (stark), unterscheiden sich zumeist auch die Vorstellungen über die „richtigen" Verhaltensweisen zur alltäglichen Mahlzeitengestaltung der Familie. In diesem Zusammenhang ist auch das Ergebnis interessant, dass sich die Ernährungsentscheidungen zwischen den Eltern häufig geschlechtsspezifisch unterscheiden und Lebensmittelkonflikte zwischen den Eltern häufig mit diesen geschlechtsspezifischen Ernährungsweisen in Zusammenhang stehen. Die Diskussion dieses Ergebnisses in Abschnitt 6.5.3 deutet darauf hin, dass hierbei unterschiedliche Sozialisationsprozesse des Ernährungsverhaltens von Jungen und Mädchen eine große Rolle spielen. Hierbei kommt es zudem zur Vermittlung klassischer Rollenbilder bezüglich der Arbeitsteilung im Haushalt.

---

[11] Das Thema der Nachhaltigkeitsorientierung wurde ausführlich in Abschnitt 6.2.7 diskutiert.

[12] Das Thema der unsichtbaren Denkarbeit wurde ausführlich in Abschnitt 6.3.1 diskutiert.

7.5.2 Kulturelle Leitbilder zum Verhältnis von Familie und Erwerbstätigkeit

Die Ergebnisse der empirischen Untersuchung bzw. der direkte Vergleich von Konflikthaftigkeit im Verhalten zur alltäglichen Mahlzeitengestaltung zwischen den unterschiedlichen praktizierten Familienarrangements zeigt, dass sich die Konflikte zwischen dem Arrangement der Vereinbarkeitsfamilie mit männlichem Hauptversorger und dem Arrangement der Doppelversorgerfamilie mit außerhäuslicher Kinderbetreuung nicht relevant voneinander unterscheiden. Gleichzeitig deuten die Ergebnisse darauf hin, dass die Aushandlungsprozesse innerhalb des Paares, die dem jeweils praktizierten Familienarrangement vorgelagert sind, für die Erklärung von Konflikthaftigkeit im Verhalten der Familien zur alltäglichen Mahlzeitengestaltung von Bedeutung sind. Dies wird besonders anhand der Analyse von Konflikthaftigkeit im Arrangement der Vereinbarkeitsfamilie mit männlichem Hauptversorger deutlich. Die Interviewpartnerinnen, die von einer bewussten Entscheidung für dieses Familienarrangement und von Aushandlungen der Aufgabenteilung im Haushalt berichten, schildern in der Regel, mit der Aufgabenteilung zufrieden zu sein. Legen die Interviewpartnerinnen jedoch dar, dass das Familienarrangement, und somit auch die Aufgabenteilung im Haushalt, „aus der Situation heraus" umgesetzt wurde, wird in der Regel auch eine Unzufriedenheit deutlich.[13]

Als ein Bestandteil eines kulturellen Leitbildes kann zudem die Übernahme der anfallenden Aufgaben durch die Mutter aus einem Selbstverständnis heraus verstanden werden, was besonders anhand der Hamburger Familien, vor allem im Arrangement der Vereinbarkeitsfamilie mit männlichem Hauptversorger, deutlich wird. Hingegen sind die Dresdener Väter des Arrangements der Vereinbarkeitsfamilie mit männlichem Hauptversorger häufiger an den Aufgaben der alltäglichen Mahlzeitengestaltung der Familie beteiligt. Dennoch wurden die Mahlzeitentagebücher, auf die Bitte hin, dass das Ausfüllen von demjenigen Elternteil übernommen wird, der eher für die Planung und Organisation sowie die Zubereitung der Mahlzeiten zuständig ist, sowohl in Hamburg als auch in Dresden größtenteils von den Müttern übernommen. In 29 der 34 Familien des Gesamtsamples dokumentierten die Mütter, 30 der 34 problemzentrierten Interviews wurden mit ihnen durchgeführt.

---

[13] Siehe dazu auch Abschnitt 5.6.3.2.

7.6   Fragestellung 2c: Der Beitrag konkreter Erwerbsarbeits- und Betreuungsarrangements zur Erklärung der Konflikthaftigkeit

Die Datenanalyse zeigt, dass ferner auch die konkreten Erwerbsarbeits- und Betreuungsarrangements der Eltern eine Rolle für die Erklärung von Konflikthaftigkeit im Verhalten zur alltäglichen Mahlzeitengestaltung von Familien spielen.[14] Hierbei wird deutlich, dass aus den Erwerbsarbeits- und Betreuungsarrangements der Eltern hauptsächlich zeitliche Konflikte in der alltäglichen Mahlzeitengestaltung von Familien resultieren. Dabei gehen die zeitlichen Konflikte u. a. aus der Lage der Erwerbsarbeit hervor, was anhand der Analyse der Schichtdienste besonders deutlich wird. Von Bedeutung ist auch die Anfangszeit der Erwerbsarbeit, die in einem Großteil der untersuchten Familien in einem Frühstück unter Zeitdruck mündet. In diesem Zusammenhang ist auch der Beginn von Schule und Kindergarten von Bedeutung. Die häuslichen An- und Abwesenheiten der Kinder sowie deren Zeitdauer und -lage nehmen unter der Woche vor allem Einfluss auf den zeitlichen Verlauf des gemeinsamen Abendessens. Dies ist besonders dann gegeben, wenn sich Freizeitaktivitäten, aber auch außeralltägliche Termine und Veranstaltungen mit den familiären Essenszeiten zeitlich überschneiden. Die genannten Aspekte können dazu führen, dass Familienmitglieder nicht an den Familienmahlzeiten teilnehmen können. Zudem werden die Mahlzeiten teilweise nach hinten verschoben, wodurch Zeitdruck entsteht, der in den Mahlzeitentagebüchern häufig als Begründung für einen *stressigen Verlauf* angeführt wird. Insbesondere an den Tagen von Montag bis Freitag spielen hierbei auch Müdigkeit und Erschöpfung der einzelnen Familienmitglieder eine bedeutende Rolle. Ihnen kommt am Wochenende eher eine untergeordnete Bedeutung zu, da der Alltag weniger zeitlichen Verpflichtungen und Terminen unterliegt.

Darüber hinaus konnte das Alter der Kinder als ein bedeutsamer Kerngegenstand in der Erklärung von Konflikthaftigkeit identifiziert werden. Das Alter der Kinder nimmt Einfluss auf die Art und die Häufigkeit der Streitigkeiten zwischen den Kindern, die während des gemeinsamen Essens ausgetragen werden. Zudem spielen in diesem Zusammenhang auch die Beanstandung des Essens sowie das Thema Futterneid eine Rolle. Während die Mahlzeiten in den Familien

---

[14] Siehe zum Beitrag konkreter Erwerbsarbeits- und Betreuungsarrangements der Eltern zur Erklärung einer Konflikthaftigkeit im Verhalten von Familien zur alltäglichen Mahlzeitengestaltung auch die Diskussion der forschungsleitenden Annahmen in Abschnitt 6.6.

mit Kindergartenkindern häufiger durch Kleckern und Verschütten unterbrochen werden, spielen in den Familien, in denen die Kinder bereits die weiterführende Schule besuchen, (vor-)pubertäres Verhalten während der Mahlzeiten, das von den Eltern als unangebracht wahrgenommen wird, und Abwesenheiten während der Mahlzeiten auf Grund einer zunehmenden Selbstständigkeit eine Rolle.

Gesamtfazit

Im nachfolgenden Gesamtfazit werden zunächst die zentralen Fragestellungen, die forschungsleitenden Annahmen und das Vorgehen nochmals kurz dargestellt (Abschnitt 8.1). Anschließend werden die zentralen Ergebnisse mit Rückbezug zu den forschungsleitenden Annahmen zusammengefasst (Abschnitt 8.2). Die Zusammenfassung der Ergebnisse mündet in einer Darlegung dazu, inwiefern diese einen Beitrag zur Weiterentwicklung von Theorie und Forschung leisten (Abschnitt 8.3). Daran knüpft eine (selbst-)kritische Reflexion der Grenzen der Aussagekraft der Ergebnisse an (Abschnitt 8.4). Abschließend wird ein detaillierter Ausblick in Hinblick auf zukünftige Forschung gegeben (Abschnitt 8.5) und bilanziert, inwiefern eine Angleichung zwischen Ost- und Westdeutschland stattfindet (Abschnitt 8.6).

8.1 Fragestellungen, forschungsleitende Annahmen und Vorgehen

Der empirischen Untersuchung der vorliegenden Arbeit liegen die folgenden Forschungsfragen zugrunde:

1. **Wie lassen sich Differenzen im Verhalten von Familien zur alltäglichen Mahlzeitengestaltung erklären?**
   a. Inwiefern unterscheiden sich Familien in ihrem Verhalten zur alltäglichen Mahlzeitengestaltung?
   b. Welchen Beitrag leisten kulturelle Ideen zur Erklärung von Differenzen im Verhalten von Familien zur alltäglichen Mahlzeitengestaltung?

© Der/die Autor(en), exklusiv lizenziert an Springer Fachmedien Wiesbaden GmbH, ein Teil von Springer Nature 2023
L. E. Pöhls, *Über den Tellerrand*, https://doi.org/10.1007/978-3-658-43146-4_8

   c. Welchen Beitrag leisten konkrete Erwerbsarbeits- und Betreuungsarrange
      ments der Eltern zur Erklärung von Differenzen im Verhalten von Familien
      zur alltäglichen Mahlzeitengestaltung?

2. **Wie lassen sich Differenzen in der Konflikthaftigkeit bezüglich des Verhal**
   tens zur alltäglichen Mahlzeitengestaltung von Familien erklären?
   a. Inwiefern besteht bezüglich des Verhaltens zur alltäglichen Mahlzeitenge
      staltung Konflikthaftigkeit innerhalb der Familie?
   b. Welchen Beitrag leisten kulturelle Ideen zur Erklärung von Konflikthaftig
      keit im Verhalten von Familien zur alltäglichen Mahlzeitengestaltung?
   c. Welchen Beitrag leisten konkrete Erwerbsarbeits- und Betreuungsarrange
      ments der Eltern zur Erklärung von Konflikthaftigkeit im Verhalten von
      Familien zur alltäglichen Mahlzeitengestaltung?

In Bezug auf den ersten Themenbereich wurde das Verhalten der Familien zur
alltäglichen Mahlzeitengestaltung in Hinblick auf die folgenden Fragen analysiert: Finden gemeinsame Mahlzeiten in der Familie statt? Wie häufig finden
gemeinsame Mahlzeiten in der Familie statt? In welcher personellen Konstellation werden die gemeinsamen Mahlzeiten eingenommen? Wie viel Zeit wenden
die Familien für das gemeinsame Essen und die Zubereitung der Mahlzeiten auf?
Wie verlaufen die gemeinsamen Mahlzeiten sowie deren Vor-, Zu- und Nachbereitung? Welches Familienmitglied übernimmt die Zuständigkeit für die Vor-, Zuund Nachbereitung sowie die Planung der Mahlzeiten?

    Der zweite Themenbereich der Konflikthaftigkeit im Verhalten von Familien
zur alltäglichen Mahlzeitengestaltung wurde in Hinblick auf innere Widersprüche
und Verhaltensweisen analysiert. Innere Widersprüche beinhalten intrapersonelle
Unvereinbarkeiten, Spannungszustände und Ambivalenzen, die dem individuellen
Wertesystem entgegenstehen. Dabei stand die Perspektive des Elternteils im Zentrum, der die Hauptzuständigkeit für die Aufgaben alltäglicher Mahlzeitengestaltung übernimmt. Die Verhaltensweisen beziehen sich auf die offene Austragung
von Konflikten zwischen den Familienmitgliedern, wie Auseinandersetzungen
oder Streitigkeiten.

    Im Zentrum der empirischen Untersuchung stand die Analyse des Verhaltens zur alltäglichen Mahlzeitengestaltung von Mittelschicht-Familien. Sowohl
für die Erklärung von Differenzen zwischen den Familien in ihrem Verhalten
zur alltäglichen Mahlzeitengestaltung als auch für die Erklärung von Konflikthaftigkeit im Verhalten zur alltäglichen Mahlzeitengestaltung der Familien wurden
die Bedeutung kultureller Ideen und die Bedeutung konkreter Erwerbsarbeits-

und Betreuungsarrangements der Eltern untersucht. Auf Grundlage der theoretischen Ausführungen in Kapitel 3 liegen der Arbeit die vier folgenden forschungsleitenden Annahmen zugrunde:

1. Kulturelle Ideen spielen eine zentrale Rolle für die Erklärung von Differenzen zwischen Familien in ihrem Verhalten zur alltäglichen Mahlzeitengestaltung.
2. Kulturelle Ideen spielen eine zentrale Rolle für die Erklärung von Konflikthaftigkeit im Verhalten von Familien zur alltäglichen Mahlzeitengestaltung.
3. Die konkreten Erwerbsarbeits- und Betreuungsarrangements der Eltern spielen eine zentrale Rolle für die Erklärung von Differenzen zwischen Familien in ihrem Verhalten zur alltäglichen Mahlzeitengestaltung.
4. Die konkreten Erwerbsarbeits- und Betreuungsarrangements der Eltern spielen eine zentrale Rolle für die Erklärung von Konflikthaftigkeit im Verhalten von Familien zur alltäglichen Mahlzeitengestaltung.

Unter dem Dach kultureller Ideen wurden sowohl kulturelle Werte in Bezug auf die Ernährung analysiert als auch kulturelle Leitbilder zum Verhältnis von Familie und Erwerbstätigkeit. Die konkreten Erwerbsarbeits- und Betreuungsarrangements der Eltern konzentrieren sich zum einen auf die Erwerbssituation der Eltern, zum anderen auf die Betreuungssituation der Kinder.

Zur Beantwortung der Fragestellungen wurden verschiedene qualitative Methoden kombiniert. Hierzu zählt das Tagebuchverfahren. Über den Zeitraum von einer Woche wurden in insgesamt 34 Familienhaushalten tägliche Routinen, Planungen, Motivationen und Abläufe der (gemeinsamen) Mahlzeiten dokumentiert. Die Mahlzeitentagebücher wurden dabei eigens für die vorliegende Studie konzipiert. Anschließend wurden in denselben Familienhaushalten 34 problemzentrierte Interviews durchgeführt. Sowohl das Ausfüllen der Mahlzeitentagebücher als auch die Durchführung der problemzentrierten Interviews erfolgten mit demjenigen Elternteil, der der sich eher für die alltägliche Mahlzeitengestaltung der Familie zuständig sieht.

Um den Beitrag kultureller Ideen zur Erklärung von Differenzen im Verhalten der Familien zur alltäglichen Mahlzeitengestaltung analysieren zu können, wurde ein Vergleich zwischen Ost- und Westdeutschland durchgeführt. Hierbei handelt es sich um einen Städtevergleich zwischen Familien in suburbanen Räumen Hamburgs und Familien in suburbanen Räumen Dresdens. Dieser Vergleich wurde deshalb gewählt, weil bis heute in beiden Großregionen Deutschlands unterschiedliche geschlechterkulturelle Familienmodelle vorherrschen. Während in Ostdeutschland, als ein bestehen gebliebenes kulturelles Leitbild aus DDR-Zeiten, traditionell meist beide Eltern Vollzeit erwerbstätig sind und eine außerhäusliche

Kinderbetreuung in Anspruch genommen wird, ist in Westdeutschland, als ein
Relikt der Hausfrauenehe, eher der Mann in Vollzeit berufstätig und die Frau
in Teilzeit, die gleichzeitig die alleinige Verantwortung für die Familienarbeit
übernimmt (Pfau-Effinger/Smidt 2011).

Bei der Auswahl der 34 Familien war eine größtmögliche Homogenität sozio-
demographischer Merkmale von Bedeutung. Dies ist zum einen relevant, um
den Beitrag kultureller Ideen zur Erklärung von Differenzen und von Konflikthaftigkeit im Verhalten zur alltäglichen Mahlzeitengestaltung von Familien
analysieren zu können, zum anderen, um weitere mögliche Einflussfaktoren auszuschließen. Zu den Auswahlkriterien zählt, dass alle Familien der Mittelschicht
angehören und im suburbanen Raum leben. Zudem handelt es sich ausnahmslos
um Kleinfamilien mit jeweils zwei Kindern, von denen das jüngste mindestes
drei Jahre alt ist. Es wurden ausschließlich heterosexuelle Elternpaare in die
Analyse einbezogen, und beide Partner:innen sind in Deutschland geboren und
aufgewachsen.[1]

Sowohl die Mahlzeitentagebücher als auch die problemzentrierten Interviews wurden mithilfe der qualitativen Inhaltsanalyse nach Kuckartz (2016)
ausgewertet. Die zentralen Ergebnisse werden nachfolgend mit Bezug auf die
forschungsleitenden Annahmen nochmals kurz zusammengefasst.

8.2   Zentrale Ergebnisse

Nachfolgend werden die zentralen Ergebnisse der empirischen Untersuchung
noch einmal zusammengefasst. Hierbei wird zunächst auf die Differenzen im
Verhalten zur alltäglichen Mahlzeitengestaltung von Familien Bezug genommen,
anschließend auf die Konflikthaftigkeit im Verhalten der Familien zur alltäglichen Mahlzeitengestaltung. In beiden Abschnitten wird sowohl auf den Beitrag
kultureller Ideen als auch der konkreten Erwerbsarbeits- und Betreuungsarrangements zur Erklärung der Differenzen bzw. zur Erklärung von Konflikthaftigkeit
eingegangen.

---

[1] Die Kriterien für die Auswahl des Samples werden ausführlich in Abschnitt 4.3.1 dargelegt
und begründet.

8.2.1 Differenzen im Verhalten zur alltäglichen Mahlzeitengestaltung

In verschiedenen Teilaspekten konnten deutliche Gemeinsamkeiten zwischen den Familien in Ost- und Westdeutschland in ihrem Verhalten zur alltäglichen Mahlzeitengestaltung festgestellt werden. Diese Gemeinsamkeiten beziehen sich u. a. auf die Tischregeln, die von den Familien geschildert werden, auf Routinen und Rituale sowie auf Kommunikationsthemen während der gemeinsamen Familienmahlzeiten. Diese Ergebnisse, aber auch die Untergliederung des Essalltags in die Mahlzeiten Frühstück, Mittag- und Abendessen sowie die Auswahl bestimmter Lebensmittel zu bestimmten Mahlzeiten, deuten darauf hin, dass möglicherweise eine gemeinsame deutsche Esskultur besteht, die sowohl die alten als auch die neuen Bundesländer einschließt. Die Gemeinsamkeiten zwischen den Familien des Samples weisen zudem auf eine eigene Kulturpraxis der suburbanen Mittelschicht hin, die mit einem Wandel der Elternschaft in Zusammenhang steht. Das Thema der Mahlzeiten als Kulturpraxis der suburbanen Mittelschicht wurde in Abschnitt 6.2 entlang der Themenbereiche Tischgespräche, Bildungsorientierung, Risikobewusstsein, Optimierungsdruck, Abgrenzungsmechanismen und Selbstentfaltung diskutiert.

Darüber hinaus zeigen die Forschungsergebnisse deutliche Ost-West-Differenzen im Verhalten der Familien zur alltäglichen Mahlzeitengestaltung. Diese Differenzen sind zum einen vor dem Hintergrund interessant, dass Unterschiede zwischen Familien in ihrem Ernährungsverhalten in aktuellen wissenschaftlichen Studien häufig auf der Basis von Schicht-Differenzen erklärt werden.[2] Die Forschungsergebnisse dieser Arbeit zeigen jedoch, dass auch innerhalb einer sozialen Schicht, hier der Mittelschicht, Differenzen in der alltäglichen Mahlzeitengestaltung bestehen können. Zum anderen sind die Ergebnisse vor dem Hintergrund des durchgeführten Ost-West-Vergleichs interessant. Entlang des Vergleichs der Hamburger und Dresdener Familien konnten deutliche Unterschiede im Verhalten zur alltäglichen Mahlzeitengestaltung festgestellt werden. Während in den Dresdener Familien die Außer-Haus-Verpflegung der Schule oder des Kindergartens ausnahmslos in Anspruch genommen wird, wodurch das Verhalten zur alltäglichen Mahlzeitengestaltung gleichzeitig einer deutlichen Regelmäßigkeit unterliegt (Mahlzeitenschema 3 und 4), finden in einem Teil der Hamburger Familien auch unter der Woche gemeinsame Mittagsmahlzeiten zuhause statt. Zudem äußern sich ausschließlich Hamburger Teilnehmende in den Interviews

---

[2] Siehe zur Erklärung von Differenzen in der alltäglichen Mahlzeitengestaltung auf Basis von Schicht-Differenzen: Hupkens et al. (2000); Jarosz (2017); Wills et al. (2011).

kritisch über die Mittagsverpflegung der Kinder in den Betreuungseinrichtungen. Sie kritisieren z. B. die Qualität des Essens oder Speisungskonzepte. Unterschiede konnten zudem in Bezug auf die Zuständigkeiten sowie die zeitliche Ausgestaltung der familiären Hauptmahlzeiten festgestellt werden.[3]

Aus der umfassenden Analyse der zentralen Dimensionen des Verhaltens zur alltäglichen Mahlzeitengestaltung[4] gingen zudem zwei zentrale Unterscheidungsmerkmale zwischen den Familien hervor. Hierbei handelt es sich um (1) den Grad der Geregeltheit und (2) die Aufgabenteilung alltäglicher Mahlzeitengestaltung. Entlang der beiden Typisierungsdimensionen wurden die analysierten Fälle zu Typologien verdichtet. Auf diese Weise konnten insgesamt sechs Typen identifiziert werden, die nach innen eine minimale und nach außen eine maximale Unterschiedlichkeit aufweisen. Diese Typen sind: (1) die hingebungsvollen Kümmerinnen, (2) die flexiblen Pragmatikerinnen, (3) die engagierten Fürsprecher:innen, (4) die gelassenen Enthusiast:innen, (5) die systematischen Organisator:innen sowie (7) die unbekümmerten Improvisator:innen (s. Abschnitt 5.5.2). Mit Hilfe der daran anschließenden Zusammenhangsanalyse wurde untersucht, welche Faktoren in Zusammenhang mit den Ausprägungen beider zentraler Typisierungsdimensionen stehen. Zudem wurden Zusammenhänge zwischen der Typologie und sekundären Variablen, d. h. Merkmalen und Themen, die nicht die Hauptgrundlage der Typenbildung waren, identifiziert (s. Abschnitt 5.5.9).

Die Ergebnisse des Städtevergleichs, der Typologisierung und der Zusammenhangsanalyse zeigen, dass kulturelle Ideen sowie die konkreten Erwerbsarbeits- und Betreuungsarrangements der Eltern eine zentrale Rolle für die Erklärung von Differenzen in der alltäglichen Mahlzeitengestaltung von Familien spielen. Die Bedeutung beider Faktorenkomplexe wird nachfolgend zusammengefasst.

Kulturelle Ideen werden in der vorliegenden Arbeit in kulturelle Werte in Bezug auf die Ernährung sowie kulturelle Leitbilder zu Familie und Erwerbstätigkeit untergliedert. Der Beitrag kultureller Werte in Bezug auf die Ernährung zur Erklärung der Differenzen in der alltäglichen Mahlzeitengestaltung von Familien wird anhand von verschiedenen Themenkomplexen deutlich. Zu diesen Themenkomplexen zählen Ernährungsentscheidungen. Während in einem Teil der Familien z. B. das Thema Gesundheit hohe Priorität hat, stehen in einem anderen Teil der Familien die Themen Geschmack und Zweckmäßigkeit im Zentrum der

---

[3] Die Differenzen im Verhalten zur alltäglichen Mahlzeitengestaltung zwischen den Hamburger und Dresdener Familien werden ausführlich in Abschnitt 5.4.1 dargestellt.

[4] Die zentralen Dimensionen sind: Stattfinden und Anwesende, zeitlicher Umfang und Zuständigkeit.

Lebensmittelwahl. Die Ergebnisse zeigen darüber hinaus, dass die Ernährungsentscheidungen mit (Ernährungs-)Sozialisationsprozessen verknüpft sind, die in
der eigenen Kindheit erlernt wurden. Es wird eine intergenerationelle Vermittlung und Weitergabe von Werten und Verhaltensweisen deutlich, wobei in der
vorliegenden Arbeit von einem doppelten Boden gesprochen werden kann. Auf
der einen Seite ist die (Ernährungs-)Sozialisation der Kinder der teilnehmenden
Familien von Bedeutung, auf der anderen Seite die (Ernährungs-)Sozialisation
der Eltern der teilnehmenden Familien, die sie in ihrer eigenen Kindheit erfahren haben. In direktem Zusammenhang mit der (Ernährungs-)Sozialisation stehen
zudem Differenzen der Familien in Bezug auf den Umgang mit Regeln. Ein
weiterer Themenkomplex ist die Relevanz von Essen und Ernährung, zu der
auch die Realisierung gemeinsamer Familienmahlzeiten gezählt werden kann.
Hierbei messen die Familien der alltäglichen Mahlzeitengestaltung einen unterschiedlichen Stellenwert bei. Auf der einen Seite wird der Realisierung der
gemeinsamen Mahlzeiten ein hoher Stellenwert zugeschrieben und diese stehen
im Mittelpunkt des Familienalltags, auf der anderen Seite bilden sie eher einen
Nebenschauplatz im täglichen Familienleben. Dieser unterschiedliche Stellenwert wirkt sich wiederum auf den zeitlichen Umfang sowie die Aufgabenteilung
alltäglicher Mahlzeitengestaltung aus. Einfluss auf den Ablauf gemeinsamer
Familienmahlzeiten nehmen zudem religiöse Tischgebete oder Tischlieder.[5]

Die zentrale Bedeutung kultureller Leitbilder zum Verhältnis von Familie und
Erwerbstätigkeit für die Erklärung von Differenzen im Verhalten zur alltäglichen Mahlzeitengestaltung von Familien wird u. a. anhand des Vergleichs des
Arrangements der Vereinbarkeitsfamilie mit männlichem Hauptversorger und des
Arrangements der Doppelversorgerfamilie mit außerhäuslicher Kinderbetreuung
deutlich. Hierbei zeigt sich, dass sich die beiden Arrangements insbesondere
in Bezug auf die Aufgabenteilung alltäglicher Mahlzeitengestaltung unterscheiden. Diese Differenzen sind auch vor dem Hintergrund bedeutsam, dass bis
heute in Westdeutschland häufiger das Arrangement der Vereinbarkeitsfamilie
mit männlichem Hauptversorger praktiziert wird, während in Ostdeutschland
noch immer das Arrangement der Doppelversorgerfamilie mit außerhäuslicher
Kinderbetreuung dominiert. Darüber hinaus zeigt der durchgeführte Städtevergleich, dass die Dresdener Väter des Samples insgesamt häufiger in die alltägliche

---

[5] Siehe zum Einfluss kultureller Werte (in Bezug auf die Ernährung) auf das Verhalten zur
alltäglichen Mahlzeitengestaltung auch Abschnitt 6.6.1.1 sowie 7.2.1.

Mahlzeitengestaltung der Familie einbezogen sind als die Väter der Hamburger Familien.[6]

Ferner zeigen die Ergebnisse die zentrale Rolle der konkreten Erwerbsarbeits- und Betreuungsarrangements der Eltern zur Erklärung der Differenzen zwischen den Familien in ihrem Verhalten zur alltäglichen Mahlzeitengestaltung. Zu diesen Erwerbsarbeits- und Betreuungsarrangements zählen sowohl die Erwerbssituation der Eltern als auch die Betreuungssituation der Kinder. Die Analyse der Erwerbssituation der Eltern macht deutlich, dass Dauer, Lage, Grad und Art der Flexibilität der Erwerbstätigkeit sowie der Ort des Arbeitsplatzes für die Erklärung von Differenzen eine bedeutende Rolle spielen. Der Vergleich des Arrangements der Vereinbarkeitsfamilie mit männlichem Hauptversorger und des Arrangements der Doppelversorgerfamilie mit außerhäuslicher Kinderbetreuung zeigt, dass sich die Dauer der Erwerbstätigkeit auf die Aufgabenteilung der Eltern in Bezug auf die alltägliche Mahlzeitengestaltung der Familie auswirkt.

Zudem spielt die Lage der Erwerbstätigkeit eine Rolle, was besonders anhand der Familien deutlich wird, in denen mindestens ein Elternteil im Schichtdienst erwerbstätig ist. Weitere Beispiele aus dem Datenmaterial, die verdeutlichen, dass die Lage der Erwerbsarbeit das Verhalten der Familien zur alltäglichen Mahlzeitengestaltung beeinflusst, sind der zeitliche Beginn der Erwerbsarbeit, der den zeitlichen Umfang des Frühstücks beeinflusst, sowie ein erwerbsfreier Tag der Mütter unter der Woche, der z. B. zum Einkaufen genutzt wird.

Auch Art und der Grad der Flexibilität spielen eine Rolle. Selbstständigkeiten und flexible Arbeitszeiten der Eltern beeinflussen hierbei insbesondere den Grad der Geregeltheit der alltäglichen Mahlzeitengestaltung der Familie. In diesem Zusammenhang ist auch von Bedeutung, dass die Väter, die durch freie Einteilung der Arbeitszeiten in ihrem beruflichen Kontext eine große Flexibilität aufweisen, in der Regel stärker in die alltägliche Mahlzeitengestaltung der Familie einbezogen sind.

Die Unterscheidung zwischen Homeoffice-Tätigkeiten und aushäusiger Erwerbsarbeit verdeutlicht, dass der Ort des Arbeitsplatzes das Verhalten der Familien zur alltäglichen Mahlzeitengestaltung beeinflusst. Z. B. finden in den Familien, in denen die Mutter teilweise im Homeoffice erwerbstätig ist, in der Regel auch unter der Woche inhäusige Mittagsmahlzeiten statt.[7]

---

[6] Siehe zum Einfluss kultureller Leitbilder (zum Verhältnis von Familie und Erwerbstätigkeit) auf das Verhalten zur alltäglichen Mahlzeitengestaltung auch Abschnitt 6.6.1.2 und 7.2.2.

[7] Homeofficetätigkeiten der Mütter kommen ausschließlich in den Hamburger Familien des Samples vor.

In Bezug auf die Betreuungssituation der Kinder spielen die häuslichen An-
und Abwesenheiten sowie die Zeitdauer und -lage der häuslichen Abwesenheiten der Kinder eine Rolle. Hierbei ist zunächst von Bedeutung, dass sich
diese Aspekte zwischen dem Arrangement der Vereinbarkeitsfamilie mit männlichem Hauptversorger und dem Arrangement der Doppelversorgerfamilie mit
außerhäuslicher Kinderbetreuung unterscheiden. Die Kinder des Arrangements
der Vereinbarkeitsfamilie mit männlichem Hauptversorger sind nach der Schule
und dem Kindergarten in der Regel früher zuhause anwesend als die Kinder des
Arrangements der Doppelversorgerfamilie mit außerhäuslicher Kinderbetreuung,
woraus Differenzen im Verhalten der Familien zur alltäglichen Mahlzeitengestaltung resultieren. Über die Abwesenheiten der Kinder hinaus, die durch Schule
und Kindergarten bedingt sind, werden unter der Woche insbesondere die personelle Konstellation sowie der zeitliche Umfang des Abendessens durch die
Zeitdauer und -lage der häuslichen Abwesenheiten der Kinder bedingt. Dies ist
vor allem dann der Fall, wenn sich Freizeitaktivitäten, außeralltägliche Termine
und Veranstaltungen mit den eigentlichen Essenszeiten zeitlich überschneiden.

Darüber hinaus zeigen die Ergebnisse, dass auch das Alter der Kinder eine
Rolle für die Erklärung von Differenzen zwischen den Familien in ihrem Verhalten zur alltäglichen Mahlzeitengestaltung spielt. In denjenigen Familien, in denen
zwei Kinder unter sechs Jahren leben, sind die Abläufe der alltäglichen Mahlzeitengestaltung in der Regel stark ritualisiert, in den Familien, in denen mindestens
ein Kind zehn Jahre oder älter ist, ist dies anders.[8]

8.2.2 Konflikthaftigkeit im Verhalten zur alltäglichen Mahlzeitengestaltung

In Bezug auf die Analyse der Konflikthaftigkeit im Verhalten der Familien zur
alltäglichen Mahlzeitengestaltung zeigten sich zunächst Gemeinsamkeiten zwischen den unterschiedlichen praktizierten Familienarrangements sowie zwischen
den Hamburger und Dresdener Familien. Diese Gemeinsamkeiten beziehen sich
vor allem auf die Art der Konflikte, die sich in sechs verschiedene Kategorien
unterteilen lassen: (1) Lebensmittelkonflikte, (2) Missachtung von Regeln, (3) Streit
(der Kinder), (4) äußere Einflussfaktoren, (5) Meinungsverschiedenheiten der
Eltern und (6) Müdigkeit und Erschöpfung. Die anschließende Analyse der zentralen Dimensionen *innere Widersprüche* und *Verhaltensweisen* konnte deutlich

---

[8] Siehe zum Einfluss konkreter Erwerbsarbeits- und Betreuungsarrangements auf das Verhalten zur alltäglichen Mahlzeitengestaltung auch Abschnitt 6.6.2 und 7.3.

zeigen, dass sowohl auf manifester als auch auf latenter Ebene Konflikthaftigkeit im Verhalten der Familien zur alltäglichen Mahlzeitengestaltung besteht, wobei die beiden Dimensionen in starker wechselseitiger Verbindung miteinander stehen (s. Abschnitt 7.4).

Die Ergebnisse zeigen, dass kulturelle Ideen für die Erklärung von Konflikthaftigkeit im Verhalten zur alltäglichen Mahlzeitengestaltung der Familien eine zentrale Rolle spielen. Dies wird besonders anhand der Analyse von kulturellen Werten in Bezug auf die Ernährung deutlich. Hierbei spielen insbesondere Unterschiede in den kulturellen Werten der Eltern in Bezug auf die Ernährung eine bedeutende Rolle, die im Datenmaterial anhand von Meinungsverschiedenheiten deutlich werden. Bei diesen Meinungsverschiedenheiten geht es um (1) die Strenge im Umgang mit Regeln, (2) den Einbezug der Kinder und (3) Unterschiede in der Lebensmittelwahl. Die Ergebnisse zeigen darüber hinaus, dass Konflikte in Bezug auf die Aufgabenteilung der Paare häufig auf latenter Ebene stattfinden und hierbei das Thema der unsichtbaren Denkarbeit bedeutsam ist, zu der Planungs- und Organisationsaspekte gezählt werden können (s. Abschnitt 6.3.1). Betreffend die Meinungsverschiedenheiten der Eltern nimmt zudem die (Ernährungs-)Sozialisation der Eltern in Bezug auf kulturelle Werte einen bedeutenden Stellenwert ein. Deutliche Unterschiede in den Sozialisationsprozessen führen hierbei zu unterschiedlichen Vorstellungen über die „richtigen" Verhaltensweisen zur alltäglichen Mahlzeitengestaltung. Zudem zeigen die Ergebnisse geschlechtsspezifische Unterschiede in den Ernährungsentscheidungen zwischen den Eltern und dass Lebensmittelkonflikte zwischen den Eltern häufig in Zusammenhang mit diesen geschlechtsspezifischen Ernährungsweisen stehen. Dieses Ergebnis deutet darauf hin, dass hierbei unterschiedliche Sozialisationsprozesse des Ernährungsverhaltens von Jungen und Mädchen von Bedeutung sind, in denen es auch zur Vermittlung klassischer Rollenbilder bezüglich der Arbeitsteilung im Haushalt komme (s. Abschnitt 6.3).

Zu kulturellen Ideen werden in der vorliegenden Arbeit auch kulturelle Leitbilder zu Familie und Erwerbstätigkeit gezählt. Der Vergleich zwischen dem Arrangement der Vereinbarkeitsfamilie mit männlichem Hauptversorger und dem Arrangement der Doppelversorgerfamilie mit außerhäuslicher Kinderbetreuung zeigt, dass sich die Konflikte zwischen den beiden praktizierten Familienarrangements nicht relevant voneinander unterscheiden. Jedoch deuten die Ergebnisse darauf hin, dass die Aushandlungsprozesse der Paare, die dem jeweiligen Familienarrangement vorgelagert sind, einen entscheidenden Stellenwert in der Erklärung von Konflikthaftigkeit einnehmen.

Darüber hinaus kann die Übernahme der Verantwortlichkeit für die alltägliche Mahlzeitengestaltung durch die Mütter des Samples als ein Bestandteil eines kulturellen Leitbildes verstanden werden. In 29 der 34 teilnehmenden Familien wurde die alltägliche Mahlzeitengestaltung in den Tagebüchern von den Müttern dokumentiert. Dem vorgelagert war die Bitte, dass das Ausfüllen von demjenigen Elternteil übernommen wird, der eher für die Planung und Organisation sowie die Zubereitung der Mahlzeiten zuständig ist.

Die Analyse zeigt darüber hinaus, dass auch die konkreten Erwerbsarbeits- und Betreuungsarrangements der Eltern eine zentrale Rolle zur Erklärung von Konflikthaftigkeit im Verhalten zur alltäglichen Mahlzeitengestaltung spielen. Hierbei wird deutlich, dass im Datenmaterial insgesamt zeitliche Konflikte dominieren, die in Zusammenhang mit den Erwerbsarbeits- und Betreuungsarrangements stehen. Bei diesen zeitlichen Konflikten spielt die Lage der Erwerbsarbeit eine bedeutende Rolle, was im Datenmaterial insbesondere anhand von Schichtdiensten deutlich wird, aber auch anhand des zeitlichen Beginns der Erwerbsarbeit. Die häuslichen An- und Abwesenheiten der Kinder, aber auch deren Zeitdauer und -lage nehmen unter der Woche vor allem Einfluss auf den zeitlichen Verlauf des gemeinsamen Abendessens. Dies ist vor allem dann der Fall, wenn sich Freizeitaktivitäten, aber auch außeralltägliche Termine und Veranstaltungen zeitlich mit den familiären Essenszeiten überschneiden.

Ferner konnte das Alter der Kinder als ein bedeutsamer Erklärungsfaktor von Konflikthaftigkeit im Verhalten zur alltäglichen Mahlzeitengestaltung identifiziert werden. Z. B. unterscheiden sich die Art und die Häufigkeit der Streitigkeiten zwischen den Kindern, die während der Mahlzeiten ausgetragen werden, je nach Alter. Darüber hinaus werden die Mahlzeiten in den Familien mit Kindergartenkindern häufiger durch Kleckern und Verschütten unterbrochen, während in den Familien, in denen die Kinder bereits die weiterführende Schule besuchen, eher (vor-)pubertäres Verhalten und Abwesenheiten während der Mahlzeiten auf Grund einer zunehmenden Selbstständigkeit eine Rolle spielen.

8.3   Beitrag zur Weiterentwicklung von Theorie und Forschung

Die vorliegende Arbeit leistet mit Hilfe der Untersuchung kultureller Phänomene und deren Einfluss auf das Verhalten von Familien einen wichtigen Beitrag zur Weiterentwicklung von Theorie und Forschung, da Untersuchungen dieser Art in der empirischen Forschung bisher unterrepräsentiert sind:

> *Tatsächlich haben Leitbilder bei der Erklärung von privater Lebensführung und von generativem Verhalten in der empirischen Forschung bisher eine sehr randständige Rolle gespielt. Stattdessen dominieren zuletzt ökonomische Ansätze – die allerdings die Realität nicht vollständig plausibel erklären können [...].* (Lück/Diabaté 2015, 27)

Die Forschungsergebnisse zeigen die Beständigkeit und die zentrale Bedeutung kultureller Leitbilder. Dies wird daran deutlich, dass sich in Westdeutschland wie in Ostdeutschland bis heute jeweils verschiedene kulturelle Leitbilder zu den Familienmahlzeiten erhalten haben. Durch den qualitativen Forschungsansatz geht der durchgeführte Ost-West-Vergleich über aktuelle Untersuchungen zu Differenzen im Ernährungsverhalten zwischen den alten und den neuen Bundesländern hinaus, denen häufig quantitative Ansätze[9] zugrunde liegen. Durch das qualitative Verfahren konnten nicht nur individuelle Handlungsmotive, Gründe und Muster im Verhalten zur alltäglichen Mahlzeitengestaltung der Familien festgestellt, sondern auch latente Konflikte, wie innere Widersprüche und Diskrepanzen, identifiziert werden. Die Herausarbeitung von Konflikthaftigkeit im Verhalten zur alltäglichen Mahlzeitengestaltung von Familien bildet hierbei insgesamt einen wichtigen Beitrag zur Weiterentwicklung von Theorie und Forschung. Vorangehende Studien deuten Konflikte in der alltäglichen Mahlzeitengestaltung zwar an und beschreiben den familiären Esstisch als einen Austragungsort von Konflikten, es mangelte bisher jedoch an einer Analyse von Konflikthaftigkeit in der alltäglichen Mahlzeitengestaltung von Familien unter Einbezug konkreter Erklärungsfaktoren.

Ferner berücksichtigt die vorliegende Forschungsarbeit Differenzen zwischen Familien innerhalb einer sozialen Schicht, der Mittelschicht, und verdeutlicht mit Hilfe einer typenbildenden qualitativen Inhaltsanalyse, dass Unterschiede im Verhalten zur alltäglichen Mahlzeitengestaltung zwischen Familien der gleichen sozialen Schicht bestehen können. Bisherige Studien, die Differenzen im Verhalten der Familien untersuchen, führen häufig soziale Unterschiede auf der Basis von Schicht-Differenzen zur Erklärung der Unterschiede an.[10]

Darüber hinaus nimmt die empirische Untersuchung der vorliegenden Arbeit nicht nur auf das gemeinsame Essen in Familien Bezug, sondern auch auf die

---

[9] Siehe zu quantitativen Ansätzen zur Analyse von Ost-West-Differenzen: Atzendorf (2020); Burger/Mensink (2003); Kutsch/Werner (2002); Lampert et al. (2010); Linseisen (2002); Mensink et al. (2007).

[10] Siehe zur Erklärung von Unterschieden im Verhalten von Familien zur alltäglichen Mahlzeitengestaltung auf Basis von Schicht-Differenzen: Hupkens et al. (2000); Jarosz (2017); Meier-Gräwe (2010); Wills et al. (2011).

Einbettung der Mahlzeiten in den Familienalltag sowie auf Vor-, Zu- und Nach-bereitungsprozesse. Damit unterscheidet sie sich von einem Großteil bisheriger Forschungen zum Thema Mahlzeiten.

8.4 Grenzen der Aussagekraft

In den nachfolgenden Abschnitten wird (selbst-)kritisch auf die Grenzen der Aussagekraft der vorliegenden Forschungsergebnisse eingegangen. Hierbei wird sowohl auf die Auswahl des Samples Bezug genommen als auch das methodologische Vorgehen differenziert reflektiert.

Da in dieser Arbeit Geschlechterverhältnisse, besonders weiblich und männlich konnotierte Verhaltensmuster, von Bedeutung sind, wurden ausschließlich heterosexuelle Partnerschaften in die Analyse einbezogen. Homosexuelle Partnerschaften wurden ausgeschlossen, da eine Integration an dieser Stelle nicht zielführend gewesen wäre. Insgesamt wurde eine größtmögliche Homogenität der Familien angestrebt, vor allem, um den Einfluss kultureller Ideen auf das Verhalten zur alltäglichen Mahlzeitengestaltung analysieren zu können. Aus diesem Grund wurden ausschließlich Kleinfamilien, d. h. bestehend aus zwei Generationen, betrachtet. Das Elternpaar lebt hier gemeinsam mit zwei Kindern, von denen das jüngste mindestens drei Jahre alt ist, in einem Haushalt. Das Verhalten zur alltäglichen Mahlzeitengestaltung und eine Konflikthaftigkeit zwischen den untersuchten Familien und Familien mit einer anderen Anzahl an Kindern sowie Kindern anderer Altersgruppen kann sich unterscheiden. Gleiches gilt für andere Familienformen, wie beispielsweise Alleinerziehende, LGBTQIA*-Familien, Patchwork-Familien, Großfamilien, Adoptiv- und Pflegefamilien, und weitere. Darüber hinaus leben alle Familien des Samples im suburbanen Raum und gehören der Mittelschicht an. Diese Merkmale wurden gewählt, um auszuschließen, dass Unterschiede zwischen den Familien auf Unterschiede im Lebensraum oder in der sozialen Schichtzugehörigkeit zurückzuführen sind. Zu bedenken ist, dass sich das Verhalten zur alltäglichen Mahlzeitengestaltung zwischen Familien unterschiedlicher Raumkategorien, aber auch unterschiedlicher sozialer Schichten unterscheiden kann. Ferner fußt der durchgeführte Ost-West-Vergleich auf den suburbanen Räumen der Städte Hamburg und Dresden. Hierbei ist zu bedenken, dass sich die Städte, im Sinne einer Stadtkultur, durch einen spezifischen Charakter auszeichnen, der aus einer „Gesamtheit von Gewohnheiten, Traditionen und verfestigten Einstellungen" (Lexikon der Geographie 2001, 1) besteht.

Zwar wurde bei der Auswahl der Familien berücksichtigt, dass das monatliche Haushaltsnettoeinkommen der untersuchten Familien zwischen 3.270 und 6.130 Euro[11] liegt, allerdings bleiben dabei Aspekte wie Vermögen und Wohneigentum unberücksichtigt. Dies ist vor allem deshalb von Bedeutung, weil zwischen den alten und den neuen Bundesländern deutliche Vermögensunterschiede bestehen können; siehe dazu: Bartels und Schröder (2020), Bundeszentrale für politische Bildung (2020), Lejeune et al. (2017), Tiefensee und Spannagel (2018).

Bei der Datenerhebung besteht eine Grenze darin, dass die Mahlzeitentagebücher jeweils von demjenigen Elternteil ausgefüllt wurden, der sich eher für Aufgaben der alltäglichen Mahlzeitengestaltung der Familie zuständig sieht. Gleiches gilt für die sich daran anschließenden problemzentrierten Interviews. Zwar ermöglichten die persönliche Übergabe der Tagebücher und die Durchführung der Interviews im Zuhause der Teilnehmenden häufig, weitere Familienmitglieder kennenzulernen; deren Perspektive auf das Verhalten zur alltäglichen Mahlzeitengestaltung der Familie bleibt jedoch größtenteils unberücksichtigt. Frau Zimmer (26-HH) regt diesbezüglich im Interview an:

> *Ich frage mich, ob es da auch wichtig ist, den Eindruck der Kinder oder der anderen Familienmitglieder aufzunehmen. Das ist jetzt ja nur meine Perspektive, wie ich sie wahrnehme. Andere können es natürlich anders wahrnehmen. Wenn ich sage: „Für mich war es entspannt", kann es sein, dass mein Mann sagt so: „Boah, was für ein Stress hier heute schon wieder." (Familie 26-HH (Zimmer) Itv., Pos. 43)*

Insbesondere hinsichtlich der Fragestellung (2a), inwiefern bezüglich des Verhaltens zur alltäglichen Mahlzeitengestaltung Konflikthaftigkeit innerhalb der Familie besteht, wären Paarinterviews mit beiden Elternteilen vermutlich sehr ertragreich gewesen. Im Rahmen der Datenerhebung wurde in einer Familie (6-DD), in der ein hoher Grad der Aufgabenteilung der alltäglichen Mahlzeitengestaltung der Familie vorherrscht, ein Paarinterview durchgeführt. Das nachfolgende Beispiel verdeutlicht die Interaktion zwischen den Ehepartnern:

> *M: Genau, wir fangen eigentlich alle gemeinsam an, halt schon durch das Tischgebet. Und beim Abschluss ist es auf jeden Fall so, Hände waschen. Also Daniel [5] geht Hände waschen, und Michelle [3] werden die Hände gewaschen. Das ist noch so eine, also damit ist dann halt das Essen zu Ende.*
> *V: Ja, sonst haben wir nach dem Tischlied, was wir singen, gibt es halt noch so einen Spruch: Wir wünschen uns alle einen guten Appetit.*
> *M: Haut rein.*

---

[11] Die Einkommensgrenzen gehen aus dem sozio-oekonomischen Panel (SOEP) für den Haushaltstyp „Paarhaushalte mit zwei Kindern unter 14 Jahren" hervor.

> V: *Irgendwie so, das wäre jetzt noch so ein Ritual in der Form. Darüber hinaus weiß ich jetzt gerade nicht.*
> M: *Eigentlich nichts, was sich so wiederholt. Also, wie gesagt, jetzt mit Michelle [3] fangen wir halt an, immer zusammen zu decken. Und sie will dann auch immer abdecken. Also, dass wir versuchen, es zusammen zu machen, aber Daniel [5] ist da nicht so zu begeistern davon.*
> V: *Und du auch nicht immer.*
> M: *Und ich auch nicht immer, genau. Genau, aber es ist sowas, was man versucht, so zu integrieren, aber was halt noch nicht wirklich zum Standard geworden ist.* (Familie 6-DD (Fahrenhorst) Itv., Pos. 44–51)

Deutlich wird nicht nur ein gemeinsames Erzählen, sondern auch ein Aushandeln des Erzählten, hier in Hinblick auf den Einbezug der Kinder und die Arbeitsteilung der Eltern. Wimbauer und Motakef (2017) legen dar, dass Paarinterviews erlauben, Wirklichkeitskonstruktionen und Deutungshoheiten von Paaren in situ erfahrbar zu machen. Jedoch bestehe eine Grenze des Paarinterviews darin, dass Themen anders dargestellt werden als in Einzelinterviews (Lauer 2011). Zudem werden bestimmte Problemstellungen unter Anwesenheit des Partners oder der Partnerin möglicherweise nicht angesprochen. Einzelinterviews ermöglichen, u. a. durch längere Sprechzeiten, ein tieferes Eintauchen in Inhalte. Auch werden die Schilderungen nicht durch weitere Teilnehmende unterbrochen. Aus diesen Gründen fiel die Entscheidung, trotz eines ergebnisreichen Paarinterviews, für die Durchführung von Einzelinterviews.

Darüber hinaus kam es im März 2020 in Deutschland zu dem mit COVID-19 begründeten Lockdown, wodurch der Alltag der Menschen stark beeinflusst wurde. Die Ausgangs- und Kontaktbeschränkungen hielten über mehrere Monate an und der Familienalltag unterlag in dieser Zeit wesentlichen Veränderungen (s. Abschnitt 4.3.5). Daher fiel die Entscheidung, während der Pandemie keine weiteren Familien in das Sample einzubeziehen, da dies die Vergleichbarkeit der alltäglichen Mahlzeitengestaltung der Familien stark verkompliziert hätte. Aus diesem Grund ist die Anzahl der in Hamburg lebenden Familien (n = 22) größer als die Anzahl der in Dresden lebenden Familien (n = 12).

8.5   Ausblick auf zukünftige Forschung

Die in den vorangehenden Abschnitten dargelegten Grenzen der Aussagekraft der Ergebnisse beinhalten im Ansatz bereits einen Ausblick auf zukünftige Forschungen. Hierzu zählen der Einbezug der Perspektive des Partners oder der Partner/in,

aber auch die Erweiterung des Samples um andere Familienformen, wie Alleinerziehende, Großfamilien, Patchworkfamilien, intergenerationelle Haushalte[12]
und LGBTQIA*-Familien. Die Analyse dieser Familienformen wäre in der
vorliegenden Arbeit nicht zielführend gewesen, stellt aber dennoch ein interessantes Forschungsfeld dar. Über derartige methodologische Erweiterungen hinaus
werden nachfolgend die Themen Aushandlungsprozesse, ost-west-mobile Partnerschaften sowie außeralltägliche Mahlzeiten als individuelle Forschungsfelder
dargelegt.

Die möglichen methodologischen Erweiterungen der vorliegenden Arbeit
werden im Weiteren dargestellt. Hierzu zählen (1) teilnehmende Beobachtungen, (2) eine Analyse der Orte des Essens, (3) der Einbezug der Perspektive
der Kinder, (4) die Erhebung von Zeitverwendungsbögen der einzelnen Familienmitglieder, (5) eine Erweiterung des Samples um das Arrangement der
Doppelversorger-/Doppelbetreuerfamilie sowie (6) ein Vergleich des Verhaltens
zur alltäglichen Malzeitengestaltung zwischen Familien der suburbanen und der
urbanen Mittelschicht.

Die angewendete Kombination verschiedener qualitativer Methoden um teilnehmende Beobachtungen[13] zu ergänzen, beispielsweise in Form einer Teilnahme
an der familiären Hauptmahlzeit, wäre sicherlich förderlich, um ein ganzheitli-
ches Bild familiärer Esspraktiken zeichnen zu können. Auf diese Weise könne
die „soziale Akteurschaft des Essensobjekts" als solches erschlossen werden
und die Analyse über visuelle Beschreibungen sozialer Praktiken hinausgehen,
indem „Leiblichkeit, Gefühle, Haptik, Gustatorik, die [...] Überschreitung von
Körpergrenzen" einbezogen werden (Rose et al. 2021a, 269). Die Gelegenheit,
eine teilnehmende Beobachtung durchzuführen, eröffnete sich in der Datenerhebungsphase durch eine zeitliche Überschneidung zwischen der Übergabe des
Mahlzeitentagebuchs und der gemeinsamen Zwischenmahlzeit der Familie am
Nachmittag. Bei gemeinsamem Tee und Keksen konnte ich Einblicke in die
Abläufe dieser Mahlzeit erhalten, den Gesprächen zwischen Mutter und Kin-
dern zuhören und auf diese Weise Kenntnis von verschiedenen Themen und
Ritualen nehmen. Die Ergänzung der Methode der teilnehmenden Beobachtung

---

[12] Eine gezielte Untersuchung des Verhaltens zur alltäglichen Mahlzeitengestaltung von
Familien in intergenerationellen Haushalten wäre auch aus dem Grund interessant, dass die
Daten der vorliegenden Arbeit Meinungsverschiedenheiten zwischen den Eltern und den
Großeltern sowie weiteren Verwandten zeigen, hier bezüglich der Ernährung der Kinder.
Siehe dazu: Abschnitt 5.6.2.1.

[13] Siehe zur Methode der teilnehmenden Beobachtung: Denzin (2008); Ellis/Bochner (2008);
Heuser-Schäublin (2003); Passaro (1977); Schöne (2005).

wäre darüber hinaus geeignet, um Praktiken wie das Einkaufen und die Auswahl bestimmter Lebensmittel zu begleiten, aber auch die Zubereitung sowie das gemeinsame Kochen. Die Beispiele ließen sich ebenfalls mit der Methode des Walking Interviews[14] umsetzen, bei denen die Teilnehmenden im Gehen begleitet werden und dabei ihre Perspektive auf das unmittelbar Erlebte darlegen (Kühl 2016). Es wird deutlich, dass sich die erhobenen Daten ausweiten bzw. mit weiteren qualitativen Methoden untermauern ließen.

Gleiches gilt für die Orte bzw. die Räumlichkeiten, in denen die aushäusigen Mahlzeiten eingenommen werden. Insbesondere diejenigen Mütter, die auch unter der Woche ein inhäusiges Mittagessen für die Kinder realisieren, berichten, mit der Außer-Haus-Verpflegung der Kinder in Schule und Kindergarten nicht vollständig zufrieden zu sein. Hierbei geht es häufig um die Qualität des Essens, um einen fehlenden Überblick der Eltern, aber auch um Kritik an verschiedenen Speisungskonzepten. Im folgenden Beispiel äußert Frau Schipper (19-HH) Kritik am offenen Essenskonzept im Kindergarten ihrer Tochter Celina:

> *Und bei Celina [4] ist es leider so, dass die so ein offenes Konzept in der Kita haben, also, die haben das umgestellt und die Kinder können zum Essen gehen, wann, also ob und wann sie wollen. Und gehen auch nicht als Gruppe dahin, sondern jeder geht in diesen Essenssaal, wann er möchte. So sind natürlich auch so ein paar Rituale verloren gegangen als Gruppe. (Familie 19-HH (Schipper) Itv., Pos. 21)*

Auch wird betont, dass sich die Essenssituationen in der Schule und dem Kindergarten stark von der Situation am heimischen Esstisch unterscheiden:

> *Also, ich finde, dass dieses gemeinsame Essen der Kinder im Kindergarten und in der Schule unterscheidet sich schon von dem, was wir machen [...] meine standen auch schon mal vor der Tür, weil sie sich ungebührlich benommen haben beim Essen, ganz bestimmt, die versuchen da schon durzugreifen, aber ich glaube einfach, wenn du zwanzig Kinder da irgendwie zum Essen an den Tisch setzt und die haben alle Hunger und dann-, unabhängig davon, dass sie mit den Leuten konfrontiert werden, die sich komisch benehmen, weil sie: „Ih, Igitt, Ih." Also, das finde ich auch schon schwierig, haben sie dann natürlich auch so Ideen mit: „Ich stecke mir jetzt die Nudel in die Nase" oder „Ich fange da jetzt an, etwas zu mantschen" oder so dieses Mit-Essen-Spielen und das nicht zu wertschätzen. Das kommt halt über diese-, da sitzen im Prinzip zu wenig Betreuer dabei. (Familie 3-HH (Clausen) Itv., Pos. 55)*

Beide Beispiele verdeutlichen, dass es sich bei den Essenssituationen in Betreuungseinrichtungen um ein weiteres Forschungsfeld handelt. Aufschlussreich wäre

---

[14] Siehe zur Methode des Walking Interviews: Clark/Emmel (2010); Evans/Jones (2011); King/Woodroffe (2019); Kühl (2016); Riley/Holton (2016).

eine Analyse der Settings im Vergleich zwischen den alten und neuen Bundesländern, um zu analysieren, welchen Einfluss Räumlichkeiten, Konzepte, Betreuung
und Regeln auf die Inanspruchnahme der Außer-Haus-Verpflegung nehmen. Henri
Lefebvre (2011) spricht bezüglich der Produktion von Raum von einer dualen
Struktur: Die Akteure produzieren durch ihr Handeln und ihre Vorstellungen
Raum in einem *doing*, wobei dieses *doing* gleichzeitig selbst durch Räume
bestimmt ist.[15]

Betreffend die Essenssituationen in den Betreuungseinrichtungen wäre es hierbei sinnvoll, die Perspektive der Kinder unmittelbar, z. B. in Form von Interviews,
zu erfassen. Die Sichtweise der Kinder kann jedoch auch darüber hinaus als
bedeutsam angesehen werden: Unter den im Rahmen der vorliegenden Arbeit
durchgeführten Interviews stellten sich die als besonders aufschlussreich heraus,
bei denen neben dem Elternteil auch Kinder anwesend waren, die zuhörten und
die Aussagen der Eltern kommentierten und/oder in Frage stellten. Interessant
wäre, die Perspektive der Kinder zusätzlich durch eine gezielte Befragung zu
erfassen. Rose et al. (2021a, 269) kritisieren, dass derzeit ausschließlich aus
der Erwachsenenposition über Kinder und ihr Essen geforscht werde und es
an Strategien fehle, die Kinder selbst zum Sprechen zu bringen. Eine weitere
sinnvolle methodische Erweiterung wäre die Erhebung von Zeitverwendungsbögen der einzelnen Familienmitglieder. Auf diese Weise könnten die häuslichen
An- und Abwesenheiten sowie deren zeitliche Lage und Dauer detailliert erfasst
werden.

In der vorliegenden Arbeit wurden insbesondere das Arrangement der
Vereinbarkeitsfamilie mit männlichem Hauptversorger und das Arrangement
der Doppelversorgerfamilie mit außerhäuslicher Kinderbetreuung ins Zentrum der Analyse gestellt. Im Unterschied dazu praktiziert eine Familie des
Samples, Familie Dambacher (4-HH), das Arrangement der Doppelversorger/
Doppelbetreuerfamilie. In dieser Familie sind beide Eltern in Teilzeit erwerbstätig. Das Verhalten zur alltäglichen Mahlzeitengestaltung dieser Familie lässt
sich gewissermaßen zwischen dem Arrangement der Vereinbarkeitsfamilie mit
männlichem Hauptversorger und dem Arrangement der Doppelversorgerfamilie
mit außerhäuslicher Kinderbetreuung verorten. Beispielsweise wird das Mahlzeitenschema 1 praktiziert, in dem alle drei Hauptmahlzeiten inhäusig stattfinden.
Dieses Mahlzeitenschema kommt ansonsten ausschließlich in Familien des
Arrangements der Vereinbarkeitsfamilie mit männlichem Hauptversorger vor.
Gleichzeitig ist die Aufgabenteilung alltäglicher Mahlzeitengestaltung zwischen

---

[15] Siehe zur Verräumlichung sozialer Praktiken auch: Alexander et al. (1977); Kajetzke/
Schroer (2015); Mende (2019).

den Eltern eher charakteristisch für die Familien des Arrangements der Doppelversorgerfamilie mit außerhäuslicher Kinderbetreuung, weshalb die Erweiterung
des Samples um weitere Familien des Arrangements der Doppelversorger-/
Doppelbetreuerfamilie aufschlussreich wäre.

Zudem leben die in der vorliegenden Arbeit untersuchten Mittelschicht-
Familien ausschließlich in suburbanen Räumen. In der Literatur wird hingegen
vielfach diskutiert, dass sich die neue Mittelklasse[16] zunehmend in urbanen Räumen niederlasse (Läpple 2005; Frank 2014a, 166, 2014b; Koppetsch/Speck 2015,
38; Reckwitz 2017). Die Durchführung eines Vergleichs des Verhaltens zur alltäglichen Mahlzeitengestaltung zwischen urbanen und suburbanen Mittelschicht-
Familien wäre angesichts unterschiedlicher Wohnvorstellungen, Lebensstile und
Einstellungen sehr interessant.

Über die in den vorangehenden Abschnitten aufgezeigten methodologischen
Erweiterungen hinaus wäre die Durchführung einer weiteren Erhebungswelle in
fünf bis zehn Jahren, in der die Familien des Samples ein weiteres Mal befragt
werden, informativ. Auf diese Weise könnte z. B. analysiert werden, wie das Alter
der Kinder bzw. unterschiedliche Lebensphasen das Verhalten zur alltäglichen
Mahlzeitengestaltung der Familien beeinflussen.; insbesondere in Anbetracht der
Tatsache, dass viele Eltern berichten, das gemeinsame Essen auch durch die
Pubertät hindurch beibehalten zu wollen:

Weil wir auch glauben, dass so diese Anfangszeiten jetzt eben wichtig sind nachher
für die Pubertät, dass die Kinder ein Gehör finden und hoffentlich sich auch dann
die nächsten Jahre weiterhin öffnen mit ihren Sorgen und Problemen. (Familie 26-HH
(Zimmer) Itv., Pos. 35)

Zusätzlich zu den methodologischen Überlegungen wird nachfolgend die Relevanz zukünftiger Forschungsarbeiten zu den Themen Aushandlungsprozesse,
ost-west-mobile Partnerschaften sowie außeralltägliche Mahlzeiten dargestellt.

Die Ergebnisse der empirischen Untersuchung zeigen, dass sich die Konflikte
zwischen dem Arrangement der Vereinbarkeitsfamilie mit männlichem Hauptversorger und dem Arrangement der Doppelversorgerfamilie mit außerhäuslicher
Kinderbetreuung nicht relevant voneinander unterscheiden. Viel eher deuten die
Ergebnisse darauf hin, dass die Aushandlungsprozesse innerhalb des Paares, die
dem jeweils praktizierten Familienarrangement vorgelagert sind, für die Erklärung
von Konflikthaftigkeit im Verhalten der Familien zur alltäglichen Mahlzeitengestaltung von Bedeutung sind. Es wäre daher interessant, in zukünftiger Forschung
die Aushandlungsprozesse der Paare über die Aufteilung von bezahlter und

---

[16] Siehe zum Begriff der neuen Mittelklasse: Abschnitt 4.3.1.2.

unbezahlter Arbeit im Vergleich zwischen Ost- und Westdeutschen Bundesländern zu untersuchen und somit die Wege zum jeweiligen geschlechterkulturellen
Familienmodell noch stärker in den Fokus zu rücken.

Ebenfalls bedeutsam wäre eine detaillierte Analyse ost-west-mobiler Partnerschaften[17], d. h. solcher Paare, in denen ein Elternteil in den neuen und der
andere in den alten Bundesländern geboren und aufgewachsen ist. In insgesamt sieben der Familien des Samples[18] ist die Mutter in den neuen und der
Vater in den alten Bundesländern geboren und aufgewachsen. Die Analyse des
Verhaltens zur alltäglichen Mahlzeitengestaltung dieser Familien verdeutlicht die
kulturelle Adaption regionaler Merkmale, beispielsweise wenn es um das praktizierte Mahlzeitenschema geht oder um die Realisierung einer gemeinsamen
Zwischenmahlzeit am Nachmittag. Die Ergebnisse deuten darauf hin, dass der
Wohnort, aber auch eine „Ost-West-Partnerschaft" Einfluss auf das Verhalten zur
alltäglichen Mahlzeitengestaltung der Familie nehmen können.

Die vorliegende Arbeit stellt hauptsächlich die alltägliche Mahlzeitengestaltung der Familien in das Zentrum. Gemäß dem Konzept alltäglicher Lebensführung bestand das Ziel darin, sich wiederholende Muster im Alltag der Familien
zu identifizieren. Dabei lag der Schwerpunkt auf den Werktagen von Montag
bis Freitag, die Analyse der Wochentage Samstag und Sonntag wurde weitestgehend ausgeklammert (s. Abschnitt 3.1). Dementsprechend handelt es sich bei
der Mahlzeitengestaltung von Familien am Wochenende um einen Aspekt, der in
zukünftiger Forschung stärkere Berücksichtigung finden könnte. Gleiches gilt für
weitere Settings außeralltäglicher Mahlzeiten, z. B. an Feier- und Festtagen sowie
im Urlaub, von denen die Teilnehmenden in den Interviews ausführlich berichten,
deren Einbezug in die vorliegende Arbeit jedoch nicht zielführend gewesen wäre.
Als außeralltägliche Mahlzeiten können auch die in der Ergebnisdarstellung kurz
andiskutierten Mahlzeitensettings des gemeinsamen Picknicks im Wohnzimmer
oder eines gemeinsamen Abendessens während eines Fernseh- oder Filmabends
verstanden werden, die von den Teilnehmenden als Ausnahme bzw. Abweichung
von der Regel *Essen am Tisch* bezeichnet werden:

> *Dann essen wir auf der Couch Brote oder so und gucken wirklich und zelebrieren das*
> *auch. Aber das ist wirklich selten und das sind wirklich ganz besondere Tage sozusagen.*
> *Also wirklich, was man außerhalb des, sage ich immer, Alltags, nicht machen würde.*
> *Und jedenfalls nicht, wenn es nach mir geht […]. Aber das ist dann wirklich immer*

---

[17] Der Begriff ost-west-mobil geht zurück auf Grunow/Müller (2012).

[18] Diese Familien sind: 5-H# (Ebel), 13-H# (Mauermann), 14-H# (Neubert), 6-H# (Flemming), 15-H# (Otto), 11-D# (Kaufmann), 15-D# (Olsen).

irgendwie verbunden mit was Süßem und was Besonderem, was halt nicht alltäglich ist. (Familie 5-H# (Ehel) Itv., Pos. 19)

Es wird angedeutet, dass derartige Mahlzeitensettings der gemeinsamen Familienzeit dienen. Eine umfassende Forschung zu derartigen außeralltäglichen Mahlzeiten wäre insbesondere vor dem Hintergrund der diskutierten Kulturpraxis der suburbanen Mittelschicht interessant (s. Abschnitt 6.2.). Aktuelle Forschungen zeigen einen Zusammenhang zwischen dem Wandel der Elternschaft und der Bedeutung gemeinsamer *Quality Time* mit den Kindern. Bedeutsam ist hierbei nicht nur, gemeinsame Zeit mit den Kindern zu verbringen, sondern diese auch qualitätvoll auszugestalten.[19]

8.6   Bilanz: Angleichungen zwischen Ost und West?

Die Ergebnisse der empirischen Untersuchung zeigen Gemeinsamkeiten im Verhalten zur alltäglichen Mahlzeitengestaltung zwischen den Hamburger und Dresdener Familien und deuten darauf hin, dass es möglicherweise eine gemeinsame deutsche Esskultur gibt. Dennoch wird deutlich, wie beständig kulturelle Ideen sind, die auch über 30 Jahre nach der Wiedervereinigung Deutschlands Einfluss auf das Verhalten der Familien zur alltäglichen Mahlzeitengestaltung nehmen. Dies ist auch deshalb von Bedeutung, weil sich dieselben politischen Maßnahmen, z. B. zur Schulspeisung, in unterschiedlichen Regionen eines Landes unterschiedlich auswirken können. Die Nachhaltigkeit kultureller Ideen ist darüber hinaus insbesondere in der Aufgabenteilung der Paare zu sehen. Diese Nachhaltigkeit zeigt sich zum einen in der Dominanz der verschiedenen praktizierten Familienarrangements in beiden Teilen Deutschlands, zum anderen an der Gegebenheit, dass im gesamten Sample die Verantwortlichkeit der Frauen für die Aufgaben der alltäglichen Mahlzeitengestaltung der Familie überwiegt. Es wird sichtbar, dass kulturelle Ideen in Form von Werten und Leitbildern stark in uns verankert sind und somit unsere Verhaltensweisen beeinflussen. Zoch (2021) untersucht in diesem Zusammenhang Unterschiede im Rollenverständnis zwischen Generationen und analysiert Paare, die Anfang der 1970er, 1980er und 1990er Jahre geboren sind, da diese Geburtskohorten unterschiedliche Sozialisationserfahrungen vor und nach der deutschen Wiedervereinigung gemacht haben. Sie stellt fest, dass im Vergleich zu den beiden älteren Kohorten,

---

[19] Das Thema Quality Time in Zusammenhang mit „guter Elternschaft" wird u. a. von Bianchi (2000), Fomby/Musick (2018), Milkie et al. (2004) sowie Snyder (2007) diskutiert.

die vor der Wiedervereinigung geboren wurden, in der jüngsten Kohorte kleinere Ost-West-Unterschiede in den Geschlechterideologien bestehen. Vor diesem
Hintergrund, und da die in dieser Arbeit untersuchten Paare größtenteils Anfang
der 1980er Jahre geboren sind, wäre eine Folgeuntersuchung von Familien aufschlussreich, in denen die Eltern Anfang der 1990er Jahre geboren sind, um
zu untersuchen, ob die identifizierten Ost-West-Unterschiede im Verhalten der
Familien zur alltäglichen Mahlzeitengestaltung in einer jüngeren Geburtskohorte
verschwimmen.

Literatur

Ackermann, A. (2016) Körper als Text? Körper, Rituale und die Grenzen einer Metapher. In: Jung, M.; Bauks, M.; Ackermann, A. (Hrsg.) *Dem Körper eingeschrieben. Verkörperung zwischen Leiberleben und kulturellem Sinn.* Wiesbaden: Springer VS: 75–107.

Adam, B. (2020) Suburbanisierung im Fokus. Monitoring städtischer Entwicklungen im Spannungsfeld zwischen Re- und Suburbanisierung. In: *Stadtforschung und Statistik: Zeitschrift des Verbandes Deutscher Städtestatistiker* 33(1): 12–20.

Ahn, J.; Haines, E.; Mason, M. (2017) Gender Stereotypes and the Coordination of Mnemonic Work within Heterosexual Couples: Romantic Partners Manage their Daily To-Dos. In: *Sex Roles* 77(7–8): 435–452.

Alaszewski, A. (2006) *Using diaries for social research.* London: SAGE.

Albertsmeyer, C.; Günder, L.; Völker, V. (2021) Zwischen Ausdifferenzierung und Monotonie. Wohnformen und Bautypologien in Suburbia. R:EIN. Https://r-ein.de/zwischen-ausdifferenzierung-und-monotonie-wohnformen-und-bautypologien-in-sub urbia/ (31.08.2021).

Alexander, C.; Ishikawa, S.; Silverstein, M. (1977) *A pattern language. Towns, buildings, construction.* New York: Oxford University Press.

Alheit, P. (2005) Modernisierungsblockaden in Ostdeutschland? In: *Aus Politik und Zeitgeschichte (APuZ)* v. 28.09.05.

Allen, S.; Hawkins, A. (1999) Maternal Gatekeeping: Mothers' Beliefs and Behaviors That Inhibit Greater Father Involvement in Family Work. In: *Journal of Marriage and the Family* 61(1): 199.

Almerico, G. (2014) Food and identity. Food studies, cultural, and personal identity. In: *Journal of International Business and Cultural Studies* 8.

Alt, C.; Lange, A. (2012) Erschöpft und ausgelaugt, und dann noch Kinder – Elternschaft zwischen Erwerbsarbeit und Familie. In: Lutz, R. (Hrsg.) *Erschöpfte Familien.* Wiesbaden: VS Verlag für Sozialwissenschaften: 107–124.

Andersen, S.; Holm, L. (2018) Naturalness as a safe haven: parental consumption practices and the management of risk. In: *Young Consumers* 19(3): 296–309.

Andresen, S.; Lips, A.; Möller, R.; Rusack, T.; Schröer, W.; Thomas, S.; Wilmes, J. (2020) *Kinder, Eltern und ihre Erfahrungen während der Corona-Pandemie.* Hildesheim: Universitätsverlag Hildesheim.

Angerer, P.; Petru, R. (2010) Schichtarbeit in der modernen Industriegesellschaft und gesundheitliche Folgen. In: *Somnologie – Schlafforschung und Schlafmedizin* 14(2): 88–97.

© Der/die Herausgeber bzw. der/die Autor(en), exklusiv lizenziert an Springer Fachmedien Wiesbaden GmbH, ein Teil von Springer Nature 2023
L. E. Pöhls, *Über den Tellerrand*, https://doi.org/10.1007/978-3-658-43146-4

Anving, T.; Sellerberg, A.-M. (2010) Family Meals and Parents' Challenges. In: *Food, Culture & Society* 13(2): 201–214.

Anving, T.; Thorsted, S. (2010) Feeding Ideals and the Work of Feeding in Swedish Families. In: *Food, Culture & Society* 13(1): 29–46.

Arendell, T. (2001) The new care work of middle class mothers: Managing childrearing, employment, and time. In: Daly, K. (Hrsg.) *Minding the Time in Family Experience: Emerging Perspectives and Issues.* Elsevier: 163–204.

Arens-Azevedo, U. (2011) Verpflegung an deutschen Ganztagsschulen. Organisation und Strukturen. In: Appel, S.; Rother, U. (Hrsg.) *Mehr Schule oder doch: Mehr als Schule?* Schwalbach/Taunus: Wochenschau-Verlag: 127–139.

ARL (2021) Raumkategorie. ARL-net. Https://www.arl-net.de/de/lexica/de/raumkategorie (02.02.2021).

Arlinghaus, A.; Gärtner, J.; Oberlinner, C.; Schief, S.; Vetter, C. (2016) Editorial: Zukunft der Arbeitszeit. In: *Zeitschrift für Arbeitswissenschaft* 70(1): 1–3.

Arlinghaus, A.; Lott, Y. (2018) Schicht ist nicht gleich Schicht. Wie funktioniert eine gesunde und soziale Gestaltung der Schichtarbeit? In: *Report.* Issue 3. Https://www.boeckler.de/pdf/p_fofoe_report_003_2018.pdf (05.01.2022).

Arm&Reich.de (2021) Mittelschicht – Arm-und-Reich.de. Die Abstiegsgefahr wird überschätzt. Https://www.arm-und-reich.de/verteilung/mittelschicht/ (04.02.2021).

Arnhold, M. (2009) Mentalitätsunterschiede zwischen Ost- und Westdeutschland und ihre Herkunft. In: Ifo-Institut für Wirtschaftsforschung e. V., Niederlassung Dresden (Hrsg.) *Ifo Dresden berichtet.* Dresden: 28–40.

Arránz Becker, O.; Lois, D.; Nauck, B. (2010) Unterschiede in den Fertilitätsmustern zwischen ost- und westdeutschen Frauen: Differenzierung der Rollen des kulturellen Hintergrunds und des Transformationsprozesses. In: *Comparative Population Studies – Zeitschrift für Bevölkerungswissenschaft* 35(1): 35–64.

Atkinson, L. (2014) Green moms. The social construction of a green mothering identity via environmental advertising appeals. In: *Consumption Markets & Culture* 17(6): 553–572.

Atzendorf, J. (2020) *Riskantes Gesundheitsverhalten in der allgemeinen Erwachsenenbevölkerung in Deutschland.* Dissertation Universität Regensburg.

Audehm, K. (2011) Erziehung und familiale Autorität bei Tisch. In: Schönberger, G.; Methfessel, B. (Hrsg.) *Mahlzeiten. Alte Last oder neue Lust?* Wiesbaden: VS Verlag für Sozialwissenschaften: 95–103.

Aunkofer, S.; Wimbauer, C.; Neumann, B.; Meuser, M.; Sabisch, K. (2019) Väter in Elternzeit. Deutungen, Aushandlungen und Bewertungen von Familien- und Erwerbsarbeit im Paar. In: *Berliner Journal für Soziologie* 29(1–2): 93–125.

Axelson, M. (1986) The impact of culture on food-related behavior. In: *Annual review of nutrition* 6: 345–363.

Backett-Milburn, K.; Wills, W.; Roberts, M.-L.; Lawton, J. (2010) Food, eating and taste: parents' perspectives on the making of the middle class teenager. In: *Social science & medicine (1982)* 71(7): 1316–1323.

Barletta, M. (2006) *Marketing to women. How to increase your share of the world's largest market.* New York, NY: Kaplan.

Barlösius, E. (2016) *Soziologie des Essens. Eine sozial- und kulturwissenschaftliche Einführung in die Ernährungsforschung.* Weinheim; Basel: Beltz Juventa.

Bartels, C.; Schröder, C. (2020) Die Bedeutung von Mieteinkommen und Immobilien für die Ungleichheit in Deutschland. In: *Wirtschaftsdienst* 100(10): 741–746.

Barth, D.; Jessen, J.; Spieß, C.; Wrohlich, K. (2020) Mütter in Ost und West: Angleichung bei Erwerbstätigenquoten und Einstellungen, nicht bei Vollzeiterwerbstätigkeit. In: *DIW Wochenbericht* 87(38): 699–706.

Bartholomae, F.; Nam, C. (2014) Are large Germany cities really shrinking? Demographic and economic development in recent year. In: Richardson, H.; Nam, C. (Hrsg.) *Shrinking cities. A global perspective.* London; New York: Routledge: 86–104.

Bartsch, S. (2008) *Jugendesskultur: Bedeutungen des Essens für Jugendliche im Kontext Familie und Peergroup.* Köln: Bundeszentrale für gesundheitliche Aufklärung (BZgA).

Bartsch, S. (2011) Familienmahlzeiten aus Sicht der Jugendlichen. In: Schönberger, G.; Methfessel, B. (Hrsg.) *Mahlzeiten. Alte Last oder neue Lust?* Wiesbaden: VS Verlag für Sozialwissenschaften: 79–94.

Bässler, R. (2014) *Qualitative Forschungsmethoden. Leitfaden zur Planung und Durchführung qualitativer empirischer Forschungsarbeiten.* Wien: RB Research- & Consulting-Verlag.

Bauer, M. (2011) *Essalltag und Doing Family: Eine vergleichende empirische Studie zwischen Deutschland und Frankreich.* Masterarbeit Justus-Liebig-Universität Gießen.

Baum, S. (2012) HausMANNskost: eine Analyse des Kochens aus der Perspektive sich wandelnder Männlichkeit. In: *GENDER – Zeitschrift für Geschlecht, Kultur und Gesellschaft* 4(2): 66–82.

Baxter, J. (2000) The Joys and Justice of Housework. In: *Sociology* 34(4): 609–631.

Bayer, O.; Kutsch, T.; Ohly, H. (1999) *Ernährung und Gesellschaft. Forschungsstand und Problembereiche.* Opladen: Leske + Budrich.

Beagan, B.; Chapman, G.; D'Sylva, A.; Bassett, B. (2008) ‚It's Just Easier for Me to Do It‘. Rationalizing the Family Division of Foodwork. In: *Sociology* 42(4): 653–671.

Beardsworth, A.; Bryman, A.; Keil, T.; Goode, J.; Haslam, C.; Lancashire, E. (2002) Women, men and food: the significance of gender for nutritional attitudes and choices. In: *British Food Journal* 104(7): 470–491.

Beardsworth, A.; Keil, T. (2002) *Sociology on the Menu.* London: Routledge.

Bebel, A. (1990) *Die Frau und der Sozialismus.* Berlin: Dietz.

Beck, U. (1983) Jenseits von Stand und Klasse. In: Kreckel, R. (Hrsg.) *Soziale Ungleichheiten.* Göttingen: Schwartz.

Beck, U. (1986) *Risikogesellschaft. Auf dem Weg in eine andere Moderne.* Frankfurt am Main: Suhrkamp.

Beck, U. (1995) Die „Individualisierungsdebatte". In: Schäfers, B. (Hrsg.) *Soziologie in Deutschland.* Wiesbaden: VS Verlag für Sozialwissenschaften: 185–198.

Beck, U.; Beck-Gernsheim, E. (2015) *Das ganz normale Chaos der Liebe.* Frankfurt am Main: Suhrkamp.

Beck-Gernsheim, E. (2008) Vom „Dasein für andere" zum Anspruch auf ein Stück „eigenes Leben": Individualisierungsprozesse im weiblichen Lebenszusammenhang. In: Wilz, S. (Hrsg.) *Geschlechterdifferenzen – Geschlechterdifferenzierungen. Ein Überblick über gesellschaftliche Entwicklungen und theoretische Positionen.* Wiesbaden: VS Verlag für Sozialwissenschaften: 19–61.

Becklas, C.; Klocke A. (2012) Kinder in erschöpften Familien. In: Lutz, R. (Hrsg.) *Erschöpfte Familien.* Wiesbaden: VS Verlag für Sozialwissenschaften: 125–142.

Behnke, C.; Lengersdorf, D.; Meuser, M. (2013) Egalitätsansprüche vs. Selbstverständlich-
keiten. Unterschiedliche Rahmungen väterlichen Engagements bei Paaren aus den west-
lichen und den östlichen Bundesländern. In: Rusconi, A.; Wimbauer, C.; Motakef, M.;
Kortendiek, B.; Berger, P. (Hrsg.) *Paare und Ungleichheit(en). Eine Verhältnisbestim-
mung.* Opladen u.a.: Budrich: 192–209.
Behnke-Vonier, C. (2012) *Partnerschaftliche Arrangements und väterliche Praxis in Ost- und
Westdeutschland. Paare erzählen.* Opladen: Budrich.
Belli, R.; Stafford, F.; Alwin, D. (2009) *Calendar and time diary. Methods in life course
research.* Los Angeles: SAGE.
Bennewitz, K. (2013) Gemeinsam essen. Besondere Mahlzeiten und Tischgemeinschaften.
Volkskundliche Feldstudien. Https://www.db-thueringen.de/servlets/MCRFileNodeServ
let/dbt_derivate_00029586/UrMEL/Dis_KrBe.pdf (18.03.2019).
Berger, R. (2003) *Intrapersonale Konflikte bei Depressiven. Eine konsistenztheoretische
Studie.* Dissertation Ruprecht-Karls-Universität Heidelberg.
Berlinski, S.; Galiani, S. (2007) The effect of a large expansion of pre-primary school faci-
lities on preschool attendance and maternal employment. In: *Labour Economics* 14(3):
665–680.
Berlinski, S.; Galiani, S.; McEwan, P. (2011) Preschool and Maternal Labor Market Outco-
mes: Evidence from a Regression Discontinuity Design. In: *Economic Development and
Cultural Change* 59(2): 313–344.
Bernardi, L.; Keim, S. (2007) Anfang dreißig und noch kinderlos? Lebenswege und Fami-
lienmodelle berufstätiger Frauen aus Ost- und Westdeutschland. In: Konietzka, D.;
Kreyenfeld, M. (Hrsg.) *Ein Leben ohne Kinder. Kinderlosigkeit in Deutschland.* Wies-
baden: VS Verlag für Sozialwissenschaften: 317–334.
Bernardi, L.; Keim, S.; Lippe, H. von der (2007) Social Influences on Fertility. In: *Journal
of Mixed Methods Research* 1(1): 23–47.
Besenthal, A.; Lang, C. (2004) Erwerbsorientierungen von Frauen und Einstellungen zu
Erwerbstätigkeit und Familie. In: *Wirtschaft im Wandel* 10(1): 23–29.
Bianchi, S. (2000) Maternal employment and time with children. Dramatic change or surpri-
sing continuity? In: *Demography* 37(4): 401–414.
BiB (2021a) Fakten. Durchschnittliches Alter der Mütter bei Geburt ihrer Kinder in Deutsch-
land, West- und Ostdeutschland (1960–2019). Https://www.bib.bund.de/DE/Fakten/Fakt/
F18-Alter-Muetter-bei-Geburt-Deutschland-West-Ost-ab-1960.html (15.12.2021).
BiB (2021b) Fertilität. Https://www.bib.bund.de/DE/Fakten/Fertilitaet/Fertilitaet.html;jsessi
onid=3A394438164075315FAFACC8ACCE5009.2_cid389 (15.12.2021).
Biock, S. (2003) *Organisationsformen der Medienforschung.* Hamburg: Diplomica.
Blake, C.; Bisogni, C. (2003) Personal and Family Food Choice Schemas of Rural Women
in Upstate New York. In: *Journal of Nutrition Education and Behavior* 35(6): 282–293.
Blum-Kulka, S. (1997) *Dinner talk. Cultural patterns of sociability and socialization in family
discourse.* New York: Routledge.
BMEL (2020) Deutschland, wie es isst. Der BMEL-Ernährungsreport 2020.
BMFSFJ (2014) Familienbewusste Arbeitszeiten. Herausforderungen und Lösungsansätze
aus der Unternehmenspraxis. In: *Erfolgsfaktor Familie.* Berlin. Https://www.bmfsfj.de/
resource/blob/93742/715d8db35a23aaf7fe9823d182e17999/familiebewusste-arbeitsze
iten-unternehmnen-data.pdf (05.01.2022).

BMFSFJ (2016) Vollzeitnahe Teilzeit. Ein Instrument zur besseren Vereinbarkeit von Familie und Beruf. Ergebnisse einer Befragung in Kooperation mit dem Bundesverband der Personalmanager (BFM). Berlin. Https://www.erfolgsfaktor-familie.de/fileadmin/ef/Wissenplattformfuer_die_Praxis/Ergebnisse_BPM_Befragung_2016.pdf (30.08.2021).

BMFSFJ (2018) Väterreport. Vater sein in Deutschland heute. Https://www.bmfsfj.de/resource/blob/127268/2098ed4343ad836b2f0534146ce59028/vaeterreport-2018-data.pdf (06.01.2022).

BMFSFJ (2021) Kinder, Haushalt, Pflege – wer kümmert sich? Ein Dossier zur gesellschaftlichen Dimension einer privaten Frage. Https://www.bmfsfj.de/resource/blob/160276/3186dde7aa7d20b08979e6a78700148a/kinder-haushalt-pflege-wer-kuemmert-sich-dossier-sorgearbeit-deutsch-data.pdf (12.01.2022).

BMVBS; BBSR (2009) Ländliche Räume im demografischen Wandel. Https://www.bbsr.bund.de/BBSR/DE/veroeffentlichungen/bbsr-online/2009/DL_ON342009.pdf?__blob=publicationFile&v=1 (18.01.2021).

Boehnke, M. (2007) Hochschulbildung und Kinderlosigkeit: Deutsch-deutsche Unterschiede. In: Konietzka, D.; Kreyenfeld, M. (Hrsg.) *Ein Leben ohne Kinder. Kinderlosigkeit in Deutschland.* Wiesbaden: VS Verlag für Sozialwissenschaften: 295–315.

Böhm, R. (2003) Konfliktmanagement. Eine Einführung. In: *Soziale Kompetenz.* Issue 4. Https://www.tqu-group.com/we-dokumente/Downloads/KonfliktmanagementnachBoehm.pdf (29.11.2021).

Bolger, N.; Davis, A.; Rafaeli, E. (2003) Diary methods: capturing life as it is lived. In: *Annual review of psychology* 54: 579–616.

Bonacker, T. (Hrsg.) (2002) *Sozialwissenschaftliche Konflikttheorien. Eine Einführung.* Opladen: Leske + Budrich.

Boos-Nünning, U.; Stein, M. (2013) Einleitung. Familie als Ort von Erziehung, Bildung und Sozialisation. In: Boos-Nünning, U. (Hrsg.) *Familie als Ort von Erziehung, Bildung und Sozialisation.* Münster u. a.: Waxmann: 7–16.

Bourcier, E.; Bowen, D.; Meischke, H.; Moinpour, C. (2003) Evaluation of strategies used by family food preparers to influence healthy eating. In: *Appetite* 41(3): 265–272.

Bourdieu, P. (1991) *Die feinen Unterschiede. Kritik der gesellschaftlichen Urteilskraft.* Frankfurt am Main: Suhrkamp.

Brake, K. (Hrsg.) (2001) *Suburbanisierung in Deutschland. Aktuelle Tendenzen.* Opladen: Leske + Budrich.

Breitenbach, B. (2006) *Suburbanisierung. Verlauf in Ost- und Westdeutschland (Bsp. Mainz).* München: GRIN Verlag.

Breuer, I. (2017) Geschlechtergleichheit – Moderne Familien nur im Kopf. Https://www.deutschlandfunk.de/geschlechtergleichheit-moderne-familien-nur-im-kopf.1148.de.html?dram:article_id=386482 (08.09.2021).

Brombach, C. (o. D.) Essen wird erlernt – Essen als Miteinander; Prof. Dr. Christine Brombach – Menu and More. Https://menuandmore.ch/lightbox/1931/ (16.12.2020).

Brombach, C. (2002) Essen und Trinken im Familienalltag – eine qualitative Studie. Essen hessische Familien hessische Kost? In: Gedrich, K.; Oltersdorf, U. (Hrsg.) *Ernährung und Raum. Regionale und ethnische Ernährungsweisen in Deutschland.* Karlsruhe: 87–100.

Brombach, C. (2011) Soziale Dimensionen des Ernährungsverhaltens. Ernährungssoziologische Forschung. Https://www.ernaehrungsumschau.de/fileadmin/ErnaehrungsUmschau/pdfs/pdf_2011/06_11/EU06_2011_318_324.qxd.pdf (23.04.2018).

Brombach, C. (2014) „Wir leben in einer Brotkultur". In: *DER STANDARD* v. 24.06.14.

Brown, J.; Miller, D. (2002) Couples' Gender Role Preferences and Management of Family Food Preferences. In: *Journal of Nutrition Education and Behavior* 34(4): 215–223.

Brown, L. (1983) *Managing conflict at organizational interfaces*. S.I.: Addison-Wesley.

Brunner, K.-M. (2000) Soziologie der Ernährung und des Essens. Die Formierung eines Forschungsfeldes. In: *Soziologische Revue* 23(2): 173–184.

Buchhaupt, F.; Schallenkammer, N. (2016) Theorie und Praxis Qualitativer Inhaltsanalyse. In: Katzenbach, D. (Hrsg.) *Qualitative Forschungsmethoden in der Sonderpädagogik*. Stuttgart: Verlag W. Kohlhammer: 167–182.

Bugge, A.; Almås, R. (2006) Domestic dinner. In: *Journal of Consumer Culture* 6(2): 203–228.

Bühler, G. (1997) *Mythos Gleichberechtigung in der DDR. Politische Partizipation von Frauen am Beispiel des Demokratischen Frauenbunds Deutschlands*. Frankfurt am Main; New York: Campus Verlag.

BUND (2015) Nachhaltig mobil im ländlichen Raum. Vorbildliche Beispiele aus ganz Deutschland. Stuttgart. Https://www.bund-bawue.de/fileadmin/bawue/Dokumente/Themen/Mobilitaet/mobilitaet_Nachhaltig_mobil_im_laendlichen_Raum_Broschuere_201501.pdf (18.01.2021).

Bundesgesundheitsministerium (2021) Chronik zum Coronavirus SARS-CoV-2. Https://www.bundesgesundheitsministerium.de/coronavirus/chronik-coronavirus.html (09.02.2021).

Bundeszentrale für politische Bildung (2020) Vermögen in West- und Ostdeutschland nach Alter | bpb. In: *Bundeszentrale für politische Bildung* v. 14.10.20.

Burger, M.; Mensink, G. (2003) Beiträge zur Gesundheitsberichterstattung des Bundes. Bundes-Gesundheitssurvey: Alkohol. Konsumverhalten in Deutschland. Https://edoc.rki.de/bitstream/handle/176904/3206/27ocvybxug4w_16.pdf?sequence=1.

Cairns, K.; Johnston, J. (2015) *Food and femininity*. London; New York: Bloomsbury Academic.

Cairns, K.; Johnston, J.; Baumann, S. (2010) Caring About Food. Doing Gender in the Foodie Kitchen. In: *Gender & Society* 24(5): 591–615.

Calnan, M.; Cant, S. (1990) THE SOCIAL ORGANISATION OF FOOD CONSUMPTION: A COMPARISON OF MIDDLE CLASS AND WORKING CLASS HOUSEHOLDS. In: *International Journal of Sociology and Social Policy* 10(2): 53–79.

Cammarata, P. (2020) *Raus aus der Mental Load Falle. Wie gerechte Arbeitsteilung in der Familie gelingt*. Weinheim; Basel: Beltz.

Cappellini, B.; Parsons, E. (2012) Practising Thrift at Dinnertime: Mealtime Leftovers, Sacrifice and Family Membership. In: *The Sociological Review* 60(2_suppl): 121–134.

Carp, F.; Carp, A. (1981) The validity, reliability and generalizability of diary data. In: *Experimental aging research* 7(3): 281–296.

Christlich-Soziale Politik e. V. (Hrsg.) (2021) *Herausforderungen für den Arbeitsschutz in einer sich digitalisierenden Arbeitswelt*.

Clark, A.; Emmel, N. (2010) Using walking interviews. University of Manchester. Https://eprints.ncrm.ac.uk/id/eprint/1323/1/13-toolkit-walking-interviews.pdf (12.11.2021).

Claussen, J.; Jankowski, D.; Dawid, F. (2020) *AUFNEHMEN, ABTIPPEN, ANALYSIEREN. Wegweiser zur Durchführung von Interview und Transkription*. S.I.: Books on Demand.

Cockburn-Wootten, C.; Pritchard, A.; Morgan, N.; Jones, E. (2008) "It's her shopping list!" Exploring gender, leisure, and power in grocery shopping. In: *Leisure/Loisir* 32(2): 407–436.

Coltrane, S. (1996) *Family man. Fatherhood, housework and gender equity.* New York: Oxford University Press.

Coser, L. (2009) *Theorie sozialer Konflikte.* Wiesbaden: VS Verlag für Sozialwissenschaften.

Craig, L.; Powell, A. (2018) Shares of Housework Between Mothers, Fathers and Young People. Routine and Non-routine Housework, Doing Housework for Oneself and Others. In: *Social Indicators Research* 136(1): 269–281.

Dahrendorf, R. (1959) *Class and class conflict in industrial society.* Stanford, California: Stanford University Press.

Dahrendorf, R. (1972) *Konflikt und Freiheit. Auf dem Weg zur Dienstklassengesellschaft.* München: Piper.

Dahrendorf, R. (1994) *Der moderne soziale Konflikt. Essay zur Politik der Freiheit.* München: Deutscher Taschenbuchverlag.

Dahrendorf, R. (2019) *Industrie- und Betriebssoziologie.* Berlin; Boston: De Gruyter.

Daiger von Gleichen, R.; Seeleib-Kaiser, M. (2018) Family policies and the weakening of the male-breadwinner model. In: Shaver, S. (Hrsg.) *Handbook on Gender and Social Policy.* Edward Elgar Publishing: 153–178.

Daly, K. (2001) Controlling time in families: Patterns that sustain gendered work in the home. In: Daly, K. (Hrsg.) *Minding the Time in Family Experience: Emerging Perspectives and Issues.* Elsevier: 227–249.

Daly, K. (Hrsg.) (2001) *Minding the Time in Family Experience: Emerging Perspectives and Issues.* Elsevier.

Daminger, A. (2019) The Cognitive Dimension of Household Labor. In: *American Sociological Review* 84(4): 609–633.

Daniels, A. (1987) Invisible Work. In: *Social Problems* 34(5): 403–415.

DeBacker, C. (2013) Family meal traditions. Comparing reported childhood food habits to current food habits among university students. In: *Appetite* 69: 64–70.

Dechant, A.; Rost, H.; Schulz, F. (2014) Die Veränderung der Hausarbeitsteilung in Paarbeziehungen. Ein Überblick über die Längsschnittforschung und neue empirische Befunde auf Basis der pairfam-Daten. In: *Zeitschrift für Familienforschung* 26(2): 144–168.

DeCordova, P.; Phibbs, C.; Bartel, A.; Stone, P. (2012) Twenty-four/seven: a mixed-method systematic review of the off-shift literature. In: *Journal of advanced nursing* 68(7): 1454–1468.

DeDreu, C.; Gelfand, M. (2008) *The Psychology of Conflict and Conflict Management in Organizations.* New York: Erlbaum.

DeGroot, J.; Vik, T. (2020) "The Weight of Our Household Rests on My Shoulders": Inequity in Family Work. In: *Journal of Family Issues* 41(8): 1258–1281.

Demirović, A. (2002) Die Konflikttheorie von Karl Marx. In: Bonacker, T. (Hrsg.) *Sozialwissenschaftliche Konflikttheorien. Eine Einführung.* Opladen: Leske + Budrich: 47–64.

Denzin, N. (2008) Collecting and Interpreting Qualitative Materials. In: Davies, C. (Hrsg.) *Reflexive ethnography. A guide to researching selves and others.* London: Routledge: 94–116.

DeVault, M. (1991) *Feeding the family. The social organization of caring as gendered work.* Chicago: University of Chicago Press.

Devine, C.; Connors, M.; Sobal, J.; Bisogni, C. (2003) Sandwiching it in: spillover of work onto food choices and family roles in low- and moderate-income urban households. In: *Social Science & Medicine* 56(3): 617–630.

Devine, C.; Jastran, M.; Jabs, J.; Wethington, E.; Farell, T.; Bisogni, C. (2006) "A lot of sacrifices": work-family spillover and the food choice coping strategies of low-wage employed parents. In: *Social Science & Medicine* 63(10): 2591–2603.

Diabaté, S. (2015) Mutterleitbilder. Spagat zwischen Autonomie und Aufopferung. In: Schneider, N.; Diabaté, S.; Ruckdeschel, K. (Hrsg.) *Familienleitbilder in Deutschland. Kulturelle Vorstellungen zu Partnerschaft, Elternschaft und Familienleben.* Opladen u.a.: Budrich: 207–226.

Diabaté, S.; Lück, D. (2014) Familienleitbilder. Identifikation und Wirkungsweise auf generatives Verhalten. In: *Zeitschrift für Familienforschung* 26(1): 49–69.

Diabaté, S.; Ruckdeschel, K.; Schneider, N. (2015) Leitbilder als „missing link" der Familienforschung. Eine Einführung. In: Schneider, N.; Diabaté, S.; Ruckdeschel, K. (Hrsg.) *Familienleitbilder in Deutschland. Kulturelle Vorstellungen zu Partnerschaft, Elternschaft und Familienleben.* Opladen u.a.: Budrich: 11–18.

Diekmann, A. (2018) *Empirische Sozialforschung. Grundlagen, Methoden, Anwendungen.* Reinbek bei Hamburg: Rowohlt Taschenbuch Verlag.

Diezinger, A. (2004) Alltägliche Lebensführung: Die Eigenlogik alltäglichen Handelns. In: Becker, R.; Kortendiek, B.; Budrich, B.; Lenz, I. (Hrsg.) *Handbuch Frauen- und Geschlechterforschung. Theorie, Methoden, Empirie.* Wiesbaden: VS Verlag für Sozialwissenschaften: 204–208.

Dilfer, A.; Kallert, H.; Wieners, T. (2009) Essen in Kinderbetreuungseinrichtungen. Ergebnisse einer Studie in Frankfurt am Main. In: Rose, L.; Sturzenhecker, B. (Hrsg.) *Erst kommt das Fressen...! Über Essen und Kochen in der Sozialen Arbeit.* Wiesbaden: VS Verlag für Sozialwissenschaften: 205–220.

Döge, P.; Keller, H. (2014) Child-rearing goals and conceptions of early childcare from young adults' perspective in East and West Germany. In: *International Journal of Adolescence and Youth* 19(1): 37–49.

Dolls, M.; Mehles, J.-C. (2021) Wie beeinflusst die Corona-Pandemie die Wohnortpräferenzen? Evidenz aus einer großangelegten Umfrage in Deutschland. In: *ifo SCHNELL-DIENST* (8).

Douglas, M. (1972) Deciphering a meal. In: *Daedalus* 101(2): 61–81.

Dresden.de (2020) Lage, Fläche, Gebiet. Https://www.dresden.de/de/leben/stadtportrait/statistik/bevoelkerung-gebiet/lage-flaeche-geografische-daten.php (18.01.2021).

Duden (2018) Familie. https://www.duden.de/rechtschreibung/Familie (09.01.2023).

Duke, M.; Fivush, R.; Lazarus, A.; Bohanek, J. (2003) Of Ketchup and Kin: Dinnertime conversations as a major source of family knowledge, family adjustment, and family resilience. In: *The Emory Center for Myth and Ritual in American Life Working Paper* (26).

Durkheim, É.; Mauss, M. (1971) Note on the notion of civilisation. Social Research. In: *New School for Social Research* 38(4): 808–813.

Elder, G. (1978) Approaches to Social Change and the Family. In: *American Journal of Sociology* 84: 1–38.

Elgar, F.; Craig, W.; Trites, S. (2013) Family Dinners, Communication, and Mental Health in Canadian Adolescents. In: *Journal of Adolescent Health* 52(4): 433–438.

Elgar, F.; Napoletano, A.; Saul, G.; Dirks, M.; Craig, W.; Poteat, V.; Holt, M.; Koenig, B. (2014) Cyberbullying victimization and mental health in adolescents and the moderating role of family dinners. In: *JAMA pediatrics* 168(11): 1015–1022.

Elias, N. (1997) *Über den Prozess der Zivilisation. Soziogenetische und psychogenetische Untersuchungen.* Frankfurt am Main: Suhrkamp.

Ellis, C.; Bochner, A. (2008) Autoethnography, Personal Narrative, Reflexivity. Researcher as Subject. In: Denzin, N.; Lincoln, Y. (Hrsg.) *Collecting and interpreting qualitative materials.* Thousand Oaks: SAGE: 199–258.

Ellrott, T. (2011) „Gesunde Ernährung" und „Genuss". In: *Ernährung & Medizin* 26(03): 110–114.

Endlich, H.; Feigel, F. (1990) *Dresden – Hamburg. Eine außergewöhnliche Partnerschaft.* Behörde für Schule, Jugend und Berufsbildung.

Engelfried-Rave, U. (2014) *Kampfarena Esstisch. Konfliktstile in familialen Kommunikationssituationen.* Hamburg: Kovač.

Esselborn, D.; Wolff, C. (2020) Auswirkungen der Corona-Virus-Pandemie auf Familien und die Gleichstellung der Geschlechter. Https://www.uni-potsdam.de/fileadmin/projects/gleichstellung/Dokumente/Auswirkungen_Corona_Familien_Gleichstellung.pdf (08.02.2021).

Evans, J.; Jones, P. (2011) The walking interview: Methodology, mobility and place. In: *Applied Geography* 31(2): 849–858.

Evers, J.; Hämel, K.; Meier-Gräwe, U. (2009) Der Wandel des Essalltags. Veränderungen im Familienbereich und neue Aufgaben von Schule. In: *Spiegel der Forschung* 26(2).

Ezzy, D. (2002) *Qualitative analysis.* London: Routledge.

Falter, J. (Hrsg.) (2006) *Sind wir ein Volk? Ost- und Westdeutschland im Vergleich.* München: Beck.

Farb, P.; Armelagos, G. (1980) *Consuming passions. The anthropology of eating.* Boston: Houghton Mifflin.

FAZ (2019) Deutsche essen immer seltener gemeinsam. In: *Frankfurter Allgemeine Zeitung* v. 03.05.19.

Fieldhouse, P. (2013) *Food and Nutrition. Customs and culture.* Boston: Springer US.

Fielding, N.; Lee, R. (1998) *Computer analysis and qualitative research.* London: SAGE.

Fielding-Singh, P.; Cooper, M. (2022) The emotional management of motherhood: Foodwork, maternal guilt, and emotion work. In: *Journal of Marriage and the Family.*

Fiese, B.; Hooker, K.; Kotary, L.; Schwagler, J. (1993) Family Rituals in the Early Stages of Parenthood. In: *Journal of Marriage and Family* 55(3): 633–642.

Fisher, M. (2017) *Qualitative computing. Using software for qualitative data analysis.* London: Routledge.

Fjellström, C. (2004) Mealtime and meal patterns from a cultural perspective. In: *Scandinavian Journal of Nutrition* 48(4): 161–164.

Fjellström, C. (2009a) Food's cultural system of knowledge–meals as a cultural and social arena. In: Janhonen-Abruquah, H.; Palojoki, P. (Hrsg.) *Food in Contemporary Society.* Helsinki: 19–22.

Fjellström, C. (2009b) The family meal in Europe. In: Meiselman, H. (Hrsg.) *Meals in science and practice. Interdisciplinary research and business applications.* Cambridge, England u.a.: Woodhead Publishing: 219–235.

Flaake, K. (2014) *Neue Mütter – neue Väter. Eine empirische Studie zu veränderten Geschlechterbeziehungen in Familien.* Gießen: Psychosozial-Verlag.

Flämig, K. (2021) „Riecht mal, wie der schnuppert". Nahrungszubereitung als ‚pädagogisches Angebot' im Kindergartenalltag. In: Schulz, M.; Schmidt, F.; Rose, L. (Hrsg.) *Pädagogisierungen des Essens. Kinderernährung in Institutionen der Bildung und Erziehung, Familien und Medien.* Weinheim: Beltz Juventa: 66–79.

Flick, S.; Rose, L. (2012) Bilder zur Vergeschlechtlichung des Essens: Ergebnisse einer Untersuchung zur Nahrungsmittelwerbung im Fernsehen. In: *GENDER – Zeitschrift für Geschlecht, Kultur und Gesellschaft* 4(2): 48–65.

Flick, U. (2017) *Qualitative Sozialforschung. Eine Einführung.* Reinbek bei Hamburg: Rowohlt Taschenbuch Verlag.

Folkard, S.; Lombardi, D. (2004) Toward a "Risk Index" to assess work schedules. In: *Chronobiology international* 21(6): 1063–1072.

Folkard, S.; Lombardi, D. (2006) Modeling the impact of the components of long work hours on injuries and "accidents". In: *American journal of industrial medicine* 49(11): 953–963.

Fomby, P.; Musick, K. (2018) Mothers' Time, the Parenting Package, and Links to Healthy Child Development. In: *Journal of Marriage and the Family* 80(1): 166–181.

Frank, M.; Brettschneider, A.-K.; Lage Barbosa, C.; Haftenberger, M.; Lehmann, F.; Perlitz, H.; Heide, K.; Patelakis, E.; Richter, A.; Mensink, G. (2019) Prevalence and temporal trends of shared family meals in Germany. Results from EsKiMo II. In: *Ernährungsumschau international* (4): 60–67.

Frank, S. (2003) *Stadtplanung im Geschlechterkampf. Stadt und Geschlecht in der Großstadtentwicklung des 19. und 20. Jahrhunderts.* Opladen: Leske + Budrich.

Frank, S. (2014a) Innere Suburbanisierung als Coping-Strategie. Die „neuen Mittelschichten" in der Stadt. In: Berger, P.; Keller, C.; Klärner, A.; Neef, R. (Hrsg.) *Urbane Ungleichheiten. Neue Entwicklungen zwischen Zentrum und Peripherie.* Wiesbaden: Springer VS: 157–172.

Frank, S. (2014b) Mittelschichtfamilien als Adressaten und Motoren der Stadt- und Quartiersentwicklung. In: *Informationen zur Raumentwicklung* (4): 361–371.

Frerichs, P.; Steinrücke, M. (1997) Kochen – ein männliches Spiel? Die Küche als geschlechts- und klassenstrukturierter Raum. In: Dölling, I.; Krais, B. (Hrsg.) *Ein alltägliches Spiel. Geschlechterkonstruktion in der sozialen Praxis.* Frankfurt am Main: Suhrkamp: 231–258.

Freundeskreis Dresden-Hamburg e. V. (1999) *Zwei Partner verbunden durch das Band der Elbe. Dresden – Hamburg.* Dresden: Büro Dresden.

Frewer, L.; Risvik, E.; Schifferstein, H. (Hrsg.) (2001) *Food, People and Society.* Berlin, Heidelberg: Springer VS.

Friese, S. (2019) *Qualitative data analysis with ATLAS.ti.* Los Angeles u. a.: SAGE.

Frodermann, C. (2015) Wer arbeitet wie viel? Entscheidungen über den Erwerbsumfang im Partnerschaftskontext. In: *Zeitschrift für Familienforschung* 27(1): 78–104.

Früh, W. (2015) *Inhaltsanalyse. Theorie und Praxis.* Konstanz; München: UVK.

Fthenakis, W.; Minsel, B. (2002) *Die Rolle des Vaters in der Familie.* Stuttgart u. a.: Kohlhammer.

Fuchs, G. (1998) *Mahlkultur. Tischgebet und Tischritual.* Regensburg: Pustet.

Fuchs, G. (2018) Christliche Rituale des Essens – einst und heute. In: *Internationale katholische Zeitschrift Communio* 47(4): 343–352.

Fuchs, S.; Fasbender, K.; Göldner, K. (2002) Tischsitten und Zivilisationstheorie. http://ern aehrungsdenkwerkstatt.de/fileadmin/user_upload/EDWText/TextElemente/Ernaehrun gsgeschichte/Ernaehrungshistorische_ThemenTischsitten_Kochen_Seminar_Geschic hte_Muenster.pdf (03.06.2021).

Fuchs, W. (1983) Jugendliche Statuspassage oder individualisierte Jugendbiographie? In: *Soziale Welt* 34: 341–371.

Furedi, F. (2002) *Paranoid Parenting. Why ignoring the experts may be best for your child.* Chicago: Chicago Review Press.

Galtung, J. (1969) Violence, Peace, and Peace Research. In: *Journal of Peace Research* 6(3): 167–191.

Galtung, J. (1997) *Frieden mit friedlichen Mitteln. Friede und Konflikt, Entwicklung und Kultur.* Wiesbaden: VS Verlag für Sozialwissenschaften.

Galtung, J. (2007) *Frieden mit friedlichen Mitteln. Friede und Konflikt, Entwicklung und Kultur.* Münster: Agenda-Verlag.

Gans, H. (1969) *Die Levittowner. Soziographie einer „Schlafstadt".* Gütersloh; Berlin: Bertelsmann.

Gans, H. (1974) Urbanität und Suburbanität als Lebensformen. Eine Neubewertung von Definitionen. In: Herlyn, U. (Hrsg.) *Stadt-und Sozialstruktur. Arbeiten zur sozialen Segregation, Ghettobildung und Stadtplanung.* München: Nymphenburger Verlag.

Gärtner, J.; Marschitz, W.; Baumgartner, P.; Boonstra-Hörwein, K. (2016) Mehr Gleitzeit in die Schichtarbeit! In: *Zeitschrift für Arbeitswissenschaft* 70(1): 9–11.

Gedrich, K.; Oltersdorf, U. (Hrsg.) (2002) *Ernährung und Raum. Regionale und ethnische Ernährungsweisen in Deutschland.* Karlsruhe.

Geis, W. (2017) Töchter arbeiten weniger im Haushalt mit. IW-Kurzberichte. Köln. Https:// www.iwkoeln.de/studien/wido-geis-thoene-toechter-arbeiten-weniger-im-haushalt-mit-323632.html.

Germov, J.; Williams, L. (Hrsg.) (2017) *A sociology of food & nutrition. The social appetite.* South Melbourne, Victoria: Oxford University Press.

Geyer, S. (2007) Essen und Kochen im Alltag. In: Brunner, K.-M.; Geyer, S.; Jelenko, M.; Weiss, W.; Astleithner, F. (Hrsg.) *Ernährungsalltag im Wandel. Chancen für Nachhaltigkeit.* Wien: Springer: 61–82.

Gibbs, G. (2018) *Analyzing Qualitative Data.* London: SAGE.

Giesel, K. (2007) *Leitbilder in den Sozialwissenschaften. Begriffe, Theorien und Forschungskonzepte.* Wiesbaden: VS Verlag für Sozialwissenschaften.

Gillies, V. (2009) Understandings and Experiences of Involved Fathering in the United Kingdom: Exploring Classed Dimensions. In: *The ANNALS of the American Academy of Political and Social Science* 624(1): 49–60.

Gläser, J.; Laudel, G. (2004) *Experteninterviews und qualitative Inhaltsanalyse als Instrumente rekonstruierender Untersuchungen.* Wiesbaden: VS Verlag für Sozialwissenschaften.

Glasl, F. (2003) Konfliktmanagement. In: Auhagen, A.; Bierhoff, H.-W. (Hrsg.) *Angewandte Sozialpsychologie. Das Praxishandbuch.* Weinheim; Basel: Beltz PVU: 123–135.

Goldstein, J.; Kreyenfeld, M. (2010) Geburtenentwicklung. In: Goldstein, J.; Kreyenfeld, M.; Huinink, J.; Konietzka; Trappe, H. (Hrsg.) *Familie und Partnerschaft in Ost- und Westdeutschland. Ergebnisse im Rahmen des Projektes „Demographic Differences in Life Course Dynamics in Eastern and Western Germany":* 7–9.

Gough, B. (2007) 'Real men don't diet'. An analysis of contemporary newspaper representations of men, food and health. In: *Social Science & Medicine* 64(2): 326–337.

Greenstein, T. (2000) Economic Dependence, Gender, and the Division of Labor in the Home. A Replication and Extension. In: *Journal of Marriage and the Family* 62(2): 322–335.

Gretzschel, M. (1992) *Dresden. Hamburgs sächsische Schwester.* Landeszentrale für politische Bildung.

Groeben, N.; Rustemeyer, R. (1995) Inhaltsanalyse. In: König, E.; Zedler, P. (Hrsg.) *Bilanz qualitativer Forschung. Band II: Methoden.* Weinheim: Deutscher Studien Verlag: 523–554.

Grundmann, M.; Wernberger, A. (2015) Familie und Sozialisation. In: Hill, P.; Kopp, J. (Hrsg.) *Handbuch Familiensoziologie.* Wiesbaden: Springer: 413–435.

Grünheid, E. (2018) Teilzeitarbeit auf dem Vormarsch. Differenzierungen im Erwerbsverhalten von Frauen in Deutschland. In: *Bevölkerungsforschung Aktuell* (4).

Grunow, D.; Müller, D. (2012) Kulturelle und strukturelle Faktoren bei der Rückkehr in den Beruf. Ostdeutsche, westdeutsche und ost-west-mobile Mütter im Vergleich. http://doku.iab.de/discussionpapers/2012/dp0212.pdf.

Grunow, D.; Schulz, F.; Blossfeld, H.-P. (2012) What determines change in the division of housework over the course of marriage? In: *International Sociology* 27(3): 289–307.

Guest, G.; MacQueen, K.; Namey, E. (2012) *Applied Thematic Analysis.* California: SAGE.

Haas, H.-D. (2018) Definition: Suburbanisierung. Https://wirtschaftslexikon.gabler.de/definition/suburbanisierung-50473#definition (13.01.2021).

Hahn, A. (2001) Lebenswelten am Rand. Interpretationen zum kulturellen Ausdruck von Wohnsuburbanisierung. In: Brake, K. (Hrsg.) *Suburbanisierung in Deutschland. Aktuelle Tendenzen.* Opladen: Leske + Budrich: 223–233.

Halkier, B. (2017) Methods and methods' debates within consumption research. In: Keller, M.; Halkier, B.; Wilska, A.-T.; Truninger, M. (Hrsg.) *Routledge handbook on consumption.* London; New York: Routledge: 36–46.

Hank, K.; Tillmann, K.; Wagner, G. (2001) *Außerhäusliche Kinderbetreuung in Ostdeutschland vor und nach der Wiedervereinigung. Ein Vergleich mit Westdeutschland in den Jahren 1990–1999.*

Hartmann, A. (2006) Der Esser, sein Kosmos und seine Ahnen. Kulinarische Tableaus von Herkunft und Wiederkehr. In: Mohrmann, R.-E. (Hrsg.) *Essen und Trinken in der Moderne.* Münster u. a.: Waxmann: 147–158.

Hasselmann, M. (2011) Konfliktlösung in Familiensystemen. Eine Untersuchung der gängigen Kinderliteratur. München. Https://edoc.ub.uni-muenchen.de/12919/1/Hasselmann_Maren.pdf.

Häußler, A.; Meier-Gräwe, U. (2012) Arbeitsteilungsmuster bei der Ernährungsversorgung von Familien. Persistenz oder Wandel? In: *GENDER – Zeitschrift für Geschlecht, Kultur und Gesellschaft* 4(2): 9–27.

Hays, S. (1996) *The cultural contradictions of motherhood.* New Haven, Connecticut: Yale University Press.

Heimberger, K. (2015) *Mensch und Nutztier. Soziologische Betrachtung eines Gewalt- und Herrschaftsverhältnisses.* Diplomarbeit Johannes Kepler Universität.

Heindl, I. (2003) *Studienbuch Ernährungsbildung. Ein europäisches Konzept zur schulischen Gesundheitsförderung.* Bad Heilbrunn: Klinkhardt.

Heineberg, H. (2017) *Stadtgeographie*. Paderborn: Ferdinand Schöningh.

Heisig, K. (2020) Deutsche Einheit? Die Teilzeitlücke schließt sich im Schneckentempo. In: *Ifo Dresden berichtet* 27(05): 22–23.

Held, U.; Badinter, E.; Singh, S. (2011) *Der Konflikt. Die Frau und die Mutter.* s.l.: C.H. Beck.

Helfferich, C. (2011) *Die Qualität qualitativer Daten. Manual für die Durchführung qualitativer Interviews.* Wiesbaden: VS Verlag für Sozialwissenschaften.

Helfferich, C. (2017) *Familie und Geschlecht. Eine neue Grundlegung der Familiensoziologie.* Opladen; Toronto: Budrich.

Henger, R.; Oberst, C. (2019) *Immer mehr Menschen verlassen die Großstädte wegen Wohnungsknappheit.* Köln: Institut der deutschen Wirtschaft (IW).

Henkes, C. (2001) Familiale Lebensführung: Familienleben als alltägliche Verschränkung individueller Lebensführungen. In: Voß, G.; Weihrich, M. (Hrsg.) *Tagaus – tagein: neue Beiträge zur Soziologie Alltäglicher Lebensführung.* München: Hampp: 33–60.

Hensel, J.; Dorn, T.; Brussig, T.; Panzer, V. (2015) *Sind wir ein Volk? 25 Jahre nach dem Mauerfall.* Freiburg im Breisgau: Herder.

Herzka, H. (1985) *Jugendliche. Bilddokumente, informierende Texte, Bibliographie.* Basel: Schwabe.

Hesse, M. (2007) Mobilität im Zwischenraum. In: Schwedes, O.; Canzler, W.; Knie, A. (Hrsg.) *Handbuch Verkehrspolitik.* Wiesbaden: VS Verlag für Sozialwissenschaften: 279–296.

Hesse, M. (2012) Suburbaner Raum. Annäherungen an Gegenstand, Inhalte und Bedeutungszuweisungen. In: Schenk, W.; Kühn, M. (Hrsg.) *Suburbane Räume als Kulturlandschaften.* Hannover: Akademie für Raumforschung und Landesplanung: 13–24.

Hesse, M. (2019) Suburbanisierung. In: Raumforschung und Landesplanung, A. (Hrsg.) *Handwörterbuch der Stadt- und Raumentwicklung.* Hannover: Akademie für Raumforschung und Landesplanung: 2629–2639.

Hesse, M.; Mecklenbrauck; Polívka, J.; Reicher, C. (2016) Suburbia – quo vadis? Mögliche Zukünfte und Handlungsstrategien für den suburbanen Raum. In: Bundesinstitut für Bau-, Stadt-und Raumforschung (BBSR) im Bundesamt für Bauwesen und Raumordnung (Hrsg.) *Im Schatten der Reurbanisierung? Suburbias Zukünfte*: 289–302.

Heuser-Schäublin, B. (2003) Teilnehmende Beobachtung. In: Beer, B. (Hrsg.) *Methoden und Techniken der Feldforschung.* Berlin: Reimer: 331–343.

Hirschfelder, G.; Ploeger, A.; Rückert-John, J.; Schönberger, G. (Hrsg.) (2014) *Was der Mensch essen darf. Ökonomischer Zwang, ökologisches Gewissen und globale Konflikte.* s.l.: Springer VS.

Hirschfelder, G.; Pollmer, P. (2018) Ernährung und Esskultur: Kulturwissenschaftliche Perspektiven. In: *Aktuelle Ernährungsmedizin* 43(01): 41–55.

Hirschfelder, G.; Thanner, S. (2019) Die gemeinsame Mahlzeit. Eine bedrohte Spezies. Https://bildungsthemen.phorms.de/de/top-themen/die-familienmahlzeit-als-kulturgut/die-gemeinsame-mahlzeit-eine-bedrohte-spezies/.

Hobler, D.; Pfahl, S.; Zucco, A. (2020) 30 Jahre Deutsche Einheit. Gleichstellung von Frauen und Männern auf den Arbeitsmärkten in West- und Ostdeutschland? In: *Report*. Issue 60. Https://www.boeckler.de/pdf/p_wsi_report_60_2020.pdf (09.12.2021).

Hofäcker, D. (2007) Gut gemeint ist noch lange nicht getan. Eine international vergleichende Analyse zur partnerschaftlichen Arbeitsteilung im Haushalt. In: *Informationsdienst Soziale Indikatoren* (37): 12–15.

Hofmann, H.; Mettner, A.; Cramm, D. von (2020) Studie: Essensrituale von Familien in Deutschland. Ernährungssoziologische Rahmenbedingungen für Kinder und Jugendliche innerhalb der Familie. Https://www.dkhw.de/fileadmin/Redaktion/1_Unsere_Arbeit/1_ Schwerpunkte/1_Kinderarmut/1.18_Studie_Essensrituale_in_Familien/Studie_Deutsc hes_Kinderhilfswerk_Essensrituale_Familien.pdf (25.02.2021).

Hofstede, G. (1991) *Cultures and Organizations. Software of the Mind.* New York: McGraw-Hill.

Höhne, S.; Michel, B. (2021) Das Ende des Städtischen? In: *sub\urban (Zeitschrift für kritische Stadtforschung)* 9(1/2): 141–149.

Holm, L.; Ekström, M.; Hach, S.; Lund, T. (2015) Who is Cooking Dinner? In: *Food, Culture & Society* 18(4): 589–610.

Hölzl, E. (1994) Qualitatives Interview. In: Arbeitskreis Qualitative Sozialforschung (Hrsg.) *Verführung zum qualitativen Forschen. Eine Methodenauswahl.* Wien: WUV-Universitäts-Verlag: 61–68.

Hook, J. (2010) Gender inequality in the welfare state. Sex segregation in housework, 1965–2003. In: *AJS; American journal of sociology* 115(5): 1480–1523.

Hopf, C.; Schmidt, C. (1993) Zum Verhältnis von innerfamilialen sozialen Erfahrungen, Persönlichkeitsentwicklung und politischen Orientierungen. Dokumentation und Erörterung des methodischen Vorgehens in einer Studie zu diesem Thema. Hildesheim. Https://nbn-resolving.org/urn:nbn:de:0168-ssoar-456148.

Hopp, M.; Keller, T.; Lange, S.; Epp, A.; Lohmann, M.; Böl, G.-F. (2017) *Vegane Ernährung als Lebensstil. Motive und Praktizierung: Abschlussbericht.* Berlin: Bundesinstitut für Risikobewertung.

Hoppe, T. (2010) *Der ländliche Raum im 21. Jahrhundert – Neubewertung einer unterschätzten Raumkategorie. Ein methodischer und regionaler Beitrag zur Kulturlandschaftsforschung und Raumplanung am Beispiel Schleswig-Holstein.* Norderstedt: Books on Demand.

Hriberschek, A. (2011) *„So wie man lebt, so isst man". Lebensstile und ihr Einfluss auf Essgewohnheiten in Privathaushalten.* Masterarbeit Karl-Franzens-Universität Graz.

Huinink, J.; Kreyenfeld, M. (2012) Familie und Partnerschaft in Ost- und Westdeutschland. In: Huinink, J.; Kreyenfeld, M.; Trappe, H. (Hrsg.) *Familie und Partnerschaft in Ost- und Westdeutschland. Ähnlich und Doch Immer Noch Anders.* Leverkusen-Opladen: Budrich: 9–28.

Huinink, J.; Kreyenfeld, M.; Trappe, H. (Hrsg.) (2012) *Familie und Partnerschaft in Ost- und Westdeutschland. Ähnlich und Doch Immer Noch Anders.* Leverkusen-Opladen: Budrich.

Huinink, J.; Schröder, T. (2014) *Sozialstruktur Deutschlands.* Stuttgart; Konstanz: UTB; UVK.

Hungry for Science (2016) Aspekte der Ernährung im sozialen und kulturellen Wandel – Hungry for Science. Https://www.openscience.or.at/hungryforscienceblog/aspekte-der-ernaehrung-im-sozialen-und-kulturellen-wandel/ (15.12.2020).

Hupkens, C.; Knibbe, R.; Drop, M. (2000) Social class differences in food consumption. The explanatory value of permissiveness and health and cost considerations. In: *The European Journal of Public Health* 10(2): 108–113.

Hurrelmann, K.; Bauer, U.; Grundmann, M.; Walper, S. (Hrsg.) (2015) *Handbuch Sozialisationsforschung*. Weinheim; Basel: Beltz.

Hurrelmann, K.; Bauer, U.; Grundmann, M.; Walper, S. (2015) Vorwort. Die Entwicklung der Sozialisationsforschung. In: Hurrelmann, K.; Bauer, U.; Grundmann, M.; Walper, S. (Hrsg.) *Handbuch Sozialisationsforschung*. Weinheim; Basel: Beltz: 9–15.

Hüsken, K.; Lippert, K.; Kuger, S. (2021) Der Betreuungsbedarf bei Grundschulkindern. DJI Kinderbetreuungsreport 2020. Studie 2 von 8.

Inglehart, R. (1971) The Silent Revolution in Europe: Intergenerational Change in Post-Industrial Societies. In: *American Political Science Review* 65(4): 991–1017.

Jabs, J.; Devine, C. (2006) Time scarcity and food choices: an overview. In: *Appetite* 47(2): 196–204.

Jabs, J.; Devine, C.; Bisogni, C.; Farrell, T.; Jastran, M.; Wethington, E. (2007) Trying to find the quickest way. Employed mothers' constructions of time for food. In: *Journal of Nutrition Education and Behavior* 39(1): 18–25.

Jackson, K.; Bazeley, P. (2019) *Qualitative data analysis with NVivo*. Windows & Mac. Los Angeles: SAGE.

Jackson, P. (2009) Introduction: Food as a Lens on Family Life. In: *Changing Families, Changing Food*. Palgrave Macmillan, London: 1–16.

Jahoda, M.; Lazarsfeld, P.; Zeisel, H. (2018) *Die Arbeitslosen von Marienthal. Ein soziographischer Versuch über die Wirkungen langandauernder Arbeitslosigkeit: mit einem Anhang zur Geschichte der Soziographie*. Frankfurt am Main; Leipzig: Suhrkamp Verlag.

Jansen, C. (2021) Essen an Schulen. Zur Positionierung von Kindern in den Verhandlungen zur Qualität von Verpflegungsangeboten. In: Schulz, M.; Schmidt, F.; Rose, L. (Hrsg.) *Pädagogisierungen des Essens. Kinderernährung in Institutionen der Bildung und Erziehung, Familien und Medien*. Weinheim: Beltz Juventa: 224–241.

Jarosz, E. (2017) Class and eating. Family meals in Britain. In: *Appetite* 116: 527–535.

Jergus, K.; Krüger, J.; Roch, A. (Hrsg.) (2017) *Elternschaft zwischen Projekt und Projektion. Aktuelle Perspektiven der Elternforschung*. Wiesbaden: Springer.

Jessen, J. (2001) Suburbanisierung. Wohnen in verstädterter Landschaft. In: Harlander, T.; Bodenschatz, H. (Hrsg.) *Villa und Eigenheim. Suburbaner Städtebau in Deutschland*. Stuttgart: DVA: 315–329.

Joas, H. (1997) *Die Entstehung der Werte*. Frankfurt am Main: Suhrkamp.

Joy, M. (2018) *Warum wir Hunde lieben, Schweine essen und Kühe anziehen. Karnismus – eine Einführung*. Münster: compassion media.

Junk, S. (2010) *Soziologie des Essens – Die feinen Unterschiede. Hat der kulturtheoretische Ansatz Bourdieus Erklärungskraft für das heutige Ernährungsverhalten?* München: GRIN Verlag.

Jurczyk, K. (2017) Familie als Herstellungsleistung. Elternschaft als Überforderung? In: Jergus, K.; Krüger, J.; Roch, A. (Hrsg.) *Elternschaft zwischen Projekt und Projektion. Aktuelle Perspektiven der Elternforschung*. Wiesbaden: Springer: 143–166.

Jurczyk, K. (2020) *Doing und Undoing Family. Konzeptionelle und empirische Entwicklungen*. Beltz Juventa.

Jurczyk, K.; Lange, A.; Thiessen, B. (Hrsg.) (2014) *Doing Family. Warum Familienleben heute nicht mehr selbstverständlich ist*. Weinheim; Basel: Beltz Juventa.

Jurczyk, K.; Voß, G. (1995) Zur gesellschaftsdiagnostischen Relevanz der Untersuchung von alltäglicher Lebensführung. In: Projektgruppe „Alltägliche Lebensführung" (Hrsg.) *Alltägliche Lebensführung*. Wiesbaden: VS Verlag für Sozialwissenschaften: 371–407.

Jürgens, K. (2002) Arbeitszeitflexibilisierung. Marktanpassung oder neue Balance von Familie und Beruf? In: *Diskurs* 12(3): 17–23.

Kajetzke, L.; Schroer, M. (2015) Die Praxis des Verräumlichens: eine soziologische Perspektive. In: *Europa Regional* 21.2013(1–2): 9–22.

Kaminsky, A. (2016) *Frauen in der DDR*. Berlin: Ch. Links Verlag.

Kassner, K. (2014) Väter heute: Leitbilder, Lebensrealitäten und Wünsche. In: *Bundeszentrale für politische Bildung (bpb)* v. 02.06.14.

Kaufmann, J.-C. (2005) *Kochende Leidenschaft. Soziologie vom Kochen und Essen*. Konstanz: UVK.

Kecskes, R. (2015) Alle zu Tisch? Das moderne Erwerbsleben bricht etablierte Ernährungsriten auf und schafft neue soziale Konstellationen. In: GfK Consumer Panels, Bundesvereinigung der Deutschen Ernährungsindustrie (Hrsg.) *Die Auflösung der Ernährungsriten. Folgen für das Ess- und Kochverhalte*. Nürnberg: 17–29.

Keil, R. (2014) Suburbanisierung. In: Belina, B.; Naumann, M.; Strüver, A. (Hrsg.) *Handbuch kritische Stadtgeographie*. Münster: Verlag Westfälisches Dampfboot: 113–117.

Kelle, U. (Hrsg.) (1995) *Computer-aided qualitative data analysis. Theory, methods and practice*. London: SAGE.

Kelle, U. (2007) *Die Integration qualitativer und quantitativer Methoden in der empirischen Sozialforschung. Theoretische Grundlagen und methodologische Konzepte*. Wiesbaden: VS Verlag für Sozialwissenschaften.

Kelle, U.; Kluge, S. (2010) *Vom Einzelfall zum Typus. Fallvergleich und Fallkontrastierung in der qualitativen Sozialforschung*. Wiesbaden: VS Verlag für Sozialwissenschaften.

Kepper, G. (1994) *Qualitative Marktforschung. Methoden, Einsatzmöglichkeiten und Beurteilungskriterien*. Wiesbaden; s.l.: Deutscher Universitätsverlag.

Keppler, A. (1994) *Tischgespräche. Über Formen kommunikativer Vergemeinschaftung am Beispiel der Konversation in Familien*. Frankfurt am Main: Suhrkamp.

Kettschau, I. (2003) Familienarbeit als Zeitkonflikt. In: *Hauswirtschaft und Wissenschaft, Sonderheft „50 Jahre Hasuwirtschaft und Wissenschaft"* 51(4): 171–178.

King, A.; Woodroffe, J. (2019) Walking Interviews. In: Liamputtong, P. (Hrsg.) *Handbook of Research Methods in Health Social Sciences*. Singapore: Springer.

King, V. (2013) Optimierte Kindheiten. Familiale Fürsorge im Kontext von Beschleunigung und Flexibilisierung. In: Dammasch, F.; Teising, M. (Hrsg.) *Das modernisierte Kind*. s.l.: Brandes Apsel Verlag: 31–51.

King, V. (2017) Die Macht der Dringlichkeiten. Vom Umgang mit der Zeit. In: *Forschung Frankfurt* (1): 40–45.

King, V.; Busch, K. (2012) Widersprüchliche Zeiten des Aufwachsens. Fürsorge, Zeitnot und Optimierungsstreben in Familien. In: *Diskurs Kindheits- und Jugendforschung*.

Kleinspehn, T. (1987) *Warum sind wir so unersättlich. Über den Bedeutungswandel des Essens*. Frankfurt am Main: Suhrkamp.

Klenner, C.; Auth, D.; Leitner, S. (2015) Neue Sorgekonflikte. Die Zumutungen des Adult Worker Model. In: Völker, S.; Amacker, M. (Hrsg.) *Prekarisierungen. Arbeit, Sorge und Politik*. Weinheim: Beltz Juventa: 42–58.

Kluckhohn, C. (1951) Values and value orientations in the theory of action. In: Allport, G.; Kluckhohn, C. (Hrsg.) *Toward a General Theory of Action*. s.l.: Harvard University Press.

Kluge, S. (1999) *Empirisch begründete Typenbildung. Zur Konstruktion von Typen und Typologien in der qualitativen Sozialforschung*. Wiesbaden: VS Verlag für Sozialwissenschaften.

Klünder, N. (2017) *Differenzierte Ermittlung des Gender Care Gap auf Basis der repräsentativen Zeitverwendungsdaten 2012/13. Expertise im Rahmen des Zweiten Gleichstellungsberichts der Bundesregierung*. Berlin: Institut für Sozialarbeit und Sozialpädagogik e. V., Geschäftsstelle Zweiter Gleichstellungsbericht der Bundesregierung.

Klünder, N. (2018a) Ernährungsversorgung von Familien. Zwischen selbst Gekochtem, Thermomix und Schulverpflegung – Innenansichten der Ernährungsversorgung von Familien mit erwerbstätigen Eltern. In: *Hauwirtschaft und Wissenschaft*: 1–24.

Klünder, N. (2018b) Mahlzeitenmuster von Eltern in Paarbeziehungen. In: Häußler, A.; Küster, C.; Ohrem, S.; Wagenknecht, I. (Hrsg.) *Care und die Wissenschaft vom Haushalt. Aktuelle Perspektiven der Haushaltswissenschaft*. Wiesbaden: Springer VS: 73–87.

Klünder, N.; Meier-Gräwe, U. (2017a) Essalltag und Arbeitsteilung von Eltern in Paarbeziehungen – Eine quantitative Analyse auf Basis der repräsentativen Zeitverwendungsdaten 2012/13 und 2001/02. In: *Zeitschrift für Familienforschung* 29(2): 179–201.

Klünder, N.; Meier-Gräwe, U. (2017b) Gleichstellung und innerfamiliale Arbeitsteilung. Mahlzeitenmuster und Beköstigungsarbeit in Familien. In: *Statistisches Bundesamt (Hrsg.): Wie die Zeit vergeht. Analysen zur Zeitverwendung in Deutschland. Beiträge zur Ergebniskonferenz der Zeitverwendungserhebung 2012/13 am 05./06. Oktober 2016 in Wiesbaden.*: 65–90.

Klünder, N.; Meier-Gräwe, U. (2018) Caring, Cooking, Cleaning – repräsentative Zeitverwendungsmuster von Eltern in Paarbeziehungen. In: *Zeitschrift für Familienforschung* 30(1): 9–29.

Knauth, P.; Hornberger, S. (1997) *Schichtarbeit und Nachtarbeit. Probleme, Formen, Empfehlungen*. München: Bayer.

Knop, U. (2021) Es gibt weder gesunde noch ungesunde Lebensmittel! Https://www.apotheke-adhoc.de/branchennews/alle-branchennews/branchennews-detail/echte-esser-es-gibt-weder-gesunde-noch-ungesunde-lebensmittel/ (29.07.2021).

Koch, E. (2019) Kommentar. Die Alltagsküche zwischen Genuss und Fassungslosigkeit. In: Thapa, P.; Düchs, M.; Baatz, C. (Hrsg.) *Umwelt – Gründe – Werte. Dialoge in Umweltethik und Environmental Humanities*. Bamberg: University of Bamberg Press: 107–134.

Koch, S. (2018) Dinner for one. Gemeinsame Mahlzeiten sterben aus. In: *Hannoversche Allgemeine* v. 13.10.18.

Koerber, K. von; Kretschmer, J. (2006) Ernährung nach den vier Dimensionen. In: *Ernährung & Medizin* 21(4): 178–185.

Koerber, K. von; Leitzmann, C. (2012) *Vollwert-Ernährung. Konzeption einer zeitgemäßen und nachhaltigen Ernährung*. Stuttgart: Haug Fachbuch.

Kofahl, D.; Weyand, T. (2016) Halb vegan, halb vegetarisch, aber auch mal Huhn. Soziologische Aspekte des Fleisch-essens und Fleisch-Verzichts in der Gegenwartsgesellschaft. In: *Zeitschrift für Agrargeschichte und Agrarsoziologie* 64(2): 77–92.

Köhler, J.; Zander, U.; Möser, A.; Meier-Gräwe, U.; Leonhäuser, I.-U. (2011) Essalltag von Familien erwerbstätiger Mütter. In: Schönberger, G.; Methfessel, B. (Hrsg.) *Mahlzeiten. Alte Last oder neue Lust?* Wiesbaden: VS Verlag für Sozialwissenschaften: 105–117.

Kohlrausch, B.; Zucco, A. (2020) *Die Corona-Krise trifft Frauen doppelt: Weniger Erwerbseinkommen und mehr Sorgearbeit.* Düsseldorf: Hans-Böckler-Stiftung, Wirtschafts- und Sozialwissenschaftliches Institut (WSI).

Kompatscher, G. (2018) Human-Animal Studies. In: Ach, J.; Borchers, D. (Hrsg.) *Handbuch Tierethik. Grundlagen – Kontexte – Perspektiven.* Stuttgart; Heidelberg: J.B. Metzler Verlag: 316–321.

Konietzka, D.; Kreyenfeld, M. (Hrsg.) (2007) *Ein Leben ohne Kinder. Kinderlosigkeit in Deutschland.* Wiesbaden: VS Verlag für Sozialwissenschaften.

König, O. (1996) Die Rolle der Familie in der Soziologie. In: *Familiendynamik* 21(3): 239–267.

König, R. (1965) Die soziale und kulturelle Bedeutung der Ernährung in der industriellen Gesellschaft. In: *Soziologische Orientierungen*: 494–505.

König, S.; Cesinger, B. (2015) Gendered work–family conflict in Germany: do self-employment and flexibility matter? In: *Work, Employment and Society* 29(4): 531–549.

Koppetsch, C.; Burkart, G. (2008) *Die Illusion der Emanzipation. Zur Wirksamkeit latenter Geschlechtsnormen im Milieuvergleich.* Konstanz: UVK.

Koppetsch, C.; Speck, S. (2015) *Wenn der Mann kein Ernährer mehr ist. Geschlechterkonflikte in Krisenzeiten.* Berlin: Suhrkamp.

Kopplin, M. (2020) Frauen in Ost und West. Angleichung nach drei Jahrzehnten? In: *Bürger & Staat* (1): 71–80.

Kortendiek, B. (2008) Familie: Mutterschaft und Vaterschaft zwischen Traditionalisierung und Modernisierung. In: Kortendiek, B. (Hrsg.) *Handbuch Frauen- und Geschlechterforschung. Theorie, Methoden, Empirie.* Wiesbaden: VS Verlag für Sozialwissenschaften: 434–445.

Krämer, D. (2005) Der Grundbegriff „Konflikt". Definitionen und Konfliktarten. München. Https://www.grin.com/document/42535.

Krauss-Hoffmann, P. (2021) „Homeoffice". Ein zentraler Baustein zukunftsgerechter digitaler Arbeit. In: Christlich-Soziale Politik e.V. (Hrsg.) *Herausforderungen für den Arbeitsschutz in einer sich digitalisierenden Arbeitswelt*: 90–100.

Kreienkamp, E. (2007) *Gender-Marketing. Impulse für Marktforschung, Produkte, Werbung und Personalentwicklung.* s.l.: mi Wirtschaftsbuch.

Kreyenfeld, M. (2009) Das zweite Kind in Ostdeutschland: Aufschub oder Verzicht? In: Cassens, I.; Luy, M. (Hrsg.) *Die Bevölkerung in Ost- und Westdeutschland. Demografische, gesellschaftliche und wirschaftliche Entwicklungen seit der Wende.* Wiesbaden: VS Verlag für Sozialwissenschaften: 100–123.

Kreyenfeld, M.; Geisler, E. (2006) Müttererwerbstätigkeit in Ost- und Westdeutschland. In: *Zeitschrift für Familienforschung* 18(3): 333–360.

Kreyenfeld, M.; Konietzka, D. (2008) Wandel der Geburten- und Familienentwicklung in West- und Ostdeutschland. In: Schneider, N. (Hrsg.) *Lehrbuch moderne Familiensoziologie. Theorien, Methoden, empirische Befunde.* Opladen: Budrich: 121–137.

Krippendorff, K. (2019) *Content analysis. An introduction to its methodology.* Los Angeles u. a.: SAGE.

Kroeber, A.; Kluckhohn, C. (1952) *Culture. A critical review of concepts and definitions.* New York.

Krüger, H.-H.; Sünker, H.; Thole, W. (Hrsg.) (2015) *Forschung als Herausforderung. Methodologische Ansprüche und Praxis in erziehungs- und sozialwissenschaftlichen Projekten.* Opladen u. a.: Budrich.

Krüger, N. (2011) Der Essalltag von Familien. Ernährungsbildung im Kontext gesellschaftlicher Veränderungen. Https://www.kern.bayern.de/mam/cms03/wissenstransfer/dateien/niderbayern_krueger.pdf (21.12.2020).

Kruse, J. (2015) *Qualitative Interviewforschung. Ein integrativer Ansatz.* Weinheim; Basel: Beltz Juventa.

Krysmanski, H. (1971) *Soziologie des Konflikts. Materialien und Modelle.* Reinbek bei Hamburg: Rowohlt.

Kuckartz, U. (1988) *Computer und verbale Daten. Chancen zur Innovation sozialwissenschaftlicher Forschungstechniken.* Frankfurt am Main: Lang.

Kuckartz, U. (2010) *Einführung in die computergestützte Analyse qualitativer Daten.* Wiesbaden: VS Verlag für Sozialwissenschaften.

Kuckartz, U. (2016) *Qualitative Inhaltsanalyse. Methoden, Praxis, Computerunterstützung.* Weinheim; Basel: Beltz Juventa.

Kuckartz, U. (2018) Qualitative Inhaltsanalyse. In: Akremi, L.; Baur, N.; Knoblauch, H.; Traue, B. (Hrsg.) *Handbuch Interpretativ forschen.* Weinheim; Basel: Beltz Juventa: 506–534.

Kuckartz, U.; Grunenberg, H.; Dresing, T. (2007) *Qualitative Datenanalyse: computergestützt. Methodische Hintergründe und Beispiele aus der Forschungspraxis.* Wiesbaden: VS Verlag für Sozialwissenschaften.

Kuckartz, U.; Rädiker, S. (2020) *Fokussierte Interviewanalyse mit MAXQDA. Schritt für Schritt.* Wiesbaden: Springer VS.

Kudera, W.; Voß, G. (2000) Alltägliche Lebensführung – Bilanz und Ausblick. In: Kudera, W.; Voß, G. (Hrsg.) *Lebensführung und Gesellschaft.* Wiesbaden: VS Verlag für Sozialwissenschaften: 11–26.

Kühl, J. (2016) Walking Interviews als Methode zur Erhebung alltäglicher Raumproduktionen. In: *Europa Regional, 23.2015 (2016)* 2: 35–48.

Kühne, O. (2012) *Stadt – Landschaft – Hybridität. Ästhetische Bezüge im postmodernen Los Angeles mit seinen modernen Persistenzen.* Wiesbaden: VS Verlag für Sozialwissenschaften.

Kühne, O. (2017) *Zur Aktualität von Ralf Dahrendorf. Einführung in sein Werk.* Wiesbaden: Springer VS.

Kull, S.; Riedmüller, B. (2007) *Auf dem Weg zur Arbeitsmarktbürgerin? Neue Konzepte der Arbeitsmarktpolitik am Beispiel allein erziehender Frauen.* Berlin: Edition Sigma.

Kunz, A. (2015) Log- und Tagebücher als Erhebungsmethode in ethnographischen Forschungsdesigns. In: Hitzler, R.; Gothe, M. (Hrsg.) *Ethnographische Erkundungen. Methodische Aspekte aktueller Forschungsprojekte.* Wiesbaden: Springer VS: 141–161.

Kunz, A. (2016) *Selbstreport mittels Diary-Verfahren.* Dissertation Universität Wien.

Kurz, A.; Stockhammer, C.; Fuchs, S.; Meinhard, D. (2007) Das Problemzentrierte Interview. In: Buber, R.; Holzmüller, H. (Hrsg.) *Qualitative Marktforschung. Konzepte – Methoden – Analysen.* Wiesbaden: Betriebswirtschaftlicher Verlag Dr. Th. Gabler I GWV Fachverlage GmbH Wiesbaden: 463–475.

Kutsch, T. (Hrsg.) (1993) *Ernährungsforschung interdisziplinär.* Darmstadt: Wissenschaftliche Buchgesellschaft.

Kutsch, T.; Werner, S. (2002) Konsumpatriotismus in Ostdeutschland. In: Gedrich, K.; Oltersdorf, U. (Hrsg.) *Ernährung und Raum. Regionale und ethnische Ernährungsweisen in Deutschland.* Karlsruhe.

Lake, A.; Hyland, R.; Mathers, J.; Rugg-Gunn, A.; Wood, C.; Adamson, A. (2006) Food shopping and preparation among the 30-somethings. Whose job is it? (The ASH30 study). In: *British Food Journal* 108(6): 475–486.

Lambers, V. (2016) Beschleunigung in der modernen Familie? In: *Sozial Extra* 40(4): 29–32.

Lamnek, S. (1989) *Qualitative Sozialforschung. Band 2: Methoden und Techniken.* Weinheim: Beltz.

Lamnek, S. (1995) *Qualitative Sozialforschung.* Weinheim: Beltz Psychologie Verlags Union.

Lampert, T. (2010) 20 Jahre Deutsche Einheit. Gibt es noch Ost-West-Unterschiede in der Gesundheit von Kindern und Jugendlichen? In: *GBE Kompakt* (4).

Lampert, T.; Hagen, C.; Heizmann, B. (2010) Gesundheitliche Ungleichheit bei Kindern und Jugendlichen in Deutschland. In: *Beiträge zur Gesundheitsberichterstattung des Bundes.* Berlin. Https://edoc.rki.de/bitstream/handle/176904/3231/29lllSiUWs.pdf?sequence=1 (17.03.2021).

Lang, S. (2022) The Reluctant Modernizer: Gender Equality in Unified Germany. In: Oswald, M.; Robertson, J. (Hrsg.) *The Legacy and Impact of German Unification.* Palgrave Macmillan, Cham: 249–266.

Lange, A.; Thiessen, B. (2017) Eltern als Bildungscoaches? In: Jergus, K.; Krüger, J.; Roch, A. (Hrsg.) *Elternschaft zwischen Projekt und Projektion. Aktuelle Perspektiven der Elternforschung.* Wiesbaden: Springer: 273–293.

Läpple, D. (2005) Phönix aus der Asche. Die Neuerfindung der Stadt. In: Berking, H.; Löw, M.; Alexander, A. (Hrsg.) *Die Wirklichkeit der Städte.* Baden-Baden: Nomos.

Lareau, A. (2011) *Unequal childhoods. Class, race, and family life.* Berkeley: University of California Press.

LaRossa, R. (1988) Fatherhood and Social Change. In: *Family Relations* 37(4): 451–457.

Lauer, N. (2011) Das Paarinterview als Erhebungsinstrument in der sozialpädagogischen (Familien)Forschung. In: Oelerich, G. (Hrsg.) *Empirische Forschung und soziale Arbeit. Ein Studienbuch.* Wiesbaden: VS Verlag für Sozialwissenschaften: 293–300.

Lazarsfeld, P. (1972) *Qualitative Analysis. Historical and Critical Essays.* Boston: Allyn and Bacon.

Lee, E.; Bristow, J.; Faircloth, C.; Macvarish, J. (Hrsg.) (2014) *Parenting culture studies.* Basingstoke: Palgrave Macmillan.

Lefebvre, H. (2011) *The production of space.* Malden: Blackwell Publishing.

Leitzmann, C. (2005) *Ernährung in Prävention und Therapie. Ein Lehrbuch; 165 Tabellen.* Stuttgart: Hippokrates.

Lejeune, C.; Romeu Gordo, L.; Simonson, J. (2017) Einkommen und Armut in Deutschland. Objektive Einkommenssituation und deren subjektive Bewertung. In: Mahne, K.; Simonson, J.; Wolff, J. (Hrsg.) *Altern im Wandel. Zwei Jahrzehnte Deutscher Alterssurvey (DEAS).* Wiesbaden: Springer VS: 97–110.

Lemke, H. (2007) Kritische Theorie der Esskultur. http://www.haraldlemke.de/texte/Lemke_KT_Esskultur.pdf (18.03.2019).

Lenz, I. (2019) Geschlechterkonflikte als offene Prozesse? Zum Potential von Georg Simmels Konfliktsoziologie. Issue 39. Https://publikationen.soziologie.de/index.php/kongre ssband_2018/article/view/1172.

Leonhäuser, I.-U.; Köhler, J.; Meier-Gräwe, U.; Möser, A.; Zander, U. (2009) *Essalltag in Familien. Ernährungsversorgung zwischen privatem und öffentlichem Raum.* Wiesbaden: VS Verlag für Sozialwissenschaften.

Levin, K.; Kirby, J.; Currie, C. (2012) Adolescent risk behaviours and mealtime routines: does family meal frequency alter the association between family structure and risk behaviour? In: *Health education research* 27(1): 24–35.

Lewins, A.; Silver, C. (2009) *Using software in qualitative research. A step-by-step guide.* Los Angeles: SAGE.

Lewis, H. (2020) The Coronavirus Is a Disaster for Feminism. In: *The Atlantic* v. 19.03.20.

Lexikon der Geographie (2001) Stadtkultur. spektrum.de. Https://www.spektrum.de/lexikon/ geographie/stadtkultur/7544.

Lexikon der Geographie (2014) Suburbia. Https://www.spektrum.de/lexikon/geographie/sub urbia/7842 (13.01.2021).

Lincke, H.-J. (2007) *Doing Time. Die zeitliche Ästhetik von Essen, Trinken und Lebensstilen.* Bielefeld: transcript Verlag.

Linseisen, J. (2002) Regionale Unterschiede hinsichtlich Lebensmittelaufnahme und Nährstoffversorgung in Deutschland. In: Gedrich, K.; Oltersdorf, U. (Hrsg.) *Ernährung und Raum. Regionale und ethnische Ernährungsweisen in Deutschland.* Karlsruhe.

Losch, B. (2006) *Kulturfaktor Recht Grundwerte – Leitbilder – Normen. Eine Einführung.* Köln: Böhlau.

Lott, Y. (2015) Working-time flexibility and autonomy: A European perspective on time adequacy. In: *European Journal of Industrial Relations* 21(3): 259–274.

Lott, Y. (2019) WENIGER ARBEIT, MEHR FREIZEIT? Wofür Mütter und Väter flexible Arbeitsarrangements nutzen. In: *Report.* Issue 47. Https://www.vamv-hessen.de/filead min/user_upload/lv_hessen/p_wsi_report_47_2019.pdf.

Lück, D. (2015) Vaterleitbilder. Ernährer und Erzieher? In: Schneider, N.; Diabaté, S.; Ruckdeschel, K. (Hrsg.) *Familienleitbilder in Deutschland. Kulturelle Vorstellungen zu Partnerschaft, Elternschaft und Familienleben.* Opladen u. a.: Budrich: 227–245.

Lück, D.; Diabaté, S. (2015) Familienleitbilder. Ein theoretisches Konzept. In: Schneider, N.; Diabaté, S.; Ruckdeschel, K. (Hrsg.) *Familienleitbilder in Deutschland. Kulturelle Vorstellungen zu Partnerschaft, Elternschaft und Familienleben.* Opladen u.a.: Budrich: 19–28.

Lutz, R. (Hrsg.) (2012) *Erschöpfte Familien.* Wiesbaden: VS Verlag für Sozialwissenschaften.

Magerhans, A. (2016) *Marktforschung. Eine praxisorientierte Einführung.* Wiesbaden: Springer Gabler.

Maiwald, K.-O. (2012) Modern und doch traditional? Paradoxien heutiger Paarbeziehungen. In: Soeffner, H.-G. (Hrsg.) *Transnationale Vergesellschaftungen. Verhandlungen des 35. Kongresses der Deutschen Gesellschaft für Soziologie in Frankfurt am Main 2010.* Wiesbaden: Springer VS: 911–918.

Maletzke, G. (1996) *Interkulturelle Kommunikation. Zur Interaktion zwischen Menschen verschiedener Kulturen.* Opladen: Westdeutscher Verlag.

Marquis, M.; Shatenstein, B. (2005) Food choice motives and the importance of family meals among immigrant mothers. In: *Canadian journal of dietetic practice and research: a publication of Dietitians of Canada = Revue canadienne de la pratique et de la recherche en dietetique: une publication des Dietetistes du Canada* 66(2): 77–82.

Martens, L. (2012) Practice 'in Talk' and Talk 'as Practice': Dish Washing and the Reach of Language. In: *Sociological Research Online* 17(3): 103–113.

Martens, L.; Halkier, B.; Pink, S. (2014) Researching habits: advances in linguistic and embodied research practice. In: *International Journal of Social Research Methodology* 17(1): 1–9.

Marx, K.; Engels, F. (2016) *Das kommunistische Manifest*. Hamburg: Severus Verlag.

Maschke, L.; Mießner, M.; Naumann, M. (2020) *Kritische Landforschung. Konzeptionelle Zugänge, empirische Problemlagen und politische Perspektiven*. Bielefeld: Transcript Verlag.

Mayer, K.; Schulze, E. (2009) Delaying Parenthood in East and West Germany. A Mixed-Methods Study of the Onset of Childbirth and the Vocabulary of Motives of Women of the Birth Cohort of 1971. In: *Mannheimer Zentrum fur Europäische Sozialforschung* 123: 1–41.

Mayring, P. (1988) *Qualitative Inhaltsanalyse. Grundlagen und Techniken*. Weinheim: Deutscher Studien Verlag.

Mayring, P. (2008) *Einführung in die qualititative Sozialforschung. Eine Anleitung zu qualitativem Denken*. Weinheim; Basel: Beltz.

Mayring, P. (2010) Qualitative Inhaltsanalyse. In: Flick, U.; Kardorff, E. von; Steinke, I. (Hrsg.) *Qualitative Forschung. ein Handbuch*. Rowohlt Taschenbuch Verlag: 468–475.

Mayring, P. (2019) Qualitative Inhaltsanalyse – Abgrenzungen, Spielarten, Weiterentwicklungen. Forum Qualitative Sozialforschung / Forum: Qualitative Social Research, Vol 20, No 3 (2019): Qualitative Content Analysis I. Https://www.qualitative-research.net/index.php/fqs/article/view/3343.

Mayring, P.; Gläser-Zikuda, M. (Hrsg.) (2008) *Die Praxis der qualitativen Inhaltsanalyse*. Weinheim; Basel: Beltz.

MDR (2020) Jahresrückblick 2020 zum Coronavirus. MDR.DE. Https://www.mdr.de/nachrichten/chronik/corona-chronik-chronologie-coronavirus-102.html#sprung0 (08.02.2021).

MDR (2021) Der Osten verändert den Westen | MDR.DE. Https://www.mdr.de/geschichte/eure-geschichte/nachwendegeschichte/osten-veraendert-westen-arbeitsmarkt-kitas-schulwesen-bloecher-100.html (15.12.2021).

Mederer, H. (1993) Division of Labor in Two-Earner Homes: Task Accomplishment versus Household Management as Critical Variables in Perceptions about Family Work. In: *Journal of Marriage and the Family* 55(1): 133–145.

Mehta, K.; Booth, S.; Coveney, J.; Strazdins, L. (2020) Feeding the Australian family. Challenges for mothers, nutrition and equity. In: *Health promotion international* 35(4): 771–778.

Meier, S. (2014) Qualitative Inhaltsanalyse. In: Netzwerk Bildphilosophie (Hrsg.) *Bild und Methode. Theoretische Hintergründe und methodische Verfahren der Bildwissenschaft*. Köln: Herbert von Halem Verlag: 357–366.

Meier, U.; Küster, C.; Zander, U. (2004) Alles wie gehabt? Geschlechtsspezifische Arbeitsteilung und Mahlzeitenmuster im Zeitvergleich. In: Statistisches Bundesamt (Hrsg.) *Alltag in Deutschland: Analysen zur Zeitverwendung*: 114–130.

Meier-Gräwe, U. (2006) Chacun à son goût – Neue Esskulturen. Wird die Frau als Ernährerin ausdienen? In: Ministerium für Generationen, Familie, Familie, Frauen und Integration des Landes Nordrhein-Westfahlen (Hrsg.) *Demografischer Wandel. Die Stadt, die Frauen und die Zukunft.* Düsseldorf: 137–147.

Meier-Gräwe, U. (2010) Der familiale Essalltag als wirkungsmächtiger Produktionszusammenhang von Gesundheit. Eine Kontrastierung milieuspezifischer Ernährungsversorgungsstile. In: Ohlbrecht, H.; Schönberger, C. (Hrsg.) *Gesundheit als Familienaufgabe. Zum Verhältnis von Autonomie und staatlicher Intervention.* Weinheim: Beltz Juventa: 212–226.

Mende, J. von (2019) *Küchen in Berliner Privathaushalten. Essenspraxis und Raum.* Dissertation Humboldt-Universität Zu Berlin.

Mennell, S.; Murcott, A.; van Otterloo, A. (1993) The Sociology of Food: Eating, Diet and Culture. In: *Contemporary Sociology* 22(6): 871.

Mensink, G.; Kleiser, C.; Richter, A. (2007) Lebensmittelverzehr bei Kindern und Jugendlichen in Deutschland. Ergebnisse des Kinder- und Jugendgesundheitssurveys (KiGGS). In: *Bundesgesundheitsblatt, Gesundheitsforschung, Gesundheitsschutz* 50(5–6): 609–623.

Menzl, M. (2014) Urbanisierungsprozesse in Suburbia? Überlegungen zur Ubiquität der urbanen Lebensweise. In: Roost, F. (Hrsg.) *Schwerpunkt: Urbane Peripherie.* Opladen: Budrich: 43–60.

Merkel, I.; Tippach-Schneider, S. (1990) *… und Du, Frau an der Werkbank. Die DDR in den 50er Jahren.* Berlin: Elefanten Press.

Merkens, H. (1997) Stichproben bei qualitativen Studien. In: Friebertshäuser, B. (Hrsg.) *Handbuch qualitative Forschungsmethoden in der Erziehungswissenschaft.* Weinheim; München: Juventa: 97–106.

Merten, K. (1983) *Inhaltsanalyse. Einführung in Theorie, Methode und Praxis.* Opladen: Westdeutscher Verlag.

Meryem, R. (2018) Gender Domesticity Reinterpreted: Housework Division in Dual-Work Moroccan Families. In: *European Scientific Journal, ESJ* 14(17): 131.

Methfessel, B. (2004) Esskultur und familiale Alltagskultur. Https://www.familienhandbuch.de/gesundheit/ernaehrung-kindheit/esskulturundfamilialealltagskultur.php.

Methfessel, B. (2014) Welche Moral hätten Sie denn gerne? – Essen im Konflikt zwischen unterschiedlichen Anforderungen an die Lebensführung. In: Hirschfelder, G.; Ploeger, A.; Rückert-John, J.; Schönberger, G. (Hrsg.) *Was der Mensch essen darf. Ökonomischer Zwang, ökologisches Gewissen und globale Konflikte.* s.l.: Springer VS: 83–100.

Mettke, C. (2014) *Der öffentliche Personennahverkehr im post-suburbanen Kontext. Toronto und Frankfurt als Fallbeispiele.* Dissertation Technische Universität Darmstadt.

Meuser, M. (2005) Die widersprüchliche Modernisierung von Männlichkeit: Kontinuitäten und Veränderungen im Geschlechterverhältnis. http://www.genderkompetenz.info/verans taltungs_publikations_und_news_archiv/genderlectures/050523glhu.html.

Meuser, M. (2009) Keine Zeit für die Familie? Ambivalenzen involvierter Vaterschaft. In: Heitkötter, M. (Hrsg.) *Zeit für Beziehungen? Zeit und Zeitpolitik für Familien.* Opladen: Budrich: 215–231.

Mey, G.; Mruck, K. (2011) Qualitative Interviews. In: Naderer, G.; Balzer, E. (Hrsg.) *Qualitative Marktforschung in Theorie und Praxis.* Gabler: 257–288.

Mey, G.; Mruck, K. (2017) Qualitative Interviews. In: Mey, G.; Mruck, K. (Hrsg.) *Handbuch Qualitative Forschung in der Psychologie*. Wiesbaden: Springer: 1–21.

Meyer, C. (2018a) Essen in Handlungsfeldern Sozialer Arbeit. Beispiele, Wissen, Erkenntnisse und Diskurslinien. In: Meyer, C. (Hrsg.) *Essen und soziale Arbeit. Eine Einführung*. Wiesbaden: Springer VS: 75–156.

Meyer, C. (Hrsg.) (2018) *Essen und soziale Arbeit. Eine Einführung*. Wiesbaden: Springer VS.

Meyer, C. (2018b) Zuständigkeiten, Zeiten und Orte für die Ernährungserziehung und -sozialisation: Die Mutter, der Tisch und die Mahlzeit. In: Meyer, C. (Hrsg.) *Essen und soziale Arbeit. Eine Einführung*. Wiesbaden: Springer VS: 157–200.

Meyer, S. (2002) *Mahlzeitenmuster in Deutschland*. Dissertation Technische Universität München.

Milkie, M.; Mattingly, M.; Nomaguchi, K.; Bianchi, S.; Robinson, J. (2004) The Time Squeeze: Parental Statuses and Feelings About Time With Children. In: *Journal of Marriage and the Family* 66(3): 739–761.

Möcker, C. (2008) Zum Verhältnis von Konflikt und Gewalt am Beispiel der Auseinandersetzung um die Menschenrechte in der Türkei. Eine wissenschaftliche Annäherung aus friedenswissenschaftlicher, soziologischer und friedenspsychologischer Perspektive. Issue 25. Hagen. Https://www.soziale-verteidigung.de/system/files/hud25moecker.pdf.

Moisio, R.; Arnould, E.; Price, L. (2004) Between Mothers and Markets. In: *Journal of Consumer Culture* 4(3): 361–384.

Möller, G. (2016) Gemeinsam essen stärkt Familien. Https://www.urbia.de/magazin/familienleben/gemeinsam-essen-staerkt-familien (24.04.2018).

Mooser, J. (1983) Auflösung der proletarischen Milieus: Klassenbindung und Individualisierung in der Arbeiterschaft vom Kaiserreich bis in die Bundesrepublik Deutschland. In: *Soziale Welt* 34: 270–306.

Morrow, V. (1994) Responsible Children? Aspects of Children's Work and Employment Outside School in Contemporary UK. In: Mayall, B. (Hrsg.) *Children's childhoods. Observed and experienced*. London; Washington, D.C: Falmer Press: 128–143.

Mückler, H. (2014) Konflikt und Konflikthaftigkeit. Ambivalente Kategorien. In: Feichtinger, W.; Mückler, H.; Hainzl, G.; Jureković, P. (Hrsg.) *Wege und Irrwege des Krisenmanagements. Von Afghanistan bis Südsudan*. Wien u. a.: Böhlau: 39–66.

Mühling, T. (2007) Wie verbringen Väter ihre Zeit? Männer zwischen „Zeitnot" und „Qualitätszeit". In: Mühling, T.; Rost, H. (Hrsg.) *Väter im Blickpunkt. Perspektiven der Familienforschung*. Opladen: Budrich: 115–160.

Müller, H.; Schneider, A.; Höltschi, R.; Prantner, C.; Serrao, M.; Hermann, J.; Stehle, A.; Blaschke, S.; Latour, T.; Blank, E.; Monn, J.; Kissler, A.; Rasch, M.; Schoop, F.; Weder, J. (2021) Coronavirus in Deutschland: Die neusten Entwicklungen. In: *Neue Zürcher Zeitung* v. 09.02.21.

Neidhardt, F. (1986) Kultur und Gesellschaft. Einige Anmerkungen zum Sonderheft. In: Neidhardt, F.; Lepsius, M. (Hrsg.) *Kultur und Gesellschaft. René König, dem Begründer der Sonderhefte, zum 80. Geburtstag gewidmet*. Opladen: Westdeutscher Verlag: 10–19.

Nelson, M. (2010) *Parenting Out of Control. Anxious parents in uncertain times*. New York; London: New York University Press.

Neumann, A. (2020) Ostdeutsche Besonderheiten? Über Unterschiede politischer Kultur in Ost- und Westdeutschland mit Fokus auf den Freistaat Sachsen. In: Bochmann, C.;

Döring, H. (Hrsg.) *Gesellschaftlichen Zusammenhalt gestalten.* Wiesbaden: Springer VS: 75–95.

Niehues, J. (2017) Die Mittelschicht in Deutschland: Vielschichtig und stabil. In: *IW-Trends – Vierteljahresschrift zur empirischen Wirtschaftsforschung* 44(1): 3–20.

Noertemann, I. (2020) Dank Corona. 19 Dinge, die jetzt besser sind. Https://www.leben-und-erziehen.de/familie/familienleben/corona-vorteile-990760.html (08.02.2021).

Nollert, M.; Budowski, M. (2020) Editorial. Soziale Konflikte. In: *Sozialpolitik.ch* 2020(1).

Oberndorfer, R.; Rost, H. (2005) Neue Väter. Anspruch und Realität. In: *Zeitschrift für Familienforschung* 17(1): 50–65.

OECD (2014) Chapter 2 (tables): Engagement with and at school. http://www.oecd.org/pisa/pisaproducts/pisainfocus/PISA-in-Focus-n35-(eng)-FINAL.pdf (23.09.2019).

Oelkers, N. (2017) Kindeswohl. Aktivierung von Eltern(verantwortung) in sozialinvestiver Perspektive. In: Jergus, K.; Krüger, J.; Roch, A. (Hrsg.) *Elternschaft zwischen Projekt und Projektion. Aktuelle Perspektiven der Elternforschung.* Wiesbaden: Springer: 103–120.

Oevermann, U. (2002) Klinische Soziologie auf der Basis der Methodologie der objektiven Hermeneutik. Manifest der objektiv hermeneutischen Sozialforschung. Https://publikationen.ub.uni-frankfurt.de/frontdoor/index/index/docId/4958.

Oltersdorf, U. (2001) Status quo der Ernährungsverhaltenswissenschaft in Deutschland. In: Oltersdorf, U.; Gedrich, K. (Hrsg.) *Ernährungsziele unserer Gesellschaft. Die Beiträge der Ernährungsverhaltenswissenschaft.* Karlsruhe: Bundesforschungsanstalt für Ernährung (BFE): 127–138.

Ott, M.; Seehaus, R. (2012) „Es ist halt durchs Stillen, dadurch ergibt es sich einfach.". Familiale Arbeitsteilungsmuster und Naturalisierungseffekte von Stilldiskursen. In: Moser, V.; Rendtorff, B. (Hrsg.) *Riskante Leben? Geschlechterordnungen in der Reflexiven Moderne.* S.I.: Budrich: 131–140.

Ott, N. (1989) Familienbildung und familiale Entscheidungsfindung aus verhandlungstheoretischer Sicht. In: Wagner, G.; Ott, N.; Hoffmann-Nowotny, H.-J. (Hrsg.) *Familienbildung und Erwerbstätigkeit im demographischen Wandel.* Berlin, Heidelberg: Springer: 97–116.

Ott, N. (1992) *Intrafamily Bargaining and Household Decisions.* Berlin; Heidelberg: Springer.

Papanek, H. (1979) Family Status Production: The "Work" and "Non-Work" of Women. In: *Signs: Journal of Women in Culture and Society* 4(4): 775–781.

Pape, J. (2021) Von Brust zu Brei. Kindheitsbilder und Elternverantwortung während der Beikosteinführung. In: Schulz, M.; Schmidt, F.; Rose, L. (Hrsg.) *Pädagogisierungen des Essens. Kinderernährung in Institutionen der Bildung und Erziehung, Familien und Medien.* Weinheim: Beltz Juventa: 38–50.

Paqué, K.-H.; Ragnitz, J.; Koschyk, H.; Heilemann, U.; Schroeder, K. (2010) 20 Jahre Deutsche Einheit. In: *Wirtschaftsdienst* 90(6): 355–373.

Parkin, K. (2006) *Food Is Love.* University of Pennsylvania Press.

Pascheka, S. (2001) *Konflikte verstehen und kooperativ lösen.* Marburg: Tectum Verlag.

Passaro, J. (1977) "You Can't Take the Subway to the Field!": "Village" Epistemologies in the Global Village. In: Gupta, A.; Ferguson, J. (Hrsg.) *Anthropological Locations.* University of California Press: 147–162.

Peuckert, R. (1992) Werte. In: Schäfers, B. (Hrsg.) *Grundbegriffe der Soziologie.* Wiesbaden: VS Verlag für Sozialwissenschaften: 373–376.

Peukert, A. (2017) „Involvierte" Väter zwischen Beruf und Familie. Zur Re/Produktion von Männlichkeiten in paarinternen Aushandlungen. In: *Zeitschrift für Familienforschung* 29(1): 90–113.

Pfau-Effinger, B. (1998a) Der soziologische Mythos von der Hausfrauenehe. Sozio-historische Entwicklungspfade der Familie. In: *Soziale Welt* 49(2): 167–182.

Pfau-Effinger, B. (1998b) Gender cultures and the gender arrangement: a theoretical framework for cross-national gender research. In: *Innovation: the European Journal of Social Science* (11,2): 147–166.

Pfau-Effinger, B. (2000) *Kultur und Frauenerwerbstätigkeit in Europa. Theorie und Empirie des internationalen Vergleichs.* Opladen: Leske + Budrich.

Pfau-Effinger, B. (2004) Socio-historical paths of the male breadwinner model – an explanation of cross-national differences. In: *British journal of sociology* (Vol.55(3)): 377–399.

Pfau-Effinger, B. (2005) Wandel der Geschlechterkultur und Geschlechterpolitiken in konservativen Wohlfahrtsstaaten. Deutschland, Österreich und Schweiz. Https://www.fu-berlin.de/sites/gpo/tagungen/Kulturelle_Hegemonie_und_Geschlecht_als_Herausforderung/Birgit_Pfau-Effinger___Wandel_der_Geschlechterkultur_und_Geschlechterpolitiken_in_konservativen_Wohlfahrtsstaaten_____Deutschland____sterreich_und_Schweiz/wandel_geschl_pfau_effinger.pdf (04.03.2021).

Pfau-Effinger, B.; Geissler, B. (2002) Cultural change and family policies in East and West German. In: Carling, A. (Hrsg.) *Analysing families. Morality and rationality in policy and practice.* London: Routledge.

Pfau-Effinger, B.; Smidt, M. (2011) Differences in women's employment patterns and family policies: eastern and western Germany. In: *Community, Work & Family* 14(2): 217–232.

Pickel, S.; Pickel, G. (2020) Ost- und Westdeutschland 30 Jahre nach dem Mauerfall – eine gemeinsame demokratische politische Kultur oder immer noch eine Mauer in den Köpfen? In: *Zeitschrift für Politikwissenschaft* 30(3): 483–491.

Plinz, M. (2017) *Essen ist reden mit anderen Mitteln. Das Kulturthema Essen in seiner kommunikativen Bedeutung.* Dissertation Europa-Universität Flensburg.

Pöhls, L. (2019) *Identitäten und Identifikationen. Eine qualitative Analyse zur Rezeption des YouTube-Videos „Ah Nice – Ich Bin Schwarz" durch Hamburger Jugendliche.* Masterarbeit Universität Hamburg.

Pöhls, L. (2020) Familienessen im Corona-Lockdown. Veränderungen der sozialen Gestaltung von Mahlzeiten. *Soziologische Perspektiven auf die Corona-Krise.* WZB.

Pollmann-Schult, M. (2012) Das Erwerbsverhalten von Vätern in Ost- und Westdeutschland. In: Huinink, J.; Kreyenfeld, M.; Trappe, H. (Hrsg.) *Familie und Partnerschaft in Ost- und Westdeutschland. Ähnlich und Doch Immer Noch Anders.* Leverkusen-Opladen: Budrich: 79–93.

Pommrich, H.; Pietzner-Clausen, P. (1956) Tischsitten. In: Pommrich, H.; Pietzner-Clausen, P. (Hrsg.) *Knigge-Brevier. ABC der Umgangsformen für Beruf und tägliches Leben.* Wiesbaden; s.l.: Gabler Verlag.

Pondy, L. (1967) Organizational Conflict: Concepts and Models. In: *Administrative Science Quarterly* 12(2): 296.

Popkin, B.; Siega-Riz, A.; Haines, P. (1996) A comparison of dietary trends among racial and socioeconomic groups in the United States. In: *The New England journal of medicine* 335(10): 716–720.

Possinger, J. (2019) Familie: Wandel und Persistenz von Geschlecht in der Institution Familie. In: Kortendiek, B.; Riegraf, B.; Sabisch, K. (Hrsg.) *Handbuch interdisziplinäre Geschlechterforschung*. Wiesbaden: Springer VS: 1281–1290.

Possinger, J.; Müller, D (2017) Gender. In: Wonneberger, A.; Weidtmann, K.; Stelzig-Willutzki, S. (Hrsg.) *Familienwissenschaft. Grundlagen Und Überblick*. Wiesbaden: Vieweg: 513–544.

Prahl, H.-W.; Setzwein, M. (1999) *Soziologie der Ernährung*. Wiesbaden; s.l.: VS Verlag für Sozialwissenschaften.

Preisendörfer, P. (1999) *Umwelteinstellungen und Umweltverhalten in Deutschland. Empirische Befunde und Analysen auf der Grundlage der Bevölkerungsumfragen „Umweltbewußtsein in Deutschland 1991–1998"*. Wiesbaden; s.l.: VS Verlag für Sozialwissenschaften.

Prokoph, M. (2017) Die größten Städte in Deutschland – Bundesland24.de. Https://bundesland24.de/staedte/ (01.02.2021).

Przyborski, A.; Wohlrab-Sahr, M. (2014) *Qualitative Sozialforschung. Ein Arbeitsbuch*. München: Oldenbourg Verlag.

Putz, T. (2019) *Die Bedeutung der zeitlichen Einbettung von Geburten für die Erwerbsbiographien ost- und westdeutscher Frauen*. Dissertation Otto-Friedrich-Universität Bamberg.

Rädiker, S.; Kuckartz, U. (2019) *Analyse qualitativer Daten mit MAXQDA. Text, Audio und Video*. Wiesbaden: Springer VS.

Ramaekers, S.; Suissa, J. (2011) Parents as 'educators': languages of education, pedagogy and 'parenting'. In: *Ethics and Education* 6(2): 197–212.

Rath, C.-D. (1984) *Reste der Tafelrunde. Das Abenteuer der Esskultur*. Hamburg: Rowohlt.

Reay, D. (1998) Engendering Social Reproduction: Mothers in the Educational Marketplace. In: *British Journal of Sociology of Education* 19(2): 195–209.

Reckwitz, A. (2017) *Die Gesellschaft der Singularitäten. Zum Strukturwandel der Moderne*. Berlin: Suhrkamp.

Reimers, I. (2022) *Essen mit und als Methode. Zur Ethnographie außeralltäglicher Mahlzeiten*. transcript Verlag.

Reinberg, A.; Smolensky, M.; Riedel, M.; Touitou, Y.; Le Floc'h, N.; Clarisse, R.; Marlot, M.; Berrez, S.; Pelisse, D.; Mauvieux, B. (2015) Chronobiologic perspectives of black time. Accident risk is greatest at night. In: *Chronobiology international* 32(7): 1005–1018.

Reinders, H. (2016) *Qualitative Interviews mit Jugendlichen führen*. De Gruyter.

Reinsch, C.; Ennemoser, M.; Schneider, W. (1999) Die Tagebuchmethode zur Erfassung kindlicher Freizeit- und Mediennutzung. In: *SPIEL* 18(1): 55–71.

Reitmeier, S. (2013) *Warum wir mögen, was wir essen. Eine Studie zur Sozialisation der Ernährung*. Bielefeld: transcript.

Reitmeier, S. (2014) Ernährungssozialisation in der frühen Kindheit. In: *Ernährungsumschau international* (7).

Rerrich, M. (2000) Zusammenfügen, was auseinanderstrebt: zur familialen Lebensführung von Berufstätigen. In: Kudera, W.; Voß, G. (Hrsg.) *Lebensführung und Gesellschaft*. VS Verlag für Sozialwissenschaften: 247–263.

Richter, J. (2008) *Kulturelle Werte in Indien. Wertesysteme in Indien*. Hamburg: Druck Diplomica Verlag GmbH.

Riley, M.; Holton, M. (2016) *Place-Based Interviewing: Creating and Conducting Walking Interviews.* London: SAGE.

RKW Hessen (o. D.) Teilzeit: ein Begriff, verschiedene Arbeitszeitlösungen. Https://www.arbeitszeit-klug-gestalten.de/alles-zu-arbeitszeitgestaltung/arbeitszeitmodelle-im-ueberb lick/teilzeit/#:~:text=Vollzeitnahe%20Teilzeit,der%2050%2DProzent%2DTeilzeitstelle. (30.08.2021).

Roether, D.; Börner, H.; Liebisch, I.; Hefftler, V. (2000) Ernährungsverhalten im mittleren und höheren Lebensalter. In: Martin, P.; Ettrich, K.; Lehr, U.; Roether, D.; Martin, M.; Fischer-Cyrulies, A. (Hrsg.) *Aspekte der Entwicklung im mittleren und höheren Lebensalter. Ergebnisse der Interdisziplinären Längsschnittstudie des Erwachsenenalters (ILSE).* Heidelberg: Steinkopff: 273–288.

Roghanizad, M.; Bohns, V. (2017) Ask in person: You're less persuasive than you think over email. In: *Journal of Experimental Social Psychology* 69: 223–226.

Rohn, A. (2006) *Multikulturelle Arbeitsgruppen. Erklärungsgrößen und Gestaltungsformen.* Wiesbaden: Deutscher Universitätsverlag.

Rosa, H. (2020) *Beschleunigung. Die Veränderung der Zeitstrukturen in der Moderne.* Frankfurt am Main: Suhrkamp.

Rose, L. (2014) Geschlecht als soziale Unterscheidungskategorie in unserer Lebenswelt. In: Bretländer, B.; Köttig, M.; Kunz, T. (Hrsg.) *Vielfalt und Differenz in der Sozialen Arbeit. Perspektiven auf Inklusion.* Stuttgart: Kohlhammer Verlag: 63–73.

Rose, L.; Schmidt, F.; Schulz, M. (2021a) Kinder und ihr Essen. Erziehungswissenschaftliche Perspektiven zur Pädagogizität des Essens. In: Schulz, M.; Schmidt, F.; Rose, L. (Hrsg.) *Pädagogisierungen des Essens. Kinderernährung in Institutionen der Bildung und Erziehung, Familien und Medien.* Weinheim: Beltz Juventa: 244–283.

Rose, L.; Schmidt, F.; Schulz, M. (2021b) Kinderernährung in Institutionen der Bildung und Erziehung, Familien und Medien. Eine Einführung. In: Schulz, M.; Schmidt, F.; Rose, L. (Hrsg.) *Pädagogisierungen des Essens. Kinderernährung in Institutionen der Bildung und Erziehung, Familien und Medien.* Weinheim: Beltz Juventa: 9–21.

Rosenbaum, H. (2017) Zwischen Traditionalität und Modernität. Eltern-Kind-Beziehungen in verschiedenen sozialen Milieus in der ersten Hälfte des 20. Jahrhunderts. In: Jergus, K.; Krüger, J.; Roch, A. (Hrsg.) *Elternschaft zwischen Projekt und Projektion. Aktuelle Perspektiven der Elternforschung.* Wiesbaden: Springer: 47–64.

Rosenthal, G. (2015) *Interpretative Sozialforschung. Eine Einführung.* Weinheim; Basel: Beltz Juventa.

Rosser, C.; Harris, C. (2002) *Family & Social Change.* London: Taylor & Francis.

Rott, H.; Watrinet, C. (2016) Zukunftsorientierte Schichtarbeit? In: *Zeitschrift für Arbeitswissenschaft* 70(1): 20–24.

RUB Methodenzentrum (2021) Leitfadengestütztes Interview. Https://methodenzentrum. ruhr-uni-bochum.de/e-learning/Qualitativeerhebungsmethoden/Qualitativeinterviewfors chung/unterschiedliche-formen-qualitativer-interviews/Leitfadengestütztes-interview/ (11.01.2021).

Rückert-John, J.; John, R. (2009) Essen macht Geschlecht. Zur Reproduktion der Geschlechterdifferenz durch kulinarische Praxen. In: *Ernährung im Fokus* 9(5): 174–179.

Rückert-John, J.; Reis, S. (2020) Zur Reproduktion der sozialen Sinnform „Mahlzeit" in Zeiten des globalisierten Lebensmittelmarkts. In: Baur, N.; Fülling, J.; Hering, L.; Kulke, E.

(Hrsg.) *Waren – Wissen – Raum. Interdependenz von Produktion, Markt und Konsum in Lebensmittelwarenketten.* Wiesbaden; Heidelberg: Springer VS: 401–419.

Ruppert, I. (1990) *Hamburg zu Gast in Dresden. Dokumentation.* Hamburg-Messe und Congress GmbH.

Sächsische Zeitung (2019) Hamburg, Dresden eine Städtepartnerschaft. In: *Sächsische Zeitung* v. 27.12.19.

Samtleben, C. (2019) Auch an erwerbsfreien Tagen erledigen Frauen einen Großteil der Hausarbeit und Kinderbetreuung. In: *DIW Wochenbericht* 86(10): 139–144.

Samtleben, C.; Lott, Y.; Müller, K.-U. (2020) Dritter Gleichstellungsbericht. Auswirkungen der Ort-Zeit-Flexibilisierung von Erwerbsarbeit auf informelle Sorgearbeit im Zuge der Digitalisierung. Expertise für den Dritten Gleichstellungsbericht der Bundesregierung. Berlin.

Schäfer, D. (2004) *Alltag in Deutschland. Analysen zur Zeitverwendung; Beiträge zur Ergebniskonferenz der Zeitbudgeterhebung 2001/02 am 16./17. Februar 2004 in Wiesbaden.* Wiesbaden: Statistisches Bundesamt.

Schenk, W.; Kühn, M. (Hrsg.) (2012) *Suburbane Räume als Kulturlandschaften.* Hannover: Akademie für Raumforschung und Landesplanung.

Schiefer, K. (2018) *Familienleitbilder in Ost- und Westdeutschland.* Würzburg: Ergon-Verlag.

Schiefer, K.; Naderi, R. (2015) Mütter in Ost- und Westdeutschland. Wie wichtig sind regionalspezifische Leitbilder für Elternschaft? In: Schneider, N.; Diabaté, S.; Ruckdeschel, K. (Hrsg.) *Familienleitbilder in Deutschland. Kulturelle Vorstellungen zu Partnerschaft, Elternschaft und Familienleben.* Opladen u.a.: Budrich: 155–170.

Schlegel-Matthies, K. (2002) Nahrungskultur. Essen und Trinken im Wandel. http://www.buergerimstaat.de/4_02/liebe.htm (18.03.2019).

Schlegel-Matthies, K. (2011) Mahlzeit im Wandel. Die Entideologisierung einer Institution. In: Schönberger, G.; Methfessel, B. (Hrsg.) *Mahlzeiten. Alte Last oder neue Lust?* Wiesbaden: VS Verlag für Sozialwissenschaften: 27–38.

Schmied, A. (2021) Digitalisierung als Chance. Potentiale der persönlichen Flexibilität und Vereinbarkeit. In: Christlich-Soziale Politik e.V. (Hrsg.) *Herausforderungen für den Arbeitsschutz in einer sich digitalisierenden Arbeitswelt*: 44–53.

Schmitt, L. (2012a) Georg Simmel: »Der Streit« (1908) Konflikt als Form sozialer Wechselwirkungen. In: *Konfliktdynamik* 1(1): 82–83.

Schmitt, L. (2012b) Karl Marx: Konflikt als Motor des Wandels. In: *Konfliktdynamik* 1(2): 176–179.

Schneider, N.; Diabaté, S.; Ruckdeschel, K. (Hrsg.) (2015) *Familienleitbilder in Deutschland. Kulturelle Vorstellungen zu Partnerschaft, Elternschaft und Familienleben.* Opladen u. a.: Budrich.

Schober, P.; Stahl, J. (2014) Childcare Trends in Germany. Increasing Socio-Economic Disparities in East and West. In: *DIW Economic Bulletin* 4(11): 51–58.

Schönbauer-Brousek, L. (2012) *Kultur – Konflikt – Management. Kultur- und konfliktsensitives Projektmanagement im Kontext von Entwicklungszusammenarbeit. Eine Analyse des Peace and Conflict Assessment Ansatzes unter Berücksichtigung des Integrativen Konfliktbearbeitungsverfahrens nach Graf/Kramer.* Diplomarbeit Universität Wien.

Schönberger, G. (2011) Die Mahlzeit und ihre soziale Bedeutung. Simmel, Wiegelmann, Douglas, Tolksdorf, Barlösius. In: Schönberger, G.; Methfessel, B. (Hrsg.) *Mahlzeiten. Alte Last oder neue Lust?* Wiesbaden: VS Verlag für Sozialwissenschaften: 17–25.

Schönberger, G.; Methfessel, B. (2011a) Einführung. In: Schönberger, G.; Methfessel, B. (Hrsg.) *Mahlzeiten. Alte Last oder neue Lust?* Wiesbaden: VS Verlag für Sozialwissenschaften: 7–13.

Schönberger, G.; Methfessel, B. (Hrsg.) (2011b) *Mahlzeiten. Alte Last oder neue Lust?* Wiesbaden: VS Verlag für Sozialwissenschaften.

Schöne, H. (2005) Die teilnehmende Beobachtung als Datenerhebungsmethode in der Politikwissenschaft. Methodologische Reflexion und Werkstattbericht. In: *Historical Social Research* 30(1): 168–199.

Schrader, L. (2018) Was ist ein Konflikt? I bpb. In: *Bundeszentrale für politische Bildung* v. 17.07.18.

Schreier, M. (2012) *Qualitative content analysis in practice.* Los Angeles u. a.: SAGE.

Schritt, K. (2011) *Ernährung im Kontext von Geschlechterverhältnissen. Analyse zur Diskursivität gesunder Ernährung.* Wiesbaden: VS Verlag für Sozialwissenschaften.

Schröter, U.; Ullrich, R. (2003) Wer putzte in der DDR das Klo? Zu Fragen der Frauen- und Geschlechterforschung in der DDR – heute recherchiert. In: *UTOPIE kreativ* (148).

Schubert, H.-J. (2002) Kulturelle Werte. In: Schubert, H.-J. (Hrsg.) *Demokratie in der Kleinstadt. Eine empirische Studie zur Motivation lokalpolitischen Handelns.* Wiesbaden; s.l.: VS Verlag für Sozialwissenschaften: 205–214.

Schulz, F.; Blossfeld, H.-P. (2010) Hausarbeit im Eheverlauf. Ergebnisse einer Längsschnittanalyse. In: Böllert, K.; Oelkers, N. (Hrsg.) *Frauenpolitik in Familienhand?* Wiesbaden: VS Verlag für Sozialwissenschaften: 111–128.

Schulz, M.; Schmidt, F.; Rose, L. (Hrsg.) (2021) *Pädagogisierungen des Essens. Kinderernährung in Institutionen der Bildung und Erziehung, Familien und Medien.* Weinheim: Beltz Juventa.

Schürmann, T. (1994) *Tisch- und Grußsitten im Zivilisationsprozeß.* Münster; New York: Waxmann.

Schütz, A. (1979) *Der sinnhafte Aufbau der sozialen Welt.* Frankfurt am Main: Suhrkamp.

Seehaus, R. (2017) Elternverantwortung. Responsibilisierungen in prä- und postnatalen Settings. In: Jergus, K.; Krüger, J.; Roch, A. (Hrsg.) *Elternschaft zwischen Projekt und Projektion. Aktuelle Perspektiven der Elternforschung.* Wiesbaden: Springer: 187–200.

Seichter, S. (2020) *Erziehung an der Mutterbrust. Eine kritische Kulturgeschichte des Stillens.* Weinheim: Beltz.

Seichter, S.; Brumlik, M. (2020) *Erziehung und Ernährung. Ein anderer Blick auf Kindheit.* Weinheim: Beltz.

Setzwein, M. (2009) Das Konflikt-Dreieck. Https://blog.setzwein.com/2009/09/07/das-konflikt-dreieck/ (26.11.2021).

Sever, N. (2014) Effects of Socioeconomic Status and Family Structure on the Frequency and Quality of Family Meals. In: *Senior Independent Study Theses.*

Simmel, G. (1908) *Soziologie. Untersuchungen über die Formen der Vergesellschaftung.* Leipzig: von Duncker & Humblot.

Simmel, G. (2017) Die Soziologie der Mahlzeit. In: Kashiwagi-Wetzel, K.; Meyer, A.-R. (Hrsg.) *Theorien des Essens.* Berlin: Suhrkamp: 69–76.

Small, M. (2009) 'How many cases do I need?'. In: *Ethnography* 10(1): 5–38.

Small, M.; Cook, J. (2021) Using Interviews to Understand Why. Challenges and Strategies in the Study of Motivated Action. In: *Sociological Methods & Research.*

Snow, C.; Beals, D. (2006) Mealtime talk that supports literacy development. In: *New directions for child and adolescent development* (111): 51–66.

Snyder, K. (2007) A Vocabulary of Motives. Understanding How Parents Define Quality Time. In: *Journal of Marriage and the Family* 69(2): 320–340.

Sobal, J. (2005) Men, meat, and marriage. Models of masculinity. In: *Food and Foodways* 13: 135–158.

Sonntagsblatt (2021) Ausbreitung des Virus in Deutschland: Die Chronologie der Corona-Pandemie | Sonntagsblatt – 360 Grad evangelisch. Https://www.sonntagsblatt.de/chronologie-corona-pandemie (10.02.2021).

Spagnola, M.; Fiese, B. (2007) Family Routines and Rituals. In: *Infants & Young Children* 20(4): 284–299.

Stangl, W. (2016) Was ist ein Konflikt? Arbeitsblätter. Linz. Https://arbeitsblaetter.stangl-taller.at/KOMMUNIKATION/Konflikte.shtml (29.11.2021).

Stark, C. (2002) Die Konflikttheorie von Georg Simmel. In: Bonacker, T. (Hrsg.) *Sozialwissenschaftliche Konflikttheorien. Eine Einführung.* Opladen: Leske + Budrich: 83–96.

Statista (2021) Größte Städte Deutschlands 2019 | Statista. Https://de.statista.com/statistik/daten/studie/1353/umfrage/einwohnerzahlen-der-grossstaedte-deutschlands/ (01.02.2021).

Statistikamt Nord (2021) Gebiet, Fläche. Https://www.statistik-nord.de/zahlen-fakten/gebiet-flaeche (18.01.2021).

Stowasser, S. (2021) Arbeitswelt der Zukunft. Herausforderungen für Mensch und Betrieb. In: Christlich-Soziale Politik e.V. (Hrsg.) *Herausforderungen für den Arbeitsschutz in einer sich digitalisierenden Arbeitswelt:* 54–59.

Sturzenhecker, B.; Trödel, M. (2021) Umgang mit Konflikten im Alltag Offener Kinder- und Jugendarbeit. In: Deinet, U.; Sturzenhecker, B.; Schwanenflügel, L. von; Schwerthelm, M. (Hrsg.) *Handbuch Offene Kinder- und Jugendarbeit.* Wiesbaden: Heidelberg: 1199–1205.

Swidler, A. (1986) Culture in Action. Symbols and Strategies. In: *American Sociological Review* 51(2): 273.

Szabo, M. (2011) The Challenges of "Re-engaging with Food". In: *Food, Culture & Society* 14(4): 547–566.

Tazi-Preve, I. (2018) *Das Versagen der Kleinfamilie. Kapitalismus, Liebe und der Staat.* Opladen u. a.: Budrich.

Teuteberg, H. (1979) Die Ernährung als psychosoziales Phänomen. Überlegungen zu einem verhaltenstheoretischen Bezugsrahmen. In: *Hamburger Jahrbuch für Wirtschafts- und Gesellschaftspolitik* 1979(24): 263–282.

Teuteberg, H.; Wiegelmann, G. (1986) *Unsere tägliche Kost. Geschichte und regionale Prägung.* Münster: Coppenrath.

Teuteberg, H.; Wiegelmann, G. (2005) *Nahrungsgewohnheiten in der Industrialisierung des 19. Jahrhunderts.* Münster: Lit.

Thanner, K. (2014) *Die Rekonstruktion von privaten Textwelten. Historische Tagebücher als Gegenstand der gemeinsprachlichen Übersetzungspraxis.* Trier: WVT.

The National Center on Addiction and Substance Abuse at Columbia University (2007) The Importance of Family Dinners IV. Https://www.centeronaddiction.org/addiction-research/reports/importance-of-family-dinners-2007 (23.09.2019).

Thomas, A. (Hrsg.) (2003) *Psychologie interkulturellen Handelns.* Göttingen; Bern: Hogrefe.

Thomas, A.; Kinast, E.-U.; Schroll-Machl, S. (2005) *Handbuch Interkulturelle Kommunikation und Kooperation. Band 1: Grundlagen und Praxisfelder.* Göttingen: Vandenhoeck & Ruprecht.

Thomas, K. (1992) Conflict and conflict management: Reflections and update. In: *Journal of Organizational Behavior* 13(3): 265–274.

Tiefensee, A.; Spannagel, D. (2018) Ungleichheit der Einkommen und Vermögen in Deutschland. In: *WSI-Mitteilungen* 71(5): 413–419.

Tippelt, R. (2018) Idealtypen konstruieren und Realtypen verstehen. Merkmale der Typenbildung. In: Ecarius, J.; Schäffer, B. (Hrsg.) *Typenbildung und Theoriegenerierung. Methoden und Methodologien qualitativer Bildungs- und Biographieforschung.* Leverkusen: Budrich: 207–221.

Titscher, S.; Wodak, R.; Meyer, M.; Vetter, E. (1998) *Methoden der Textanalyse. Leitfaden und Überblick.* Wiesbaden: VS Verlag für Sozialwissenschaften.

Tolasch, E. (2021) Pädagogisierung der Säuglingsernährung. Die Kluft zwischen Programmatik und Praktiken im Public-Health-Feld. In: Schulz, M.; Schmidt, F.; Rose, L. (Hrsg.) *Pädagogisierungen des Essens. Kinderernährung in Institutionen der Bildung und Erziehung, Familien und Medien.* Weinheim: Beltz Juventa: 24–37.

Tölke, A.; Wirth, H. (2013) Der Wandel partnerschaftlicher Erwerbsarrangements und das Wohlbefinden von Müttern und Vätern in Ost- und Westdeutschland. In: *Zeitschrift für Soziologie der Erziehung und Sozialisation* 33(4): 365–383.

Tolksdorf, U. (1994) Nahrungsforschung. In: Brednich, R. (Hrsg.) *Grundriß der Volkskunde. Einführung in die Forschungsfelder der europäischen Ethnologie.* Berlin: Reimer.

Trappe, H.; Pollmann-Schult, M.; Schmitt, C. (2015) The Rise and Decline of the Male Breadwinner Model: Institutional Underpinnings and Future Expectations. In: *European Sociological Review* 31(2): 230–242.

Trummer, M. (2014) Die kulturellen Schranken des Gewissens. Fleischkonsum zwischen Tradition, Lebensstil und Ernährungswissen. In: Hirschfelder, G.; Ploeger, A.; Rückert-John, J.; Schönberger, G. (Hrsg.) *Was der Mensch essen darf. Ökonomischer Zwang, ökologisches Gewissen und globale Konflikte.* s.l.: Springer VS: 63–79.

van de Vliert, E. (1997) *Complex interpersonal conflict behaviour. Theoretical frontiers.* Hove: Psychology Press.

van Hooff, J. (2011) Rationalising inequality. Heterosexual couples' explanations and justifications for the division of housework along traditionally gendered lines. In: *Journal of Gender Studies* 20(1): 19–30.

Vaughan, L. (Hrsg.) (2015) *Suburban urbanities. Suburbs and the life of the high street.* London: UCL Press.

Vaughan, L.; Griffith, S.; Haklay, M. (2015) The Suburb and the City. In: Vaughan, L. (Hrsg.) *Suburban urbanities. Suburbs and the life of the high street.* London: UCL Press: 11–31.

Vincent, C. (2012) *Parenting. Responsibilities, Risks and Respect.* London: UCL IOE Press.

Vincent, C.; Ball, S. (2007) 'Making Up' the Middle-Class Child. Families, Activities and Class Dispositions. In: *Sociology* 41(6): 1061–1077.

Vincent, C.; Maxwell, C. (2016) Parenting priorities and pressures: furthering understanding of ‚concerted cultivation'. In: *Discourse: Studies in the Cultural Politics of Education* 37(2): 269–281.

Voß, G. (1997) Beruf und alltägliche Lebensführung. Zwei subjektnahe Instanzen der Vermittlung von Individuum und Gesellschaft. In: Voß, G.; Pongratz, H. (Hrsg.) *Subjektorientierte Soziologie*. Wiesbaden: VS Verlag für Sozialwissenschaften: 201–222.

Wagner, W. (2006) *Kulturschock Deutschland. Revisited*. Hamburg: Europäische Verlagsanstalt.

Wagstaff, A.; Sigstad Lie, J.-A. (2011) Shift and night work and long working hours. A systematic review of safety implications. In: *Scandinavian journal of work, environment & health* 37(3): 173–185.

Walper, S.; Langmeyer, A.; Wendt, E.-V. (2015) Sozialisation in der Familie. In: Hurrelmann, K.; Bauer, U.; Grundmann, M.; Walper, S. (Hrsg.) *Handbuch Sozialisationsforschung*. Weinheim; Basel: Beltz: 364–392.

Walter, J. (2017) *Von der Großstadt zur Metropole. Hamburg, Dresden und der Städtebau*. Hamburg: Ellert & Richter Verlag.

Wanger, S. (2020) IAB-FORSCHUNGSBERICHT. Aktuelle Ergebnisse aus der Projektarbeit des Instituts für Arbeitsmarkt- und Berufsforschung. 16|2020 Entwicklung von Erwerbstätigkeit, Arbeitszeit und Arbeitsvolumen nach Geschlecht. Https://doku.iab.de/forschungsbericht/2020/fb1620.pdf (09.12.2021).

WBAE (2020) Politik für eine nachhaltigere Ernährung. Eine integrierte Ernährungspolitik entwickeln und faire Ernährungsumgebungen gestalten. Gutachten Juni 2020. Https://www.bmel.de/SharedDocs/Downloads/DE/_Ministerium/Beiraete/agrarpolitik/wbae-gutachten-nachhaltige-ernaehrung.pdf?__blob=publicationFile&v=3 (04.04.2022).

Weber, M. (1988) Einleitung in die Wirtschaftsethik der Weltreligionen. In: Weber, M. (Hrsg.) *Gesammelte Aufsätze zur Religionssoziologie*. Tübingen: Mohr: 237–275.

Wedderburn, A. (1992) How fast should the night shift rotate? A rejoinder. In: *Ergonomics* 35(12): 1447–1451.

Weh, S.-M.; Enaux, C. (2008) *Konfliktmanagement. Konflikte kompetent erkennen und lösen*. Freiburg: Haufe Lexware Verlag.

West, C.; Zimmermann, D. (1987) Doing Gender. In: *Gender & Society* 1(2): 125–151.

Wetterer, A. (2005) Rhetorische Modernisierung und institutionelle Reflexivität. Die Diskrepanz zwischen Alltagswissen und Alltagspraxis in arbeitsteiligen Geschlechterarrangements. In: *Arbeit und Geschlecht* (16): 75–96.

Wichmann, A. (2019) *Quantitative und Qualitative Forschung im Vergleich. Denkweisen, Zielsetzungen und Arbeitsprozesse*. Berlin, Heidelberg: Springer.

Wiegandt, C. (2008) *Trendwende zur Reurbanisierung in Leipzig? Eine empirische Untersuchung über Wanderungsmotive*. Hamburg: Diplomica Verlag.

Wierlacher, A.; Neumann, G.; Barlösius, E. (Hrsg.) (1993) *Kulturthema Essen – Ansichten und Problemfelder*. Berlin: Akademie-Verlag.

Wiggers, A. (1995) *Krankheitskonzepte schizophrener Patienten im Vergleich zwischen Dresden und Hamburg. Ein interkultureller Vergleich*. Dissertation Universität Hamburg.

Wikibooks.org (2018) Umgangsformen. Essen. Https://de.wikibooks.org/wiki/Umgangsformen:_Essen (03.06.2021).

Wilk, R. (2010) Power at the Table. Food Fights and Happy Meals. In: *Cultural Studies ↔ Critical Methodologies* 10(6): 428–436.

Wills, W.; Backett-Milburn, K.; Roberts, M.-L.; Lawton, J. (2011) The Framing of Social Class Distinctions through Family Food and Eating Practices. In: *The Sociological Review* 59(4): 725–740.

Wilz, G.; Brähler, E. (Hrsg.) (1997) *Tagebücher in Therapie und Forschung. Ein anwendungsorientierter Leitfaden*. Göttingen: Hogrefe.

Wimbauer, C.; Motakef, M. (2017) Das Paarinterview in der soziologischen Paarforschung. Method(olog)ische und forschungspraktische Überlegungen. In: *Forum Qualitative Sozialforschung* 18(2): 1–35.

Winker, G.; Carstensen, T. (2004) Flexible Arbeit – bewegliche Geschlechterarrangements. In: Kahlert, H.; Kajatin, C. (Hrsg.) *Arbeit und Vernetzung im Informationszeitalter. Wie neue Technologien die Geschlechterverhältnisse verändern*. Frankfurt am Main: Campus Verlag: 167–185.

Wirth, H. (2017) Die Zeitverwendung von Kindern und Jugendlichen – Lernen am Modell? Geschlechtsspezifische Unterschiede in der Zeitverwendung für Haushaltätigkeiten. In: Statistisches Bundesamt (Hrsg.) *Wie die Zeit vergeht. Analysen zur Zeitverwendung in Deutschland*: 117–134.

Wittwer, A.; Kröger, M.; Pape, J. (2019) Das Konsumententagebuch als Erhebungsinstrument. Eine Reflektion über Potentiale und Grenzen. Https://orgprints.org/id/eprint/36080/1/Beitrag_149_final_a.pdf (05.08.2022).

Witzel, A. (1982) *Verfahren der qualitativen Sozialforschung. Überblick und Alternativen*. Frankfurt am Main: Campus Verlag.

Witzel, A. (1985) Das problemzentrierte Interview. In: Jüttemann, G. (Hrsg.) *Qualitative Forschung in der Psychologie. Grundfragen, Verfahrensweisen, Anwendungsfelder*. Weinheim: Beltz: 227–255.

Wolf, A. (2012) *Das Ernährungsverhalten als Schauplatz latenter Werthaltungen*. Dissertation Universität Hohenheim.

Wolf, J. (2011) *Is breast best? Taking on the breastfeeding experts and the new high stakes of motherhood*. New York: New York University Press.

Zander, U.; Meier-Gräwe, U.; Möser, A. (2005) Change in time use for daily eating and household work activities in Germany. In: *International Journal of Human Ecology* 6(2): 37–49.

Zartler, U. (2010) Keine Zeit für die Familie: Zeitgestaltung aus Sicht von Kindern und ihren Eltern. In: *SWS-Rundschau* 50(4): 463–473.

Zelizer, V. (2002) Kids and Commerce. In: *Childhood* 9(4): 375–396.

Zellerhoff, C. (2001) *Geschlechtsbezogene Produktpositionierung*. Dissertation Technische Universität Berlin.

Zerle-Elsäßer, C.; Li, X. (2017) Väter im Familienalltag – Determinanten einer aktiven Vaterschaft. In: *Zeitschrift für Familienforschung* 29(1): 11–31.

Ziemann, M. (1999) *Internationalisierung der Ernährungsgewohnheiten in ausgewählten europäischen Ländern*. Frankfurt am Main u. a.: Lang.

Zimmerman, D.; Wieder, D. (1977) The Diary. Diary-Interview Method. In: *Urban Life* 5(4): 479–498.

Zimmert, F. (2019) Early child care and maternal employment: Empirical evidence from Germany. In: *IAB-Discussion Paper*. 2/2019. Https://www.econstor.eu/handle/10419/204849.

Zoch, G. (2021) Thirty Years after the Fall of the Berlin Wall. Do East and West Germans Still Differ in Their Attitudes to Female Employment and the Division of Housework? In: *European Sociological Review* 37(5): 731–750.